跨域行政

初階理論與實務

Cross Boundaries Administration:
Theories Primer and Practices

許芳雄 著

For

維欣、維中

阿爸

推薦序一

全球政經環境與國內政治系絡的快速變化，再加上資訊科技的一日千里，迫使政府在面對公共問題的處理上，必須採取更快速、多元與彈性的方式加以回應。公共行政學術社群在面對如此艱巨的治理挑戰下，必須嘗試更創新的思維加以因應。科際整合一直以來是公共行政學術發展的重要取向。此也指出公共議題處理的複雜性，必須跨學科來加以整合與面對。

落實到實際公共議題的處理，過往對於「政府一體」的期待，在實際公務運作上，卻常陷入本位主義的思維。政府機關在面對公共議題的處理上，第一反應為「這不是（是）我的業務吧（嗎）？」，造成政府施政的片斷性，無法提供服務的整體性。因此，如何發揮政府整體作戰的能力，提供更好的服務品質與解決複雜的公共議題，則必須妥善處理「跨域」的問題。

「跨域」，可謂是「知難行更難」，其涉及跨領域、跨單位、跨政府、跨縣市、跨區域、跨部門、跨國家的網絡建立與協力合作，這樣廣博與複雜的特性，使得學術求知仍難周全。而在實踐上，跨域的難處在於公共議題牽涉面廣、參與者眾的特性，使得網絡中各利害關係人的相關資訊有落差、利害關係有歧異、意識型態有衝突，造成明知「要跨出去」但又「跨不太動」的問題。是以近年來有越來越多的學術著作研析與倡議跨域治理，希望能突破這「知難行更難」的雙重困境。

本書爬梳整理跨域之相關內容與內涵，並結合作者跨域生涯的實務經驗與心得，是一本跨學術與科普、值得推薦的好書。特別是本書的第一篇生活篇，涵括生活素養與管理，行為管理、人脈管理、維護身心健康，是其他談跨域的專書中所未見的內容，也讓讀者能體會到誠意、正心、修身、齊家的重要性，是跨向優質行政與卓越管理的基礎。

整體而言，本書的出版對豐富國內行政管理的文獻甚有貢獻。作者許芳雄博士本身就是跨域歷練與終身學習的實踐者與典範，在從心所欲的高齡完成這本跳脫框架又不逾矩的大作，其著書立說的心願與筆耕不輟的精神，令人欽佩。期盼讀完本書之讀者，能與我有一樣的心得：「唯有我國所有行政管理者能更嚴肅地看待與思考跨域問題，並身體力行做好跨域的功課，台灣才有可能繼經濟奇蹟與政治奇蹟後，創造出下一個階段的治理奇蹟。」

余致力

僑光科技大學校長

推薦序二

1990 年 Ron Miller 提出全人（holistic）教育的世界觀，這種全人觀意味著人的內在品質，而有助於人類自我實現與社會和諧互動。近年來博雅教育風行一時，其原指一個古代西方城市自由人所應該學習的基本學科，現代則是作爲生活常識的內容，既可以在學校修習，也可以在社會透過其他方式獲得知識。在東方，這種博雅教育可以溯自先秦時代的六藝及漢朝以後的儒家教育；六藝教育注重綜合知識和技能，而儒家教育偏重人格和人文質素。博雅教育的範疇隨著社會而變遷，其目的在培育「統一的人格」；而通識教育目的則在學習「統一的知識」。要之，博雅教育是一門讓人們能夠安身立命、修身養性的學問，而通識教育做爲人格養成的教育，其內容更應該是跨領域的，俾使學習者具備適當之知識、能力與道德涵養，從而奠定渠等職涯發展、終身學習與關懷社會的實踐能力。

伴隨著全球化與知識經濟時代的到來，現代公民必須做一個準備好的人！以往師長們給我們的忠告是「家財萬貫，不如一技在身」，鼓勵我們當一個「I 型人」，及今時移勢異，過去擁有單一專長的 I 型人在傳統承平社會或可「安身」？在今日危機年代則唯有具備跨域專長與能力的π型人方可「立命」！基此，本人感佩芳雄博士敏而好學，多年來一秉天道酬勤而筆耕不輟，其巨作《跨域行政：初階理論與實務》一書應時而生，本書呼應顧炎武先生所云知識分子應該具備「風聲，雨聲，讀書聲，聲聲入耳；家事，國事，天下事，事事關心」的情懷！也響應了 1968 年行政學大師 D.Waldo 所主張的「新公共行政」學派和 1969 年政治學巨擘 D. Easton 揭櫫之「後行爲主義」理論，呼籲學者必須與時俱進，關切國計民生問題，採行問題-解決取向（problem-solving oriented），將所學「關切現實，付諸行動」！

芳雄博士所撰《跨域行政：初階理論與實務》全書包羅萬象、體用兼備，是一本最好的通識、人文、博雅的教科書！第一篇「生活」，闡述生命教育當中「我-我」及「人-我」關係相關主題，其中有自我管理、時間管理及職場生涯規劃，兼及人際關係互動和情緒管理；第二篇「跨域政治學」綜論古今政治理論與體制，發人深省！剖析當代政治學相關問題，見解獨到！第三篇「跨域行政學」，論述行政學理論思潮、組織結構、行政倫理，並融入知識管理概念，頗有創新！第四篇「政策跨域」，從問題界定、議題設定、政策規劃及合法化、政策執行與評估，論述一氣呵成、首尾一貫！第五篇「跨域管理」，針對公共管理理論發展及政府組織再造、危機管理、人力資源管理，以及公私治理問題詳加著墨！第六篇「職場」，教導人們如何做好職場準備？針對未來職場的挑戰與變遷，提出如何修煉職場知能及培養職場素養；最後第七篇「跨域行政」，爲全書總結並特別從理論與實務結合觀點，回歸探討本土跨域治理的問題。

誠如作者在全書最後結語所云：「跨域行政如同亡靈無處不在，只在領導決策者感應危機存亡、氣息奄奄之際，會顯靈救回魂魄，讓組織靈肉回魂再行復甦賡續生存」。本人更願意說，博雅及全人教育的眞諦，在於培養具備跨域素養的人才，同時，跨域行政更像默會（tacit）的知識，它與我們的生活融會在一起。因此，芳雄博士《跨域行政》著作問世，實屬學科領域首見，相信渠必能對我國博雅及全人教育的發展增添顏色！所謂道在日用中，跨域行政是一門體會、領悟的學問！學習跨域行政，在日常生活當中必可領略一種「遠山含笑，清水綠波映小橋」的喜悅與「一粒沙窺世界，一朵花見天國」的驚豔！欣逢此書付梓之際，本人有幸先睹爲快並樂爲之序！

邱志淳

中華民國訓練協會理事長

世新大學行政管理學系教授

推薦序三

行政學自從百年前與政治學分立後，融入了許多管理學的知識，其中包括組織理論、組織行為、人力資源管理與財務管理等專業科目，自成一門學科。經過二十世紀，政府角色與功能的擴張，政府行政部門的持續成長，行政管理學已成為一門顯學。到了二十世紀末期，由於政府財政的長年困窘與政府再造運動的興起，政府與企業的公私協力模式在各國風起雲湧；本世紀公民社會的到臨，公民參與公共決策的平台與機會被廣泛採行。無論是公私協力或公民參與，在在顯示「跨域行政」的時代已來臨！

公共政策的制定在於促進公共利益，從功利主義的觀點，在謀最大多數人的最大利益，因此優質的公共政策自然要追求好的結果與績效；然而如果行政官僚一昧地追求績效，忽視了少數人民的權利，甚至抹滅人性，輕視美德與倫理，則是不被容許的。本書作者在第一篇生活篇，開宗明義強調生活素養與生活管理，要公務員作好行為管理與倫理規範，同時愛人如己，心存博愛胸襟才是從事公職，參與公共事務的必備基礎涵養。

政治乃眾人之事，政府組織的出現就是為了作好治理公共事務。從自由主義觀點，人們願意交出部分自由與權利予政府，係因為訂定了社會契約；如果政府違反了契約為少數人利用，這政府就應該被推翻，這就是民主的真諦。在民主政治中，透過法律制度規範，人民的權利獲得保障；法治之前人人平等沒有特權；民主治理是公開透明的，政府無法濫權。政黨只是為獲取執政與公民認同的選舉工具，政黨利益絕對不能超越國家利益；只有在威權國家一黨專政的政黨才會喊出「黨國利益」的荒謬口號。本書作者在第二篇針對政治學、政治體制、政治通識教育、政治制度、政黨本質、選舉制度與其它政治活動作了完整深入的探討，字字箴言。

在今日公共治理與公民社會的時代，公共議題與政策制定已非行政官僚可以單方面決定的，而必須結合政府、企業、非營利組織、公民等多方面共同集思廣益，協力合作，出錢出力，結合各方資源與創意，為共同的目標與願景努力。社群主義強調歸屬感、榮譽與責任，全民追求共同的目標，達到共善。在這種環境下，跨域行政首重公開透明與溝通協調，爭取民眾的信任，進而對與政府的共同盟約有共識與承諾，爲這個社會與國家的公共利益與福祉盡力。本書在第三到五篇，「跨域行政、政策跨域、與跨域管理」，作者利用大篇幅詳盡介紹行政理論、組織理論、知識與科技管理、行政倫理、政策制定與行銷、以及新公共管理的理論演進等。可謂翔實細緻，兼顧當前最新理論發展與核心問題的探討。

作者利用本書的最後兩篇再次叮嚀，在跨域行政的時代，公務員在職場應持有的分際與應努力加強的素養，各機關應嚴守的組織疆界，以及領導者該採行的領導統御方式等，可謂語重心長。

作者從事公職多年，國學造詣深厚，又曾奉派國外工作與進修，外語能力甚佳。近年來在世新大學行政管理學系潛心研讀，獲得博士學位後，復在大學教課。教學相長下，將多年教學研究成果集結成書，相信可以教化眾多莘莘學子，同時以饗同好。本人與作者亦師亦友，欣見其大作問世，榮幸爲序推薦。

徐仁輝

世新大學客座教授
於世新大學行政管理學系

推薦序四

許芳雄教授大作《跨域行政：初階理論與實務》，囑我為序。許教授資歷比我深，經歷比我廣，我原應無資格介紹這本著作。惟許教授與我有段相識緣分，承蒙他誠摯邀約，謹就我二人結識過程、跨域行政主旨、本書閱讀經驗等部分簡單說明，聊以為序。

國立暨南國際大學是在民國 84 年設於南投縣埔里鎮，民國 85 年先成立了公共行政與政策研究所，翌年成立大學部，更名為公共行政與政策學系（簡稱公行系）；日後逐漸設立了碩士學分班、在職專班和博士班，成為一個包含各種學制的完整學系。值此期間，我國高等教育積極轉型，強調必須以學生為核心，將校院系所教育目標、核心能力、就業之間相互連結，課程分流是其中非常重要的一環。公行系因應課程多元化的發展，與民國 102 年創立「公職養成學分學程」，協助有志服務公職的同學，深入掌握公部門運作實境，並且幫助他們準備國考。這類課程必須仰賴學有專精，並且職場經驗豐富的業師來講授，才能事半功倍而有實效。

民國 105 年下半年某日，本校一位同仁陪著許教授，到我辦公室晤面，介紹我們兩人認識，得知許教授應聘公行系兼任教職，正是擔任公職養成學分學程相關課程的講授。許芳雄教授曾經服務於軍旅、公職、教職多年，經驗豐富，學養俱佳，正是公職養成學分學程最合適的業師。許教授自 105 學年第 1 學期開始，一直到 106 學年第 2 學期為止，兩年期間陸續開授了 4 門課，修課同學均獲益良多，幫助極大。其後因為另有生涯規劃，並且許教授自認年歲已高，才於民國 107 年辭去兼職，專心享受退休生活。

自從認識許教授之後，兩人偶有往來，也有機會在茶餘飯後比較長時間閒談。許教授學識淵博，個性隨和，經歷豐富，經常講一些經驗過的小故事，不但多能與公共行政的知識契合，都是饒富趣味的案例，個人從中學習良多。

本書以「跨域行政」為題，實際上跨越的題材非常廣泛，共分 7 篇 42 章。除了個人比較熟悉的跨域政治學（7 章），跨域行政學（5 章），政策跨域（7 章），跨域管理（6 章）和跨域行政（6 章）之外，尚包含了生活篇（5 章），和職場篇（6 章），這種議題範圍的設定方式相當特別。傳統上，府際關係（inter-governmental relations）議題涉及「廣域行政」，係指問題涉及跨越行政轄區，爲提升解決問題的效率和效能，特別將處理問題的行政權力集中，或設置跨越轄區的行政單位。府際關係所涵蓋的垂直和水平府際關係，當然涉及了跨域的議題，也必然涉及各層級政府之間在權限、政治、立法、司法和行政面向的跨域互動。1990 年代之後新公共管理興起，如何將私部門運作的理念引領到公部門，當然涉及跨域的協調與整合。而在全球化浪潮席捲之下，問題的解決不但涉及全球化與在地化之間如何整合的議題，目前強調的治理（governance）理念更彰顯了公、私、第三部門之間跨域協力的重要性。許教授對於行政的範圍界定，或許比較偏向羅聖朋（David Rosenbloom）的政治、法律、管理三面向的整合。更重要的是，許教授更將跨域概念擴展到個人生活與職場等方面，並且說明其中可能的合理性，對於未來有志於公職服務的學子，深具啓發，這可以說是本書的第一個特點。

從本書的內容來看，許教授博覽群書，除了閱讀量相當鉅大，而且閱讀層面非常廣泛之外，他所引用的文獻新舊貫穿，而且能將英文文獻和中文著作相互印證對照，這種閱讀聯想能力屬水磨工夫，非一蹴可成。雖然本書內容的章節之間、段落之間不見得有完整嚴謹的邏輯關聯性，但是均有其意，或許平淡，但仔細品嚐應有所得，這是本書的第二個特色。

承上所述，許教授《跨域行政：初階理論與實務》這本著作比較偏向個人經驗、閱讀心得與體會，以及教學經驗的反思與整理。本書雖然說不上是嚴謹的研究（research）著作，但是引用世新大學行政管理學系余致力教授在一篇序文中的用法，許教授能夠在求知、教學、職場歷練各方面的跨域經驗與體會「來往追尋」（research），將其融冶一爐，在在顯示許教授勇於反求諸己，並願意與人分享的學習態度，這構成了本書的第三個特色，令人欽佩。

本書付梓之前，個人有先睹爲快的機會，從中獲得不少啓發，也增加了個人在「跨域行政」方面許多新的思維角度，學習良多。謹以這些不成熟的想法，就教於作者，也希望讀者能像我一樣有收穫。

孫同文

國立暨南國際大學公共行政與政策學系教授

于南投、埔里

推薦序五

為一本跨越生活、學術、與實務的人生專書喝采

要爲一位比自己年長二十歲的長輩專書寫序，不是一件容易的事。許芳雄博士是我二十年前在世新行管系教書時的第一屆碩專班學生，後來他在世新完成公共行政的博士學位，曾經在暨南大學公共行政學系兼課多年；幾年前受邀去暨大演講的時候，許博士負責接送，路程中多有交流，他豐富的公部門實務經驗、深厚踏實的人生閱歷、以及開朗溫文的性格，一直是我積極學習對象。大約兩年前，許博士在一個學術場合當面邀請我爲他將要出版之《跨域行政》的專書寫序，因是聽起來是自己的專業就答應了下來；直到他將厚厚的書稿寄到我手上，我才發現自己接下了一個不可能的任務；因爲，要我審查期刊論文比爲這巨著寫序還要容易，我不知道如何評論一個人鍥而不捨的學術心靈。

那一年，許博士 75 歲。

我必須誠實地說，過去因發表上嚴謹度的要求，個人對學術的看法主要圍繞在「理論對話性」、「邏輯的合理性」、和「資料的有效與準確性」之上；但是，如果以這三個傳統學術觀點來評論此書是不合宜的，因此，我將本書定位爲行政學學術旅程中「聖徒歷程」（Pilgrim's progress）之學思札記，並且據此核心概念來引介它。這一本包含七篇、四十二章、及兩百三十八節的個人學術扎記，兼具公務生涯經驗、學術殿堂知識、以及個人生命反思等三種不同型態的文字；要將這三種心得融於一爐當然不是一個簡單的任務，我們大致可將本書的第一篇歸類個人生命反思，第二、三、四、五與七篇是學術殿堂知識，第六篇則是公務生涯經驗。

讓我利用三個本書的「亮點」來引介這一本個人學術歷程的扎記式論著。

首先，**生涯經歷的心得分享**：我個人最愛的是第一篇與第六篇的內容，主要是這兩篇的文字不是其他行政學相關教科書或文章可以找到的，許博士累積數十年的人生與工作心得，是本書最大的亮點。舉例來說，第一篇第四章的「人脈管理」中，許博士有提及負責組織對外溝通職務的人員，都應該要對每日接觸的人進行記錄與整理之「人脈記錄」

作法，這提醒了自己對於經營人脈管理是不用心的，因爲我認爲人脈是不用花時間去管理的；另外，第六篇第四章職場素養中的「顏質管理」堪稱先進，許博士的諄諄片語：「顏質管理是從極小的細節開始，爲自己的形象加分」，不論是公、私或是第三部門職場中人，在思考管理實務時都可以細細品味。

再者，**回應新興趨勢的誠意**：作者深知行政學博大精深，又需要不時回應外部的各種挑戰，因此，持續納入新議題是追求本書內容完整性的一個重要原則。事實上，當代行政學回應外部變遷最重要的三大領域：民主（vs.威權）政治、資訊通訊科技發展、以及環境風險威脅等都有被本書觸及，這樣積極回應新趨勢的心意，是值得稱頌的；比方說，第二篇第七章中有觸及 COVID-19 與政經體制的影響，可惜太過簡短，另外，在第七篇第五章有兩節有觸及資訊通訊科技與跨域行政的關係，雖然統整了各種面向的論點，但是關於資通科技時代公務人員的才能管理部分著墨較少；無論如何，許博士回應公共行政外在環境新趨勢的誠意，隨處可見。

第三，**跨域（boundary-spanning）意識貫穿全書**：雖然本書作者對於跨域問題情有獨鍾，但是全書花在鋪陳議題的理論與實務背景，以及直接討論跨域問題與解方的文字大約是 80/20 的比例。根據自己在政大在職專班多年講授《跨域治理》課程之經驗，在職學生因在實務的橫向聯繫工作上多少吃過苦頭，因此，對於不同組織內部跨域問題的規模與強度都有深刻的認識，只不過大家心中除了邀請共同上級出面協調的這一項萬能解方之外，對於跨域問題解方的多元程度了解多是不清晰的，本書雖有許多症狀的陳述，但解方的分析與討論應該可以多花些篇幅。當然，許博士在書中不同場域皆能夠連接到跨域的問題，也算是一種成功的議題行銷。

最後，我認爲將本書框限在教科書或純學術論著都無法踏入作者內心深處的缺憾，因此，在反覆翻閱了這本茁壯於一般公務人員皆有的實務、知識與生命等三個人生梁柱之上的大作，我不斷想起中國古諺所說：「人生七十古來稀」的雋語，現代人普遍健康，長壽之人並不在少數，因此，在此的稀缺不是年歲，而是那堅定的創作意志，當然，我更羨慕的是許博士能夠在古稀之年，仍然保有「立言」的童心，並且能夠在日夜伏案堅持下，一字一句地完成這本札記式的論著；相較之下，自己近 30 年的學術生涯中，雖有持續創作的熱情，但是背地裡不爲升等、較量、與學術地位者幾稀，或許，本書對個人是個價值連城的提醒：「你作研究時是快樂的嗎？」

許博士，謝謝您的努力不懈，給了我研究上很大的啓發。

陳敦源

國立政治大學公共行政學系教授

2022 年 2 月 7 日．於台北貓空山腳下堰蘆翁書房

自序

《跨域行政》非國考類科，學校鮮少列爲行政管理學科；

類似《公共行政》進階研究、補充資料；

學習者能否跨越諸學習科目，學以致用，跨足人生職場？

端視生活素養以及能否於生涯賡續學習職場專技；

項項卓越是登峰；兼容蓄納專精各領域，定能傲立職場；

本書是一甲子的

生活、學習、職場

心得、札記

願它是您生活、職場工具包

最靈巧的 Spanner！

讓您披荊斬棘消災解困！邁向康莊坦途。

目錄

（推薦序依姓氏筆劃排序）
推薦序一　余致力　校長 4
推薦序二　邱志淳　教授 6
推薦序三　徐仁輝　教授 8
推薦序四　孫同文　教授 10
推薦序五　陳敦源　教授 12
自序 15

前言 26

第一篇　生活 29

第一章　生活素養概述 32
一、家庭生活教育 32
二、「生活」的起點 33
三、生活素養、職場工作 33
四、時間管理 35
五、文明素養 38
六、全觀性素養 39

第二章　生活管理 43
一、知心、知己 43
二、「要事」何意？ 45
三、正規學程的生活管理 49
四、保持「安全距離」 50
五、情商管理與居家 52
六、理財固本 53

第三章　行為管理 56
一、愛己愛人，婚前諸事 56
二、理順談話語調 58

三、修養與人性論 59
四、適時道歉、及時感謝...60
五、自我管理 61

第四章　人脈管理 64
一、經營人脈 64
二、有效溝通、建構人脈...67
三、人際關係基本規範 71
四、人格特質、人脈管理...72
五、婚禮經濟學...73

第五章　維護身心健康 74
一、健康管理 74
二、開源節流、精力充沛...74
三、善養：精、氣、神 75
四、適度運動是最高原則...76

第二篇　跨域政治學.. 79

第一章　政治學概說...80
一、政治是工具、手段 80
二、人文科學 82
三、政治學-跨科際研究...82
四、政治理論思潮 85
五、政治學與跨學科..86

第二章　中國政治體制 90
一、政治體制是發展過程...90
二、漢朝中央與地方政府體制...91
三、唐朝中央體制重大變革 92
四、宋朝政體的虛實..93
五、明朝皇權至上，廢中書門下省..94
六、清朝中央官吏滿漢分占，皇權獨擅 94

第三章　政治通識 96
一、政治活動、生活、疫情 96

二、價值取向、意識形態 97
三、政治決策、有限理性 98
四、政治學理論思潮 99
五、西體中用之落差 101
六、多元因素影響政治思潮 102

第四章 政治制度 110
一、民主政治 110
二、政治眞象 111
三、政治、公共利益 115
四、威權政治 116
五、極權政治 117
六、獨裁政治 118

第五章 政治與政黨 120
一、政黨類型 120
二、政黨活動、政黨功能 122
三、政黨紀律 124
四、政黨對外關係 125
五、政黨體制、變遷 127
六、台灣人民黨的迸生 129

第六章 政治活動、公民參與 131
一、選舉 131
二、群眾運動 132
三、民意、民意調查 135
四、大眾傳播媒體 138
五、政治活動與媒體 144

第七章 經濟發展與國際政治 148
一、兩岸關係 148
二、英國脫歐、全球經濟 149
三、區域經濟體系、政治策略 152
四、IMD 競爭力年報、經濟發展指標 153
五、國際關係、國際合作 154
六、國際互賴、自由貿易 156

七、COVID-19 疫情影響未來政經體制 160

第三篇　跨域行政學 163

第一章　行政理論及思潮 165
一、公共行政概述 165
二、公共行政的屬性 167
三、公共行政的演展 170
四、新公共行政 172
五、黑堡宣言 177
六、小結 182

第二章　組織理論、結構 183
一、傳統理論概述 184
二、B.I.C 理論 188
三、官僚結構暨變遷 191
四、後官僚組織結構 195
五、公共組織的管理 197

第三章　行政權、立法權 202
一、行政、行政現代化 202
二、民主與法治 203
三、民主政治、民主法治 206
四、立法議會、行政部門 209
五、立法權、行政權 213
六、人事權、行政權 214

第四章　知識管理、資訊科技 216
一、知識管理 216
二、資訊科技、行政組織 226
三、數位科技、跨域治理 229
四、電子化政府、數位發展 231
五、行政溝通、公民參與 233
六、行政領導、激勵理論 245

第五章　行政倫理 251
一、行政倫理概說 252
二、行政專業倫理及推動 253
三、推動行政倫理的挑戰 254
四、組織倫理的困境 257
五、小結 257

第四篇　政策跨域 259

第一章　公共政策通識 261
一、公共問題先於公共政策 261
二、公共政策的意涵 262
三、公共政策的類型 267
四、公共政策的研究 270

第二章　政策議題、政策分析 275
一、政策議題源起、類型 275
二、建構議題易犯的錯誤 278
三、影響問題進入議程的因素 281
四、議題倡議、建構 282
五、政策分析沿革、特質 283
六、政策分析的要件、指標 286
七、公共利益、公民精神 289

第三章　政策規劃 291
一、政策規劃概念 291
二、政策規劃的弔詭 292
三、政策設計工具 297
四、參與政策規劃的困境 302
五、政策規劃理論 304

第四章　政策合法化 315
一、政策合法化過程 315
二、影響政策合法化的因素 319
三、政策合法化策略 321

四、決策者取捨標準 324
五、促銷政策方案 325

第五章　政策執行 328
一、政策執行意涵、特質 328
二、政策執行工具、影響因素 330
三、政策倡議聯盟 336
四、政策執行的調適 339
五、基層人員、政策執行 340
六、政策執行的困境 341

第六章　政策評估 344
一、政策評估概述 344
二、評估架構、信效度 347
三、執行評估目的、困境 349
四、政策評估途徑 352
五、政策評估運用、限制 353

第七章　政策行銷 356
一、政策行銷概述 356
二、政策行銷、政策順服 357
三、政策行銷特性、原則 359
四、政策行銷類型 361
五、成功行銷、公共關係 361

第五篇　跨域管理 369

第一章　公共管理 371
一、公共管理理論發展 371
二、公共管理意涵、特質 373
三、公共管理之公共性 376
四、公共管理的困境、挑戰 377
五、公共行政與新公共管理 378

第二章　新公共管理、新公共服務 380
一、新公共管理發展背景、意涵 380

二、新公共管理理論 382
三、新公共管理與傳統行政理論 383
四、新公共服務 386
五、企業型政府 394
六、公營事業、NPO、民營化 402

第三章 組織再造、行政團隊 412
一、政府再造背景、定義 412
二、政府再造核心價值與理論 413
三、領導與行政團隊 416
四、領導者的特質、類型 421
五、激勵行政團隊理論、實務 426

第四章 管理類型 432
一、目標管理 432
二、全面品質管理 432
三、策略管理 435
四、績效管理 438
五、衝突管理 448
六、危機管理 450
七、課責管理 455
八、跨域網絡管理 464

第五章 人力資源管理 466
一、HRM 廣博意涵 467
二、策略性 HRM 471
三、SHRM 發展趨勢 473
四、HRM 策略性理論 475
五、組織決策者 477
六、HRM 未來性 481

第六章 組織變革、創新 484
一、組織變革 484
二、組織變革實務、困境 485
三、組織員額調整 488
四、組織創新 489

五、組織變革、工作生活......491
六、市場失靈、政府失靈......495

第六篇　職場......499

第一章　職場資訊......502
一、就業準備......502
二、蒐集職場資訊......503
三、職場、人格特質......505
四、職場新結構......506
五、工作態度、生涯學習......508

第二章　公部門職場......510
一、公部門職場的迷思......510
二、公職與職場風險......510
三、行政組織意涵、特質......511
四、行政組織架構......511
五、組織文化、組織氣候......513
六、進場準備......513

第三章　私部門職場......516
一、變遷快速的職場......516
二、職場專業技術、形象......517
三、技藝學習、實現夢想......518
四、職場素養修練......519
五、衡平管理職場進出......523

第四章　職場素養......526
一、顏質管理......526
二、職場專業素養......527
三、心境調整、自我療痛......531
四、跨職場導師......532
五、形象管理......533

第五章　職場轉換......534
一、職場面試......534

二、如何談自己？ 536
三、切忌答非所問 536
四、尊重職場文化 537
五、展現職場專業 537
六、前事不忘、後事之師 538

第六章 前瞻未來職場 541
一、職場沒有「退休年齡」 541
二、新穎勞雇關係 543
三、跨多樣性工作團隊 544
四、跨域全相職場素養 545
五、職場危機管理 546

第七篇 跨域行政 549

第一章 跨域概念 551
一、跨域治理概念 551
二、地方自治、跨域治理 554
三、跨域、協力、治理 555
四、政經互動多元 569
五、跨域工作團隊 571
六、新住民 574

第二章 跨越權限範圍 576
一、權限範圍 576
二、跨域領導者 579
三、領導者的權變 582
四、預算資源 585
五、組織隸屬、順服 587

第三章 官僚體系 589
一、官僚體系、跨域協力 589
二、協力命令 591
三、官僚體系是跨域槓桿 593
四、官僚體系待甦醒 594

五、官僚、公民參與......596
六、政策執行跨官僚體系......599

第四章　NNITP 跨域治理......602
一、跨域組織結構......602
二、權變協調、協力......604
三、協力網絡......605
四、資源有限性啓動公私協力......606
五、地方財政拮据......608
六、公民參與協力治理......610
七、預算配置失衡、弱勢亟待照顧......612

第五章　跨域領導......616
一、基本概念......616
二、領導者的挑戰......620
三、資訊科技、跨域行政......622
四、IT 與工作團隊......624
五、跨域管理與公眾......628
六、課責與跨域協力......631

第六章　多樣性與跨域行政......635
一、多樣性挑戰生活......635
二、多元職場、多能功......636
三、跨域資源整合......639
四、全觀性跨域行政......642
五、跨域組織結構......644
六、跨域行政願景......646
七、建構理論雛議......649
八、前膽發展......650

結語......658
參考文獻......659
中文......659
英文......664
後記......674

前言

「跨域行政」不是未來式而是現在進行式。政治學哺育壯碩行政學，歷經二次的世紀大戰，以及多回的政治、經濟、社會擺盪仍能壯碩挺脊搖舞 PAR[1]大纛，學林各宗攝吭傲立，卻各湧諸嵩山巔；然世塵俗務纏繞絲來線去眾力分散，致魂魄離散難於世間建構傲世理論。21 世紀上蒼作弄，讓世人飽嚐惡疾，暗黑垂暮整體系統奮力作戰之際，學術叢林各勇士在實務行政戰場杷梳，未來致勝曙光微露，急急如律令揭櫫「跨域行政」的 DNA，如本書諸篇章。觀之數位轉型、創新，組織重整、改造，數位科技，憲政修葺……，萬端經緯緊綳，然無一能單挑獨扛行政諸端危機；拙著從實務面立足揉絆理論，檢測時局之淺悟分享識者。[2]

《說文解字》指「『跨』是形聲兼會意字。小篆從足，夸聲，夸兼表張大之意。隶變后楷書寫作『跨』。」《說文・足部》:「跨，渡也。從足，夸聲。」跨，越過。跨的本義爲邁腿越過。如成語「跨州連郡」指跨越州郡來形容涉足的路遠、地方大。《說文・土部》:「域」是會意字。小篆寫作「或」和「域」。「域」的本意是國家的疆界，也指邦國。如《周禮·地官·大司徒》:「九州之地域」。引申指一定範圍內的較大地區。如「領域」,「流域」。又引申指某種範圍、境界。如「境域」、「音域」。故「跨域」指跨越領域、範圍、境域、權限之意。

《文言字典》「跨」意指越過，邁過；或指騎，如「跨馬揚鞭」；另指架於其上，如「彌山跨谷」。「域」意指疆界：「昔者先王以爲東蒙主，且在邦域之中矣」。魏徵《諫太宗十思疏》之「域外」，意指國外。《論語・季氏將伐顓》之「域中」指國內：「人君當神器之重，居域域之大，不念居安思危」。另意指：區域、地區、異域。「跨域」寓指跨越過區域、疆界、地區之意。

今之「跨」引申超越時間或地區之間的界限。如跨年度、跨國公司。《辭彙・言部》指「誇」爲稱讚之意，如誇獎；「誇示」指把足以矜

---

1 PAR(Public Administration Review) is a bimonthly peer-reviewed academic journal the field of public administration. It was established in 1940 and has been one of the top-rated journals in the field.[1][2][3] It is the official journal of the American Society for Public Administration.

2 美國總統 Joe Biden 就職百日於 2021 年 4 月 28 日晚間向國會演說詞，有一段警語"...No one nation(聯邦) can deal with all the crises of our time alone..."。「……當前危機任一聯邦州政府無法單獨面對……」；行政難題更非單一部門能解。

異的自示於人。

陳敦源業師屢於課堂提示：「公共行政不能跨，就不必誇！」從十九世紀末 Woodrow Wilson 對「行政的研究」（The Study of Administration）發表迄今近一百三十年的歷史。學者們殫精竭慮、鑽研探勘碩果廣博，但單僅對行政學是否爲科學？論者意見殊異，要達到「洞明」的境界仍無共識。至於公共行政（public administration）的「理論」建構，套用佛學《圓覺經》所言，同處「無明」狀態，未能修成正果。[3]所指「無明」本論意指理論不明確，論者沒有共識。秉於曹雪芹「世事洞明皆學問」[4]之參悟，勠力撰述從軍旅、社團、公務員、授業等四種淺歷摳心獻曝，向學界先進、讀者請益。

「行政」的研究已非 Wilson 年代可比擬，在理論與實務相互激盪互磋，百年來的深耕，「公共行政」已枝幹壯碩、葉茂蔥蘢。行政領域與其它學科，諸如公共經濟學、資訊科技、人力資源管理、心理學等學科更加盤根錯節，相互依偎扶持成長，誠難以單項學科論述《跨域行政》。本書僅從素知之學科：政治學、行政學、公共政策、公共管理、行政法、跨域治理等學科，以及在公私立大學兼任教職實務淺識，略舉大端供讀者拓展學習、研究之基礎建材。另添增五十餘年「生活」及公私「職場」體驗，彙集爲「跨域行政」論述素材，兼論生活素養及職場專業技能，於書末試行薈萃爲「跨域行政篇」。

Max Weber（1864-1920）是德國政治、社會學者，被譽爲「組織理論官僚模式」的學術領袖（intellectual father）。他的著作一直到 1946 至 1947 年間始被美國學者 H.H. Gerth & Charles Wright Mills 翻譯爲《韋伯：社會學論叢》（Max Weber: Eassys in Sociology），引薦至美國學界及實務界。Weber 於 1894 年受聘爲 Universität Freiburg 教授，翌年發表對東普魯士地區受到農業人口外流致波蘭工人大量湧入，威脅德國的文化霸權及邊界安全的實務研究結論指出：「政治問題與經濟問題是密切關聯的。」[5]Weber 指出政治問題固不能脫離經濟因素羈絆，觀之百多年來的歷史、社會發展演進，政治與其他學科更是緊密相繫。

Wolfgang J. Mommsen（1989）在《韋伯的政治和社會理論：論文集

---

[3] 南懷瑾，2017，《圓覺經略說》，「無明」語出：「一切如來本起因地，皆依照清淨覺相，永斷無明，方成佛道。」頁 49-60。

[4] 曹雪芹，《紅樓夢》。「世事洞明皆學問、人情練達即文章。」原指賈寶玉父親對賈寶玉所書之字幅。據說對此句參悟後，賈寶玉出家為僧。

[5] Giddens, Anthony., 1995, *Politics, Sociology and Social Theory.(1st edt.)* Polity Press Ltd., Cambridge.pp.1-20.

叢》(*The Political and Social Theory of Max Weber: Collected Essays*)[6]一書序言揭示：「韋伯的政治、社會理論和歷史的思想是不能單純個別被拆解，必須被視為一個整體或同實體(reality)的不同面向，任何單一面向不容被單獨解析。」韋伯認為政治、社會理論、歷史等學識必須面面具到，兼籌併顧考量政治社會問題，單門學科已不足承擔重責。學術界和實務界共同運作發展，公共行政已跨足政治、經濟、管理、公共政策、社會學、資訊科技等學門，它是跨學科(interdiciplinary)的整合性科學。行政(administration)是跨域行政(cross-boundaries administration)，任一單項學科(aspect)不足承擔解決公共行政問題。「跨域行政」的理論與實務整併才是王道。

論者在教學不斷強調「行政是政治的執行、政治是行政的指導。」實質關連及互動恐非 Weber「政治問題與經濟問題是密切關聯的。」一語所能簡述。論者從跨域行政的學術觀點，以政治學為起手式，論述跨域行政領域相關學科，以勵學術界及實務界能重視公共行政已邁入「多元跨域行政」的新紀元。

本書旨在指出跨域行政在各不同學科領域，因不同的事件(events)的處理，涉及不同技術工具的運作、操控，沒有一定的規範工具提供公共管理者能以單元決策，行權威式獨立判斷。Peters & Pierre(2003：6-8)提述：「公共行政與政治、經濟、人力資源、組織理論、行政傳承、政策執行、法律、社會學、預算財務、比較行政、行政革新、公共行政與發展變遷、課責、跨府際行政、多元化治理等等複雜層面具多元的相關性。」[7]

《跨域行政：初階理論與實務》(*The Cross Boundaries Administration: Theories Primer and Practices*)為書名的目的不在比較各相關學科內涵、多元性，旨在找出與公共行政(public administration)領域各相關學科的協作/協力(collaboration)原則(principles)或理論，能否匯聚提供建構行政科學(administration science)及公共行政實務操作的粗坯，則是研究撰述本論著標的。

---

[6] Mommsen, Wolfgang J. 1989, *The Political and Social Theory of Max Weber: Collected Essays*, T. J. Press Ltd. Padstow, Preface.原文"Politics, social theory and history cannot be separated neatly in his thought; rather they must be seen as aspects of one and the same reality, and none of these aspects can be analysed in isolation."

[7] B. Guy Peters & Jon Pierre edited, 2003, *Handbook of Public Administration*. Sage Publication Ltd. pp.6-8.

第一篇　生活

「生活」攸關個人、個人與組織、組織與組織間、文化、價值觀、倫理體制、政治結構、QWL 之建構……，無不息息相關。論述政治、行政、政策、管理、職場等篇章前，跨域行政與生活相關環節變動不羈，發揮影響力的時機更是難測。本篇名稱內涵不限於個人生活，在個人與組織、組織與組織間互動咸具多樣互動性不易切割；生活篇的各層次與跨域行政，絲絲入扣。公共事務的涉入或學習，在學院制式教導莫不以公共行政相關學科爲學習重點，殊不知個人或官僚決定一切公共事務執行成效。能否有效率地執行政策、管理層級的公共施政理念？繫乎個體或官僚的生活素養背景，而行政各學術領域的涵養領悟，在實務上的運作更受到實質影響；生活與學術上的陶冶，左右官僚對公共政策的推動。

跨域協力治理的研究論著，源自公務職場多年工作體驗、困境、挫折，深受其驅力所感。繼之博士學程受教於胡龍騰教授在「跨域治理」學術領域的啓迪。博班以《跨域協力治理之研究：新住民火炬計畫案例分析》爲博士論文題目。取得 Ph.D.後，先後在國立、私立大學兼任助理教授，教學相長的過程，捫心自問對跨域治理仍有諸多懸疑不解的論點，時浮腦際。偶會對其中的小頓悟雀躍興奮，但之後的理緒，卻墮入五里雲霧，百思不得跨域協力/治理的理論建構，究應從何著手？

管理科學是社會人文科學的一環，探討跨域治理理論，回歸社會生活層面去探索，這是實證主義論述的基石。會研究跨域治理的問題，源自個人在公部門任職期間，見證同一部門、局處、科室間，跨不同部門間的協力合作，阻礙重重，主事者要破除諸多的橫阻障礙，過程往往要耗盡相當的人力、資源與時間等行政成本於無形，所獲致的效益與投入成本不成比例，唯官僚體系文化傳承卻習以爲常。

政府重大公共政策的推動牽動不同部會，單一部門已無法承擔，必須整合行政部門不同部會局處人力、資源、技術，傾力共同協力參與。重大政策的推動，不限於行政官僚體系的部會，更跨足私部門、NGO、利益團體、政黨、社群（social community），不同領域的專業技能、人力、財力資源的整合，由跨域領導者凝聚構成工作團隊或藉助資訊科技的虛擬團體，爲官僚體系共同目標分工合作。

跨域協力/治理的問題興於不同領域的工作職場。職場是個人追求生命意義，踐行人生理想的競技場，更是創新、突破現況的起點。個人在職場能否展現專業技能與專業素養在職場立足，生活素養是關鍵因素。能否邁入理想職場工作，除生活素養尚受到其他因素影響，包括專業技能、職缺性質、企業組織文化、薪酬待遇、發展陞遷機會，每件事都會影響您對職場選擇，其中生活素養對職場的成就最具關鍵。《大學》「自天子以至於庶人，壹是皆以修身爲本。」古訓無人能推翻；「修身」居道德體系的關鍵位置，修身的起點從個體的「生活」出發。

第一章　生活素養概述

本篇從「生活」層次探討個人如何在亂世、太平時際爲個人立身、修練奠基。在世百年，首要有生活的價值觀，或說人生哲學。淺說一點就是人生志向。生活是爲人、處事的起點、盤石。在隋煬帝時代王通原有志於天下，與隋煬帝悟談後，回去講學。唐代王通是李靖、徐世勣、房玄齡、魏徵等開國元勳，文臣武將的老師。人志雖高，但既使有中流砥柱的氣概，但也無法把水流挽回？所以道家說要「因應順勢」。「順勢」要由個體去順應外勢變幻起伏，要預知也得預備，居家生活是順勢寶地。

一、家庭生活教育

生活深受家庭成員薰染，最稚幼的心靈獲益最大的教育更是來自家庭生活。最早對家庭生活重視且有明訓的莫過於《禮記》，以「洒掃應對」爲教育起點，再施以待人接物的禮貌教育。生活環境的更迭變遷，無庭院可掃；但只縮小清掃範範罷了，個人起居床舖、書桌整理，都是踐行家庭生活倫理，培育人間倫常的場域。六歲入前學的生活教育從家庭生活奠基。

孔子在《論語》嘗云「弟子入則孝，出則弟，泛愛眾，而親仁，行有餘力，則以學文。」說明生活教育是技能和知識教育的根基。漢魏班昭的《女誡》，隋朝顏之推《顏氏家訓》，元朝郭居敬選撰《二十四孝圖說》以及明朝朱柏盧《治家格言》，諸著作隨著歷朝人文匯入儒、佛、道等諸家精粹，對家庭人倫、社會綱常的思想、理論，成就倫理思想和人格養成教育的精髓，家庭生活教育內涵正隨著時勢演進充實，更在急遽銳變中與世界接軌。[8]

[8] 南懷瑾，《亦新亦舊的一代》，1995，復旦大學出版社，頁 40-43。

二、「生活」的起點

Jack D. Douglass（1970：5-12）:「瞭解『日常生活』是邁入所有社會學（含政治學、行政學、經濟學……）的通道（tunnels）。」葉啓政肯定並闡述:「甚至包含所謂的宏觀社會學亦無可倖免。」所有學識莫不以「個體」日常生活爲基點。行政學、政治學……更是以提昇個體、組織、團體的工作效率，爲增益全體人類福祉爲宗旨。

「個體」日常生活是探索跨域治理的起點。社會科學的研究調查莫不回歸到個體的日常生活去蒐集資料。管理學以「個體」爲研究起點，再續以「社會」、「團體」、「組織」等爲範疇，找出社會現象的眞實（reality）。根據學界諸多論析「跨域行政」絕不能跳過個體的日常「生活」，以及個體未來的「職場」，箇中堂奧廣博紛繁，本論著擇其精要略敘。

邁入職場前，個體素養應行準備的功夫究有多廣博，論者角度不一，提敘範疇更是冗雜多元，謹就 21 世紀生活與職場上的基本功夫與「跨域行政」初階實務舒展論闡。日常生活是職場工作及跨域治理的橋梁及通道工程。

跨域協力/治理不是獨立學科（field），因其整合許多學科的理論與技術，沒有唯一其獨擅之學理途徑可循，當前在資訊科技的加持下，社會科學各領域都得跨域協力，遑論在公共行政、公共管理、民主政治活動，它都扮演核心催化功能的角色。「跨域行政」是「一以貫之」，未來公共行政學術論著的明日之星。

三、生活素養、職場工作

（一）立足生活、展翅職場

在職場的工作表現或績效，受制於個人生活素養。生活素養與職場成就未必百分之百絲絲相扣，但有絕對正相關。一位生性剛愎自用、時時與人爭吵、不服主管領導、特立獨行、無法協調合作、生活舉止不合時宜等等都會影響講究工作團隊績效的組織、企業。生活素養品質低落者，干擾組織成員職場氛圍，造成領導者的困擾，以及組織管理運作的成本，沒有一個組織會歡迎一位生活素養低品質的求職者或工作者。符合職場文化的個人生活素養，才能在職場上站穩，才有後續的專業技能的展現機會。

擁有符合企業組織文化的「生活素養」，個人才能在不同的職位環境中歷練，受過不同職務工作經驗的幹部，會是組織團隊重視的領導人選，以豐碩的人脈、專業技能和生活舉止素養，是進行不同部門的溝通協調，型塑跨部門協力的重要菁英幹部。跨域行政工作要透過跨學科知識，從生活、職場中的活問題、活教材，透過朝夕寤寐以求的心得，先透過生活職場領域的素養與技能的冶煉，尋求跨域協力/治理的各種不同解決途徑。「世間一切學問及宗教，都與我們生活密切相關。」（南懷瑾2017）[9]「生活即是教育」（杜威），西方社會是把教育與生活、技能配合在一起。「英雄造時勢、時勢造英雄」這說明歷史與英雄人物有某種程度的因果關係。一個時代中有人才，這個時代就興旺，人才衰落，這個時代就日趨沒落。

（二）洒掃、應退

「洒掃應對進退」六個字包括：「生活」與「人格」教育，這是中國三千年來一貫的傳統。美國也講生活教育，所謂「table manners」從餐桌禮儀學起。但美國的生活教育與就業相配合，教出來的孩子，要能謀職，有飯吃，能生存立足爲第一；我們的生活教育與人格教育相配合。南懷瑾說：「當然將來（教育）會變，依我的看法非變不可，不變就不得了……，到了某一情勢、某一階段，自然會變。」中小學生開學第一天書包裡會裝一塊抹布、衛生紙……，準備把自己的讀書環境弄清潔乾淨。

「洒掃」是生活教育的第一步，學生掃把不會用，只會把地上的灰塵揚起到桌上，甚至滿教室灰塵。「應對」是學習對話、溝通、表達心思的步驟。首次請教對方爲例：「請問先生/女士/小姐貴姓？」請教的過程，要配合適宜的身體姿勢，頭部略向前傾，以示尊敬；臉部表情要略帶微笑，目視對方，切忌盯住對方雙眼不動。更不容許在對方伸出友誼之手時，雙眼左右漂浮，注意力不在對方，馬前總統在競選活動過程，頻生此弊端被媒體批評，後雖有改善，偶會犯之。此舉屬慣性舉止，雖非大惡，但令對方感受到不被尊重、被輕視，原屬良善的接觸反生質變。「應對」是人際溝通橋梁，不容忽視。當對方道出姓氏後，如果姓是

[9] 南懷瑾謹述，2017，《圓覺經略說》，南懷瑾文化，頁106。

一聽就懂要禮貌性地重複對方的姓，加強記憶。

如何審時度勢、洞察未來，能力的培育來自生活能力、技能的增添。當逆境時如何安頓自身，潛隱養晦或「飄然遠引」不爲「五斗米折腰」。《朱柏廬治家格言》有句話：「讀書志在聖賢、爲官心存君國」，這是非常忠肯有分量的名言。

四、時間管理

（一）規律作息

生活規律是有效時間管理的基石。從規律的生活，適時調整生活中的突變步調。在時間緊迫壓力下，舉止勢必慌亂手足無措，面對問題無法以邏輯思維作出最佳決策，如何舉止從容不迫，內心要有時間流程在進行、運作。

在各時段有何要事待辦，宜有一定的優先順序，緊急事故如何重新調置各重要事項的秩序，要有調配原則：如交通工具的選擇、個人安全、食宿、會議等工作或事件，要有優先選項的準則。居家時間管理：起居作息、休閑時段、與家人互動、個人靜心時刻、進修時段等，要分類、要區隔優先進行事項，生活中的「突變」步調也要適時調整。

（二）有限生命的時間管理

「爲最大多數的人謀最大的福祉」的政治信念，屬於政治家的信念，也是少數政治菁英應懷抱的政治理念。這種生命意義的基本觀，吸納過多的政治觀點，受制於政治架構下政治的熱衷者、服膺者、領導者理應鋪陳的基本素養。普羅大眾生存在傳統秩序維持下的社會框架裡，最精準的步調是如何準時，搭上預定公車、捷運到達學校、打工或職場地點，在嚴格執法的老師、店長、老板前，不守時您會是第一個被當、被淘汰、辭退的考慮對象。

在有限生命時程裡，您要把一切優先事件回歸到個人自身上，首先符合外部性的社會結構原則，凡事要求精準，也就是有效的時間管理。有效的時間管理是生命最重要的第一課。

Joseph Campbell（2011）在《千面英雄》（*The Hero with Thousand Faces*）

[10]歸結：「個人對生命的管控，應歸結在個人的極樂愉悅，不單純地爲最大多數的人謀最大的福祉。」個人要學習對生命的有效管控，生活上的時間管理是個人自制力、毅力的展現。

不會因爲上網，打亂日常的學習時程、生活步調；爲朋友慶生；護送女友回家等等瑣事，都可以被拿來當作理由。個人追求的自由或平等，都要在時間框架上受到束縛，不會有例外（如搭高鐵）。只有珍重自己的時間，尊敬別人的時間，你才能在生活中，昂首闊步，取得平等的正當性。

（三）追求永恒價值的時間管理

時間對個人不存在永恒性，抽刀斷水、水更流，時間永不停歇。但有效的時間運用讓個人的學習、工作，獲致成就、創新、貢獻、造福人群等等具永世的價值。因爲有效的時間管理成就預期計畫目標。既使未竟的目標在後續者持續耕耘下，創新更具價值的時代意義；亦即在個人創新努力中，爲後人樹立更具普世價值的標竿。

孫中山先生：「民有、民治、民享」的民主政治理想。或許幾代人的努力仍舊不太可能實現，但因爲他的天下爲公的價值觀，後人奉爲政治圭臬。追求生命永恒價值的時間管理是人生奮鬥目標。

（四）中、長程的時間管理

1.俄羅斯小詩「短」

「一天很短，短得來不及擁抱清晨，就已經手握黃昏！

一年很短，短得來不及細品初春殷紅竇綠，就要打點素裡秋霜！

一生很短，短得來不及享用美好年華，就已經身處遲暮！」

人生總是經過得太快，領悟的太晚，所以我們要學會珍惜，珍惜人生路上的親情、友情、同事情、同學情、戰友情，因爲擦身而過，永不邂逅。「生活習慣」的重要性不輸記憶與理智；「習慣」是行爲舉止的根本，它會在不知不覺中發揮影響力；習慣雖強而有力，卻脆弱易於折摧，改變習慣與放下屠刀同樣能立竿見影。

---

[10] Joseph Campbell, 1949(first ed.), 2011，《千面英雄》（*The Hero with Thousand Faces*），被 Time 評為當年百大最暢銷書之一，Pantheon Books。

2.致力改變習慣

鍾玉玨、許恬寧（2012）譯著《爲什麼我們這樣生活，那樣工作？》[11]歸納原作者 Duhigg 的個案研究指出：「專心改變一個習慣，不只個人可以改頭換面，企業若致力改變營運方式、改變員工溝通模式，甚至潛移默化消費者，讓他們不知不覺改變購物方式。」根據 Duhigg 對習慣的詮釋：「刻意或深思後而做了選擇，過了一段時間之後，不再思考卻仍繼續、往往每天都在做的行爲。」只要我們瞭解習慣的前因後果，習慣一定能改變，引證「變是唯一的不變」。短程不能改變，列入長程計畫，致力翻盤變造。

（五）心、眼觀察寰宇

當注意力集中於一，亦即用集中的心力去觀察周圍，總比用肉眼觀察掃瞄要精細入微。「弱而不可輕者，民也。」、「民者，弱而不可勝，愚而不可欺也。」、「行天下以得民心爲本，失其心則失天下。」昔日人民雖弱又愚，但資訊科技加持下，民不出戶知天下事，行動更加深不可測，在簡訊快速傳播下，民眾能呼之即來，然後「快閃」不見蹤影，沒有顯著的領導者、發起人、帶頭者。

個人是「人民」的一分子，生活中不能不環視周宇中的動靜起伏，外部社會、政治、經濟的變化，都直接、間接影響到個人、家庭及學校。執政者能否秉持「民爲重、君爲輕」的心態，也就是謙卑、謙卑、再謙卑的行爲準則。「用心」、「用眼」旨在察明秋毫、辨眞僞，不被外部假象（fake）製造者、煽惑者、傳播者、名嘴所困惑，進而追尋「眞實」（reality）。當「心思」紛紜起伏不定時，眼觀鼻、鼻觀心，把注意力集中於一心田，亦即用集中的心力去觀察體悟周圍，再用肉眼目瞄，會更精細入微。對人、對事，要同時用心、用眼併同品觀，屆時就如孔子所言：「人焉瘦哉！」

個人不離群而居，生存在大環境中，一切生存活動、步調必須從個體做起，不但要時刻創新、調適，更要與社會菁英學習，用心、用眼細心體悟，追求具有永恒價值的生命目標。

11 鍾玉玨、許恬寧譯，2012，《為什麼我們這樣生活，那樣工作？》，原作者 Charles Duhigg“*The Power of Habit: Why we do what we do in life and business*”，台北市：大塊文化，序。

五、文明素養

（一）「應對進退」是文明人的第一課

「灑掃應對進退」是中國三千多年來一貫文化傳統。美國生活教育從餐桌禮儀學起。美國的生活教育與就業相配合，要能謀職，有飯吃，能生存立足爲第一；我們的生活教育與人格教育相配合。2016 年 9 月 17 日聯合報 A15 版刊載「教育不變革　等著被淘汰」一文，指出教育體制及教育價値要與時俱進、調整。「灑掃」是生活教育的第一步，掃把/吸塵器不會用，只會把地上的灰塵揚起到桌上，甚至滿室都是灰塵、塵埃。「應對」是學習對話、溝通、表達心思的步驟。跨域工作首重溝通，溝通良窳決定協力能否定位？

（二）握手是溝通橋梁

川普式的握手，在展現他的霸氣。在川普首握法國總統馬克宏時，以十足力道緊握馬克宏以致手掌變色，成爲國際頭版新聞。川普後有修正，說明他頗重視世人的風評。「握手禮節」：不容許在對方伸出友誼之手時，雙眼左右漂浮，注意力不在對方。徒令對方感受到不被尊重、被輕視，原屬良善的接觸反生質變。「應對」是建構跨域溝通橋梁，不容忽視。

「生活」講究內外兼修。個人的生活修養很重要。個人未來的入世能否順遂，都要從個人的生活修養培育奠基作起。任何一種制度，都是人爲的；管理者/領導者本身端正，包括思想的純正、爲人公平，行爲坦率，都是好開端。處世三大奇書：《菜根譚》、《小窗幽記》、《圍爐夜話》。《菜根譚》是明人洪應明所著、《小窗幽記》同爲明朝陳繼儒所撰、《圍爐夜話》是清朝咸豐王永彬從道德、修身、讀書、安貧樂道、教子、忠孝、勤儉等面向努力自勉。諸作者都想達成人生偉大目標：立德、立功、立言；但能達成者幾希矣。

（三）「三安」以「立業」為本

立業才能安身、安家、安心。三者任一都要以「立業」爲本。立業簡言之就是有「工作」。有工作才能養活自身，才能安家。三餐不繼，何言其他？職場主管「其身正，不令而行；其身不正，雖令不從。」個體要內外修養兼顧，更重視外用的「時間管理」及「衝突管理」等管理技能。從生活的實踐管理，輔助成爲「工作」領域的高手。

三大奇書箴言良多：「十分不耐煩乃爲人大病，一味學吃虧是處事良方」；「欲利己便是害己，肯下人終能上人」；「處事以忠厚人爲法，傳家得勤儉意便佳」；「誤用聰明何若一生守拙，濫交朋友不如終日讀書」；「責己不責人，此遠怨之道也，信己不信人，此取敗之由也」；「處事要代人作想，讀書須切記用功」；「志不可不高，志不高則同流合污，無足有爲矣，心不可太大，心太大，則舍近難期有成矣」；「敬他人即是敬自己，靠自己勝於靠他人。」

以上所列莫不以修己爲要務。蘇軾（1037-1101）：「國家之所以存亡者，在道德之淺深，不在乎彊弱。」康德（Immanuel Kant）（1724-1804）：「科學並不能解決人面臨的一切問題，人要成爲一個人，還需要道德生活（信仰或信念）。」[12]姑不論世代相距數百年，但古今人物對生活、道德、倫理的重視與信念始終堅定不移。

六、全觀性素養

素養範疇涵蓋生活化、專業化的領域。生活素養植基於家庭；專業化素養傾重於學校對專技的學習、培訓及傳授。茲引據中外學者對素養，如何成就全觀性的行政賢才略述：

（一）管理者的角色與能力

Quinn 認爲領導者要《成爲管理者大師》（*Becoming a Master Manager*）[13]須擔任八種角色具備二十四種能力。這八種角色分別是：導師（mentor）、輔助者（facilitator）、監督者（monitor）協調者（coordinator）、指導者（director）、生產者（producer）、掮客（broker）、革新者（innovator）。

1.導師：瞭解自己與別人的能力（understanding self and others）；有效溝通能力（communicating effectively）；幫助部屬成長發展的能力（developing subordinates）。

2.輔助者：建構團隊的能力（building teams）；善用參與式決策的能力

12 黃明華，2017，《一次讀懂哲學：15 部哲學大師經典》，靈活文化，頁 196。

13 Quinn, Robert E., Sue R. Faerman, Michael P. Thompson and Michael R. M cGrath., 1996. *Becoming a Master Manager: A Competency Framework*. New York: John Wiley & Son, Inc.

（using participative decision making）；調合衝突的能力（managing conflict）。

3.監督者：監督個人績效的能力（monitoring personal performance）；管理集體成果的能力（managing collective performance）；管理組織績效的能力（managing organizational performance）。

4.協調者：管理專案的能力（managing projects）；規劃工作的能力（designing work）；跨域管理的能力（managing across functions）。

5.指導者：規劃願景、目標、策略的能力（visioning, planning,and goal setting）；組織與規劃的能力（designing and organizing）；有效授權的能力（delegating effectively）。

6.生產者：懂得有效工作的能力（working productively）；塑造良好工作環境的能力（fostering a productive work environment）；管理時間與壓力的能力（managing time and stress）。

7.掮客：掌握與維持權力的能力（building and maintaining a power base）；協議談判及爭取承諾的能力（negotiating agreement and commitment）；有效口述表達構想的能力（presenting ideas: effective oral presentations）。

8.革新者：預知環境變遷的能力（living with change）；創造性思維的能力（thinking creatively）；管理變革的能力（managing change）。

（二）陳嫦芬的菁英素養

陳嫦芬在《菁英力》書中「全相素養課之心緒智能」，主管首要的素養是「瞭解自我」與「做自己諍友」，這與 Quinn 的文字表述不同，但內涵前後貫穿，精髓一致，咸從自己的內心淨化修煉爲起點。一位勇於面對自己缺點的主管，才能「觀心自在」。坦誠面對自己的人始能接納自己心中的規勸，撫慰心中的苦悶，旁人無法越俎代庖撫慰心緒解開心鎖。作者對女性在職場素養有一段非常精彩的雋永慧語：[14]

---

[14] 陳嫦芬，《菁英力》，2016，台北：商周，頁 334。

「我刻意追求真、善、美的整體形象，關注自己的儀容裝扮及言行舉止，在任何場合都要得體適切。我追求實質的知識與素養內涵，透過實踐鍛鍊，滿足自我實現的目標……，令人心情偷悅的女人，她的氣質是經由大量時間與心力化育而出，不只是鮮亮外表。她關注自己體態，有紀律地運動。她懂得按當令節氣飲食，學習料理，照顧身心。她留意季節天候的變化，以及環境條件，總是合宜地打理自己的儀容穿著。她能跟書法家聊字畫，也能與畫家談色彩、佈局和光影。跟人家相處，她總能體察人意、主動關懷、表達愛意。即使在餐廳裡，咖啡上桌時，她也會優雅地調整她詳述在職場中，女性形象的「端正」重要性非比循常，遠遠勝過世俗的豔麗華服。[15]再說職場待遇難作相互比較，若被問到待遇薪酬問題，她建議：「請依我能力績效決定，我沒有特別意見。」慧語點醒後世學子，應將之列入生活工具包。決定職場的選擇，薪酬待遇不是最優先選項。「學習與發展機會才是選擇職場的最高指標」，愈高薪酬需要愈高的績效來支撐，那是職場的鐵律。

（三）非禮範圍不容觸碰

孔子曰：「非禮勿視，非禮勿聽，非禮勿言，非禮勿動。」人人都能朗朗上口，但在生活上，那些屬於「非禮」的範疇，不同的生活地域、習俗、宗教、社區，甚至宗族間都存在不可言喻的禁忌，一旦不經意地觸碰，都會形成該場域的另類人物。生活上被列入「非禮」的事項，謹列數端供參。

不碰私人隱私包括：異性的年齡、衣著、性傾向、婚姻、家庭狀況更不宜當成社交談論話題，應該充分尊重；個人錢財問題、薪資所得，不被當成社交話題，尤其職場談論薪資是被列爲忌諱；在工作場域、社交圈情況日趨複雜及資訊快速傳遞下，愈來愈多過去不被重視的私人領域，已被列爲個人隱私；閨密對私人隱私要絕對尊重，不傳、不談、不記，一旦按錯鍵就被上傳「貼文」，屆時難以解說。

（四）生活、職場禁忌

諸多生活舉止，在規模宏大的私人企業，會被列爲禁忌：職場上薪資獎金、主管與屬員互動表情、身體碰觸。在公部門服務的公職人員而言，各職等的薪酬等級，法有明定，非依法任何主管都無權增減薪資，沒有人會去探詢別人的薪酬多寡，因爲只要知道職等，薪酬多少都公開透明，詳細明列在公文書上。

咖啡杯的角度，讓自己欣賞骨瓷杯上的細緻畫工。」

15 陳婥芬對培育修養「端正」女性有如下經典表述：

「衣著素淨下襬長過膝蓋不需坐下還要調整衣著，至於緊身露體在職場不宜。鞋跟不過高，要能讓身體行動俐落遊刃有餘，不致酸痛；隨身配件初入職場以材質樸素為美，不追時尚名牌；要依能力配合精進，展露聰慧及行事認真是個人最佳形象。刻意修練聲相及活力，言簡意賅言之有物；掌握肢體語言，身姿端正，眼神凝定不飄浮；收斂心緒不煩躁；不說長道短聊八卦；要善於獨處，藉以平衡身心；刻意接近素養高雅之士，謙虛請益；追求平權不追求特權；結交藝文人士增添人文藝術素養。」

私部門工作職場，薪資被業主列爲不宜公開談論的話題，因爲對業主而言，每個人的努力、貢獻及可塑性不同，薪酬自應有別。陳嫦芬強調：「不論大小企業切記個人薪資不得談論碰觸是職場管理天條，至於計較收入高低，易激化人事間的矛盾及衝突。」

詳實紀錄個人生活與工作間的困境，有回饋反思之效另拓新局，更要虛心向益友良師前輩請益；絕大部分困難要自己突破、克服，情緒的失控是自我控制能力、情緒管理能力的失分。任何程度的抱怨、訴苦、批判，無助於專業技能及素養的提昇，都是負面的影響。

職場講究團隊工作紀律。職場紀律如何遵循踏實踐履，以符團隊工作要求？每位成員在各層次應遵守的紀律各有區隔？凡事講方法，妥善思辨，窮究細節，克己復禮是根本紀律；經一事要長一智，善筆記、反思辨、細歸納；尊重前輩以禮相待，善提問題找答案；善體人意，禮上往來，知恩感報；善惡分明，誠信正直；珍惜職場閱歷。

社會學家指出如何提昇人類生活層次的潛在力量，不能忽略人類天性原具有情智的想像和感應。追求生活浪漫要以感性爲基礎，佐以深耕追求不在皮層的輕觸。職場各有不同的次文化，或稱場潛規則，那些是潛規則？如何辨識其實不難，找到一位同職場的前輩（mentor）多加請益即可。其實善用個人的特質優勢不難達成：包括眼亮、嘴緊、腰軟、心寬。眼亮指明察組織中之次級團體及其領導者；嘴緊指不聊不傳八掛，即使眼見耳聞未必是眞實（reality），何況聊傳更加是禁忌；腰軟指向同仁請教，注意態度決定您的眞誠或虛僞；心寬指心胸開闊不計較他人的誤失，嚴以律己管制情緒。

一切世間事屬於生命、藝術、哲學或宗教領域之事，如只是該領域偏狹之管見、常識與方法，未爲世人採行奉遵均不足以爲法；知識與方法之事，多少天下人都會說一些，但自身果能以其所知而加以實踐者，卻少之又少。至於人之所以不能如此，無他，其所知並非「眞知其所知」罷了，即無眞實性，人貴在眞實與實踐，其他均不足恃（葉啓政 2008：359）。

第二章　生活管理

一、知心、知己

（一）誠實面對自己

生活管理從「知己」作起，知己指從自己當下的處境及狀態，進行理解及坦誠剖析，深入關注自身具備拓展前錦的優勢條件及劣勢何在？才是誠實面對人生進行調整的動力。無法清晰看清自己，那是濛混、混日子不負責任的表徵。沒有一位有見識的異性，會對一位在人生方向把持不定的人，給與更多的關注、付出。

愛惜自己要從生活作息作有規律的安頓，生活秩序雜亂無章法，對另位生活伴侶無異是另類的不尊重，儘管對方口頭常掛「愛你」、「甜心」、「親愛的」，都是六月芥菜假有心。生活作息秩序的配合，不只對親密愛人，對同一屋頂下的室友仍要以尊重態度待人，不容只顧自己的生活方便、稱心，放任跨大肢體動作，無視旁人的存在。講求民主素養的人，居家及在外舉止有一定尺度要遵守。

時下特定年齡層的朋友們，在視力聚焦於手掌方寸之域，較前少有群聚叫鬧、爭吵之聲。但相對的眾人視力減弱比率遞增，人際溝通技巧愈趨策拙，互動頻率減少，一旦磨擦碰撞，在欠缺有效的溝通技巧，小事變大事，大事成新聞。

「生活」的調適，第一步是「找」字頭字上加一撇，找出現在的「我」，應該處在何種情境，才能因應未來的變局？記住「變，是唯一不變的眞理。」第二步是「調整步伐」，要理順生活中的不佳、不明、不良的生活舉止，誠實面對自己，進行翻轉人生的「生活管理」。

誠實是「生活管理」的行動準則。哈利波特一書作者 J. K. Rowling，2008 年在哈佛大學演講有段發人深省的話：「我不再欺騙自己、不再假扮自己，開始投入所有的精力，完成那件唯一的重要之事。……而正是因爲擁有那樣的決心，我才能在那個讓我擁有眞正歸屬感的領域有所成就。」生活管理首步曲是知心、知己，確切掌握心之所欲，全力以赴。生活與職場同樣要投入心力、決心，始能找到定海神針。

（二）態度決定高度

年輕人以什麼態度來面對工作？當責與盡責又有什麼不同？盡責（responsibility）是成功的基本素養，當責/課責（accountability）是幫助自己找到更多機會的關鍵。據統計數字指出：薪水只是離職的第四個原因。老闆的重視、發展機會、同事相處……，決定在職場上的作爲。王力行、洪蘭在不同的講壇與作品，以不同形式與年輕人論勉激勵在職場上的工作態度，因爲態度決定您事業高度。

麥克阿瑟的「爲子祈禱文」:「主啊！……請使我的兒子能夠不以空想代替行動……，同時知道體認自己是知識的基石……，讓他能接受困難的磨鍊和挑戰，讓他學習在風暴中屹立……，能在駕馭別人之前先學會駕馭自己……，賜給他謙虛，使他了解眞正偉大之單純樸實，能兼容並蓄，能溫和謙遜……」謙虛是態度最具體的外顯，體認自己的優劣，進行 SWOT 分析，知己知彼始能立於事業不敗之地。

我們的教育方針在那兒？有位學子的答案是「考試」。從小一到國中、高中、大學，每個學程重點只強調考試。參加公職，同樣也要考試，進入公門一樣逃不了，公務人員各官等的晉升都要考試與訓練。人在制度框架內，通常要依制度規範，考試制度是現階段被公認爲較公平、公正的機制。

公共管理學有所謂「制度論」（institutionalism）。如何在制度框架內，學會生活的技藝，再融入工作職場？也就是從生活領域，跨進工作職場。考試制度被公眾批評，考其原因不外教學、考用、生活與工作之關聯性、公平性出了問題。生活與職場不容逃脫組織制度框架，只容以卓越才藝脫穎而出。

（三）誠實面對自己

誠實面對「自己」，才能百戰百勝。生活管理從「知己」作起。知己指從自己當下的處境及狀態，進行理解及坦誠剖析，深入關注自身具備拓展前錦的優勢條件及劣勢何在進行調整。看清自己，反之那是濛混、混日子不負責任的表徵。愛惜自己要從生活作息作有規律的安頓。個體在自身修練過程須循序漸進，以個體爲核心向外展延；「認識自己」爲優先，找出「關心自己」的面向；認清後會更關切自己。只有澈底對自己坦誠，始能確立後續行爲。關心自己不是讓自身脫離這個多元且多變的世界，而是看清世上的生存條件採行具體行動，讓自己準備成爲工作場域中的菁英。

二、「要事」何意？

（一）那些「要事」？

生活始自每天清醒後的「要事」。軍旅生涯醒後第一件最重要且影響一生的行動是「疊被子」。疊被子，這不但影響當天學習心情，更是決定當天中午，同學舒服臥床午休，你卻被要求日正當中烈炎照頂下，不斷被挑剔缺失的豆腐乾（被子），額頭早已熱汗狂瀉濕透背心。俟豆腐乾被班長認可，捧著回寢室，剛闔眼想休息，那貫穿刺耳的「起床」哨音響起，翻身起床第一件事依舊是「疊被子」。日復兩次的「疊被子」，不容有任何被挑剔的角度呈現。「疊被子」是軍旅生涯首要工作、紀律養成教育，咸以它爲訓練底蘊，對個人而言是一生自律要求的基本功。生活的自律是成就工作事業的基礎工程，礎石盤固有助一生學習、創業立基。

跨域協力/治理不是獨立學科（field）。因其整合許多學科的理論與技術，它是多元化、多樣性的學科。當前在資訊科技的加持下，社會科學各領域都找得到跨域協力的場域，遑論在公共行政、公共管理、民主政治活動，它都扮演核心催化功能的角色。

根據領導理論不論領導模式是寡頭或多頭領導，領導者依舊是跨域協力的領頭羊，領導者的作爲左右被領導團隊的績效或表現，亦即領導者特質（trait）影響領導實務。影響特質的因素良多，最爲根基屬於領導者的生活模式，以及後續教育、訓練、工作閱歷及自我修練。跨域行政的實務要從個體的生活層次挖掘探索。研究跨域行政的起點是「生活」，由「生活」模式探索個體、群體、組織、社群、到國家層次的文化、政治、經濟、政策等運作內涵，此爲研究「跨域行政」專列生活篇的緣由所在。

（二）生活品質

每天辛勤工作最基本要求在生活溫飽；生活無堪虞，次求生活品質豐碩多樣化，力求與社群同僚的生活水平儘量符合。孫本初在《公共管理》[16]一書：「工作是人類生活中一項極重要的一項活動，深深地影響到

---

16 孫本初，《公共管理》，2001，台北：智勝，頁545。

每個人的生活方式、社會關係及其福祉等。……如何改善及提昇「工作生活品質」（Quality of Working Life, QWL），便成爲當前各界關注的主題。」書中引據 Kolodny & Van Beinum 在《工作生活品質與 1980 年代》（*The Quality of Working Life and the 1980s*）[17]一書所宣稱：「QWL 不僅受到學界所關注，而且也成爲現行組織實務（organizational reality）中，一個愈來愈重要的問題。」工作、生活品質齊頭並進是現代組織人資部門責無旁貸的重大工作，更是職場工作者首要關切的主題。

（三）改變自己、人生目標

生活範疇包括：家庭生活、學習生活、消費生活、休閒生活、社會生活、宗教生活等等。個體在自我修練過程須循序漸進，以個體爲核心向外展延。「認識自己」爲修練最優先選項。只有眞實地認識自己，關切自己的步幅始會落實穩健人生目標。關心自己不是讓自身脫離這個多元且多變的世界，而是以入世精神看清世上的生存環境的變化，讓自己成爲工作場域中，採行具體行動的理性主體。如何在現勢情境，學得一技、二技、三技等專長，進而在巔坡險惡荊棘無處的各種場域，踐行「關心自己」的程序與步驟，邁往「照顧自己」的領域。這乃是從生活中認清自己，在學習中準備/粹練工作技藝進程的必要選項。這一切要以客觀知識來獲致及證成。

「改變社會」是有志者的偉大抱負。但社會心理學家 Carl G Jung（1999）提醒世人：「個體才是改變的眞正起點。」立志改變世界的志士，往往忽略自己才是改變的起跑點。社會的改變，都是從個體開始體驗、貫徹。「認識自己」是「關心、照顧自己」的底層課題及必要修養功夫。識人難、識己更難。當我們用心找到自己的定位，要竭力以智慧適時調整並提昇自己的能力。

舉世名導史匹柏因故輟學後，重新回到學校，增益所不能。他認爲學習不但能呼應內心的直覺，更是爲自己定位的調整找到支撐點。Charles Duhigg 指出：「人要改變自己，最重要的是設定自己的人生目標。」管理要從個人的生活爲起點。常言道：「國者人之積，人者心之器。」心志決定個人的生活及工作，一個人若缺乏人生目標，宛若漂蕩波濤大海又無羅盤的孤舟。人生目標是個人的定海神針。

---

[17] Kolodny, H. F. & Beinu m, H. Van., 1983, *The Quality of Working Life and the 1980s*, New York: Praeger Publisher.

Charles 在《為什麼我們這樣生活，那樣工作？》（*The Power of Habit: Why we do what we do in life and business.*）一書中的主角名叫 Lisa Allen。她「決心改變人生的首要目標是戒煙。」[18]戒菸絕不是易事，她養成慢跑習慣，改駁飲食、工作、睡眠、存錢的方式，規劃每日的作息時間，等等看似小事的細節成就未來事業。葉啓政引據 Carl Jung（榮格）：「不管改變社會從那裡開始……，個體才是改變的眞正起點……，任何人都可能是起點……，任何人不能忍受袖手旁觀，等著讓別人做一些他自己不願見到的事。」因此葉啓政說道：「人無本相，社會世界也無本相，虛空是嘗試的發生地。」[19]與其期待別人改變，不如從「自己」作起。個人可以從不斷嘗試成功過程，摒棄失敗的因子，孕育自我型塑證成，終獲自我肯定。

（四）天外有天、人外有人

在題爲「在永遠人外有人的灣區，我的五大錯覺與成長」一文。作者北加路人謙卑地坦誠：「這裡有一種魔力，讓我總是滿懷謙卑默默地走在路上，覺得自己是隨時可被取代的路人。這種感受是在經歷許多不同的錯覺才養成的。」[20]比來比去，終究一山又比一山高。自己的路終究還是得自己走。還不如把環境的壓力，轉換成督促自己進步，謙虛的動力。即使是凡人，還是要在人才的落葉堆中，找到自己的立足之地。「心志不苦，患難未嘗，則智慧鈍，而膽力怯。」

（五）從生活中學習

Steven A. Spielberg（史匹柏）是兩屆奧斯卡最佳導演，屬家喻戶曉的大師級導演，拍片近半個世紀，執導的數十部電影在全球創下超過九十億美元的總票房。2016 年受邀哈佛大學畢業典禮致詞。在典禮上他拿《星際大戰》、《法櫃奇兵》爲例，形容畢業典禮就是電影中所謂「角色定義的關鍵時刻」，接續有如次演講內容：[21]

---

18 Charles Duhigg,2012, *The Power of Habit: Why we do what we do in life and business.*大塊文化.

19 葉啟政，2008，《邁向修養社會學》，三民，頁 293。

20 作者署名北加路人，描述在灣區（Bay Area）（指加州 San Jose， San Francisco，and Oakland 等廣大地區）生活與工作體驗。http//:www.cw.tw.職場/北加路人

「錯覺一，是以為能流利地講兩種語言就讓我與眾不同；錯覺二，以為拿個 MBA，或念個不錯的學校是賣點;錯覺三，是覺得我還年輕；錯覺四，是覺得我好像已經很辛苦了；錯覺五，是我把太多重點放到別人身上。」

21 以下是 Steven A.Spielberg 演講來源及其簡略精要內容：

當我們用心找到自己的角色定位，要竭力以智慧適時調整並提昇自己的能力。史匹柏因故輟學後，重新回到學校，增益所不能，學習不但能呼應內心的直覺，更爲調整自己的定位找到支撐點。

（六）改變從自己開始

社會心理學家 Carl G Jung（榮格）（1999）：「個體才是改變的眞正起點。」社會的改變，都是從個體開始，體驗、貫徹改變。認識自己是關心、照顧自己的底層課題及必要修養功夫。識人難、識己更難。Charles Duhigg 指出：「人要改變自己，最重要的是設定自己的人生目標。」[22]

跨域治理要從個人的生活爲起點。常言道：「人者心之器。」心志決定個人的生活及工作，缺乏人生目標宛若漂蕩波濤大海的孤舟。「修養」是一種對自己對話的過程，包含自我理解、詮釋、反省與精進的努力。修養是自我能量的增値，旨在自我認定，不在於能否獲得別人的肯認。

---

http://www.cw.com.tw/article/article.action?id=5076799&utm_source=dailybrief&utm_medium=Email&utm_campaign=dailybeirf#sthash.F9oLRu53.dpuf

「在電影裡，我想像出許多可能的未來，但是真正的未來，將由你們來決定。我期待它會是個正義與和平的未來……」作為七個孩子的父親，我一直告訴他們，上大學很重要，可是我自己卻沒有說到做到。因此，五十幾歲時，我重新入學，在加州州立大學長堤分校拿到了學位……。而且，校方還因為我拍過《侏儸紀公園》，特別送了我三個古生物學的學分，當年輟學，是因為我曉得自己未來要做什麼。你們之中，有些人也知道未來要做什麼，但有些人就不是那麼清楚，或許你會開始懷疑，自己的選擇是否正確。真實生活裡，你們每天都會面臨抉擇，因為人生就是一長串定義自我的時刻。人生的前二十五年裡，我們一直被訓練要聽別人的話：家長和老師灌輸我們智慧與資訊，接著是雇主告訴我們世界如何運作。《侏儸紀公園》的作者克萊頓喜歡引述一句話：「如果你不懂歷史，那你什麼也不懂；你只是一片不曉得自己屬於一棵樹的葉子……。」你會發現，傾聽內心深處的聲音，真的很重要——這股細微的聲音，讓林肯和辛德勒（*Schindler's Ark* 一書的主角 Oskar Schindler）做出了正確的道德抉擇。記得，在定義自己的關鍵時刻，別讓你的德性，因為一時的權宜而開始搖擺。堅持，需要很大的勇氣，所以你需要許多支援，包括家人、好友，還有你生命中的摯愛。摯愛、支援、勇氣、直覺，這些都放進了你的英雄工具箱，但你還少了一樣東西：英雄需要壞人，這樣才有打擊的對象（A hero needs a villain to vanquish）。各位，你們很幸運，因為這世界充滿了惡魔怪獸，包括種族歧視、同性戀厭惡、種族仇恨、階級仇恨，還有政治和宗教仇恨。用更多的人性對抗仇恨：無論哪一種歧視，無論對象是穆斯林、猶太人、少數民族或多元性別（LGBTQ）族群，背後的根源都是仇恨。……

最後要祝福你們，有個好萊塢式的快樂結局：希望你們跑得比雷克斯暴龍還要快，成功抓到大壞蛋，而且別讓老爸老媽擔心，有事沒事學學 ET，Go home，回家吧。

[22] Charles Duhigg，2012，《為什麼我們這樣生活，那樣工作？》（*The Power of Habit: Why we do what we do in life and business.*），大塊文化。

（七）致力成為專業菁英

「生活即是教育」。Dewey 從「生活」層次探討個人在亂世、太平時際，如何爲個人立身、修練，爲社會進行奠基貢獻心力。美國把教育與生活、技能融合在一起。技能是職場上競爭工具，不必每人具備萬寶工具箱。專精於一技，以資訊科技快速發展，恐不足因應時代變遷，但要在專業領域成爲菁英，立於不敗之地。

台灣每逢選舉，都期待政黨參選人是天縱英才。一個時代有人才，這個時代就興旺，人才衰落，這個時代就日趨沒落。人在世百年，首要有生活的價值觀，或說人生哲學。淺說一點就是人生志向。「生活是爲人、處事的起點。」

三、正規學程的生活管理

（一）正規學程

所謂「正規學程」指教育體制下在校學習年限。從教育過程中學習生活的技能，包括德智體群、智慧、心性、邏輯、品德（守法）。人在制度框架，通常要依制度規範，公共管理學有所謂「制度論」（institutionalism）。如何在制度框架內，學會生活的技藝，再融入工作職場？也就是從生活領域，跨進工作職場。做人、處事都是學問；做人就是與人相處，作事就是工作職場上的所作所爲，每個層面都要兼顧。

（二）永續學習

正規學程是永續學習或稱終身學習的起點。人生任何時段都是學習起點，沒有太遲問題，教育體制下的學習目標：各學期、學年、大學、專業技能、碩博士學程，都有學習目標的管理。年齡只對體制下的教育規範較具約束力，高中高職以上教育年限幾乎不再設限，只要有心向學處處時時都是機會。以現今資訊廣佈深入程度，只要有心向學，連路旁廣告詞、手機都是學習媒介，學習標地要明確更需持續耕耘。「活到老、學到老」人生學習沒有終點站，任何時段都來得及。Dick Pels（2000）在《理論、文化、社會》（*Theory, Culture and Society*）一書提出「反思」，主張「向上一步」（reflexivity: one step up）的觀點；葉啓政（2006：111）論評如次：

Pels 的論點是人各有優質及缺點，缺點弱勢是可以改善，也必須改善，透過教育、自修等方式修練。修練一向有它的侷限性/限制性，不必無限制地要求向上提昇。透過反思就要達到最終眞理，不可能，也不必如此強迫個體。時間的侷限性：加上自我自制的組織力、意志力都會是「向上一步」的阻力。入世不必憤世：人們不能把所有的一切任務全推給政府，屆時政府權力過於強大，而終致殘廢麻痺偏離現實。學習是個體的自由、權益，個體生涯學習可以突破體制教育的功能、限制，政府不會無限期提供免費午餐，即使生涯學習是自己長期修煉，沒有理由要政府、或他人爲您付費。

當政府是萬能的，它需要的只剩「順民」；民主自由制度是讓人在法制規範下發揮各個人的天賦，是立足點平等不是齊頭式平等。天下沒有白吃的午餐，不是嗎？學習要有動機，爲己爲人、爲理念、爲宗教拯救世人，再說世上苦人多，都是好理由，只要起心動念是純正的。

四、保持「安全距離」

（一）多大距離？

「保持適當距離，是表達愛與尊敬的最佳範式。」距離指內心及實體的距離，內心的尊敬，彰顯於實境的距離，否則會顯出輕挑不穩重，讓對方感到受冒犯、受輕視的感覺。多大距離才算安全？端視年齡、性別、親疏、層級、職業及彼此熟稔程度有異。通常女性面前保持二個手臂長度，同性可略近些，但不宜短於一個半手臂的距離。與年長者交談，要依經驗判斷其聽力程度略調雙方距離，且上半身略爲前傾以示尊敬。

東西文化不同，人際間距離（interpersonal space）更與習俗、文化有別，各有觀點。上世紀八十年代美國管理學者 Hunsaker（1986：186-192）建議人際間距離：親密區間 2 呎、人際區間 2-4 呎、社交區間 4-12 呎、公眾區間 12 呎至能聽、能見之間距。[23]

「一日三省吾身」此乃先賢勸戒之良言，以今日生活的繁忙，能抽出一時半刻透過獨處及思辨，反思自己的覺察力、行爲、工作、待人，

[23] Hunsaker, Philip L. & Anthony J. Alessandra, 1980, *The Art of Managing People,* Simon & Schuster Inc. New York, pp186-192.

是否珍視自己，尊敬他人。要學習愛自己、愛自己的健康，始能持續上進。

（二）安全距離是人際關係最高指導原則

「安全距離」是交通安全準則，更是人際關係準繩。距離是觀察事物的基本要求，不致失真或失焦。「安全距離」不只在實質的尺寸距離，它的珍貴在內心的尊重、舉手投足循規蹈矩。陳嫦芬從職場經驗告戒：「陌生人對話要隔一手臂長至二手臂長的距離。除跟巴弟（body）的哥兒們在私下場合打鬧；女性們要尊重對方的容納程度，切忌一廂情願有手肘體膚碰觸，那是社交禮儀，沒有一位主管容許下屬對他/她的身體或衣服作出碰觸或拉扯動作，那是挑釁、蔑視之舉。」

重視兩性平權的趨勢，安全距離的保持更是時刻不容忽視。依法，只要讓對方感覺你的舉止、眼神讓女性「感覺不舒服」，女性得對你提出性騷擾的控訴，罪名成立與否，法官自由心證會是關鍵。遑論性別間LGBTQ的撲朔迷離，「安全距離」能不重視？

（三）獨處思辨、寧靜致遠

「吾日三省吾身為人謀而不忠乎與朋友交而不信乎傳不習乎」此乃先賢勸戒良言，以今日生活的繁忙，能抽出一時半刻透過獨處及思辨，反思自己的覺察力、行為、工作、待人，是否珍視自己，尊敬他人、尊敬長輩、學習愛自己、愛自己的健康，始能持續上進。何以獨處如此重要？陳嫦芬以獨處修身為日常自習功課，彰顯人生成就。且看諸葛亮誡子書如何勸戒世人：[24]人云：此乃「澹泊明志、寧靜致遠」一詞的來源，再說不修不能精，不精豈能跨越，不能跨領域擅專豈能成大業？

《大學》提到：「大學之道，在明明德，在親民，在止於至善。知止而后有定，定而后能靜，靜而后能安，安而后能慮，慮而后能得。」「安而后能慮，慮而后能得」。慮是思維，經過思維才能達到智慧的成就。修身先談心定行戒。戒不限外在行為，起心動念都是戒。在紛擾職場姑不論居於何職，起身動念要識獨處之益，懂得靜思才能明是非不致玩歲愒日。

[24] 諸葛亮，《誡子書》：「君子之行：靜以修身，儉以養德。非澹泊無以明志，非寧靜無以致遠。夫學須靜也，才須學也。非學無以廣才，非靜無以成學。慆慢則不能研精，險躁則不能理性。年與時馳，志與歲去，遂成枯落，悲嘆窮廬，將復何及也。」

五、情商管理與居家

（一）情商管理

影響生命方向與生活品質的因素枚不勝舉，以自己的情緒控制最爲關鍵。最耳熟能詳的莫過於管理學「情商」（Emotional Quotient, EQ）管理。EQ 管控與需求，屢屢發生在不經意的場景，與家人相處難免口角磨擦、意見相左，在無名火的驚爆點引燃後，不但原和諧氣氛的家人相處，驟降爲冰點，若不能化解，時日一久演變爲凍土，家庭溫馨和諧不在，僅只肇因個人一時無法掌控情緒。在職場工作，不比在家，但情緒失控的代價，會因人、事、物、地、時之不同，會導致不同程度的破壞力與殺傷力，後遺症恐難預測，情緒管理是衝突管理最前端的工作準備。約束情緒是衝突管理的關鍵課業。對情緒的清晰認知及提昇管控能力是長期學習的課業。每個人對自己心緒上無端的煩惱、人際糾結、意見相左、莫名妒嫉心，都需經年累月不斷反思，形塑正向的思維及因應策略。

（二）古人對居家看法

古人曰：「百年三萬六千日，不在愁中即病中。」孔子一生擔憂四事：「德之不修、學之不講、聞義不能徙、不善不能改。」「子之燕居，申申如也，夭夭如也」：燕與晏相通，燕居也叫平居。在家的生活很舒服。夭夭如也是活潑愉快。舒身愉悅是居家首重。孔子居家是「一以貫之」。「一」字宋儒解釋爲「靜」，要在靜中涵養，後有打坐，儒家、道家、佛家都想在靜中慢慢涵養心性，以明心見性爲宗旨。以靜坐找到自己本性的東西叫作「一」。

老子：「爲學日益，爲道日損，損之又損，以至於無。」每天知識的累積就是學。損是要丟掉，到最後連「丟掉」都要丟棄。至此臨「空靈自在」的境界，這仍不夠，連空靈都要丟。最後到了無，人性的本源就發現了。唐代白居易學禪有悟，其詩如次：

須知諸相皆非相，若住無餘卻有餘；
言下忘言一時了，夢中說夢兩重虛；
空花那得兼求果，陽燄如何更覓魚；
攝動是禪禪是動，不禪不動即如如。

南懷瑾在《圓覺經略說》有類此勸勉：「學佛的第一步要先能享受寂寞，沒有這種休養，不能談學佛。」個人家庭生活的優裕舒適與否，只提供個人邁向健全人格，容有一定程度的助益，但不是絕對，故有紈褲子弟之流，良好家庭生活必須佐以中國傳統固有優良的文化哲學思想教育。

（三）習慣

深入瞭解生活習慣的力量有多大？首先要認知何謂「習慣」？根據Charles Duhigg在《The Power of Habit》一書強調：「習慣指刻意或深思後而做了選擇，過了一段時間之後，不再思考卻仍繼續，往往每天都在做的行爲。」根據 Duhigg 研究指出，習慣可以透過計畫性培育，佐以神經學與心理學，培析行爲模式背後的原理與機制，重組或折解習慣，改變習慣是絕對可行。生活習慣的重要性不輸記憶與理智；習慣是行爲舉止的根本，它會在不知不覺中發揮影響力；習慣雖強而有力，郤脆弱易於折摧。教育學家肯定學齡前幼兒的家庭生活，對完整人格的形塑扮演舉足輕重的角色。家庭生活所培育的「生活習慣」，它的影響力，持續對個人發揮不容忽視的影響力。

六、理財固本

有錢才有膽、有膽生活、工作才能挺起胸膛，往前躍進。

（一）理財、生活

「理財」指追求財富增值時兼顧風險與報酬。財富通常可分爲動產與不動產兩大類。「報酬」以報酬率來衡酌，以 0%至 100%的獲利期盼因人而異，當然更有千倍萬倍者。報酬率波動幅度愈大表示風險愈高，理財者如何理財分散風險，俗語：「不要把所有雞蛋放在同一個籃子。」這是理財者最通俗的原則，如何理財投資？論者意見不一，教科書屢有「投資理論」專章論析。[25]本文「理財固本」屬經濟學的「微觀經濟學」（Microeconomics）範疇，專指個人的經濟行爲或如何作出經濟決策。至於「總體/宏觀經濟學」（Macroeconomics）則指通貨膨脹、失業和經濟成

[25] 袁金和、謝明瑞，2008，《經濟分析》，國立空中大學，頁465-498。

長等大圖景，探究經濟運作狀況，兩者有別。[26]

前德意志銀行台灣區總經理吳均龐提供理財觀點：[27]他在接受鄭閔聲採訪時樸實率直論析如附註：[28]

吳均龐語重心長的提點人們要紮實認眞工作，投資專業技能，累積財富，那是鐵律路程，噪進妄想一夕發財，必招災厄。在企業管理及證券投資的實務專家黃培源在《理財聖經》一書：「投資理財不是技術，而是觀念；理財的重點在於有錢可理，不在金錢的多寡。」[29]：「投資專業技能」以投資利潤的不穩定性而言，經濟學家向有長篇論述可供參酌。施建生《經濟學原理》一書有專節論析「投資」，對投資的變化與投資者所得關係有深入淺出論述。[30]前述三位理財專家從不同角度論析理財，各有其信徒。論者認爲理財根基在智慧、時機、閱歷、動機等條件的配合，時運相濟就能乘風而上。

（二）銀行定存

某前考試委員、監察委員係母校傑出校友，有位旅居香港財經專家的千金，給母親最佳的理財建議是「銀行定存」。若在 50 歲前聽懂吳總經理等財經專業人士的佳言，今天的退休老本說不定會豐碩一些。一生轉換數次職業是人生常態，重點在轉換跑道前別忘了對自己的投資及專業技能的培育，永續人生必定要配合終身學習。

---

26 江靜譯，2009，《躲不開的經濟學》（*The 21st Century Economy: A Beginner's Guide.* Author: Randy Charles Epping），南京：譯林出版社，頁 15-23。

27 鄭閔聲， 2019，文採自 Cheers 雜誌。
https://www.cw.com.tw/article/article.action?id=5097248

28 吳均龐口述鄭閔聲撰文如次：
「一般人應首重踏實賺取薪資、累積財富，行有餘力再從事投資……，沒見過『窮人，能單憑理財致富。』……，所有受薪階級都是窮人，或好聽點叫中產階級……，99.99%的人都是中產階級，生活沒有太大差別，不要擔心自己落在人後……，一般人主要財富來源是工作收入，不是投資理財，而投資理財沒有通則……，認真、扎實地做一份工作、培養自己的專業和技能，慢慢增加薪水累積財富……，30 歲前投資自己就是最好的投資理財方式……，全世界絕大多數的財富來自繼承，繼承最大宗就是不動產……，大多數有錢人都是靠土地賺錢……，祖先沒留，就幫自己弄一塊房地產……，定存是最好的保本商品，30～50 歲間，繳完房貸就等於累積一大筆財富，不必擔心沒理財……，60 歲後接近退休，一切投資理財以保本為主……，『你不理財、財不理你』這是金融機構推銷術，為賺手續費才說的話，這觀念害慘很多人……，投資理財必須『行有餘力』才進行投資；賺到的錢也應拿來充實子女教育經費與退休基金，而非加碼豪賭……，定存與房地產這類保本型投資占資產約 60%，另外 40%則分散投資……。」

29 黃培源，1997，《理財聖經》，台北：商周文化公司，頁 25-35。

30 施建生，1991，《經濟學原理》，台北：大中國圖書公司，頁 372-376。

坊間經濟學、投資理財、經濟財報，專業雜誌無數，但除網路電視之「淺見菁英」之輩，沒有一位理財專家膽敢拍胸指導發財之路。誠如吳均龐所言：「投資理財沒有通則」。台灣不是一夕成爲亞洲五小龍，沒有過往政治、經濟、文化各領域的蓬勃發展功力，豈是浪得虛名？而今識者認爲經濟網絡式微，從龍族退位；早年台灣民間經濟確有不錯榮景但近年內外競爭力徒增，相對個人理財是否也該調整，建議參研《貨幣網絡與生活結構》[31]一書，知古鑑今差可爲個人、社會及國家經濟把脈。

[31] 陳介玄，1995，《貨幣網絡與生活結構》第十章，台北：聯結，頁 315-335。

第三章　行爲管理

一、愛己愛人，婚前諸事

（一）愛己、愛人

父母不曾告訴我，愛情是什麼？不過那句：「時到，時擔」卻常掛在他們嘴邊，意思是不用太擔心愛情。但這不是積極人生的行爲管理，婚姻不能等待觸礁後，再行補救。「知道怎麼愛，你才會找到摯愛。」有人會說：「你會找到的，但那需要時間。」「安全距離」對男女愛情依然適用，即使婚後除了「愛情」仍要「友誼」，也就是「相敬如賓」。[32]話都有理，但改變愛情的管理方式，對眞愛的來臨會有所助益。

（二）婚前難啓齒的諸事

Eleanor Stanford（婚姻諮詢家）：「論及婚嫁之時，那些你不知道的事，很有可能會造成相當大的傷害。」根據紐約時報：「彙整了許多人不想問對方的難題，這些問題有助打造穩定的婚姻基礎，值得結婚前的伴侶，好好討論思考。」今日，想結婚的人除了希望一同扶養小孩、增進生活的安全感外，也希望另一半是自己最好的朋友和知己；但這樣的期望並不是那麼容易成眞。著名影星 Charles Robert Reford Jr.（1936-）有句發人深省的話：「唯一比被談論更壞的事情就是不談論。」紐約時報針對婚前難以啓齒，但仍要問的幾個問題提供數項問題，彙整如所列：

1.家人意見不同時是會大聲爭執、平靜討論或冷戰？

親情穩定關係的關鍵之一，就是處理意見歧異的方式。專家指出，家庭對我們的影響極深，這個問題有助判斷，另一半是會模仿，還是避免父母的解決方法？

2.我們會生小孩嗎？如果會，你會學換尿布嗎？

平均 30 歲後結婚已是趨勢；婚前應該誠實地討論是否要生小孩、生

---

[32] 王凌緯譯，2017，《愛恨，鏡像雙生的情感》，頁 220。Friedrich Nietzsche(1844-1900): “It is not a lack of love, but a lack of friendship that makes unhappy marriage.”妙的是 Oscar Wilde(1854-1900): “A man can be happy with any woman as long as he does not love her.”兩人異曲同工？如人飲水。頁 238。

幾個、何時生以及在養育小孩時各自扮演的角色？如換尿布、作菜、拖地板？

3.和前男友、前女友的交往經驗，會是婚姻助力還是阻力？

專家指出，提早討論這些問題有助兩人的關係；許多人不願明白地談論自己的過去，同意並接受另一半亦有過去，是明智作法？

4.你願意負擔我的債務嗎？

對財務自主、獨立，雙方都必須有一致看法，婚前、婚後的債務，若雙方的看法差異極大，要好好討論；若雙方各有收入，對家庭開門七件事，如何分擔？。

5.你願意在房屋、汽車、沙發、鞋子等事物上花多少錢？

在房屋、汽車、沙發、鞋子等事物上，費用如何負擔？兩人應該在消費習慣上取得共識。專家指出，汽車是相當不錯的指標。

6.你、我能擁有私生活？範圍有多大？

你能接受，我也有自己的私生活，例如和同學、同事聚餐、喝咖啡嗎？許多人希望在婚後、共同生活之際，仍能保有自己的生活。這代表他們不願分享自己的愛好或朋友，若沒有討論此事，可能會導致雙方關係緊繃、讓另一半有被排拒在外之感。

7.我們喜歡對方的父母嗎？

只要兩人站在同一陣線，和對方父母的關係不佳就不致造成太大問題。但如果另一半不願處理和對方父母的問題，長期下來，就有可能會嚴重傷害兩人的關係。

8.你知道我在說「我愛你」嗎？

表達愛意的方式：肯定、親密時光、禮物、爲對方服務、身體接觸。雙方應該仔細討論兩人表達愛意的方式，找出培養美好關係的方法。眼對眼、嘴對嘴後、抱一抱後、出門前說「我愛你」嗎？

9.你喜歡我什麼地方？你有哪些奇怪的小毛病？

婚姻是一輩子的承諾，單只是雙手「緊緊相扣」是不夠的；婚姻必須走入更深層次才行，我的貪吃、喜好甜食、亂花錢在無用小東西上，你不喜歡時，是明著說出？還是自己生悶氣？

10.你對十年後的我們有什麼期許？

婚前的承諾對雙方是一種期許也是督促。共識後的答案會讓兩人攜手朝目標前進，亦有助雙方處理眼前的衝突。若雙方關係惡化，是要選擇離婚，還是無論如何都要維持婚姻？

戀愛、愛情、婚姻在兩性平權的現今社會，沒人有絕對性權威詮釋其中任一項目，往往婚姻顧問、心理諮商顧問墮入離婚、被諮商的困境，且著名顯赫之士更不乏其例。愛己愛人、愛己更愛親人，彼此是互補更是互助，人之倫常是社會和諧重大支柱。

二、理順談話語調

同樣語詞內涵以相同語調發聲，男女性的發聲效應不同。根據語言學家分析女性居家或政治社交場景都比男性取得較佳的接受度及信任感。以英國前首相梅伊（Theresa May）加入歐盟梅克爾的行列，晉升歐洲強權領袖之際，女性領袖怎麼對選民說話、如何相互對話，將更加受到仔細檢視。

權威與男性的聲音或許有所聯結；但 2012 年的研究顯示，溫和的政治口號只要修改爲較低沉的聲音，不管原本是男性或女性的聲音，都會變得比較能吸引選民。2020 年是四年一度的大選，檢視女性參選人對政治事件、社會問題、交通、健保農保、兩岸問題的論述，以和緩搭配堅毅臉部表情不必高亢的語調，在民調獲取的支持度比起男性參選者更易博得好感。普羅大眾在職場或居家生活，已受足權威、怒目以對的語調。專業演講者會提供不同情境的手勢、肢體、語調高低、臉部表情對各種主題展現不同的變化爭取同情者、中立者，甚至軟化對立者，都有意料外效益。高金素梅的視頻擁有近三百萬的網民，除了高度問政專業素養，語調平穩堅毅不卑不亢、鏗鏘有力、發音清晰，臉部表情隨發言內涵，傳達職場高度可靠信賴度。

賓洲大學語言專家 Mark Liberman，2019 年比較了 7 位共和黨總統參選人後，發現政治世家 Randal H. Paul 參議員的聲調變化最大，不過，沒有人認爲他「情緒化」。女性還得注意，不能太過強力地反擊她們面對的性別歧視文化，否則可能會被人視爲沒有幽默感的女性主義者。前澳洲總理 Julia Gillard 在 2012 年的著名演說中強力抨擊性別歧視，也讓她得以留名。然而，當女性領袖以身爲領袖而非身爲女性而留名，才是眞正的女性主義勝利。女性領導者的行爲愈「男性」，權威性也愈高？但許多研究亦顯示，這麼做的代價就是比較不討男性和女性喜愛。權威和討喜顯難兩全，但也不是辦不到。

三、修養與人性論

（一）善養吾身

「修養」是一種對自己對話的過程，包含自我理解、詮釋、反省與精進的努力。修養是自我能量的增值，旨在自我肯定，不在於能否獲得別人的肯認。

孔子人生修養：「恭而無禮則勞，勇而無禮則亂，直而無禮則絞，君子篤於親，則民興於仁。故舊不遺，則民不偷。」恭、愼、勇、直等四者，都是人的美德。多禮太恭敬，變成勞；其中有詐如「禮多必詐」。孟子：「可欲之謂善，有諸己之謂信；充實之謂美；充實而有光輝之謂大；大而化之謂聖；聖而不可知之之謂神。」修養之境界要達到：「語不能顯，默不能藏。」[33]禮指其內涵、文化，不在外在型式的姿態、態度。遇人一味有禮，卻無心。那是很辛苦，又有點自殘尊嚴。勇者沒有內在修養，只有勇氣、衝動，易蠻幹。太過直率、坦白，過於陽性，待磨練、修養。清代詩人王曇（音談）說項羽的個性太勇太直，說他「誤讀兵書負項梁」。

（二）爭論人性，何不養性？

中外對人性善惡論爭逾數千年無解。從孟子的「性善」認爲「人之初，性本善」；告子的「性無善惡」認爲「性，無善無不善」；到荀子的「性惡」，認爲「人之性惡。其善者，僞也。」漢代楊雄：「人之性也，善惡混。修其善則爲善人。修其惡則爲惡人。」南懷瑾認爲楊雄的論說「言無所宗」。[34]至於明代王陽明：「無善無惡，性之體；有善有惡，意之動；知善知惡是良知；爲善去惡是格物。」四句詮釋的最後一句是倫理道德修養，其它三句南懷瑾認爲充斥矛盾，界說不清，究竟人性是先天或後天所致？論者認爲牽扯遺傳學、心理學、教育心理學、文化價值等等都有關聯，似不宜全歸之爲「矛盾」，只是視角、途徑、方法、修爲、教育之各異，結論有別。俗話：「一種米，養出百樣的人！」

[33] 南懷瑾，2006，《論語別裁》，香港：老古文化事業，頁 374-424。
[34] 南懷瑾，1995，《亦新亦舊的一代》，復旦大學出版社，頁 165-183。

四、適時道歉、及時感謝

「道歉」通常爲個人舉止違反生活常規、社會倫理、善良風俗，反躬自省內心有愧，欲藉諸言詞、舉止聊表內心之後悔。這與政治人物言語輕浮、舉止違法、貪腐被揭露，觸犯眾怒，考量選票出面向眾人鞠躬致歉有別。

（一）不必道歉的事

Jessica Hagy 是 Fobes（富比士）雜誌的作者。告訴我們十件事不必道歉：「10 Things To Never Apologize For Again」[35]。

十件不必道歉的事：

1.不必爲升官或升級的事，向他人致歉：因爲在權責上，是三維度的空間（長、高、厚）

2.不必未具「全知」能力（omniscient）而致歉：你要是有先知能力，早贏樂透在外消遙快活。

3.不必爲個人呈現在外的體態容貌致歉：身體髮膚受之父母，飲食、睡眼，因生理機能各有不同體態。

4.不必爲個人內心感知能力致歉：就如同你無法感知一丁點的醋意？只要做對的事，並盡力爲之即可。

5.不必未能趕上時麾潮流（cult du jour）而致歉：假如你不相信品牌物品會影響改變生活，何必介意伸展台正在推銷何物？

6.不必爲時空法則帶來的束縛限制而致歉：即使迫切的需求也不會在

---

[35] Jessica Hagy, 2018, *Fobes,* "10 Things To Never Apologize For Again"
1.Don't apologize for taking up space. You're three-dimensional in many powerful ways.2. Don't apologize for not being omniscient. If you really were psychic, you'd be out spending your lottery winnings already.3. Don't apologize for manifesting in a human form.You require food, sleep, and you have regular biological functions. This is not being high-maintenance. This is being alive.4. Don't apologize for being intimidatingly talented. Do you detect a wee bit (or a kilo-ton) of jealousy? Good. You're doing something more than right.5. Don't apologize for not joining the cult du jour. If you don't believe in the life-changing magic of the brand synergy matrix (or whatever the slide-show is selling), you're more aware than you realize.6. Don't apologize for being bound by the laws of time and space. Need to be in three places at once? Actually, no, you don't.7. Don't apologize for not assisting the more-than-able. Get your own stupid coffee, Chad.8. Don't apologize for not being unimpressed by mediocrity. Work that gets praised gets repeated. Stop clapping for things you don't ever want to see again.9. Don't apologize for trusting your gut. Don't walk down the dark creepy alley or into that closed-door meeting with the predator, okay?10. Don't apologize for standing up for people you care about. Because you're tired of hearing them apologize for doing everything right.

三地同時出現，您不能，自然其他人也無法辦到。

7.不必爲非自己能力所及的助人之事致歉：只喝自己當下的咖啡，別妄想太多。

8.不必爲在平庸者眼中，是個不起眼的人而致歉：只要專心致力受讚賞的工作；你不想再見的事，既使再美也不必喝采。

9.不必爲信賴自己的勇氣致歉：但切勿獨自步下萬丈深谷，或步入深閉會議室，與掠奪者共處一室。

10.不必爲挺身保護您關心的人致歉：只要去做對的事，人言不必掛心。

「滿招損，謙受益」對之世態炎涼及價值體系的崩潰，以及 LGBTQ 的盛行，環境時局在變，難有共遵律則，非能力所及當盡之責，釋懷即可。前述規範恐難成通則或被共同遵循。

（二）及時感謝

在某次團聚場合，與會同仁各舒與家人同歡樂的點滴回憶，說到感動處，聞者動容、雙眼泛游大漁缸者更多；其中有位瘦弱的中年婦女，細述如何對家人，尤其是在年少懷春叛逆期，動輒向媽媽使性子，粗語以對……，突然她向與會者提問：「媽媽在世時，您曾經向媽媽的生養教誨含辛茹苦表達一句：『媽媽，謝謝您生我養我』的，請舉手……」，時針霎時停頓……，眼睛餘光環顧周邊，意無人舉手……，只聽一絲細細泣聲，盪起無數……，「媽……媽，我對不起您，謝謝您……」，不同的懺悔聲……，我又曾幾何時？親口向同時養育大伯父遺孤及我姐妹共十一口的媽媽，說聲「媽，謝謝您……」，仰天……，奈何天人永隔！

我們吃果子，還會說要拜樹頭！可是養我、育我的爸媽，我們又何曾表達過謝謝？我們被教育對同學說「謝謝您」、課後對老師說「謝謝老師」，對同事的協助說「謝謝您」，可是我們卻忽略對最親近的爸媽說聲：「謝謝您，媽」、「謝謝您，阿爸」。

五、自我管理

（一）管住「心猿意馬」

在四川大足石窟有「心猿意馬」石雕。雕刻一位尊者懷前有隻猿猴，足下六條鐵鍊分綁鎖住狗、鳥、蛇、狐、魚、馬等六種動物。石尊背後刻雕：「眼如走犬，如五色林；耳如飛鳥，逐空吱起；鼻如毒蛇，常思入穴；舌如野狸，尋屍舊回；身如大魚，常思濁海；意如野馬，奔走無閑。」

凡人如果內心如猿猴亂蹦亂動，豈能靜心思考？加上六種動物耗損感官知能，心意如野馬卉馳，魂不守舍。領導者要處變不驚，才能對應變生肘腋之亂局，穩定團隊士氣。領導者要適時對團隊成員表彰功勳以激勵戰鬥力。初入職場對自己的信心總會捧在手心上，不時端詳撫慰唯恐掉了心、喪了志。

善於自我管理的領導者，不會理睬別人對他的期待。「對自己如何期待？」領導者了然於胸，不必提點，每日三省必有它。只有會「自我管理」的領導人才能出類拔萃。領導人要有自律能力，以及對人的感知力，感受並能預估對方的意圖、行動、言語、誠意。以眞誠的心溝通，用誠摯的眼神，放慢語速，仔細聆聽對方，恭謹地互動。

論語爲政篇：「子曰吾十有五而志於學，三十而立，四十而不惑，五十而知天命，六十而耳順，七十而從心所欲不踰矩。」三十而立，立甚麼？立身、立業、立家。[36]順口溜頗富哲理：「六十歲的人，當官不當官的一個樣；七十歲的人，有錢和沒錢的一個樣。七十歲後人人一個樣，都是追求身體健康。」身體健康是保證生活質量的基本條件，別追求高壽，要追求高生活素質才是完美的人生。年老力衰、來日不多是必然，

---

36 立身、立業、立家：「立身就是確立自己的品格和修養，包括思想修養，道德涵養，能力培養咸為立足社會最起碼的要求；立業即確立事業專技之長，不但為求生更要盡社會責任；立家就是建構自己的家庭，根據統計台灣女性平均 31 歲男性 34 歲成家。三十歲的人，應該能依靠自己的本領獨立承擔起自己應承受的責任，並確定自己的人生目標與發展方向。到四十咀嚼不少事態的冷暖而不惑，少了激情，多了沉穩；少了沖動，多了冷靜；少了煩惱，多了理智；少了放任，多了責任；內心會淡定去應對外界，承擔起贍養老人、培育子女為社會延續和發展盡社會責任。「五十而知天命」，「天命」就是因果報應。命裡有的會有，命裡沒有的別強求，樂天知命，不強求、不怨天、不尤人；能清醒預測自己的未來，十分平靜地工作和生活，知道未竟的責任，不懈怠。處在人生最成熟階段，了解社會，更知道自己。六十耳順是能容忍、傾聽「逆耳」之言，順應客觀環境，順應事物規律，不暴躁、不氣餒、不悲傷、不退縮達到寵辱不驚，看透了名利。好好健康快樂地生活，退休後的養老金必然少於在崗位時的薪酬，根據收入安排好自己的生活，再多的財產，當你離開人世時，也都留給子女了。唯有身體是自己的，經歷了歲月的打磨，經歷了曲折和挫折，留下的只是人生足跡，成就的卻是自己豐富的閱歷、涵養、修養。七十從心所欲，就是順從自己的想法，想做甚麼就做甚麼。但很重要的是不逾矩：從心所欲要順其自然；從心所欲要隨遇而安；從心所欲要不逾矩。從心所欲要隨遇而安。面對生活各種遭遇都坦然面對，遇到高興的事，不過度興奮，遇到悲傷的事，要盡快擺脫傷感，遇到失意的事，不計較，不管是遇見甚麼事，都是保持從容安定的心理狀態。」

要苦中作樂、作白日夢多美呀！

（二）管理小我成為被信任者

子夏曰：「君子信，而後勞其民；未信，則以爲厲己也；信而後諫；未信，則以爲謗己也。」現代領導者除「自信」（self confidence）更要「被信任」（be trusted）。這種被「被信任」來自組織四面八方，也來自競爭者或敵人。領導者要先建立部屬對自己的信心。對上的建言，先要評估自己在領導者心中的斤兩，是否獲得信任，再依信任的程度，作出適當建議，不作踰越層級的建言。

唐朝魏徵、房玄齡若不是唐太宗的賢明，包容大臣的反對意見，魏房的腦袋早搬家抄斬。張良運籌維幄決勝千里，若不是劉邦對他言聽計從，劉邦難成大業。上下互信不足，欠缺眞誠溝通，難有互信。王昇將軍在經國先生晚年，欠缺對上的溝通管道，彼此越難容忍，終被外放巴拉圭，卻在異域拓展成功的外交關係維繫歷久彌新的中巴關係，名留史冊。

第四章　人脈管理

「優秀的工作表現要有良好的人際關係。」（Ray Dalio,2018）[37]

「人脈需要不斷疏滌、滋養、審捨、互動，始能川流不息。」

人脈管理與裙帶關係（nepotism）有別，但後者正被擴大超越前者，由正統的家族、宗親、血脈、上下部屬、政黨、同鄉……，無處不隱藏裙帶關係。人是社會脈絡的一員，如何在錯綜複雜的社會網絡遊刃有餘，以事半功倍的努力獲致預期的成就；在多元人際互動社會作出人脈有效管理，有助於成就生活順遂及職場騰達。社會人脈經營的重要性及影響力非三言兩語可道盡，循成功人士及戮力於生活職場的成敗經驗當收功效，茲分述人脈管理重要軌跡：

一、經營人脈

「富居深山有遠親，貧居鬧市無近鄰」此乃世俗人情。人生律動各有穩定性、擺盪性，如何存菁去蕪把日常的交往，作出大效管理？資訊科技提供便捷的工具，如何經營人脈？

（一）如何辨識人？

有回在倫敦海德公園與未曾謀面的人約定相見。他說他的膚色是light 非裔。憑膚色特徵不難在公園入口認出他。在巴黎地鐵出入口要認出時隔三十年高中同學，宛若素昧未曾碰面的生人般，膚色同樣是重要參考指標。除膚色之外仍有其他參考指標：種族、身高、衣著、口音、臉型、髮型、眼睛色澤、手腳等等特點，提供熟記生人、友人、親朋的好方法。記住個人的特色是培育人脈的重點所在。

（二）如何記憶一個人的特徵？

一個人的姓名是與眾不同的最大特徵。論者向來不善於記住別人姓

[37] 陳世杰、諶悠文、戴至中譯，2019，《原則》（原著：Ray Dalio,2018, *Principles*），台北：城邦商周，頁 306-559。

名，相形之下人脈關係不怎麼。英文字有個字永遠是大寫的字就是「I」。「I」/「我」通常是「唯我獨尊」的，不容他人否定。[38]試問不容他人否定的，更要尊他、禮敬之。姓名是最大註冊標記，受之父母不容變更，除非自己願意。

「姓名」是一個人的最大特徵。善記別人姓名是建構人脈的起點。初次相識從自我介紹或他人引薦，把握住時間，問清對方的姓、名。若沒聽清楚，可請對方重複，且同時口念其姓其名，甚至用手在手掌心描繪，複誦其姓名或冠以頭銜以加深記憶，但不容目光遠離對方視線太久。對名聞於世的政商學界名流，上述重複程序可免，「久仰」、「幸會」、「很高與見到您」等謙語的同時目光要注視對方以示尊重與禮貌。

人際關係的拓展從自我介紹「姓名」開始，切記對方年齡（外表）、職銜、輩分高於自己，要禮讓對方先啓齒；請問「尊姓大名」？且頭略前恭。先尊後卑原則可顯現社會歷練與涵養。（個資可從多方搜索軟體得知，未必要親問對方，但資料正誤性要稽核始可列檔。）

（三）人脈紀錄

「每日三省吾身」。每天要有獨處的時刻，此時要把當天見聞略記於小記事本。尤其當天初識者，速記姓名、特點、聯絡電話等，每隔數日或數週，要將其作系統性建檔分類輸入「人脈管理檔案」且要加密保管。如何省察當天「觀感」，要有定尺刻度，莫作淺見管理。

若爲他人作稼擔任祕書、助理工作，主管接見之人物更是日常紀錄事項：包括進出時刻、客人特色、神情、衣著、聯絡電絡、何事到訪，主管對受約見者有何提示，要快速摘錄。外接電話是立即轉接或請示後再回電等等工作，都是協助主管建構良善人脈的基礎工作。主管頂頭上司、親人或子女的生日賀電，都要細心列入人脈管理的重點任務。一個小紙條，在主管坐定後首入眼眶，提醒其向頂頭上司致生日賀電、或依慣例向雙親致送鮮花的請示，都是秘書、助理協助主管上司厚植人脈的加分作爲。至於提醒主管服用心臟血管藥等私人隱私的私事，得視服侍主管一定期程後才能視時機展現身爲助理或秘書的細心。

前述細節拿捏應視前任者服務經歷及獲得主管信任程度，作爲重要參考並作必要調整。前任工作經驗是參考不是必然準則，職場閱歷幫助您略作微調或重大改變，決定於您是否被上司所信任或信賴（trusted or

38 蕭政信，1997，《人際表達學》，台北：工商教育出版社，頁 58-107。

dependable）。爲上司理順人脈同樣適於對自己的人脈管理且要更加細緻。

（四）個資的分析及掌握

善用軟體系統協助建構人脈管理。試算表、文書管理系統、記事本等 APP，可資運用作爲管理人脈的有利工具。系統軟體的選擇首重安全性、隱密性功能，尤其重視個資法的世代，人脈建檔工作要嚴密，不容作踰越道德或行不法之舉。

人脈建檔資料的分析，要適時作修正、校對、歸類，因爲「人」受內外環境或競爭壓力的變化，原受到上司重視的人物，銳變爲敵手或仇人，此時不需過濾的電話，應即刻調整爲「主管忙線中，請稍候」、「開會中，請稍候，我爲您通報」、「主管外出，我能爲您留話嗎？」等緩和語詞，如何回應來電向無準則？得依個人智慧、閱歷、靈敏度作急速得體回應，無法判斷時可俟機向主管請示，作爲應變參考。個資的掌握要適時適切修葺，人脈的建構不易，但一紙半語外洩就會摧毀多年建構的人脈系統，要戒愼爲之。

（五）資訊科技與人脈網絡

人脈關係的建構旨在協助自己或友人，在生活、職場上能平順、達成預期事業成就。資訊科技的運用是載具，不是手段更不是毀人的利器。助人爲快樂之本，人與人交往出於至誠，不誠無物。

軟體科技提供管理功效以臻事半功倍。平時建構的人脈資訊，可節省重複建檔時間，對循環性工作協助提昇效率，如行程安排、重點工作提示、檢視人脈互動缺失、人脈訊息的互換，都可藉助資訊科技提供快捷正確的訊息，避免重蹈覆轍。人脈網絡重在相互交換、互通有無；資料建構務期客觀公正，切忌主觀偏見；資訊的查證及運用，更要戒愼不容私慾作祟，損人又不利己。

二、有效溝通、建構人脈

（一）人際互動

Randall Collins [39]在 1975 年出版《衝突社會學：面對與化解衝突科學》（*Conflict Sociology: Toward and Explanatory Science*）：1981 年提出「互動慣例鏈理論」（theory of interaction ritual chains）認爲「人的一生是由連串的具儀式意涵的活動組成，人生是一連串的互動情境。」

互動（interaction）就是您來我往進行訊息的交換、傳遞、商議（bargain-ing），也就是個體與個體間、或個體與多位個體間的訊息互動。生活、職場上都要進行有智慧的溝通，其目的是讓陳述者、傳達者對事實現況、未來事務進行清晰的表述，訊息傳遞者可能會添加獨自的主張、論點，最重要的是要能讓受話者，在您的陳述中能循序掌握關鍵。如何進行清晰溝通？原則是「先作摘要總結，再依序陳述細幹。」直到對方了悟於胸，接納於後。

（二）迅速溝通

迅速有效溝通、建構人脈。時光不再荏苒而是飛梭快速消失、遁隱，面對要快速抉擇的人脈，如何「按部就班」的思考。在時間壓力下的溝通要確實有效且快速，如何進行才能開啓溝通管道，及後續人脈關係的維穩，有以下數則步驟，幫助做出適當的選擇。

1.問題的提問

首先對問題要作系統性思索再提問。我們必需「釐清自己的問題」。舉例而言「我們是否要嘗試新的減肥餐？」那我們要想想「爲什麼在考慮這個問題」？只爲上頭寫著「迅速見效」？減肥的目的是爲了「讓自己活得更健康」。那講求「迅速見效」乍看之下好像跟自己的目的有關，但無法滿足自己「活得更健康」的需求。提問要「知道自己在尋找什麼？」才不致失焦。

2.資訊匯萃

釐清自己的問題後，便是對蒐集的資訊（data）匯聚萃練擷取重點。

[39] Collins, Randall.（1941-），美國著名社會學家，歷任柏克萊、史丹福、哈佛大學教授，《衝突社會學》及其「互動慣例鏈理論」（interaction ritual chains）對社會學有重大貢獻。

透過編輯分析歸類建構，成爲有用資訊（information），進行「最佳選擇」（博奕理論的 maximax principle）。網際世代組織要具備高速及高效溝通能力，組織成員的活性品質，藉助 IT 拉近距離，根據 Collins 的互動慣例鏈理論，透過互動建立互信，以快速取得正確資訊。

3.資訊的應用

資訊在匯聚過濾即要進行分類，包括資訊來歷及其正確性等級類型，應用資訊時要再問時效性能切題嗎？時效性而言，資訊受到內外環境網絡的變動，尤其統計數據的變動切忌過時或引據不受信任的網貼，消息來源要確實引述，統計誤差更要明述。最後再問自己「我對這些資訊的理解合理嗎？」

4.慎思訊息的功效及影響

2020 年元月是總統及立委大選年，爲博取新聞媒體版面及政治、經濟、民生等議題的話語權，莫不把握各種場景發布各項利民富國的承諾，但審之多屆各類民代選舉承諾都是謊言、口水橫流居多。選民在選前更學會利用機會藉機勒索眼前利益，能立刻到手的列爲最優先選項，福利卷、旅遊補助、各種汽機車甚至農耕機更換補助，金額由數百、數千數萬、甚至百萬不等。

以油價爲例，民代參選者會不顧國際油價波動，漫天呼應選民要求承諾降低油價，通常手法是「三個月內凍結油價」，騙取選票。在選後第二天或第三天，立即以國際油源嚴重短缺或中東地區不穩爲由，調漲油價。類似選前各政黨的承諾及保證，歷經多次政黨輪替，選民似已遺忘參選者的承諾？其實選民沒忘，別忘了合格選民是各年齡層都包括在內，未必都屬於失智症者，尤其一再受騙的記憶是痛入骨髓的。訊息的運用要兼顧公共政策的可行性及永續性，天下沒有白吃午餐。信口開河製造口業，切記其禍遺患回向己身。

5.評估不同觀點

根據 Lindblom（1959）漸進調適理論，更要對不同觀點進行評估，力求從評估假設理出論述的謬誤。思辨證據的眞實性確實要循程序檢視，個人經驗及專家之說未必符合事實，新理論推翻被奉爲眞理的舊思維，那是常態更是進化。

美國學者 Browne, M. Neil. & Stuart M. Keeley.（2019）在《看穿假象理

智發聲從問對問題開始》一書[40]規勸讀者必須研究其他的觀點。參考不同的選擇、重新審視自己的選擇。舉例來說，如果我們支持 A 候選人，這時，不妨想想，爲何其他人選擇 B 候選人？此種思維程序協助自己做出更合理的決定。

6.尋找對方的優點

1977 年在大直國防外語學校念過一篇 *Like and Dislike* 佳文，受用無窮銘刻心懷。每當面對陌生人須作出善惡、是非抉擇時，屢會思索此文。人對其他人的喜厭好惡往往沒有經過思維判辨，更遑論客觀、公正。我們似乎常在呼應 Collins「互動慣例鏈理論」。往往說不出，不喜歡一個人的理由：「就是不喜歡」、「就是討厭」。同樣情形發生在無理頭「就是喜歡他/她」。我們屢屢不假思索就討厭某個人，或不分皀白喜歡上一個人；當不喜歡某人時，請設法尋出對方的優點與其交流。

7.微笑人生

ACER 創辦人施振榮的電子產品，曾一度舉世譽滿。他的微笑人生哲學才是吸引世人所在。偉大企業家必有其關懷世人的哲學理念，比爾蓋茲夫婦，李嘉誠等著名企業家的善行與其處世哲學理念相得益彰。

心理學研究指出人會自然且下意識地模彷談話對象的肢體語言，如果你希望對方喜歡你，在對話時向對方微笑，對方也會下意識地對你微笑，進而對你產生好感。

8.講對方的名字

名字是認同的一部分，聽到別人講自己的名字，感覺也非常好。不要只在打招呼時講對方的名字，研究顯示，談話中聽到對方使用自己的名字，會讓人產生獲得肯定的感覺。

在論辨場域對立者經常在重要時刻引據歷史偉人、當代名人、學者或獲得諾貝爾獎項名人的金玉良言，因爲沒人會去挑戰被世人肯認的立論。在溝通場域或演講場合能順口道出會議主持人或東道主的大名，既使對方未必一時認清是否講過如此的話語，但在本人姓名被加冕引據下，向是持肯定態度，除非是被扭曲過渡或惡質裁贓，難有被抗拒或拒

40 羅輝宗等譯，2019，《看穿假象理智發聲，從問對問題開始》（*Asking the Right Questions: A Guide to Critical Thinking*），原著 Browne, M. Neil., & Stuart M. Keeley., 8th ed. Pearson Prentice Hall.頁 95-144。
https://s3.amazonaws.com/academia.edu.documents/38866955/asking_the_right_question

絕之時。因爲姓名是自己細心維護不容被否定挑戰的價值。

9.依循白金法則

白金法則（The Platinum Rule）是美國哈佛大學著名演講者及組織行爲專家Tal Ben-Shahar美藉猶太裔（2010）在*The Pursuit Perfect*一書所提。「Do not do unto yourself what you would not do unto others.」如同論語顏淵篇：「仲弓問丘子曰：出門如見大賓，使民如承大祭，己所不欲勿施於人，在邦無怨，在家無怨」中之「己所不欲勿施於人」同理。

聖經「Love your neighbours as you love yourself.」白金法則的精髓及其前提是「自我疼惜」（self compassion），更要從別人的需要出發，調整自己行爲，運用智慧和才能讓別人過得輕鬆、舒暢，願意敞開心房悟談，你願意聆聽讓過程順暢舒心。

10.對話是溝通大道

對話的關鍵是處在同樣的立足點或水平，受到公平對待與尊敬，不是老與少、上司對下屬，領導者與被領導者之間的對話。「您在說、他在聽；她在說、您在聽」是對話，更是建構優質溝通對話的原則。如果對方的成就和經驗非凡，此際切記「謙受益、滿招損」；不必此際急於表現您有多棒，以受教者自居。

「與重要夥伴短暫會面，對業務關係非常有幫助……電話、電子郵件、簡訊等溝通方式都是日常業務的基礎，但短暫的會面有時會有奇效，也能帶來你從沒有想到的機會。」美國著名企業Physician's Technology執行長David Sutton如此強調面對面對話是一種機會。[41]

幽默風趣是現代人進行溝通的工具，溝通是把握面對面（face to face）的良機，表述預構的原則或立場，溝通不是堅守己方的原則立場如城牆堡壘永不退讓，要讓對方略窺己方實力而不宣我的底線何在？善悟孫子所云：「善守者藏於九地之下，善攻者動於九天之上，故能自保而全勝也。」

己之優勢利器不可盡示於人，讓對方知道己方尚有不明的利器未用，在其權衡得失后知難而退讓，雙方各取所需。世上強權領導者有各式各樣的高鋒會議，在與會期間另有雙方領導者面對面的高峰會談，何

[41] http://www.cw.com.tw/article/article.action?id=5077165&utm_source=dailybrief&utm_medium=Email&utm_campaign=dailybeirf#sthash.0VXQNfvq.dpuf

故？因爲雙方領導者對談內容的虛實、誠意，各有拿揑在面對面時再行拍板定奪。

11.相識滿天下、相知無一人

孔子：「居是邦也，事其大夫之賢者，友其士之仁者。」向外延伸的務實作法，才能得道多助。萬勿忽略周邊謀士幕僚。要服務社會必須結交各階層賢者志士、政壇人士、政府要員，社會賢達都要交成朋友。相識滿天下，要到危急時刻才能辨眞正忠誠之士，恐爲時太晚，宜早識其賢誠、忠邪。「因言固可以知人，輕聽亦至於失人。故聽言不厭其廣，廣則無壅；擇言不厭其審，審則無誤。」（黃洽，資治通鑑）[42]

三、人際關係基本規範

史懷哲：「日常生活的人際關係是建構社會倫理的基柱。」[43]人際關係的和諧與否，影響社會秩序的穩定與社經發展。

（一）法則、定律

熟識利己先利人的法則、定律。「黃金法則」：你希望別人怎麼對你，你就怎么先對待別人：「白金定律」：別人希望你怎麼對他，你就怎麼對待他。能否做到先利人，關鍵在本身。因爲自己是最大的敵人，也是自己最大的貴人。

（二）管理是「做中學」

管理人脈是「做中學」的過程。張忠謀：「我會與行銷單位一起面對客戶、解決問題，就算是後來沒有拿到訂單，但是過程中自己學習了很多，也建立人脈。」[44]他說工作中建構的人脈，三十年後的人脈依然有交流。從工作職場中學習的基本要求：學習自己不具備的專業技能，即做「中學習」，領導者要有任務基本方向及實踐任務的跟隨者。業務單位的過程，我學習了會計相關的專科 P&L（損益表）、資產負債表、現金流量

---

42 黃洽，《資治通鑑》，宋紀，孝宗，淳熙十年。

43 Schweitzer, Albert., 2012, *Kulturphilosophie,* The Eslite Corporation.pp.294-297.《文明的哲學》，誠品，蔡佩君等譯。

44 https://www.cw.com.tw/article/article.action?id=5094924&utm_source=edm&utm_medium=spedm&utm_campaign=edm-spedm-cwdaily&_branch_match_id=539297055356030561

等，業務單位並非必要的學習，但張忠謀也學習涉獵。領導風格是「誠懇」，誠懇跟老實不一樣，應該是有錯直說、公平、賞罰分明。

前述論及保持「安全距離」一節。張忠謀再論：「與下屬保持一定的距離」其理安在？企業 CEO 領導方式，根據 *HBR*（*Harvard Business Review*）多期報導分析，成功 CEO 的談話內涵：為數不少的 CEO 認同「領導權威」的建構是關鍵。張忠謀不否定與部屬同仁的親近、交談很重要，但要有「安全距離」以維「領導權威」。

孔子曾云：「君子不重則不威」（論語學而篇）。張忠謀又說：「但團體的社交是好的，要不斷地學習才不至於落後，每一段職涯歷程中，都有不同的學習。」此乃智者對「對談溝通」潛在益處的另類解讀。

四、人格特質、人脈管理

企業組織聘僱專任心理輔導諮詢專家、人力資源專家及組織管理者提供專業性服務；對所屬成員從人格特質類型進行心理輔導治療、人力派遣與調置；以及專業管理者在管理層次兼顧人性、激勵團隊精神提昇工作效率。組織領導管理者更重視不同或相同人格特質在組織協力配合上，有何差異？如何把異質性成員匯聚成工作團隊，各展所長互滋互長？

人格特質的分類依專業性各有差異分類；較被管理者運作重視的有四種人格類型：掌控型、社交型、分析型、隨意型。具掌控型特質者，喜歡自己做決定、主觀性強、喜歡指揮別人，適合擔任管理幹部；社交型特質者喜好與人接觸，樂於新奇歡樂、喜歡從別人口中得到肯定，經得起別人玩笑。對人與事好於分析者，不會人云亦云重邏輯分析，決策時刻偶略緩慢但沉穩，大部分時間理性勝於感性；中立隨意型在人群或組織團隊中不難發現，此類型或被歸類為沒有主見，但獨處時隨意型卻有不為人知的領域，偶會發言時，可能被視為一鳴驚人、見解獨特。

人格特質類型分析，首重協助建構人脈分類，有助於檔案歸類但別忽略人類行為會受外部環境不同的刺激、知識、訓練，修正其慣性行為。切忌永遠把人類行為固定為某一特殊類型，「變是唯一的不變」。建構人脈不為特定目的擇友，尤其對單位主管長官，或許在升遷上不致為你出力拔擢，但害你的機率絕對比其他人更具破壞力。

五、婚禮經濟學

婚禮是生活中最重要的過程之一。很少人會談及婚禮到底該包多少？如果你已經花了大筆交通費，趕往好朋友的婚禮，還要送禮物或包禮金嗎？論者曾兩度從台灣飛到美國參加親友婚禮，現場有專收禮金的接待親友。依台灣傳統仍應包紅包的。

但美國布朗大學經濟學助理教授 Emily Oster 說：「參加婚禮基本上就是一種經濟交換」。美國新人會直接列出禮物清單，讓賓客從裡面挑禮物來送。事前網路溝通聯絡是捷徑，否則同樣禮物重複，新人也不樂意。這是美國文化角度，以我們搭高鐵出席婚禮為例，光到左營車資上千元，還要包禮金嗎？不婚者豈不虧大了？包不包，包多少？當然視與新人平素交情，沒有定論。選擇送禮物基本上就是為新婚夫妻提供一些新家需要的生活必需品。未來，輪到你結婚時，就換家人朋友們投桃報李。等到自己結婚那天，一次領回。「婚禮是一種金錢的交換」或許是美國文化及生活觀點，深信生活儀式的變化依組織建構論，不論東西文化應是 Lindblom 所謂漸進式調整（muddling through）。Oster 強調參不參加婚禮與包禮金應是兩回事，即使不克出度基於社交禮儀仍應視交情包送禮金。甚至被邀當伴郎伴娘，新人有無致贈謝禮，禮金依禮得照送，始符社交禮儀。人脈建構在錙銖細節裡，純粹的經濟學觀點是學理而不是生活。

新郎哥兒們或新娘閨密瞞著新人們製作的回憶影片，甚至是超級好朋友們祕密排練的一場令人笑中帶淚的婚禮表演，時興於現代婚禮場景。結婚對象在同性婚姻合法化後，不限於異性結婚了，觀念要隨世勢調整。至於台灣的婚禮、葬禮之禮金、奠儀，有許多家庭已經不再收受，只盼您能親自觀禮參加喜宴、向亡者悼祭即可。

第五章　維護身心健康

「太歲庚子年、人民多暴卒」內載黃歷冊輯，審之 2020 年疫情、洪澇、煌災，世人無端受災死亡者已逾 25 萬人以上。薛承泰在「台大悲歌」[45]一文，讚譽台大在 QS 及 THE 公布世界大學排名刷新紀錄分列第 66 名及第 40 名，卻語重心悲道出台大教授猝死及一週內學生三起不幸事件，震撼國人。「身心健康」再度撩起眾人關注。

一、健康管理

職場不如意的情緒宣洩要得宜，管理方式很多，那是生活實踐的最根本紀律。如何養成自我生活管理是建構康健職場心態的關鍵。「生活起居正常化」是幫助個人有健康心態的根本，一位生活起居不定時的人，姑不論引起作息不正常是因公事或私事，因爲作息的失調，相對個人的身體必受影響，精神體力的不繼，工作誠難聚精會神，思維的周密性、反應力、邏輯性連帶受到干擾，在職場上應有的執行力必定不如預期。其次「運動規律化」是增益體魄的不二法門。運動形式不一，室內、室外都行，不必跟著流行跑健身房，運動的目的在促進呼吸系統的功能，順暢的吐吶，讓身體紅血球的攜氧量增加，活化細胞的免疫力，直接提昇身體的競爭力、抗壓性。

二、開源節流、精力充沛

企業主管和創業家諮詢機構創辦人 Sandja Brügmann：「管理有限的時間當然很好也很重要，但我們不能忽視更重要的事：『管理我們有限的精力』。」根據 Brügmann 提供爲精神活力開源節流的妙招包括：把時間花在對的人身上；選擇能增加精力和能量的食物；規律性地修練身心靈的運動如瑜伽；擇定時段獨處靜心冥想；運動和流汗；睡眠充足；玩樂歡

---

45 薛承泰，聯合報，「台大悲歌」，2020 年 11 月 17 日，A13。

唱；投入喜歡的工作。

從 Brügmann 的啓迪不難找到耗掉你精力的人不宜成爲良友也不可能成爲益友；食物提供充沛精力來源，不容專挑順口偏愛的食物，均匀蔬果魚肉得適宜調配，更不能盡信網路專家名嘴所言。[46]

美國 PCB 財務諮詢集團著名執行長 Peter Bombara：「就算只讓自己放鬆、呼吸和冥想 30 分鐘，也能提升你的表現。可以在早晨或睡前試之。」冥想時段可視生活不同型態嘗試。再說要挑對的運動方式健身，考量年齡、習慣、嗜好、時間，朝八晚五族不易跑馬拉松，也不必受人邀進健身房趕時髦，任何運動都要達到流汗吸進大量氧氣促進血液環循的標地；找到獨處靜心冥思之處，處所不居，只要隨遇而安能進入冥思靜心之地即可，靜思可舒緩高亢情緒，加強韌性和應對能力，外號「禪師」的 NBA 教練 Phil Jackson，以冥思靜想淘冶球員，NBA 總冠軍無數次；睡眠時間要與身體狀況對話，年老年少所需時間不一，更要適時適地作調整，一位全球經銷商或經理人員時常要在不同時區當空中飛人，適應力及自我管理相當必要；午睡片刻被眾多成功領導者所推薦；與家族同樂是維繫華人社會倫理關係數千年。所稱玩樂泛指個體、個人與群體、社群或社區同樂，漸被社會生活壓力所擠壓排斥的家庭倫理群聚活動，有被喚醒找回的動力出現，從快速便捷交通活絡家族活動，無形中更催化家族精神（kindred spirits）的建構，無所不在的卡拉 OK 及週末烤肉郊遊形成必要管道；工作與理想結合是生活熱力泉源，兩者通常不易同時達成。據統計少於三成的工作不是自己的理想所在，它是人力資源介紹所存活於市場的重要理由。

三、善養：精、氣、神

精、氣、神是中國醫藥理論的三大要素。這三種觀念在中國可說家喻戶曉的，根據 1958 年出版《中國醫藥入門》一書的說法，精、氣、神三者之間具有非常密切的關聯。

所謂「精」是發自腎臟的一種力量，是個人行動的物資基礎。「氣」則是精和我們所吸入空氣兩者的化合物，是一種生命現象。「精」是「氣」的根源，「神」是「氣」的表現，一個精力充足的人一定神色光

[46] 蔡慶豐、吳麗雲，2004，《健康又美麗》，第三章提供均衡營養之道，台北：新自然主義，頁 31-42。

潤，相對地，神色虛弱代表表精神不足。過度的精力耗損會使氣的補充不足；氣若過度斷喪也會使得「精」無法變成「氣」，結果會令「神」黯淡無光。同樣地，如果我們過度勞神，也會讓精和氣受到很不利的影響。精得自食物，化爲力量。它與腎臟、骨髓的關係最爲密切，身體各部位都有它特殊的氣。氣有兩種：天氣發自肺部，地氣發自喉頭。人因食物得到氣，氣要天地合一，充塞於體內。眞氣是力量的泉源。氣形諸於外就是神。神的好壞可從皮膚和氣勢看出。情緒、健康和精力三者關係密切具互補滋養關係。[47]

四、適度運動是最高原則

美國 Michael Gold 撰文指出：「適度運動是個人維持健康的根本也是最高指導原則。」[48]Matt Stewart 是美國 College Works Painting 的 Co-founder & CEO 以親身經歷道出：「創業家通常會將公司放在第一……，沒有給自己留下多少時間。每天空出時間運動，並鼓勵團隊成員也這麼做，讓公司得以維持更長時間的顚峰狀態。」

根據美國史丹福大學醫學專家多年研究發現，很多人因熱衷運動熱潮，卻不黯自身健康已有多年潛伏的疾病，因選擇不對稱的運動類型導致於運動途中休克不治。原因歸結是運動類型的選擇，與身體年齡不相配，有氣喘痼疾者選擇登高山，有心臟血管疾病者挑馬拉松長跑等運動，都屬不適度運動（un-moderate exercise）。有家族遺傳病史者如糖尿病、心臟病致死病例，都要格外留意選擇運動類型。

適度運動對於增加生產力有很多好處。研究發現有氧運動特別有助增強記憶和學習技巧。微軟共同創辦人比爾蓋茲、亞馬遜執行長貝佐斯、特斯拉創辦人馬斯克都會規律運動，貝佐斯和馬斯克喜歡舉重和心力運動，比爾蓋茲比較愛跑步機，有時會搭配教育節目觀看。[49]「活動活

---

[47] Lucian Pye，《中國人的政治心理》，胡煜嘉譯，台北：洞察出版社，書中引據 1958 年出版《中國醫藥入門》一書。

[48] Gold, Michael, 1987, "Exercise: Moderation is Enough", in Dubin, Fraida. & Elite Olshtain. (eds.), *Reading on Purpose: Building Cognitve Skills for Intermediate Learners.* Addison-Wesley Publishing Com. pp.121-124.

[49] https://www.cw.com.tw/article/article.action?id=5087038&utm_source=email_spedm&utm_medium=email&utm_campaign=email_spedm-email-deeplink-191128-%E7%BF%92%E6%85%A3&_branch_match_id=539297055356030561

動，要活就要動！」此乃 90 高齡家父遺訓之一，人人都要運動，適度運動是最高原則。

第二篇　跨域政治學

第一章　政治學概說

政治與每個人的生活息息相關。政治更與選舉、經貿、文化、傳播、藝術、民意、政黨、制度、官僚、司法、立法、言論自由、股市、金融……，世間能列舉之事務，無一不與政治發生關聯。以 2020 年疫情散播、萊豬進口、經貿協議在在是政治運作、操弄、施展的工具手段。

一、政治是工具、手段

（一）政治

人在各種不同的政治氛圍、政治文化、治理體制、意識型態、司法體制、民意機關、政黨活動……等境域，競逐公共利益及私利（人性是自利的）。政治的治亂影響經濟活動；經濟活絡與否，更與境內境外政治活動，休戚與共。中國華爲 5G 科技優勢，振憾歐美諸國。東西兩個超級強權，各挾貨幣、貿易、關稅等優勢，作爲對抗工具，跨區、跨國的政治活動左右升斗小民的就業、學習、生活。這是美國政治學者 Michael G.Roskin 等在《政治學導論》（Political Science: An Introduction）[50] 描述生活各面向無一不與「政治」之治亂息息相關。

「政治」一詞的意涵，中外學者解讀角度不同，衍生迥異的政治蘊涵，讀者似不宜憑詞彙淺顯明晰、詞意深奧難解，忽略其文義的廣博而未深入探究領悟。茲略述中外學者對「政治」一詞之詮釋：「政治是處理公共事務、滿足公眾需求、達成公共目的的社會活動。」；「政治的處理對象是衝突，目的在爲社會價值作權威性的配置。」；「政治的處理過程是鬥爭、妥協、交換。」；「權力是政治的手段，政治處理的結果具有權威性。」；「行政是政治的執行、政治是行政的指導。」從文本內容不難理解：「政治係透過權威性工具解決社會衝突，追求符合公共利益的社會活動。」政治與公共行政更是息息相關，不論當下、近程或遠程，

[50] Roskin, Michael G., Robert L. Cord, James A. Medeiros, Walter S. Jones. *Political Science: An Introduction.* 2012. Pearson Education, Inc.中國人民大學出版社譯為《政治學與生活》。

都時刻會在蝴蝶效應下呈現波浪起伏的影響力。

古希臘人追求善良的城邦生活，以致 Aristotle 認為「人天生是政治動物」，追求完善的生活是政治存在目的。J. W. Garner 指政治是研究國家的活動，包括人民、領土、政府、主權的活動。「國家現象，即構成政治學確實的主題。」；「政治行動是為完成某人之權力效果之事。」（Kaplan）；「政治包括官僚體系決策中心四周的事件，及政治處理國家的事務，並以法令宣達政令。」（A.D.Grazia & C.Hyneman）。Garner 等四位學者係立基於國家權力運作、政令推行，詮釋政治。

（二）政治是工具、手段

Thomas Hobbes 指出國家建構：「在原始社會人類為建立契約，建立國家，由統治者建立秩序，提供人民安全穩定的社會秩序。」Harold D.Lasswell：「政治是價值的型塑與分配。」Lasswell 強調握有政治權力者對決策制定的影響力。此說，與 David Easton：「政治是權威性的價值分配（Authoritarian Allocation of Values）。」相呼應且異曲同工。政治學者 Austin Ranney：「政治即政府制定公共政策的過程，政治屬於『公領域』（public area）的範圍。」E.C. Bandfield：「政治是煽動或解決問題的活動，主要以談判、討論、爭辯、武力、說服等方式行之。」「政治是煽動」這可解釋 2020 年大選為何要「芒果乾」、「中共代理人」、「反滲透法」等煽惑人心製造 fake 的緣由吧？政黨不分顏色都偏重在處理政治權力及資源配置的手段/方法（means）。

學者任德厚：「政治的目的在維繫群體的生存，藉助維護與確保群體的秩序、共營社會生活，為因應社會、經濟的需求，滿足社經期待，轉化為具體政策以滿足社群生活，對社會價值進行權威性的配置，讓社群生活邁向更佳方向發展。」呂亞力：「政治學涉及人類社會價值之分配過程，必須歷經談判、爭辯、討論、說服、壓制等步驟，其過程是決策過程，權力是主要決策因素，並行使於制式及非制式的政治建制中。」任、呂兩位學者受西方政治學薰淘同樣重視對「社會價值」的配置。至於能否公平配置？取決於掌握政治權威、資源的決策者。執政決策者能否以社會國家安全、富足人民生活為施政大纛，人人都得拭目追綜，聽其言、觀其行。

綜前述，政治是統治工具更是各項資源配置的手段。本書提供如何從跨域政治學（Cross Boundaries Politics）判準執政者能否在跨域行政諸施政為蒼生立命？個人如何在資訊科技專業叢林中擷取政治學養分立足謀生？

二、人文科學

國父：「政是眾人之事，治是管理；管理眾人之事就是政治。」華力進對政治的詮釋：「政治是指一個社會的直接或間接有關權威性決策及其執行的社會活動。」家有家規；校有校政；縣有縣政；市有市政等稱呼。政治學偏重「國政」即國家事務之治理。

政治學是人文科學之一，研究方法沿襲史學、法學、哲學、倫理與神學的研究傳統。找出研究主題，設定研究問題，找出問題的解釋，期以建構理論。政治決策過程運用資訊科技，蒐整社經活動各項大數據，分析、研判，試圖從多樣資料中找出客觀事實，經主、客觀的評斷，取得主觀（subjectivity）與客觀（objecttivity）的衡平，匯聚民意，提出公共政策，開創新治。

三、政治學-跨科際研究

政治學偏重「國政」即國家事務之治理。國家事務廣雜無比，上自天文氣象、民生、經濟、外文、國防、農業、水利……，無一不爲政治學研究領域，單一政治學無法解決各項重大社會問題，必須進行跨學科研究。政治學的研究在多元化、數位化時代是跨學科領域的研究。誠如政治學者 Hannah Arendt：「政治宛若音樂會的合奏」。決策者運用妥協、威嚇、管制、建構共識，以公權力對公共資源作出權威性配置，運作良窳屬於政治藝術。彭懷恩認爲政治學研究途徑良多：傳統方式包括政治思想、歷史學、法律制度；上世紀五十年代後研究政治學途徑更加分歧包含心理社會學研究途徑（psychological approach）、權力途徑（the power approach）、精英途徑（elite approach）、政治發展途徑（political development approach）、政治經濟學研究途徑（political economy approach）、結構研究途徑（structual approach）、國家研究途徑（state approach）。[51]研究途徑的多樣化因世代變遷演進，從人民、領土、政府、

---

51 彭懷恩，2014，〈政治學講義〉（Political Science: A Text），《風雲論壇》，頁 44-48。

主權，擴大到權力運作中心，由少數集中到精英群集，政治學從個體生活的關注，提昇到社會群體的公共利益。Roskin（2013：15-19）認爲政治學研究是一種積累知識的科學研究。研究者蒐集量化及質化的資訊，經分析歸納，進一步驗證事實（reality），建構理論。雖然政治領域很多是不能量化的，但透過觀察、直觀以驗證假設。[52]

（一）數據分享與保密

資料大致可分聚集資料（aggregate data）與個別資料（individual data），關鍵不在類型之區隔，反倒是資料本身之可信度、時效性，更要關注資料取得途徑，個別資料之保密及尊重不容忽視。研究者引據數十年前之官方資料，但對研究命題欠缺時效性時，資料之說服力不足，宜斟酌資料之再蒐析處理。

聚集資料對特定個案、主題，往往不具詮釋性，需佐以資料分析、處理、詮釋。個別資料之保密維護更屬權責機關的重責大任，國內、外個人資料的外洩，都是媒體報導的頭條。

（二）資料蒐集途徑

國際組織如聯合國、OECD、歐盟，美國政府及國會之出版品及年鑑。我國政府的公報、出版品或統計年報；各學會及各大學的學報、期刊，各有其價值及可信度。資料蒐集方式繁雜可概分爲質性（qualitative）資料、量化（quantitative）資料蒐集，資料內涵信度（reliability）及效度（validity）是研究取捨的圭臬。以聯合國出版品對研究政治有益者甚眾：包括《聯合國年鑑》（*Yearbook of the United Nations*）、《統計年鑑》（*Statistical Yearbook*）、《人口年鑑》（*Demographic Yearbook*）[53]；美國 APSA 出版的《美國政治學評論》（*American Political Science Review, APSR*）；英國政治學界重要期刊《政治研究》（*Political Studies*）；國內有台大法學院《社會科學論叢》及中研院《美國研究》，政治學著作近年汗牛充棟，研究者可從書名、探討主題行快速瀏覽梗概。國內公私立大學政治學報，公立機關學術期刊之論著，審查程序較爲嚴謹，品質、可信性較被重視。但近年被國際學術單位揭露抄襲之我國學界人士（含院部級首長）之著作，嚴重損害我國學界之聲譽。

---

[52] Roskin, Michael G., 2013, *Political Science: An Introduction,* Pearson.中國人民大學出版社，以《政治學與生活》為名，頁 15-19。

[53] https://shop.un.org/ar/node/66687 2016 年人口年鑑

（三）資料蒐集方法（methodology）

訪談法及問卷法是資料蒐集最被採行的方法，各有優缺點。訪談法是針對研究主題須獲取較深入及細微資料的最佳研究途徑；訪談者由研究者自行擔綱，整個流程會有震憾性的體會，在撰述研究發現時要有整體邏輯思維，此法的資料易行系統化的整理，可針對獨特的個案/個體進行意見或態度蒐整；訪談的問題或秩序可依受訪者略作調整，但不偏研究主題爲主。

訪談若委託訪談者，既使訪談前作訪談員的培訓或講習，過程中也難作制式的對談，訪員的主觀意識會不經意地介入。問卷法以制式的訪談表（interview format）分送受訪者，對其身世、背景難作確認，屬於刻板文件，有無誘因導引受訪者眞實回答，研究者實難掌控。

當下問卷都集中分送某組織/企業/社團的主管或好友、同儕，受託者礙於情面接受，能否依問卷份數確實分送不同的受訪者，有相當執行困難度，較差者交由部屬一或三人，代填了事，類此問卷於回收後，不難依其填答、勾選題次的慣性判斷是否委由少數人爲之。

（四）小結

研究方法不能被限縮在學術社群的要求模式中，這會阻礙研究者難跨經驗及想像力。沒有研究方法一定是正確的，方法是由思想創造的。重點不在方法或理論，不要固著於方法阻礙對事物的想像……，以不同眼光看世界。我們所說的「事實」（a fact）是在某一社會背景，在某一時間的社群成員所承認的「事實」而己。某學者提示：「科學上的『眞』（truth）與『實在』（real）未必是一致的，只是某一科學社群（science community）成員所持的標準而己。」

華力進：反對「正確」方法的觀念，即沒有任何方法一定是「正確」的，不要固著於「方法」，阻礙對事物的想像，要從不同觀點去看世界。[54]他不是反對正確，而是要以不同途徑觀測「正確」，跳脫「正確」的框架，觀測、檢驗事實（reality）。

---

[54] 華力進，1992，《政治學》，經世，頁 32-34。

四、政治理論思潮

「政治」源自希臘「城邦」(polis)一詞。亞里斯多德認爲:「人是政治的動物。」、「政治學是主要科學(master science)」。內涵包括道德、社會關懷。我國春秋戰國、先秦時代，政治思潮更是多元，如老子、孔子、韓非、墨子。

十六世紀初意大利 Niccolo Machiavelli 的《君王論》(*The Prince*)是世界著名政治學著作，又名西方政治厚黑學

(一)1880 年大學首創政治系

政治學自十九世紀末(1880 年)美國哥倫比亞大學首創政治學院(School of Political Science)，先前 Francis Lieber 於 1857 年，即在該校講授歷史與政治學講座，被 Charles Merriam 譽稱爲「政府系統研究創始人」(the founder of the systematic study of government)。[55]後續政治學開始逐漸脫離哲學、史學、神學、法學成爲獨立學科，主要研究途徑(approaches)以歸納分析法、法制分析法爲主，簡稱爲「傳統制度研究途徑」。第一次世界大戰後政治學發展如雨後春筍，有重大發展。

1921 年「行爲科學之父」Charles Merriam 發動「政治科學化」運動，使政治學正式邁入「政治科學時代」及「行爲科學時期」。1923 年任教北京大學的張慰慈首度出版《政治學大綱》;1929 年中央黨務學校改名爲中央政治學校(即現今政治大學前身)，時設有政治系、外交系等學系。我國政治學的教學深受授者的留學國尤其受美、英等國影響爲最。

(二)政治學範疇

1948 年聯合國文教組織召集各國政治學者會議，訂定政治學主要研究範圍包括:理論:政治理論、政治思想史;政治制度:憲法、中央政府、區域與地方政府、公共行政、政府的經濟與社會功能、比較政治制度;政黨、團體、與輿論:政黨、團體與組織、公民參政、輿論;國際關係:國際政治、國際組織與行政、國際法。

1961 年美國政治學會(The American Political Science Association, APSA)，歷年會員名錄專長分類，刊載美國政治學研究領域:美國中央政府;比較政府;國際法與國際關係;政黨;政治理論;公共行政;公

55 華力進，1992，《政治學》，經世，頁 7。

共法律；州與地方政府。

根據 Donald N. Freeman 在《政治學的基礎》（*Foundation of Political Science*）一書所列 1977 年美國政治學範圍研究範圍包括：比較政治；美國制度與行爲；政治理論（歷史、哲學、科學）；行政學；國際關係。讀政治理論爲什麼要瞭解歷史？誠如 Winston Churchill 所言：「越了解歷史，就越能看見未來！」[56]再說當代政治是過去歷史的延續，對過往歷史無知或蓄意抹殺、扭曲史蹟事實，那是怯懦舉止。

從 Freeman 的分類看出美國政治學會與聯合國文教組織會議的看法相似，只是分法較細。上世紀八十年代行政學仍屬政治學重要研究範疇。

五、政治學與跨學科

（一）行為科學

政治學理論繁多、觀點分殊，學者分類各異，各理論在不同時域，對不同政治現象（symbolic）、或政治事件（events）的詮釋，學界各有大小不同的貢獻，對變項與依變項之間的關係論述，各有其價值。政治科學相關理論包括結構功能論、系統調適論、階級理論、精英論、團體論、決策理論、溝通理論。理論對政治學的演進扮演不同的角色，發揮不同的影響力。

美國政治學界從 1930 年代深受行爲科學（Behavioral Science）的影響。當時由 Ford Foundation 基金會於 1949 年撥款研究「個人行爲與人群關係」（Individual Behavior and Human Relation），此研究計畫後被簡稱爲「行爲科學」它係根據邏輯實證論，在方法論上採行「行爲途徑」（behavior approach），對人類行爲作系統的觀察、研究、分析，以獲取有關人的行爲法則。有幾項重要主張：研究政治學與自然科學的方法精神相似，以歸納原則理出政治行爲的法則，此乃政治研究的基本目的；保持「價值中立」，主張學術研究應排除價值主張，在著述或講授，表述價值主張有違學術原則；研究政治角色行爲，不以法制爲研究基本資料；政治學是跨科際研究，同時兼顧政治、經濟、社會、心理等多種學科觀

---

[56] 林麗雪譯，2019，《一次讀懂政治學經典》，原著 Bowdon, Tom Butler., "*50 Politics Classics*"，台北：時報文化，頁 159。

點的研究。

行爲學派政治學者重視跨科際的訓練。行爲主義者重視：「實證資料，不尙空想，力求精確，嚴謹、充分運用其他學科的研究發現，則已成爲一切研究者的共信。」[57]行爲者的意願、價值觀而言，他人難從感官經驗精準觀測；科學研究目的在建構理論來解釋、預測現象，以防範風險，如氣象學氣壓與風的關係理論，藉以預測風的行徑風力。

根據 Robert A. Dahl：「行爲主義（Behaviorism）有助於政治學提供一種經驗主義的論述和系統性的理論，對政治事件進行直接和嚴格的觀察加以檢驗。讓政治研究與心理學、社會學、人類學和經濟學的理論、方法、調查緊密結合，形成新的研究途徑。」Dahl 強調「價值中立」（value free）以「比較途徑」（comparative approach）剖析政治環境中的社會生態、歷史傳承、經濟條件進行研究，找出「事實與價值」（facts & values）。[58]

（二）跨學科研究方法

嗣後政治學研究邁入多元化、跨學科整合。政治學研究方法論（Political Methodology）指探討政治科學的原理和假設（或假定），以及根據原理和假設（或假定）所發展出來，以研究政治現象的一門知識。政治學研究方法論可概分爲「政治科學方法」及「政治哲學方法」兩種。

行爲學派政治學經驗法則的方法論，無法詮釋美國上世紀 60 年代國內暴亂、70 年代反越戰，行爲學派的價值論述頗受質疑。至於行爲學派對價值陳述、事實陳述、分析定義三者，有其貢獻。

Merriam & Freeman 兩位學者都在強調政治學是「跨學科」研究，研究者依個人研究主題、事實需要、資源配合、學養底蘊等因素，採行不同的研究途徑，諸如歷史途徑、概念途徑、政治體系途徑擇一而爲，不需拘泥研究途徑於一隅。

（三）東西政治思維

政治思想的起源、發展與遞演，與人類的政治活動、經驗有密切關聯。多樣的政治活動始有機會蘊蓄多元的政治思維。東方尤其在中國君

57 呂亞力，2014，《政治學》，三民，頁 23-24。

58 Wicfall, Patricia M. & Behrooz Kalantari, 2001, *Biographical Dictionary of Public Administration*. Green wood Press, CT. PP.21-23.

主專制長期箝制社會與政治活動，限制了政治思維的重大創新。

西元前五世紀希臘雅典的民主與斯巴達的軍國主義的互盪，刺激諸多偉大的政治思維，柏拉圖目睹恩師亞理斯多德受害於民粹式的暴民，反對民主政治；更對斯巴達的軍事鎮壓與愚民政策深痛惡極，促使柏拉圖另尋蹊徑。希臘的政治活動間接促成政治生活與其他生活在觀念上的區隔，對「公民」（citizen）有新的觀念。希臘對政治思想與實踐的蓬勃發展有巨大貢獻；但受限於地理環境及小國寡民的城邦，僅維持某種程度的政治生活品質，得來也是不易。

羅馬帝國在歐亞非洲稱霸數世紀，不獨軍事武力的強盛，政治制度的建構同樣有諸多建樹，首要貢獻是發展出「天下一家」的觀念，視所有民族在基本上是平等的。平等原則發展出「法律文化」，上世紀前的政治學與法學是血脈相聯一體兩面。歐洲中世紀受到基督教的興起，影響政教分立，對西歐及中歐的影響較諸東歐東正教國家的影響有別，在東歐世襲君主控制教會，政治權力箝制被治者的行爲，也左右宗教信仰與思想；在西歐民主政治獲得較大的實踐，政府權力也有一定的限制與制衡關係，對憲法、代議制與司法獨立都有一定的貢獻。

文藝復興與宗教改革之後，民族國家（nation-state）興起，政治思想家群起各有論述，有爲民族國家的權力創建與維護提出理論基礎。如 Niccolo Machiavelli、John Bodin、Thomas Hobbes，後續則有 John Locke、Jeremy Bentham、John Stuart Mill，重視國家權力的限制與改革，以及個人、群體與國家間的關係。再後期則有 Karl Marx、Michael Bakunin、Peter A. Kropotkin 則在強力推動如何摧毀世襲權力及超越君權建制，以符更健全的制度與正義的權力關係。

（四）政治學是獨立學科

十九世紀末葉，政治學的研究自法學、歷史學、哲學、倫理學中獨立，成爲獨立的學科。但仍與前述諸學科保持緊密關係。歷史學者研究政治事件或政治制度的演變，政治學者則研究一國的政治，同樣會對一國的歷史作回顧，把歷史事實當素材分析。歷史與政治兩者是互盪共榮，血脈相聯。

法學與古典/傳統政治學的關係比歷史學更爲悠久密切。傳統政治學的研究中心包括憲法與行政法。傳統政治學者的學術訓練是法學。熱衷政治制度改革的政治學者會從社會哲學與倫理學汲取概念與論證。當政治學無法詮釋政治現象，亦會從社會學、心理學及文化人類學領域吸取概念、研究方法藉以滋補政治學。

政治學的結構功能論源自文化人類學、社會學的概念與術語。Herbert A. Simon 經濟學的理性抉擇理論對政治行爲學派影響深廣。經濟學的供需理論與現實政治體制決策者，對資源配置更是關聯緊密。「政治科學涉及所有其他的社會科學。」[59]M. G. Roskin 在 *Political Science: An Introduction* 指稱政治科學涉及學科尚包括：歷史學、人文地理、經濟學、社會學、人類學、心理學。

「今日政治學研究一國的政治，仍不免對國家的政治體制作一歷史回顧，並把其歷史事實當作分析素材。」[60]「政治學是跨領域的科學，有時要借用其他社會科學的知識。」[61]「因爲社會科學研究整個人類環境，政治研究如果忽略其他社會科學的研究成果，則將有減弱自己研究成果之正確性與損及其共通性的危險。」（郭雋 2017：1-21）[62]

呂亞力、彭懷恩、郭雋等學者莫不強調政治學與其他跨領域學科的關連性、整合性、及其共通性的重要性與必要性，研究者不容忽略政治學與其他社會科學跨領域相關性的存在。然學者對政治學與其他社會科學在學科範圍、研究方法與研究途徑容有異曲同工之處，目的在突顯研究創見及呈現政治學發展現況及成果，目的殊異，本書殊難逐一剖析比較各學者論述。謹列舉數端：

學界對政治學的研究在理論探索，發現涉及政治學科的其他學門，相關內涵繁複龐雜又多樣性；回溯政治學發展背景，最主要係政治學自十九世紀獨自成爲獨立學科，依舊受社會學、倫理學、心理學、哲學、歷史等學門滋養，投入研究的學術社群，依然對基本理論建構並無法獲取政治學研究者的共識或認同。例如對政治學是否爲科學？依舊爭論不休，批判莫衷一是；援政治事端因時、因地、因國別、因文化及歷史之迴異，難作綜論歸結提出被認同的一般性原則，遑論建構理論、通則的不易。政治學被跨域行政研究者視爲領頭學科（The Master Science）。

59 林震等譯，Michael G. Roskin 著，2014，《政治學與生活》，譯自：*Political Science: An Introduction*，12 edit.中國人民大學出版社，頁 5-8。

60 呂亞力，2014，《政治學》，台北市，三民，頁 25。

61 彭懷恩，2014，《政治學講義》，新北市，風雲論壇，頁 24。

62 郭雋，2017，《政治學新論》，志光，頁 1-21。

第二章　中國政治體制

前章謹述東西方學者們對政治學觀點，屬旁徵薄引要知今當通識往昔。本章謹論我國歷朝重要政治學思潮。政治學茁壯發展內涵各年代重點殊異，學者對歷代政治體制發展優劣重視程度不一，可說百家爭鳴、觀點雜陳，論者莫不揚聲展眉氣昂，堅持一已認知；學者追溯各朝名家著述箇中的甘淳甜飴不懈，務期能從中汲取精萃另創新論，然各世代的鉅論、佳作能否汲古得綆延續創新、發現新價值，揆諸翰林著作委實不多。政治學是公共行政最關鍵學科，被學術界與實務界青睞，賡續被學者耕耘務期使之發光發亮。

本書旨在探討政治學理論（theories）與實務（practices）在跨域行政科學領域如何擔綱。東西方政治的理論的遞演繁複，政治科學淵源西方世界，迄民國創立前坊間鮮有《政治學》專論或教科書。論語、孟子、戰國策、史記、資治通鑑、貞觀之治等古籍以修身、齊家、治國、及帝王統御之術爲重，少有系統論析政治體制。

本書試圖整合東西方政治、人文倫理，協助建構跨域政治學在跨域行政的架構作一梗概介紹。俟建構各章論述重點，有關各學科在跨領域的理論再行彙粹爲跨域行政學思維。

一、政治體制是發展過程

「我認爲政治制度，必然得自根自生。縱使有些可以從國外移來，也必然先與其本國傳統，有一番融和溝通，纔能眞實發生相當的作用。否則無生命的政治，無配合的制度，決然無法長成。換言之，制度必須與人事相配合。」；「就歷史經驗論，任何一制度，絕不能有利而無弊。……亦絕不能歷久而不變。」此乃國學大師錢穆的論點。[63]1830 年法國學者托克維爾（Alexis De Tocqueville）到脫英建國的美國考察，他發現美國憲政體制是發展不是移植，融合開國先賢及社會思潮，它是發展過程（processes）。

---

[63] 錢穆，1999 年，《中國歷代政治得失》，台北市，東大。

國學大師錢穆前述所論有幾項重點：政治制度要與本國傳統融合；制度與人事相配合。制度由人而創立，亦隨人事變遷更迭修輯，政治體制人存政舉、人亡政息，歷朝更迭愈能證之。論述政治制度要兼顧其時代性及地域性或稱國別性。錢穆強調：「正因制度是一種隨時地而適應的，不能推之四海而皆準，正如其不能行之百世而無弊。」政治只是文化範疇之一，政治制度因時而異、物換星移，難憑一二人所言，驟然以「歷史意見」及「時代意見」批判，恐有不周。特定時段的政治得失，只能就政治內涵之一部分或其中一項，從某一特定的「意見、角度（inspection）」論析比較得失。

錢穆《中國歷代政治得失》一書，以漢、唐、宋、明、清等五個朝代爲重點。論述政治得失範圍包含：職官、考試、田賦、國防及兵役制度。以史爲鑑可知今古發展脈絡。

二、漢朝中央與地方政府體制

政府體制（regime）即政治的制度化，指政治權力的核心組織（含非正式），通常限縮於中央政府上層決策機構或經授權的地方機構。

漢代中央政府的組織：在中央即皇帝下有九卿，官位都是二千石的俸祿，與郡太守的行政首長同爲二千石。所稱二千石的九卿指：太常、光祿勳、衛尉、太僕、廷尉、大鴻臚、宗正、大司農、少府。太常管皇家太廟；光祿衛尉，一是門房頭兒，一是衛兵頭兒；皇帝出門隨侍的是太僕，爲其趕車；有人犯法是廷尉的事；大鴻臚沿用到清代等於外交部。臚是傳呼。鴻是大義。大臚是傳達官。宗正管皇帝的家族。以上各卿都管皇家私事，不是政府的事。大司農管政府經濟；少府管皇室經濟。從周天子到齊、魯的封建時代，衹有家務，沒有政務。宰相是這個家庭的管家，相當於現在的閣揆。

漢代的地方政府共分兩級：郡與縣。漢代有一百多個郡，每郡下轄十個至二十個縣。郡長官叫太守。太守的地位與九卿平等，俸祿同爲二千石。郡太守可上調升爲九卿，再進一級爲三公。九卿可下放做郡太守。地方每年要彙報行政績效，分別把財政、經濟、教育、刑事，民事、盜賊、災荒等分項分類在九、十月間呈報到中央，叫上計。中央特派專員到地方調查的叫刺史。刺史上屬御史丞，皇宮裡有十五侍御史，專事劾奏中央及宮裡事務，上陳御史大夫。

三、唐朝中央體制重大變革

中央政府的「相權」變動，象徵政府制度隨之變動。在春秋時代，「宰」和「相」是封建貴族的家臣，到秦漢才演變成正式的政府執政官。以漢唐兩朝為例，錢穆認為：「漢宰相是採用領袖制，唐代宰相則採用委員制。」前者一人獨掌全國行政大權，唐代把相權分隸三個重要部門，凡事開會議決。唐代宰相有三省：中書省、門下省、尚書省。

唐代中央政府最高命令由中書省發布，名義上是皇帝的詔書，稱之「敕」。中書省除中書令，下有中書侍郎、中書舍人。中書舍人擬稿送中書侍郎、中書令修潤成為正式詔書，再呈送皇帝畫一「敕」字。詔書再送門下省主管長官侍中及副長官侍郎給予覆覈，即對此命令再審查。門下省有權將原詔書批註送還、塗改，稱為「塗歸」。亦稱「封駁」、「封還」、「駁還」，其意義略同。換言之，門下省在執行副署權。中書省定旨，門下省覆審後送尚書省執行，尚書省對敕/命令無權過問。

唐太宗在未登基前曾任尚書令。太宗即位，朝臣無人敢再當尚書令一職，因之尚書省長官常虛懸其缺。尚書省有兩位副長官即「尚書左僕射及尚書右僕射」。左右僕射若得兼職其名銜為：「同中門下平章事」及「參知機務」等名。即得出席中書、門下兩省長官的聯席會議，會議場所稱為「政事堂」。尚書省只管行政，不管出命。所以錢穆認為：「政府的最高機構在政事堂。」凡屬皇帝命令，在敕字之下，須加蓋「中書門下之印」，即經政事堂會議通過，再送尚書省執行。

尚書省共分六部：即吏部、戶部、禮部、兵部、刑部、工部。這六部制度從唐代至清朝末年，推行一千多年。只是順序略有變動，唐初是吏、禮、兵、民（戶部）、刑、工。唐太宗改為吏、禮、民（戶）、兵、刑、工等六部。

宋神宗時王安石變法次序改為吏、戶、禮、兵、刑、工。此制為後朝沿襲。吏部主管官吏之人事及任用之權，須先通過考試，五品以上由宰相決定，或吏部提名。五品以下之官吏，由吏部依法任用。尚書省是唐代中央政府組織最龐大的機構，總辦公廳名為「都堂」，兩旁為左右兩廂，吏、戶、禮三部在左；兵、刑、工三部在右。由左右僕射分領。

唐代有名鉅著《唐六典》，對尚書省六部之組織、用人、職務分配均有詳細規定，係中國歷史上行政法規巨著。此後宋、明、清各朝奉為圭臬，推行政務以此為典範，未有大變更。唐六典是政治制度的理論和思想的書。

錢穆認爲：「制度的背後都應有理論和思想。」中國另有一部政治制度的名著《周禮》，爲先秦時代人之烏托邦型政府組織描述。

唐代最基層地方行政組織爲「縣」。根據錢穆考究，唐玄宗時全國有 1573 個縣。縣以上爲「州」等同漢朝的「郡」。州設刺史，共有 358 個州是漢代的兩倍。唐之「縣」依戶數人口，分爲上中下三等級。六千戶以上爲上縣，六千至三千戶爲中縣，三千戶以下爲下縣。「州」也分上中下三級。上州十萬戶以上；中州爲二萬戶以上；二萬戶以下爲下州。州縣長官無權任用部屬，全由中央分派。

四、宋朝政體的虛實

宋朝中央政府體制，相較於唐朝，宛若東漢之於西漢，因襲有之。錢穆喻爲：「有事而無政，有形式推遷，而無制度建立。」宋朝也有三省，只是中書省在皇宮內，其餘門下省、尙書省兩省都在皇宮外。中書省和樞密院同稱兩府，但樞密院管軍事。宋代財政掌握在戶部司、鹽鐵司、度支司等三司手裡，司在唐代屬尙書省六部下的官名。「司」之名稱仍存在於考試院銓敘部及其它政府機關，但職掌權責迴異於昔。

唐朝時尙書省有尙書令爲正長官；左右僕射爲副長官。六部有六個尙書，是多頭衙門，六部首長各不相屬。六部加都察院並稱七卿，再加通政司、及大理院則稱爲九卿。通政司是公文出納總機關。大理院主平反。刑部尙書、都察院和大理院屬司法機關。重大司法案由三法司（刑部尙書、都察院和大理院）會審。

安史之亂，王荊公（王安石）爲神宗宰相，設置三司條例司，把戶部司、鹽鐵司、度支司等三司合併稱爲「三司條例司」，把財政大權握在手裡。用人原屬尙書省吏部，宋代另設考課院。後更名爲審官院，又分爲東西兩院，分掌文選、武選；再設三班院專司內廷供奉及殿直官，用人之權不在宰相手裡。

宋太祖杯酒釋兵權，武臣不再帶兵，不准管地方民政。把勳臣武官全集中在京城供給大宅院養著，官銜保留。派去文官叫「知某州事」、「知某府事」。但這些都屬中央官員，本身另有官名。嚴格說宋代沒有地方官，只是中央派來兼管地方事宜。清代沿用，「知縣」、「知府」成爲正式官名。宋代把財富兵力都集中在中央，不留在地方，上實下虛，地方貧弱，中央一敗，全國土崩瓦解。

五、明朝皇權至上，廢中書門下省

明朝大權集中在皇帝。自元朝至明朝，中書省仍是正式的宰相。迄明太祖洪武十三年，宰相胡惟庸造反。明太祖就此廢除宰相，廢除中書省只留中書舍人，七品小官類似書記職。明朝大學士是皇帝的私人秘書，以六部尚書和曾任經筵講官（皇帝的老師）來兼任，直到明亡，大學士仍是五品官。明代內閣大學士，就官制論不能和漢、唐、宋的宰相能相匹比。尚書令及左右僕射同廢，改由六部負責，謂之「六部尚書」。成爲多頭的衙門，六個尚書都是二品大員，最高的官。中央另設都察院由原御使台轉換，專掌彈劾糾舉。這對中國傳統政治制度而言是一大轉折。

六、清朝中央官吏滿漢分占，皇權獨擅

清朝的六部尚書仍沿襲明朝。但明代六部尚書權大，尤其吏、兵兩部，用人調兵都歸之。但到清代的六部，已不能對下直接發命令，六部尚書不再是行政首長。六部的副首長叫侍郎；每部有一位尚書，一位侍郎（副首長），侍郎可單獨上奏，如此尚書管不到侍郎，旨在相互制衡。清朝中央官吏滿漢分占，一位漢人尚書另有位滿人尚書。

錢穆感嘆說道：「要說建立一制度，而絕對大公無私，不僅古代歷史未之有，就是將來的歷史，要說一個國家建立某項制度，而絕無人事關係，絕無私心夾雜，恐怕這希望也還遠。」「掌握政權者，一定得是集體的。」神權有宗教團體；王權有一般貴族；沙皇有貴族家庭；皇權也有許多貴族支持；西方民主政治是資產階級在擁護政權。共產黨講無產階級專政，是無產階級的代言者，在重視個體及總體經濟的地區僅屬理論，實質的作法上已異於昔，發生不同程度的質變。

清代政治在錢穆眼中少有制度建樹。明代廢除宰相制，清代沿襲，以內閣大學士掌理國政。到雍正時內閣增添軍機處。政府實際重要政令都要軍機處負責，不再在內閣。清代比明代更獨裁，因爲清代皇帝下詔書不需宰相的章。清代的六部尚書也沿襲明制。明代皇帝上諭下頒，要經六部，全國各地有事上報也要經六部，兵部尚書還有權下令給督撫。清代六部權縮小，兵部尚書管不著副手侍郎，侍郎也可單獨上奏。

清代不准翰林院再「專摺言事」，只享清譽。地方官包括：總督、巡

撫、藩台（布政使），臬台（按察使）可直接向皇帝講話。地方政府的道、府、縣都不能專摺言事。明代廢了宰相後，官吏任用不在吏部，五品以上大臣任用改爲廷推，由九卿、七卿公議決定，上奏。清代由皇帝特簡，吏部不知道，也不用廷推，地方小官一概由皇帝簡任後，由吏部銓敘分發的人，必待皇帝見了面後才上任，全國用人權全操在皇帝手中。在明代布政使是最高地方首長，總督及巡撫非設職，清代在布政使上常設有總督及巡撫，成爲地方行政首長。清代地方官沒有權。

清代滿洲軍隊稱爲八旗兵爲國家主力軍，率領將領二百多年。只有岳鍾麒一人爲漢人當過八旗兵大將軍。在太平天國之亂至甲午戰爭之間起用少數漢人如曾國藩、左宗棠爲封疆大吏。清代明令八旗兵不得過問政治。

在府學、縣學都有明倫堂，明倫堂置有一塊石碑，因是橫躺不是豎栽，故叫臥碑。臥碑上鐫有幾條禁令：第一、生員不得言事；第二、不得立盟結社；第三、不得刊刻文字。這三種禁令正是西方人爭取的言論自由、結社自由、和出版自由。立碑始於清朝順治五年。

錢穆綜結漢唐宋明清五朝政治體制概況，實不宜以專制政治以睥之。兩千多年政治制度難以詳評各朝優劣。謹述整個政治歷史的演進小結：

1.中央政府日趨集權，地方政府權限日縮；

2.傳統政治讓社會各階層日趨平等，透過考試入仕；

3.人人望長治久安，皇權日升地方權日降；

4.政治制度日趨繁密偏重人治；「有治人無治法」；

5.歷史是客觀事實，不抹殺也不必倣效，去蕪存菁以史爲鑑。

本章謹摘錄錢穆《中國歷代政治得失》一書漢、唐、宋、明、清等五個朝代的政治結構骨架，歷代政治實質體制廣雜，前述介紹容有偏略；論述範圍也侷限在五個朝代，屬粗略提述少有系統廣泛性的簡介。若欲深入研析，建議另覓史學、政治、斷代史等著作，當有系統性梗概。

第三章　政治通識

「變，是唯一的不變。」政治學除研究者的鑽探深究，醞釀政治生態的銳變因素，莫不受到國家戰略、社會經濟、民生規劃、價值觀、意識型態等內部因素及全球化、資源爭奪戰、天災、病毒、蝗災等外部因素的介入，讓政治穩定發展充斥挑戰性，各干擾因素的互動激盪，多重的正負面影響，決策者、施政規劃官僚，都應舖陳政治通識預為感知因應。

一、政治活動、生活、疫情

政治學自始都在研究國家社會生態盛衰更迭的科學；國家現象即構成政治學的主題。國家現象包括對內統治及對外的國際活動。邁入二十一世紀國家要關注的內涵包括反恐戰爭、國際經貿、區域合作、國際貨幣、霸權爭逐、天災、病毒傳播、全球暖化等等跨國際政治事務；美國2016-2020 年川普「美國優先」，國內政治作為外溢效應，已急遽挑動過去美國堅強盟友的外交作為，忙於因應或尋找有利於本國的政治措施，再強化對外各項戰略、戰術的調整。

華力進引述 Lasswell 的「政治活動是為完成某權力效果的事。政治是權力的形成與分配/分享。」以及 David Easton：「政治是為社會作出權威性的價值分配（The Authoritative Allocation of Values for a Society）。」已難成就近年的政治學領域的世態變遷。因為全球資源的有限性，從 2019 年新冠病毒全球傳播的嚴峻，有疫情國家連日常生活的口罩、衛生紙，都成為搶購或生產線斷鏈災情，疫情的嚴峻對民心的恐懼不安，似比政治暴力、言論自由更加迅速漫延。政治主事者面對的問題不再如昔以權威姿態作資源的配置所能善了。

「政治是生活方式。」（McLaughlin, 1998）一旦生活方式受到天災人禍的破壞、侵蝕。那麼華力進在《政治學》一書提及：「政治是指一個社會的直接或間接有關權威性決策及其執行的社會活動。」已不足因應 21 世紀全球性災難，學界、實務界同被賦予更廣袤的研究合作領域，等待提出更具體務實的跨域政治學的理論與實務作爲，共同面對全球性氣候變遷與病毒傳染。

二、價值取向、意識形態

價值觀與倫理學是政治學（politics）基本通識。認識中國政治思想內涵，有必要對中國人的價值觀取向作出明確杷梳，有明確的價值觀取向，政治制度、政治思潮始會建構研究及論述方向。

2020 年初總統、立委選舉，綠黨總統參選人，獲得史無前例的高票 817 萬張選民的支持。從選民對三組總統副總統參選人的選擇，證明選民對「生活方式」的價值觀有更具體性的表述。P. D. Hutcheon（1972）認爲：「價值體系和意識形態體系是一種互賴關係。」這說明 817 萬合格選民對「生活方式」價值觀已有重大變化，某種程度而言選民的意識型態是否也在作調整？至於是否完全贊同勝選政黨的意識型態論述，依據 Hutcheon 的觀點其聯動關係有多大比率？則是另項研究議題，本書不予論評。

世界著名心理學家 Sigmund Freud（1856-1939）認爲從國民的社會「價值取向」（value orientation），可以詮釋諸多眾數（趨）人格（modal personality），或基本人格/國民性。所謂價值取向是依據某信仰或目標，採取的生活方式或行動。價值取向是研究人格特徵的重要途徑。影響價值取向的因素很多，包括生物、心理、社群、生態、文化、教育等因素。價值取向對行爲模式具有塑造或強化的功效。P. D. Hutcheon（1972）認爲：「價值體系和意識形態體系是一種互賴關係。」[64]Talcott Parsons（1963）[65]把價值取向歸爲三類：認知的（cognitive），評價的（appreciative），和道德的（moral）三類。文崇一在《中國人的性格》：「從價值取向談中國國民性」[66]，文中引據 Parsons 的分類。文崇一從中心價值取向論述中國國民性。文中所謂「中國人」限縮在漢族不含邊彊民族，漢族分佈區甚廣，不限定某區只是統稱。中國歷史久遠若干價值

---

[64] Hutcheon, P. D., 1972, Value Theory: Towards Conceptual Clarification, *The British Journal of Sociology 23(2)*:172-187.

[65] Parsons, Talcott. 1963, *Structure and Process in Modern Societies*. Free Press, N.Y..

[66] 文崇一，《中國人的性格》一書中的「從價值取向談中國國民性」一文，台北：桂冠圖書，頁 49-58。

取向，因社會文化變遷有所轉化，同樣地價值的轉變也影響社會文化變遷；士農工商各層級的價值取向和性格也不盡相同。但箇中的節儉、保守、權威態度等不少價值取向和性格卻相當接近。

文崇一指出：「權威系統便一直在中國的政治、社會、和家族中發生維持傳統和穩定社會結構的功能，唐宋以後就表現得更精彩。」孔孟的君臣父子觀念，到了朱熹特別強調道德標準，對人類行爲更具束縛力，更富權威性。「家族」被認爲是一種絕對價值，對所有族人具有管教作用，所謂「養不教，父之過。」教化晚輩是責任，更是一種權力。「權威」另一面向是服從。久了、慣了，人就易於馴服、依賴、缺乏勇氣和創造力的性格。社群都如此就缺乏生氣。這種性格支配著中國人二千多年，有利於執政當朝維繫統治權力。執政者掌控的權威是否持續支撐意識型態讓民眾順服？支配選民？有待後續觀測研究。

三、政治決策、有限理性

根據 Lasswell 在《精神病理學與政治活動》（*Psychopathology and Politics*）一書[67]指出：「政治活動是爲達成權力的形成與資源分配的權威地位，爲權益的競爭情境。」換言之，「政治」是爲達成特定的權力與權威建構。在政治參與者、領導者對政治活動過程最在意如何獲取資源、價值，作權威性的分配。這種論點符合 David Easton（1953）在《政治系絡》（*The Political System*）[68]一書所指：「政治系絡是爲社會提供權威性的價值分配。」。美國政黨政治學者 J. Austin Ranney 嘗云：「政治是政府制定決策的過程。」歸結 Easton 及 Ranney 的論述：「政治性的決策是公共領域（public area）不是私人領域（private area）。」至於決策過程是否理性？論者各有不同看法，依經濟學理論認爲人是自利的。基於理性自利原則，政治決策應符合理性原則進行有順序的排列，然後作出最理性的選項、選擇。

美國兼備政治、經濟、社會學、心理學家及電腦科學家於一身的 Herbert Alexander Simon 認爲理性模式的決策，過於理想化，與政府實際決策行爲不符。因爲必須先具備數項條件包括：「政策目標明確單純，資

[67] Lasswell, Harood D., *Psychopathology and Politics*, Chicago: University of Chicago Press, 1930, pp.28-37.

[68] Easton, David., *The Political System*, New York, 1953.

訊完備，決策時間充裕，決策者具至高的智能。」這些條件要在決策制定時完全齊備是不可能的。因之，大部分的決策只能依持「有限理性」（bounded rationality）進行。[69]Lasswell 把決策制定過程分爲七個階段，而 Charles E.Lindblom 則把決策過程分爲兩類：一類是理性的；另一類是漸進調適（incremental）。實務上，個人或組織進行決策過程是混合型的操作，包括運用一切的心智、社會、或傳統經驗累積，有效運用有限理性從中挑選最佳方案制定決策。

Simon 在 1950 年代曾預言：「電腦系統對決策制定的影響力無可限量」[70]，更無法預知電腦系統功能的邊境爲何？以汽車自動駕駛系統讓 Telsa 汽車聲名大噪，但意外事件頻生不乏，貶褒不一。

呂亞力強調：「政治學涉及人類價值的分配過程……，權力是決定因素。」政治系統的穩定與均衡發展，有利於政治目標的達成；一旦目標多重，環境變遷非決策者所控制，決策者更依賴溝通網絡、正確完整的資訊，適時修正決策行爲。論者認爲政治「目標」是政治活動中心；「溝通」是遂行政治目標重要「通道」（channel）；「決策領導人」是決策過程的核心靈魂。從人腦與電腦在橋牌、圍棋競賽的臣服，「有限理性」的理論，受到更多的肯認。

四、政治學理論思潮

政治學歷經二千多年的發展迄今，較受重視的理論有國家論、結構功能論、系統論、階級論、精英論、團體論、決策論與溝通論。本文謹就箇中較與近代相關的理論要義、重點及其影響層面簡略提點及敘述，讓初學者對政治理論之發展有一梗概認知，供作學習、辯識政治事務的理論根據。

（一）國家要素

「國家」是指在一定的領域，爲謀求人民共同福祉爲目的而聚結，對其人民具有強制力的政治團體。政府爲其最高權力組織，維持社會秩序與人民福祉，對外獨立不受侵犯，擁有武力以抵禦外侮。

[69] Simon, Herbert A., *Administrative Behavior,* 4th edit. 1997, New York: The Free Press.

[70] Ibid. pp.21-23, 245,246.

Max Weber（1864-1920）嘗言：「國家乃在特定領域內，獨自擁有行使強制權力的能力之團體。」簡言之，國家之要件包括人民、領域、主權、政府爲構成要素。所謂「人民」（people）一詞源自拉丁文 *populus*，與 popular 和 public 二字分享相同的意思。「人民」乃特別就權利與義務（尤指前者）的立場來泛指涉及公共領域的人們，具備正當之政治權力，也是權力運作的主體。[71]

國家構成要素？「人者，邦之本也；財者，人之心也。其心傷，則其本傷，則枝幹顚瘁矣。」[72]人民是國家的根本「民爲邦本，本固邦寧。」有土地沒有人民不成其爲國，無人民即無國家，所稱土地指特定的生存領域，含領空、領海、經濟海域、地下資源。國家有民有土，還要有排他性的「獨立主權」，沒有主權不成其爲國家。愛護保障人民是國家首要責任，因爲領導者奉「治世莫若愛民」爲鐵律。主權是國家最高獨立的權力及意志，對內保有最高支配權，對外保持獨立具排他性的權力及意志。

國家除了人民、土地、主權，還要有政府組織或稱官僚體系，以貫徹國家重大政策。國家主權或意志力的展現，要有體制健全的政府組織。21 世紀世界政治經濟在快速發展變遷，受到訊息科技/IT 的突破性發展不斷累積拓延國家的內涵。「土地」的觀點，各學說受到空前的挑戰。從封建時代後，擁有「土地」的國家行爲體，居世界政治的核心價值；但新世紀隨著資訊科技發展推波助瀾下的跨國公司、跨國社會運動和國際組織等非領土行爲體（non-territorial actors）的孵化成形，躍居政治活動的主角之一，例如教宗方濟各爲全球少數族裔如洛興雅人……的權益及其自由發聲，相關政府再不能無視它的存在。[73]至於 Brown（1972）在全球化下的《無國界的世界》（*World Without Borders*）[74]，國家功能之探討屬另項應受關注的重大問題。

（二）國家結構功能

結構功能論借自文化人類學及社會學，對政治學家影響最深的學者之一是 Talcott Parsons。Parsons 結構功能論的基本假定認爲一系統的成員

---

71 葉啟政，2005，《觀念巴貝塔：當代社會學的迷思》，群學，頁 93-94。

72 陸贄，《資治通鑑》，唐紀，德宗，建中四年。

73 聯合報，2020，教宗《讓我們夢想》一書，11 月 25 日，A12。

74 Brown, Lester R., *World Without Borders: The Interdependence of Nations*, N.Y.: Foreign Policy Association, Headline Series, 1972.

都在履行某些特定功能，這些功能，對系統能否維持穩定具有相互依存的關係，即所謂：「功能互依性」，各成員的關係能否維持「均衡」（equilibrium），影響成員間的功能發揮，及整體組織的功能。結構功能論有兩大重要概念：其一、結構；其二、功能。結構即是制度（institution），建構制式的組織、規範、律法，均屬結構系統的重點。政治系統究竟要擁有多大功能？論者觀點不一，功能的類別或需求難有共識。以 Parsons 爲例，認爲社會系統要有四種功能：型式的維持、目標的達成、調適、整合功能。

Gabriel Almond 七種功能說：他提出政治系統必須履行七項功能：政治社會化與招募（political socialization and recruitment）；利益表達（interest articulation）；利益集合（interest aggregation）；政治溝通（political communication）；規則建立（rule-making）；規則執行（rule-application）；規則裁決（rule-adjudication）。各項功能若要廣泛論述，需另闢專章。

（三）層次功能論

Almond 前四項屬政治或稱輸入功能（input functions），後三項屬政府或輸出功能（output functions）。後經 Almond 與 G. Bingham Powell Jr.修正爲三個層次的功能：其一、能力功能層次（capacity functions）：涉及政府能力，包括規約能力（regulative functions）、汲取能力（extractive functions）、分配能力（distributive functions）、反應能力（responsive functions）；其二、轉換功能層次（conversion functions）：涉及系統內部的功能，包括利益表達、利益集合、政治溝通、規則建立、規則執行、規則裁決等項；其三、系統維持與調適層次：政治社會化及招募之功能。其中以政治溝通爲例，屬傳播媒體、資訊科技、政黨協商等多面向整合性功能，溝通過程有持續性的輸入、輸出的範疇。切記學者的歸類屬粗梗，分技細幹會是精要。

五、西體中用之落差

中國近代政治思潮受到西方文明的洗禮，影響深遠廣大，尤其在臺灣政治學界更是，最大問題是研究方法的觀點上幾乎完全採用西方政治思潮體系與概念，尤其是美國概念。

華力進在《政治學》一書指出採用西方概念（concepts）研究中國政

治問題有幾項負面功能：其一、浪費時間於學習與我們無關的概念及問題上：因爲這些概念用來敘述、解釋、預測中國政治現象少有用途；阻礙對我國某些眞象（reality）的瞭解：完全用西方概念來看問題，必然產生概念的負功能。如美國總統向以駐外大使作爲競選捐獻的報酬，我們難以「貪污」概念作學術研究；盲目應用西方概念導致意思溝通與推論錯誤：以「老房子」（old house）爲例，英國住三百年的老房子代表有錢世家，美國人住百年老房子是有錢人，臺灣住五十年房子是破舊之義；其次、讓學術界喪失解決我們本國問題的能力：依西方概念看中國問題，會讓學術界根本看不到或忽視，問題的事實眞象，遑論提出解決方案；其三、讓我們的學術永遠依附西方，不能獨立，超越前進：以西方「概念」詮釋我國政治現象，會限制我們觀察事物僅限於概念涵蓋範圍，產生概念負功能；以西方概念只能依附西方，他們變我們才跟著改變。我們學術永遠不能獨立，不會有突破性發展。

前述各項負功能是華力進對採行西方概念，研究中國問題應行留心的問題。他著實戮力提出政治體系途徑的概念，阻礙我們學術進展其來有自。可惜未被學界及實務界普遍認可或採行，中國「文人相輕」是傳統，學習者若採單一學者的研究觀察，未必能一窺政治全貌。

一個國家的「政治體系」（political system）是長期政治文化的熏陶塑造，且是政治生活共同體成員政治社會化（political socialization）的心智結構體系。所謂「政治文化」（political culture）是指影響政治行爲的基本認識、感情、價值觀、態度等基本因素。政治文化是社會文化的範疇，各國各有差異性，都應有其獨特的政治文化。除政治文化的影響，政治體系同受其他體系如宗教體系、經濟體系、學派的影響，惟深淺不一。

六、多元因素影響政治思潮

（一）人類生活史

政治環境包括人類生活的歷史，過往的政治制度、法制、人文演進史深度鑲嵌在現代政治生態環境，隱顯在不同角落，卻讓自大的政治領導者自豪爲偉大創新政治制度的創新者、領先者自居。政治環境的特質是一種歷史傳承，具有不可割捨的連續性。自古從無先設計政治制度、典章、法制後，擇一特定地域進行實驗性的政治制度，姑不論成敗績效成本於不顧，既使有此想法，只能歸爲空幻冥想。

研究探索現今的政治生態變遷，要從政治歷史事件的回溯、定位、認知、澄明，有利於辯駁是非正直，不爲偏頗意識型態玩弄於掌股。再說形塑民族性有兩項重要因素：環境與民族文化傳承。民族文化傳承包括血脈、文教、價値觀、人文素養。環境對人有絕對的影響，以宋朝爲例同一民族地處南北，北宋南宋的民風各殊，同爲漢人地處京朝與江南，習性風尙有別。

（二）文化傳承

德國學者 Muhlmana 認爲：「文化傳統對人深刻影響，會讓人相信是來自遺傳。」但有些人類學者認爲民族性受到環境及社會生態影響。美國印地安人過往的勇猛好戰，如今環境變遷好戰民族性不復存在。過去北歐斯堪地那維亞人祖先好戰，於今的挪威民族性有別。差異的文化可能代代遺傳影響後代，也可能因環境、社會、經濟活動更迭，加強或弱化原有的民族資質。

林語堂對中國人特質的描述正面且細膩：「對人的理解，簡樸，愛好自然，有耐性，恬靜，喜歡開玩笑，愛好小孩子，勤謹，愛好家庭，安分守己，悠然自得，具幽默怠，保守、愛好享受。」文詞充溢著道家及享樂色彩。

外國人眼中的中國人特質：「極度的現實意識，缺乏理想與宗教性，從屬於宗族，缺乏個性，誠實，節儉，樂天知命，不愛好清潔，喜歡吵鬧，充沛的活力，愛虛榮，視女人爲禍水。」這些外國人的評語只供參考，因觀察者的時、地、對象、情境的不同，會浮現不同的觀感。中國文字的名詞、形容詞、副詞、動詞，都沒有固定的字，關鍵在用文字表述時的詞序。例如「中」、「國」兩詞的秩序爲例，中國與國中兩者意義截然不同。加上語音聲調高低，都會賦予不同的意義。中文文字會運用形狀、印象、聲音等綜效表述不同意境，要瞭解中國語文，上下文的涵意不可忽略，否則毫釐之差意思迴異。

（三）中國文字是東西文化交流的門檻

深層認識中國文化的第一步是認知中國文字。中國文字對各民族的統一居功厥偉，外國學者能否認知中文，影響對中國文化活動、政治制度的興亡，能否接近事實、現象，作出趨近眞實的描繪或批判。中國文字有六種組織方式，或稱六書：指事、象形、形聲、會意、轉注、假借。「指事」是從文字筆畫構造可見所指之事，如上下等字；「象形」如日字繪成太陽形象，馬字繪馬的形象；「形聲」指部分表示事物另部分表示字的讀音，譬如江、河等；「會意」指用兩字相合而領會其意，例如木木，即林，加木，成森。「轉注」指凡一義有數字的，其字都可展轉互訓，如考、老字。「假借」指借用一字的聲音，把它當作不同的意義。中國字用一個音，一個單字表示一個意義。英文以數字、數音，表示一個意義。

Lucian W. Pye 是美國研究中國政治文化頗負盛名的學者，他以政治文化為研究途徑及社會心理學的概念對中國政治的動態（dynamics）進行剖析。Pye 發現幾項重要變項包括：「共識」、「派系」、「關係」、「權威」、「信任」、「依賴」等等，都對中國人的政治行為造成不可避免的影響。Pye 僅以前列數端就要論述中國人的政治行為，恐太過膚淺寡聞；「家世」、「師承」、「宗族」、「地域」、「信仰」、「文化」……，等等變項都在重要關鍵產生無比的振憾力、決定性。2018 年地方縣市首長改選，台中市某前市長一句自詡「統計學界的祖師爺」，他的粗言一出，立招學界及實務界的撻伐，他的自大嚴重侵犯「師承」的倫常道德，與那次政治選舉落敗，有無直接關係未知。

Pye 在《中國政治的變與常》（*The Dynamics of Chinese Politics*）一書[75]，以上述幾個變項範疇論析兩位權貴間權力關係，進一步闡述中國人的政治行為、政治文化。Pye 很露骨道出中國人的另一面目。他指中國人一方面有團體一致的理想，希望成員不製造麻煩或有出軌的動作；一方面拼命建構關係，以確保自己的安全。這只為獲得表面的共識，背後是永無休止的爭鬥，甚至出現色彩鮮明的派系。

中國人重視「面子」，更重視「臉」。「臉」直接關係到一個人的榮譽感、成就感，及在政治社經地位。不能「丟臉」是從小被教育的重點，在外不能丟臉，這不但關係到個人的榮譽也會被視為宗族的顏面。中國人也重視「人情味」，送迎禮節是人情味的表徵，欠缺人情味在社會群際關係會被另類解讀為傲慢、不懂禮、沒分寸。人情味不全會被解讀為特立獨行、非我族類等語，會被剝削參與共同事務的機會。「人情味」與「面子」受損時會引起不可預期的副效應。[76]

---

[75] 胡祖慶譯，Lucian W. Pye，1981 年原著《中國政治的變與常》（The Dynamics of Chinese Politics），由胡祖慶譯作，但未出版。

[76] 項退結，《中國民族性研究》，臺灣商務印書館，1993 年，一至三章。

（四）文化與政治互動

梁漱溟在《中國文化要義》一書指出：「文化之本義，應在經濟、政治，乃至一切無所不包。」[77]這個無所不包，指國家政治、法律制度、宗教信仰、道德習慣、法庭、警察、軍隊，包括狹義範圍的文字、文學、思想、學術、教育、出版、音樂、藝術、戲劇等等都是文化重要部分。他勉強簡約提出「中國文化」的特徵有下列幾點：廣土眾民；各民族之同化融合；歷史長久莫之與比；軍事與政治的力量並存發展；歷久不變的社會，停滯不進的文化；缺乏宗教的人生；國之本在家，家族制度在文化地位，根深蒂固；物質科學的發明羅盤針、火藥、印刷術、造紙；學術不注重科學；民主、自由、平等及法制觀念不見形成。

政治之根本法則與倫理道德相結合，納政治於禮俗教化中，以道德統攝文化；道德禮教倫常是建國基礎，法律立於輔助地位；家族制度是中國社會的安定力量；講究孝的文化。

梁漱溟另綜結學者之見，認為「中國民族性」有幾種特點：自私自利：身家念重、不講公德、一盤散沙、不能合作、缺乏組織力、對國家及團體缺乏責任感、廢公貪私；勤儉：刻苦耐勞、孜孜不倦、好節省以致吝嗇、富實用主義精神；愛講禮貌：繁文縟節、虛情客套、重形式愛面子、為爭一口氣傾家蕩產；和平文弱：溫順和平、恥於用暴、重文輕武、特喜調和妥協、中庸及均衡、不為已甚適可而止；知足自得：知足安命、貧而樂、貧而無怨、安分守己、盡人事聽天命、恬淡愛好自然、少有人力勝天之想；守舊：好古薄今、因襲苟安、極少冒險精神、安土重遷、一動不如一靜；馬虎：馬虎儱侗、不求精確、不重視時間、不講數字、敷衍因循、不分彼此沒規律；堅忍及殘忍：殘忍對人及動物缺乏同情心，堅忍指能忍耐至甚高之程度，如克己、自勉、忍辱、吃虧屬之；韌性及彈性：個人生命在心理、精神、體質及生理韌性十足；圓熟老到：穩重老成持重、心眼多、有分寸、近情近理、不偏不欹，有最大適應力及潛力。前述切忌見樹不見林的偏狹，但箇中不乏善例，值得深思修練。

（五）地域環境

文化的形成即非一元的，也非機械固定模式的產物；文化隨歷史演進及人文進化，去蕪汰劣留精存善。民族性的不同蘊育不同的文化，因

---

[77] 梁漱溟，《中國文化要義》，五南出版，1991 年，台灣初版。

不同的地域環境催化孕育不同的民族性特質，民族性的不同產出各自獨特的政治制度、規章、法治。

日本學者關榮吉著《文化社會學》[78]一書，強調以國民性、時代性、階級性，去理解各類型的文化。以英國而言，稱霸全球海洋世界二百多年，稱日不落國。日本同臨海洋卻遲至十九世紀明治維新，開放海禁後對外侵略稱霸。民族性之形成固受環境影響有之，但英日兩國發展有別。任何環境下的國民性都各具特性，韌性強度不同。

中外學者對中國人特質的看法、角度、分類各有專擅，難免有主觀性、時間性、地域性的差異，即使用詞相同未必指涉的內涵、意義、實質是等量齊觀。以「勤儉」兩字爲例，「節省」或「克苦」會是它的詮釋，區隔在于詮釋者的價值觀或實證經驗，會有不同層次的意涵。百年前的勤儉刻度，對當今富裕資產階級而言，自不能等量齊觀，以臺灣中產階級買部百萬車代步，不算奢侈，相較於低收入戶而言，買部百萬車輛不是「勤儉」的表徵。

「世風日下，人心不古，時代不同了，中國人也改變也。」前述各論者的表述，容有不合時宜之論，因爲「變是唯一不變的眞理。」社會文化發展不可能靜止不變，變化程度的深淺、寬窄有別；量變或質變端視文化內容，不必過於擔憂文化傳承會被另類突來的文化所取代，農業社會的特質仍有它的社會貢獻，有許多接受高等教育的菁英分子，捨棄高薪歸鄉耕田投入農業生產。

曾仕強在《中國人，你心理在想什麼？》[79]一書，指出中國人看不懂自己有什麼眞正特質，透過他的直覺點評，中國人有十大特點，並以深入淺出筆法描繪中國人的圖像，以協助讀者自我了解和認知，務期反省和修正：自己看不懂自己-最可笑；未嘗有一己之私-最自豪；怎麼說都有道理-最拿手；先說往往會先死-最奇特；不要聽人家的話-最奧妙；用心想就會知道-最神氣；善用平衡思考法-最高明；隨時隨地教訓人-最自動；大丈夫能屈能伸-最靈活；永遠都不肯認輸-最倔強。

（六）宗教信仰

一個國家處於內陸、高山地區與頻臨汪洋、森林地帶、沙漠地帶的國家，在政治制度的演化、設計，會有不同程度的差異，第三者難以自

---

[78] 關榮吉著《文化社會學》，張資平譯，上海樂群書店。頁 115-116。

[79] 曾仕強，《中國人，你心理在想什麼？》，1991 年，台北：方智。

己的視野、認知、文化角度批判優劣。生存環境的不同，政治制度的遞演會有天壤之別。信仰不同引起戰爭事例繁不勝舉。中國鮮爲宗教信仰，或打著宗教信仰旗幟挑起戰禍的事件，史上的例子不多。

以現代打著聖戰旗幟的中東戰禍，即使同一宗教，派別的不同也釀成生靈塗炭，大量難民潮逃往歐盟國家，導致歐盟的鬆動及政治風暴。宗教戰爭在歐洲歷史扮演相當角色。

生活習性的多樣性，在資訊快速傳遞的網絡世界，不難索尋。如何尊重多樣化的生活習性是生活在全球村的村民，應有的生活素養，例如不可隨意探詢個人隱私包括年齡、宗教、性傾向、財產等。至於個人婚姻或家庭狀況均屬敏感的社交禁忌，不宜輕易談論。舉凡生活範圍的個人隱私，必須給予充分尊重，別人的隱私不容拿來當嚼舌根的唱本。甚至職場上的薪資所得，那屬於個人財產範疇，職場上不容談論，已幾成共識，職場重視您的專業才幹及品格，而不是口袋的馬克（錢）。

以台灣爲例，信仰媽祖是民間最重要的信仰之一。媽祖繞境不僅是民間信仰重要活動，更是政治人物爭取選民必須現身的政治場域，繞境帶動地方經濟活絡，凝聚地方社群，發揮人性慈性善舉。有識之士會投入民間宗教組織擔任不同職務，凝聚人脈及地方資源爲邁向政治理想，奮勇前進堅守篤信某宗教信徒爲己念。宗教組織也爲擁有某著名政治人物爲信徒爲榮，招來更多的信徒。不容否認對宗教信仰之虔誠與奉獻者大有人在，諸多的貢獻，聲譽遠播讓宗教遠播偏遠地區。配合宗教活動，進行文創活動者，更屬政治活動的上層活動，將宗教活動昇級爲帶動地方經濟的活絡泉源，此乃最新符合普羅大眾利益的活動，至於植鑲式的政治行銷所在多有，各不同的宗教活動都不難找到高明的推銷藝術。2020 年初新冠肺炎病毒肆虐，疫情到二月底未見緩和；世界宗教三大活動之一的媽祖繞境日期先前擲筊，疫情與繞境兩方主事者，各有主張堅持不讓，幾經折衷方案協調，最後官民協調各獲足理由與顏面，媽祖繞境延緩數月後再行出發。陳文茜：「政治是一種妥協過程。」民主政治不只是民意爲先，也是民粹，更是務實的妥協過程。

（七）生活習俗

每個民族各有其獨特的生活習性，民族習性或特質直接對政治活動產生影響，從長期觀點這些特質或性格，在相互盪勵催化下會提昇、進化甚至退化，導致各該民族的興旺、衰亡，退出歷史的軌跡，不得永續生存。政治的制度、法制、思維都會對全民的生活產生直接指導、鞭策、導正功效。尤其國民的生活顯現的特徵對政治學者會是文獻探討的重要範疇。

1872 年美國公理會教士 Arthur H. Smith（明恩溥）到中國河北等基層農村生活觀察 22 年，著述多本與中國有關的書，其中《中國人的素質》（*Chinese Characterics*）一書，於 1894 年出版。他在書中總結中國人具備多種民族特質，時值晚清時的中國人，書中難脫褒貶巢臼及西方人士的主觀意識的作祟，用字遣詞未必公允。唯從中細嚼應有醒世功效。Smith 列述二十六項中國人的特質：[80]

面子要緊；省吃儉用；辛勤勞作；恪守禮節；漠視時間；漠視精確；天性誤解；拐彎抹角；柔順固執；心智混亂；麻木不仁；輕蔑外國人；缺失公共精神；因循守舊；漠視舒適方便；生命活力；遇事忍耐；知足常樂；孝行當先；行慈行善；缺乏同情心；社會風暴；共擔責任與尊重法律；互相猜疑；言而無信；多神論、泛神論、無神論。

以 22 年充裕時間去瞭解幾千年文化歷史的民族特質，就算是一般性通論特質建構也罷，誠難被普世認定著作的公正、客觀性。何況樣本取樣、觀察對象、訪談接觸對象的層級都很容易被挑剔箇中的偏頗及以少量樣本代表研究母體。以 122 年前研究取樣，自不能以社會科學研究方法的信度、效度去批判點駁。重點是論述的現象、事實，對中國人能否發揮振聾啓聵功效才是我們關懷重點。中國人對 Smith 列述的特質，若未能激起認同共識，那僅是百年前的陳腔濫調無益於當今政治社會快速變遷。若從前述 26 項特質即對中國人特質定一「概念化」（conceptualization）誠屬不妥。

設想端午長假從台北返高雄探親，選擇搭高鐵、台鐵、飛機、國道？任何交通工具沒有一件不受到政府當權者的決策影響。以國道在長假對車流管控的決策而言，長假夜間收費與否的決策，2016 年國道端午節連假夜間改採收費，造成車流擠在日間，台北至台中耗時四小時，用路人的膀胱都快爆炸了。

核一、核二廠部分機組歲修後未再啓動，2016 年 6 月初氣溫飆高到 38.7 度，突破 120 年來最高溫。台電公司的發電備載容量僅剩 5.6%，林內閣準備啓動前述核電廠歲修未再啓的機組，在反核神主牌不容冒犯的意識型態作祟下，擱置重啓的政策議題。至於倡議中的稅賦改革莫不影

[80] 明恩溥，原名 Arthur H. Smith，《中國人的素質》（Chinese Characterics），2000 年 3 刷，上海：學林出版社。

響民生。

（八）瘟疫、政經活動

2019 年新冠病毒被發現後，WHO 向世界不斷提出警告，呼籲各國要共同採取防疫措施加速疫苗研發；奈何世界強權的戰略視野、文化習俗、種族優越感、政經體制差異，難冀期對疫情有共同見解或一致作爲；美國在政客操弄下，煽動暴民政占民主殿堂國會大廈，對疫情採不載口罩逆向作爲；印度總理爲政黨勝選無視公衛專家警告，於 2021 年 3 月起爆發史上最嚴重群聚感染，致感染 COVID-19 屍首任其漂流在被印度人視爲聖河的恒河。訖 2021 年 5 月底美印兩國感染者總計達五千五百萬以上，政經活動嚴重受損恐難於短期恢復。

據分析指出 2021 年，西方近百年的強權與東方大國的崛起是重要的分水嶺。關鍵在於政經體制能否在疫情洪流作出強而有力的應變管制措施，帶動國家整體經濟持續穩定成長，讓百姓在安定政治體制下支持政府施政。

前述生活各層次與政治相關性是密不可分割，百姓的聲音不予重視或音量過底，生存權益未受保障都會成爲政治的祭品。在台灣民主自由生活慣了的百姓，持有中華民國護照在全世界己獲得 136 個國家的免簽證，可自由進出，設想您是在某地域的人民，出國到台灣遊旅前要申請審批，往往要耗時經月，未必獲准前來。兩岸政治體制不一，對人民自由的管控尺度不一。政治與百姓生活，說遠不遠，說密不密，但在生活被管控的鬆緊，冷暖點滴在心頭。

前述各項目，提示政治發展層次多重多樣多元交叉演化，切忌瞎眼摸象。

第四章　政治制度

一、民主政治

柏拉圖（Plato, 427-347BC）在《理想國》指政治制度有五種。[81]第三種是「民主政制」，但與二千年後的民主政治體制，不可同日而語。柏拉圖指不同的制度對應不同的個人心靈，迄今仍有其效度。

傳統或稱古典民主理論學家，從十七世紀起有許多著名學者：John Locke、James Madison、T.H. Green、George A. Miller、Jeremy Bentham、John Dewey、Ernest Barker。學者對民主政治的立論各異，但仍有諸多共同性。呂亞力（2014）深信：「基本假設認定在適當環境下，公民的政治行爲是理性的，對參與政治萌生濃厚興趣……，只有人人積極參與政治的情況下，民主政治才能充分實踐……，民主政治具有多元目標。」[82]

當今政治民主化過程的舉措包括選舉投票、議會問政、議會立法等等行動卻充斥著漫罵、報復、羞辱、歧視等語言，人類理性被掩埋，忽視人性尊嚴的存在價值，在「言論免責權」的加持下被踐踏。民主政治理論的建構，被視爲過度「理想化」。2020 年美國總統大選在川普肆無忌憚操弄民主選舉，釀成美國種族嚴重分裂對立，當時總統選舉當選人（President-elect）Joe Biden 在發表勝選演說強調「治癒美國」（The Healing of American）。[83]舉世對美國民主體制運作，咸表質疑。論者認爲「民主制度是最爛的制度」。在沒有其他制度，能優於或具備取代能力時，民主政治的運作只能針對民主功能、民主運作程序作微幅的調整、修正。在快速變遷的世局，政治運作、修正要與時代俱進，作出不同的調幅恐難與民意望其項背。

「參與式民主」是實踐民主政治的最大公約數。參與的對象不再限定於投票，選出國家領導人、國會議員、地方首長，應擴大到影響民生的重大政策，「參與公共政策不再是政治訴求而是政治行動的落實。」這是現代民主政治基本訴求。兩岸服貿協議被太陽花學運留置立法院，是

[81] 黃明華，2017，《一次讀懂哲學：15 部哲學大師經典》，靈活文化，頁 28-32。
[82] 呂亞力，《政治學》，2014 年，台北：三民，頁 134-136。
[83] http//: CNN.COM, Nov. 8 2020

另類「參與式民主」的要求與勝利。「參與式民主」最直接方式是採行「公民投票」。但過程中諸多大眾媒體、政治人物及官僚機構假政策宣導，圈養網軍、媒體煽風點火，讓政治理性毫無存在空間。

2016 年 6 月 23 日英國脫歐公投，一度造成全球經濟、貿易振盪。由於資本主義政治經濟體制及全球化結果，過去支撐社會穩定的中產階級，逐漸消失。「20 與 80 原則」已經破功，全世界最富裕頂尖 10%人口擁有的財富是其他 90%人口財富的總和。其中最富裕頂尖 10%中的 2%人口，獨占全世界 50%的財富。

民主代議制度下的議員，各爲特殊利益集團效忠、服務，當勞工部受迫於勞工團體的抗爭中，原承諾七天休假日。在全國工總等五大產業公會理事長集體出面表示反對後，勞工部原本承諾縮水。但執政黨或在野黨的國會議員，無一出面爲勞工講話，可見「政治已淪爲財大氣粗的人，循民主程序來追逐私利的手段，社會公益已遭忽視。」[84]當今民主政治的脫軌運作，國家行政權力的日益擴充與集中，讓政府與民眾的距離愈來愈遠。

二、政治真象

民主政治是多數民意之治？依多數人民之意見，決定政府政策？這是民主政治制度下一般人的觀點與認知：依多數人民之意見決定政策；依多數票代表多數民意，以選出議員或民選行政首長。紀元前希臘城邦的民主政治，因城小人口數不多，政治確實施行過「多數之治」，且爲政治歷史學的重要經典及研究對象。

「民主政治」一詞源自古希臘雅典的政治活動方式。democracy 中的字首 demo，即人民；cracy 即治理，democracy 即人民的治理。治理要仰扙程序方法，以及制度來達成。美國總統林肯對民主的定義：「民主即是民有、民治、民享」（of the people, by the people, for the people）。民主不全然只限於政治意涵，尚包含文化、社會、制度、價值、規範、態度、法律等基本內涵。更要兼具下列特質：人民主權、責任政治、多數治理、尊重少數。

古代雅典實施的民主政治制度，就參與者人數、地域、過程等範圍

[84] 呂亞力，《政治學》，2014 年，台北：三民，頁 140。

而言，與「現代民主政治」在內涵、制度、法律、選舉等面向是有相當的區隔，時空背景、地域、文化上的差異，難以進行優劣評析，至於民主制度的功效、貢獻更難論古今誰優誰劣？僅宜對相關研究文件或史料，淺釋箇中足資現代推行民主政治的國家，在政策制定上的參考。

「民主政治」普世價值是多數絕，少數要尊重多數者的意見，一旦遵循共同的規範、程序、表決方式，最後得出的多數絕意見，決策者必須遵守。在地理寬闊稠人廣眾的大都會、城邦、國家諸般政務繁雜，民主政治對多數決的定論、裁奪各有不同途徑。由公民選出的立法議員、代表，代表民意參與政治性聚會，議決政治事務，世俗的認知是議員代表民意，多數議員/代表的決定，代表民意的決定。民主政治制度的設計，以選民代表/議員之產生而言，他們是否全然代表多數民眾意見參與議決？有幾點值得探討，民主政治是否眞如預期代表多數民意之治？

（一）民主政治的選舉制度設計，未必全然反映多數民意

以英國爲例，在國會議員選舉採小選舉區多數投票制。1951 年國會選舉，保守黨得票率占 48.0%，工黨占 48.8%，保守黨得 321 議員席，工黨得 295 議員席，得民眾支持少的保守黨議員席反比工黨多出 26 席，工黨雖比保守黨多 0.8%的票數，但執政的是保守黨。1974 年 2 月大選，保守黨得票率占 38.1%，工黨占 37.2%，工黨少了 0.9%，但工黨所獲議員 301 席比保守黨多 5 席，由工黨執政。英國在國會占議席多的政黨未必代表多數民意的支持。

（二）美國總統選舉

美國總統選舉採取大選區多數連記投票制，由選民投票選總統，多數民意決定屬意的政黨總統候選人，獲多數票之政黨總統參選人取得該州總統選舉代表人所有票數：如某州有 40 位總統選舉代表票，共和黨參選人 A 獲得該州選民多數票，則所有 40 位總統選舉人票，全部歸共和黨總統參選人 A 所有，民主黨總統參與人則得不到任何一張總統選舉人票，最後美國全國統計獲得最多總統選舉人票的參選人當選爲總統。因之會有「少數總統」（Minority President）出現。以 1876 年總統選舉爲例，共和黨總統候選人 R. B. Hayes 與民主黨總統候選人 S. J. Tilden 競爭，Hayes 得票 40,033,768 票，獲選舉人票 185 張，Tilden 得 4,285,992 張，獲

選舉人票 184 張；實際情形是 Hayes 比起 Tilden 少 25 萬多張選民票，但關鍵性的總統選舉人票 Tilden 多一張。當選了總統且是「少數總統」（Minority President）。簡言之，政治制度的設計導致多數的民意未必占有優勢。

（三）獲得多數票當選者，未必是獲得多數民意的支持

以某甲與某乙爲例，各獲得 60 名及 54 名選民的支持，但某甲的支持者投票時 9 位缺席，某乙的支持者投票時，只有 1 位缺席。投票結果某乙依法取得多數票當選。但不能說某乙是獲得多數民意的支持。

（四）少數民意霸凌多數民意

多數民意隱藏在多種不同少數民意的背後：前述依民主政治制度、法規、選舉程序等制度方式產生的政治議決、選舉結果，偶會產生對民主政治的困厄、弔詭，很難以民主政治是多數決制、尊重多數的良方。世上沒有一個國家的政治制度被公認爲是最佳的民主政治制度。因爲難尋最佳政治制度，難遂民眾諸事心願，故被戲稱「民主制度是最爛的制度。」主要源起是掌控報章、雜誌言論、議會議員、民意調查機構、平面媒體、政治新聞、電台、利益團體、宗教團體等等，以發表、闡述、評析、網絡訊息傳播，甚至個人也會被莫名議論，基於個人價值觀、道德標準、文化認知、意識型態，對未經查證的訊息快速逕向諸親朋、好友、網友點傳，以慰心中捍衛「眞理」（reality）的高尙舉止，繼之向上扯動嘴角的肌肉。

華力進強調：「有意見的人只是基於他的職業、社會集團、利益關係、個人興趣、看法表示不同的意見，結果是除不關心者外，形成多種不同的少數民意，而沒有一個多數民意。」此乃民主政治難以多數即代表民意，仍應有「多數尊重少數」的涵養及實際作爲。

「多數決原則」不是民主政治制度的唯一選項：二次大戰前的德國、日本政治制度是否被其國人視爲循民主政治程序表達民意？日本向外侵略、橫征暴虐殺戮行徑，如眞獲得多數民意的支持，如此的「多數決原則」也不宜視之爲民主政治的正確選項。德國希特勒循民主議會程序取得向外侵略的多數決民意，但以推行民主政治的道德觀，這種多數決原則的採行，活在民主政治制度的世人永視之爲邪惡（evil）。以臺灣少數原住民族 13 族（正擴充中）2015 年總人口數約 53 萬人，若依多數決

的決策，勢必剝奪少數原住民的權利，多數決是政治制度的選項之一，不能漫無限制地運用。

Elisabeth Noelle Neumann 在 1984 年提出：「沉默螺旋」（The Spiral of Silence）理論[85]。Neumann 認爲民意未必是自發的，時常受到環境的制約。「沉默螺旋」意指絕大多數人都會避免個人獨自堅持某意見而受到他人排擠。他會去觀察周圍環境，那些是主流民意，那些是非主流的觀點？如果個人的偏好是非主流的，可能會改變或益發沉默，形成螺旋狀的過程。[86]政治人物、政治領導者最善於製造假象的民意氛圍，對特定的群眾形成強大的心理壓力，造成沉默螺旋的效應。

民意的表達方式若強行分爲主動或被動，恐落入僵化與形式的模式中。民意可主動/被動參與投書、叩應、請願、遊行、示威抗爭、抗議等舉動，或受邀參加座談會、論壇、公聽會、民意調查或公投等方式進行。民主政治制度下產生的民意代表，理應是民意匯聚窗口，但在民主制度的選舉過程，爲爭取選票，稱兄喊姐是正常表態。但選後他是主、您是民。

政治制度的分類東西方各異，主要異於分類標準的選項不一。中國傳統以道德標準取捨仁政、暴政；希臘城邦時代即以參與政治決策的人數多寡，將政治制度粗分爲君主政治、貴族政治、民主政治。採取經濟發展成熟、落後與否爲量度角度者，將政治制度劃分爲已開發國家（developed countries）、開發中國家（developing countries）、未開發國家（undeveloping countries）；馬克斯主義信徒則劃分爲資本主義國家和社會主義國家。

政治制度的分類，只供研究評析、分類取捨參酌。政治制度的良莠與否，絕大多部取決於治者與被治者間的共識、滿意度，套句現代時髦用詞「生活幸福感」的高低，來取捨政治制度是否爲民所愛？新加坡採取的政治體制，屢受到西方政治價値觀的挑戰與批判，但新加坡人卻高度支持政府的民主生活方式及政府施政措施，否則李光耀總理創立的執政黨不會自 1959 年新加坡獨立後執政迄今。

---

85 Neumann, Elisabeth Noelle.,1984, *The Spiral of Silence,* Chicago: University of Chicago'.

86 彭懷恩，2002，《政治傳播與溝通》，台北：風雲論壇出版社，頁 105-107。

三、政治、公共利益

推動民主政治的最重要目的在增益個人福祉及公共利益。政治爲民服務，提昇維護公眾、個人權益是政治領導者的施政標的。能否兼顧絕大多數個人權益是公共政策績效評估重要尺度之一。民主政治對重大政策的推動施行過程會受到諸多內外因素的掣肘，以致將公共利益置於度外。影響公共利益取捨的因素略述如次：

其一、國內的政治生態環境：影嚮生態系統平衡的因素首推成熟的教育文化水平。教育足以通曉民主政治運作的程序、法令。從選舉政見之倡議，參選者可適當明確地表達政治目標。教育工作對政治發展與落實是民主化重要建構工程；較成熟穩定的經濟生活環境有助於提昇政治參與；經濟落後地區、國家，難望其有良好的民主政治表現。對政治問題全民有較高的共識（consensus），這是政治人物最在意要去凝聚的焦點。有高度的共識，政策推動運作過程較少衝突與抗爭，減少社會及國家資源於溝通、化解、宣傳、妥協、調整程序中所耗損的社會成本。

其二、理性包容的政治文化：政治理性的展現首在協調、妥協、尊重。「政治即是妥協過程」尤其在民主政治議會的生態環境，妥協是達成政治目的的最短捷徑。爲了公共利益的提供，多數黨的執政者要有平等精神包容不同利益的族群、利益團體、政黨，不因掌握多數決優勢、完全執政，在重大政策上強渡關山。

其三、建構開放式投入、產出環境：容許少數意見或文字表述，提供多種訊息溝通管道如各種形式的傳播媒體、利益團體、少數族群的代表、政黨政見的表述或遞送，這些環境的建構，需仰賴一定程度的財力、人力、法律規章的配套，始能讓不同公眾的需求或期待，透過公開管道投入、匯聚，逐漸形塑成被較多數人的共識。

其四、決策領導者的願景與膽識：民主國家要在大環境中永續生存，領導人的政見與願景要高瞻遠矚相互搭配。領航者要謙卑體認國家機器的運作，不是以權力宰制一切國家資源於掌心。國家願景未能兼顧在野黨及全民共識，重大政策在擬議或倡議階段即屢生齟齬。重視程序正義或法治精神是民主政治的偉大價值。尼克森總統的下台，阿扁的下獄說明民主政治法治精神的重要地位。民主國家的重要政策未必是民意的凝聚匯集，往往是領導者及其執政團隊的高瞻遠矚，但民意的支持與共識更是礎石。

四、威權政治

（一）壟斷價值體系

威權政治（authoritarian politics）壟斷價值體系與意識型態，充斥於以文化活動爲名的各項環節。價值取向影響政治活動，政治活動無法與價值取向分割或劃清界線，借自政治意識的標緻拉抬同路人或同情者，以凝聚更廣泛更深入的價值取向，訴諸價值、社會規範、社會制度、行動法則以突顯政治取向、政黨政見。過程中政黨莫不以樹立政黨各自的價值取向爲標的，一旦在聲勢、立論、政見、議會成員取得話語權，再藉助政黨優勢，進行價值優勢壟斷，爲取得執政權大力推銷價值取向，形塑價值權威排斥其他價值存在的空間。壟斷後的價值觀，爲威權政治建構價值正當性。正如 Kardiner（1959）等學者所言：「價值體系不只是意識的，也充滿於一個文化中的每一種行動和關係中。」[87]忍耐、順從、保守屬中國人的基本性格是分析價值與性格的基本素材，至於中國人對政治、家庭及宗族、社群上的權威，要尊重禮讓的價值取向，並沒有重大的轉變。在完全執政的政黨領導者莫不以掌控價值體系或價值傾向爲施政要務，對民瘼僅作政治口惠而不實惠。壟斷價值體系與獨佔資源是一體兩面，熟先熟后依操弄需求理順。

（二）價值體系的正功能

價值體系讓文化產生穩定功能，讓我們的行動和思想符合國民性格（national characters），承擔社會責任扮演社會應盡的角色任務。文崇一對價值取向的定義：「指個人或集團（組織）在某一特定環境中、或社會中，對事物取捨或判斷的一種評價標準。」[88]也就是人際間、人與環境間的種種關係，都有價值取向的影子存在著。

當政府無法爲企業組織、社會大眾、不同的利益共同群體爭取公平利益時，各群體組織、利害關係群體，以不同型態的組織樣態出現，爲該組織成員的利益向政府施壓，力爭最大的自身利益。政府的效率低落、速度的緩慢，促成以營利爲主的企業主，共同結盟或各個以優勢的專業，推展不同的策略途徑力求組織的永續發展。奇異（GE）公司前執

---

87 Kardiner, Abram R., et al. 1959, *The Psychological Frontiers of Societ,y (7th ed)*, N.Y. Columbia University Press.

88 文崇一，《中國人的價值觀》，1989 年，台北：東大圖書。頁 61-171。

行長 Jeffrey Immelt，2016 年在紐約大學史登商學院的畢業演說：「我在職涯初期太過擔心其他人的想法，但我逐漸明白，進展比完美更重要，任何值得之事，也都需要堅持和韌性。批評讓我更渴望、更強悍也更敏銳。」此乃 Immelt 引領屬眾奮奔既定價值目標的穩定作爲；某政黨總統參選人 2019 年 6 月 22 日造勢晚會，率眾共同高唱「堅持」一曲，與 Immelt 的心法，異曲同工。

五、極權政治

（一）權力與政策的優位順序

極權政治（totalitarian politics）體系下的權貴們，各擁權力互動劇烈。國家政策不如派系地位勢頭，派系間的權力傾軋可能和政策沒有一點關係，權力 A 鬥爭激烈程度和政策本身的關係不成比例，派系爭取的是資源掌控而不是政策本身。派系動員方式屢以大眾傳播媒介進行言語爭論，因之媒體資源的掌握，被視爲權力/權威的灘頭堡。川普未參選總統前，運作大眾傳播媒體達二十年之久，用心耕耘深厚。

（二）派系提供安全感

意識型態在華人世界的政治權鬥中的地位比政策來得重要。政治語言一向強調意識型態，而不是對政策的評估。習主席稱：「中共傳播媒體姓黨」。大眾媒體爲黨服務，絕對服從黨的領導。中共對官員思想的重視遠超越他們的政績。中國人非常怕被孤立，希望從服從命令中得到安全感，因此不時主動與領導和幹部拉「關係」。中國人也同時重視階級觀念，依附「權貴/權威」是獲取安全感的最佳途徑；需要「歸屬感」也是參加「派系」主要動機：更是政治領袖座擁支持者凝聚共識的泉源。觀之綠黨成員吹鼓、依附心態，兩岸一個樣，尋求安全港阜。2021 年 6 月 5 日眼見安全港阜棧道吊車被 COVID-19 摧枯拉朽、府前廣場車龍齊鳴抗議聲穿透總統府隔音安全牆，次日封閉府前廣場，眾怒心火難息，於柯 P 宣布疫苗注射免費之次日，府內領導者出面宣布全國疫苗注射免費。

六、獨裁政治

（一）獨裁者

全世界絕大部分國家都自稱政治制度是民主的。但獨裁國家的數目遠超過民主國家。獨裁政治（autocracy）的領導者被稱為獨裁者（dictator）；西元 501 年首度出現在羅馬共和國時代，當時為因應 Punic War，羅馬共和國兩位執政官難以因應緊急國家危急，將權力交由一位獨裁者（dictator）統帥國家軍政事宜，危機解除權力即交由元老院。之後獨裁者（dictator）指權力不受憲法約束之國家領袖。它的政治制度稱之為獨裁政制（dictatorship）。獨裁政制決策權操之在一人或少數人手中，甚少受到民意、國會之影響；獨裁者及其高級官員之去留不受民意影響；國會在決策過程聊備一格；沒有反對勢力或團體存在的空間。

獨裁政制與威權政制兩者有別：獨裁政制的國家嚴格管制人民的思想、言論、行動（社會、宗教活動都受到約束）；主權集中於一人或少數人手中，政治不平等，無大眾諮商且是少數統治；威權政制對人民非政治性的思想、言論及行動通常不加管制、指導或改造。獨裁政制如蘇聯史達林、德國希特勒。1991 年獨裁政制的蘇聯死硬派對戈巴契夫發生政變失敗，葉爾辛取代戈巴契夫後，蘇聯解體，加盟共和國紛紛獨立，致力民主化與市場經濟之建立。

（二）學者論威權政治

德國學者 Max Weber 把政治權威依其來源與性質分為三類型：理性法律型（rational-legal type）：權力源自憲法，如民主國家之領袖的權力；傳統型（traditional type）：其權力來自傳統，如世襲君主的權力；魅力型（charisma type）：指領導者具有特殊的人格特質與稟賦，民眾甘心接受領導，如宗教領袖穆罕默德、耶蘇。

根據呂亞力對威權政制研究，有下列幾種類型：其一、政黨威權政制：中共是典型的例子，另外有肯亞、突尼西亞布、坦桑尼亞等國；政黨是權力行使的樞紐，也是政治的決策機構，團結人民的中心；其二、軍人威權政制：埃及、伊拉克、敘利亞；軍人推翻文人政府，藉緊急應變之名，集中權力於少數軍事集團之手，2017 年泰國軍人奪權即其一例；其三、宗教領袖威權政制：如伊朗柯梅尼（R. Khomeini）及其繼任者，權力來自篤信回教與民族主義的群眾，藉助革命衛隊鎮壓反對力量；其四、官僚威權政制：如葡萄牙 1932 年至 1968 年間的獨裁政權；其五、君主威權政制：泰國、沙烏地阿拉伯、約旦、尼泊爾等。

軍人威權政制取代各類型的威權政制的機率最高。如埃及、伊拉克、依索比亞。軍人威權政制對人民的參政權及自由的影響不致有太大的擴張，但對權利之增損與社會發展容有不同程度的影響。泰國在政局不穩時屢屢出現軍人威權政制，取代文人政制，局勢穩定後可能退位以形式上的君主威權政制取代之。

（三）中國特色的社會主義

對岸領導人或黨中央的傳播媒體，對外宣稱其政治制度是具有中國特色的社會主義，似不積極強調馬克斯主義；世界上有不少國家標舉馬克斯主義與社會主義，兩者併存於一個國家不乏其例，只是在不同場合交替出場，如中國大陸。中國大陸政治結構有幾項特質（Pye 1988）：[89]不受菁英分子或民眾左右，強調服從黨中央；自我封閉的系統：相信政府官員不向個人利益屈服，政治自主性高不受社會約束，不能容忍分歧的意見或主張；個人在政府官僚體系中的地位，高於在社會和經濟上的成就；追求人際關係的建構；政治意識高於知識領域，重視政治權威；強調道德感化和自我修養的重要性：教育工作是政府優先的價值，尤其幼年教育的可塑性是良好教養的根基；對政治領導者有較高的道德要求，但缺乏制度或法律完整規範；運用意識型態管控消弭政治、社會衝突。

[89] 胡煜嘉譯，《中國人的政治心理》， Lucian Pye 原著，1988 年，台北：海王出版社。

第五章　政治與政黨

在共產集權國家，政黨地位的崇高及其在政治決策的重要性及影響力，遠非民主政治體制下的政黨可以比擬。民主政治體制的政黨會在重要時段提出完整的政策論述或稱政黨政綱，在政黨的全國性代表大會、總統選舉、或全國大選等重要時刻提出，以美國民主及共和兩黨爲例，會在四年一度的全國大選提出全盤性的政綱，英國也會在重要選舉時提出政綱供選民選擇。在極權國家的政黨政綱，在全國黨代表大會提出，無供民眾討論與抉擇空間。

純粹一黨獨大的國家不多，大都是一個大黨下有幾個小黨作陪襯以示與民主政治制度無異。一黨獨大、二黨制下的小黨不易發展成大黨。原因在於小黨提出顯著不同的基本主張，一旦獲得選民支持，大黨立即吸納成爲自己的政策，小黨就失去藉以發展的獨立政治主張。小黨不易發展，但發揮短暫的政治功能，督促大黨改進、修正政綱的缺失。政黨體制展現的優缺點向由各國的歷史、社會、文化、政治等因素所形塑；政治體制可經憲法制定或改變，而政黨體制難循憲法體制修訂或改頭變臉。

一、政黨類型

（一）政黨

「政黨」的英文字（party），part 是指「部分」，表示政黨是政治社會中部分人的結合。這些集合的人爲遂行共同的政治目標、政治理想，有共同的意識型態及利益，凝聚爲一個團體。

十八世紀愛爾蘭政治理論家 Edmund（1861）[90]有句名言：「政黨是按

[90] Burke, Edmund. (1729 –1797) was an Irish statesman born in Dublin, as well as an author, orator, political theorist and philosopher who after moving to London, served as a member of parliament (MP) for many years in the House of Commons with the Whig Party. He wrote it in "Thought on the Causes of Present Discontents." In *Works of Edmund Burke,* London, 1861, Vol. 1, p.530.

照彼此同意的原則，協力增進國家利益而聯合團聚的一群人。」美國第四任總統 James Madison 在《聯邦主義論叢》（The Federalist Papers）[91]有段坦誠露白之言：「政黨是一群因共同的利慾或感情聚結的公民，這不利於其他公民的權利，或會妨害社會長期或共同的利益。」2021 年 1 月 6 日川普不承認總統選舉結果，拒絕敗選，號召暴民入侵民主殿堂國會大廈，釀成多人傷亡，舉世嘩然。Madison 二百年前的論述，呈現迄今不變的實情。但不可否認「政黨」在近百年來有其特殊存在價值及貢獻。不宜徒留負面印象，否決政黨運作在政治活動過程中發揮的制衡功效。

Ranney and Kendall（1956）：「政黨是自主能力的組織，從事候選人的提名及競選，以期掌控政府的人事及決策權。」[92]至於如何掌控政府的資源及決策權未必每個政黨都透過選舉程序，如獨裁政體的執政黨純粹視之爲「社會中大小利益團體的聯盟。」

綜前各家論點：何謂政黨？「政黨是社會團體之一種，旨在獲取政治權力，以增益團體的共同利益，實踐共同的政治理想；政黨的組織體系爲分配權力及資源分享，各有不同體制。」

（二）政黨類型

政黨分類不易，主事者以諸多色彩混淆粉飾，但其意識型態濃烈程度、權力集中程度，提供判準基座。

1.意識型態

政黨的意識型態從政黨有無明確黨綱、主張，爲實現政黨理想從事政治活動，簡稱使命型政黨（missionary party）；另有些政黨未有明確固定黨綱，以民意爲其政見，適時吸納民之所好，簡稱爲掮客型政黨，如美國民主黨及共和黨兩大黨，只具象徵性政綱，但兩者重疊部分良多，並無明顯意識型態之區隔。魅力型（或稱人格型）政黨如希特勒納粹黨，阿根廷的培隆。政黨若無穩固的政治意識，誠難吸引公眾的投入參與其政治活動。

2.權力集中程度

政黨權力集中程度？大多數政黨設有全國性、區域性或地方性的黨務機構，來分別掌握權力。對權力的配置、權限大小，各黨不同，以美

---

[91] Madison, James.,1788, *The Federalist Papers,* No.10.

[92] Ranney, Austin. and Willmore Kendal,*1956,Democracy and The American Party System,* New York, p.85.

國民主共和兩大黨的權力配置，以每四年舉辦一次的全美黨代表大會推舉總統參選人，代表政黨參與總統大選。形式上「民主黨（或共和黨）全國黨代表大會」是政黨的最高權力機關。但推舉後的政黨權力分落在國會黨團、各州或郡的黨務機關，分掌政黨決策和地方政黨資源配置。各州參議員候選人的推選，權力在各州黨部不在黨魁。英國政黨傾向中央集權（centralism），黨中央對地方推薦議員參選人擁有最後決定權。美國政黨較屬於分權化政黨（decentralized party）。

二、政黨活動、政黨功能

（一）政黨活動

十九世紀初葉，在英國政治領袖們爲維持鞏固自身在政府的職位及地位，召集志同者及追隨者結合成聯盟（leagues）。這種聯盟組織鬆散，爲利之所趨的集聚，進出容易，存在時間不定，往往變動甚大。

十九世紀中葉以後，歐美地區的選舉權擴大後，許多公眾獲得選舉權，爭取更廣大群眾選票的組織隨之衍生。當群眾類型不斷增加，不同的期待與需求日益多元化，成員之社會地位、經濟能力各有差異。政黨政見隨成員之遞增，過去的「派系」或「朋黨」的利益集合體被淡化，政黨要型塑更多元的利益及呼應政黨成員的期待，政黨與黨員間的互動功效是互賴共生關係。特定群體如國會議員，會爭取更多議員，組成政黨或派系，以增加組織力量，向行政部門爭取更多資源以服務公眾，穩固選票。政黨初期可能由不同的小團體或特定團體基於共同利益結合爲更有組織的政黨。英國工黨是產業職業工會大會的決議產物，結合從事勞工政治活動的小團體，共同成立國會與選舉聯盟後，取代十九世紀初期產業工會，成立獨立工黨（Independent Labor Party）。

俄國在二十世紀初期，原屬社會民主黨一派的布爾塞維克黨，在列寧十月革命成功推翻沙皇後，「布爾塞維克黨」於 1917 年改名爲「共產黨」，並禁止其他政黨的存在，使俄國成爲一黨獨大的獨裁政權。

十九世紀末與二十世紀初，世界各地民族運動的政治團體如雨後春筍出現。如印度獨立後的國大黨、中國國民黨、中國共產黨。各政黨的屬性未盡相同，其中「一黨專政」的國家，依 James Coleman & Carl Roseberg（1964）的研究分析簡化爲「實用多元型」（pragmatic pluralistic pattern）及「革命型」（revolutionary pattern）兩類。[93]前者較不重視政治意識，後者強調革命屬性的意識型態。兩位學者針對非洲政黨的分類，未必符合其他地區的特性。同爲一黨獨大的政黨，經年累月後的國情、政治、經濟發展等不同因素的改變能否維繫獨大專權，各國政經不同難作定論。

（二）政黨功能

不論在民主政治體制或獨裁政治體制下的政黨名稱爲何？通常具備下列多項「功能」：

1.透過政黨競爭獲取政權

掌握政權取得國家資源，兌現競選承諾，藉助政黨內協調與溝通，黨的嚴明紀律控制黨籍議員，推動政綱的兌現。政黨取得政權是它的核心工作。

2.促進政治活力

一個活力十足的政黨，它的活力可以協助提昇競爭對手的品質，以吸引更多公民參與政治，提昇國家競爭力。

3.政黨可以迅速反映及匯集民意

政黨成員包括不同階層的利益，同一政策不同的民意有不同的反映，政黨把不同民意整合爲一，成爲吸引焦點爭取更多選票，獲取更多政治資源的分配權益。

4.強化及凝聚「意識型態」

政黨組織提供強化及凝聚「意識型態」。在極權的政治體制下的政黨是「意識型態」的匯聚地，如蘇俄的共產黨黨員是在本行中最具有領導能力之士，始會納入共產黨黨員，該國的知識分子及行政官僚大都爲其黨員。強調對共產黨的忠貞及具備個人才能是成爲黨員的重要標準。

5.提供政治人物從政的培訓

在不同環境提供黨內精英參與選舉及建構群眾網絡的最佳練習場。政黨必須甄選人才參與政治活動或選舉，選民的爭取是政黨核心工作之一。政黨優秀人才的培育是政黨永續經營及存在的最高原則。英國選民

[93] Coleman, James S. & Carl G. Roseberg, Jr.,1964, ed., *Political Parties and National Intergration in Tropical Africa*, California: Bakeley Press, p.5.

選擇脫歐，接任首相的梅伊（Theresa May）在保守黨從政歷任不同職務長達二十年，她是英國有史以來歷任內政部長時間最久的部長，長達六年以上。在上任後即選派原保守黨黨魁 Johnson 爲外務大臣。

6.監督政府及官僚體系

接受民意監督政府及官僚體系，在民意支撐下政黨對政府施政決策進行監督、修訂並提出立法案供政府施政依循。但獨裁、專制政黨越過公共利益，形成禿鷹集團，大肆貪腐豪奪民膏血汗錢，美其名爲「轉型正義」。正統的國會政黨議員對政府及其官僚體系對各項施政績效、偏差、貪污、進行質詢，適時導正政府及官僚的偏差。

7.政黨政綱、競爭承諾

政黨的政綱或競爭承諾，對選民具教育、宣傳功效。政黨爲獲取選民支持，各種競選宣傳、政黨活動、募款活動、座談會等等在政黨組織有效編組下，都兼具對黨員、公眾的宣傳及教育功能。

三、政黨紀律

Robert Michels（1876-1936）是「寡頭鐵則」（iron law of oligarchy）及「精英理論」（elite theory）的創始者[94]。他是德國社會學家，也是 Max Weber 的好友。在論述二十世紀初葉的德國社會民主黨屬性歸結：「任何組織，尤其是政黨，都是寡頭控制的；所標榜的組織內民主，都是粉飾。」審視其他政黨組織都是「權威性階級領導」（hierarchy of authority），至於政黨各層級的決策也屬於「階層領導決策」（hierarchy of decision）。所有政黨都是階層化的組織，都在致力維持組織的嚴密性，猶如軍隊指揮官不容下屬的拂逆或質疑，一旦路線之爭，不是清黨要不自己脫黨，如施明德、許信良、林義雄、及游盈隆等前 DPP 要角。

「黨內民主化」是民主政黨普遍性的趨勢及組織問題，既使共產黨黨內也會有不同程度的「黨內民主化」，至於民主化的程度或限制各異，有些針對黨內提名人選，或重大施政缺失的建言等等。黨內「派系」之存在與否各國不一，日本自民黨的「派系」、「門閥」之別，在選舉宣傳活動，明示給公眾知曉供投票選項。

[94] Robert Michels (German: [ˈm ɪ çəls]; 9 January 1876 in Cologne, Germany – 3 May 1936 in Rome, Italy) was a German sociologist.

政黨活動不論藍綠在政黨不浮眾望時，不會標示黨藉，至於派系之別，都不會標舉自己屬於何派系？派系之歸屬及劃分，只見諸大眾媒體，黨員本身也很少對外宣稱自己歸屬何派系？在綠黨再度執政後，行政院各部會及派外使節名單，可窺見爲均衡派系利益的分配，作出符合各派系利益的人選配置各部會及駐外人員，可見一斑。

政黨的組織與紀律，兩者密不可分，互有共榮共存的關係。組織力量能否發揮，決定於紀律是否嚴明。民主政黨的紀律，大體上較之極權政黨略遜一籌。中國大陸在習總書記的打貪、反腐的改革運動中，對黨內的貪腐進行打擊，且打擊肅貪反腐的對象，不分層級也不分中央或地方，同時進行紀律整頓，獲得全民的贊譽及支持。

黨紀之維繫與否，在民主國家與黨的領導人有密切不可分的連動關係，更與時勢之推移，民心向背有關。但仍有特殊個案：以中部某立委爲例，受到黨紀處分，以獨立人士參選獲勝繼任立委，因案拘押由子接替參選，獲勝接任其立委名額，實質是繼任其父在國會的席次。審之，該立委的起落，並未因黨紀處分失掉黨的支持，影響其政治前途，箇中原因是他在地方上的長年耕耘及服務選民，奠定深厚根基。黨的栽培或支持與否，對他未受任何影響。

黨紀的施展輕重拿捏，沒有定論或通則可尋，因人因事作不同的區隔。受黨紀處分的當事者個人特質、貢獻、在黨內的聲望、實力，都會影響黨紀處分的輕重。但關鍵因素除黨紀之外，維繫黨紀力道之強弱，在政黨最高領導者的意志力、權威性、政治實力、民意傾向、對政黨的掌控能力，都會影響政黨紀律的嚴明或腐化，也因緣由黨紀之嚴謹或鬆散，直接或間接影響到政黨在選民心目中的信任度，未受選民信任的政黨，獲得的投票數會是最直接的檢驗及證明。中國大陸習主席在中共十八大後，爲贏得民心，重整黨紀，全面打貪防腐，爲中國大陸政經轉型及改革奠基，整肅黨紀是起點。

四、政黨對外關係

「對外關係」指本黨之外的其他政黨、社會、社團、企業、社區、公眾、官僚體系及國外社團組織的互動關係。政黨對外關係繁多，茲大致簡略擷取重點項目爲：政黨與民間的關係、政黨與議會的互動、政黨與官僚體系等三大類：

（一）政黨與公衆

政黨與公眾（mass）的關係：指政黨與其他政黨、企業、社團、社群、NGO、及民眾等等的互動。政黨與其他政黨間的大目標：概略而言在獲得政府的執政權，踐行政黨的政綱，完成公眾對政黨的付託，政黨在議會未獲致絕大多數席位，偶會與其他政黨合縱連橫，完成立法或監督政府的共同目標。

與其他政黨的關係，依政黨領導團隊的運作智慧而有不同程度的調整。「政黨利益勝於一切」或「公共利益優先」的政黨意識思維，左右政黨對外行動方針。不論左派右派、民主或極權的政黨，與公眾的關係是對外關係的核心工作。無法掌握公眾願望及利益所在，無法以民意代言人自居，掌控民意向背結合成爲政黨政綱，才能廣泛獲得選民支持。其步驟在全面爭取選民支持、進一步獲得中間或遊離人士、及尊重其他政黨。

穩固傳統政黨支持者的公共利益是政黨基本作法。社會重大問題良多，政黨的立場會吸引一定數量的公眾選民支持，相對於特定重大社會政策，同樣會影響選民靠邊站，例如反核、環保、兩岸經貿及貨貿、年金制度改革、反毒豬等議題。

傳統支持者對新生議題，未必是永遠死忠的追隨者，如何調適廣納不同的年齡層、職業、教育、文化等選民，參加政黨活動是政黨與公眾緊密聯係重要選項。公眾對政黨的支持表現在：參與政黨各項活動；捐贈政黨；投票給政黨推薦的選舉參選人。其中捐贈對政黨活動具有多重意義，以小額捐款之募款活動，對中下階層的民眾是很容易表述對政黨的支持，同樣滿足公眾參與政治活動的熱誠，金額大小不是重點，重點在民氣之聚集及聲勢的壯大。例如：小豬撲滿小額捐款。大額捐款如美國大選，大金主往往是選後，要求一定程度的回饋，如被派赴國外擔任大使。要求政黨給予「恩惠」（patronage），在美國甘迺迪總統時期有近二分之一的大使職位，提供作爲酬庸工商界的捐助者。

（二）政黨與議會

政黨與議會的互動，影響政黨對議會的政治影響力，左右政黨對黨籍執政者的支持及約束力。政黨透過黨鞭（whip）/黨團總召集人進行黨籍議員的指揮、調度、協調、說服，讓黨籍議員對政黨政策採取一致立場。議事過程中的爭執難免，黨籍議員之調配到各委員會，通常由議會政黨政策委員會進行協調分配，商議確定對爭議中的政策立場。議事的僵局透過黨團進行說服、協調，進行統一指揮與策略運用。

（三）政黨與官僚體系

政黨與官僚體系互動關係，影響力源自不同力道：在強勢的行政部門，議會是行政部門的「橡皮圖章」。政黨既使通過立法案，仍要交付行政部門執行，若行政首長非黨籍成員，政黨與行政官僚體系的互動良劣，影響政黨政策能否貫徹執行。若行政首長非黨籍成員，在議會屬於少數黨的執政首長，雙方的互動、諒解、妥協、合作程度，影響兩者在公眾心目中的地位及評價。執政黨掌握政權，對行政官僚體系會有巨大的影響力。

美國 Thomas Jefferson[95]當選總統後，曾把聯邦官吏統統換掉成同黨人充任，他是美國共和黨的創始人之一。後來美國爲維持行政的穩定進行官僚體制改革爲依專業功績（merit）能力取得職位，以維持行政常態運作，保障文官的永業特質，聯邦政府設置文官保障委員會（merit system protection board）。迄今新任美國總統仍有二千多位政務官職供他派任。臺灣新任總統則有六千多職位供其派任。政黨對行政機關的影響在於監督權的行使。對官僚體系揭弊愈多，政黨愈有機會爭取更多選票。

五、政黨體制、變遷

（一）政黨體制

依政黨在特定區域/國家的多寡及其特性，可概分爲幾種：

1.一黨制

存在於共產國家及中低度開發國家。Mexican 常年都是一黨獨大，但外界評價不一，有論者認爲他不民主，有些論者未必苛同，只是民主化程度不足，2000 年大選反對黨取得優勢，顯示政黨政制正在轉型中。若以政治競爭而言，在一黨制持不同政見的人，參與政治競爭的可能性相對低落。在極權或獨裁的一黨制，以納粹、法西斯與共產黨爲代表，不

[95] Jefferson, Thomas., (1743–1826) was an American Founding Father who was the principal author of the Declaration of Independence (1776). in 1800 was elected the third President (1801–09).

容任何個人或組織團體對其權力進行桃釁，政黨是社會唯一領導中心，控制一切民間團體、輿論、傳播、出版。一黨制下的執政黨是權力來源，政黨領袖決定人事、政府資源配置，其外圍的工會、職業公會等團體都要協助政黨領導階層瞭解民間對政府政策的反應或意見。另有透過憲法的規範，只容許一黨的存在，如佛朗戈時期的西班牙、非洲的馬利、幾內亞等。若干亞非新興國家以一黨制為主體，在其下容許小黨的存在。

2.兩黨制

兩黨制指國會有兩個主要大政黨，仍有其他小黨的存在。兩大黨勢力互為消長，其他小黨都難以取代優勢的兩大黨。美國一直是民主黨及共和黨兩大政黨輪流執政，期間優勢起落長短不一。英國 1920 年代前是保守黨及自由黨兩大黨。1920 年工黨取代自由黨，工黨與保守黨成為最大兩黨。1987 年英國工黨在 Blair 領導下取代保守黨，在議會取得執政機會。德國兩大黨指社會民主黨與基督教民主聯盟（或稱基督教民主黨），另一政治溫和的小黨自由民主黨，席次不多；在兩大黨均無法過半數時，自由民主黨與兩大黨之一有機會聯合組閣，從中獲得豐富的政治資源。

3.多黨制

在民主自由國家政黨體制，可概分多黨制及兩黨制，此種分類只屬概括性，以美國、英國而言，形式上是兩黨制，但小黨仍林立，只是無法在總統大選或國會議員選舉，發揮政黨功效，其政黨政見已被兩大黨吸納，不會在美國國會、英國下議院獲得議席，產生政黨策動民生議題的功效。多數黨制的國會議員都無法超越一半以上的議席，如德國行政體系採聯合內閣方式。閣員包括極左派、中間派、極右派都有。極右派指極端保守或反潮流、極左派指共產黨代表。所謂左右派是從經濟政策的觀點，但實質上政黨的差異尚包括政治、宗教、民族主義、文化、地域、歷史因素、利益等多重因素作祟，既使同宗教、同種族也未必同屬一個政黨。

建構強而有力的政黨，有許多基本條件包括：充足的財力、人才、群眾基礎，且與政經發展脈絡維持緊密關連。根據 Easton 觀點：「經濟環境條件太差，不會有強大國防的產出；缺乏民主政治文化不可能有健全的民主政治；缺乏民主憲政也不會有民主政治。」據此觀點經濟環境、政治文化、憲法三者影響政治活動及政治行為。政黨深受政治經濟行為的影響，更受到資訊科技快速發展，影響政黨在爭逐權力、資源過程的優劣。政黨配合資訊科技於競選活動中，快速動員支持者，傳播政策理念、攻訐敵對陣營的弱點。全球化企業衝擊各國的政經發展，財富愈趨集中，中產階級逐漸消失，貧富懸殊愈拉愈大，過去稱爲 M 型社會，快速銳變爲 L 型社會。政經體制隨全球化快速變遷，政黨是政治環境大變遷下的社會化一員，豈有不受影響之理，在政治體制及政黨組織結構，須同時進行調整。政黨爲因應大環境的快速變遷，進行組織調整是必然趨勢。執政黨受 COVID-19 疫情，如何轉型同受關注。

一黨制的國家，有些是獨裁或民主的國家。獨裁國家的一黨制的銳變，可能是政治民主化的結果。民主國家一黨制的政體改變，往往是多年獨大權力腐化所致，喪失民意支持，如印度國大黨的腐化；或政黨領導人的無能、私心作祟，不再獲得民心。支持群眾逐漸消失，由大變小，由小走向殞落。

（二）政黨體制銳變

資訊科技催化政黨體制的銳變，政經 L 型發展使中產階級快速消失，傳統的支持者人數愈來愈少，對政黨的認同也因經濟結構的變化，影響投票行爲。加上傳播及資訊科技的發展，具有魅力型的政治參選人，透過網際網路與選民直接拉上關係，可以面對面通行會談，建立快速吸票功能，不需假借傳統方式爭取選票。這種架空政黨組織的競爭方式，使政黨功能及其重要性快速遞減。「選人不選黨」的競選宣傳，打斷政黨參選人與政黨的臍帶關係。可能加速政黨的沒落，政黨組織如何連結各大小政黨成員或參選人，成爲可靠政黨聯盟。須另作評估、推演。堅持及否認政黨沒落或轉型論者的說辭各有所憑，但本議題值得深思觀察。川普總統運用網際網路直接與民眾建構對話，此種無縫（seamless）接軌的競爭方式，影響程度在 2020 年 11 月 3 日美國總統大選展現力道，川普仍緊握 7100 萬選票。

六、台灣人民黨的迸生

2020 年 1 月 11 日台灣舉行第十五任總統大選暨立委改選。執政黨總統提名人得 817 萬多選票，獲得選民 57.13%選票連任成功；在野黨（未計親民黨）總統提名人得 552 萬多票，獲 38.61%選票，競選失利。兩者差 265 萬多票。政黨票數民、國兩黨得票率分別爲 33.96%及 33.36%，兩黨差距 0.6%的微數，選民對兩個政黨的認同，如同長者所云：「龜別笑鱉沒尾巴了！」。選舉輸贏乃兵家常事，各家功過留待史冊。

社會學家葉啓政業師在《邁向修養社會學》[96]、《進出『結構-行動』的困境》[97]兩書中分別提出「迸生」及「社會整合」等重要思維，業師在《邁向修養社會學》第二章提及「從『人民』主體到『人口』客體」一文有段精闢論述：

群聚本能（the instinct of the herd）乃視居中間者（the middle）與均數（the mean）爲至高無上和無比珍貴的：此乃多數（majority）找到自身的地方，也是它（指「多數」）找到自身的模式和樣態。

在細嚼 2020 年大選各項數據分析，再回顧「九二共識」、「一中各表」等用語，不論兩岸對同一語詞都是各自表述沒有共識；綠黨自始站在反對立場不予苟同唱和。因之兩岸互動關係在實質啓動前，它們已被宣告結束了。

大選政黨票開票後，「人民」對國、民兩個政黨各打五十大板。套用業師所言：以「人民」的名分創造「大驚奇」。姑置個人好惡於一側，817 多萬「人民」的群聚，創造選舉史上最多數總統得票數。台灣「人民」的群聚是否歸類爲「一種外在於個體而存在的集體性力量，對個體有著必然的制約作用。」能否如 Durkheim 所言持續互動的社會結構？有 817 萬票空前票數擁有傲氣之權；但政黨票數民、國兩黨得票率分別爲 33.96%及 33.36%，兩黨差距 0.6%的微數。誰能斷言「台灣人民黨」（未必名稱相符）的迸生（emergence），不是以「台灣人民」爲主體的結構理論正在醞展？且待後續大選的驗證。

---

96 葉啟政，2008，《邁向修養社會學》，台北：三民，頁 9-15。

97 葉啟政，2006，《進出『結構-行動』的困境》，台北：三民，頁 133。

第六章　政治活動、公民參與

政治活動態樣多如牛毛，大外宣、大內宣僅屬最概括性二分法（dichotomy），它隱藏於非政治屬性的插圖、漫畫、哏圖、廣告、笑話、訪談、汽車喇叭齊鳴、遊覽車遊街、網路脫口秀……，任何樣式的活動都會是它的載體，村長聯誼、長青社踏青、廟會、宗教聖典，都是不同政黨、公私組織、或政府官僚體系各部門，進行政治活動的正式或非正式的競技場。在民主政治體制下，「公民參與」機制提供與否，會是重要的指標，但不是唯一判準，例如「用愛發電」的反核示威，在政治操弄下有上萬公民參與。

一、選舉

政治參與是踐行政治思想理念的法門。在民主政治制度的國家有不同方式的政治參與，能否滿足政治理想家、熱心活動人士、利害關係者、政治學者，政治參與方式，誠難理出被各界共同認可的準繩。因爲不同國度各有其堅實文化、政治制度、政治理想、經濟需求，在政治參與過程受到過往政治制度及自己理念的糾纏侷限，既使忠心的政治信仰者亦然。

政治是生活文化的一環，因爲「過去/歷史」與「現在」是永遠無法切割的延續性、融合性，但對歷史經驗中不良於人類生活的制度、法規，我們有權有能去作出理性判斷不被「權力宰制理性」（葛荃 2004）[98]。

選舉類型良多，有總統選舉、國會議員選舉、地方縣市長議員選舉、以及歐盟地區除各國總統、議員選舉之外，另有歐盟議會的議員選舉。英國於 2016 年 6 月 23 日舉行脫歐公投。這是歐盟成立首次會員國對是否繼續留在歐盟，舉辦公民投票（referendum）。結果出乎意料，英國贊成脫歐投票數高達 51.9%，高出主張留在歐盟的比例高達 3.8%，多出留歐派達 130 萬多票，原來政治人物眼中的「不可能」變成「可能」。英

[98] 葛荃，2004，《權力宰制理性：士人、傳統政治文化與中國社會》，南開大學出版。

國公投結果告訴我們，不要鐵齒什麼是政治的「不可能」。

「公民投票」的名氣在臺灣各種選舉過程，選民委實不陌生，屢有重大議題發生，政治人物向以高分貝主張舉行公民投票爲號召，如反核公投。向以保守自持的英國人卻輕易作出「爽就好」的決定。英國人的選擇或許是要奉行遠離歐盟的孤立主義作祟。回溯百年前，德國戰債危機、經濟大蕭條，軍力逼進比利時。一直到威脅英國國門前，英倫始終不痛不癢，不理「歐戰」，不甩希特勒和意大利法西斯主義的擴張。英相張伯倫的綏靖政策助漲軸心國的氣焰更種下「日不落國」快速向西沉淪。

百年前歐戰與德國戰債不無關聯，如今歐盟會員國中債務長期無法脫困，不乏其例，如意大利、西班牙等國，是否會像百年前歷史重演？英國同樣經濟不景氣，難民流入加劇、失業率居高不下、貧富落差加大、年輕人找不到職場、世代鴻溝加深、地方民族主義色彩粉墨登場，如蘇格蘭及北愛爾蘭再度倡議「公民投票」脫離大英不列顛要，持續運作中。

二、群眾運動

（一）精英領導群衆運動

「精英以外皆屬群眾；精英是少數，群眾是多數；精英是有權有勢者，群眾是既無權又無勢者的集合體。」（呂亞力 2014）[99]此種論述可能過度簡化實質內涵，群眾爲數眾多聚集成員絕非精英之外，都被歸類爲平庸之輩。Robert Michels（1876-1936）提出精英理論（elite theory）後，後續學界投入精英論研究，論述觀點各異，有些著重精英歷史背景的傳承，有些著重精英培育訓練。天下鮮有天縱英明者，秉賦既使有別，後天教育及實務歷練才是成就精英人才的關鍵。過度強調精英，視群眾爲無知之徒，是類精英恐過度自大狂妄，目中無人之徒。某地方行政首長，自稱爲「民調祖師爺」即爲一例，那他師承的老師胡佛教授呢？

馬克斯主義強調「勞動群眾」的力量，貶抑「個人」的創造力。這與精英論都屬偏頗論述。精英或群眾在不同政治情境各有獨特創造力，兩者相輔相成。社會學家對群眾的看法褒貶不一：第一種否定群眾的力

[99] 呂亞力，《政治學》，2014，台北：三民，頁377。

量或創造力；第二種肯定群眾的創造性；第三種認為群眾自發行動具破壞性，除非在理性精英者的領導，可成就進步力量。但在非理性的精英領導下，可能為害社會。社會學家不相信自發性的群眾行為，但在理性精英的領導，群眾行為才被寄以厚望。

Almond 視群眾運動為「準利益團體」。人不為己天誅地滅，群眾參與某種群眾運動都會有維護自身利益的影子在背後，驅使、鼓舞參與群眾活動。參與群眾動機因人、因事、因地而不同，以群眾運動的政治目的而言：為表達對政府執政者、或某公共政策表達支持；或為抗議當權者的施政或決策的不滿意，進行遊行、抗議、暴動或侵占公務場所等行動；更有對當權者表達支持的群眾遊行，群眾中某些不滿現狀者在運動過程，針對特定政府舉措高舉標語表示不滿。群眾遊行、抗議，難排支持或反對聲音。在群眾活動中，也可能因政府對示威、抗議的解讀不同調，造成過程中的質變，釀成流血事件，演變成另類的群眾運動。

（二）群聚自救

群眾運動可能由精英領導。理性的精英對運動訴求，一旦獲取廣大群眾支持及贊同，在聲勢及陣容上會對政府當局造成壓力。為舒緩群眾的激情或暴力，執政者可能會進行溝通、對話、妥協、讓步，或給予承諾修正現行政策或訂定新法以維護群眾利益。

一般而言，意識型態色彩濃厚的運動，受政治精英、特定群眾團體之領導、控制或支配的機率很高。至於輿論壓力對群眾運動的效果，難有定論。以「倒扁圍城」在大眾媒體反貪鼓舞下，自發性群眾的參與，讓運動的指揮群為之振奮，執政當局也為之受驚動容。在政治人物有效運用大眾媒體助威，群眾運動的訴求更加有力，但運動本身的道德性或正當性，潛藏負面效應而不自覺。以反核、反服貿為例，負面效應要付出的社會成本恐難以千億計。

在大眾媒體、網際網路等資訊科技載具的完備，訊息傳遞即眞實又快速，群眾運動快速漫延世界各地。但諸多的負面效應更加潛藏，絕非精英領導者或名嘴所能預期。

群眾運動成員對訴求的「共識」，決定對政治的影響力：要具體合理才夠格博取社會的認可及支持。華航空服員聯合罷工之引起廣大民眾的注目與同情，關鍵因素包括：選擇華航新舊任董事長交接當天；工會組織動員的行政效率和運作策略；工會透過「網路」發出強大的分貝，攫取社會各界注目；工會當天的罷工「宣言」，先是對未來空服員感性喊話，爭取年輕族群的認同，再轉向「臺灣所有受僱者」，爭取支持，措辭遣字情理並茂；「休息是受僱者不被雇主擁有的時刻，它是每個工人可以作自己的時刻，是一個眞正像人的時刻。」大眾媒體指華航空服員的罷工是「顏値」最高乃至最美、最香的罷工。攜帶幼子弱女參與罷工，展現身兼爲人母在職場上的艱辛。這些畫面讓大眾媒體無不被其訴求所說服。蔡總統出面暖腴安撫：「不會讓她們單獨面對」。群眾運動在資方全面妥協下落幕。執政者通常會擔心對群眾運動妥協、讓步，會引發連串的群眾運動。華航空服員罷工大獲全勝後，的確帶動華航地勤人員醞釀罷工、華信航空、台鐵等等工會組織的罷工議論。在極權政體對付群眾活動、抗議、示威，在恐嚇、說服不成，通常會訴諸武力鎮壓對付群眾運動。香港「反送中」的群眾示威、長榮航空空服員罷工事件，都屬於群眾運動，其正負面效應各有說詞，但最大的輸家是納稅義務人要支付龐大社會成本。

（三）組織性抗爭活動

Karl Marx 嘗云：「勞動群眾的力量，勝於個人」。群眾運動已不宜獨厚勞工群眾，仍有無數其他的群體在默默爲社會貢獻力量。人類文明史有許多重大貢獻都是「群眾」創造的。研究政治不能忽略群眾的力量及其角色。群眾表達展現政治力量的方式不一，通常會參加政黨、社團、地方組織、工會、公會、宗教團體、廟會、宗親會、政治性活動等等不勝枚舉的組織團體。

群眾運動方式推陳出新，過去抗議活動採遊行、示威、罷市、罷街、入侵公共建物、霸占公共建築。如太陽花學運入侵立法院。2021 年 5 月運用網絡進行「快閃」的群聚車陣齊鳴喇叭聲振總統府，次日以封閉廣場禁行抗議活動反成笑談。支持政府的群眾運動在遊行、抗議過程，倘若政府對群眾運動訴求反應遲緩或作爲軟弱，很可能被政治人物居中操作變成反政府的示威遊行，甚至釀成暴動流血事件。但操控順利的群眾運動，2006 年由前民進黨主席施明德號召反貪腐包圍總統府官邸的群眾運動秩序井然，當時抗議聲音響徹天際聲勢懾人心魄，迄今記憶猶新參與群眾有很多是自發性扶老攜幼振憾人心的畫面及場景。

2016 年 6 月華航空服員攜帶幼子抗議資方的示威活動的畫面宛如當年的再版。群眾運動很難件件如反腐圍邸的井然有序，因爲有心者在過程中略加鼓燥，群眾的盲從屢會失去理性，令治安警察無法推估群眾的規模或參加人數，活動的預期效應事前更難評估或因應，只能以多方應變策略，作機動性的調整。群眾運動可能有頗多意識型態滲雜，包括民族主義、共產主義、宗教意識、獨立意識等型態滲透迷惑群眾心智，如伊朗柯梅民善於宗教信徒的群眾運動。

2018 年法國政府為稅制改革，引發黃衫運動，由點而面擴及全國但整體欠缺嚴緊組織性，抗爭訴求過程有心政客介入，模糊抗爭焦點，最後仍被馬克宏平息。群眾運動的有無政治影響力決定在兩項條件：第一、群眾運動參與者人數的眾寡；第二、運動組織的結構性是否嚴緊。群眾運動的參與者是不是多寡？那只是新聞版面上的數據，重要的是運動組織的結構是有紀律？有約束成員的功能？有無運動的標的目標或政治訴求、利益訴求？參與者有無編組？這些因素決定群眾運動有無政治影響力。

群眾運動前重要領導者的溝通、協調、妥協、訊息交換及掌控，是進行群眾運動必要步驟。未經結構性的編組及政治訴求目標的建構，未盡健全或訴求空洞，都將降低政治訴求的成功機率。工業先進國家的職業工會與共產國家的工會成員數量龐大達數十萬甚至百萬之眾。前者工會的組成或參加，自主性較高；後者工會的參與有時有明文規定，經共產黨或領導者的命令及要求參與工會組織。波蘭前團結工聯主席法勒沙所領導的工會，帶動全國的抗爭工潮，幾經波折推翻波蘭共產政權。結構性的群眾運動，抗爭訴求較易被媒體重視，博取公眾的認同，成功機率較被看好。

三、民意、民意調查

（一）民意載舟覆舟

「政治是管理眾人之事。」眾人即是公眾，也就是國家構成的基幹「人民」。政府如何知道人民究竟想什麼？要什麼？管道很多且多元複雜，行政部門各部會之所以越精簡愈多，原因在公眾的期待與要求，受到社會內部及國際貿易競爭壓力與日俱增，個人、企業或組織無法獨立承擔或解決，透過各種大眾媒體、報紙、網路、示威、國會議員、罷工等方式或媒介，向政府相關部會，提出某一特定團體、個人（洪仲丘個案）的訴求。

「永遠伴隨被統治者的力量，就是民意。統治者必須依靠民意的支撐。既使最專橫的軍事政府也要靠民意。」是十八世紀蘇格蘭著名歷史、政治、經濟學者 David Hume 名言。[100]同被 Pennock & Smith 倆位學者在《政治學導論》（*Political Science: An Introduction*）[101]一書再度引據，二百多年前的名言，迄今仍適用且被學界重視，委實它在歷史遞演過程有永世價值，以之描繪當今世界不同政治體制依然對稱。

Valdimer O. Key Jr.（1908-1963）論及政府應兼顧各層級意見：包括國會議員、利益團體、弱勢族群等等的意見。Key Jr.針對民意概括：「民意含括政府認爲應予重視的個人意見。」[102]民意未必理性（反核反開發反商反投資反陸生，爲反而反）；民意未必有完整的資訊作支撐；民意的不穩定性，隨時空及外在因素作調整；顯性及隱性的民意會不定時調變，也可能維持沉默。

政府如何精確掌控「民意」訴求？有各種不同管道及平台，行政部門特別重視民意的蒐集及回應：服務中心、意見箱、公關室、新聞室、發言人室等等通道，都在提供民意的訴求。攸關民生、經貿、外交、主權、環保、生態等等層面的民意訢求內容殊異；同屬土地開發案，以台東美麗灣開發案及杉原土地開發案，中央行政部門涉及的相關部會有內政部、交通部、環資部，地方政府的環保局、社會局、原民局、觀光局等等行政部門都不容置身事外。受到「民住民族基本法」保障，以台東杉原開發案周圍的原住民族因部落、族群之不同各有看法，即使同部落也有不同聲音。

政府對重大土地開發案，受到生態環保意識的抬頭，中央相關行政部會及地方相關的利害關係人、利益團體、原住民部落等等的民意，都要給與公平對待及尊重，相關單位對「民意」何在？總是格外謹慎戒懼以對，在開發案審議過程，總是千方百計要取得各相關利害關係人、組織、團體之間的認同，透過漫長的溝通、協調及妥協，致力獲得較趨一致的「共識」。這個較被多數利害關係者接納的「共識」，就很容易被準稱爲「民意」。

以台東杉原開開發案爲例，即使相關部會及地方政府依程序取得「共識」或「民意」，進行開發。台東美麗灣開發案過程中私自擴張原核

---

[100] https://en.wikipedia.org/wiki/David_Hume

[101] Pennock, Roland., and David G. Smith., *Political Science: An Introduction*, New York: Macmillan Compang, 1964, p.306. It was edited by Roskin, Michael G.

[102] Key Jr., Valdimer Orlando (March 13, 1908 – October 4, 1963), *Public Opinion and American Democracy,* New York: Knopif, 1961, p.14.

定面積，不符全國人民的期待或「民意」，拖延多年上訴敗北。以宜蘭農舍興建管制之浮爛，連地方首長都痛心疾首，誓言整頓管控。即使針對不法的農舍依法可以連根拔起，那就能復原美麗農地？

（二）民意調查的監測功效及弔詭

在民主政治的運作過程，很難在全國或地方、大區域或小區域、城市或偏鄉，取得人人都滿意、均衡的「民意」。「民意」以一般多數而言，仍應依法律程序（due process of law）尊重少數，因為一般多數仍「不可用民主埋葬民主」。

美國政治學家 Almond（1950）[103]《美國人民與外交政策》（*The American People and Freign Policy*）一書，粗估對美國外交政策議題的熱衷程度，有三種不同類型的公眾：一般公眾、特定公眾、政治菁英。

1.一般公眾：在眾多人口中只對自身有利害關係的議題有興趣，其他事情即不關心也沒興趣。除非國家處於戰爭或緊急事件，對外交政策並不關心。

2.特定公眾：指受過良好教育，對政治問題（如內政、外交）有一定程度的認知，對某些政治人物有偏愛；這類型公眾的意見或觀點對一般公眾有影響力。

3.政治菁英：積極投入政治活動者，具有專業的政治知識，如國會議員、政治特任人員，國際專業事務的記者、政治評論家，對前述兩類人員有影響力。

Almond 的分類仍有掛漏如利益團體、宗教團體、環保團體的主張，屢有特定擴充延伸，執為普世價值擁民意為城堡。Roskin（2013）嘗云：「民意調查不僅是對民意的監測，它有時也可以製造民意。」[104]民意調查即能監測民意，更有可能為呼應執政者的政績，去扭曲某些數據，釀成公眾、專家對民意調查數字的質疑，形成弔詭。

根據研究，上世紀杜魯門總統時期的美國民意顯示反對汽油增稅。大眾媒體也提供很多數據佐證。但杜魯門對民意非常討厭，且口出不遜。多年後杜魯門被認為是最不顧反對的民意，依自己意圖下定決策的領導人。反觀今天執政者，在大眾媒體帶領下曲意迎合民意，變成民粹式（populism）的領導，由於民意的反感，近年油價調降，兩家寡占公司

[103] Almond, Gabreil A., *The American People and Foreign Policy*. 1950. California, Harcourt.

[104] Roskin, Michael G., *Political Science: An Introduction*, 2013, 12th edit. Pearson.

始有油價調昇公式可循。

「錯誤的政策，比貪腐還要嚴重。」此乃告誡執政者在推動國家、社會重大政策之前，要慎思明辯是非以及政策的前瞻性，不受「民意」、「民粹」所誤導。政府不同部會有不同名稱的「民意調查」權責單位及人力，比較具備權威性有行政院主計處的民調。智庫、政黨、金融業、公私立大學都有民調中心，接受其他單位、機構或組織的委託進行「民意調查」，著名天下雜誌也設置「民意調查」（opinion poll）單位；聯合報系同有「民意調查」組織，針對政府國內外重大問題、重大政策，適時提供民調統計數據。

民主國家領導者、執政黨、利益團體都會投入大量經費去瞭解民意何在？除了瞭解民意所在，作爲決策參考是指標。一旦民意與其政治目標相左，領導者及其團隊就得設法去說服、溝通，甚至改變民意傾向爲己所用。政府機關編列公關預算，其中最重要效能旨在「塑造」民意及「指導」民意。

「馬克思理論認爲民意是社會階級的一個反映，認爲沒有階級的覺悟就沒有政黨；如果沒有政黨的鼓勵和培養，階級覺悟就不會出現。政黨豐富和發展了民意，政黨也強化了民意。政黨將民意穩定起來，沒有政黨的話，民意是變幻莫測的，是搖擺不定的，是經常變易的。政黨從無數的個人意見整理出民意，對之輸送訊息，將之引導和進行指導。定出足資吸引最大多數選民的『政綱』。」（雷競璇譯 1991）[105]觀之當代政府及政黨都在塑造及指導民意，沒有例外，美國總統川普更是善於操弄假新聞（Fake）的高手，藉以指揮媒體煽情民意。執政者有樣學樣，訂定不同法規試圖規範民意走勢；重點在誰能判準，論者各有所憑。

四、大眾傳播媒體

（一）傳播與溝通

「傳播」與「溝通」的英文字（communication），在諸多著作被視爲同意字，其實兩者在中文是有別的。彭懷恩在《政治傳播與溝通》[106]一

105 雷競璇譯，1991，《政黨概論》，香港：青文文化事業有限公司，頁 323-330。原著者法人 Maurice Duverger, 1976, *Les partis politiques(法文)*, 10 ed.

106 彭懷恩，《政治傳播與溝通》，2002 年，台北：風雲論壇，頁 1。

書：「政治溝通與傳播的活動……幾千年前即存在。」他同時強調亞里斯多德的《修辭學》（Rhetorics）和中國《戰國策》都有口語傳播的內涵。兩本書較之今天的傳播與政治溝通實質內涵，有千壤之別，無法等量齊觀。根據彭懷恩論述政治傳播學成爲研究科學範疇是近六十年的努力成果，發展過程大致可分爲幾個階段：

1.第一階段理論建構期：重要理論包括：系統論（Easton）[107]、功能論（L. Pye）。Easton 的政治體系分析架構概念爲：投入、轉換、產出等主要、次級概念構成。Powell Jr.進一步把「政治傳播」視爲「政治組織體系」一環，係組織生存不可或缺的重要「系統功能」。

2.第二階段實證研究期：著重選民研究、民意研究、說服研究。1960年代政治傳播對選民選舉行爲研究發現，被譽爲「選民說服典範」（the voter persuasion paradigm）。彭芸：《新媒介與政治》認爲政治傳播對選民的投票行爲有積極、正面影響力，尤其重大突發事件，選民無法進行訊息的反思，易於被政治媒體主流所引導。[108]回顧三十年民主發展，政黨在選前善用謀略具煽動性且無法立即辨證的假新聞左右選情。導引學界對傳播議題設定、傳播媒介運作、傳播媒介的互賴、沉默螺旋的塑造等進行廣深研究探討。

3.第三階段多元發展期：包括後實證論、詮釋學派、批判理論。上世紀八十年代的政治傳播在實證及詮釋有長足進展，包括政治訊息分析、從制度面，結構面、系統功能、文化、意識型態等多元角度剖析。九十年代後「新媒介」的影響力逐漸發酵。手機、網路、call-in 節目、傳播軟體助展散播功效。

前述分析大體未包括 21 世紀大數據分析、AI 資訊科技的運作，以及 2016 年蘇聯運用網路影嚮美國總統大選，被情治機構揭露。大眾媒體（mass media）究竟對政治活動發生多大的影響力？儘管實務界與學術界歷年都投入無數人力、資源進行研究與思索，但沒有一位敢宣稱掌握到肯切的答案。大眾媒體的全貌與其周遭環境，始終圍繞諸多神秘因素且不斷在增減（wax and wane），平添研究的複雜性及困難度。近二十年政學兩界的研究漸露署光，陸續找到許多影響因子，對大眾媒體在很多層次發生影響力（effects）。

[107] Easton, David., 1953, *The Political System*, New York.
[108] 彭芸，2001，《新媒介與政治》，台北：五南。

（二）媒體的影響力

以 1994 年 Graber 收輯 71 位學者合著 37 篇的佳文，經彙編爲《大眾媒體對政治的影響力》（Media Power in Politics）[109]。大眾媒體對政治系絡的影響力有正式的及非正式的影響因素（components）。這些因子包括國會，行政部門，遊說團體，以及無數重大的群眾示威、抗議遊行。媒體與政治制度的相互激盪，對政治發生深層的影響力和政制的變革。Graber 歸結 71 位作者的研究結果，指大眾媒體對政治影響力即深且廣。自 1960 年代起，私人大眾傳播企業，對政府及政治活動產生鉅大影響力：大眾媒體影響力是對等的：即能強化某個政治團體的影響力，同時也會剝弱另一政治參選者的影響力。盱衡媒體在民主社會的功能，多元又多層次，其中發揮緩和權力鬥爭的功效，功不可沒。

Walter Lippmann 強調媒體的功能「在承擔眞實告知公眾實情的角色。」Gurevitch and Blumler：「依民主理論賦予媒體的角色與媒體在眞實世界所展現的能力有很大的不一致（discrepancy）。新聞不代表事實（News in not the truth.）。新聞只是眞實（reality）被剝離的一小片內容，再重新授與意義。」兩者不同說法各有所憑，因爲同一事件在不同國家的媒體報導，會有不同的想像、價値觀以左右公眾的思維與行動。另位學者 Rubin（1977）提出對大眾媒體的另類隱憂：

「大眾傳播媒體與美國政治的關聯是開國元勳所不能想像。大多數人的政治議題、政治事件及政治人物的概念均靠編輯、發行人、記者、政論家、專欄作家的內心觀點來形塑。對絕大數人而言，大眾傳播媒體是決定性的。前述人員偏離職業客觀性，政治權威者就能破壞民主政治社會。」[110]

「政府和國家，並沒有特別崇高神聖的地位：本質上，政府和國家只是一種『工具』，具有功能性的內涵。民眾、黨派、政治人物，都可以透過合縱連橫，利用這種工具追求自己的福祉。」[111]

政治人物如同你我，都有私心和好惡所在。所以諾貝爾獎得主布坎楠認爲：「無論君王或政府，乃至於一般的政治人物，都不應該、也不値得視爲無私、無我的仁者……，如同你我，有自己的私心好惡和利之所在。」Bernard Rubin 語重心長點出前述對「大眾傳播媒體」，背後諸多

[109] Graber, Doris.,1994, ed. *Media Power in Politics*, 3rd edition, Congressional Quarterly Inc.

[110] Bernard, Rubin., 1977, *Media, Politics and Democracy*, New York: Oxford University Press, pp.3-4.

[111] 熊秉元，2006，《走進經濟學》，時報文化，頁 225。

「藏鏡人」、「影武者」對大眾民意的傾向，占據重大的影響力。這突顯政治人物、企業集團領導人、政黨、政府等組織或個人，由害怕「言論自由」、「傳播媒體」，進一步要操控、監督、涉足媒體經營的企圖心。在接近 2020 年總統大選，標榜民主的政黨，在維護持續執政的大纛，假借國安議題，對大眾媒體、言論自由、個人自由加以限縮、修法。

美國重要的電視、廣播電台、報紙、雜誌係私人企業自由經營。但美國聯邦政府設有「聯邦通訊委員會」（The Federal Communication Commissions）來管控電視、廣播電台，必須申請政府執照才能經營。我國政府在行政院依據通訊傳播基本法，設置「國家通訊傳播委員會」（National Communication Commission, NCC）經管電視、廣播電台等業務的監督管控；NCC 當前有四大施政目標「促進數位匯流效能競爭；健全通訊傳播監理制度；維護國民及消費者權益；提升多元文化與弱勢權益」。執政黨藉施政堂皇目標，剝削新聞傳播、言論自由、扭曲兩岸交流，徒增政治經濟的不穩定。

（三）媒體的角色

美國著名的全國性電視台有 CNN、NBC、ABC 等；報紙雜誌重要有 New York Time、Washington Post、Time、Newsweek 等家；美英的電台、報紙漸被幾家私人集團併購；美國的美國之音、英國的 BBC、蘇俄的莫斯科電台，都屬國營，負責向全世界各地傳播各國政府的重大政策及政府觀點。中國大陸的大眾傳播媒體都屬國家，為共產黨所掌控；部分雖有私人持股，但最大股東仍是政府或共產黨。前習近平參訪中國大陸中央電視台稱：「央視傳播，姓黨。」所稱的「黨」指中國共產黨。

美國總統卡特的下台，水門事件被大眾媒體所揭露是導火線。事後成為美國學術界的研究主題，甚至成為好萊塢最賣座的電影（勞勃瑞福領銜主演）。大眾媒體的影響力究竟有多大？根據美國新聞及世界報導的調查：「誰管理美國」（Who runs America）？影響力最大的機構，前三名是白宮、最高法院、電視。大眾媒體列榜其中，足見對政經議題的操控，對公眾生活方式、素質同樣有巨大不可抗力。

大眾媒體是一般大眾對社會、政治各項事實（reality）消息的來源，大眾也依賴大眾媒體（其中政論節目最夯）的批判、爭論，來形塑自己的觀點。大眾媒體成為「意見製造者」（opinion makers），不再局限於「新聞報導者」（news reporters）的角色而已。公眾對社會、政治現象本無具體清晰意見，一經電視等媒體的報導、批判、鐵口，就被強化、塑造提昇爲「民意」。媒體已被操弄成無法自主的政治工具或特殊利益團體的馬前卒。所謂公正、公平、透明的大眾傳播媒體，事實已不存在於現今標榜民主政治的國家，遑論集權國家。

（四）媒體巨靈功力不減

美國著名政治學者 Samuel P. Huntington（1993）強調，大眾傳播媒體影響力的提高，相對社會一般大眾與其他社會機構的影響力相對下降。如果過分相信大眾媒體會適切反映民意可能過分樂觀，一旦諸多媒體反對或支持某種政策或主張，不要輕信社會上大多數民眾的看法與他們是同調的。大眾傳播媒體一旦漸被少數人、政黨、利益團體所掌控，與之抗衡的力量會在那裡？民主政治社會的存在價值及其可能性，都要深層反思。

另位美國學者 Doris A. Graber 同於 1993 年出版《媒體力量與政治》（*Media Power in Politics*）[112]一書指出：大眾媒體對社會有幾層次的影響力包括：大眾媒體能吸引公眾，或敵對的個人或團體，對社會問題及解決方案的注意力；大眾媒體可協助確認社會地位及其合法性；在某些情境下，大眾媒體可以成爲遊說及動員的管道；大眾媒體能夠幫助孕育社會議題的成型並加以維繫壯大；大眾媒體可以發揮提供心理回饋及滿足感的載具；大眾媒體同時扮演轉換、安撫、娛樂公眾的重要工具；大眾媒體同時是社會上最具成本效益的溝通手段，它同時具有快速、彈性，而且相對容易去規劃及管制的特質。

大眾媒體被許多溝通者視爲具備社會十足力量的工具。現在執政團隊自詡爲「最會溝通的政府」。「溝通、溝通、再溝通」的說詞，本身不應該是政治口號，應該是政治行動，或因某些政治環境的影響兼具兩者功能，更可能兩者都落空。未能兌現的政治口號愈多，民眾對政府的信任距離愈遠。善御「溝通」技巧的政治領導人，最能凝聚不同民意，建構共識。

政治領導者應在意「溝通協議」的執行效果，不是達成多少項協議。在民主政治制度的執政者，通常要透過選舉取得政權。屢屢失信於民的政黨，必不見容於下次選舉。宋朝竇默嘗云：「平治天下，必用正人端士唇吻，小人一時功利之說，必不能定立國家基本，爲子孫久遠之

112 Graber, Doris A.,1994, *Media Power in Politics*， 3rd ed. Congressional Quarterly Inc. pp.7-23

計。」[113]觀之當世，政治人物屬正人端士有之，圖謀私利或為特定利益團體護航之徒不乏。正因為數眾多的功利之說，難怪世人戲謔中山南路諸公為「利委」，最為世民所輕蔑可見一斑。

（五）政治溝通、政治宣傳

「溝通」指運用各種文字、語言、圖像、符號傳遞訊息。溝通是人類為解決生活問題、增進共同利益、解決困難，非常重要的手段與工具之一。溝通工具日新月異，隨時代科技進而有不同的改進與發明。溝通工具的改善是否有助於生活改善及問題的解決，實質未如眾人的期待。原因是溝通工具的改良，未必嘉惠溝通雙方，工具本身不是主要原因，而是溝通過程，溝通工具被扭曲、誤用、霸占、壟斷，形成獨斷不符事實的情事，造成單方、雙方、多方意見被扭曲、篡改、誤植，阻礙訊息的流通，加深彼此的鴻溝無法彌補。「心中最軟的一塊」未必建構溝通平台立於平等地位，長榮空服員罷工事件閣揆說：「民營企業官方不宜介入」；迥異於對華航空服員罷工之處理，難不成勞基法只管公營事業，涉及私人企業員工與資方爭議，就可以不聞不問？

民主政治運作的「政治溝通」有它正面及負面評價。政治溝通兼負政治任務的達成，運用溝通為手段，遂行政策行銷、政策倡議、政策制定等目的。在政黨政治的國會運作，進行政治溝通會採取公聽會、聽證會、議題論壇、記者會等不同形式或名義來進行。政治溝通的形式不一，重點不在溝通儀式，背後目的才是焦點。政府或政黨會運用溝通，來推動「政治宣傳」的各種不同功效。宣傳政治理念或籌募政治基金等等，主要藉助不同儀式、模具、衣著、標語、口號，其功效在凝聚多數民意，或倡議成立政治團體、經濟利益團體、形塑特定議題的壓力團體、鼓動政治風潮造成街頭運動。

政治宣傳會運用不同的模具：如「非核家園」、「愛台」、「賣台」、「小豬回娘家」、「用愛發電」、「乾淨的煤」。既使政治溝通過程未達政治目的，但政治宣傳的效益，遠超乎近程目標的達成。「政治溝通」與「政治宣傳」在形式上有別，但終極目標雷同。兩者會一前一後、或先行後到、並駕齊驅、交叉運作，切勿被其名稱所混淆，盡管過程中所採取的軟硬手段不同，目標是一致的、持續性的活動。

「媒體」究竟是溝通、宣傳、散播工具？以 2021 年 1 月 6 日被鼓惑

113 竇默，《資治通鑑》，宋紀，理宗，景定二年。

的川粉湧撞美國國會大廈破壞參眾兩院總統大選選舉人團計票程序，除對有形實體的破壞，也是立國二百多年所未見。川普自擁至高行政權，揮撒肆無忌憚；「權力讓人腐化，絕對權力讓人絕對腐化。」

五、政治活動與媒體

（一）媒體是巨靈？

「媒體是社會良心，也是社會教育者。」這是社會大眾對各種媒體的期待，更是媒體工作者應自律自勉的崇高守則。新聞工作者要「秉持千秋之筆」，這是上世紀五十年代復興崗新聞學系對學生的座右銘。某民調公布媒體工作者與法官，被臺灣同胞同列爲最不值得信任的人。看法是否偏頗各有切入點，可說人言人殊沒有共識可言。值得關心的是這兩類人，最有機會展現社會良心，也是最能秉公義維護國家禮法紀綱的中堅分子；再說「治國之道，綱常爲重。」

2016 年 5 月丹麥公共電視新聞總監烏瑞克哈格洛普來台演講：「傳統媒體爲拉高點閱率，報導許多具衝突性與批判性新聞，叫罵中多數傳遞給大眾負面觀感，社會因而滋生相互猜忌氛圍。」他認爲揭弊之餘更要提出解決之道，更重要的是提供觀眾參與對話的空間，讓各方參與相互激盪出議題的看法及後續作爲（solution），媒體功效要兼具社會大眾的教育者。

（二）媒體淪為政治工具

政治工具的運作，以台灣辣妹爲例：2018 年她利用外國媒體首度表態競選總統連任，而不是利用國內媒體；她居政治領導人的地位，掌握媒體話語權對總統參與人的初選制度數度變更；參訪友邦之際，仍利用媒體遙控國內政治話語權；藉諸司法改革遴選具意識型態的大法官，擅殞憲法賦予大法官對釋憲的權威，配合政治領導者對年金改革之名，對軍公教警消人員行實質的清算剝削之實。運用群眾遊行示威於 2019 年 4 月 28 日進行反核示威。不顧 2018 年 11 月全民公投，反核公投結果，導致民進黨資深黨員游盈隆不滿成爲退黨原因之一。領導者每一政治活動或策略宣達，都會善用媒體巨靈（monsters）。

（三）溝通媒體的整合運作

「溝通」目的在達成共識。資訊的透明化，讓彼此的歧見縮小，更讓溝通必經的通道或橋梁距離縮短，節省溝通人力成本、時間與資源的浪費。政府推動重大公共政策，相關部會的事前溝通，進行意見整合修訂原計畫是必要程序。繼之，對外徵詢公眾、利害關係者、利益團體、議會等等的組織、團體或個人的意見，進行目的性整合凝聚。

「媒體」（media）是政治溝通的重要媒介（mediacy）。當今受政治領導人、活動者、利害關係者、社運人士、全民/眾人所熟知的媒體，統稱爲：「大眾媒體」。大眾媒體功效不一，依運作對象、時空地點、媒體功能、傳播對象的偏好、節令不同，採取不同傳播媒介進行政治活動，達成政治宣傳效益。傳播媒體的種類有如下諸類：

1.報紙

以報紙的經營者可分類爲公營、私營、公私合營、政黨、宗教團體、NGO、社區……等等不同的類型。報紙的經營者不同，經營理念不同行銷通路自會差異區隔。早期蘋果日報於行銷之初，免費贈送，在行銷數量達到一定分量、捉住讀者胃口之後，改採低廉收費。宗教團體的報紙有固定的財源（如捐獻、基金、廣告……等）作財務上的支持後援，往往憑持宗教信念持續發行布施人間。

臺灣解嚴後，報禁黨禁相繼開放，政黨報紙相續出刊，百家爭鳴。國民黨之中央日報、國防部之青年日報、私營之聯合報、中國時報、自由時報及蘋果日報等。以企業方式運作的報紙，廣告及訂戶是主要獲利來源。辦報者自有其政治理想與政策觀點，以社論專欄來闡述理念，試圖吸引讀者與政治人物的關懷進一步採取具體行動，至於社論專欄及政論版面能發揮多大影響力，各視政治意識及政治文化水平之不同，容有些許的影響力，除非重大社會議題、國家重大政策，如聯合報系以一系列的臺灣願景工程專題報導：青年就業、老年長照、生態、交通、環保、新住民、十二年國教、高等教育、科技發展等不同專題的報導；報紙發揮社運發展及公共政策議題產生重大功效。然報紙的宣導功效，漸被其他傳播媒體的興起所取代，如電視、手機、網際網路。

2.無線電台

在電視普及各家庭住戶之前，無線電台的新聞是政府播報重大政策及傳遞政府決策重要管道及工具。即使電視頻道上百台，但無線電台播報政府重大新聞的快捷性、機動性，是其他傳播工具無可取代的價值。

以 921 大地震為例，所有電訊、電視都斷訊的情況下，唯有中廣電台提供即時地震災情及警急救難、救災的重大訊息。既使今天電視頻道繁多，但無線電台（含地下電台）都有它無法取代的功效，不論攻訐政府無能，或散播不實訊息，或為某些特定人選幫腔漫罵競選對手，都產生令政治活動的參與者不敢掉以輕心的傳播工具。某政黨更以之作為散播「走路工」的良器，導致競選對手崩盤。無線電台在廣大傳媒體市場仍能存活，甚至手機網絡也同樣有無線電台頻道的存在。

（四）媒體是教化、統治工具

「刑法者，為治之具，不可以獨任，必參之以德教，然後可以言善治。」[114]何以要推行德教？因為「教化，國家之急務也。」[115]這是司馬光對漢獻帝的諫言，因為「俗吏慢之」。如果教育工作在地方未受到重視，社會民智如何提昇？政府要善治（good governance），民智啓迪不可廢，德教工具的大眾媒體不可棄。解嚴後，反對黨要求國民黨退出媒體、退出軍隊，2016 年完全執政後，「你退我進」現在執政黨完全且全面壟斷各種類型的大眾傳播媒體。甚至責怪「軍隊過去跟民進黨不親」，完全背棄軍隊國家化實現民主進步的初衷。

（五）AI 及 IT 深入政治活動各層面

Dennis McQuail 強調：「我們要從科技及其運用的觀點，重新評估新傳播媒體（new media）對政治的影響。」[116]所謂新傳播媒體係運用 IT 技術，將「文本」（context）數位化，進行文本的生產、分配、與儲存的資訊化過程。網際網絡打破印刷與廣電媒體的限制：讓多對多的溝通成為事實；各類文本、圖像可同步接收、分享及再分配；網際傳播跨越國界無遠弗屆，產生即時性訊息交流及分享。新創的資訊科技，提供各類型媒體傳播工具，組構更透明的資訊社會（information society）及人際互動方式。科技助長政治介入媒體，同樣滋養反政治勢力，如 2021 年 5 月透過網路號召車陣於府前廣場齊鳴喇叭，抗議政府疫政決策無能。

網際網路提供人際互動模式，也帶動權力互動方式的新形態。群體與個體之間的權利與義務關係，更加含混不清激起新變化。網路社會連帶影響政治活動方式，權力關係日趨虛擬化。如果網路之普及化，即認

---

114 張知白，《資治通鑑》，宋紀，真宗，咸平五年。

115 司馬光，《資治通鑑》，漢紀，建安二十四年。

116 McQuail, Dennis.,2000, *Mass Communication Theory: An Introduction,* Sage Publication.

定政治活動會更加自由，恐不切實際。在威權政治體制下的「網軍」對大眾媒體的監督、管控無孔不入，形成另類的「虛擬神兵」。網路可自築圍牆，排拒不被歡迎的訊息傳播者或通道（channel）。唯劃地自限的功能是否同時摧毀政治對話的空間？民主政治是多元化的審議民主（deliberative democracy）程序，透過公開自由的論述，達到一致性或共識。網絡名義上是資訊廣為流通，實質的資訊流通，可能被局限在特定的通路（channel），整個社會的多元對話和討論更加封閉，個人只耽溺在特定偏執的媒體或網站，懶於接受新的、多元的論述和觀點。

「任何事情不必為真，但必須令人信以為真。」近年多媒體技術突發猛進，包括虛擬實境、擴增虛擬、擴增實境、混合實境及延展實境等軟硬體日趨成熟，，虛實整合工具如春筍湧現，如科幻電影《阿凡達》的虛幻實境特效，已濃濃掩摭當下政治活動各項的虛實以假亂真，製造假新聞的網軍時刻備戰深度造假。2020 年 11 月美國總統大選川普編篡假新聞，在決選階段，少數新聞媒體覺醒，於川普直播畫面貼上「資料未經查證」字幕，或徑行中斷傳播畫面。新聞媒體一旦被當權者掌控獨攬，奢談言論自由、正義與公平。川普涉及 2021 年 1 月 6 日國會大廈暴力事件，於 5 月再被推特 Twiter 延長刪除帳號兩年。

反觀國內 NCC 於 2020 年 11 月決議對中天電視台的撤照事件。驚悚威權時代是否死灰復燃？聯合新聞網某文舉出魯迅（1926 年）:「不在沉默中爆發，就在沉默中滅亡」，這對民主與新聞自由受到重大打壓及烹蛙（理論）的無感，再次提示眾人的最後警鐘？[117]

117 聯合報，「老派價值之必要」（作者：王健壯），2020 年 11 月 29 日，A13。

第七章　經濟發展與國際政治

克林頓：「笨蛋！問題在經濟。」對各國經濟發展或國際政治參與都屬至理名言。歷時八年協商擁十五個會員國的 RCEP「區域全面經濟夥伴協定」，於 2020 年 11 月 24 日簽署；CPTPP「跨太平洋夥伴全面進步協定」同屬區域經濟組織，我國正積極努力參與。[118]政治學之研析要以全觀性跨越經濟發展與國際政治的視角，深度研析包括：

一、兩岸關係

孫子兵法：「知己知彼、百戰百勝」。兩岸關係從綠黨贏得總統選舉後，相關數據顯示兩岸互動、兩岸觀光、農漁產、陸生等互動趨緩。較之 2018 年都有不同層級的利害關係者如學校、社群、農漁會、觀光旅遊業，提出不同警訊呼籲政府相關部門要重視並擬訂相關因應措施。

2016 年 7 月 1 日在 95 周年中共黨慶總書記習近平指出，如果台灣走向分裂「十三億中國人民、整個中華民族都絕不會答應！」堅決反對台獨分裂勢力。在會中習近平以「不忘初心、繼續前進」爲主題告誡黨員。圍繞主題的有八項：[119]

習近平強調「改革和法治如鳥之兩翼、車之兩輪……，任何組織和個人都不得有超越憲法、法律的特權。」持續強調防腐、打貪，不手軟。另在講話中暗批美國，「中國人民不信邪也不怕邪，不惹事也不怕事……，不要指望我們會吞下損害主權、安全、發展利益的苦果。」對

118 RCEP,(Regional Comprehensive Economic Partnership)「區域全面經濟夥伴協定」會員國包括：Australia, Brunei, Cambodia, China, Indonesia, Japan, Laos, Malaysia, Myanmar, New Zealand, the Philippines, Singapore, South Korea, Thailand, and Vietnam. CPTPP（Comprehensive and Progressive Agreement for Trans-Pacific Partnership）「跨太平洋夥伴全面進步協定」協議會員有 Australia, Brunei, Canada, Chile, Japan, Malaysia, Mexico, New ealand, Peru, Singapore, and Vietnam。

119 聯合報，2016 年 7 月 2 日，A5（財經）、A12（兩岸）。
「堅持馬克主義中國化；以共產主義為綱領；堅持中國特色的社會主義；全面建構小康社會；堅定不移高舉改革開放旗幟；黨要不斷造福人民；走和平發展道路，奉行互利共贏的開放戰略；增加抵禦風險和拒腐防變能力。」

岸已發展到全球第二大經濟體系，在全球各重要戰略地點佈署政治、經濟力量，以一路一帶全球戰略著眼，建構各種戰備資源的掌控與整合。

中美兩個超強間在政治經濟上的磨擦，在川普總統上任後，以不同方式、在不同地區幾乎全面激盪影響周遭的國家、國際組織、國際貿易，表象上係經濟關稅貿易戰、5G 智慧財產權、國際金融貨幣貿易定位，處處碰觸都可以感受疼痛的戰線，似在擴張漫延沒止境，但還不致有致命危機。重點風險在資訊科技戰、心理戰、情報戰的研發滲透佈建、太空核武發展，一旦鳴槍開打都會是致命的一槍。但中美兩國對政經全面開打的風險管控，各有盤算，只需付出適度關注，過度焦慮無益。

「兩岸關係」不是雙邊關係，而是多角化、多元化「國際關係」，更是多元利益者參與的國際關係，各方利益的失調都會引爆其中一員的關切與不安，「均衡」（equilibrium）是任一領導者拿捏的準繩。

二、英國脫歐、全球經濟

（一）Brexit

英國與歐盟俱爲西方世界政經重要支柱，當中國崛起態勢形成，與超強美國平起平坐，國際權力體系的新架構正在孕育中。美國如何因應英國脫離歐盟後的新局勢，將影響未來全球權力重整。2016 年 6 月下旬俄國總統普丁再蒞北京，習普會後再締 30 項新協議。中俄經濟聯盟更加緊密。這一切都關連到台灣所處的東亞安全局勢與區域經濟。

英國脫歐的公投以過半數 51.9%的多數決，高過留歐選民 3.8%比例，讓卡麥隆首相宣布辭職。國家經貿、政治等重大的政策，如「脫歐」（臺灣的「反核」）能舉行「公民投票（referendum）」嗎？政學兩界在英國脫歐成眞後，都深度反思，英國首相能讓如此複雜的國際貿易、政治經濟、社會福利、國民就業、移民政策、金融交易、國民健保等等錯綜複雜問題，各層次問題無不具有相互依存的互賴關係，首相及其政黨能以國家前錦當政治賭本？英國政府接任者不論是誰，都要國際貿易、國內政治等問題重新理順安置（arrangement），尙且不包括重新與歐盟各國訂定協議，預估完成各項談判達成協議，過程中英國對外談判耗費的人力、資源，可能多過脫歐的獲益不知凡幾。英國的公投脫歐，不俟其正式完成脫歐程序，包括法拉吉、強森等政治人物都承認許多選舉承諾都不可能實踐，如今已證明公投是個「騙局」。朱高正嘗云：「政治是高明的騙術。」對照「人民的眼睛是雪亮的」豈不是政客最拿手的最高騙術？

（二）蝴蝶效應

根據混沌理論（Chaos Theory）的蝴蝶效應[120]（Butterfly Effect），意指微幅的波動，經過非線性系絡（nonlinear system）的互動影響，由小事釀成大事，再釀造成巨大災難也不一定。

2015 年 10 月底，中國國家主席習近平高調訪問英國。訪歐之前，英國女王在英國議會上親自宣佈，習近平訪英期間，王室三代出面迎接。規格之高，無人能及。習主席訪英期間，不但帶去投資、採購大禮，還讓人民幣在西方惟一的離岸中心的倫敦，發行人民幣國債、擴大貨幣互換規模。中英兩國升等為「全球戰略夥伴關係」，並開啓兩國「黃金十年」，爲中英「確立新定位，開啓兩國交往新時代」。2021 年 6 月 12 日美國拜登就任後出國首訪英國，美英聯盟簽署大西洋憲章（Atlantic Charter）共御中國；「英國沒有永遠的敵人，也沒有永遠的朋友，只有國家利益。」除了英國人，世人同樣不會忘懷它的彌新意涵。

中國大陸央行在倫敦發行人民幣國債，從全球經濟戰略角度是一項不容忽視的崛起，歷來據聞掌控貨幣經濟命脈的是 Rothschild 家族，「誰掌握了貨幣，誰就能主宰這個世界」此乃《貨幣戰爭》[121]作者宋鴻兵的假設。吳惠林盛贊《貨幣戰爭》一書是具有啓發力的好書。誰在掌控貨幣？無疑是政府央行。美國有類似央行的 FeD 委員會[122]；FeD 是不是在壟斷貨幣及全球經濟？難作評斷，但公共管理者無人能例外，必須時時不忘貨幣匯兌起伏。

英國 2016 年 6 月 23 日公投決定脫歐。中國總理李克強：「英國脫歐

---

120 Chaos Theory 所述的蝴蝶效應（the butterfly effect），北京的一支小蝴蝶拍動翅膀，即有可能讓墨西哥灣颳起暴風雨。它意味著在混沌邊緣的情境（the edge of chaos situation）中，微小但重要的變動，可能引發關鍵性的轉型效果。

121 宋鴻兵，2010，《貨幣戰爭》，台北：遠流出版，推薦序至 28 頁。

122 Federal Reserve System (also known as the Federal Reserve or simply the Fed) is the central banking system of the United States of America. It was created on December 23, 1913. The Federal Reserve System is composed of several layers. It is governed by the presidentially appointed board of governors or Federal Reserve Board (FRB). Twelve regional Federal Reserve Banks, located in cities throughout the nation, regulate and oversee privately owned commercial banks.

已經開始展現對國際金融市場的衝擊，爲全球經濟增添新的不確定性，同時讓全球經濟更難復甦。」2016 年 6 月 30 日央行前總裁彭淮南指出，台灣經濟已經步入 L 型成長。面對媒體詢問擔不擔心川普當選美國總統，彭淮南的答覆連上帝都搬出來了，他說：「你我都沒辦法影響美國選民，上帝保佑全世界。」彭前總裁看衰美國 2016 年大選，再從習近平訪英、英國脫歐，小小政經漣漪脈動的蝴蝶效應（Butterfly Effect），可能釀成巨災。[123]川普四年任期可能是美國國力盛衰的分水嶺，且看史冊評析。

回顧英國脫歐、川普獲得共和黨提名，共同原因之一是選民認爲體制內的菁英的政策，造成他們薪資下降，甚至丟了飯碗。經濟好時，我們尊敬菁英，但經濟一旦差了，我們開始質疑菁英，我們發現菁英不道德。2008 年金融危機讓那麼多人傾家蕩產，華爾街只有一人坐牢。於是反菁英的情緒發酵。反菁英的情緒慢慢演變成民粹，影響整個社會思考的邏輯、決策的方式，和投票結果。[124]

（三）「蝴蝶效應」持續擴大

英國脫歐，從國際政治的觀點有兩點值得省思：

第一是「政治認同」的解構，從 Samuel P. Huntington（1927-2008）《文明衝突論》（*The Clash of Civilization*）一書中提及美蘇兩大強權的冷戰對峙，已從意識形態轉趨「認同」，國際局勢邁向「文明秩序」，由美國統合西歐及北美成爲西方文明的核心國。但英國公投決定脫歐，背景是在難民危機、分配正義、恐怖主義、高失業率等力量綜體拉扯下，這個龐大的西方文明體被進一步解構。美國排外及種族歧視、孤狼恐攻、川普現象，象徵英美文明大國紛紛內向化，走向孤立主義。

第二是「地緣政治」的再興起：2016 年 6 月中俄領袖在北京再會面，共同簽署三十項協議。東南亞泰國、馬來西亞等五國倡議仿申根條約建構免簽制度，加強政治聯盟及經貿活動。中國大陸的全球視野下成立「一路一帶」。循周邊列國建構地緣政治的結盟，更成立「亞投行」，以經濟發展互利互惠，推動政治結盟。「地緣政治」再度建構升上檯面，更慰爲跨國金融與投資機構的風險評估報告中。2021 年 6 月美國總統拜登訪英、G7、NATO、EU 領導人會面，再與普丁峰會，無非在重構或解

---

123 http://www.cw.com.tw/article/article.action?id=5077152&utm_source=dailybrief&utm_medium=Email&utm_campaign=dailybeirf#sthash.t7Az265W.dpuf

124 王文華，<不看新聞，在台灣可以過得很好？>，聯合報：2016 年 8 月 9 日，A13。

構「地緣政治」。

（四）英磅與歐元

英國在加入歐盟前的條件之一是英磅制度的維繫。與歐元脫勾，英國政論家、財經專家、經濟政治歷史等學家，英國官員時有論析爭論。1997-1998 年間在蘇格蘭亞伯丁 RGU 研究時，耳聞學界菁英的爭辨及立論，深銘心田。秦始皇統一諸候稱帝，自稱始皇自是前無古人，秦始皇的偉業：「字同文、車同軌、幣同制」，單以三大功績足留青冊。

英磅制度的留存不妨留覽宋鴻兵（2010）《貨幣戰爭》一書所論，以及英國首相 Johnson 致力脫歐 Brexit 的國家戰略思維及其歷史背景，當有所醒悟。再說「天下合久必分」情事，史冊爲證。

三、區域經濟體系、政治策略

2020 年 11 月出現全球區域經濟體系的巨靈 RCEP，另一個可能在兩年內出現的巨靈 CPTPP 正在醞育中，前者對我們的影響是當下，後者不久會見面。如何提出有效政治、經濟、貿易策略，舉國期待著；謹述置身龐雜國際政經體系如何因應之管見：

（一）組織結構在地化

全球化在調整，企業組織爲永續生存，微調組織在地化。奇異（GE）前執行長 Jeffrey R.Immelt（2017）在紐約大學史登商學院的畢業演說：「執行新的全球策略，有賴更簡單的組織。複雜的中央集權式官僚結構已然過氣，變革需要新的商業模式……更精簡、更快速、更加去中心化。在總部一一檢視各地想法的時代結束了，想推動全球化，必須將產能推向在地團隊，也要讓在地團隊有權且勇於承擔風險。」[125]

奇異在全球各地的 420 間工廠，爲奇異帶來了絕大的彈性。過去奇異僅在一地製造火車頭，現在擁有數間全球場址，適時進入市場，保護主義政治無法阻擋在地化策略。如何突破貿易保護主義，世界強權各以不同的經濟貿易綁住成員，如美加的雙邊貿易、歐盟、TPP 等等跨國貿易協定，均是以區域經濟結盟，遂行政治任務的策略運作。從全球性的

125 https://en.wikipedia.org/wiki/Jeff_Immelt

跨國企業的策略調整，以跨國大企業奇異公司爲例，無不以不同的手法進行保護主義的實質內涵。未來，在地產能必須放入全球足跡，才能創造永續成長。此際別忘了，上世紀九十年代美國社會學家 George Ritzer 提出麥當勞融入當地文化的「Glocalization」（全球在地化）概念，讓麥當勞持穩回生的重要策略。

（二）資訊科技帶動經濟消費的變遷

網路生態圈衝擊加劇，電商滲透各產業，實體店鋪邊緣化，廣場等購物中心、百貨公司很明顯的，日益冷清，百貨公司都在邊緣化。大陸在習近平打貪，「公款消費」大爲減少。另一個原因，當然是電商的替代效應。常駐大陸之陳朝燈表示，近來美國的熱門話題，就是電商的衝擊造就購物中心大量倒閉，「每年都幾百個、幾百個在消失，」他說，「美國同樣戲碼也會搬到中國上演。」阿里巴巴副董事長蔡崇信 2017 去年接受《天下》專訪也認爲，未來大型購物中心，實體店鋪的比重將逐漸減少，包括餐廳、電影院這類的體驗經濟將逐漸成爲主力。「賣場只是體驗生活的地方，我去看一下商品然後可以在手機上購物，這是以後的商業型態，」他強調，「三、五年以後，你走進賣場的感覺就不一樣了。」

（三）「中國製造二〇二五」全面扶植半導體業

中國長電國營企業去年併購世界第四大封測廠（新加坡的星科金朋），一舉取得足以威脅台灣日月光、矽品的先進技術與產能，成爲台灣半導體封裝業的新強敵。最近已取得蘋果系統封裝訂單，將對日月光及其子公司環旭電子造成衝擊。在中國政府政策護航紅色供應鏈企業陸續出線；「中國製造二〇二五」的大目標，大陸全面扶持半導體產業的政策大方向，紅色供應鏈類型企業將成未來幾年排行榜上的一股新勢力。

四、IMD 競爭力年報、經濟發展指標

瑞士洛桑管理學院（IMD）[126]「2018 年 IMD 世界競爭力年報」，在 63 個國家中，台灣排名第 17，退步 3 名，排名創下 2010 年以來的新低。評比分四大類：「經濟表現」、「政府效能」、「企業效能」與「基礎建

[126] IMD（International Institute for Management Development）位在瑞士 Lausanne。

設」。其中企業效能下滑 5 名，基礎建設下滑 1 名，其它二項各下滑 2 名。[127]

回顧 2016 年，全球競爭力排名第一的，由去年第 2 名的香港取代了美國。IMD 全球競爭力的主任布里斯（Arturo Puris）表示，香港在金融產業領先，透過簡單的稅制、低稅率，對資金流動沒有多加設限，同時提供了對中國大陸外人直接投資的門戶，並且使得企業能夠進入全球資本市場。儘管香港躍升為第一，但是亞洲各國普遍退步，新加坡退步 1 名，排名第 4，馬來西亞第 19 名，中國第 25，韓國退步 4 名，排名第 29。

看 2018 年細項指標，「國內經濟」從 2017 年第 27 名到 2018 年的第 28 名，倒退 1 名。4 大類表現最佳的「政府效能」，排名第 12，其中「財政政策」仍穩居第 10 名，原因是台灣租稅負擔率相較他國來得低，「輕稅」換來的好排名，卻沒有因此吸引到更多的「國際投資」，由第 29 名掉落到 41 名，落後幅度最大。這與兩岸關係的不穩定，應有一定的相關性。

與未來關係緊密的「教育」上昇到 19 名，進步 6 名。儘管台灣的總研發人口比例，以及受高等教育的人都在全球前 3 名，具有優勢，但是學用落差，人才教育無法切合產業所需，中等教育師生比例偏高，仍舊是台灣亟需面對的問題。

五、國際關係、國際合作

（一）國際關係

2020 年聯合國計有 193 個會員國（2 個觀察員），未參加的國家不少，包括中華民國。國際之間有雙邊、多邊、多角的關係，更因政治、經濟、科技合作、貿易交流、交通運輸等政治經濟的互動關係錯綜複雜。國際關係以維護、爭取、促進「國家利益」為核心價值。因為「資源」的有限性，在爭取過程難免行動參與的國家，互有獲益、損失，為維持實質或形式的「公平」、「均衡」，「國際衝突」是難以避免或逃避。衝突未必訴諸武力，通常會斟酌成本與效益，或放眼更大利益的取得。

127 https://www.ndc.gov.tw/News_Content.aspx?n=114AAE178CD95D4C&sms=DF717169EA26F1A3&s=9366CB565CFDF123

訴諸國際輿論的管道多元，如到聯合國大會控訴，國際法申請仲裁，運用國際媒體掀起國際輿論的制裁，或經濟制裁等等不同手段遂行政治目的或訴求。

國際關係通常是既合作又衝突，兩者交替運作。「英國沒有永遠的敵人，只有國家利益。」這是英國在國際上遠交近攻，維持「日不落帝國」於不墜的國際外交重要原則。國際關係即是「權力關係」。這是現實主義理論家 Hans J. Morgenthau（1904-1980）的主張，他於 1948 年出版《現實主義與國際政治》（*Realism and Politics Among Nations*）最爲有名，認爲各國都在爭取有利於自己國家的「權力地位」。

國家在多元互動的國際關係中能否永續生存、爭取生存資源，仰賴堅實的「能力」或「國力」來維持。國際正義、國際法庭、或國際組織都屬形式上、道義上的表述，並無實質效益且緩不濟急。

（二）國際合作

國與國之間的衝突是國際社會常見的現象。國際衝突的主因是「利益」。利益之詮釋各強權國家，依持的理念、價値各不相同。論者認爲「國際衝突主要是利益之爭，意識型態只是幌子。」[128]美國入侵伊拉克爲石油，出兵阿富汗只爲其戰略地位的重要性及戰略性資源；出兵韓戰、越戰都是爲美國國家利益爲著眼。蘇俄強佔烏克蘭的克里米亞半島，以該島擁有蘇俄不可取代的軍事戰略要地爲主因。美日兩國聯手插足釣魚台、南海等政治舉動，都著眼於國家利益爲優先考量。

國際衝突的類型正在轉變，2001 年 911 事件之後，先前凱達組織在賓拉登瓦解後，恐怖分子的活動由伊斯蘭國（ISIS）取而代之，區域性戰爭氣焰日盛，恐怖分子到處引爆炸彈，攻擊無弧弱勢者。

利益衝突不但導引國與國之間的爭議戰爭。更引爆國內政治派系之鬥，以英國公投決議脫歐後，蘇格蘭在 2014 年脫離大英不列顛獨立公投失敗。2016 年 6 月英國公投脫歐成立後，死灰復燃再度由蘇格蘭積極活動者倡議公投脫英留歐，與中央政府唱反調。

國際合作不亞於國際衝突，吸引世人及強權者的注意力及行動力。以中國大陸倡議「一路一帶」的大戰略計畫已完成「亞投行」資金籌措及其運作，除美國強權之外，吸引英、法、蘇、日、印、東南亞諸國的參與，各國著眼於「國家未來利益及經濟政治發展」參與「一路一帶」

128 呂亞力，《政治學》，2014 年六版，台北：三民，頁 436。

跨國際合作經濟政治發展計畫。在可預見的未來，國際衝突的性質及類型，容或有不同變化；但國際合作的計畫更不會缺席，會以不同的型式、組織、樣態、名稱出現在國與國間、跨國組織、跨國企業、金融商圈、學術研究、太空旅遊等等模式，進行合作爭逐國家利益與政經實力。

國際衝突與國際合作兩者時而分、時而聚，聚散不定。國與國間磨合期會暫擱仇恨選擇合作；彼此利益不均、折損時，容忍妥協或協商，談判不成改以衝突手段。爲政者處於國際衝突或國際合作期，不憂不喜。「無事則深憂，有事則不懼。夫無事而深憂者，所以爲有事而不懼也。」[129]宋朝蘇轍所云。主持國家大政者不必爲參加國際組織會議的「觀察員」身分、或出國訪問獲「過境」待遇而鵲喜，那是衝突、合作不同場景的唱本。

六、國際互賴、自由貿易

（一）全球互賴理論

1973 年 Stanley Hoffmann（1928-2015），首度提出「全球相互依賴」（Global Interdependence）[130]一詞。討論政治學不能無視國內政治環境生態以外的「國際政治」（international politics）及「全球化」（globalization）帶給國家政治活動的影響及其互動。「依賴」（dependence）指爲外力所支配或影響的一種狀態。「相互依賴」（inter-dependence）指行動者的相互依持（mutual dependence）。國際政治的相互依賴指國家之間或不同於國家之行爲體（如區域聯盟、經貿聯盟）之間的相互影響關係。如：政治經濟體系的歐盟；爲阻止全球氣候暖化的京都協議集體行動聯盟。

「相互依賴」未必對行動者都產生互利（mutual benefit）功能，可能只爲取得短程的恐怖平衡（terrible balanced）。如美蘇兩國的核武禁試聯盟。相互依賴以共同成本與共同效益爲分析觀點時，會有較高的共同利益優勢出現，降低國際衝突。從行動者之間是否具備對稱性的相互依賴（symmetries in dependence）？依賴性較低的行動者取得較佳的權力/話語

129 蘇轍，《資治通鑑》，宋紀，仁宗、嘉祐六年。

130 Hoffman, Stanley.,1973, “Choices”, *Foreign Policy* 12 (Fall 1973):6.

權的領導地位，在資源的取得或分配上占有較強的權力資源。[131]

國際機制（international regime）的變遷受到各種因素影響：

1.國家經濟能力或影響力。

2.總體權力結構的敏感度（sensitivity）與脆弱性（vulnerability）。

3.問題結構話語權。

4.對國際組織結構的詮釋權。

5.貿易戰、關稅戰、貨幣戰……。

6.領導者的政治野心：如競選連任。

國家利益的至上論及相互依賴的不對稱性，會直接影響國際機制功能的有限性。所謂「國際機制」根據曾任美國國務院政策規劃主任 Stephen D.Krasner（1942-）教授詮釋：「國際機制指國際關係中，對特定問題領域的行動者，匯聚一套明示或默示的原則、規範（norms）、規則（rules）、決策程序（decision-making procedures）。原則指對事實、因果關係和誠實的信仰；規範指以權利或義務方式確立的行爲標準；規則指對行動者的專門規定和禁止事項；決策程序指對決策和執行集體選擇的政策習慣。」[132]

另位普林斯頓大學政治學者 Robert O.Keohane（1989）主張：「國際制度（international institutions）包含三類體系：政府間的國際組織（IGOs）；國際間非政府組織（INGOs）；國際機制和國際慣例（conventions）。」[133]國際慣例即 Krasner 所謂的默示機制。影響國際機制、國際制度的因子，因時、地、事之不同在變幻，強權會在互動中爭取話語權、詮釋權，取得恐怖平衡獲取最大資源。

2001 年 911 恐怖事件改變傳統對抗強權的作戰方式，更攪亂了稱霸全球的軍事強權依持的傳統戰略及戰術，現存的國際機制或國際制度往往無濟於國際秩序的維持。在中東地區來自全球各地的好戰分子，接受凱達組織及 ISIS 的恐攻訓練後，化整爲零潛回原居住地，成爲不定時炸彈，2016 年 6 月 12 日美國佛洲 Orlando 市 Pulse 俱樂部被一位恐怖分子持槍進入射殺 49 人。類此非典型的暴力恐怖事件有三大不對稱性：對恐攻分子或組織的訊息不對稱性；多樣多元目標反降低對更小行動者的關

---

131 門洪華譯，《權力與相互依賴》，原著：Robert O. Keohane, Joseph S. Nye Jr., *Power and Interdependence* , 4th ed. 北京市：北京大學出版社，頁 3-12。

132 Krasner, Stephen.,1982, "Structural Causes and Regime Conseq*uences:* Regimes as Intervening Variables", *International Institutions*, Vol. 36,p.186.

133 Keohane, Robert.,1989, *International Institutions and State Power: Essays in International Relations Theory*, Westview Press, p.4.

注，產生關注對象的不對稱性；信仰的不對稱性，受到宗教洗腦，死後獲得獎賞，擴大殺傷力。

綜前，國際政治的相互依賴關係，未必是對等/對稱性的依附關係，同樣不以互利爲絕對要件。相互依賴肇因於政治活動參與者，資源的不對稱，權力的不對等，致力於互動過程中獲取最大資源、利益。

（二）經濟、政治互動緊密關連

前世銀總裁及舉世著名教授 Joseph Eugene Stiglitz 在新書《大鴻溝》[134]指出，美國政府在雷根主政後，解除了金融業管制，稅制累進程度縮減，財富快速向富有階級集中。現在美國頂層百分之一富人的所得，已佔全美所得的四分之一。在財富累積方面，富人透過各種安排，繳的稅可能比一般人還少。Stiglitz 強調，一個人最終要幸福，必須關注其他人的利益。如果國家繼續爲 1%所有、1%所治、1%所享，社會無法長期穩定。Stiglitz 感嘆：「金錢並未讓頂層的 1%了解，他們的命運跟 99%如何相關。綜觀歷史，他們最終會明白這個道理，可惜爲時已晚。」2020 年 11 月美國大選川普落敗，肇因貧富落差懸殊愈來愈大。

股神巴菲特就曾公開說，他的所得稅率比他的秘書要低，非常不公平。美國貧困人口比例爲 14.5%，但貧困兒童卻高達 19.9%。良好教育成爲有錢人的專利，貧困家庭孩子容易誤入歧途。再不補救，機會不公平將轉化爲終身成就不公平。2014 年，超過四千萬美國人沒有醫療保險。許多需要醫療服務的國民無法取得服務，家庭容易被疾病拖垮。

美國智庫布魯金斯研究院報告指出，家庭所得位於底層五分之一的美國孩子，只有 58%能脫離這個階層，能晉升頂層五分之一的人只佔 6%。美國的經濟流動性低於多數歐洲國家，「機會公平已成美國神話」Stiglitz 直言。他發現不公平不只在財富與所得差異加劇，更反映在金融秩序、兒童貧困、教育機會、醫療資源、司法、自由貿易等面向。在台灣稅制爲富人不斷減稅，造成貧富懸殊加據，漸趨向 L 型下滑。

（三）稅制公平提供教育翻身機會

解決社會貧窮首先是改革稅制，讓富人與跨國企業負擔合理稅負，達到租稅公平。因爲財富集中在頂層，只要稍微提高頂層的稅率，就能大幅充實國庫。其次，投資中產階級與窮人生活所需的社會福利，修補

134 許瑞宋譯，2016，《大鴻溝》（The Great Divide），天下雜誌。

社會安全網。政府應增加對基礎設施、科技、教育的長期投資。只有確保人人獲得好教育，底層階級才可能翻身。貓女凱爾（Selina Kyle）在《黑暗騎士：黎明昇起》說：「風暴就要來了，韋恩先生，你和你的朋友最好躲在安樂窩裡。因爲當革命發生時，你會納悶自己竟以爲能過著吃香喝辣、不管老百姓死活的日子。」美國在 2021 年 6 月 G7 高峰會倡議全球企業稅最低 15%，且待後續觀察。

政府關鍵工作，首先要提高人們的政治意識。很多人不知道，有些富人並未繳該繳的稅，川普前總統十年來只爲其龐大企業集團繳交數十萬美元。其次，立法的遊戲規則偏袒富人，企業對候選人的金錢捐獻未設上限，這讓經濟不平等轉化成政治權力不平等。大家要意識到，這些遊戲規則應該被改變。國家需要更進步的稅制，投資在中產階級和窮人的教育上，因爲教育是翻身的最佳途徑。

中國是大型發展中國家的代表，過去數十年讓五億人脫貧，是人類史上的重要成就。再者，戶口制度讓民工無法在大城市落地生根，讓孩子受教育，進而向上流動。中國正步上美國後塵，富人享有私有教育和醫療，加深社會不公平。但仍需要更大膽的稅制改革，例如提高污染稅、碳稅、房地產稅、資本利得稅等。

愈來愈多研究顯示，比起稅率，人民教育程度、基礎建設和整體經商環境，對企業發展更重要。聯合國與 OECD 正在討論全球企業所得稅改革，避免跨國企業濫用租稅天堂。尤其巴拿馬文件曝光後，國際社會對相關議題愈來愈重視。TPP 的自由，讓人民更不自由。TPP 的主要任務是鬆綁不利跨國企業獲利的法規。TPP 文本當中的許多但書，圖利有政治影響力的大企業，例如保留對農業的補貼，也限制了環境法規對企業的約束力。

很多人說 TPP 是自由貿易協定，但許多學者指出 TPP 對美國和全球的貿易沒有明顯益處。唯一得利者是跨國企業，例如不喜歡環境法規的石油公司、痛恨健康法規的菸草公司。TPP 生效後，污染或戕害健康的公司如果因法規而獲利受損，是以納稅人的錢來賠償。執政者近以立法院多數決快速通過，農地違章工廠就地合法化的立法程序，負面效應恐要全民付出數十年的經濟成長來抵償。

（四）全球化

英國脫歐不只是英國和歐盟的事，而是全世界的事。反自由化和全球化的情緒被引燃，全球化爲何走到這一步？如今混亂的始作俑者，眞的是它嗎？

明朝小說家羅貫中在《三國演義》中，開宗明義地寫道：「天下大勢，分久必合，合久必分。」歐洲從上古到近代，也歷經了大一統帝國、封建小王國與民族國家的交替循環。二十世紀中葉前的兩次世界大戰、帝國解體、無數民族國家崛起。到了二十世紀末開始，中國改革開放、柏林圍牆倒塌、蘇聯解體後，世界又進入另一個「合」的進程，也就是以歐洲統合運動、北美自由貿易協定帶動的全球化浪潮。但這個進程，在二〇〇八年金融海嘯、歐債危機之後，遭遇嚴厲挑戰，不少人認爲，這次英國脫歐公投，有如敲響了全球化的喪鐘。一九九三年，歐盟成立，歐洲各國透過放棄部分主權，達成貨物、服務、資金、人員的自由流動，造就了全球第二大單一市場，初步實現了共創繁榮與穩定的理想。除了歐盟，二十世紀末，從中國改革開放、蘇聯解體開始，到北美自由貿易區與世界貿易組織（WTO）的成立，各區域經濟整合風起雲湧，進入全球化高潮。

美國智庫蘭德公司的研究就認爲，過去二十幾年來，因爲世界各國經濟互相依賴到前所未有的程度，使得各國雖有競爭與衝突，但不再發生大規模戰爭，未來發生的可能性也極低。但好景不常，零八年後相繼爆發的金融海嘯與歐債危機，不但凸顯了全球化帶來的薪資停滯、貧富差距擴大的副作用，更暴露了歐盟和國際組織無法有效應對問題的窘境。驅使不滿全球化的民眾，在各國掀起反自由化、反移民的浪潮。

「英國脫歐公投的結果，就是反映了一大群人對當今全球經濟體系的極度不信任感，」《紐約時報》認爲「不論是歐洲，還是美國政府，都沒有處理好全球化對他們的衝擊。」

七、COVID-19 疫情影響未來政經體制

2019 年底對岸爆發新冠肺炎病毒；2020 年 3 月初聯合國 WHO 宣布全球五大洲無一幸免，恐有擴大之虞。疫情嚴重衝擊全球經貿、打斷全球相互依存的生產鏈，人民生活方式同受重大衝擊，排隊爭購口罩，囤積日常生活用品，口罩不離身。因新冠病毒滯溜湖北的國人，以各種工具爭取返台權益，怒吼其權益不如國際詐欺犯受到政府的重視等等，審之，兩岸當權者則各有盤算、說詞，同爲人禍之一端。

Pope Francis（教宗方濟各）於 2020 年 10 月 4 日的「通論」

（Encyclical）對疫情的世界觀察嚴肅批判建言：「當前政治和經濟體制必須改革。」社會底端人口數以千萬計，將面臨生存威脅；職場許多工作被 AI 及 ROBOT 取代或永久消失；世界財富聚斂於頂端富豪。據統計到 2020 年第二季末，美國前 50 名超級富豪資產淨值高達 2 兆美元，後端 50%約 1.6 億人口的只有 2 兆 500 億，僅佔全美總家庭淨資產 1.9%。而前 1%富豪總資產卻高達 34 兆 2000 億美元。教宗在通論提出「公有制社會」（Communal society），即社會可徵用私有財產；他強調天主教教義中，從沒認可私有產權爲絕對或不可侵犯的教條。[135]「公有制」與「共產制」區隔則屬另層次議題。政治與經濟體制正面臨空前挑戰，期待「行政科技」的參與遠高於往昔，或可弭平降低跨部會協力瀕出亂象於一二。

朱雲漢：「日後史學家一定會將 2020 這一年視爲全球秩序重組的重要分水嶺。」[136]美國四年一次總統大選及二年一次的眾議員改選，政經格局已是四分五裂、國力透支、國際領導威信嚴重耗損、財政赤字貨幣化、無法理性面對中國的崛起。美國又無法阻檔中國新型國際公共財的全球布局。「橋水」全球最大避險基創辦人 Ray Dalio 曾忠告「美國不可能遏止中國這個文明古國的再次興起，除了和平競爭、局部合作與在 G20 架構下謀求共治外，別無坦途。」COVID-19 疫情勢必影響全球政經體制，至於 Dalio 之論且拭目以觀。

135 https://www.cw.com.tw/article/5102380

136 聯合報，「霸權板塊位移 拜登難挽狂瀾」，2020 年 12 月 12 日，A4。

第三篇　跨域行政學

「政治」是「行政」的指導；「行政」是「政治」的執行。兩者不是主僕的互動關聯；類似拓彊團隊的領導與成員夥伴關係，各有前錦待拓彊。前篇跨域政治論述範疇泛溢多元化、多層次的子題，公共行政（public administration）跨騎在官僚體系的龍骨上，能者騰雲駕霧遨遊四際，無能者形如恐龍，號令遲緩僵化，坐以待斃。

第一章　行政理論及思潮

Immanuel Kant 對概念（concepts）與直覺（intuition）的區分有如次精闢論析：[137]「直覺無概念則空；概念無直覺則盲。」這個觀念協助建立現代哲學及社會科學。直覺是經由感官感知到的訊息：事實、圖像、數字、例子或其他。概念是腦中想法：意義、理論、假設、信念和其他。吾人可以蒐集很多直覺的信息，如果沒有概念來組織它們，將一無所有，直覺是空洞的。另一方面，如果概念無法用于認清事實，那麼它們是盲目的，認清事實需要直覺。換言之，你同時需要理論、數據、事實、信念及訊息，判斷事件（events）。

一、公共行政概述

Waldo（1913-2000）在《行政國》對公共行政有諸多論述：「公共行政就是關於政府的組織與管理的問題。」、「公共行政是人與物的組織和管理，以達成政府的目的。」、「公共行政是應用於國家事物的管理藝術和科學。」[138]

「決策制定過程要瞭解組織諸現象的關鍵所在。」「假如要硬說理論：決策制定是管理的核心，必須從人類抉擇的邏輯學及心理學，導出管理理論的語彙。」這兩段話摘自 Herbert A. Simon（1916-2001）[139]在《管理行爲》一書序言。Simon 很謙卑，未把「決策制定」（decision-making）稱之爲「決策制定理論」，期勉後進善啓人類抉擇的邏輯學及心理學，導出管理理論。

1873 年英國哲學家 Herbert Spencer（1820-1903）[140]嘗云：「組織指己

137 Roskin, Michael G.,2014, *Political Science an Introduction*，12th ed.，林震等譯，《政治學與生活》，北京：中國人民大學出版社，頁 17。

138 Waldo, Clifford Dwight.,1948, 1987, *The Administrative State*, New York: Ronald Press.

139 Simon, Herbert A.,1997, *Administrative Behavior: A Study of Decision-Making Processes in Administrative Organization.* 4TH Ed., New York: The Free Press, pp.vii-xv.

140 Herbert Spencer (27 April 1820 – 8 December 1903) was an English philosopher, biologist, anthropologist, sociologist, and prominent classical liberal political theorist of the Victorian era.

然組合的系統或社會」（an organized system or society），「組織爲兩個人或兩個人以上所形成的有意識的協調活動或勢力之體系。」（林鍾沂 2005：81）。組織一詞源自希臘「organ」意指工具或手段，是用來達成目標活動的機械設計。

Barnard, Chester I.（1886-1961）在《主管的功能》[141]強調：「組織是權力主體，爲了爭取生存，持續壯大組織、爭取權力最大化，組織是理性獲取目標的最佳工具。」

Rosenbloom, David H.（1943-）在《公共行政學：管理、政治、法律觀點》（*Public Administration: Understanding Management, Politics, and Law in the Public Sector*）一書，指公共行政除了行政考量，更應重視政治和法律的觀點。[142]新公共行政的倡議者 Dwight Waldo 認爲：「公共行政如同醫學的專業性，講究醫術與醫德；追求公共行政專業技術，尚要行政倫理與公共利益兼顧。」[143]林鍾沂強調：「公共行政的獨特使命在於提昇公共性、發展與執行公共政策、建構民主政治、詮釋社會問題、瞭解人類的行爲與互動，和探求行政知識等。……行政學的發展應是多元途徑的競合而非一元的壟斷，如行政控制、組織學習、政治教育、和政治結構的觀點，均可添益行政學的範圍和內容，不侷限於一隅。」[144]吳瓊恩道出公共行政的公共性特質：如外受法律規章、政治因素、公共監督、市場競爭及具有強迫性等特質。行政學歷史悠久，具整合性跨學科和專業的性質，在資訊科技的影響下會另創新格局。

行政學的研究是多元化觀點並存互相競爭，尚無一可支配性的觀點或理論被普世共認、共尊，所幸各家均在進行規範性努力（normative endeavor）。

吳瓊恩認爲行政學確實沒有特定理論贏得普遍共識，只不過現在多元典範（或稱觀點）並存互相競爭，尚無支配性的觀點。誠如 Harmon, Michael M.（1981：21）[145]所言：「行政學將繼續以多元典範（觀點）的存在爲特徵，每一典範彼此競爭其優越性。」綜析行政學係政府組織管

---

141 Barnard, Chester I., 1938, *The Functions of the Executive*, Cambridge: Harvard University Press, p.73.

142 Rosenbloom, David H., 2000, *Public* Administration*: Understanding Management, Politics, and Law in the Public Sector,* Macgraw Hill, Inc.; New York: Random House1986, 1st, ed.

143 Waldo, Dwight., 2007, *The Administrative State: A Study of the Political Theory of American Public Adminisgtration,* 2nd ed., New York: Transaction Publishers.

144 林鍾沂，《行政學》，2005 年，台北：三民，頁 31-79。

145 Harmon, Michael M., 1981, *Action Theory for Public Administration.* New York: Longman, p.21.

理、人與事的管理、重視法律規範、秉持公共性，善使權力公平配置資源執行公共政策。

二、公共行政的屬性

（一）公共行政與企業管理

Jun, J. S.（1986）認爲公共行政有別於企業管理，歸結有幾項關鍵：

1.公共行政重視公共性

公共行政不再限於效率及經濟價值的界定，尙包括公民意識、正義、公正、倫理等價值。行政除了政策執行，尙包括公共利益、政策執行結果、合理化的行動作爲。

2.健全發展及執行公共政策

行政組織扮演公眾信託者自有義務本於專業，調和不同利益，促進公民參與，提供健全政策供公眾選擇，爲民服務。政策的執行不但要重視經濟、效率與效能，更要呼應公眾的需求，回應社會正義，致力行政卓越。

3.建構民主行政、解決社會問題

民主政治的發展在促進個人自由、政治平等、促進民生福祉，目的在達成自由民主政治的生活方式。社會問題的發掘詮釋，要置身問題情境，設身處地擬訂政策，以傾聽謙卑心態，糾正執行偏差，整合個人和組織的觀點，提供更多的參與，分享權力。

4.管理是藝術，更要輔以專業技能

人類行爲的詮釋要藝術與科學理論兼顧；公共行政是藝術也是科學。行政管理要靠智慧、判斷非科學律則。現代之行政及政策問題，不只複雜且新穎，要善加運用資訊科技，與時俱進，解決新的問題，建構新的知識。[146]

以上 Jun 的觀點與 Waldo 認爲公共行政（public administration）是與企業管理有別，尤其 Waldo 屢屢強調公共管理（public management）的重

---

[146] Jun, J. S..1986, *Public Administration: Design and Problem Solving, Newbury Park: Sage Publications.* pp.22-23.

要性且有別於商業管理。行政科學管理是專業技能，行政與商業有別，在行政以公共利益爲前提，商業以私利爲最。

（二）Rosenbloom（1998）從公共行政運作的觀點，認為公共行政有幾點特性

1.憲政體制的觀點

從分權與制衡的憲政體制觀點，公共行政要面對總統、國會與法院等三體制，權力核心趨向多元分散的現象。公共組織要面對相關行政機關的競爭與抗衡、立法議會的質詢及監督、司法部門經由訴訟及釋憲對行政部門產生制約。權力的分散讓協調整合工作更加艱辛。中央既使制定政策，仍需地方政府的人力及財務上的配合，加上地方議會勢力介入，行政統合能力打折扣。如原住民族基本法的保障，讓台東杉原開發案，再被卡關。

2.維護公共利益

公共組織在體現公共利益，有些行政運作必須符合道德規範，誠如Rosenbloom 所言：「這不是行政人員的技術表現，而是道德的作爲。」

3.公共財提供不具排他性

政府機關提供的產品或服務，無須面對自由市場的競爭壓力，其產品的標價由預算編列支應。政府提供的財貨或服務，部分屬於公共財（public goods）或集體財（collective goods），如國防、公園等。再以公共財爲例，具有非排他性（nonexcludability）及非敵對性（nonrivalness），以致有搭便車者（free rider）的出現。政府提供的服務不能任由市場公開買賣，難以評估服務的價值。

4.主權屬於全體國民

「主權屬於全體國民。」行政機關應負責公共政策的制定及執行；動員政治支持力量爲政策倡導和辯護；行政機關應具有社會代表性，表達社會不同的聲音；公共行政的執行者要有長遠的眼光及旺盛企圖心，勇於冒險，創造社會福祉。

（三）典範觀點

吳瓊恩從「典範」[147]轉移的觀點歸納 Bozeman 等學者對公共行政的特質有如下描述：[148]

公共組織機關的職掌和服務對象法有明定不得擅自更改或擴張。行政法規和命令更不得朝令夕改，組織結構和人事非依法不得變更。民主制度的行政部門注重層級權威（hierarchical authority），除對上級單位更要對同層級的議會、團體、人民的監督及要求，注重權威的分立和制衡。行政的透明化（visibility），要接受輿論及大眾媒體的批判檢驗，「公職人員財產申報法」要求一定職務等級公職人員財務要公開透明，接受外界的監督；公共組織與政府其他部門要折衷協調為跨部門的政策協力，更要面對利益團體的政治壓力，甚至政務官的替換帶來政策的變動，深受不同選舉結果的影響。公共利益的目標內容多元化且分歧，偶會利益各自衝突。政府提供財貨或服務，多屬公共財或集體財（生產與消費的不可分割性、無排他性、無競爭性），非私部門所樂意提供。一時不受睛睞的行政組織，公眾無法以其他機構或另立機關取代。乃行政組織具有強迫性、獨占性和不可避免性的本質，人民不能貨比三家更換服務對象（機關）。

綜前，公共行政深受法律規章和規則程序的限制；公共行政受到高度的公共監督；同時深受政治因素的影響；組織目標模糊不易測量；公眾多元，服務要求各殊，期望有別；公共行政較不受市場競爭的影響：公共行政較具強迫性（coerciveness）。

（四）Wigfall and Kalantari 的詮釋

公共行政的本質具有跨學科的屬性，講述跨域治理是公共行動重要內涵之一。瞭解學科本質有它的必要性。Wigfall, Patricia Moss and Behrooz Kalantari（2001）合著《公共行政傳記字典》（*Biographical Dictionary of Public Administration.*）序言：「公共行政由於跨學科屬性，學習者要有開闊廣博思維以吸納當前各學科宿儒的各種理念，此乃學習者基本素養。」[149]

---

147 「典範」是一種信念或信念系統（belief system）；一種世界觀（world view）；觀察的方式（a way of seeing）；普遍性的觀點（a general perspective）；共識單位（（unit of consensus）（吳瓊恩 2006：62-63）。

148 吳瓊恩，《行政學》，2006 年，台北：三民，頁 7-11。

149 Wicfall, Patricia M. & Behrooz Kalantari, 2001, *Biographical Dictionary of Public Administration.* Green wood Press, CT. PP.21-23.
"Owing to the interdisciplinary nature of public adminis -tration, a great deal of open-mindedness on the part of

三、公共行政的演展

1887 年 Woodrow Wilson 發表「行政的研究」（The Study of Administration）。67 年後，Leonard D. White（1950 年）教科書深入剖析 Wilson 論點。其後學界對之付予更廣泛注視論研；[150]行政學與政治學在學界漸趨分道，到二十世紀中葉各領域研究成果各領風騷。學界對行政學的發展演進過程各有不同的解讀：

（一）Nicholas 五階段論

Henry L.Nicholas 在《公共行政與公共事務》（*Public Administration and Public Affairs*）一書闡述公共行政的遞進過程，有五大階段：

1.政治與行政分立時期

自 1900 年至 1926 年，即《政治與行政》[151]與《公共行政研究導論》[152]發表之間。此間的研究著重在官僚體制，認爲政治與行政（The political and administration dichotomy）是二分有別的。前者是國家意志表現及政策問題；後者與政策執行有關，強調行政的研究在提昇經濟與效率。

2.行政原理

自 1927 年至 1937 年，即自《公共行政原理》[153]至《行政科學論文集》[154]發表。此時期爲行政原理具有四海皆準的普遍性，注重行政現象的類似性（similarity）而不注重差異性（difference），所稱行政原理（the principles of administration）是規範性的而非眞正的經驗性原理。Gulick 和 Urwick 倆學者的行政原理即 POSDCORB（Planning, Organizing, Staffing, Directing, Coor-dinating, Reporting, Budgeting）。

---

students is essential in order to absorb the ideas presented to them by scholars from varied disciplines."

150 Kettl, Donald F.,2002, *The Transformation of Governance: Public Administration for Twenty-First Century America,* The Johns Hopkins University Press, Baltimore, P.39.據知 White 於 1926 年出版《行政之研究導論》（*Introduction to the Study of Public Administration*），復於 1954 年再版，而 Kettl 何以 1950 年為界，論者難臆其旨。

151 Goodnow, Frank J.,1900, *Politics and Administration,* (January 18, 1859 – November 15, 1939).

152 White, Leonard D., 1926, *Introduction to the Study of Public Administration*, Prentice-Hall, renewed 1954.

153 Franklin, Willoughby William. (1867–1960), 1927, *Principles of Public Administration,* Washington D.C.:Brooklin Institution.

154 Gulick, Luther. & Urwick L., 1937, *Papers on the Science of Administration.* NY: Institute of Public Administration.

3.公共行政學即政治科學

自 1950 年至 1970 年之間，此時期公共行政學即是政治學（public adminis-tration as political science），被視爲政治學同義語或附庸，非獨立的學科。然期間的比較行政或個案研究對知識建構有其重要性及貢獻。

4.公共行政學即管理學

自 1956 年至 1970 年之間，即《行政科學季刊》（Administrative Science Quarterly）創刊至 1970 年。此時期強調行政即是行政，同屬管理學（public administration as management），沒有公共行政或企業行政之分。惟行政學研究著重組織理論與管理之研究。

5.公共行政學即是公共行政學

自 1970 年迄今。1970 年美國「全國公共事務與行政學聯盟」（NASPAA）成立，象徵公共行政學獨立自主發展，公共行政學即是公共行政學（public administration as public administration）。

（二）民主行政典範

Ostrom,Vincent（1919-2012）在 1973 年《美國公共行政的知識危機》[155]（The Intellectual Crisis in American Public Administration）一書以 Kuhn 爲典範理念，指傳統行政觀點淵源於 Hobbes 的政治哲學，人民是權威的最後代表，行政人員是公僕。

傳統民主行政以 Woodrow Wilson 爲代表，包括的學者有 Goodnow、Willoughby、Gulick、Simon 等行政學者，重視組織的內部管理，重視管理導向（management oriented），追求完善官僚體制，講求行政效率。Ostrom 以 Wilsonian Paradigm 稱之。論著重點包括：政府必備權力主導中心；權力愈分散愈不負責、權力愈統一愈能負責；憲制決定權力結構，建制法律以控制行政結構；政治爲行政設定工作，行政不受政治羈絆；現代政府的民主行政有明顯的結構相似性；專業優良培訓的公務員是建構良好政府的必要條件；科層官僚組織能否效率極大化，財務與人力是標準量尺；良好的行政是促進人類福祉的必要條件。

綜前歸結：權力一元化、政治與行政二分、政府結構相似性、科層節制、追求效率等爲核心價值。所稱「行政不受政治羈絆」徒屬理念不

155 Ostrom, Vincent.,1989, *The Intellectual Crisis in American Public Administration*, 2nd ed., The University of Alabama Press.

符實務。Ostrom 提示我們生活處在多面向的複雜實體社會（Life is a multifaced complex reality）（1989：xviii）。我們應運用多面向、多層次、多焦點的分析，超越管理取向，讓公共財和公共服服能有效滿足民眾的需求。以「民主行政」（democratic administration）超越傳統的行政。民主行政主張「重疊的管轄權」（overlapping jurisdictions）、「權威分置」（fragmentation of authority）、「權威多元化」（polycentricity），重視公眾的偏好差異性、與反映，不再執著於整齊、對稱、一致性的規定，以應調變中的新社會。

四、新公共行政

上世紀六十年代，美國社會、政治同遭重大變遷，如經濟停滯、能源短缺、貪污索賄、失業等社會問題；在校園也不安寧，諸如校園暴動、嬉皮、學生運動、反越戰。學界無法置身事外，調整過去與社會的疏離感，面對社會諸多問題。當時 Dwight Waldo 認爲公共行政正處於「革命的時代」（a time of revolution.）。Waldo 在紐約 Syracuse 大學邀集當時多位年輕公共行政學者，在明諾布魯克會議中心召開會議，檢討公共行政所面對的問題及未來方向。爲與傳統公共行政有所區隔，故自稱所提倡者爲「新公共行政」（New Public Administration）。

Waldo 時任美國《公共行政評論》（*Public Administration Review, PAR*）的編輯，有一期在探討文官制度和高等教育的專輯，相當多的文章出自年紀大的學者在自說自話且未觸及問題核心，「代溝」（generation gap）是否出現在公共行政學界？因而基於責任心邀集年輕學者開會討論。

「兩次新公共行政論壇」：

1968 年 9 月 3 日至 7 日在 Minnowbrook 召開第一次，會後論文及評論收錄於 Marini,Frank.編輯之 *Toward A New Public Administration: The Minnowbrook Perspective(1971)*一書。前後相隔二十年於 1988 年召開第二次。第一次由紐約 Syracuse University 的 Maxwell School 的 Dwight Waldo 教授推動，與會者 32 位；第二次新加入公共行政領域的學者 36 位，合計 68 位，發表 25 篇論文，部分論文發表在 PAR 專刊，另有兩本均未出版。

根據 Guy, Mary Ellen（1950-）的蒐集「兩次會議的重要論點」論述有幾項重點：[156]公共行政主要任務在提昇民主價值，關切行政倫理、行政責任及行政領導；與行爲主義者有不同觀點，強調規範性的重要；強烈要求改革人事制度，撤換不良管理者，拔擢人才提昇員工生產力；人力資源的多樣性，引起策略性反思；視政府爲民營化的維護者而不是推動者，學者論述對資本主義與企業多所蔑視，有反企業化的趨勢；首次會議強烈要求社會公平，第二次採溫和方式改進民主法治與制度；第一次會議較樂觀，對公共行政抱持「有限的希望」（constrained hopefulness）；第二次注意環境問題的複雜化，對未來較少討論長期的規劃；專業的自我中心與狹隘的本位主義觀點仍在，顯示公共行政的前途艱辛；認爲技術只是公共行政輔助工具非重要工具，不重視技術論題；行政與政治之關係不是二分法；行政人員行使職權時不可避免會控制政策議程。

綜前所述，「新公共行政學派」比較接近黑堡宣言的觀點，而與上世紀 80 年代興起的「新公共管理學派」的觀點較遠。

吳瓊恩認爲參加兩次會議的學者如：Michael Harmon、Jong S. Jun、Terry Cooper 都較擅長於行政哲學和行政倫理的分析：而參加第二次會議的 David H. Rosenbloom 較重視法律、哲學、及政治面向的學者。對兩次會議的重要內容與關注重點，作如下歸納：[157]

1.重視公共哲學的建構

上世紀五十及六十年代流行邏輯實證論，使行政學偏重在組織理論與管理之學，缺乏公共性的研究。新公共行政特別重視公共哲學理論的建構。Ventriss（1989：173-178）[158]認爲透過公共的互依性、公共學習、新的公共語言、及國家與行政的角色關係建構公共哲學，而非不切實際的技術主義途徑。吳瓊恩引據 Jun（1994：12-13）所言：所謂公共哲學的建構，即提昇民主行政的責任倫理，促進政府更具回應性、滿足社會各階層之需求，增加社會公平之可能性，使官僚體制更爲民主化。

2.重視行政倫理

1970 年代水門事件引發連串對貪污、操守問題的探討，產生對政府的「信任危機」，學界更加重視行政倫理的研究，如學者：Michael

156 Guy, Mary Ellen.,1989, "Minnowbrook II: Conclusions." *Public Administration Review, 1989*, Vol. 49, No.2, pp.219-220.

157 吳瓊恩，2002，《行政學》，三民，頁 119-125。

158 Ventriss, Curtic., 1989, "Toward a Public Philosophy of Public Administration: A Civic Perspective of the Public", *Public Administration Review,* Vol. 49, No. 2, pp.173-179.

Harmon、David K. Hart H、George Frederickson、Terry Cooper。一般認爲行政人員是「主權的信託」、「憲政精神的詮釋者」（constitutionalism interpreter），對倫理價值的信念，影響政權的穩定和憲政精神的維護。諸多學者對行政人員各有期待：如 Kathryn G. Denhardt：「行政人員應主動創造參與政治過程的機會，以公正無私的態度考量相關需求及預期某一決策之後果。」；Frederickson & Hart：「行政人員應以愛國心與仁愛心爲基礎，若有違反仁愛的命令，行政人員可以有『不服從的義務』。」；Rosenbloom：「行政人員必須秉持知識良知，以仁愛之心善用職權，爲弱勢族群爭取社會公平，實踐『倡導者行政』（advocacy administration）。」

3.倡導社會公平

行政效率若不能與廣大的社會公平相結合，那究意爲誰服務？既得利益者還是弱勢群體？諸學者的觀點：Frederickson：「新公共行政在關切傳統的效率與經濟導向外，另增加社會公平的價值考量。」；Hart：「公共行政人員有責任與義務爲弱勢者謀求福利，甚至扮演倡導者的角色，甚至不惜與既有體制相抗衡。」

4.民精神與公民參與

Barber 強調「公民自治共同體、公民教育、及參與制度的建立，這種參與是一種政治的，也是一種倫理的行動。」；「當公民冷漠不足，或政府威信衰退，不願積極參與公共事務，會產生少數熱心分子宰制社會的政治過程，公民參與是公民精神的意識體現，也是一種責任倫理。」公共事務有賴行政部門與民眾的合作。

5.後邏輯實證論的方法論

Denhardt 認爲新公共行政學者非反實證論者，也非反行爲主義者。當時行爲主義者的實證分析，流於瑣碎議題，未關注社會重大問題。新公共行政在後邏輯實證論的方法論上有幾項特徵：政治與行政的互依性：現代社會的重大問題取決於官僚體系的內部；官僚體系也能適時轉移公眾的注意力，同時在公共議題的設定，扮演重要角色，並有助於社會價值的建構。公共組織是政治的主流。事實與價值：實證論者排斥研究僅限於資料蒐集及統計的操弄；強調嚴謹的實證分析，更注意規範理論。參與及平等：平等是爲大多數弱勢族群提供最多的福利；參與不限於行政，同時立法的與司法的活動參與，擴及於行政機構的活動參與。層級組織正在萎縮，以民主行政合作較多的政府體制，減少管理操控，以應外部變遷。

6.新公共行政反思與批判

新公共行政偏重行政哲學及行政倫理的研究；傳統行政理論偏重於政治與行政的二分，忽略組織外在環境對它的影響。新公共行政對道德及倫理的關注及建構規範理論，引起諸多重視。茲引述 Marini 及 Jun 兩位學者對新公共行政的觀點：

（1）Marini 對新公共行政的觀點

1968 年 9 月 3 日至 7 日在 Minnowbrook 召開第一次會議，會後論文及評論收錄於 Marini, Frank.編輯之《新公共行政：明諾布魯克觀點》（*Toward A New Public Administration: The Minnowbrook Perspective* (1971:348-352)）[159]一書，Marini 對新公共行政運動的特徵歸納爲：致力研究動盪時代的相關問題，如分權、公民參與、組織退化等；要以非線性思考面對社會問題，如都市比較行政、跨行政區域的比較研究、及組織異同比較研究；要重視行政實務的相關研究，如設計規劃預算制度（PPBS）、分權化和具有參與管理精神等應變機制；行政理論應建構在政治與道德的基本價值上；新公共行政既非反實證論更非反科學主義，主張運用科學與分析的技術；面對動蕩不安的行政外部環境變遷，要調整組織結構及工作程序；建構受益者導向的組織結構，對少數族群的歧視和排斥，會是政府公信力及社會動亂的根源；強化行政中立，型塑提昇對行政人員、領導人員的信任；強化政府的行政倫理、誠信、和課責等重點，讓終身職行政人員由政策執行者提昇爲公眾信託者，及公平分配資源的服務者；公共組織機關須適時依公共需求之增減，裁併無效率的組織或方案，進行精簡管理（cutback management）是行政組織的責任；主動提供公民參與的機制，成爲公共行政是否有效率的重要指標；公眾需求成長或服務提供是否符合需求是行政效能（effectiveness）重要評估項目；上世紀五十、六十年代決策制定是主要課題到七十年代政策執行更具挑戰性，政策執行及其行動理論快速成長；理性型模式及層級節制理念要符合時代需求，受到嚴厲批判與挑戰；多元主義（pluralism）對公權力的運作成爲公共行政的實務準則。

[159] Marini, Frank., (ed.) 1971, *Toward A New Public Administration: The Minnowbrook Perspective*(1971:348-352). NY: Chandler Publishing Company.

Jun,Jong S.[160]對傳統公共行政與新公共行政的比較

傳統公共行政基本假定	新公共行政的基本假定
政治與行政二分法	政治與行政的二分關係
行政中立	倫理責任
效率與生產力	問題解決的有效性
集權與控制	分權與參與
跨文化比較	跨文化與區域比較
行政功能維持	重新設計功能與職責
廣泛、理性的規劃	參與性的社會規劃
被動式問題解決、改變與學習	前瞻性問題解決、改變與學習
事實與價值的中立	事實與價值的批判檢視
重視利益團體的影響	強調多元與參與式民主
重視專家在政策分析的角色	著重市民在解決社區問題參與
垂直性的協調與權威性關係	水平性的合作與人際互動網絡
在充裕資源下達成組織成長	在有限資源下追求卓越
資訊累積	資訊分享與相互交流

資料來源：Jun,1986：50

（2）反思與批判

新公共行政偏重行政哲學及行政倫理的研究、政治與行政的二分，忽略組織外在環境對它的影響。但對道德及倫理的關注及建構規範理論，引起諸多重視。誠如《聖經》:「太陽底下沒有所謂的新東西」。Frederickson（1981：5）:「新公共行政若干部分早被柏拉圖、霍布斯、馬基維利、傑佛遜及許多現代行為理論家所意識，若指其為新，僅能比喻為新的織法（fabric），而非新的織線（thread）」。

Easton, David.1969 年時任美國政治學會會長，在年會發表「政治學新革命」（The New Revolution in Political Science）文中指陳對行為主義的不是，呼籲政治學應致力相關性與行動主義及政治哲學，以積極態度從事價值的研究與建設，這也開啓後行為主義（post behavioralism）到臨，

[160] Jun, Jong S.,1986, *Public Administration: Design and Problem Solving*. New York: MacMillan, p.50.

顯現新公共行政有政治學相伴前行。

論者認爲：Marini, Frank.編輯之 *Toward A New Public Administration: The Minnowbrook Perspective*（1971）提及與會者「認爲技術只是公共行政輔助工具非重要工具，不重視技術論題……」，事隔近四十年觀點，於今公共行政邁入 21 世紀三十年代發端，從 2016 年到 2020 年 11 月美國總統大選，蘇聯以網際破壞、影響候選人頻率引起美國 FBI 及 CIA 的調查，2019 年 COVID-19 疫情爆發擴散嚴峻，處處顯現「技術」（technology）已非往昔的泛泛之輩，「技術不再是行政的陪襯工具，而是多元化行政團隊的重要成員之一。」

五、黑堡宣言

（一）源起背景

1.背景

美國在 1960 年代由於社會充斥著反官僚、反權威、反政府的風向，繼之政黨輪替，政治人物以批判文官體系爭取選票，屢以意識型態及政黨忠誠度來批判文官，對民主治理（democratic governance）爲害不淺。當時在民粹威權主義（populist authoritarianism）撻伐下文官專業權威受到相當大的傷害。

2.發起團隊

Wamsley[161]教授對前述美國政治社會背景感到憂心，聯合 Charles T. Goodsell、John A. Rohr、Orion F. White、James F. Wolf 等四位學者於 1983 年春季公開發表「公共行政與治理過程：轉變中的政治對話」（Public Administration and the Governance Process: Shifting the Political Dialogue）一文。

3.宣言由來

1983 年以 Goodsell 的書《爲官僚辯護》（*The Case for Bureaucracy*）爲基

161 Wamsley, Gary L. is public administration specialist and professor emeritus at Virginia Tech's Center for Public Administration and Policy. He is perhaps best known as the coordinating editor of Refounding Public Administration, a work that followed from a well-known public administration paper called the Blacksburg Manifesto.

礎，邀請三十多位學者專家與會後，在紐約希爾飯店第一次發表，獲得熱烈迴響。並選維吉尼亞理工學院暨州立大學校址「黑堡」爲名，訂爲「黑堡宣言」(Blacksburg Manifesto)。

「黑堡宣言」發表後先後在美國公共行政協會（American Society for Public Administration, ASPA）及美國政治協會（American Political Science Association, APSA）的年會發表。1987 年復刊於《美國行政國百年發展史》(*A Centennial History of the American Administrative State*)。1990 年復將宣言及對宣言的回應批判彙輯成《重建公共行政》(*Refounding Public Administration*) 一書，此書於 1996 年改名爲：《重建民主的公共行政：當代的弔詭與後現代的挑戰》(*The Refounding Democratic Public Administration: Modern Paradoxes, Postmodern Challenges.*)。

（二）重要著作

60 年代末期由 Dwight Waldo 促成的新公共行政，到 1980 年代分殊爲兩種不同研究途徑：新公共管理（new public management）及黑堡宣言 (Blacksburg manifesto)。《公共行政與治理過程：轉變中的政治對話》、《爲官僚辯護》、《重建民主的公共行政：當代的弔詭與後現代的挑戰》等三本書是黑堡宣言重要文獻。

（三）重要內涵

1.黑堡宣言初爲官僚體制辯護，反對小而美的政府，強調公共行政在民主的治理過程具有重要性，有別於忽略政治面向的公共管理途徑，而具有規範性的理論特色。

2.官僚體系與民選公職人員的正當性，均來自憲法與法律，但官僚體制在執行公共政策累積寶貴的專業知識。惟民主選舉過程屢成爲政治操作下的替罪羔羊，減損文官的治理能力。

3.反對小而美的政府，公共行政與企業管理有別：因爲企業管理旨在追求利潤而文官則在競逐正當性；私部門較偏重在自利的追求，公部門提供服務，要面對公共利益的檢驗；公共行政乃結合管理能力及技巧的科學與藝術。

4.強調公共利益、文官應扮演積極角色：「公共利益」制約各種利益的衝突，如同「程序正義」十分重要。文官決策時應有多元觀察及角度的心智習慣；以宏觀全局考量不同的需求，以免決策偏頗。在民主治理過程要扮演：憲法的執行者和捍衛者的角色；官僚是人民的受託者，不妄自菲薄也不向強權屈服；不隨波逐流，是賢明的少數者；以專業知識與責任衡平各種利益衝突；以專業分析做好教育工作者的角色，使民信服。

（四）小結

Rosenbloom 在《公共行政學：管理、政治、法律觀點》（*Public Administration: Understanding Management, Politics, and Law in the Public Sector*）一書，指公共行政除了行政考量，更應重視政治和法律的觀點。[162]新公共行政的倡議者 Dwight Waldo 認為：「公共行政如同醫學的專業性，講究醫術與醫德；追求公共行政專業技術，尚要行政倫理與公共利益兼顧。」[163]林鍾沂強調：「公共行政的獨特使命在於提昇公共性、發展與執行公共政策、建構民主政治、詮釋社會問題、瞭解人類的行為與互動，和探求行政知識等。……行政學的發展應是多元途徑的……」[164]吳瓊恩道出公共行政的公共性特質：如外受法律規章、政治因素、公共監督、市場競爭及具有強迫性等特質。行政學歷史悠久，具整合性跨學科和專業的性質，在資訊科技的影響下會另創新格局。行政學的研究是多元化觀點並存互相競爭，尚無一可支配性的觀點或理論被普世共認、共尊，所幸各家均在進行規範性努力（normative endeavor）。

吳瓊恩認為行政學確實沒有特定理論贏得普遍共識，只不過現在多元典範（或稱觀點）並存互相競爭，尚無支配性的觀點。此論與 Harmon（1981）[165]所言：「行政學將繼續以多元典範（觀點）的存在為特徵，每一典範彼此競爭其優越性。」

---

162 Rosenbloom, David H., 2000, *Public Administration: Understanding Management, Politics, and Law in the Public Sector*, Macgraw Hill Inc.

163 Waldo, Dwight., 2007, *The Administrative State: A Study of the Political Theory of American Public Adminisgtration*, 2nd ed., New York: Transaction Publishers.

164 林鍾沂，《行政學》，2005 年，台北：三民，頁 31-79。

165 Harmon, Michael M., 1981, *Action Theory for Public Administration.*, New York: Longman, p.21.

公共行政與新公共管理的比較

公共行政	新公共管理
遵循制式規則和程序	善用資源達成結果
民主的控制	財產權
層級節制	市場
依法治理	由所有權者治理
公眾福祉	廠商福利
合法性	私人利得
課責	自主
正當性	機密性
重視規則	重視成果
集權行動	競爭
需求的公正	市場的公正
公民意識	消費者主權
公權	廠商
迴避風險	容忍風險
中立的專業知識	利益的導向
穩定	變遷
傳統	更新
牢騷	出走

資料來源：Jann[166],1997：95

合法-理性型官僚組織強調控制成本，嚴守法規與標準程序、監督組織成員、重視層級節制及命令統一、實踐公共利益等；而新公共管理著重企業家精神進行官僚體制的變革與再造，倡議顧客導向的組織、考量施政品質和成果、授能員工、滿足顧客需求與偏好，確立行政課責等。

新公共行政與新公共管理在組織設計都強調：分權化（decentralization）、扁平化組織、支援專案組織、簽約外包、及合產及公

[166] Jann, W., 1997, *"Public Management Reform in Germany: A Revolution without a Theory?"* In W. J. M. Kickert (ed.), *Public management and Administrative Reform in Western Europe*. Cheltenham, uk.: Edward Elgar, pp.83-102.

私合夥。兩者的區分：新公共行政希望行政更制度化，傾向服務的提供和更多的管理，較重視層級節制和管理；新公共管理傾向減少制度化、委託服務，較重視誘因的建構、進行契約監督、和管理創新。

（五）企業精神的政府再造

Osborne and Gaebler（1992）在《新政府運動：如何將企業精神轉移至公務部門》（*Reinventing Government: How the Entrepreneurial Spirit Is Transforming the Public Sector*）一書，如何將官僚體系的行政組織，改變成富有創新精神的企業型政府，提供十項運作原則及策略：

Osborne & Gaebler 企業型政府的原則與策略[167]

政府的原則	政府的策略
導航式	契約外包、抵用券、特許權、公私合夥、志願服務
社區性	由社區提供公共服務；民間參與地方事務
競爭性	引進市場競爭機制；公務機關間彼此競爭服務
分權式	推動品管、員工發展、參與管理、對基層員工授權
前瞻性	注重災害預防及金融危機的預警機制
任務導向	簡化人事、預算、採購等法規制度
結果導向	強調服務品質；以績效成果分配預算及基金
顧客導向型	對服務進行問卷追綜，對服務顧客制定標準程序
企業導向	使用者付費、企業融資、創新基金、工程受益費
市場導向	運用稅制，徵收污染費、環保費減少行政成本

資料來源：Osborne,1993：352-356

晚近各國推動政府再造，舉其犖犖大者有：紐西蘭「行政文化重塑運動」（Reshaping Administrative Culture）、「邁向 2010 年」（Path to 2010）；英國的「續階計畫」（Next Step Program）、「效率小組」（Efficiency Unit）、「公民憲章」（Citizen's Charter）、「服務品質競爭」（Service Quality Competition）、「跨部會解除管制小組」（Departmental Deregulation Unit）；

167 Osborne, David and Gaebler, ed. 1992, *Reinventing Government: How the Entrepreneurial Spirit Is Transforming the Public Sector,* New York: Penguin Books,pp.vii-viii.

德國的「新領航行政模式」（Neues Steuerungs Modell, NSM）、「行政彈性工時」（Administrative Flexible Time）；法國的「行政現代化政策」（Administrative Modernization Policy）；瑞士與奧地利的「新公共管理」（New Public Management）；美國的「國家績效評估委員會」（National Performance Review,NPR）、「勵革實驗室」（REGO Lab）；加拿大的「2005年文官改革法」（Public Service Reform Act）；我國的「政府再造行動綱領」；中國大陸的「國家職能轉換方案」。綜前，政府再造的基本訴求及重點包括：「流程再造」（reengineering）、「充分授能」（empowerment）、及「企業精神」（entrepreneurialism）。

六、小結

新公共管理在美英兩國的推動有些區隔或雷同，以雷根政府與柴契爾政府爲例，他們同認政府本身即是問題所在，應利用民營化、市場機制將官僚制驅逐（bureaucratic bashing），以裁減機關、人事、預算，讓政府不再是萬能，由看不見的市場機制提供治理功能。克林頓政府主張放空官僚（banishing bureaucracy），將官僚運作從法規、程序、節制體系、官樣文章（red tape）解放出來，運用企業家精神、創新態度、市場競爭機制、達成顧客滿意的任務。但對民營化有所顧忌不再堅持，這些作法促成若干學者對政府再造、及新公共管理轉爲審愼支持。

任何制度運作都會出現缺失，公共行政或新公共管理的倡議與推動，同樣會面臨撞牆時刻。單向思維或慣有的思考和運作，要適時進行「對立的整合」。McLaughlin & Davidson 在《心靈政治學》（*Spiritual Politics*）所言：「最深沉的眞理經常要在一種較高的統一中包容對立的狀態。」新公共行政或新公共管理的論述，要在對立的方案中找出超越和整合的途徑。

第二章　組織理論、結構

Hatch（2006）在《組織理論》開宗明義道出何謂「組織理論」的關鍵字詞：「理論家」、「理論學者」、「理論」等詞義闡釋言簡意賅，但視角不一銓釋內涵各有著眼。[168]

組織結構的設計需要理論爲指引，借鑑組織發展歷史寶貴經驗，從中獲致創新契機及著力點。官僚組織要以理論發展及實務運作爲根，併以創新爲動力。

吳瓊恩《行政學》（2006：128-135）強調：「行政學的發展受到其他科學典範變遷的影響至深且鉅，主觀上則要迫切面對『理論與實務的整合』的要求……，它不但要吸收、借鑑其他學科的精華，還要時時將理論建構放在行政實務的實踐中來檢證其限制性和可行性。」所以他從四個學科包括：「物理學、社會學、心理學、政治學」的發展趨勢來探討跨學科的行政學不得不面對的主要趨勢。「行政管理實務」界定在公部門的行政業務管理，即官僚組織體系的管理，至於與私部門在行政管理領域仍有類同之處誠屬難免。

行政組織與管理理論，論者各有觀點：以林鍾沂《行政學》（2005：81）一書主張從傳統理論、人群關係學派、系統分析、新公共行政、新公共管理等發展沿革論析；江明修在《公共行政學：理論與社會實踐》[169]一書以「公民理論、社群理論、公共理論」等三種理論的角度論述公共行政的「公共性」和「社群性」本質的基礎概念和理論。至於「公民理論」的內涵尚包括：「公民資格」（citizenship）、「高尚官員」（honorable bureaucrat）、「民主行政」（democratic administration）；「社群理論」包含：「社群」（community）、「社群主義」（communitarianism）和「公民社會」（civil society）；「公共理論」涵括：「公共性」（publicness）、「公共哲學」（public philosophy）、「公共利益」（public interest）和「公私分際」

---

168 Hatch, Mary Jo., with Ann L. Cunliffe., 2006, *Organization Theory: Modern Symbolic and Postmodern Perspectives,* Oxford University Press, pp.1-24. "theorist: n. a holder or inventor of a theory or theories. Theorizer: n. evolve or indulge in theories. Theory: n. a supposition or system of ideas explaiing something, esp. one based on general principles independent of the particular things to be explained (opp. HYPOTHESIS)(atomic theory; theory of evolution)."

169 江明修，《公共行政學：理論與社會實踐》，2000，台北：五南，頁 7-51。

（difference between public and private）。跨學科的論述是其主軸。在進階研究及論著上，前述內涵各有其重要性，但未必符合初學者及國考應試者需求。

Rosenbloom 在《公共行政學：管理、政治、法律觀點》（2009：138-197）[170]一書第四章有多達 59 頁對「組織結構及組織過程」有深入的論述：「公共行政是關於提供服務和對個人及團體施以限制的組織性活動。這些活動是需要組織（It required organization.）。組織可以採行許多不同的方式，以極大化其價值……，透過設計不同類型的組織結構及其過程，殊異的價值可以被極大化。」公共行政在提供規範性的組織，組織形式/結構，各依其目標權衡調整，目的在滿足成員的價值追求。

在吳定（1999）《公共行政論叢》一書提及三種主要理論：組織結構的傳統理論（The Classical Theory）、人群關係的行爲理論（The Behavioral Theory）、及機關組織環境的權變理論（The Contingency Theory）。三種理論在學術理論及實務多元化推演，實已不足因應訊息萬變，科技嶄新不斷的時空環境。

一、傳統理論概述

（一）理論概述

學者或學子們對「理論」（theory）難有清晰概念，原因無非是眾說紛紜，論析角度（perspectives）不一所致。英國學者 Hatch & Cunliffe（2009）在《組織理論：現代、象徵性、後現代的觀點》[171]一書提出「什麼是組織理論？」她們並未直接詮釋何謂「理論？」而是引據牛津百科英文字典的詮釋。但不難從書名臆測，何謂組織理論？她們告知讀者們：作者是從現代的、象徵性的、及後現代化的觀點來探討組織理論。至於讀者們如何詮釋？Hatch 建議要彙萃自己的經驗及專業學養，因應研究主題、時程、地域、科技、文化、社會、自然科學等內外環境因素，

---

170 呂育誠等四位學者合譯，《公共行政學：管理、政治、法律觀點》一書，2000 年，台北：學富，頁 92-146。該書係依 David H. Rosenbloom、Robert S. Kravchuk、Richard M. Clerkin 所著 "*Public Administration: Understanding Management, Politics, and Law in the Public Sector*" 1998 4th edition 翻譯。本教材係 2009，7th edition，書本內容迭有更新，本教材配合更新論述。

171 Hatch, Mary Jo., & Ann L. Cunliffe., 2006, *Organization Theory: Modern, Symbolic, and Postmodern Perspectives,* Oxford University.Part 1 & pp.1-23.

賦予「組織理論」新生命。惟牛津英文字典對理論等詞彙有其權威性，謹擇其要點列述：

1.理論家（theorist）：理論的原創持有者（a holder or inventor）。

2.理論建構者（theorizer）：樂於理論推理建構者（evolve or indulge）。

3.理論（theory）：牛津百科英文字典有 5 種詮釋，擇其三如次：

（1）對某事物的系統性思維或推測，特奠基於詮釋特定事物的一般性的獨立原則（如原子理論、進化理論）。

（2）自己得意理論的一種想像觀點。

（3）天文抽象知識或推測思維。（例如英國理論物理學家 Stephen W. Hawking 所提 black holes 理論）

組織理論未分公共組織或私人組織，兩者有共通、共享之處。Rosenbloom（2009：140）認為所有重要組織，不分公、私組織，政府都會以某種方式加以管制。但公部門組織面對法律（憲法）、政治和公共利益，使其與私人組織有所區隔。組織理論（organization theory）都有一些前提、觀點、理性、文化要兼籌。因為組織結構影響組織成員的行為，包括組織本身的成員、參與者、及與組織有互動因果關係的成員（如上下游生產、服務鏈成員）；被理性設計的組織過程（organization processes）會影響組織或個人行為；透過結構、程序、效率達成組織目標；有效率的系統概念化在回應周遭環境變遷；組織可以擁有不同文化以界定組織成員，對其活動加以規範概念化。

Graham Tillett（1962）及 Rosenbloom（1997）論及美國在經歷古巴事件及實務論述同樣強調組織運作過程對決策者及其組織都有意料之影響及成效。在公共行政實務，上述的論點未必完全符合需求，因為公部門受外部時空環境的變幻卻難以適時回應調整所致。所以 Charles Perrow 感嘆：「經過數十年的研究和理論化，我們學到更多的卻是無法奏效的事，比起有用的事還更多。」組織理論與組織結構須與時俱進，作適時調整，此乃組織永續生存的要件。學習者更要對「理論與實務」兩者，因勢調整 Perspectives。

（二）傳統理論

所謂「傳統理論」（The Classic / Orthodoxy Theory）指組織結構的傳統理論。它是以組織結構、工作方法與技術為主要內涵的傳統理論。也是我們熟知的科學管理學派重要內涵，由 Max Weber 的理想型官僚體制（Idea type of bureaucracy）、Frederick Winslow Taylor 的科學管理，以及

Henry Fayol、Lyndal F.Urwick、Luther Gulick 等人的行政理論所構成。

Weber 提出的理論雖類似於傳統型的 Fayol、Gulick、Urwick 論述，但他是循著不同途徑獲致結論。與 Weber 同年代的學者除前三位外，另有 Woodrow Wilson、Frederick Taylor 都對組織理論建構有相當貢獻。但 Weber 的著作一直到 1946 及 1947 年後才陸續有英文論著及翻譯，之前的美國學界觀點在公共行政自有其本地化的特質。1947 年美國 A.M. Henderson and Talcott Parsons 把 Weber《*The Theory of Social and Economic Organization*》一書翻成英文介紹給美國。1980 年 James W. Fesler 在《公行政政：理論與實務》（*Public Administration: Theory and Practice*）一書中，敘述 Weber 三種純理論的正統權威（pure types of legitimate authority）略述如下：

1.**「傳統權威」**（traditional authority）

確信源自淵源悠久的傳統控制模式，根據傳統行使既存的系統，個人則感覺有義務對傳統的首領（chiefship）忠誠。若要改變依先例是被禁止的。因爲支配者恐懼改變會切斷正統性（legitmacy）的資源。統治者與被治者間的關係相當緊密。傳統權威的繼任者依傳統方式取得，權威的系絡會被延續。

2.**「奇魅權威」**（charismatic authority）

魅力權威植基於一個人對個體的熱愛，因爲他/她擁有傑出的神聖的、楷模的特質。奇魅領導者難以傳統原則或尺度去認可。具有奇魅特質者不爲傳統法制所約束，易於採行革命方式改變現狀。奇魅權威不被任何組織社會的法制體系所接受。在其權威下沒有法治可言，也沒有層級節制（heirarchy）、也未尊重形式（formalism）體制，除對奇魅領導者的個人熱愛，其他不被接受。追隨者只有接受命令，去踐行他/她的使命，別無選擇。追隨者的服從是個人對領導者的熱愛，並非法律的強迫。領導者不受時空限制，依喜怒進行干涉，不受拘於傳統或法律之管束。奇魅權威反對規律制式的程序。

傳統權威和奇魅權威兩者都可能藉助專橫、默示、暗示的方式取得合法正統性。兩者因此都缺乏「合理性」（rationality）。Weber 相信這兩種型權威，在工業革命前組織活動幾乎不脫其範疇。

3.**「合法-理性權威」**（legal-rational authority）

建構在「合法非人情的法治」基礎上，服從權威是因爲擁有權威者秉持法律授予之職權及其職責範圍內應守之倫理規範行事。權威的合法性是依據法律，法律的合理性是由人民所提供。這些法制能依環境變遷作適時修正或適整。這比起前述兩種權威更加具備可預測性。而「合法-理性權威」最精典所在即是「官僚體制」（bureaucracy）。「合法-理性權威」是理性提供各種法制（rules）權威系統中官僚體制的「核心」。Max Weber 官僚體制理論：「理念型官僚體制」（the idea type of bureaucratic organization）植基研究者的價值觀，與研究者的主觀條件如個人的價值、信念、觀點、學科背景密切相關。理念型的建構必須透過對具體問題的經驗分析，及實際因果關連，透過歷史文化的認知爲基礎來建構。

Weber 的合法理性權威與美國的傳統組織理論的論述，同時緊密盛傳大西洋東西兩岸的美國及德國。兩者都在強調「效率」（efficiency）的重要性。也強調行政規範建立在法定及官方行政裁量領域上，那是勞力分工系絡中責任區分的一部分。同時強調命令下達是依據職權所賦予的權責。強調官員層級節制的紀律要求，上下層級應循的規範。官僚體制包含全職的理性官僚、固定薪酬、終身職保障、終生接受專業培訓，官員依其專業技術資格進行拔擢選用，「官僚機器」（bureaucratic machine）要依人的差異性進行組置，此乃人力資源管理的底層建構。

Weber 理論同有其弱點：對各層級權威間的「衝突」問題，未有深度認知。他強調專業知識（specialized knowledge），本職專業知識（professional knowledge）及技術能力的重要性。卻疏於強調部屬要具有技術能力的「權威性」之外又要同時具備專業及本職知識在先。另一弱點是無法化解官僚化（bureaucratization）和現在化（modernization）間的不穩定關係（uneasy relationship）。[172]

林鍾沂的批判：「Weber 的官僚制度充斥著層級權威與專業知識的對抗，欠缺文化差異的考量，高估官僚行爲的理性層次，和只重法規不究結果等弊端。」[173]認爲行政組織只要有下列原則即可正常有效運作包括：共同強調的「原則」（principles）。諸如：決策權集中於上層人員；明確的指揮體系；注重專業技能；嚴格的分工；遵守典章制度；明確劃分實作及幕僚業務；狹小的控制幅度。

Aaron[174]：「理念型的建構是想藉著建構研究對象的內在理性（internal

---

172 Chandler, Ralph C. and Jack C. Plano.,1988, *The Public Administration Dictionary,* ABC-CLIO. Inc. pp.239-242.

173 林鍾沂，《行政學》，2005，台北：三民，頁 108。

174 Aaron, Richard Ithamar., (6 November 1901 – 29 March 1987) was a Welsh philosopher.

rationality）來瞭解研究對象。」理性不限於組織決策者，包括組織成員在內。過去傳統官僚層級的上級人員會要求下屬聽從。今天 21 世紀組織理論學家 Ray Dalio（2019）的創新原則（Principles）[175]卻大相逕庭：認爲決策程序分爲兩個層次「先學習，再決定」；先有實務驗證再建構理論；這是理性決策模式的運作。Aaron 的原則要面對 21 世紀二十年代快速變遷的挑戰，且待理論與實務的磨合。

二、B. I. C 理論

B.I.C.分指 Behavior theory（行爲理論）、Interaction theory（互動理論）、Contingency theory（權變理論）。

（一）行為理論

傳統理論未考量人性因素的影響，過於強調機械式靜態分析，忽視組織內部社會性、群體性、人際性的動態網絡。人際關係學派透過行爲科學，對組織成員的心理層面和社會性的互動另啓組織理論的新頁。行爲主義係採自然科學的研究方法探討人類行爲，其特徵包括：行爲科學是多元學科（multi-disciplinary），研究者應具有多學科訓練；行爲科學是以驗證（verification）方法進行研究，站在價值中立（value neutrality）立場；行爲科學（behavior theory）的目的在建構社會現象的普遍律則（universal law），進行詮釋與預測。行爲科學最爲世人熟習的是「霍桑實驗」。以現代科學理論的建構論析近百年前的論證，在數據、技術層次確有良多不全。但這豈不如同要求資訊科技界應在百年前發明電腦？

在 1924 年至 1927 年間，美國國家科學院（National Academy of Science）所屬國家研究委員會（National Research Council），在西方電器公司（Western Electric Company）霍桑工廠進行「實體環境對產量影響」的研究計畫，研究人員選取照明度、室溫、及其他工作條件爲研究參數，以探討實體環境對生產力的影響力。研究結論竟是「照明度對生產力的影響是微乎其微。」即實體環境與生產力之間並無必然關係。

霍桑實驗結論未獲學界及實務界的肯定，研究未竟全功。廠方再邀哈佛大學企管所 E. Mayo 及同所教授，從 1927 年至 1933 年另行一系列研

[175] Dalio, Ray., 2019, *Principles,* 商周，頁 258-290。

究，結論包括：「生產力受到社會和心理等因素的影響頗大，不徒限於生理能力；非經濟性的獎賞和懲罰是激勵員工和工作滿意度的重要決定因素；組織最高層級的專業分殊化，未必是分工的最有效方式；員工可能以團體或非正式組織成員的身分對管理、組織和工作本身加以回應，而非以個人的身分。」霍桑實驗有它的歷史價值及定位，開啓後續行爲科學的廣泛研究途徑，帶動其它社會科學理論的「創造」（creation）、「迸生」（emergent）[176]。

（二）互動理論

互動始自嬰兒期，心理學研究成果廣被各學科採納重視，組織結構基於成本效益愈加重視機關內外互動理論（interaction theory）研究。因爲「機關組織是一種人爲的合作體制，不是工程機械的產品。組織中的非正式組織/團體（informal organizations）以及溝通各有其重要性；權威源自部屬的授予，不是理所當然的；統合每個人的力量，達成組織目標是領導者的使命。」、「組織是二個或以上的個人，透過支配力（forces）或有意識的協調活動的系絡（system）。」這些都是組織成員間、組織與組織間之互動協調，也是 Barnard[177]在 1938 年《主管功能》（Functions of the Executive）一書所著的諸多重點包括：

1.均衡回饋：組織成員貢獻心力以獲取物質或精神的回饋，兩者的均衡（the equilibrium of contribution and satisfaction），貢獻與滿足的均衡，讓組織永續生存及發展。組織能否提供適宜的回饋包含物質、名譽、權力、成就感、工作環境、獎勵等等，決定組織成員的貢獻與滿足的均衡。

2.組織成員疆界擴大：組織除了員工，還得包括顧客及生產鏈供應者。組織是人群互動關係建構的系統，這系統涵括人們的互動共同目標、貢獻心力的承諾意願、和相互溝通的能力等因素的結合，既所謂互

---

176 葉啟政，2008，《邁向修養社會學》，三民，頁 139-212。2015 年研讀葉師大作，在書夾註：「任何時代變革過程，『行動』躍居主導角色，行動比理論涵養或對未來預知更重要，再說『行動』主導『意識』。」港人「反送中」過程，沒有行動，共識的建構會遲緩成長。至於會不會產生「迸生」效果，誠屬難料。「行動實踐要比理論涵養重要得多。」（參見葉師大作，頁 139）

177 Barnard, Chester Irving., (November 7, 1886 – June 7, 1961) was an American business executive, public administrator, and the author of pioneering work in management theory and organizational studies. His landmark 1938 book, *The Functions of the Executive*, sets out a theory of organization and of the functions of executives in organizations. The book has been widely assigned in university courses in management theory and organizational sociology.

動系絡（system of interactions）的成員、生態因子（components）等等的擴大延伸。

3.非正式組織：除了正式組織層級結構的存在，尚有無意識、不定型、互動或接觸、或自然因素，使人們結合在一起的「非正式組織」（informal organization）。非正式組織受到重視肇因於提供幾項正式組織無法運作的功能包括：提供正式組織不便溝通的意見、資訊傳遞；培養員工的服務熱誠及客觀權威的穩定性，維繫組織團結；避免組織直接的監控，以保持個人自尊、獨立人格。

4.溝通理念：Barnard 反對員工對管理階層唯命是從；他認為「溝通」可促進組織凝聚力（cohesion）。能否做好溝通工作要留意明確的溝通管道、直接簡明的溝通管道、循序漸進的管道、主管有溝通能力、溝通管道不可中斷、溝通者應具備溝通權威等要件。

5.權威接受論：組織領導者是否具有「權威」？決定在組織成員的接受度，不在發令者。組織成員的接納程度決定因素：受命者對命令的認知程度；與組織目標有關；與受命者無利益衝突；受命者對命令有執行能力。Barnard 謂之「權威接受論」（acceptance theory of authority）。

Barnard（1938）對行政主管的功能可簡約為：維繫組織的溝通管道、提供員工必要的服務、策訂組織願景及目標、樹立「創造性道德」（creative morality）、教育訓練、誘導激勵等工作。

Roethlisberger & Dickson[178]在 1939 年《管理與工人》（*Management and Worker*）一書針對西方電氣公司的霍桑工廠的實證研究報告。此書乃第一本大規模對生產力與社會關係的實證報告。包括對工人裁減、非正式組織/團體角色之研究、人性領導、對工人心理諮商等等的研究，屬理論與實務檢測的大巨著，惟年代久遠掩沒它的光華。

（三）權變理論

公共行政諸先進在上世紀提供許許多多的論著，對當時社會環境及生態確有重大貢獻。但物換星移，在日日新苟日新的資訊科技時代，「變是唯一不變的真理」。以官僚體制的指揮系統、控制幅度、分工等等作法，未必能適用於今日公共行政組織。再以人群行為理論強調激勵

178 Roethlisberger, Fritz Jules. and William John Dickson, 1937, published the first comprehensive findings of the Hawthorne experiments. He also authored Management and the Worker in 1939. The book was voted the tenth most influential management book of the 20th century in a poll of the Fellows of the Academy of Management.[2]

（motivation）員工的作法，誠難因應多元職場環境，如何強化誘因（stimuli）不再以改變員工個性及行為遷就職場環境的各種作法，被妥適運用在職場，同樣有傑出貢獻。機關組織目標的達成，不再講究徒對員工的控制、監督，改擇多元溝通管道的協助提供多元且人性化的溝通及對個人尊嚴的重視，成為權變理論重要精神。權變理論（contingency theory）是探討公共行政理論的新途徑。

組織理論只存在著有效性、適宜性、合理性、時代性的問題，不宜，「以今非古」進行適宜性的批判。因組織不同、時地不同、組織特性、組織目標的不同，需要不同的組織管理、組織結構、及組織領導者。所以 Joan Woodward（1916-1971）在《管理與技藝》（*Management and Technology*）一書：「沒有任何一種管理方法可以有效地運用於所有公司，也沒有那一種組織型態可有效地適用於所有的公司。」各組織應依其目標、性質及其他特殊需求，採不同的組織型態與管理方式。

權變理論早先在企業管理領域展理光鑼，後影響到行政理論其他領域，諸如領導、溝通、決策、監督等。機關組織環境是穩定的，採傳統型較有利，環境變動不居者採行人群動態理論的組織型態。1958 年 Joan Woodward 賦予權變理論新生命。權變理論審酌各理論特點及組織對外環境，採行妥適的組織結構與管理方式，學界有專研組織結構權變理論（structural contingency theory）。即使盛行參與管理的組織，仍有不熱衷者，只想依命令行事。必須因人、因事、因地權變行事。公共行政更難以單一組織結構型態涵蓋各公部門。公部門要提供的服務更是成千上萬，權變性組織結構是有生命的、變動的、應對內外變動的組織（organs）。

三、官僚結構暨變遷

（一）Weber 官僚組織結構

Weber（1864-1920）是位德國社會學家利用理念型（idea type）以辨識官僚組織的結構、過程、及行為。官僚體系組織結構性特徵包括：[179]

1.階層化權威：各職位依專業分殊化或管轄權威（限），行最佳合理

[179] Rosenbloom, David H., Robert S. Kravchuk, Richard M. Clerkin, *Public Administration: Understanding Management, Politics, and Law in the Public Sector*, 1998 7th edition, pp.141-145.

的官僚體系的設計，並由單一權威所領導。官僚體制是大型組織。

2.專業分殊化：組織的專業管轄權、專業官員、和專業任務，依組織預期達成的目標，進行人力分工和權限配置。

3.永業性官僚結構：不因組織成員的進出，無損官僚結構。社會依賴官僚體制的功能提供撫平社會混亂的機制，一旦官僚體制遭到破壞，混亂隨之而起。

4.專業和功績升遷：組織終身職成員，依其專業技能、功績和年資升遷，在組織結構中的專業領域和職階調任。

（二）官僚體制的功能範疇

非個人化或去人性化（impersonal or dehumanizing）的官僚體制要有「專業美德」（special virtue）以泯除官僚的「不理性」（irrational）；機關的每一結構和運作，不依賴個人而是政府機關（offices）咸以形式主義（formalist）制式文書詳加記載，溝通是以文書形式爲之，書面文件依法存檔接近管道受限，且是權力的資源所在。

官僚體系的運作，是依法規約束（rule-bound）制式運行。法規的客觀性在規範官員依正常程序運作，以確保與外界交涉時的規則性。法規在確保行政的非個人化及強化官僚權威。

高度紀律化（highly disciplined）官僚體系，規範官員及組織的權威結構，違反規定和不服從，會依律懲處。

（三）官僚權勢與權力配置

官僚權勢（power position of bureaucracy）是官僚體制的特殊結構和運作程序，有如下的特質：

講求高度效率（highly efficient）：Weber 認爲官僚體系是最有效率的組織結構，具有持續性、準確性、理性、專業性、紀律和速度的行動，受到組織結構和程序的限制，其組織的判斷力是可預測的。官僚是可信賴的，可減少爲踐行目標的情感成本。官僚體制與其他組織相比，宛如機器與非機器化的生產模式。

權威性（powerful）：官僚體系的權威，廣泛源自它的理性、專業、可靠性、及持續性。發展健全的官僚組織無法爲外人所控制，社會依賴它提供服務以及其他的管制措施。官僚易於以社會主人姿態出現，是它的弊病。

永續的擴張性（ever-expending）：官僚體系的擴張不僅爲效率及其權力所驅使，尚包括複雜社會各種職場工作，在量及質的快速成長，需要有效率的組織行政。

針對 Weber 官僚體制的結構特質，Rosenbloom 提出二點警訊：[180]

其一，官僚組織去人性化的趨勢，讓個人成爲機械化組織的附屬品。組織不再調適以應個人的人格、情緒、心理、及心理失調等的殊異。組織只環視在職位及職權上爲念，忽視「人」的存在價值。

其二，官僚組織的權力不但源自組織結構及其程序屬性，而且來自它的「理性」（rationality）。公眾順服官僚體系的秩序和決策，那是它們都被視爲具有合法性。這種合法性基於對官僚組織的理性作爲，而不是非理性的偶發作爲，同時受到法律和官僚的監督管制。在理念型的官僚體系下，獨斷的、反覆無常的或歧視個人的決定或命令是不可行的。論者認爲：但現實世界中官僚體系的弊病在缺乏法律規範的監督、課責機制，讓官僚遠離民意，獨擅專斷無處不在。

林鍾沂根據 Robert Denhardt 論著研究：官僚體系在權責分工及專業知能產生層級權威（hierarchical authority）與專業權威（professiona authority）間的運作衝突。民主行政不能只顧組織內部的效率問題，而不顧民眾的需求，或讓民眾恐懼官僚組織龐大到無法控制。

Gortner, Harold F.、Julianne Mahler. and Jeanne Bell Nicholson[181]等學者對官僚組織提出應配合外部環境，修正官僚組織。Gortner 等提出五項建議：

1.官僚組織係代表性官僚（representative bureaucracy）組織成員的任用，應依人口組合型態，代表反映人口多樣性（diversity）比例，爲所有人民服務。依論者研究 Rice,Mitchell F.（2005）等學者在《多樣性與公共行政》（*Diversity and Public Administration*）有前瞻性論析，頗值參酌。

2.保障弱勢團體（affirmative action）：爲建構代表性政府組織，應積極甄選少數民族，以彌補在制度上與社會上的歧視。

3.公共行政人員積極參與公共政策：在政治系統中尚未有代表或代理人的族群，官僚同爲公民成員，應讓他們參與政策的制定過程。

4.社區公眾參與行政組織公共政策制定與執行：社區公眾最瞭解自己

---

[180] Rosenbloom, David H., Robert S. Kravchuk, Richard M. Clerkin, *Public Administration: Understanding Management, Politics, and Law in the Public Sector,* 1998 7th edition, pp.144-145.

[181] Gortner, Harold F., Julianne Mahler. and Jeanne Bell Nicholson., 1984, *Organization theory: A public perspective,* Wadsworth Pub Co.

本身的需求及迫切的服務。

5.公共官僚組織的民主發展：以公開的、互信的、與明智的態度，使機關更具有人性，以民主方式因應組織內部問題。

審之 Gortner 等學者於 1984 年對行政人員應有參與公共政策制定的代理人或代表之創見，迄今未受重視，係後續組織理論及結構之空泛無法支撐，執政者寧獨斷決策，不尊重專業行政、技術官僚再耗費巨額行政成本補救行政程序，如 2020 年美國萊豬進口事件；2021 年上半年官僚體系對企業、慈善團體申請快速洽購疫苗事件。[182]

（四）Henry Mintzberg 對官僚組織結構的「特徵」作如下闡述

1.相互調適（mutual adjustment）：以非正式的討論與溝通，協調歧見。

2.直接監督（direct supervision）：在愈大型組織，協調不易，透過命令監督他人的工作，並承擔其責任。

3.工作程序標準化（standardization of work processes）：工作內容用文字或圖示明細化其步驟，使組織成員易於遵循，進而達成工作上的協調。

4.產出標準化（standardization of outputs）：只陳述工作結果，列述工作績效的基本面向，如何達成？員工自行籌謀戮力完成。

5.技術標準化（standardization of skills）：工作所需的技術與知識的標準，及訓練條件制式規範，作爲工作協調的基礎。

（五）Mintzberg 組織基本結構

1.作業核心層（the operating core）：產品與服務的產出，源自組織的作業核心。

2.策略高峰層（strategic apex）：除組織層峰尚包括高級行政人員，承擔並確保組織有效達成其使命。

3.中間階層（middle line）：循組織權威結構結合高峰層與作業核心層，負責直接監督與控制協調的功能。

4.技術結構層（techo-structure）：負責工作的標準化，以協助組織適應內外部環境，他們從事設計、規劃、與訓練的工作。

---

182 聯合報，2021 年 6 月 19 日，郭董捐 BNT 疫苗……，A3 版。

5.支援幕僚層（support staff）：在實際的工作流程之外，為組織提供各種直接、間接支援。

Mintzberg 組織結構可歸隸為：簡單結構、機械式官僚、分層化結構、特別委員會。第一類結構簡單把權力集中高層採高度集中監督，在技術或支援幕僚的分工並不細緻，行政層級少，較不重視工作標準化，員工關係鬆散，非正式的溝通較普遍具有彈性優點謂之結構簡單（simple structure）；第二類結構的工作程序訂有標準化成為溝通、技術的主要程序。組織結構制式化（formation），以支撐中央集權。但具有精確、速度、明晰、連貫、完整、順服、與效率的優點，但上下難有坦誠溝通的氛圍謂之機械式官僚（machine bureaucracy）；其三、分權化（decentralization）與標準化同時兼顧；專家對工作過程有較高掌控權，立基於專業知識與專業技術。專家難受管理人員或工作標準化的約束，較尊重專業標準的規範約束，行政組織結構趨向平坦式謂之專業官僚制（professional bureaucracy）；第四類的組織結構以中層為主要部分，以產品或服務的標準化為組織協調機制謂之：分層化結構（divisionalized form）；另一類為特別委員會（adhocracy），或稱之為特別小組，屬支援性幕僚為主架構，以相互協調為主要設計架構。

論者認為 Minztberg 對組織特徵及其基本結構繪析，具時代意義但未必符合當下科技時代，講求快、狠、準、彈性授權的開創格局。

四、後官僚組織結構

從上開論述即研判官僚體系已轉趨專業化官僚也不符現實，學界的論述有不同名稱的論著：後官僚組織、後官僚組織型模（the post-bureaucratic model）等名稱差異，惟名稱的改變或不同實難概述官僚組織體系進展實境，僅略述諸重要性特徵供參：

（一）組織成員角色日趨重要受到重視

對傳統官僚組織的共識，係經由權威、規則、或默認；對後官僚組織的共識係經由制度性的對話建構。對話係經由對問題的認知，及對問題、目標的承諾，對話的影響力並非來自權力、命令，而建基於組織成員的認同或感知上。

影響力有賴於組織成員信任的互動，追求共同利益是基本信念。信任感不源自權力與命令；組織內部的信任感有助於目標的達成。重視組織使命（mission）的達成而非空泛的價值陳述。員工對使命產生認同感，才能化理念爲行動。

（二）資訊分享、重視外部變遷

組織策略資訊的共享，可有效促成組織成員與組織使命的結合。資訊技術有效運作，有助於組織訊息的上下互通，不是單向的下達或上傳。

公共行政的原則（principles）或規則（rules），要因應外部組織環境作適時調整、修正，作出彈性明智的回應（responsiveness）。決策過程的重建：固有職務或權威難因應外部變遷。重建決策/定的過程，亦即所謂「後設決策」（meta-decision-making）的機制，進行跨域協力的機制，例如「跨功能」（cross functional）與「跨層級」（cross-level）的編組或委員會，參與者共同協力對問題進行分析，發展正確的跨部門的決策制定。本書質疑「後設決策」是否符合快速變遷的內外環境，基於行政經濟成本原則，應在決策制定過程時即行「跨層級」的思維，型塑全觀性的決策規劃。

（三）相互依存互動網絡

各組織間的互信透過不同的媒介如網絡，彼此可能未曾、也不須謀面，基於組織互動的信任，建構多元、跨部門的聯絡網進行共同的協議或行動。「生涯模式」（career pattern）邊界的擴張及延伸，不再局限於單一的組織，組織員工的進與出，來去自如。傳統官僚體制的客觀與平等，以制式法規限縮個人的創造力、判斷力。後官僚要求個人績效的多樣化，依個體的差異性訂定評定標準。

官僚體制的變動可能來自於突發事件，如美國 911 事件成立「國土安全部」，但後官僚體制的變動調適，不在年度預算編列決定組織存廢，而在時間架構及變遷行動的結合點（checkpoints），變動的關鍵更加彈性或不可預測期望。組織如何生存？關鍵在問題的發現（problem finding）不在問題在後發的解決。

（四）永續生存是組織結構調整指導原則

林鍾沂認爲後官僚組織重視影響力的組織結構，而不是權力的結構，以尋找問題而不是解決問題爲優先，找到問題後，再繼之在技術上尋找如何解決問題。在社會快速變遷的官僚體系應變功能似不復往昔對問題的解決，助益遲緩。應循 Warren Bennis（1993：XV）所言的「聯盟」（federations）、「網狀組織」（networks）、「群團」（clusters）、「跨功能小組」（cross functional teams）、「臨時系統」（temporary systems）、「特別工作小組」（ad hoc task forces）、「組合單元」（modules）、「矩陣組織」（matrices）等不同形式的組織結構，因時、地、事調整組織結構。

在錯綜複雜的現實世界，何種形式的組織能生存？誠難訂出共通準則。但從生態系統理論，組織結構對外部環境的調整或適應能力，決定組織的存廢，而左右組織存亡的不是外部因素，而是組織的領導者。

五、公共組織的管理

（一）正統/古典的組織管理

正統的（orthodox）公共組織的管理觀點，不容置疑源自 Weber & Taylor 的古典途徑。正統公共組織管理觀點強調效率、經濟和有效性是建構行政組織結構和組織管理過程應具備的價值；同時視專業分工爲經濟理性和生產力的關鍵。工作被分工後，靠組織上下層級結構及指揮命令的統一進行組織協調，透過命令指揮系絡貫穿整個組織來協調。Gulick & Urwick 強調團體成員夥伴的心靈和意志，會以熱忱和技能將任務與組織整體結合；組織協調單位則由各層級的組織領導結構進行。

（二）行政主管與 POSDCORB

Gulick 引據 Weber 的研究論點，再轉化爲諸多定律，協調專業化分工是靠層級節制的結構，並匯聚於最高的「唯一的主管」。層級化的權威如同理論般控制下屬，採行科學方式調節控制幅度（control span），有助於行政效率的改善。行政主管的工作目標即維持協調和控制，歸納在「POSDCORB」的概念，它是由 Planning、Organizing、Staffing、Directing、Coordinating、Reporting、Budgeting 等英文字縮寫。Gulick 的「POSDCORB」包含主要的行政活動及次要分工的領導行爲。

在 Rosenbloom 眼中，當中有些活動是幕僚承辦的工作；這與正統的組織理論，指揮系統與幕僚是作了區隔的，一旦兩者模糊，行政責任難作歸屬劃分。Gulick 認爲政府組織結構是依組織的目的（教育、健康、福利）、過程（工程、會計）、顧客或物質（農人、老兵、窮人或自然資源）、及地域（州、區域、城市、鄉村地區）等爲建構框架，這個框架的建構是依科學精準程度進行。

Herbert A. Simon（管理行爲）未認同 Gulick 目的、過程、顧客、地域的架構，認爲 Gulick 的說法，無異於行政諺語（proverb）。它的兩個前提相互矛盾如「匆促造成浪費」、「猶豫不決即是損失」。Simon 認爲行政組織要符合「事實脈絡」及「價值」，兩者有別。Waldo（行政國家）認爲「效率」和「經濟」在操作實務上，兩者未對公共行政上提供足夠有用的實務運作方向，正統理論在許多方面和民主政治理論相衝突。

在 Simon 和 Waldo 批判下，所謂正統途徑的知識理論「科學」基礎開始鬆動。但誰的理論能取代正統公共行政理論？Rosenbloom 也未全然接受 Simon 和 Waldo 的論述，所以宣稱：「……五十餘年後，沒有其他人能夠發展出突破正統理論成就的一般性公共行政或組織理論。」站在巨人肩膀上已屬不易，何況比巨人更高的位置在何處？

美國開國元勳 James Madison 嘗言：[183]

「假如人是天使，那就不需要政府了。假如天使要統治人們，那對政府的內外在控制都將不需要。……你首先必須讓政府能控制被統治者，而另一方面使其負起控制自己的義務。」

公共組織理論正統途徑的兩個重文件是 Brownlow Committee 在 1937 年及 1939 年對公共行政的報告：「眞正的效率……必須要嵌入政府的結構中，正如嵌入機械料件一般。」在材料更多元且複雜下，如何鑲築到現代化的行政組織？此無異增添產官學界一項重大挑戰。

（三）MBO AND TQM

「目標管理」（Management by Objectives, MBO）和「品質管理」（Total Quality Management, TQM）在公共行政管理理論發展上，都有段精采的過程，一旦論述精華被其他學者吸納、稀釋於其他理論中，兩者的地位漸退居幕後。

MBO 在 Rosenbloom（1998）《公共行政學》第七版 172 頁僅 13 行的

183 原文“If men were angels, no government would be necessary. If angels were to govern men neither eternal nor internal controls on government would be necessary…, You must first enable the government to control the gerened;and in the next place, oblige it to control itself.”

論述。MBO 重要內涵包括：設定組織目的（setting goals）、確立組織目標（objectives）、及設定組織/單位及經理等層級的優先秩序；策訂達成目標的各項計劃；爲達成目標所需各項資源的配置；追蹤及監督各層級執行進展及落差；對各層級執行成果及其績效進行評估；針對執行成果，提出再改進、修正措施，以臻完備。在 1980 年代 MBO 在美國城鎮的公共行政頗受肯定，對行政生產力有一定程度助益。

TQM 是 1980 年代末期及 1990 年代初期被學者及公共管理者共同關注的發展趨勢。TQM 於 1985 年爲美國 Naval Air Systems Command 心理學家 Nancy Warren 所提出。後經 Demings, W.Edwards（1986）[184]拓展，及許多學者努力盛行於企業界及公共行政界。另有一說是由 Armand V. Feigenbaum 的「全面品質管制」（total quality control）、歐洲企業界的「整合品質產品管制」（integrated control of product quality, ICPQ）、及日本所稱的「全公司品質管制」（company-wide quality control, WQC）演進而來。Demings 強調：「將品質嵌入組織產品的必要，而不是在事後才來剔除瑕疵品。」他提出對缺陷率的分析及如何降低缺陷率的方法，被日本企業界踐行提昇產品水平頗獲肯定。

吳定認爲：「TQM 是一項由機關組織全體管理人員及員工共同參與，採取計量及人力資源發展方法，不斷改善機關組織運作程序、產品及服務，俾使機關組織的產出，能滿足服務對象需求與期望的系統性途徑；它是一種哲學，也是一套概念和工具。」

Rosenbloom 綜合各家論說，指出全面品質管制的主要部分：「顧客是品質的最後決定者；品質應嵌入產品的生產過程中，而不是在末端加入；品質源自組織內的所有工作人員，品質若不良，源自系統而非來自個人；品質需要靠輸入和過程持續的改善；品質改善需要全體員工的參與。」、「對 TQM 的論辯比評估還要多，少數個案顯示它的運作效益，但也有失敗之處。」

James Swiss 批判 TQM 的論證：「全面品質管理的發展是爲了產品的生產，而非服務；TQM 和政府之間的結合並不完美。……正統的 TQM 依靠對品質堅強支持的組織文化；形塑此文化，管理要持續進行改善管理。」[185]TQM 自始就應鑲嵌於組織，喚醒全員的共識，於系統運作過程

184 Demings, W. Edwards.,1986, *Out of the Crisis*, Cambridge, MA:MIT Center for Advanced Engineering Study.

185 Swiss, James.,1992, "Adapting Total Quality Management to Government", *Public Administration Review*, 52 1992: 356-362.

不斷修正改善，始臻善果。

（四）X 理論與 Y 理論

「組織文化」的改變是目標管理論、全面品質管理和績效管理的前進標的。組織員工和組織特性的傳統態度是行政管理變革必須面對的前題。學者倡議從組織人文主義和組織發展是兩個主要途徑。據載 McGregor 在《企業的人性面》一書中發展兩種管理途徑：「X 理論」與「Y 理論」。

「X 理論」假設一般員工是懶散的，覺得工作不愉快，缺乏野心，缺乏創造力，對組織的需求大都漠不關心；員工需要緊密而持續的監督。「Y 理論」假設人們發現工作是自然的，且樂在其中；員工具創造力及自我控制能力，具激勵、發展的潛力、承擔責任的能力，引導行爲朝向組織目標都可以在員工身上發現。

「擴大員工參與具有改變工作場合關係的潛力及越來越大的利益。」此乃 Rosenbloom 的重要論點。與日本學者 Kaoru Ishikawa 在《在國外如何運用全公司的品管控制》（*How to Apply Companywide Quality Control in Foreign Countries*）一文中強調 TQM 有七項核心價值：「以顧客爲尊（customer focus）；以員工爲重（employee focus）；重視團隊精神（teamwork）；重視安全（safety）；鼓勵坦誠（condor）；要求全員積極參與（total involvement）；以過程爲重（process focus）。」Rosenbloom 與 Kaoru Ishikawa 同樣都在呼籲決策管理者要擴大員工的參與，提昇員工對組織目標的認同及肯定，激勵組織成員的工作績效。

2013 年根據 Edward Elgar 編輯的《公部門人力資源管理》一書收錄 Pauline Stanton & Karen Manning：「公部門高績效工作系絡、績效管理及員工參與」一文的研究指出：影響員工參與效益的因素良多，包括參與者身分地位、工作層次、專業技能、政策制定、員工的自主性、組織目標與員工認同、員工行爲、對員工的授權、工作量增減程度等等，或多或少會在績效上產出不同等次的影響力道。誠如 Stanton 所言：員工參與如同一塊銅版，各有上下兩面，端看檢視角度（perspectives），會有不同論證發現。[186]論者認爲員工參與不爲趕時髦，公共管理者要視組織決策、目標、員工教育素質，依案情需求賦予員工參與機會及提供參與管道；

[186] Stanton, Pauline. & Karen Manning., 2013, "High Performance work systems, performance management and employee participation in the public sector", in Edward Elgar ed. *Human Resource Management in the Public Sector*, Northampton, MA, USA. pp.225-269.

員工參與（employee participation）不是萬靈丹。

綜前各論所言，全面品質管理特性：強調顧客至上；鼓勵全員參與投入；要求各階主管全力支持；強調事前預防重於事後彌補；強調團隊合作；持續性的改革；加強員工教育及培訓。公共行政組織提供服務，而非產品給公眾，公部門如何擷取 TQM 的精髓，管理者的權變措施要有相當智慧，和良好的溝通技能，始能讓員工積極參與，熱誠提供服務。

第三章　行政權、立法權

一、行政、行政現代化

（一）行政

「行政」何所指？行政（administration）在我國的意涵不限於名詞、動詞、形容詞的應用。根據吳定《公共政策辭典》[187]一書所云：「行政指政府機關或公共團體的組織和人員，透過政策運作過程（包括政策問題認定、政策規劃、政策合法化、政策執行、政策評估等），採取各種管理方法（包括計畫、組織、指揮、協調、管制等），處理與公眾有關的事務，完成政府機關任務與使命的所有活動。」吳定對「行政」的詮釋，偏重公共政策的角度論析。

「行政是組織爲履行職責的一切作爲。」行政並非只指政府行政部門所管轄的事務。凡是政府各公務機關（包括行政、立法、司法、考試、監察等部門）推動政務所採取的一切作爲均屬之。政府機關在推動政務時必涉及機關的組織原則、型態等基本問題，這些問題是各類型機關必面臨的共同問題。單舉人事而言，依法任用之人員的銓敘、薪俸、考績、升遷、福利、退休、撫卹、保障、養老等問題，任一公務機關都要面對。至於爲達成機關組織目標而採取的各種管理方法及措施，無不都是各類型機關都必定會關注的共同問題。「行政」是政府各部門推動政務活動的基礎，也是政府將「政策」轉變爲行動的工具。

（二）行政現代化

國家永續生存是最重要的目標。如何與時俱進成爲「現代化」（modernization）國家是政府與全民一致的期待。現代化是時間進行式，亦即國家的政策、制度、法規、人民道德觀念，符合現代化標準與期待，不斷進行變革及調整。整體而言不僅政治、行政、教育、社會、文化、乃至人民生活方式都要符合現代化要求。公共盥洗室粘貼「前進一小步、文明一大步」是生活小標籤，行政現代化是眾人能否踐行文明生

---

187 吳定，《公共政策辭典》，2006，台北：五南，頁3。

活素養的指標。

二、民主與法治

（一）民主的要義

美國教育學家John Deway曾說：「民主不只是一種政治制度，同時也是一種生活方式。」狹義的民主指對政治、經濟、社會等問題，採取以民爲主的民主型態。亦即以民意爲依歸、尊重民意爲施政標的。廣義的民主指一個人、一個團體、乃至一個國家所擁有的觀念、態度、修養、理想、生活方式等，咸具民主精神的內涵有：尊重別人的價值和尊嚴；適度的關懷別人和重視別人的福利；積極參與社會團體活動；運用理性和知識，處理任何問題。

民主的原則是少數服從多數，多數尊重少數；政治改革循和平方式進行，以代替暴力革命；民主不是想做什麼就做什麼，而是在法律範圍內爲之。世界各國凡推行民主政治的國家，具有共通的普世價值涵括：人民透過民主自由的選舉制度，選出國家或地方政府的領導人；選舉是經常性、規則性地舉辦；參與選舉的政黨不只一個黨在競逐；在法律之前，人人是平等的；所有人民有服從由民意代表循程序制定的法律；人人具有言論、著作、新聞、講學、宗教、經濟及其他活動的自由。

民主政治存在三種基本制度：一部憲法、議會制度、分權制度。世上沒有被公認的標準制式的民主制度，各國因文化承襲、政治體制傳承，在民主政治運作各有不同的程度與方式。制度是漸進成長，不是移植。美國向世界未開發國家強推美國式民主是製造世界混亂之源。根據Michael G. Roskin（2013：110）研究指出民主制度推展之失敗原因包括：貧窮、不平等、中產階級缺乏、教育程度低、石油、種族主義、社會不文明、沒有民主經驗、沒有民主鄰邦。Roskin 並未明確指出那些因素是基本關鍵，但從各國民主政治的發展史觀察，一國的政治發展史、教育素質、中產階級會是基本盤。

（二）法治

所謂「法治」（rule of law）就是「依法行政」。政府和人民雙方的權利義務關係均由法律定之，政府依法處理公共事務爲人民提供服務。人民依照法律規定盡應盡的義務，享有應有的權利。法治的主要特徵是在法律之前人人平等，法律之內人人自由。人不分貴賤、性別，都受法律的平等保護，享有同等的權利。

法律能否遂行？體現在人人的守法精神，沒有守法精神只思特權、鑽法律漏洞，圖利自己，挑戰法制，這是未臻民主法治現代化的象徵。在一個法治社會，政府、公務員及人民，所作所爲，悉依法律進行。「人權」[188]是國內外最被政治人物掛在嘴邊的口頭禪，具有一定程度的號召力。

何謂「人權」？人權是道德原則或道德規範，它敘述人類行爲某些標準，人權是依國內法或國際法的法定權利，應受到保護的合法權利。所謂人權是法律法定範圍內的權利，諸如：生存權、自由權、財產權、工作權等。這包括如遷徙、言論、出版、講學、信仰、集會、結社等自由。但個人的自由與權利在某些情況下得以限制而不違反法治精神。憲法第 23 條：「爲防止妨礙他自由、避免緊急危難、維持社會秩序、增進公共利益的必要，個人的自由與權利得以法律限制之。」這說明個人的自由與權利固然重要，但在特殊情況下社會和國家的利益更形重要。

（三）重視民意

我國古代諸先賢論述律法的重要性，信手捻來如管子：「法者，天下之程式也，萬事之儀表也。……凡先王治國者器三。……曰號令也、斧鉞也、祿賞也。」所言利器三者，於今而言同樣適用；號令嚴明、賞罰公正，眾人信服。商鞅云：「法令者，民之命也，爲治之本也，所以備民也。爲治而去法令，猶欲無饑而去食也，欲無寒而去衣也，欲東而西行也，其不幾亦明矣。」爲治之道要有法律爲基礎，可備而不用，公務機關爲民服務，更要秉持法律公平、公正、無私，爲民提供服務。

韓非：「國無常強無常弱，奉法者強，則國強。奉法者弱，則國弱。……明法者強，演法者弱。……家有常業，雖饑不餓，國有常法，雖危不亡。」國家領導者遵奉法律，則各級首長遵循不背，號令一出不敢不從，國家必強。執法者柔弱，執法不嚴，前後不一，國力勢必日衰。元代仁宗：「自古及今，未有法不立而天下治者。」[189]唐朝賈至：「夫

---

188 Human rights are moral principles or norms, which describe certain standards of human behavior, and are regularly protected as legal rights in municipal and international law. https://en.wikipedia.org/wiki/Human_rights

189 元仁宗，《資治通鑑》，元紀，仁宗，延祐三年。

國以法理，軍以法勝，有恩無威，慈母不能使其子。」[190]當今爲人父母者對子女之疼愛備至，被戲稱爲「孝子、孝女」，應該孝順父母的是子女，如今反其道而行。

宋孝宗：「當使人從法，不可以法從人。」[191]根據民調統計，當今最不被信任的人有二：法官、記者。法官不食人間煙火，2016 年 8 月 3 日法官縱放砍傷警察人犯，三十萬元交保。致警察群聚抗議：「我們的命不値錢，警察的命不如綠蠵龜。」有錢判生無錢判死的案例頻頻出現；記者爲求新聞賣點，不加查證甚至混淆是非、僞造事實者不乏其例。再舉「利委」爲例，別人示威遊行是造反，自己外圍分子占據立院是「政治事件」。

許衡：「夫治人者法也，守法者人也，人法相維，上安下順。」[192]立法、守法的關鍵人物都是人，立法者去破壞法律，不但讓法制權威性蕩然無存，更背負法律破壞者之惡名，社會秩序被破壞殆盡，全民同樣遭殃；反之人人守法，法律權威至上，社會上下共享安平樂利。

洪擬：「法行之公，則人樂而氣和；行之乖，則人怨而氣偏。」[193]執法公平、公正不阿，人人額手稱慶；反之，人人憤懣。

陳境：「民命與國脈相維。獄訟不當，刑罰不中，則無以保斯民之命，尙何以保吾國之命脈。」[194]國之不保民命，焉存？訴訟不當判決，罰則不公，民命不保，民命不保，國祚不續。

李素：「三尺法，王者所與天下共也；法一動搖，人無所措手足。」[195]古代有言：「王子犯法與庶民同罪」，法律之前人人平等；法一旦被蔑視，或獨厚特定人員，人民會守法與否？

龔茂良：「天下事未有無弊，雖三代良法，久亦不免於弊。」[196]時代久遠之法，難以因應時代變遷，法要適時修改之。劉章：「夫法之弊也，修之。修之而未必皆當，與眾共議之可也。」[197]公共行政取法於美英國家，諸學者更是肯定美英的良方美策，不疑我國古代修法過程，即要求「與眾共議」，也就是要聽取公眾的意見，也要讓人民參與制法程序。民

190 賈至，《資治通鑑》，唐紀，肅宗、至德二載。
191 宋孝宗，《資治通鑑》，宋紀，孝宗，乾道七年。
192 許衡，《資治通鑑》，宋紀，度宗，咸淳元年。
193 洪擬，《資治通鑑》，宋紀，高宗，紹興三年。
194 陳境，《資治通鑑》，宋紀，理宗，淳祐八年。
195 李素、《資治通鑑》，唐紀，高祖、武德元年。
196 龔茂良，《資治通鑑》，宋紀，孝宗，淳熙三年。
197 劉章，《資治通鑑》，宋紀，孝宗，乾道六年。

粹主義者動輒以公民參與爲名，批評爲政者制法專橫不讓公眾表述，不讓公民參與等惡言，誠屬掠古人之美。

「公民參與」對現代行政學者而言，莫不持之爲公共政策重要的制定過程，衡酌是否符合民主政治的量尺，殊不知宋代劉章早倡議在先。足證我國歷史悠久，千年前宋代即有以民爲尊、尊重民意的法治思維，恐非一般公共行政學者崇尚歐美之制所能預期。

三、民主政治、民主法治

（一）法治素養

「民主」與「法治」是現代化國家最重要的基本特徵，猶如鳥之翼、車之輪、人之臂，兩者必須兼備且正常運作。「民主自由」與「法律秩序」缺一不可，社會或國家沒有法律、紀律，難免不成爲無政府狀態，民主社會必將崩潰解體。法治國家更要有民主精神及民主素養，否則成爲冷酷專制、獨裁政治，徒有法治架構實無法治內涵，也就毫無價值可言。

司馬光在《資治通鑑》有段話是千古名言：「天子之職，莫大於禮。禮莫大於分，分莫大於名。何謂禮？紀綱是也；何謂分？君臣是也；何謂名？公侯卿大夫是也。」時代不同，天子自當以國家領導人爲代表，領導人責由各相關部會制定人倫、社會紀綱；所謂「君臣」，指現代社會的上級、主管、或管理者爲長官，「臣」即職場上的下屬、員工、或組織成員。「公侯卿大夫」之別在於「名」，也就是稱謂、職稱、官銜。組織重視層級節制，指揮命令體系、監督控制機制，倘若上下不分，誰該聽誰的？縱使有權者、發令者，名分不明、層級混淆責任不清，結果是「令不出戶」。所以治國之道，綱常爲重；國莫重於禮，禮莫重於分。孔子：「君使臣以禮，臣事君以忠，無忠無禮，國何以立。」禮法立，則人倫立，上下安。國之治重於禮，禮之立嚴於分。分寸拿捏以法爲度，民主體制捨法制無它。

宋朝李治：「夫治天下，難則難以登天，易則易於反掌。蓋有法度則治，控名責實則治，進君子退小人則治，如是而治天下，豈不易於反掌乎？無法度則亂，有名無實則亂，進小人退君子則亂，如是而治天下，豈不難於登天乎？且爲治之道，不過立紀綱，立法度而已。紀綱者，上下相維持，法度者，賞罰示勸懲。」[198]李治這段話看似言簡意賅，內涵深邃廣博，暨立治國紀綱之大纛。立法度而言，議會講求民主，尊重少數，在政客操弄下，淪爲密室協商、政黨協商，亂了民主政治公開、透明原則。國家法度、法制只有在議會會期結束後的臨時會，趕進度以包裡式立法，公布後礙窒難行，甚至遠離民意。法不立，難爲治；有法不依，責在執法者。

（二）立法與任使

「立法」固然重要，但徒法不足行。如何「任使」關乎法之行、制之立。治理國家要以得賢爲本，賢者善治國，所云：「百萬之眾，不如一賢。」因爲眾法如牛毛，如何用人任使，亦即擇天下之賢才，置設百官，乃國家領導者首要任務。

「安危在修己，治亂在立政，成敗在用人。」王庶[199]強調用人決定治亂成敗，再說「事之濟否在人。」唐太宗爲其子嗣奠基百年大業，在「任使」上有其獨特的見地，他嘗云：「爲官擇人，不可造次。用一君子，則君子皆至，用一小人，則小人競進矣。」他闡明當個領導者首要工作在爲國舉才，過程要不偏、不私，依制度進用人才，一旦進用賢才君子，會吸引更多的忠臣志士。

「爲政之道，在立法、任人二者而已。法不徒立，需人而行；人不濫用，惟賢是擇。」元朝統治中國不到百年，其衰亡原因良多，其中法不立、賢不舉用，會是關鍵所在。異族入侵中國能成功統治上百年者不多見。當今政黨再度輪替執政，當對岸在經濟日盛、政治積極轉型、軍力展現能震強權之際，日益偏狹的意識型態，衝擊社會法制、公平正義的均衡。唐朝開朝功臣司馬德戡：「當今撥亂，必藉英賢。」[200]反諸當前兩岸政局詭譎莫測，屢聞府院、議會議員暴衝或屈就美日壓力，喪盡國格；壓抑愛國熱誠，對自動自發之愛國漁民，極盡恐嚇之能事。

如何「任使」？「治本在得人，得人在審舉，審舉在核眞。未有官得其人而國不治者也。」王猛之言，如雷貫耳頗有振聾發聵，點醒執政者在任使用人之初，要審慎不以酬謝輔選功臣，安插高官厚爵，要「量材而授官」。如何授官任用人才？宋朝大臣趙葵嘗云：「有勇略者治兵，有心計者治財，寬厚者任牧養，剛正者持風憲，爲官擇人，不爲人擇

198 李治、《資治通鑑》，宋紀，理宗，寶祐三年。
199 王庶，《資治通鑑》，宋紀，高宗，紹興六年。
200 司馬德戡，《資治通鑑》，唐紀，高祖，武德元年。

官。任之即當，用之既久，然後可以責其成效。」[201]治兵、治財、育民、風憲剛紀，要依其專長、閱歷、瞻識派任。一旦派用，切忌要他繳出施政成績，要他有調適及把脈之時間，究竟要任職多久才能展現長才，因人而異。僧子聰強調：「明君用人，如大匠用材，隨其巨細長短，施以規矩準繩。」[202]

（三）識人善任

明朝朱元璋善於識人，他說：「人之才能，各有長短。故致效亦有遲速。夫質樸者多迂緩，狡猾者多便給。便給者雖善辦事，或傷於急促，不能無損於民；迂緩者雖於事或有不逮，而於民則無所損也。」如何任用人材而不是庸材？人言人殊，難有定律可循。人之異各如其面。但任一賢者勝於百萬雄兵，所以何武：「百萬之眾，不如一賢」[203]絕非虛言，知人之難，連聖賢都說難呀！司馬光在《資治通鑑》撰述魏紀有段精采論結（請參閱附註[204]）。

綜觀中國歷史發展，上至皇帝下至歷朝聖賢對制法、任使，各有洞見，但難有準繩可用，莫不因人、因事、因地、因域之不同，各擅所長。以當今公共行政學界所倡議之公民參與、民主治理、實難竟其功於一役。在資訊科技助長下的公共行政組織，面對複雜的公眾需求，誠非一個單位的組織領導者及其所屬成員能善盡公共服務之責。必需與其他公部共同協力，其領導者更要具備跨域協力之才智者，始能任使。不論「新公共行政」或「新公共管理」的理論，莫不都各有缺陷及難處，一個管理者、領導者在資訊科技支撐下的行政管理職責，唯有邁向全觀性，以權變理論，進行跨域協力/治理，否則難有進展及突破現狀。

---

201 趙葵，《資治通鑑》，宋紀，理宗，淳祐四年。

202 僧子聰，《資治通鑑》，宋紀，理宗，淳祐十一年。

203 何武，《資治通鑑》，漢紀，成帝，綏和二年。

204 司馬光：《資治通鑑》，魏紀：

「為治之要，莫先於用人。而知人之難，聖賢所難也。是故求之於毀譽，則愛憎競進而善惡渾淆；考之於功狀，則巧詐橫生而真偽相冒；要之其本在於至公至明而已。誠能不以親疏貴賤異其心，喜怒好惡亂其志，欲知治經之士，則視其記覽博洽，講論精通，斯為善治經矣；欲知治獄之士，則視其曲盡情偽，無所冤抑，斯為善治獄矣；欲知治財之士，則視其倉庫盈實，百姓富給，斯為善治財矣；欲知治兵之士，則視其戰勝攻取，敵人畏服，斯為善治兵矣。至於百官，莫不皆然。雖詢謀於人，而決之在己；雖考求於跡，而察之在心；研覈其實，而斟酌其宜。至精至當，不可以可口述，不可以書傳也。安得豫為之法，而悉委有司哉！」

四、立法議會、行政部門

Montesquieu（1689-1755）三權分立學說對政府的事權，劃分爲行政、立法、司法三個部門：

（一）行政部門

行政部門在執行法律；立法議會在制定法律；司法部門在詮釋法律、判定政府及個人是否符合法律規定。行政部門官員分爲政務官、事務官兩種。前者包括國家元首、行政首長及行政團隊的政務官；國家元首的名稱不一，如國王、女王、總統、首相、總理。後者爲官僚體系的常任文官通稱爲事務官。

1.政務官功能

國家的象徵性代表：國家元首、政府首長、部會首長均有代表國家的功能。政府政策制定：行政首長掌握實際政治權力，負責政策制定及監督執行。領導文武官員：行政首長及政務官對政策領域進行協調、監督官僚體系執行政策。危機應變：國家內外部的危機緊急事件的回應，透過行政體系進行運作。

2.事務官功能

輔佐政務官：制定政策、詮釋施政內容、擬定施政計畫。政策建議：運用專業知識及政策資訊，建議政策方向，評估政策影響。反映眾議：與民接觸過程掌握民意期待，適時表述政策利害關係人的期待。提供政治穩定性：政治性官員的更迭日趨常態，官僚體系的堅守職責，有助於政治的穩定與社會秩序的維繫。

（二）立法議會

立法議會（Legislature）對民主國家而言，主要功能是制定法律。它的主要貢獻包括審查法律、討論議案、議決，制定爲正式法律；審查政府預算；監督政策執行及施政績效。現代民主國家的行政部門同時也肩負部分的法定規則的制定，立法議會的功能包括：

1.制定法律

民主國家代議機關首要功能是制定法律（statute making）。Statute 專指經立法機關制定的法律。

2.制定或修改憲法

國家憲法由立法議會獨占修憲權力，如英國和紐西蘭；有些國家規定立法議會有權參與修憲；在澳洲、瑞士和法國則由立法議會提出修憲草案再交由公民複決。美國由國會提出憲法修正案，須交由州議會或州進行公民投票。

3.監督財政功能

立法議會為人民看緊政府的荷包，立法議會有權決定賦稅和稅率。沒有立法議會的同意，不可支用公款。現代多數民主國家立法議會只審查和刪改預算，不主動擬定預算。但在 2021 年上半年疫情嚴峻時段，立法院執政黨團為行政部門主動增列防疫預算，誠屬特例；卻刪除在野黨倡議增購疫苗之預算，更屬令百姓不解之舉。

4.選舉功能

在內閣制國家，首相或總統即是由國會議員間接選舉產生。立法議會可通過不信任案，迫使首長或總理下台。

5.配合行政部門

政府行政部門負責和其他國家交涉、談判、簽訂條約。再送請立法議會批准才能生效。美國總統任命大法官、內閣閣員，部分行政首長和駐外大使，須得到參議院的同意。

6.準司法功能

立法議會同時具備司法功能，美國會行使彈劾權（impeachment），眾議院有權彈劾聯邦政府的任何官員，包括總統、副總統、法官、內閣閣員。法國議會有權彈劾違法失職和通敵的總統與內閣官員。

7.調查功能

調查權是現代民主國家相當令人關注的權力。此乃箝制行政部門一項重要權力。美國國會對尼克森總統的水門事件，展開調查，透過彈劾迫使尼克森下台。

8.傳達訊息功能

藉著調查權向民眾傳達訊息，或藉著議會辯論達到同樣目的。辯論和競選活動都具有動員、凝聚民意的作用。

（三）立法議員

1.議員角色

依 John Walhke 對議員角色區分爲：代表者（delegate）、受託者（Trustees）、政客（politicians）等三種類型：代表者的角色在反映民意，無參雜自己意志的立法者；受託者之立法行爲均在進行獨立判斷後而爲之；政客有時像代表者，有時又像受託者，以本身觀點爲主。

主張立法議會之議員有四種角色功能包括：選區居民的代表；從政黨員的角色；利益團體的代言者，在立法之際顧及利益團體之利益與立場；政治改革者的角色首重實踐政治理想或願望。

2.議員職責

質詢與詢問：議員主要職責是代表人民，對行政部門反映意見，維護及增進選民利益。踐行方式以「質詢」（interpretation）和詢問（questioning）行之。透過質詢對政策執行進行瞭解。對行政首長要求對某一施政提出「資料」或提出「疑問」，爲選區爭取利益/個人利益。英國若行政部門未給予明確解釋，可循一定程序對特定首長提出「不信任案」，迫使該部會首長辭職，或由首相/總理提請元首解散國會重新改選。

溝通橋梁：立法議員擔任選區的公共關係人，肩負對行政機關表達意見的橋梁；選區代言人：在政治活動中，以選區的代言人身分爭取、推銷、選區產品等作爲，都屬立法議員常見的作爲。

3.立法議會特徵

根據美國政治學者 Nelson Woolf Polsby（1934-2007）的分析，立法議會有別於行政及司法部門，具有幾種特徵：[205]議會是基於權力分立而設立的官方機構；議會是由爲數眾多的議員組成的合議制機關；立法議員是民選產生的；議員形式上地位是平等的；會議是以討論方式進行；議會是透過投票、表決等方式達到決議。

4.立法議會類型

（1）一院制

優點有立法權責任明顯無可推託，立法怠惰或法案品質不佳，負責對象明確，原則立法效率較佳。丹麥、芬蘭、以色列及我國屬之。缺

[205] Polsby, Nelson Woolf., 2013. *Congress and the Presidency*, Prentice-Hall, NJ.

點：議會只有一院制時，對議會欠缺制衡力量，恐流於議會專制。立法可能欠缺周全考量；議題代表性不周全，可能來自單一小選區，只爲選區選民利益，無視國家整體利益。2016 年台灣政黨輪替執政，立法院執政黨議席佔絕對多數，行政立法部門屬完全執政，歷經 2019 至 2021 年疫情爆發階段，更加突顯政府領導人及行政團隊的顢頇傲慢，民怨沸鼎，一院制運作不當衍生弊病罄竹難書。

（2）二院制

優點：代表不同階層的利益，防範多數統治；上下院可相互牽制，預防任一院成爲多數統治（majority rule）；更有效率牽制行政部門的權力，減輕下議院立法負荷，並修正立法錯誤與疏失，可拖延爭議性法案，爭取討論空間與公共辯論美國參眾兩院的權力大致平等，各院均可提出法案，均需兩院同意後才能成爲法案。

缺點：兩院制不如一院制國會有效率；以英國貴族院的產生而言，選舉方式較不具有民主代表性；立法過程容易產生兩院衝突與僵局；當僵局不解立法案可能落入兩院聯席委員會之手，窄化政策制定的管道；當政治菁英的利益掛帥，易造成保守的政治性偏袒。

像美國（參眾兩院）、英國（上下議院）、德國同屬兩院制。惟英國的兩院權力不平等，下議院壟斷了立法程序，貴族院/上議院是歷史產物，是不對稱的兩院。德國同爲兩院制，但聯邦參議院亦相當有權力，不像英國貴族院只是陪襯。美國參眾兩院弊病屢見不鮮，尤其執政黨佔多數如川普任期之參議院，強勢領導及種族主義優越意識，諸多政策偏離傳統，讓美國偏離正軌舉世霸權爭端日盛，世人惶惑不安。

（四）立法程序

民主國家國會立法程序各有差異，大致原則有下列：

1.法案的提出

大多數國家和英國下議院雷同，把法案提出權分隸政府與議會。英國政府的提案較易獲得議會通過，因爲掌握的資訊全面又週全。我國憲法明定除立法院外，只有行政院、考試院有提案權；後經大法官會議決定司法院、監察院同樣有提案權。

2.委員會

委員會審查又稱一讀會。國會議員會納入不同的委員會進行不同的立法功能：針對專業性問題交由特定委員會審查，國會議員只處理政策性問題；會期須審理的法案龐大，由委員會過濾比較重要的法案仔細審查；國會針對有效監督行政部門成立特別委員會或調查委員會；針對 2021 年 1 月 6 日暴徒占據國會大廈，美國國會成立調查委員會。

3.聯席委員會

在兩院制國家對下議院通過的法案，上議院只有提出修正案或延擱法案生效的權力；美國兩院權力大致相同，法案必須獲得參眾兩院的通過才算數，否則即透過協商消除歧見（iron out），在美國國會聯席委員會又稱國會第三院（the third house of congress）。

4.法案生效

內閣制的國王或總統只能接受國會法案並發布生效；美國總統否決法案退回國會，國會須 2/3 多數參眾兩院議員維持原案。我國總統退回後要有全體立委 1/2 以上維持原案，總統在 10 日內公告生效。

五、立法權、行政權

（一）立法權與行政權互動

政府的統治權力依性質可分爲：行政權、立法權、司法權。其中行政權與立法權之間的相互關係，構成不同的政府類型。主要的類型有「內閣制」、「總統制」、「委員制」、「混合制」四大類型：

1.總統制：美國首創總統制，自 1776 年建國迄今。

2.委員制：以瑞士爲典型，自 17 世紀即有委員制傳統，1848 年建立符合民主的委員制。

3.內閣制：英國爲典型，在 1668 年光榮革命即有雛型，到十九世紀末葉發展成更臻成熟的民主政治、國會主權、責任政治、政黨政治。

4.混合制：法國在 1958 年建立混合制第五共和，是上世紀一種新興政府體制。

（二）政府類型

從政黨政治運作角度，剖析政府類型。行政首長與立法議會之多數席次議員之所屬政黨，掌控立法與行政部門。兩權互動運作型態：可區分爲一致性政府（unified government）與分立/分裂政府（divided government）。所謂一致性政府：指政府之政治體制中，行政與立法議會皆由相同政黨所掌控。

2016 年大選後台灣政黨輪替，行政與立法部門同由同一政黨占絕大多數席次，稱之爲完全執政或一致性政府。英國在 1973 年國會選舉，工黨雖贏得多數選票但未過半數，也未聯合其他政黨組閣，成爲「少數政府」（minority government）。

（三）總統制的分立與制衡

總統制的行政與立法部門，分別依據選舉所產生的總統及立法代表，行使行政權與立法權。國家領袖在固定任期內，行直接或具有直接意義的選舉產生之。行政部門不受國會投票選舉結果影響，總統就任後直接領導行政部門任命官員。三權分立論的政治體制，總統與國會議員定期由選民，投票產生，並各自向人民負責；總統與閣員不得兼任國會議員，總統除向國會提出國情咨文不必出席國會；總統不得解散國會，國會亦不能強迫總統辭職；總統對國會的立法案有覆議權/否決權；國會對總統的重大人事任命案、條約、宣戰以及媾和案行使同意權；行政、立法、司法等三權是互相獨立、互相牽制，達成權力的平衡與制衡（check and balance），預防任一部門權力過大，變成獨裁部門。當三權掌握在一人或少數人，學界擔憂民主制度會由量變到質變，行政效率及公民服務愈趨顢頇無能。

六、人事權、行政權

政治體制的不同，在人事權與行政權間之互動關係，自有不同之處。在民主政治發展過程，人事權隸屬行政權的看法愈來愈受地方民選首長的重視，這也造成中央與地方間的磨擦或衝突，尤其地方首長與中央首長不屬同一政黨爲甚。人事權與行政權在民主政治互動的運作有兩種不同論述：

（一）人事權隸屬行政權

人事權屬於行政權範疇的看法，係從功能與業務面向論之。功能面向包括公務員之任用、詮敘審定任用資格，以及其他任使等人事管理事項；業務面含括人事施政決策、人事法規制定、人事預算編列與人事工作與業務的推動與協調等屬之。

人事行政權責涵蓋行政監督與行政管理，亦即人事權限難脫行政權的範圍，歐美、日本國家均認人事權屬於行政權管轄範疇，行政首長應擁有人事權，才能發揮擇人用人之功能與職責，使賢者在位，能者在職，並淘汰不適任者。在許多民主國家為保障文官的任用，而有文官永業制與公績制，以排除政治勢力的干預，以穩定行政業務的長期發展。

（二）人事權與行政權二分

在五權分立制的我國，沿襲中國考試、監察御使制度。「考試權獨立」在形式上縮小行政首長的人事權限，相對地也減少行政首長來自外部的壓力，尤其在民主選舉制度下，選舉龐大經費來自金主的捐獻，日後勝選的回饋除特殊利益外，就是人事上的回報，此乃民主政治體制下的弊病。

人事權與行政權的分立，其用意在減少政治分贓（spoils system）與人情壓力。一則防止行政首長或主官的徇私濫權；相對限制首長的用人權，也有違民主政治的責任政治。

民國 101 年 2 月 6 日配合行政院組織改造，原人事行政局改制爲「行政院人事行政總處」。人事總處爲行政院人事行政主管機關，負責統籌行政院所屬機關及地方機關之人事行政，在五權憲法架構下，有關考銓業務，並受考試院監督。總處掌理事項，除負責人力規劃、進用、訓練、考核、待遇、福利等，並統籌行政院所屬人事人員管理事項。另依據憲法五權（院）之分工設計，與各機關（含府、院、部、會及地方政府）積極溝通充分合作。改制後的人事權歸納爲行政權的領導體制，全面帶動行政權所屬之人、財、事、物的管理權責於一統。行政權統攝憲法其他四權會益趨穩固堅實，人事財經之權限，僅是零頭。

第四章　知識管理、資訊科技

1990 年代倡議「知識管理」迄今，對知識管理的需求及期待更盛往昔，「大數據分析」，更是知識管理的延伸及擴張。知識管理不限於把「資訊」儲存在雲端爲己足，尙包括知識的分享、預測、及價值的提昇。公共行政組織擁有大量資訊、資料，從生產線的價值觀點，有些是成品，絕大多數是「半產品」，有待分類、歸納、研判及分享，公共行政組織要邁入組織創新，競爭力的提昇都仰賴「知識管理」的落實及其執行力。

管理學大師 Peter Drucker（1909-2005）認爲 21 世紀最可貴的資產：「知識工作者（knowledge worker）及其生產力」兩者。組織流程及組織結構的創新，必須加入根本的及徹底的（fundamental and radical）人力資源及資訊科技觀點。單純倡議「知識管理」不足帶領組織永續經營，必須結合「知識型組織」的結構與流程，始能結合員工在不斷參與改造、研發，創新組織的產品、技術、流程，創造嶄新知識型經濟，爲組織永續生存及提昇競爭力壯翼展翅。

一、知識管理

（一）知識概說

「知識」（knowledge）[206]的重要性被認知，始於數千年前，由「洞穴文化」古代人的描繪、鑿刻可見一斑。重視知識導引教育體制的成長，吾人無法詮釋或準確給「知識」下一明確定義。各家的觀點、詮釋有助於對「知識」概念的建構。

Woolf（1990）認爲「知識」是將資訊加以有效組織，作爲解決問題的工具。人工知慧專家 Turban（1992）強調：「知識是經過組織和分析的資訊，爲人所理解，用來解決問題和作決策。」Van der Speck & Spijkervet

---

[206] Knowledge is a familiarity, awareness or understanding of someone or something, such as facts, information, descriptions,or skills, which is acquired through experience or education by perceiving, discovering, or learning. https://en.wikipedia.org/wiki/Knowledge

（1997）：「知識用來思考事實與眞理的整套直覺、經驗及程序，以指引人們的思想、行爲及溝通模式。」Beckman（1997）[207]：「知識是將資訊和資料作有用的推論，以提高績效、解決問題、制定政策、學習和教學。」另類的看法是 Takeuchi（1995：7）認爲：「知識是組織生產力的策略因子，管理者應重視組織中知識的產生、獲得、運作、保持及應用。」

後續學者爲強調知識的重要性，把它提昇爲「知識資本」（knowledge capital）及「知識資產」（knowledge assets）；日本學者 Nonaka & Takeuchi[208]對知識提供簡潔的結語：「知識是經過檢證的眞實信念」（Knowledge is justified true belief.）；孫本初：「知識是經由組織發掘、保持、應用及再創造的資訊、經驗、及智慧財產，爲組織創造競爭利益及價值。」[209]吳瓊恩：「知識即任何文本（text）、事實、例證、事件、規則，在任一領域有助於理解或績效表現者。」；另引據 Van der Spek and Spijkervet（1997）「知識即被認爲正確與眞實的整套識見（insights），經驗、與程序，因此能指引人的思想、行爲與溝通。」[210]；Beckman（1999）「知識即有關資訊與資料的推理而有助於績效表現，解決問題、決策、學習、與教學者。」[211]總言之，各家論說不一但都在提醒各界對知識的重視及珍惜。

1.知識管理意涵

「知識管理」（knowledge management）一詞是 Karl M. Wiig 在 1986 年聯合國瑞士會議（Swiss Conference），首次提出的名詞。1997 年另在《專家運用系統》（The Journal of Expert System with Application）論述知識管理有如次意涵：「知識管理可提供企業組織有效管理、專業知識、轉型研發等企業運作的有效知識。組織知識管理是有系統的、明顯的、及深思熟慮的建構、更新，並運用知識擴大組織/企業的知識之效能，並從中獲取報酬。知識管理是運用經驗、知識、與專門技術，以創造新能力，並能卓越表現，以增加顧客的價值。知識管理是企業透過組織學習

207 Beckman, Tom., 1998, "A Methodology for Knowledge Management", *International Association of Science and Technology for Development (IASTED), AI and Soft Computing Conferece, Banff, Canada. p.51.*

208 Nanaka, Ikujiro. & Takeuchi, Hirotaka., 1995, *The Knowledge-Creating Company,* Oxford, England: Oxford, University Press., pp.21, 50-51.

209 孫本初，《公共管理》，2001，台北:智勝，頁 289-290。

210 吳瓊恩，2002，《行政學》，三民，頁 597。

211 Beckman, Thomas J., 1999, "The Current State of Knowledge Management." In *Knowledge Management Handbook. Ch.*1. ed. by Jay Liebowitz. P.1-3.

（organizational learning）、知識生產（knowledge production）、知識分配（knowledge distribution）等過程，產生對企業/組織提供解決問題的集體知識。」

2.知識型組織

從知識的定義、層級、範圍與管理層次，知識型組織有如次內涵包括：知識型組織（Knowledge Organization）即實踐組織目標的內外在重要知識，並運用各種技能將知識擴大使用到組織的受雇者、股東與顧客，其中以組織/企業記憶、知識儲存。

知識層級（Knowledge Hierarchy）是指知識的廣度、深度、意義、概念化、與價值，表現在層級上有資料（data）、資訊（information）、知識（knowledge）、專門知識（expertise）、能力（capability）、智慧（wisdom）等由簡易到繁雜的層次。Stewart, Thomas A.（1948-）：「知識資本（intellectual capital）是知識上的材料，具有形式化，能理解並以其爲手段，產生更高價值的資產。」[212]

知識經濟（The Knowledge-Based Economy）係指將知識及資訊，作爲生產力中決定性要素，進行生產、交換和分配的經濟，創造知識和應用知識的能力與效率成爲經濟發展的關鍵。組織知識（Organizational Knowledge）是以人爲核心的資產，能促使行動而存於慣例與流程中被處理的資訊；組織的知識即是組織的制度、流程、產品、規則、與文化所理解的知識。

3.認識論觀點

吳瓊恩從西方的哲學認識論剖析「知識」的理性面，將知識依起源、接近性、資源配置、轉換模式等面向認爲知識有如次內涵：[213]知識起源：聞見之知、經驗知識、理性知識、直覺知識等四種。接近性（accessibility）：默會知識（tacit knowledge）、內隱的知識（implicit knowledge）、外顯的知識（explicit knowledge）。默會知識存在於人類的心智與組織中，無法用語言文字表達出來的知識，必須透過知識的推引與行爲的觀察而艱難地、間接地接近。內隱知識同存於人類的心智與組織中，而不願表達出來，必須透過質疑與討論而接近，但要先找非正式的知識，然後再溝通。外顯知識存在於文件或電腦中，易於接近，屬組織

212 Stewart, Thomas A., 1999, *Intellectual Capital; The New Wealth of Organizations.*, New York, N.Y.: Bantam Doubleday Dell Publishing Group Inc.

213 吳瓊恩，《行政學》，2006，台北：三民，頁 564-609。

良好且易於接近的知識。

（二）建構知識型組織

1.建構要素

建構知識型組織的幾項要素包括：獲得組織高階主管支持；塑造知識導向的組織文化；結合專業技術與組織特性；建構明確目標與組織溝通用語；具備經濟效益或是產業價值；重視組織運作過程及步驟；適時得宜的獎勵措施；建構某種程度的知識結構化；建置多重的知識移轉管道。

建構知識型組織的具體作法：建立組織完善的教育訓練計畫；提供誘因機制激勵組織成員對組織目標建構的參與；提供知識分享管道：建立知識寶庫、善用資訊科技提供分享；建構組織成員與專家溝通管道，建構知識累積平台，增益組織價值；型塑學習的組織文化，組織成長及個人培訓內涵相結合；提供建置專業的知識執行長，負責統籌、規劃知識管理。

2.專家詮釋學習型組織

Peter Senge（1947-）指「學習型組織係以系統性的思考來型塑創造性的張力（creative tension），透過五項構成技術（包括「系統性思考、自我的精進、心智模式、建構共享願景及團隊精神」），持續型塑學習型組織。」[214]學習型組織意指組織之個人、團隊，持續擴展創造能力，並培育具延展性的思考型態，進一步培育出集體性志向，一同學習如何去學習。Senge 的觀點偏重在組織內集體系統性的思考，找出問題再界定如何處理解決問題。

David A.Garvin（1993：80）：「學習型組織是一個善於知識的創造、取得及轉換的組織，並進而修正其行爲或反映新知與洞察力的組織。」[215]學習的旨義在產生新的理念；而知識的創造來自三個面向：個人內在的洞察力及創造力；組織外部的刺激；組織內部成員間的溝通所型塑的。

J. Kremer Bennett（1994：42）：「學習型組織能將學習、調適及變遷等能力轉化爲組織文化的組織，而其所屬之價值、政策、實踐、體制及結

---

214 Senge, Peter M., 1990, *The Fifth Discipline: The Art and Practice of the Learning Organization.* New York: Currency-Doubleday.

215 Garvin, David A., Building A Learning Organization, *Harvard Business Review, Vol. 71, No. 4, p.80.*

構等均有助於所屬員工進行學習。學習成果有助於工作流程、產品與服務、組織結構及組織功能有效的運作。」[216]據此，組織要面對的挑戰，不僅在創造知識，更重要的是面對其他外部變遷的創新，如何去調適、應變？

Galer（1992：11）：「一個學習型組織能促使成員學習並運用其學習成果的組織，並經由時間推延增益自我的知識，以及對自我與組織所處環境作進一步理解的組織。」[217]組織本身要學習，更要促使組織成員能自我成長。

Jashapara（1993）：「以競爭性的學習型組織（competitive learning organization），視同於學習型組織。它是一個能持續調適的組織/企業，透過滿足變動不羈的顧客需求、理解對手的動態，並鼓勵組織進行系統性思考，以提昇個人、團隊及組織學習的組織。」[218]Jashapara 強調組織處在競爭性大環境中，要不斷調適，透過學習成長。

建構學習型組織不似工程設計圖在紙上草繪了事。組織領導者的決心意志影響成敗。組織要對其歷史沿革理出清晰判讀，或進行一項 SWOT 分析，激勵員工共同參與。組織如何籌劃建構學習型組織，沒有標準規範、手冊可供依樣操作。但學界的理論及實證經驗，以 Garvin（1993）宏觀角度，提供幾點學習型組織的構成要素：包括對問題的解決要進行系統性分析、提供開明的創造力氛圍或提供新途徑進行實驗、願意面對組織的歷史及本身的經驗來學習、樂於學習他人的經驗與實務、組織能提供快速及有效的知識轉化、建構共享的願景、從事心智模式的重構、具有感同身受（empathy）的人性關懷，建立團隊學習等基本要素。

孫本初：「學習型組織是處在不斷學習與轉化中，學習起點是個人、工作團隊、整體組織，同時存在於組織社群的互動中，學習是一種持續性、策略性的運作過程，並與組織運作同時併存。學習的結果會導致知識、信念及行爲的改變，並強化組織創新與成長的動力。」[219]學習過程欠缺轉化、運用、創新，徒屬口語化的模仿，無益於組織成長。

---

216 Bennett, J. Kremer. & O'Brien, Michael J., 1994, "The Building Blocks of the Learning Organization." *Training.*, Vol. 31, No. 6. pp.41-49.

217 Galer, Graham. & Van Der Heijden,, 1992, "The Learning Organization: How Planners Create Organizational Learning", *Marketing Intelligence and Planning*, Vol. 10, No. 6, pp.5-12.

218 Jashapara, Ashok., 1993, "The Competitive Learning Organization: A Quest for Holy Grail." *Management Decision*, Vol. 31, No. 8, pp52-62.

219 孫本初，《公共管理》，2001，台北：智勝，頁 473。

除上述要件，在實務的運作上，尚包括：有利的組織學習文化；獲得員工的認同，並列爲管理上的重要目標；組織高層的參與、支持及擁護；把學習列爲組織願景（vision）；提供實驗的自由、容忍異議的存在；對外界理念持開放、接納的態度；組織成員在開放、信任的組織氣候能無懼地對話（dialogue）、分享理念；計畫細緻，與有組織性地行動相互聯結；對學習成果設置檢覈、獎懲機制；個人、團隊的學習成果分享與經驗交流，凝聚協力合作氛圍；制度性的教育訓練，以提昇員工、組織團隊的技能與反應力；提供彈性化的組織結構，供自我導向跨功能性團隊的建立；對組織行動進行追蹤、考管，建構學習、成敗檢討的累積與保存。

（三）學習型組織的特徵及管理

1.學習型組織的特徵

學習型組織的定義可說廣博多樣，但對其特徵則較有共識，根據Calevert[220]與實務界的論點，歸結有幾點特徵：學習型組織是一種集體性、開放性及跨組織的學習；其對學習的過程及其結果，等量齊觀；它以快速及聰慧的學習，取得有利的競爭的優勢；它能快速地、適時地將資料轉化爲有用的材料、資訊、知識；組織成員能體會到，工作機會即是學習的機會；組識成員較不易陷於恐懼與防衛保守的心態，從錯誤中學習，或從中獲益；組織具有承擔風險的勇氣，但不致危及組織的安全；樂於致力實驗性與相關性的學習；鼓勵個人、組織團隊從事行動學習（action learning）；鼓勵個人、團體相互分享資訊或經驗。

Watkins（1993）[221]綜納兩家公司採行學習型組織的管理方式，歸類學習型組織有另外幾項足供學習的特徵：包括領導者勇於承擔風險（risk taking）；採分權式的決策並授權灌能（empowerment）；對學習能力進行技術性的記載並審核；對資訊作系統性的分享，並審視在實務上的運用；對提供創見的員工獎勵，並建構一套制度；對長期的成果、影響個人工作等情事，作深入檢討；型塑跨功能（cross function）的工作團隊；從日常工作中提供組織成員的學習機會；培養回饋與坦誠（disclosure）的

[220] Gene Calvert, Sharon Mobley and Lisa Marshall.,1994, "Grasping the Learning Organization", *Training and Development Journal*, Vol. 48, No. 4, PP. 38-43.

[221] Watkins, Karen E., & Marsick, Victoria J., 1993, *Sculpting the Learning Organization: Lessons in the Art and Science of Systemic Change*, San Francisco, CA: Jossey-Bass Publishers. P.8.

組織文化。

2.學習型組織的管理

學習體系的概念其實在管理的歷史中早己存在，在 1990 年代興起的新型的學習典範，期以學習反饋來超越組織環境快速變遷，在舊有管理基礎上作出新型態的轉化。學習型組織之所以受到重視，在於可有效協助管理者建構更具競爭力的組織。學習型組織主要是透過經驗的檢視來達成學習的目的，並在參與成員、團隊、及組織間的不斷對話、論辯、反思過程，修正自己，以回應外部變遷，只是學習方式及情境，與以往管理型態有異。

McGill et al.（1993）& Galer et al.（1992）指出：「學習型組織除系統性思考是主要管理理念，雙圈回饋學習（double-loop learning），或稱創造性學習（generative learning）亦即萃取經驗並轉化成有用知識的利器，允許成員在學習過程中進行質疑，並透過公開對話提出不同的意見，以辯證方式達成創意性的共識及解答，它的途徑是多元及循環式地進行。」

各類型組織從經驗中進行學習的情形比較

	傳統式的	理解式的	思考式的	學習式的
哲學	致力於最佳方式的追尋：1.預測的 2.控制的 3.效率的。	遵從足以引導策略及行動之強勢文化價值。堅持統治的迷思。	視組織為一系列問題的組合體，有問題即須馬上解決。	對組織的每項經驗均予以檢視、強化及改進，包括如何去體會經驗。
管理運作	透過明文法規維持控制。	釐清、溝通並強化組織的文化。	找出問題並予以隔離、蒐集資料、執行解決方案。	鼓勵實驗、促進檢討、提昇建設性的異議、建構學習模式、承認失敗。
員工	謹遵法規，勿提疑問及理由。	以組織的價值為行動指引。	熱誠遵循並實踐規劃方案。	蒐集並運用資訊、採納建設性意見。
顧客	必須相信組織所知者是最佳的。	堅信組織的價值以獲得良好服務。	顧客是組織必須解決主要問題。	是教師也是學生，與組織進行對話。

變遷	漸進的且與最佳的方法配合。	僅能在統治的迷思中進行。	在問題解決的套裝方案中進行。	是持續進行的過程，包括經驗、檢視、假設、經驗。

資料來源：McGill et al. 1993, *Unlearning the Organization, Organizational Dynamics*, p.75

（四）型塑學習型組織的困境

學習型組織之受重視，乃在它能協助管理者建構更具競爭優勢的組織，並改善不良的學習系統，排除無法聯結的障礙。因之如何將學習系統融入組織整體運作中是組織邁向學習型組織最重要且最根本的問題。茲略述組織與個人的學習系統無法聯結的困境：

1.組織與個人兩者學習方式不同

個人可直接透過討論、課堂練習、獨立研究、閱讀等方式；組織必須透過人員的參與，組織結構、資訊的累積來達成效果。

2.個人學習未必經驗分享

組織學習重視經驗分享及對組織的認同過程，在過程中經由學習獲得、修正、改善及領導意義的分享。

3.組織學習勝於個人學習

組織學習勝於個人學習的總和，個人學習不等於組織學習，在良好組織學習文化下，組織學習勝過個人學習的總和，它的綜效（synergy）大於個人學習。

4.建構組織知識庫

組織經由累積過去的經驗與知識，透過分享建構心智模式，形成組織記憶（organizational memory）或稱組織知識庫，這有賴於制度及外在形式來保留，以及個人記憶的無私奉獻。兩者學習性質不同，個人學習的方式、技巧，無法用來說明組織學習，但個人學習可以分享組織成員。個人習慣於保護自己，以免除遭受攻擊、失敗、難堪的威脅，此種特性深植人性自我保護的心智模式中，造成組織無法順利整合個人學習經驗，以及組織學習無法順利推動的原因。這種防衛機制（defense mechanism）不但妨礙個人對事物的洞察力，相對阻礙組織建構共同的認知圖像（organization public map），也無法整合個人對組織的描述，更無法進行組織的合作學習。

（五）踐行學習型組織的策略

根據孫本初《公共管理》一書所揭學習型組織踐行策略，大致方針如次：[222]

1.在組織內推動行動學習

計畫要能成功，組織成員對計畫要有共識。組織推動計畫要包括兩部分：組織對成員、團體要時時進行檢視及反省工作；另要建構行動學習團隊。其建構步驟包括：開辦組織研習會，管理者及成員要知道從何種工作啓動學習；學習團隊成員不宜太多；行動學習要從討論、回饋、分析及腦力激盪中產出。

2.增進組織成員的「再學習」能力

在終身學習氛圍，組織成員離校的時間不一，短者數年，長者二十、三十年不等，個人從事「再學習」是發展自我超越及加速學習能力的關鍵。學習的項目包括如何蒐集新的資訊；如何避免複雜思考及不必要的工作；如何知道各種學習與組織目標相結合；如何整合工作、生活及學習的經驗。

3.在組織內部推動對話機制

對話機制是開啓組織學習的大門；大門不開，各項資訊、人員、經驗、技術都被排拒在門外，組織依舊是封閉的、退化的機械而已。對話可以強化及提高團隊的學習能力及對組織的共識。要型塑良性互動，組織成員要有幾項條件：收斂傲慢心態、對組織成員的觀察力及同理心、少質疑多溝通、尊重同仁意見表述、凡事永保追根究柢的精神。

練習對話及溝通機制，其步驟包括提供組織成員有公平的參與機會；組織對成員的對話溝通概念要先行教導對話經驗及其重要性；提供非正式溝通管道並分享。

4.爲組織成員規劃「生涯發展計畫」

先進及成功的企業/組織的人資部門會對組織成員，提供個人的生涯發展計畫（Individual Development Plan, IDP）。個人對組織而言是人力資

---

222 孫本初，《公共管理》，2001，台北：智勝，頁486-492。

本，有雄厚人力資本可協助組織達成任務、目標、及永續生存的價值。

如何發展 IDP 的方法：協助個人認清個人的基本條件的優劣點，建構自我發展規劃；針對個人需求及組織期待，選擇相關課程及自我進修；以漸進式鼓勵成員踐行自我的規劃；提供學習誘因如升遷、薪酬、獎勵等策略。

人力資源部門對組織成員的 IDP，要有整體組織配套措施並定期進行檢討。讓各層級的管理人員及員工對 IDP 表達觀點，彙整後供決策者及組織成員認知。人力資源部門更要廣加宣導，深入各層級。對 IDP 提供學習課程、師資、及更多的支持、機會。

5.建構團隊學習精神

組織由不同部門、層級、及人員組成。從上而下設置學習團隊，把各級主管及管理階層進行組隊，各部門間在不同學習團隊競爭下，帶動學習風潮及學習文化。透過考評獎勵優良學習團隊，鼓勵學習成果的分享、觀摩。

6.踐行團隊系統思考訓練

組織成員能否系統性思考，對組織而言是呈現組織競爭力的重要關鍵之一。系統性思考有許多價值包括：協助組織提昇組織的效能（effectiveness）；對組織的各項活動關聯性有整體性思維，而非僅本單位、個人的靜態作爲；瞭解各種問題在整個組織所扮演的角色；避免單向思維的決策制定，以全觀性思維考量行動、計畫的周延性，避免治標不治本。

7.改善學習心智模式

改善傳統不良的學習方式，只接收而不思考爲何、如何，這都是阻礙組織學習的大障礙。如何轉化過去被動式、消極性的學習態度，成爲對組織學習能積極投入，主動參與學習，成爲有活力的學習團隊。

8.培育多元化、國際化的視野

在全球化的趨勢下，組織要永續生存，組織競爭力的提昇仰賴組織學習的多元化、國際化。諸如新管理方式、新科技、新創造發明，都是組織成員要積極、迫切需要的基本認知。視野的多元化國際化決定組織發展能量的高度。

前述孫本初規勸組織學習要「避免複雜思考」乍聞讓人不解。眞實環境組織成員除領導幹部、決策領導者外，不必對組織目標之達成所建構之大數據分析，陷入複雜思考，反會阻滯成員的行動，耗費行政成本。組織決策者、決策團隊絕對要有系統性思考能力。「對話機制」之啓動，在雙方立足於「觀點對等性」(vision of equity)，不應有官大學問大的傲氣，尊重對方的觀點，再行化解差異性 (differentiation)。「建構團隊學習精神」可塑造各團隊之間的競爭氛圍。

二、資訊科技、行政組織

(一) 法力無邊的 IT

Peter Drucker (1988) 嘗云：「下個世紀的未來組織必會以資訊爲基礎的組織。」邁入二十一世紀的現代後工業社會也印證了「資訊就是一切」(information is everything)。資訊社會的來臨有幾項意涵：未來生產活動主要憑藉的不再是人力或機械，而是資訊的運用，讓有限的資源發揮最大的效用；由於人與人、社會與國家，國與國之間的交往關係日趨頻繁且休戚與共，彼此溝通與瞭解格外重要，資訊科技提供溝通最佳便捷途徑與效率利器。人類社會生活必須面對在數量與種類越來越多且繁複的環境。

Grover Starling (1988)：「沒有任何公共行政人員可以逃離資訊的影響。」資訊科技提供資訊取得、處理、運用、及交換的成本大幅下降，改變公共行政的理論與管理的運用。郭耀昌：「各國政府利用資訊科技提昇政府行政能力與效率，以簡化行政便民，來進行政府再造、行政革新，來突破財政困境與行政能力的限制，提供政府效能，滿足民眾需求。」我國政府推動業務資訊化/電子化政府，早在上世紀六十、七十年初即積極展開。政府各項業務資訊化已有近五十年的歷史，政府各項行政業務的電子化，歷年受到瑞士洛桑管理學院 (IMD) 世界競爭力排行榜在政府資訊設備發展受到良好客觀評鑑。

(二) 1980 年代政府 IT 起飛

1980 年代行政部門資訊科技發展，受惠於有遠視的行政首長們的帶領及產學兩界有識之士的襄助參與，逐步在提供公共服務的監理、戶政、警政、稅務等行政部門採行業務電子化，推行單一窗口便民服務，彙整組織各單位於單一窗口，提供快速、簡化程序的便民服務，歷經數十年政府與產業、公眾共同耕耘的努力成果，讓我國在瑞士洛桑管理學院每年世界競爭力排行榜，資訊科技提供巨大支柱的貢獻。2021 年上半年各級政府因應疫情擴染，迅速運用資訊科技成立單一窗口於各機構第一樓層，避免洽公人士進入各辦公室，有效阻絕群聚感染，維繫行政機構執行力。

早期政府行政部門投入資訊科技的年代，是民國在六十年底，到了七十年初行政院人事行政局（現爲人事總處）與 III（即今天的資策會）合作在資策會、台灣科技大學、中興大學資科所等公私大學進行官學合作，培育業務資訊化人才，調集中央五院、部會、省府、交通、電訊等領域的優秀人才進行電腦程式設計及資訊科技人才的專業訓練。

政府在推動業務資訊化的工作，首重業務資訊化的人才培訓，在各中央機構、地方政府、學校開辦軟體程式設計班，及硬體維修技術的培訓工作。這些培訓人才的流動，散布在公私部門也直接或間接提昇公私部門的資訊專業能力。資訊人才的培訓及進用，有效結合資訊科技在業務資訊化上的效益。人事單位在上世紀八十年代賡續把人事資料建檔，研發管理資訊系統（Management of Information System, MIS）協助人事資料的管理。同時對決策管理支援系統進行初步的探討與開發。發展迄今決策技援系統有長足進展，但距提供決策功能尚有很大努力空間。

（三）PIM/AIM 意涵與特質

1.行政資訊系統意涵

「行政資訊管理」（Administrative Information Management, AIM）強調人類智慧、軟體與硬體的整合，以協助發揮管理功效。在各國推動組織再造或政府再造，資訊科技都扮演重大關鍵角色。

「行政資訊管理」與「公共資訊管理」（Public Information Management, PIM）名稱略有區別，實質內涵極爲類似。兩者都在探討行政資源（財務、人力、設備、科技及資訊）作有效的管理與控制。完整的公務管理系統具備健全的人事制度、合理的經費預算和優良的行政資源管理。政府爲有效達成施政目標，針對影響組織運作的內外環境，進行資訊蒐集、分析、詮釋、分享、運用與儲存等管理活動，其目的在促進行政效率。

2.行政資政訊系統特質

公私部門管理有別。對私部門資訊管理架構及其功能評估未必適合公部門，兩者的服務對象、運作目的、績效評估，雖部分相同但差異性仍鉅，略舉如次：

（1）互賴依存性高

公部門各組織機關之間的互賴性高，公共政策的推動牽動良多的部門，領導、責任、資源配合的需求度都較私部門高。

（2）法規雜、束縛多

公部門的政務官離職率高，加上複雜的行政規範的束縛與限制，對說服公務人員改變既定組織流程的必要性與執行變遷的困難度，比私部門要困難得多。

（3）系統推動嚴謹審慎度高

公共政策的推動循漸進調適的本質，公部門要調整先進資訊科技進行工作流程改造提昇行政效率，有良多阻礙；何況藉諸資訊系統施展行政改革，也比私部門在程序進展上也更加嚴苛。

（4）資訊主管權威性低落

公部門資訊主管相較於私部門資訊主管或業務長，欠缺權威性。如何慎擢兼具資訊專業與嫻熟行政及政治風向的資訊領導者，是一項重大挑戰。其中資訊主管對 IT 技術擅專，卻旁落組織業務的運轉、專業技能，在重大決策會議難說服組織領導者、主管採行開發、整合資訊系統功能。

（5）系統整合難度高

公部門在規劃行政管理資訊開放性系統，必須深層瞭解資訊科技的操作與結構，與外部環境的變遷兼顧政府的民主制度、法律規範，甚至民眾的權利義務等保障，要加以平衡審酌度勢。

（四）公共資訊系統管理、運作

公部門資訊管理受到的限制較之私部門爲多，因爲公共問題牽扯相當多的利害關係人，必須運用人類智慧、經驗與靈感才能解決，以資訊科技電腦功能神速進展可能很多職務會被機器人逐漸取代（現階段尚難完全取代人腦），以例行性的公共事務居多，委之資訊管理系統可節省行政成本。

1.公共資訊管理系統的運作

（1）採行多元化標準評估：私部門以「經濟效益」爲評估標準，但公部門對系統功能則採行多元化標準：如「便民」、「公平」、「公道」、

「正義」等加以衡量。

（2）公共利益爲優先考量：避免公共資訊管理系統作爲私用或供私人報償，公共資訊管理系統之運作，一定基於「公共性」的原則，避免流爲私用。在個資法保障下格外重視嚴禁洩漏私人資訊給任一私部門、企業、媒體。

（3）系統規劃緩慢考量多元：公共資訊管理系統的規劃採漸進/權變方式，公部門要面對外部複雜的政經環境，對系統的規劃要採漸進調適模式，呼應外部政治氣候作適度的調整。如台鐵的購票系統的不斷更新、調整呼應外部性需求。

（4）開放性系統功能標準高難度：爲有效運用各資訊、資料，系統開放是趨勢，關鍵在安全問題的確保，不僅系統功能更在意如何防阻外部蓄意破壞，系統設計要注意與外部環境的互動關係，公部門各組織單位的互賴性、資訊的分享、交換，每個節點都相當重要。以資訊的交換分享爲例，即要節省行政成本、人力耗損，更要注意系統的安全性，免落不友善者。

2.公共資訊管理系統的原則

資訊系統管理的運作要件或注意事項：包括系統管理者、使用者都必須對資訊科技具有基本的認知及運作能力；具備對資訊管理系統的高度熱忱；管理者、決策者都能深悉資訊系統運作上的優點與限制；深切體認人際互動，而人和資訊科技的互動是不同的；能客觀評估公共資訊管理系統對行政管理、決策支援，及其系統功能限制。

資訊管理是一門綜合性管理技能，要綜合考量人性、機械性等人機介面的合宜，更要兼顧行政資源的有效配置，以及外部環境快速變遷，作出符合組織目的的調適、修正，沒有絕對不變的原則，只有基本要求。

三、數位科技、跨域治理

（一）天才神童與資訊通道

「成爲一個通道」這是唐凰接受 2016 年 10 月 1 日接任行政院政務委員的自我期許。資訊科技擔任「通道」（channel）的責任，僅是資訊科技諸多重要功能之一。唐凰的本意應是善用資料的功能，提供各種組織、機關、公眾、私部門、及各項資訊需求者之間，藉助資訊科技提供多元、多功的溝通媒介，傳達各方期待，共同溝通取得較被大多數人接受的協議。

有「天才神童」雅號的唐凰表示：「我的存在，不是為了讓某些社群朝中有人，也不會是為了在網路上『政令宣導』，而是成為一個『通道』，讓更多的智慧與力量有更好的結合。」根據她/他的觀察：「全球各地的公務體系，發現在電子化的同時，往往承續紙本溝通的習慣，對『傳達給千萬人』較熟習，對『傾聽千萬人』較不熟悉，而對『千萬人同時協作』更不熟悉。」她進一步強調：「我對自己的期許是作為『公僕的公僕』，也就是運用數位技術及系統，輔助公務體系解決問題，並強化政府部門與公民科技、公共社群的對話與合作。」她宣達政府在發展資訊科技的最大漏洞與缺憾，資訊科技對政府而言只是「政令」宣告工具中最便宜、最迅捷的工具與通道，「宣告」任務一完成，資訊科技即可退堂？其實決策者要認知公眾對該政令的意見，政府部門的官僚有無透過資訊系統「傾聽」民意的所在？系統功能有無把民意匯聚回饋給公共政策決策者或相關單位？作出合宜的溝通與回應，那才是資訊通道應扮演的責任。院中有智商 180 的天才神童位居要津，2020 年 3 月上旬仍滯溜對岸的國人近千人的憤怒、恐懼、抗議、要集資怒告執政者違憲之公民，院中上對下的宣導通透，卻無法在跨部會間突破意識思維，讓他/她們如同國際詐欺犯有同等的回國權益？民主政治制度的「通道」是法律之前人人平等。

欠缺公眾認同的公共政策、政令，要進入唐某所言的「與民協作」理想意境，恐是發展資訊科技政府要預為籌謀規劃的重要功能之一。

（二）數位科技與跨域治理

「數位科技」是提供「跨域行政」最佳「通道」。台灣 2016 年全球競爭力（IMD）排名第 14 名，較 2015 年落後二名。其中台灣較大的優勢是資訊基礎工程的建設及行政部門業務電子化/資訊化程度領先其他國家，也是競爭力排名維持優勢的重要項目。2019 年台灣世界競爭力依然排名居前，政府在資訊基礎設備的投入居功厥偉。

政府公共行政業務分隸各不同的部會，其原因是其中有太多的專業化、技術化行政作為，尚非一般公眾、立委、名嘴、政治人物所能碰觸、過問之領域。「資訊科技」提供「跨域行政管理」最佳「通道」，唐凰所言即是致力「讓更多的智慧與力量有更好的結合……，結合的目標是『千萬人同時協作』。」這是夢想理念，值得嘉勉與協力。以區區二千三百萬人口「同時協作」，也就是進行「公、私部門跨域協力/治理」，那是未來該走的路但這些理想的踐行是一步一腳印的「硬功大」。人力資源與財政配合是最基本需求。

四、電子化政府、數位發展

（一）資訊科技對行政貢獻

行政運作多重面向，提供爲民服務，解決公眾社會問題的效益最受注目，能否快速提供警訊，降低風險，行政部門能否妥善運用資訊科技最爲關鍵。資訊科技提供公眾對政府直接接觸，亦既公民參與便捷與否，政府在資訊科技的建設影響通道的良善；資訊系統的廣置讓民意代表與選民直接對話，獲取第一手資料；行政部門爲公眾提供單一窗口的整合性服務，方便民眾透過線上網絡，申請各項服務；互動式的系統功能，提供民眾運用多媒體設備直接與官僚進行意見交換、溝通與訊息傳遞；各種 APP 軟體是重要訊息的提供通道：如交通違規、空污、警方對犯罪資料的掌握，法院對交通紀錄的取得，民眾對不動產資料的查詢等等。AI 人工智慧與專家系統提供決策者與政策規劃者重要參考。政府歷年各種行政財稅、教育、醫療資訊的儲存與運用、分享及存檔保存。政府提供資訊的收益，可增加政府預算收入。

（二）對公部門行政運作的影響

官僚體系本身即是「資訊通道」的障礙，領導階層對資料的冷漠更是「溝通」殺手。資訊科技有助於「全民智慧」的蒐集、分析、歸類。「全民參與」是當下的神話，但它是「今日不做、明日會後悔的事」。讓資訊科技人才，全面歷練公務行政運作，可加速公私部門「溝通管道」的建構。跨越資訊科技分享各種資訊，讓公私部門均可獲益，提昇組織行政效率。資訊科技具有超強的記憶力，整合不同來源的資料；資訊科技強化組織智識，強化組織、公民、顧客的認知；克服地域限制或知識的障礙，讓基層官僚可快速取得資訊，提昇行政效率節省行政成本；提供多層次、多方向的溝通管道。

（三）電子化政府的功能

電子化政府提供公共管理改革工具，透過資訊溝通工具如網路的運用，節省資料蒐集、資訊供輸、顧客溝通等成本；以較低成本擴大政府內部與外部各社群間的資訊傳遞成本，獲得較佳的管理效率。電子化具體效益：提昇政府的公共服務效益；建構一個整合式的虛擬組織，發展爲無間隙的網路服務，型塑高效率的公共服務網絡；可協助政府達成政策宣導及政策執行目標的達成；落實政府行政革新，促使許多政府的改革朝向更深入與更廣闊之途前進；提昇公民對政府的信任促成公民樂於參與政治、政策規劃之制定，塑造透明公開和課責的政府形象；透過直播或錄音影視提供公共辯論場景，直接訴求民意，提昇人民對政府的信任。

（四）數位發展、數位巨靈

爲落實政見，正積極籌置數位發展部/或稱科技部，行政院規劃成立的數位發展部，是推動數位發展的專責機關，整合電信、資訊、資安、網路與傳播五大領域。擬議併納行政院資安處、國安會資訊管理處、交通部郵電司、經濟部技術處電資通科及工業局電資組，NCC 傳播通...等業務。未來科技部/數位發展部的宗旨、目的、業務，外界有諸多期待、臆測，與當前的規劃容有調整。

數位發展/電子化政府發展多年根基雄厚，最簡單明確的目標是建構「網絡」取代「馬路」，一切政府業務運作藉諸 AI/IT 等先進軟硬體設施，整合跨部會的業務功能，發展數位經濟、跨域行政的願景。[223]數位發展部的建構涵括組織設置條例、人力、資源、各部會數位科技部門的歸併、領導、困境、弔詭……）

全世界數位發展巨頭 GAFA（Google、Apple、Facebook、Amazon）已成數位資本主義巨靈（Monster），影響力道不再限於企業利益，更邁向操控經濟發展與人民權益。各國憂心數位科技演化爲無法控制的巨靈，引爆「劍橋分析」[224]事件之一的 Britany Kaiser 驚人之語：「……挾持了我們國家體制的中樞神經，改變了它的思想、行爲與功能。」美國正立法推出「終止平台壟斷法」，對岸也從扼制數位科技企業過度澎脹著手。數位科技發展形成兩面刃，政府主權與人民權益兩者如何兼顧？未來數位

223 聯合報，「國家數位發展『跨部就不會』？」，2020 年 12 月 7 日，A12。

224 https://en.wikipedia.org/wiki/The_Great_Hack. “The Great Hack”此書引爆劍橋分析案，揭發數位科技被操弄他國選舉、個人隱私等侵權行為。

科技如何發展不致成爲挾持民主操弄人心的工具，有待觀察與關注。

五、行政溝通、公民參與

「得天下有道，得其民，斯得天下矣。得其民有道，得其心，斯得民矣。得其心有道，所欲與之聚之，所惡勿施爾也。」（孟子・離婁上）、「民爲貴，社稷次之，君爲輕，是故得乎丘民而爲天子。」（孟子・離心下）「民之所欲，常在我心。」（此乃某高齡前總統口頭禪）；居國之上位者，莫不瞭然於胸，民不可欺、不可辱，但總在競選前才會放下身段，口念選舉政治口號，持續欺瞞百姓爲能事。如何鑑察行政決策過程中的「溝通」是誠心或存心不良？可從下述論析研析：

（一）行政溝通

行政組織是層級節制、權責分明的官僚體系，其成員的工作相互依存，密切、良善的溝通是達成任務最主要工具。吳定認爲：「行政機關運作健全與否，與意見溝通（communication）的妥善實施密切相關。」[225]吳定引據 Charles R. Milton：「溝通與機關組織織緊密結合，計畫、組織、指揮與管制等功能的規劃及執行，均有賴於溝通。」如何有效溝通一直都是實務界與學界努力的工作項目。

「溝通」意涵論者意見不一：David W. Johnson 對溝通的定義：「溝通即雙向互換，收訊者瞭解傳訊者所想表達的相同訊息。」；Philip V. Lewis：「溝通意謂訊息、觀念、或態度的分享，並在傳訊者與收訊者之間產生某種理解之程度。」（引自林鍾沂 2005：332）；吳定與賴維堯：「溝通就是一個人或團體，即是傳送者（sender）利用各種可行的媒體（media），將訊息傳送給另一個人或團體（收訊者）的過程。」Chester Irving Barnard（1938）認爲：「行政主管的主要功能是意見溝通。」[226]「溝通、溝通、再溝通」應該是執政者戮力標竿，而不是口頭禪。

溝通是人與人之間相互交換意見，進而試圖改變他人行爲，也是謀求良好人際關係，或進行有效管理的工具。行政溝通指民眾或組織對某機關的問題、目標、任務、作法等事項，爲取得了解，讓觀念與想法取

225 吳定，《公共行政論叢》，1999，6th edition，台北：天一，頁 120。

226 Chester Irving Barnard, *The Function of the Executives*. Cambridge, Mass.: Harvard University Press, pp. 175-181.

得一致，精神與行動得以團結的方法與過程。

溝通目的在消除矛盾和分歧：由於行政組織的龐大與人員眾多之屬性，加上業務複雜，高度的專業分工，為消除組織間或單位間的利害矛盾和意見分歧等問題，必須藉助溝通化解之。溝通旨在建立共識達成組織目標，組織目標靠組織成員的努力合作，共同達成任務與使命。質言之，溝通目的在獲取成員對目標與任務的共識，化解分歧謀求共同的努力致力完成。

溝通同時在強化團體意識提振士氣：有效溝通可以提振士氣，培養組織成員的責任感、榮譽感，更能提振凝聚團隊意識，提昇組織工作績效。以航空界數次罷工為例：工會對會員的溝通被列為最優先選項，因為溝通可強化團體意識凝聚罷工士氣。從歷次罷工可總結：「罷工是溝通過程」（A Strike is the Processes of Communication.）。如何在過程中維持團隊士氣及共識，則是另層次的論述。

溝通有助於強化機關組織運作功能：有效溝通讓組織成員對組織面對環境有實際瞭解，藉以制定切合需要的決策和計畫，強化組織運作功能；有效溝通可強化危機管理功效：快速有效的溝通，可讓外界對組織的反應迅速回饋到組織，使組織成員對自己工作作出肯定與認同，也可讓危機得以及時獲得管制，降低災害損失於最低。

（二）溝通種類

溝通方式要因事、因地、因人作調整，如何溝通可從溝通結構與溝通方向善擇適合類型，分別闡述如次：

1.正式溝通

所謂正式溝通係依官僚體制層級節制的組織結構，循權威性的報告系統進行溝通程序。從中央到地方層級的不同會議，可歸列為正式溝通。會議通知不受限於紙本函示，電子發文都被採行，有利於緊急、危機事件的應變處理。

官僚體系的正式溝通慣以書面為之，或其他面對面進行主管層次、個人之間的溝通。正式溝通的效果與約束力，都被與會者尊重，以維後續合作協調的機制。正式溝通的缺點在於速度較慢，且較多單方向要求接受溝通內容與成效。

2.非正式溝通

大多數是隨機式進行人與人之間的溝通。不受層級體制的約束，其優點是速度快且直接溝通。缺點是溝通後事實易被單方扭曲引起誤會，削弱正式權力的行使與效力，進而使得命令的推動受到阻礙影響工作進度。

（三）溝通方式

1.單向溝通

溝通時由單方發送訊息，受方接收訊息，收受訊息者並不將訊息回饋給訊息發送者。如軍隊之發令，此方式優點在速度快，發送者不必接受受訊者的批評或挑戰。單向溝通缺點是收受者無表達意見的機會，易造成執行上的偏差，或抗拒心理與作爲，影響組織目標的執行效率與效果。

2.雙向溝通

指機關組織成員在進行溝通時，雙方互發訊息，並於發出後，立即聽取對方的意見。雙向溝通有助於對訊息內涵進行論述、詮釋、或瞭解。缺點是引發不必要的批判與爭論，減緩溝通進度，並可能影響組織首長的威信。

3.水平垂直溝通

楊凡（2015：343-344）認爲溝通方向尙可分爲：「下向溝通」（down communication）及「上向溝通」（upward communication）與「平行溝通」（horizontal communication）。「平行溝通」指依機關組織結構體系，平行單位之間或平行人員之間交換訊息或意見之過程。前兩者是官僚體系機關組織上級依指揮系統向下級傳達訊息、命令；或下級循序向上級報告訊息的溝通方式。楊凡此說偏重在官僚體系，因私部門組織文化各異，內部溝通能否以平行立足點進行溝通之實，確實不易，一旦利益各有盤算，更難立於平等地位進行平行/水平溝通。2019 年 7 月落幕的長榮航空空服員十七天罷工即爲一例，勞資各擁利劍互不相讓，更別說水平或垂直溝通。

（四）溝通障礙

政府執政者輪替後提出：「溝通、溝通、再溝通」的提示，此乃當前行政組織突破瓶頸最重要的工作態度。倡議溝通不再是劣勢者的期待，更是執政者化解敵對勢力的政治工具，因爲再三溝通的結果不良，罪不在我而在你。產生溝通障礙有幾種原因：視覺感官的障礙：指人對現實事物的認知，在感官與視覺上有段落差，加上個人體會彼此有別難有一致看法，造成溝通上阻礙；語意的障礙：彼此慣用語言或文字，未能妥適運用造成溝通障礙。問題出在鄉音過重、口齒不清，誤會原意或辭不達意等緣故；文字方面則在以有限字數無法表達無限意思，或文字語義多重易產生誤會、太過於文言難以理解；地理上的障礙：組織龐雜分散各地，層級過多溝通易於延誤，難行面對面的溝通。以跨國性組織爲最，或本位主義過重，爲爭取有限資源減少本身責任無法坦率溝通；心理上的障礙：個人好惡不同，溝通內容易被扭曲或固執偏見；以個人價值觀判斷或做解釋；未完整瞭解就下結論；因惰性而抗拒改革，因而妨礙溝通；情緒與態度的差異導致溝通困難；地位上的障礙：因職位不同對問題看法有異，影響溝通；首長或主管以權威領導，防礙部屬執行意願；首長或主管態度自傲，自認見解與作法高人一等；部屬心理自卑而不願發表意見；主管與部屬因需求、觀念與利害不同，地位差距無法坦誠溝通；溝通方法上的障礙：應以面對面方式進行口頭對話，卻不當使用文書或字條的溝通方式引起反感阻礙溝通，徒增雙方誤解，增加溝通問題；時間的壓力：因時間緊迫，無法作深入提供充裕的溝通時間，即作成決定，易使當事人誤會，因時間有限，迫使對方在極短時間接受對方觀點或條件，無異強迫對方接受單方條件，未實質踐行溝通之實，當執行發生困難，對方反悔或否決承諾，在短促時程內的決策頻生副效應。

（五）有效溝通

如何克服前述的溝通障礙，茲彙集學者論述，有諸多坦途可行：執政者的坦誠、善用易懂的語言文字、耐心傾聽掌握主題、剔除官僚口吻、立足平等地位對待溝通者；舉辦例行性溝通會議/記者會、善用溝通十誡（如下述）等方法，促進有效溝通：

以坦誠克服心理障礙：溝通前瞭解對方背景，減少雙方認知落差；表現坦誠與友善的態度，破除溝通的障礙；保持客觀理性，注意傾聽，避免造成僵局。審酌溝通的語詞，因爲語言及文字是溝通最重要工具，使用簡潔易懂的句子避免引起對方抗拒的語詞或文字，少用專門術語引用權威者的資料支持論點，以對方能瞭解的語詞進行溝通。專注傾聽與交談技巧，可促進有效溝通多聽對方意見少發言，展現耐心態度、保持冷靜與不發脾氣，掌握溝通主題切勿離題，增加行政成本。儘量減少官僚體系慣用語氣以及易被上級機關禁用、過濾、曲解、延誤的語詞，上下層級的意見力求一致；重視事前溝通，減少溝通之際被懷疑或曲解。溝通雙方力求立足點的平等，切忌只聽好話要聆聽事實眞象。舉辦例行性跨部會的記者會或業務檢討會，消除本位主義，以組織利益爲前提；建立正式溝通制度或例行會議；建構計畫評核術適時對單位、人員間之配合事項進行溝通、協調、監督與評核。善用美國管理協會溝通十誡：

1.溝通前要澄清概念
2.確定溝通眞正目的
3.兼顧內外溝通環境
4.溝通內容要廣徵各方意見
5.謹愼使用溝通技巧
6.重視雙方的立場著眼
7.實施溝通效益監控、分析回饋效果
8.放寬視野兼顧現在及未來
9.溝通者要言行一致
10.溝通發動者要身兼傾聽者

（六）公民參與

1.以民爲主

蔡總統執政之初勉勵從政同仁要做「最會溝通的政府」，同時在態度上要「謙卑、謙卑、再謙卑」。可見政府對民意的重視，政府與民眾間的溝通，究應以何方式進行？其實沒有通則可循，執政者要依個案特性行有效溝通。以中華航空與長榮航空同爲空服員的罷工，政府執政者及中央部會首長的介入程度不一，溝通效益評論更不能相提併論，雖然同爲空服員罷工但機關屬性不一，罷工訴求內涵有別，官股航空與民營航空訴求對象兩者亦不一。公共行政學界對與民溝通的論述有幾項觀點可供參考：認定民主國家民眾可以毫無恐懼地向政府提出意見與政治主張，甚至公開批評政府施政缺失，此乃相當平常可接受的，不同於獨裁威權政府。

民主政治的決策以民意爲依歸，瞭解民意最佳途徑是「與民溝通」，根據 Herbert A. Simon 的「決策理論」。認爲理性決策制定的過程有三項重要活動：情報活動、設計活動、與抉擇活動，三者環環相釦，居間扮演重要角色的就是「溝通」，展現理性決策最重要的途徑即是「溝通」。組織成員在組織不同的工作場域最瞭解問題所在，成員的專業技術有利於向組織提出建設性建議，讓組織管理階層在理性且資訊完整情況制定決策，有利於組織快速達成計畫目標。這比起組織領導者以單向思維從上而下發布命令，強迫下屬依令行事要周全。政府組織不僅要與組織成員進行坦誠溝通，更應讓公眾參與提出不同觀點，集思廣益。「人」是組織構成的最根本且最重要的原素。溝通自以人爲中心。

2.珍惜民意

民主政治以民意爲依歸，強調人民的意見，晚近更強調公民參與。如何善御民意？王肅嘗云：「信之於民，國之大寶也。」[227]民爲貴、社稷次之、君爲輕。如何增進公眾與政府之間的溝通，獲取民意成爲民主國家努力追求的目標。提供民眾多重參與管道是執政者的重要責任。民意所在是政府制定決策最重要的參考，藉以獲得人民的支持、選票。

3.溝通降低行政成本

民主政治的選舉機制，建構民意決定政府由何政黨執政。執政者一上任就宣示：「傾聽民意」姑不論實際作爲，但民心向背決定政黨是否輪替？獲取選民支持的最有利途徑，必須強調「人民參與」及「與民溝通」兩項工作，與民溝通用意及其功能何在？

（1）促進全民團結

一個民主現代化國家運用大眾傳播媒體，強化與民溝通，而達下情上傳、上令下達，尋求共同的認知與目標，則全民更趨團結一致。元朝拜珠嘗云：「得天下以得民心爲本，失其心則失天下。」[228]得民心，得選票，獲得執政的合法性。

（2）強化人民與國家間的關係

人民的支持是國家政經穩定的最大支柱，如何獲得最大多數公眾的支持，「溝通」是爭取全民支持的不二法門。公眾越能表述意見，就會感受政府對人民的重視，人民與國家的關係就越趨緊密團結，反之，政府對民情無感，兩者距離愈拉愈遠互不信任。元朝陳天祥嘗云：「國家之與百姓，上下如同一身。民安則國安，民困則國困。」[229]

（3）督促政府施政

行政組織日久機能僵化而不自知，人民旁觀則清可客觀看出政府弊端問題所在，如果能傾聽人民的聲音，指出個中缺失，獲得改善。公眾

---

227 王肅，《資治通鑑》，魏紀，明帝，青龍四年。
228 拜珠，《資治通鑑》，元紀，英宗，至治二年。
229 陳天祥，《資治通鑑》，元紀，世祖，至元二十二年。

的肯定與認同是政府最大支持力量的來源，經由公眾與政府的良好溝通，無異是最便捷的監督。漢朝王常：「民所怨者，天所去也；民所思者，天所與也。下順民心，上合天意，功乃可成。」[230]

（4）避免政府訊息誤傳

謠言與錯誤的訊息，不但會引起社會不安，可能顛覆政府。原因在於政府對訊息不當管制、不透明化，不正當的管控自會給有心人士造謠機會。政府與民的溝通管道暢通，可避免訊息不當傳送，更是杜絕「假新聞」（fake）的良方。

4.溝通的作法

政府如何進行有效溝通，具體作法有數端可供運用：

（1）舉辦施政說明會

政府各項施作爲的良窳，基層公眾感受最深也最具體，探討基層民意舉辦「座談會」或「研討會」，最能吸取百姓智慧也最具號召影響力的途徑，面對群眾直接溝通，是議會代表之外最具溝通效益的管道。面對群眾可也是主管官員最感惶恐不安的事，因爲民眾的社會問題多如牛毛，非單一政府部門所能解決。說明會易流於單向的政令宣導，對與會者的疑義避重就輕、不予回應，都會被排斥，久之弊病叢生，政府與民眾距離愈拉愈遠。

（2）強化文宣增益效果

工業社會人人各忙於生計，政府文宣必須有吸引人之處，避免教條式、權威式的說教，以民爲尊，以民之語進行宣導政令，讓民樂於聆聽接受才能達到溝通效果。文宣通道循網路手機最爲便捷快速，效益大成本低。同樣提供官民互鬥、政黨攻訐、眞假訊息莫辨大亂鬥的混境。

（3）組織首長的支持與參與

機關首長是政府決策的制定者，一個良好決策依賴充分的情報與訊息，最可靠最經濟的資料來自民眾；首長參與溝通：一則表示政府的親民再則表示政府對民意的重視與關切，探詢民情民隱，首長的參與最具代表性。

（4）善用傳播媒體

定期或不定期召開記者會，說明施政作爲，及行政進度或困境所在，記者會不是政令宣導場域，那是過去權威性的作爲，那是最不具誠意的溝通樣版，組織領導者要善用傳播媒體，進行與民溝通拉近與政府

230 王常，《資治通鑑》，漢紀，王莽，地皇三年。

的距離。

（5）強化公關室功能

公共關係室主要功能是溝通，一方面向外傳遞政府重要訊息爭取民意認同及肯定，另一方面進行相關訊息及消息的蒐集，作爲首長決策參考。

（6）普設網絡意見園地

各機關普設民意廣場、民意論壇、首長信箱、申訴箱等等不同名稱的投訴信箱、網站，廣蒐民眾對政府各項政策、施政作爲的建言、評論。在網路訊息系絡提供意見論壇平台，這些必須要有回應，回覆絕不可敷衍了事。

（7）與里民面對面溝通

村里民的集會提供人際互動及情感交流，最可貴的是政府機關主官親臨或派員出席，不在宣達政府的政令或官樣宣傳文宣的散發，政府要藉機聆聽民眾心聲，村里民大會、廟會、宗親會是基層民眾非常重要的聚會場所，強化其功能，並善加用之。

（七）溝通、領導

1.領導

「領導」（leadership）是一種過程；「領導」不是一種職位。組織中所有的「領導」都可以被取代。領導的核心是「能力」：這是影響群體致力於目標達成的「能力」。Bennis（1925-2014）：「領導是做對的事情；管理是把事情做好。」（Leadership is doing the right thing, whereas management is doing the things right.）。[231] Rosenbloom 是從組織理論關切領導。Rosenbloom 強調兩個層面：第一、領導應具備的特質；第二、領導應如何運作。

2.領導者特質

Stephen Robbins（1953-）對領導的剖析，係從特質理論、行爲理論、及權變理論等三個層面論析。而個人特質理論則源自 Max Weber 的「魅力型權威」（charismatic authority）。但後續學界對領導特質的研究，卻無法達成一致性的見解。要釐清「魅力型權威」領導者的共同特質，在於有些領導者內向（introverted）、害羞、溫柔又寡斷（bland and

231 Bennis, Warren., 1989, *Why Leaders Can't Lead*, San Francisco: Jossey-Bass, P. 18.

procrastination）；而其他的則好大喜功、生性古怪具決斷力。

Rosenbloom 認為學界無法找出一套領導的人格特質，反映出「領導」可能是因時、地制宜的。外部環境對「領導」的影響究竟有多大影響力，不論從情境途徑（situation approach）或心理途徑（mental approach），對「領導」的決策可能因人而異，要從中萃取共同特質會是很大挑戰與難度。

學者 Eugene Lewis & Warren Bennis 對領導者的特質、品格、及技藝（traits, qualities, and skills）有獨特見解，略述如次：[232]

（1）成功的信心

深信成功的可能性（belief in the possibility of success），這個信念讓跨域領導者在挫拆深淵中仍能昂首挺進，領導者有股熱切信念要改變社會、政治、生活、環境等現況，即使改變的可能性很低，但堅信只要持續努力會造成不一樣的改變。16 歲瑞典少女 Greta Thunberg 膺任《時代雜誌》（TIME）2019 年度風雲人物。她從 11 歲在學校學習氣候變遷的危險性，14 歲單獨在瑞典國會前舉版抗議並呼籲「學校抗爭氣候變遷」（School Strike for Climate），她憑持的信念是「只有行動才會帶來改變」（Action for Changing）、「抗爭是讓我們的聲音被聽到的唯一道路」（Striking is the only way to make our voices heard.），在謹見教皇時，受到「Continue to work, Continue...」、「Go along, go ahead.」高度肯定與勉勵。[233]Greta 堅信只有行動才會帶來改變，而且秉持高度信念持續在全球各處發聲。

（2）持續溝通

2016 年政黨輪替後，當時諸般政策待推卻阻力重重，執政者勉其工作團隊「溝通、溝通、再溝通」，曾幾何時執政者挾其國會多數席次忘掉前言，又曾幾何時連「謙虛、謙虛、再謙虛」的承諾也拋了。不再與公眾溝通、不再謙虛是否導致 2018 年地方選舉的落敗，只待史冊釐正。

領導者要與團隊成員進行有效溝通，這有賴於領導者具備溝通技巧（com-munication skills）的功力。團隊成員對共同目標的達成，要有清晰合理的概念或美景，這都源起於良善溝通，共結心志。

（3）慈悲的同理心

領導者要深入瞭解團隊成員的心理、工作流程、員工的期待、及員

[232] Rosenbloom, David H., Robert S. Kravchuk, Richard M. Clerkin., 1998, *Public Administration: Understanding Management Politics and Law in the Public Sector*, 7th edition, p.151.

[233] *TIME*, April 29, 2019, p.74; May 27, 2019. pp.32-35; Dec 23, 2019. Person of the Year.

工最掛慮擔憂的所在。同理心（empathy）不僅要致力溝通，更要讓領導者找出能帶領成員的最有效途徑。領導者要超然又冷靜地進入團隊成員的心路歷程（mental processes）共同成長創新。

（4）清晰心智旺盛體力

領導者長期時間投入工作數量驚人，需要旺盛體力（health）、精力（energy）。「工作狂」（workaholic）會是合適讚美，但心智的健全圓融更要高尚。許多名人如美國核子之父 Hyman Rickover 及道程工程師 Robert Moses，都投入大量的時間與關注，以獲取組織所需詳細合適的計畫和技術。領導法國革命的拿坡倫（1769-1821）具有旺盛精力更是聞名於史。

（5）良善判斷力

持續的領導實質上要依靠運用良好而理性的判斷，意氣用事、獨斷或反覆無常的回應局勢，並非持久領導的保證。領導要發展出絕無錯誤的自信，良好判斷良善判斷力（sound judgement）越來越不容易。領導者有責任維持成員不偏頗的看法，其本身更要有宏觀視野。

（6）持續的恒常性

領導者不論在困頓或平常情境，都要維持恒常性（constancy）不屈不撓努力不懈。領導者對團隊成員的信任與否，要負責，避免反覆無常放棄權責、立場。領導者不是個機會主義者，不會自私自利放棄立場。既使組織成員不認同領導者主張、看法，領導者仍要作出理性又持續的行爲、決策。

（7）善於自我管理

領導者要知道本身的長處和弱點，於行動過程作理性調整。領導者要懂得分工授權，不需事必躬親，領導者未必具備精通組織所有複雜的專業技能。領導者要著眼於能達成或貢獻最多之事務。領導者要適時表揚員工卓越技能，但不宜掠取員工專擅之工作，這無異浪費領導者的時間與領導者的氣度。

美國政治學者 Eugene Lewis（1940-）在《公共企業家：官僚政治權力的理論》（*Public Entrepreneurship: Toward a Theory of Bureaucratic Political Power*）（1984:109）一書，深度論述胡佛等人的「組織生命」（organizational lives）過程共同的關鍵重點特質如例述：

1.緊握公共組織權限：成功的公共行政領導者緊握組織所擁有的潛在影響力，而且公共行政組織是政治領域中推動社會、政治、和經濟變遷的最強有力的工具。公共組織同時是反擊政治對手最具權威（authority）

的基礎，也是對外部政治行動者作爲抗衡的槓桿，領導者要擅專揮灑。

2.人生與組織的「目標」結合：他們把組織視爲達成自身目標的工具，領導者與組織的「目標」結合，實質上是透過組織達成自己預期完成的「目標」。

3.重視職場專業價值：高度成功的「公共企業家」（public entrepreneur）擁有全部或部分的專業領域的社會實質價值，而且主控了其專業和利益領域的媒體論述、立法聽證及不同的會議。實質擁有（own）公共政策的論述主導權。

4.主導政策論述拓展權限：公共企業家像 FBI 的胡佛，擴張他們在公共政策領域的「擁有權」（ownership），並過渡延伸組織的疆界以利控制更多的事務，降低不確定性及極大化的自主權。

5.技壓群倫的知識及實踐力：每位公共企業家都對其聽眾/追隨者宣稱他具有知識能力，及踐行歷史任務的能力，此乃政治體系內其他人都無法達成的。

6.多元化人格優質：公共組織領導者的人格特質得以「正直」、「道德」、「誠實」、「値得信任」、「具有幽默感」等多元特質以領導公眾。川普總統執政後，以「美國優先」（American First）掀起全球性的貿易戰，以提昇美國就業率、生產力爲施政目標，他的領導風格切勿被媒體誤導爲爆發性的領導。他在商場上攻防競逐與政壇上的風起雲湧興風作浪，有其獨到媒略，背後是多元化人格特質（traits）。掌握美國利益有其優先獨到作爲，至於其善惡留待史冊判準。

除溝通是領導人必備特質：尚包括信任和持續性，在某種情境比其他特質更爲重要。學者對領導者特質的論述最具體中肯的，以美國公共行政學者 Norma M. Riccucci 爲最。2010 年她出版《公共行政：研究傳承與知識哲學》（*Public Administration: Traditions of Inquiry and Philosophies of Knowledge*）深受好評。1995 年她在《未被讚頌的英雄們》的研究指出領導者有下列共同特質包括：

1.靈敏的政治手腕（political skills）：處在多變的政治環境下，要快速感悟內外環境的變化徵象，兼備有效處理問題的能力。

2.卓越領導力及執行力：具有閑熟的管理及領導技能包括規劃能力、組織能力、有效溝通能力、激勵員工、設定務實的目標、誠實、通曉公務政治及其知識場域的專家。

3.技術專業能力（technical expertise）：在領導者的不同工作領域，擁有專業技術能力。

4.管理策略運作高手：通曉達成組織目標的各種策略運用。

以上歸結 Riccucci 對領導者應具備的共同人格特質。她同時重視的特質尚包括：尊嚴、道德、誠實、信賴、倫理、及幽默感。[234]陣列特質未必同時兼備，沒有領導人是全能的（almighty）。敵對者最善於找出競爭者的弱點，也是領導者虛心修練的重要課程所在。

總納前述 Robbin、Rosenbloom、Lewis、Riccucci、陳嫦芬強調職場領導者的專家知識、群體技能、與自我領導力是職場素養的基本特質。列舉職場領導者公認特質包括：專家技能嫺熟；魅力的感召；超越現狀的抱負；專注力（目標導向）；責任心（以身作則）；自省與自覺；對環境的覺知；樂觀；合作；同理心；培育英才的能力；言行如一，知行合一。

3.領導者類型

依領導者的運作策略、能力施展，可概分爲兩種：其一、以上司爲中心；其二、以部屬爲中心的領導方式：

（1）以上司爲中心的領導

管理者先作出決策再向部屬宣告；以推銷方式（sells），行銷他的決策；管理者先提出想法，再邀請組織成員對其提出問題/意見；管理者提出未定/試驗性決策（tentative decision）的主題，提請修正；管理者提出問題，質詢建議，再行作決策；管理者對決策作出合宜的限制規範，再要求部屬之團隊依限制作出權責決策；管理者作出廣泛定義，並容許部屬在範圍內自行決策。

（2）以部屬爲中心的領導

以部屬爲中心的領導模式，部屬有較多參與組織決策的自由和機會，也提供部屬對組織目標的認同和理解；領導模式的選擇，不再是單向的選項，上司與部屬可以共同調適。

Rosenbloom 認爲管理模式應由管理者和部屬共同協調爲之。在部屬參與決策意願不高時，以部屬爲中心的領導模式就不合宜。反之，部屬想有更多的參與決策機會，以上司爲中心的領導模式恐不適宜。組織在面對外部環境的變遷，以及工作任務的本質、問題和組織目標的不同，

[234] Riccucci M. Norma., 1995, *Unsung Heroe*, Washington, DC: Georgetown University Press, pp. 226-231.

管理者對領導模式的選擇，要有情境理論（situation theory）的概念。例如風災救患，領導者就不宜徵詢部屬意見爲先，當機立斷下決策才能達成組織任務。領導者決策制定要考量組織資源的取得，以及對各門部資源配置的公平性，避免分配不均產生的內部衝突。當分配不均的爭議發生，領導者要快速說明、溝通，以避免各部門間的協力障礙。

六、行政領導、激勵理論

（一）激勵、動機

激勵是針對個人、組織之心理或生理上的各種需求，以物質或精神的激勵方法滿足需求，以激發工作意願，以符組織目標的連串行動。學者對激勵/動機的看法有別：「動機（motivation）是激勵或誘使某人採取行動或作爲的一種心中需求、驅動力、或是目標。」（R. D. McCall）；「動機是一內部狀態，以激勵、促動、轉換、指導或引導行爲朝向目標。」（Berelson & Steiner 1964）；「動機是爲達成某一特定目標的內部驅力。」（Luthans 1973）

前述定義指出：需求（needs）是心理狀態，目標則存在於外部環境，最完美的激勵是讓組織目標成爲組織成員的內心驅動力；組織提供滿足員工需求的目標、報酬或誘因，可激勵員工的工作士氣。鑑之，激勵是一種互動方式（interaction）。

（二）Maslow 需求理論

科學管理理論認爲組織員工會爲回饋性獎賞與懲罰所激勵，更加努力工作以賺取更多報償。人際關係途徑（human relation approach）研究者對此看法提出批判。研究發現參與實驗者會反向操作，生產力不降反昇。到了 1943 年出生紐約布魯克林的 Abraham Harold Maslow（1908-1970）提出「人類激勵理論」（A Theory of Human Motivation）的人類需求階層（a hierarchy of human needs）。認爲人是追求滿足的動物，且是追求永無止境的更大滿足。人首先追求生理需求，如飢餓和口渴；一旦滿足，追求安全和庇護場所需求並尋求社會歸屬感；接著要「社會地位」）和「自尊」，最後尋求「自我實現」。具體內涵：

1.生理需求（physiological needs）：包括飢餓、口渴、蔽體、性、及其他身體需求。生理需求獲得滿足後，再施激勵成果有限。

2.安全需求（safety needs）：保障身心不受傷害的安全需求，包括身體、經濟及工作的安全保障；例如健康保險、退休制度、消防措施等。

3.社會需求（social needs）：在組織中的歸屬感、友誼與情感交流、互動。

4.尊榮需求（esteem needs）：包括內在的尊重，如自尊心、自主權與成就感。外在的尊榮如地位、認同、受人重視等。

5.自我實踐需求（self-actualization needs）：心想事成的需求，包括個人成長，個人潛力發揮、實現理想等。

Maslow 的需求理論，它的需求層次的滿足秩序是由下層往上，當下層需求未獲得滿足前，上層需求的提出，理論上對人是沒有激勵作用。當需求獲得滿足，管理者就要考量其他的誘因/需求，以激勵員工；同時段出現許多需求，會影響人的慣常的決策/行動。Maslow 把前三種需求視爲匱乏性需求（deficiency needs）；後二種爲成長性需求（grow needs）。他認爲匱乏性需求不滿足時，人在心理或生理上無法發展爲健康的人。成長性需求有助於個人的成長及潛能的開發，尤其是自我實踐需求。基層需求被滿足後，人會追求更高層次的需求，尋求人的存在價值（being values）像眞、善、美的境界。這是來自靈性的需求（meta-needs），激起人對工作會無私地投入、奉獻和認同。

需求層次的出現秩序未必如 Maslow 所言，可能會依個人的智商、教育、毅力之不同，可能超越某層次，追求更上一層的需求。如印度甘地的忍飢，產生不合作運動。Maslow 的所謂自我實踐的追求。他發展人的特性，對管理、組織發展、教育、心理等領域發生影響。

（三）Herzberg 激勵-保健二因子理論

美國心理學家 Frederick Irving Herzberg（1923-2000）及其研究同事在 The Psychological Service of Pittsburgh 從事一項研究，對 203 位工程師和會計師進行訪問，找出他們在工作中，會有那些因素會使他們快樂或不快樂，研究發現：「負面感覺」通常與其「工作環境」有關，而「正面感覺」的因素，通常與其「工作本身」有關。那些能「防止不滿」的因素爲「保健因素」（hygiene factors）；產生滿意的因素爲激勵因素（motivators）。保健因素如未具備就會產生負面的態度，導致工作的不滿，具備保健因素只能促進有限的工作滿足感；激勵因素能增進工作滿足感，如未具備只會產生有限度的不滿足。保建因素包括金錢、監督、地位、安全、工作條件、政策、行政與人際關係等，這些因素可防止績效的下降，維持激勵在零度水平，防止負面效應的產生。若爲使員工發揮潛力產生自動自發的精神，願爲組織效力就必須有激勵因素。激勵因素能使產量增加，包括工作本身、認知（recognition）、升遷成長的可能、責任及自我實現的成就感。

激勵-保健二因理論是繼需求層次理論之後被廣泛運用到工作場域。二因理論對 1960 年代後的工作設計，在工作豐富化及工作生活品質（quality of work life）深刻影響。批判者認爲激勵-保健二因素的認定並無標準可言，如保健因素的薪資對藍領而言可能是激勵因素；訪問對象限於工程師及會計師，樣本未包括其他職業類別。以面對面訪談，受訪者可能基於自我防衛社會機制（ego-defense social device），可能扭曲實質意涵和內容。

（四）Alderfer 的 ERG 理論

美國心理學家 Clayton Paul Alderfer（1940-2015）把 Maslow 的五種需求層次簡化爲三種需求，分爲生存（Existence）、關係（Relatedness）、成長（Growth），簡稱爲 ERG 理論。生存需求（existence needs）：指維持生存的物質需求，如食物、空氣、水、薪水和工作環境，相當 Maslow 的生理及安全需求；關係需求（relatedness needs）：包括在工作中與他人的關係，如與上司、同事、部屬、家屬維持良好關係，相當於 Maslow 的社會需求；成長需求（growth needs）：個人的努力及工作表現來發展的一種需求；相當於 Maslow 的尊榮感和自我實踐感。

Alderfer 認爲低層次的需求不滿足，對其慾望愈大，對工作愈不滿足，對其渴望愈大。對低層次需求愈滿足，對高層次的需求慾望愈大。反之，對高層次的需求愈不滿足，會轉而對低層次需求的慾望愈大。如對成長需求不滿足，會對關係需求的慾望愈大。一旦關係需求的慾望愈不滿足，會對生存需求慾望愈大，這是需求的挫折，挫折會讓人產生退化現象。Alderfer 的理論認爲在某一時間內可能有一個以上的需求發生，不同於 Maslow 認爲低層需求不能滿足前，高層次的需求不會成爲激勵因素。至於 ERG 理論的適用性，各有不同見解，未必適用於各種組織型態。

（五）Vroom 的 VIE 模式

出生加拿大的 Victor Harold Vroom（1932-）依據較早的 E.C. Tolman & K. Lewin、J.W. Atkoinson 的研究綜合爲一種工作激勵的過程理論。基本概念的公式如下：

M = E * V * I

激勵 M（motivation）的動力與行動等於「期望」E（expectation）、「價值度」V（valence）與「工具/手段」I（instrumentality）之乘積的總合。期望指特定的努力會獲得某些報酬的主觀信念。所謂種瓜得瓜的心理期待，確信所作的努力與目標或績效的達成完全相關。價值度是對某一成果所表達的偏好強度，亦即個人對組織的工作目標、結果、報酬或誘因給予的價值評斷。員工對組織給予的報酬不滿意，那報酬對他而言不具報酬價值，不會產生激勵作用。工具即員工努力工作，產出高度績效，若報酬與心中的報酬產生觸媒作用，就會產生工作的激勵作用；反之，不能產生預期報酬的多層觸媒作用，就不被視爲主要的激勵動力。例如升任科長是工作很大的激勵，因爲還有司、處長職位要努力耕耘；但升到薪資和職位已達組織的最高層級，相對欠缺工作的激勵動力。

林鍾沂強調：「激勵員工的士氣不僅是技術層面的問題，更涉及高層次哲學通識問題，也不僅是客觀知識的認知問題，更是主體生命的實踐問題，組織除了應有中短程的作法，也要在組織結構上妥爲設計，以滿足人員的基本需求，更要建立組織未來的願景，以培養全人（the whole person）人格爲己任。」[235]

（六）官僚體系的激勵機制

「激勵」本身是公共行政組織管理者最難在官僚體制下進行的行政運作/活動。因爲公部門官僚體制的「財務」、「資源」都在監督列管範圍，連加薪、減俸都要依法行之。

「激勵」在學術上的論述偏重在私部門組織範疇，有些建議或觀點僅留在說說階段，尤其以金錢、實際物質作爲獎勵工具時，公共組織的管理者都要思索考量，「錢/經費」從那裡來？所以林鍾沂說：「激勵是種行政運作的工具。」[236]對公部門確實是工具，如何善加運作成爲管理者手中利器？吳瓊恩在《行政學》[237]（2006：512-518）一書暢述官僚制度中激

[235] 林鍾沂，《行政學》，2005 年，台北：三民，頁 261。

[236] Ibid，頁 259。

[237] 吳瓊恩，《行政學》，2006 年，台北：三民，頁 512-518。

勵的短、中、長程作法，略述如次：

1.短程作法

行政組織對激勵的短程作法，有正負面的誘導及額外的獎賞：為建構組織成員的優良行政作為，或有利於自己及組織的制式行為，可採取正面的誘導辦法，如發給獎金、或非財務的獎狀，以增加工作滿足感。紀律或懲罰對組織成員是負面的警戒，以防阻組織成員的脫軌行為，但負面工具的使用，要公正、公平不可有兩種標準、尺度，以免引起員工的怠工或消極抵制。額外獎賞對員工的獎勵在作法上，有別於在正式場合擴大員工表揚大會，以榮耀彩帶披掛身上，以滿足生理、心理及安全感的需要。行政部門難以提供制式以外的額外獎賞，但可考量表彰方式，切忌制式、刻板、及行禮如儀的表揚方式。

論者認為行政部門在步入資訊時代，要善用資訊網絡/工具，以快捷明確、廣博、深入的方式傳達給員工，激勵要兼具組織教育、宣傳工能，以收事半功倍之效。

2.中程作法

行政激勵的中程作法，吳瓊恩認為有二種方式：其一、內在激勵；其二、促進核心工作的意義感：

內在的激勵是讓組織成員在工作中獲得成就感，從工作中享受其樂趣，以促進個人的成長與發展，以滿足自我實踐（self-actualization）的滿足需求。內在激勵是一種超實用的態度或超越工具理性的態度，以一種欣賞樂在工作中的美學態度，讓工作者與工作本身結合；培養員工專業技能之外，成就員工的生活哲學。

促進核心工作的意義感，指讓員工體驗工作成果是有價值的、值得去作的，也就是在工作中的奉獻與未來的成果是不可分割的，致力工作任務的達成。如何成就有意義的工作？吳瓊恩認為領導者可作如次考量：包括完成工作的技術多元性、達成個體任務是整體組織工作的不可分割的部分、工作對組織同仁都有連帶的重要性。

3.長程作法

培養全人的人格和達成利己利人的工作觀，是組織管理者不容忽視的長程性工程。培養全人（the whole person）的人格是指不會以個人有限的專業和認知來詮釋世界。全人是有通才又有專才的修養。有較廣闊的人生觀，不僅在工作上、家庭生活和社會生活都有意義感，重視真、善、美，爲公共利益奉獻。達成利己利人的工作觀，工作不僅是個人的自我實踐，亦在幫助他人開創人生，造就他人成就事業的目標；幫助他人又能成就自己的工作觀。

第五章　行政倫理

隨著後行爲主義的興起，行政倫理在公共行政學備受重視。Rosenbloom et al.（2009：507-538）在《公共行政：理解公部門的管理、政治、法律》[238]一書第 12 章「課責與倫理」（Accountability and Ethics），提出「爲何監護者需要被監督？」（Why the Guardians Need Guarding?）。他們認爲行政管理者同樣會犯錯、粗心大意，以致工作疏於正規化；結果是政府不被信任，引起對課責和倫理的極大關注；行政夥伴也可能誤解行政規範，有違公共利益、貪腐、甚至敗壞德行。Amitai Etzioni（1998：237-252）於《道德重要性：邁向新經濟》[239]一書，呼籲要重視道德的重要性，尤其在公共政策制定開始，政治人物藉諸各種名器如公共利益等，進行謀取私利。她甚至提醒讀者「資本主義的貪腐，對美國民主是一種新攻擊。」

蕭武桐在《公務倫理》[240]一書嘗云：「倫理是假定每個人都擁有自由及權力去反應不同的意見，在論證過程中分析各種不同意見的優缺點。」他認爲倫理是在行動不在行爲；如何去詮釋倫理應在行動者表現在作決定時，他的價値或原則何在？進而縮短行動時應然與實然的差距。尤其在新公共行政和黑堡宣言的倡導下，讓此一主題更加彰顯。中外學者同樣重視行政管理者的德行；行政倫理被視爲廣泛規範行政運作的好壞，對錯的判別標準。

行政倫理又稱爲公務倫理（Ethics of Public Service）。「行政倫理是現代行政人員執行職務之責任或義務之範疇。」[241]亦即在探討執行公共行政事務的公務員、委託人、及代理人應恪遵之責任或義務。楊凡認爲：「行政倫理所形成之服務風氣，即古代所謂仕風。」行政倫理以公務員爲論述核心，但應恪遵行政倫理的對象，包括所有涉及公共服務的提供及公

238 Rosenbloom, David H,. Robert S. Kravchuk, Richard M. Clerkin.,2009, 7th ed.*Public Administration: Understanding Management, Politics and Law in the Public Sector,* McGraw-Hill High Education.pp.507-538.

239 Etzioni, Amitai., 1988, *The Moral Dimension: Toward a New Economics,* The Free Press, A Division of Macmillan, Inc. pp.237-252.

240 蕭武桐，2001，《公務倫理》，台北：智勝，頁 5。

241 楊凡，《行政學精要》，2015，台北：晶華，頁 67。

共資源配置的參與者。

一、行政倫理概說

（一）行政倫理的概說

經濟合作暨發展組織（OECD）：「公務倫理是鞏國公共信任的先絕要件，也是政府良善治理的一個重要基礎。」[242]行政倫理（administration ethics），古稱「官箴」，在公務系統中稱爲「公德」，或稱「公務倫理」（public administration ethics）或稱政府倫理。

Waldo（1980：103-107）：「行政倫理爲行政人員之倫理義務，包括憲法、法律、國家、民主、行政組織規範、專業技術等……」；Rosenbloom（1993：508）認爲：「行政倫理係個人責任感表現，亦可視爲個人內心之省思。」張潤書（2009：499）：「公務人員對國家、機關、上司、同事、部屬及民眾，還有對公務應有的態度及行爲規範。公務人員奉公任事，誠有法律規章管理，但法律有所不足與有所不能，應有公務人員之倫理以彌補之。」許南雄（2000：235-236）：「行政倫理係指服務公職的道德水準與行爲操守，是社會倫理體系中有關行政行爲價值觀與品德生活，如盡忠職守、熱忱服務、保守公務機密、清廉公正，以至於不營私舞弊，不收受賄賂餽贈，不受請託關說、不擅離職守等」；陳德禹（2000：289）：「所謂行政倫理是指行政生活中，主體（行政機關與行政人員）間正當關係及正當行爲準則之一種規範秩序。」（參據林淑馨 2015：404-405）。

（二）行政倫理的內涵

行政倫理是指服務公職的道德標準與行爲操守。此爲社會倫理的一環，專指公職人員於行政行爲時之價值觀與品行，例如盡忠職守、熱忱服務、保守公務機密等屬之。

行政倫理同指公務員的權利義務與責任觀念，包括恪遵公務人員法規定，執行公務之義務、責任、遵守機關組織規章與工作指派、信守對公眾利益的服務等處事原則。

行政倫理受到社會正義、多樣性文化、多元參與和專業發展等思潮

242 林淑馨，《行政學》，2015，台北：三民，頁 403。

及實務激盪匯集爲更廣泛的倫理體系，如「公共政策倫理」。行政倫理從過去消極性的禁止事項，提昇爲積極性的行政倫理（公益規範），不再只爲維繫政府機關的官箴紀律，進而充實公務人員之能力與品德生活。誠如 ASPA 對公務人員的期待：「誠實、信賴、廉潔」三者勝過公務員本身的勝任能力。

「行政倫理」背負沉重的道德義務，它的範疇廣袤無疆，在無法規戒或繩治，貫於通通將之掃進「行政倫理」框框內，等待發落、判準，在法制未及制定頒布，會讓巧思者藉諸「法無不容」等由，從輕發落、肆意再度任用違紀、淫亂於機關公堂者。倡議行政倫理更加迫不急待。

二、行政專業倫理及推動

（一）行政專業倫理

官僚體系講究專業分工，公務人員秉持專業知識與職業倫理，授予公務人員必要的裁量權，法規執行面專業倫理側重善用有限的法規，因應分歧而多元的行政事務；執法者要善用裁量權爲民造福，不是只爲避免犯錯而墨守成規，以致目標錯置；運用專業技能與專業倫理，增益公共利益。

（二）倫理推動途徑

1.行政倫理的踐行

「倫理」範疇的分類，實務界（考試院）與學界的看法視野不同，難有一致性的共同認知，唯一共識是兩者都認定倫理的重要性。如何踐履行政倫理（或公務倫理），彙整兩界的說詞可分爲下列幾項：

（1）認知行政倫理的重要性

在觀念上要認知行政倫理的重要，要大力摒除求官買職、升官發財或公私不分、循私舞弊等惡習均應大力革除。在觀念上行政人員須體認行政倫理的重要性，應加強灌輸忠於職守的現代化意識，並力求功績體制與公僕意識的有效結合來強化。

（2）建構維護公益與正義觀

行政倫理建構在個人的道德素養，昇華爲群體的倫理情誼，品德生活與政府的倫理規範是一致的。貪贓枉法有損私德，政府要積極宣示維護公益與正義的決心，維護群體的公益、公德與正義是行政行爲的依據。

（3）在人事制度的構建強化

公益、公德及正義等觀念型塑，單是內在驅力尙嫌不足，必輔以外在力量，建構完整的人事制度面強化行政倫理的遵守及實踐。因之，加強公務人員服務守則、公務人員服務法、公務人員懲戒法、公職人員財產申報法等法制面的建構，強化品德生活、生活操守的人事法制，爲官僚體制的行政行爲樹立正確典範。

（三）具體實踐步驟

1.工作態度：強調忠誠、負責、公正、主動、認眞、理性、效能、守密、務實、揭發弊端、尊重程序正義、依法行政等工作態度與修練。

2.行政作爲：重視並遵循公共利益、行政中立、利益迴避、行政程序、公正性、妥適性、時效性、民主參與等行政作爲的重要原則。

3.生活態度：重視誠實、清廉、謹愼、禮貌、不多言、愛惜公物、維護整潔、不貪污、不受賄、注重形象、愛惜名譽等。

4.人際交往：尊敬長官、體恤部屬、樂於助人、謙和對待同事、不說短道長、同理心、公平競爭、尊重他人職務與角色。

三、推動行政倫理的挑戰

政府法制的不健全、社會道德沉淪、公務員個人操守等是行政倫理的問題所在。林鐘沂從公共利益爲名誤導行政運作、行政機關獨大的結構特質、和組織倫理的問題等三大面向論述。[243]

（一）公共利益為名誤導行政運作

在行政運作過程執行公務的公務員屢有曲解「公共利益」的意涵，主要原因受到如次因素的影響：

1.社會背景影響行政人員的偏好

依據菁英理論，位居高位的官僚易受外部企業菁英的直接支配，或以明顯偏袒方式，保護有相似社會背景、收入和利益的團體。讓官僚施

243 林鍾沂，《行政學》，2005 年，台北：三民，頁 624-633。

政作爲易受社會特權階級的偏好、影響，不具公共利益的代表性。

2.專業分工多元致行政責任不明

行政組織強調專業分工，以達成有限資源的分配與效率。權力的多元與分權，讓彼此在運作過程產生掣肘與推諉，形成多頭馬車之困境。專業的分工多元化，也讓決策或執行日趨多元化，相對讓責任區分、歸屬也更加不清楚。

3.利益團體的壓力

Lowi, Theodore J.（1931-2017）對美國聯邦政府公共政策形成的過程，深入研究後提出「鐵三角理論」。認爲公共政策被「聯邦政府、國會委員會、利益團體」三者所控制，三者利益關係緊密形成鐵三角，使得政府機關成爲一種「被俘虜的組織」（the captive organization）。這不但侷限政府組織的發展，更阻礙政府對外部變遷的適應能力，恐會染上「行政動脈硬化症」（the disease of administrative arteriosclerosis）。除立法部門之掣肘，行政機關本身會借助「公共利益」之名，假行政威權以增進「特殊利益」之實。

（二）行政機關的獨大結構

實務界與學界都難以否認，行政機關的獨大特質，俗話說「有權的聲音大」造成推動行政倫理的困境：

1.職權及專業優勢壟斷資訊，監督不易

行政機關的專業化，讓行政人員的專業優勢形成資訊壟斷，對其監督不易。行政機關的職權優勢，讓體制內的監督機關無法從事監督工作，容易造成資訊與知識不對稱的道德危機。

2.永業性保障體制，欠缺淘汰功能

官僚體制的文官，依法受到永業性的保障，民主國家實施功績制文官制度，對公務員提供身分與地位的保障。保障制度通常疏於有效執行淘汰機制，官官相護，產生行政倫理的反功能效果。

3.人性自利與反控制的律則

根據經濟學家理論：人是自利的動物。行政人員可以「道高一尺魔高一丈」反制監督機制。爲控制官僚，反製造更多的官僚，成就了更多官僚的惡性循環。在人性自私心態，一切監控機制的行政作爲，容易被官僚本身洞晰預留退路。

4.利益協調不易增加官僚擅權空間

憲政結構對行政權與立法權採分立與制衡機制，在理論上應權責分明，但在實務操作上，對官僚的課責更加困難複雜。尤其面對行政首長與民選議員的要求不同調時，行政官僚可利用此「衝突指令」（conflicting directives）作爲不順服的藉口，狹議員之權勢抗拒行政首長，成爲行政官僚自行其事的口實。

5.缺乏政策專業難行政治指導

政務官以酬庸任命非出身文官體系爲多，普遍缺乏政策專業知識。政黨政治是民主政治的特徵，在沒有鮮明政策分歧的政治氛圍，政府難提出明確的政策目標，在妥協下的政策目標以模糊居多，導致行政裁量權擴充官僚權威，行政課責更加困難。

6.行政機關的結構與功能重疊

行政範圍廣泛，專業分工的需求行政運作難以一條鞭集權解決社會問題，組織多元導致功能的重疊在所難免，雖有利於組織間的競逐但同時造成課責的難題。一旦政策失誤，擴大卸責空間形成「各單位都有責任，各單位都不必負責」的結果。

7.行政範圍廣增、行政功能龐雜

邁入 21 世紀依舊存續「行政國」的普遍現象，行政組織縮小再擴增，如前後任的政府。綠黨執政後行政、立法部門在南北普設分院、服務處，機構快速膨脹，人員擴編，預算膨脹，政府行政作爲在資訊科技的輔佐下仍難掌控施政作爲各個環節、步驟，弊端於焉滋生。

8.「第三勢力」日益茁壯影響政府

各種類型的非正式組織、非營利組織、慈善團體、環保團體、及政府委託外包的私人團體，形成對政府施政無所不與、無所不爭的亂象。公共服務委託外包，增加行政人員監督管理的負荷，也產生「誰來監督監督者？」的困境。要確保各層級責任的明確，有效監督確實可增益公平、公正，反之，貪污與不軌伴之而興。

四、組織倫理的困境

當前的政治與行政體系中，素以培養「服從」、「忠誠」為職志，難對公共政策或組織行為表示「異議」，這種對組織忠誠和團隊立場置於個人是非價值、公平正義意識之上的觀點稱之為「組織倫理」的問題。

組織倫理要求忠誠度的外在展現（an outward show of loyalty），一旦有異議形之外，結果可能是「集體盲思的犧牲者」（victims of groupthink）。當事者被視為是違反對組織忠誠的最高倫理觀點，但也違害公共利益的實現。Thompson D. F.（1985：555-561）在「行政倫理的可能性」（The Possibility of Administrative Ethics）[244]一文，提出要實踐行政倫理，要克服兩項障礙：「倫理的中立性」（the ethics of neutrality）和「倫理結構」（the ethics of structure）。從邏輯學而言，對與錯，兩者沒有併存的空間；沒有又對又錯的存在空間。論者認為中立性對倫理問題，不應該存在。但在實務界有太多的政治人物在誤植中立性的弔詭。

五、小結

從 1887 年 Wilson 的《行政之研究》訖今，對行政的研究橫跨三個世紀一百三十多年，研究範疇由人類行為、組織結構、行政程序、政策制訂、行政倫理……，資訊科技之融合，似未能鍛鑄行政學為金鋼不壞之身，面對社會問題的解決，更顯四肢乏力，仰杖多元學術領域的奧援；對「行政」的理論詮釋學界角度不一，難有共識；對社會問題的消弭持續在「groping along」。

行政學界偏重事后偏方「prescriptions」，難見聖明預防之策；此非學界怠惰乃社會問題的錯綜複雜多元化，誠非單一行政學理論方策所能定奪。Kettl（2003：77-117）強調 21 世紀的公共行政應兼顧治理領域內外（within & outside）因素。不宜偏執而迷失於理論叢林（confounded theories）。2020 年 COVID-19 疫情，跨域行政是抗疫聖杯（the Holy Grail），不應被藏諸行政叢林（administrative brush）。

244 Thompson, David F., 1984, “The Possibility of Administrative Ethics”, *Public Administration Review*, Vol. 45, No.5. pp.555-561.

第四篇　政策跨域

Sullivan & Skelcher（2002）在《致力跨部門協力：論述公共服務》[245]（*Working Across Boundaries: Collaboration in Public Services*）一書，從公共政策議題論析政策制定、政策管制、政策執行等過程，舉世咸以跨域協力爲核心途徑。Sullivan 引據 Osborne（2000）指稱協力跨域的進行，容有不同的文本內涵：諸如社區領頭的振興計畫、合約、跨組織合作、聯合冒險計畫、夥伴關係、政策網絡、策略聯盟、委託代理關係、公私夥伴關係、關聯性合約、微型自願合約等三十種以上不同公私協力型態，提供公共服務。前述論點核心強調跨域協作是核心過程。

Harold D. Lasswell（1902-1978）道出：「公共政策是跨領域的研究。」[246]；余致力等（2008：序）[247]：「公共政策屬於跨域行政的研究範疇，中外學著同等重視它的研究途徑、方法。」余校長觀瞻同爲本書取名之源。Donald F. Kettl（2002：16-17）：「21 世紀社會科學研究更加科學化；政策領域愈加錯綜複雜，美國聯邦、州暨地方政府的關係緊密捆綁，公私部門關係絲絲入扣，跨國行動更加頻仍。」[248]Kettl 指出有六種「模糊範圍」（fuzzy boundaries）：政策制定與決策執行，公、私暨非營利組織關係、官僚體系層級關係、管理與勞方層級關係、官僚體系間的關聯性、與公民間的關係。他是基於跨域夥伴的權責承擔不易明確劃分，有如斯剖析。[249]

Kettl 以美國爲檢證實體，所列「模糊範圍」未必完全存在於國境。但中央政府在對抗 COVID-19 疫情，發展國際經濟、生態科技、輕軌捷運、久旱無颱無雨下行節水限水等政策；衛福、交通、經濟等部會，無一不召集相關各部會及地方縣市政府舉行跨部會或跨中央及地方政府的聯席會議。[250]印證 Lasswell 所言：「公共政策是跨領域的研究。」

---

245 Sullivan, Helen. & Chris Skelcher., 2002, *Working Across Boundaries: Collaboration in Public Services,* Palgrave Macmillan, pp.1-8.

246 Lasswell, Harold D., 1951, "The Policy Orientation." In *The Policy Science: Recent Developments in Scope and Method.* Daniel Lerner and Harold Lasswell(ed.), 3-15. Standford, CA: Standford University Press.

247 余致力、毛壽龍、陳敦源、郭昱瑩，2008，《公共政策》，智勝，序。

248 Kettl, Donald F., 2002, *The Transformation of Governance: Public Administration for Twenty-First Century America,*The John Hopkins University Press, pp.16-18.

249 Ibid. pp.59-73.

250 聯合報 2020 年 10 月 14 日 A 版為例，公共政策跨部會、中央地方議題散見於 A 版第 2-10 頁。

第一章　公共政策通識

一、公共問題先於公共政策

「公共問題」先於「公共政策」是常態。世上聖賢能鑑古知今，或說未卜先知者良多，但如今世人在科技影響下，社會問題更趨多元複雜混沌不明，國家或組織領導人屢爲公共問題治絲益棼急於呼應公眾期待，屢屢事倍功半，肇因於對問題的根源不解，病急投醫亂端單向藥方，殊不知公共問題是複雜多樣化，失業率上昇未必是職場裁員所致，決策者要站在頂端綜合跨部門整合專業技能，以及公眾知識共同參與問題的解決，提供適宜的公共政策。

（一）認知公共問題

意指生活在世上的個人、家庭、團體、組織、社會，多少會有不同的期待、需求、衝突、不滿、挫折、痛苦等必須尋求解決，當個人到團體受到問題的影響，感受到問題的存在，彼此作出不同的回應，成爲公共問題。當個人焦慮症（神經內科）人數增加到一定比例，它是社會公共問題有待醫衛、社福等跨部門的參與。

（二）對「公共問題」詮釋不一

對「公共問題」的認知、感受，不同的人、團體各有歧異見解。例如，社會動盪、遊民、uber、食安、交通、輕軌等問題，各人認知不同，這些認知差距可從規範（normative）與實證（empirical）兩個層面闡述：即從規範與邏輯實證詮釋公共問題。

對公共問題在學理上的認知，學者見解不一。林水波（1999：97-100）認爲：「公共問題是客觀存在的事實，或主觀理解的詮釋，不同的學派有極大的爭辯。」丘昌泰（1995：96）：「邏輯實證論（logical positivism）的世界觀，認爲宇宙萬物是一客觀存在的現象，世界是獨立於心靈以外而存在的客體。」余致力等學者認爲：「在對問題的詮釋過程，會融入個人價值偏好，導致事實不是純粹的（pure）事實，而是具有價值導向的。」

銓釋學派（hermeneutics）則另有看法，認爲「社會現象並非客觀存在的實體，而是基於個人本身的主觀知覺和過去的生活體驗，經由詮釋而賦予其存在意義。」吳瓊恩（2001：649）強調：無所謂「客觀的觀察」、「客觀的解釋」這一回事。公共問題是客觀存在的事實，公共問題的建構不是創造或發明，而是一種發現。這呼應 Hilgartner & Bosk（1988：55)：「社會問題的存在是社會上集體認知（collec-tive cognition）的投射，絕非單純客觀情勢的倒影。」

綜結前述，所謂社會問題或公共問題的認知充滿歧異，都不是客觀存在那裡（out there)，它是人們循理性分析之程序去發現，有相當成分是主觀建構的。

二、公共政策的意涵

（一）「政策」源起

「政策」（policy）一字源自希臘文、拉丁文、及梵文。希臘文和梵文的語根 polis（城、邦）加上 Pur（城）演變成拉丁文 politia（邦)，後再演變成中世紀的英文字（policia)，此字的意思是「公共事務的處理」（the conduct of public affairs）或「政府的管理」（the administration of government)，後演變成今天使用的 Policy 一字。

「政策」指某項被接納或提議去達成某一情況或目標的行動方案。另謂「政策」適用於公部門機關、私人企業機構及各種社會組織。以政府機關而言，「政策」層次最高，次爲「計畫」（plan)，再次爲「方案」（program)，接後爲「措施」（measure)，最後爲「行動」（action)；私部門對「政策」定義較簡明、具體可行。

「政策→計畫→方案→措施→行動→評估」此爲學理上的政策演展程序，在實務上有很多空架構的政策一旦被提議，挾其議會絕大多數席次，通過預算，而行政部門被迫採取行動，例如 2016 年政府八千億的前瞻計畫是無比重大的公共政策卻急促上路，行跳躍式盲動。

（二）公共政策的意涵

「公共政策」（Public Policy）一詞，中外學者依不同角度各有不同的定義：H.D. Lasswell & A.Kaplan（1950）於《權力與社會》（*Power and*

Society)：「政策係爲某項目標、價値及策略進行有計畫的方案。(Policy is a projected program of goals, values and practices.)。政策過程包括各種認同、需求和期望之規劃、頒布及執行。」；Richard Gable（1984）：「公共政策是現代政府的核心工作（Public Policy is the heart of modern day government）。」政策是政府爲某目標、價値進行策略性的規劃，愼選政策是政府的核心工作。所謂錯誤的政策，例如城鎭市在不當地點加蓋停車場、運動場，在欠缺後續維修經費的編列形成蚊子館，債留子孫後果比貪污還嚴重。2020 年 COVID-19 疫情，川普選擇「不戴口罩」的政策，訖 2020 年 12 月 9 日高達 14,954,331 人染疫，283,743 人死亡，確診、死亡數字，悉居全球之冠，是否與政策的失誤有關，値得深思。[251]

David Easton（1953）：「公共政策是政府機關對社會價値作權威性的分配（authoritative allocation of values）。」；Thomas R. Dye（1998）：「公共政策係政府選擇作爲或不作爲的任何行動。(Public policy is whatever governments choose to do or not to do.)」Dye 強調公共政策制定的「過程」（process），扮演非常重要的角色。

政府對社會價値的配置，不論作爲或不作爲都屬於政策作爲；例如高速鐵路是否向南延伸？作與不作都是政府的政策。政策過程決定行政作爲的周全、粗糙。政府決策者不宜爲某特定政治目的，草率行事。前政府爲政治考量在恒春原空軍戰備機場擴建爲航空機場，在盛大啓用典禮後，未符經濟效益，數年後幾近荒蕪。

Ripley & Franklin（1984）：「政策即政府對被認知的問題所做的聲明及所採取的對策。(Policy is what the government says and does about perceived problems.)」；Anderson, James：「公共政策是指政府機關或人員，爲處理問題所採取的有目的行動方案。」對公共問題要有週全的認知在先，而後有綿延愼密的政策規劃及其行動方案。

吳定：「公共政策指政府機關爲解決某項公共問題或滿足公眾需求，決定作爲或不作爲，以及如何作爲的相關活動，包含數項要點：公共政策是由政府機關所制定的；係政府機關對某項問題或需求，決定作爲或不作爲的所有相關的活動；制定的目的在解決公共問題或滿足公眾的需求；政府機關如決定作爲，即以各種活動表示內涵：諸如法律、命令、規章、方案、計畫、細則、服務、產品等。」

Howard M. Leicheter：「公共政策乃是由權威性人員所採取的一系列以

---

251 聯合報，「全球主要國家疫情」，2020 年 12 月 9 日，A9。

目標爲取向的行動。」Grover Starling：「政策是目標或目的一般性陳述，而計畫則爲達成政策目標的一種特定之方法。」；美國政治學者 Austin Ranney（1920-2006）：「政策概念包括五項意涵：特定的目標、擬定的方針、選定的行政路線、意旨的宣布、意旨的執行。」政府或組織領導者對公共問題的特定目標或目的，採取擬定方案及途徑，匯聚各種資源逐步執行。即前述公共問題先於公共政策。

余致力等學者：「公共政策的兩個主要要素：政策問題與政策工具。」其中政策工具引據 O'hare, M.（1989）看法分爲直接介入（產制、購買、禁止、強制）及間接介入（課稅、補助、告知、呼籲）二類八種工具。[252]毛治國：「公共政策有三條腿：經濟發展、環境保育、社會公平安全。以蘇花改爲例……，公共政策目標原點，根據『社會公平與安全』重新定義問題……，本案就是根據程序正義與利害團體的徹底溝通，若不做到位用行政力量蠻幹，勢必引發反彈與民怨。」[253]執政團隊挾其國會多數席，國安五法及反滲透法等，尤其反滲透法幾乎完全不顧程序正義，在短短數十天逕付三讀。但回顧馬團隊在立院擁多數席位時，亦曾蠻幹的案例。今日究係模仿還是反喫？但善良百姓何辜？能不怨不唾？公共政策應立基於公共利益爲前提，審之今勢「民主政治制度」良乎惡乎？

前述公共政策實例，應屬過渡性，在「漸進調適理論」孕育下，公眾有智慧撥亂反正。公共政策的理論架構論析，希望從政策問題的界定與工具的選擇來解析公共問題的複雜性及人們對政策意見之分歧。

（三）公共政策的特性

政策問題的複雜性，其解決方式誠如 Waldo（1981）所言：「政府必須解決公共問題，但這往往超出其能力範圍，或者更精確地說，是超過人類集體智慧的極限。」茲列舉 Lasswell 與林鍾沂兩位學者看法：

1.公共政策是跨科際專業性特質

Harold D. Lasswell 提出公共政策屬跨科際學術領域。肇因公共政策研究之目的，旨在協助政府解決社會問題。詮釋公共政策應採取社會學、心理學、經濟學，及自然科學等跨科學領域的整合性研究；強調實證性較之統計量化更重要，係基於人類行爲極端複雜且多變性，顯非部分的

252 余致力、毛壽龍、陳敦源、郭昱瑩，2008，《公共政策》，智勝，頁 14-17。
253 毛治國，2020 年 1 月 5 日，「『蘇花改』的熱鬧與門道」，*聯合報*，A12。

統計數字所能正確掌控，或以計量結果據以推論或詮釋；社會科學範疇之政策研究偏重社會的大政策，政策科學應聚焦於鉅大的社會問題，關切社會人群的基本重大問題，有助於提昇解決社會問題的層次；人類社會行爲在多樣性因素影響下，行爲問題牽涉更加多元的利害關係人，政策議題考量的影響因素，更加要廣泛周圓地假設，交叉比對分析以印證理論，社會複雜性增添醞釀政策理論的多樣性（diversity）；政策科學著重實用性及社會問題的解決功能性，政策研究結論的價值，在它的實用價值，能否運用於解決人類社會的疑難，改善人類生活？

政府對重大政策在實務面欠缺跨學科性的整合研究，以反核爲政治意識主軸，未能兼顧農業良田生產面積快速萎縮倡議農地種電、亦未考量全球氣候暖化減碳排放全球性政策，賡續擬議在台中火力發電廠跨過地方政府權限擴充機電。公共政策從問題認定、方案規劃都在踐行維護民主政治的運行爲宗旨，公共政策科學除維護民主制度的正常運行，更要規範防止政治人物的偏狹護短的消極作爲。

2.公共政策深具廣雜特質

林鍾沂認爲公共政策的網絡具有深廣的複雜性，涉及多元利害關係人，且是長時間的互動與妥協結果；政策須經長時間的運作規劃始能界定，政策非單一項目的決定所能表達，必須匯聚其他相關的決定始能界定；政策規劃過程屢受時空變遷而轉折，執行過程中同受內外環境、條件的不同影響政策價値，促使政策進行調整、修正；政策的發展很難產生政策終結，以社會問題的連續性，大小問題糾纏很難切割了斷，政策終結很難，只能漸進調適；政策的研究屬於社會問題的探索，而對問題的探索未必要進行政策制定，其中夾雜著不同的政治意涵或政治宣示的效益；政策問題確定後，更要配合政策執行前各領域資源的配合，政策的執行決定在基層人員，政策是否讓基層官僚體系清晰瞭解政策的眞正全貌精神所在，影響政策成效及結果。政治性的意涵與宣示往往截灣取直，讓政策論述與理性探索置之高閣，政治人物擅用國族主義、愛國主義快速收割政策論述，歸諸爲愛鄉、顧主權。

3.議題詮釋

（1）政策與決定

「政策」是指較一致性的行動方案（course of action）;「決定」是指某特定時空的口頭或行動承諾（oral or act commitment）。因之，政策可能涉及相當複雜的問題，且是長時間內不同政策的糾結；決定可適時變更調換，不需計較投入與效益，偏重在威權性、資源配置性取捨。

（2）政策科學

H. D. Lasswell 首倡「政策科學」一詞，「政策科學指關切政策過程本身與內部的知識。」[254]政策科學（policy science）指研究公共政策有關之論題的系統性知識，以探討政策研究與政策分析，著重在政策有關的學術理論與方法論的研究探討。研究目的在累積政策相關知識。

（3）政策研究

政策研究（policy research）指研究政府機關如何針對公共問題、研擬解決方案及政策，及如何執行政策方案的相關論題，亦即「針對政策本身的研究」。研究範圍包括：政策內容、政策過程、政策產出、政策調整。

政策內容的研究旨在描述特定政策的發生背景與發展；政策過程的研究則在探討政策問題如何形成階段性活動，政策過程必然要深入政策內容的研究，但偏重於政策形成的因素；政策產出的研究在探討不同地域或國家的公共經費或公共服務等政策產出，受到那些因素影響？屬政策決定因素的研究。政策調整是政策轉換方式之一，取原先政策之精髓去蕪，注入新血重新培育以新名稱替換。農地種電、前瞻計畫 2.0 版屬之。

政策研究的目的：在瞭解公共政策過程與公共政策本身，最終目的在建構政策理論，利於對政策作出描述性與詮釋性的闡述，政策研究通常由學術社群發起。

（4）政策分析

政策分析（policy analysis）指政策分析家運用科學知識與推理方法，設計政策方案，以解決社會問題的相關論題，又稱「為了政策而研究」。研究範圍涵蓋：政策倡導、過程倡導、政策制定資訊。政策倡導：指政策分析家提出特定政策方案與觀念，向社會大眾或政策制定者推銷其所主張之政策活動/方案；過程倡導：指企圖改進政策制定系統的活動；政策制定資訊：指政策制定者為政策制定，所需的各種相關資訊。政策分析的目的：政策分析主要由政府部門或民間智庫所發動，其目的是希望能設計出能實際解決社會問題的政策方案，政策方案會呈現規範性或理想性。

---

[254] Lerner, D. & Lasswell, H.D., 1951, *The Policy Sciences: Recent Developments in scope and method.* tandford, A: Standford University Press.

政策研究與政策分析兩者有別。政策研究者是獨立的研究者，從事自己感興趣的政策問題分析；政策分析家是專業的實務者，在政府部門政策分析者基於職責所在，從事政策諮詢工作。政策研究者可以自由選擇任一有價值的政策加以研究；但政策分析家則必須根據職責或道德標準加以選擇。政策研究者的規範架構，必須透過政治過程的辯證程序加以檢視，或與其他政策研究者進行立論的辯論；政策分析家以法律權威檢視其規範架構，以爭取決策者的支持。政策研究者關切廣泛的政策問題；政策分析家則關切具體的政策議題。

三、公共政策的類型

（一）組織結構觀點

丘昌泰認爲公共政策從政府上下層次的組織結構可區分爲：1.政治性政策（Political Policy）或稱「政黨政策」，係指政黨向社會提出之政策，通常具有一般性、原則性或理想性的目標，如：「清流共治」、「國安五法」等宣示性政策。2.政府政策：政府政策（Government Policy）或稱「國家政策」，係指政黨組閣後，形成執政團隊更具體的政策主張，以實踐政治宣示，如：「提昇國家競爭力」、「新南向」。3.首長政策：首長政策（Executive Policy）或稱「執行政策」，係指機關首長在政府政策之下，依優先順序而擬訂的政策，如行政院爲提升國家競爭力的國家政策下，外交部提出「新南向」、交通部的「輕軌」計畫。4.行政政策（Administrative Policy）：係指爲執行國家政策、首長政策所擬訂之一系列行動綱領包括：成立相關機關、編列預算、配置員額、細部執行計畫等，如「高雄港境外轉運中心」。

（二）政策連結性觀點

根據美國公共行政學者 Grover Starling 認爲：「政策是目標或目的之一般性陳述，而計畫則爲達成政策目標的一種特定方法。其中政策（Policy）、計畫（Plan）、實施方案（Program or Project）係屬連結關係。」公共政策的連結關係不限於內部關聯性，從資源取得單項而言，政策就具備明顯外部關聯性。

（三）政策行動層級觀點

美國公共行政學者 William N. Dunn 認爲公共政策的行動具有層級性。[255]其結構包括：1.中央政策：指從中央至地方政府所面臨的最高層次問題，屬於整個組織的全面性目標，也涉及機關的目的與本質的問題，如：社會貧窮狀況的議題。2.地方政策：「著重於中央與地方政府的計畫層次，將政策主要目標化爲政策行動，次級政策會涉及計畫優先性的配置及標的團體和受益人如何定義。」從國家戰略、國安維穩的觀點，政策應有主要、次要之別。3.功能性政策：「指各機關依據主要政策及次級政策所標示的方向，決定其執行計畫所需要的資源，以及著重方案的層次，如涉及預算財政問題。」誠如徐仁輝所言：「一切的公共行政以預算資源爲核心問題。」4.執行性政策：指達成政策目標所需的各種專案，最常見的是具體方案層次，涉及人事聘僱、福利、休假、工時配置及標準作業程序等資源配置執行。

William N. Dunn 的觀點係從組織結構論探討公共政策的推動、執行或評估，要觀察各層級的政策行動，中央與地方是有其區別的，尤其當中央掌控資源配置權爲最。以 2019 年 7 月 19 日爆雨爲例，高雄市受災戶的補償，中央給付補償金高市與其他縣市有明顯落差，其他縣市長向中央提出質疑及批判。

（四）零和賽局理論觀點

Lowi, Theodore J. et al.匯和「零和賽局理論」（Zero-sum Game Policies）的觀點，認爲公共政策類型爲：1.分配性政策（distributive policy）：指政府機關將服務、利益或成本、義務分配給不同標的人民享受或承擔義務的政策。此類型屬「非零和」（non-zero sum），即此政策之執行並不構成「他方之所得是建立在另一方所失」的基礎上，故較易被接受。2.管制性政策（regulatory policy）：指政府設定一定的原則與規範以指導政府機關或標的人口從事某些行動或處理各不同利益的政策。此類型屬於「零和」（zero-sum）的政策，因此類型政策常使一方獲利而另一方受損。因之易受抗拒，如財稅政策、外匯管制政策。3.再分配性政策（redistributive policy）：指政府將某一特定標的團體之利益或成本移轉給另一標的團體來享用或負擔的政策。此爲「零和」（zero-sum）的政策，因之易受抗拒，如綜合所得稅採累進稅率。（前述三者爲 Lowi 所倡議）

---

[255] Dunn, William N., 2015, *Public Policy Analysis*, 5th ed. Routledge Taylor & Francis.

自我管制政策（self-regulatory policy）：指政府機關對某特定團體之活動僅設定原則性之規範，而由該團體自行決定其活動方式。此非屬「非零和」的政策，執行上阻力較小，如美國教育政策及環保政策，責由各州政府決定。（自我管制政策係 Salisbury 所增，合計兩位學者共分四類型公共政策。賽局理論觀點的分類僅屬粗梗，實務面中央責付、授權地方配置資源，但中央往往隨時伸手介入地方的施政作爲。

（五）賽局與非賽局政策

從賽局理論（game theory）觀點，公共政策可視爲參賽者相互競爭的對抗行爲。賽局理論或稱博奕理論，係以數學概念分析具有競爭性或對抗性的行爲，其中最典型的是零和賽局（zero-sum game），以及非零和賽局（non zero-sum game）。零和賽局政策：指參賽者的各方，在嚴格競爭環境下，一方的得利必然意味著另一方的損失，導致各方的收益和損失相加總和永遠爲「零」，這是一種「你輸我贏」的零和賽局，參賽者雙方不可能存在合作的可能。非零和賽局政策：正好相反，係指參與賽局的各方，並不產生絕對互斥的零和行爲，某一方的收益未必造成他方的損失，收益或損失的總和不是零值，此際，某方之所得並不與他方的所失相等，賽局的雙方可能同時存在雙贏的局面，進而產生合作的可能。

從公共政策的研究而言，零和或非零和賽局理論有其探討必要性，在實務層次賽局理論可能敵不過公共利益的論述，政策決策者沒有膽識或毅力，只偏袒少數者，那無異增加亂源，徒添對方在選戰勝利動力。

（六）多面向政策類型

Anderson, James E.（1990,2010）是《公共決策》（*Public Policymaking*）一書作者。Anderson 從多面向綜析公共政策類型如次：1.實質性與程序性政策：實質性政策（substantive policies）指政府將著手進行的實質性工作，如前膽計畫、社會福利金發放。程序性政策（procedural policies）涉及如何作某件事，或何人將採取行動，例如追緝捕罪犯、處理業務的程序等政策。2.分配性政策（distributive policies）涉及對個人或團體的行爲施予規範或利益分配；管制性政策（regulatory policies）指對個人或團體的行爲施予規範或限制；自我管制性政策（self-regulatory policies）係對某些事或某些團體施予限制或管制，但其限制或管制的用意在尋找或支持被管制者的利益；重分配性政策（redistributive policies）涉及不同標的間之財富、收入、財產、權力的轉移（亦即重分配）。3.物質性政策與象徵性政策：物質性政策（material policies）指提供具體的資源或實質的權力與受惠者，或相反的，對標的給予具體實質的不利處分；象徵性政策（symbolic policies）涉及抽象或象徵性的事務需求，如要求和平、愛國、社會正義等。4.集體財與私有財政策：集體財的政策（policies involving collective goods）指提供每個人均可享受不可分割的公共財之政策，如國防、社會治安等；涉及私有財的政策（policies involving private goods）指提供給特定使用者或受惠者享用，但可在市場上獲得之財貨之政策，如興建國民住宅和公園等。5.自由派與保守派意識型政策：從政府執政者的意識型態類型可分爲保守派政策（conservative policies）與自由派政策（liberal policies）之區。兩派區別在於：對於政府規模大小、市場型態及傳統社會價值的接受度。保守派政策：信奉「小政府」，最少干預的政府即是好政府，傾向自由市場經濟，主張國家管制力量應退出市場，讓「一雙看不見的手」，自行發揮供需平衡的調節機制；在社會道德規範上，接受傳統社會價值，如反對社福支出、加稅、同性戀、及反共產主義等典型主張。自由派政策：信奉「大政府」，提供愈多社會服務的政府是最好政府，傾向中央集權，主張國家計畫經濟，國家力量應適時管制自由市場，以達公平正義的目標；在道德規範上，對社會現象保持容忍態度，支持墮胎與同性戀婚姻合法化，主張增加社福支出、富人加稅、尊重意識型態。

Anderson 的分類恐過於單純，以全球氣候暖化問題的政策，涉及層次及範圍難以前述範圍定義。應改弦更張，即符國內政策規範，更要呼應全球協議。

四、公共政策的研究

（一）研究緣起

1.「世界時潮所趨」：重視研究公共政策係順應世界重視研究的時潮，上世紀六十年代後，世界已開發國家非常重視政策科學、政策分析，與公共政策相關的論題研究。這些研究與國家發展有極爲密切關連，必須積極參與急起直追。

2.「建構有效率的政府」：爲建構政府成爲一個有效率的政府，現代政府要成爲行政運作有效率、效能的團隊，理應具備五項特性：即「回應性」、「代表性」、「責任性」、「可靠性」)、及「務實性」(responsibility, representation, responsibility, reliability, realism)。要具備這五種特性，政府理應對公共政策的運作、過程進行研究。

3.「快速因應國安危機」：爲促使政府能快速因應「不確定的年代」內、外環境變遷所帶來的各項危機，包括外交、國防、恐攻等危機外，政府尙面臨「三 E 危機」：「經濟危機」(Economy crisis)、「環境危機」(Environment)、及「能源危機」(Energy crisis)。其中美伊兩國 2019 年荷莫茲海峽危機對峙，對我政府十四天天燃氣儲存量是重大挑戰，我們尙處在兩岸對峙、中美日三強競逐的隙縫，各項危機自應對公共政策投入更多資源。

4.「提高決策品質與行政績效」：政府決策品質及行政績效能否有效提昇，仰賴公共政策能否妥適運作、決定。行政績效決定於效率及效能能否提昇。「效率」決定於產出與投入之比率，「效能」取決於目標能否達成的程度。

5.「提昇國家競爭力」：國家競爭力的提昇一直是各個政府執政團隊共同努力目標。而公共政策的有效制定、執行與評估，居於極端重要地位。對公共政策應進行深入、系統性的研究，有助於國家競爭力的提昇。

（二）跨科際整合與公共政策

科際間的交流與互通乃當今學界共識，沒有任一單獨學門能獨撐社會問題，唯有各學門相互激盪跨領域的注入新活力，是共同致力標的。包括 1.政治學與公共政策：公共政策研究有助於對國家政治變革，究其深奧多元主義與統合主義間的辯證與互動，同爲政治學關注重點。2.政治決策之制定係由多元利益團體共同參與的多元化主體，政治利益更被高度分隔分化於不同的行動者、政治人物，多元主義表現多元社會的特徵，公共利益配置更是多元團體的爭鬥妥協結果；公共政策是多元利益團體與其對立團體間勢力與影響力均衡的結果。

統合不同利益團體成有限數目的單一性、強制性、階層結構與功能分化的團體，以換取決策領導者的支持、管控。在不同的政策領域、不同層級政府、不同國家公共政策，是社會中多元的社區、團體與個人所共同決定。但以意識、政治爲導向的政策可能嚴重偏離民意，如反滲透法、反萊豬。在特殊社會中仍會出現單一性、強制性、層級結構與功能化的團體所決定，如專制性政權。

（三）民主審議與公共政策

審議式民主的倡議在民主化趨勢下，民意與公民的自主參與漸受重視，公民直接參與公共政策的審議式民主（deliberative democracy）受到倡導。透過公聽會、社區論壇、溝通辯論會等方式促成公民理性反思與公共判斷。審議式民主未必要求達成一致性共識，而在參與者彼此信任、溝通、表達對政策的支持或接續合作的意願，透過共同行動以符民眾之需求與民主價值。

利益團體的角色與重要性：利益團體是民主政治中不可忽略的參與角色，利益團體提供發聲管道，以保護或增進團體自身的利益，其對特定政策的意見常是政府制定公共政策的依據。

公共政策旨在實現公共利益。公共政策關切民主政治的價值，包含政治民主、經濟平等、資源合理分配與社會公平正義倫理的實踐，公共政策的運作應將其使命及價值定位於促進民主政治、實現公共利益、及民主行政等面向。

（四）資訊科技與公共政策

資訊科技助長知識創新。各領域的資訊化已成不可阻檔的趨勢，對公共政策亦不能免，資訊化本身的再生及創新，帶來知識爆炸，讓知識管理更形重要無比。主要作法包括「知識分享」、「知識累積」、「知識分類」、「大數據運用分析」，進而創新知識，分享新知，再度被分享構成大循環過程。公共政策需資訊科技不斷創新、分享。

Levine, Peters & Thompson（1990）；Rosenbloom（1998）：強調：「課責」、「代表性」、「合作性」等原則是政府應具備的施政機制。政府的決策過程要透明及資訊公開，都被視爲民主原則的重要途徑。確實回應民眾需求，以及確保行政行爲的透明化是有效課責的重要條件之一。

資訊科技助長政策效能落實民主政治。建構「政策資訊系統」（policy information system）達成政策制定過程知識的分享、程序的透明、知識的累積及分享與創新功能。政策資訊系統的最終目的是希冀提升政策決策品質，增進政策效能與正確性，建構有效的課責機制，落實民主政治原則。

（五）全球化、公共政策

1.全球化正負效應

全球化係世界經濟整合的努力，究竟全球化對各國的影響，非常不一致，有些仰賴全球化經濟從中獲益，有些國家的貧富懸殊愈趨 M 或 L 型社會，中產階段逐漸消失，此乃川普以「美國優先」的競選口號當選總統原因之一；全球化導致高失業率，2016 年英國選民在公投後，決定「脫歐」（Brexit），卻引起蘇格蘭選民的反對，前兩年的蘇格蘭獨立公投未過，在決定「脫歐」（Brexit）成爲定局後，蘇格蘭地方執政當局因爲經濟及就業問題高度仰賴歐盟的經貿，重提「脫英」的公投，此與英倫三島南北經濟就業等因素的落差有關。

全球化爲世界經濟體系的革命，資金籌措源自世界各地，以結合科技、通訊、管理人才。全球化導致工會勢力的消退，也讓民族主義影響力式微，所以過去白人主義在川普當選後重新抬頭。全球化讓國家、政府、政治利益團體、工會力量的式微，形成多面向，不受地方限制的多元全球社會，跨越民族國家的彊界。全球化產業讓跨國企業權力愈來愈大，數目日益增加，拉大貧富差距，引起利害關係人群起反對全球化的示威、遊行、暴力衝突不斷。

2.理論與實務對峙

公共行政學者 Farazmande, A.（1999）[256]在〈全球化與公共行政〉一文指出全球化實務與公共政策理論發生碰撞，挑戰無數面向包括：全球化企業菁英取代政府與公部門的經濟領導者角色，公共論述與民眾意見逐漸縮水。企業主強調社會控制與資本累積，傳統政府爲公眾服務，逐漸消退於無形。企業透過人事精簡、AI 機具擴大運用，以政府無效率爲標的；政府對公眾的科技教育趕不上，企業主對科技的引用，釀成非技術類的公眾的高失業率及恐懼心理。私有化在欠缺監督機制下，造成貪腐的機會增加。全球化吸引菁英人才，在提倡菁英主義下獨厚菁英。Farazmande 除上述論點提供公共行政如何因應全球化浪潮所造成的負面效應；在全球化經濟競爭，政府如何提出跨領域議題、跨宣傳方式的公民社會，找出更具體、公平、公開、更透明化治理方式，提昇就業率縮小貧富懸殊差距。

[256] Farazmande, A., 1999, “Globalization and Public Administration.” *Public Administration Review*, 59(6, 719-730.)

Farazmande 固然有正面論述，但企業菁英眞能取代官僚體系？答案是未必能全面取代；但特種專業領域超前確已成形；企業以營利爲標的，政府爲公共利益善盡其責；政府效法企業的績效管理以降低人力、資源的成本提昇行政效率，重視技術職教培育專技人才降低失業率；公私部門的貪腐同樣存在，私人企業董監事淘空企業與官僚體系「過去可以」的顢頇，無視法治而行「團購香菸」多年。

第二章　政策議題、政策分析

一、政策議題源起、類型

（一）政策議題源起

公共政策議題源自於大眾媒體與民意互動的過程，兩者在政策議題的啓動，熟先熟後，誠難切割。媒體透過專業人才的蒐集，匯聚成較具體的議題，與民意進行互動交換，再型塑成大眾媒體報導的重點。這與McCombs, Maxwell. E. & Shaw, Donald. L.於 1972 年以 1968 年美國總統選舉爲研究，發表〈大眾傳播媒體的議程設定功能〉（The Agenda-Setting Function of Mass Media），首倡「議題設定理論」（agenda setting theory）的觀念。兩位學者指出大眾傳播媒體報導重點與民眾關切的議題有強烈密切互動關係。媒體對議題設定的基本假設（basic hypothesis），影響公眾對特定議題重要性認定與影響力，也是型塑民意的重要步驟，媒體成爲公共議題形成的重要公器。「謀體議題」（media agenda）是大眾傳媒體重視的重點，它與民意重視的「公共議題」（public agenda）略有差異，透過兩者的互動，對特定議題成爲媒體、公眾兩者重視的議題，成爲思考與論述的焦點，大眾媒體促成重要特定議題成爲「政策議題」（policy agenda），受到政府機關的特別重視，將它納入政策議程處理過程。

吳定（2004）：「政策議題指政府機關決定是否將某一公共問題予以接納並排入議程處理的過程。」Cobb, R. W. & Ross, J. K.（1983）：「將一國政策議程分爲政治議程與正式議程兩種，前者是政治領域共同重視並意圖解決的政策議題；後者指經政府篩選形成一正式議程定案的整個過程，即議題設定（agenda setting）過程」。根據余致力（2007；27）等學者研究指出：實證研究中能將媒體議題、公共議題與政策議題三者間互動關係的實證研究並不多。蔡炯青與黃瓊儀（2002）對台北市實施垃圾費隨袋徵收的研究實屬珍貴又例外。

政策問題發生後，提出管道有多重，僅述數種途徑：1.政黨：政黨成員分佈各地，各地涉及黨員之社會問題其觸覺体會最爲深刻，黨員均可依循政策管道，透過政黨向主管行政機關反映。2.民意代表：民意代表的主要功能即在反映選區選民的問題，成爲選民喉舌。選民有問題通常會透過選區民意代表提出。3.大眾傳播媒體：公共問題的利害關係人，透過報章、雜誌、電視、廣播等媒體，公諸於世引起社會大眾的注意，促進政府機關加以接納、修正。4.意見領袖：在社會上各領域：政治、經濟、交通、建設、氣象、學術界，專業智識、技能，透過專家、意見領袖提出看法，可以引起政府部門的注意。5.利益團體：社會各不同的利益團體表述各不同的意見，提供政府不同部門的參考。6.當事人代表：公共問題攸關的利害關係人，推舉共同的代表，或受問題影響到的利害關係人直接向政府提出。7.候選人：各類型選舉候選人在競選時對公共問題向政府提出之政見、批評、建議，既在反映、提出各種公共問題。8.抗議示威者：受到公共政策、公共問題直接或間接影響的利害關係人，藉諸示威、抗議遊行，將公共問題直接表露，爭取大眾媒體、社會大眾及政府部門對抗議示威者的訴求，引起關注。8.行政人員：政府機構基於業務職掌的推動，常會就其主管業務範圍，主動提出業務興革意見，及未來發展重點，因之會主動將公共問題提出。今天一機在手上通天庭下達九泉，網絡無遠弗屆；以川普總統爲例，日理萬機之餘，仍運用推特、臉書等軟體，舒展總統、個人的意見，影響力恐是 IT 發明後，前人無法想像的力道任其飛梭宇宙任一角落。

2013 年洪仲丘案在軍中禁閉室被霸凌致死，不但揭露軍中管教、軍紀問題，最後促成在承平時期軍人審判由軍事法庭移至司法體系的普通法庭。過程中洪仲丘姐姐洪慈庸成爲當事人代表，後被公眾擁鼓參選立委進入立法院。

吳定在《公共政策辭典》一書（2005：218）指出：「政策窗」（policy window）一詞係 J. W. Kingdon（1995）在 *Agendas, Alternatives, and Public Policies* 一書所創的專有名詞。政策窗的開啓係提供政策倡導者推動偏好的解決方案，或銷定公共焦點議題於特定議題之良機。政策窗的開啓卻與政策問題或政治流有關。「問題窗」指新問題的出現，「政治窗」如民選官員的輪替。開啓時機有可測或不可測之別，如定期總統選舉爲可測，911 事件則爲不可測。

政策窗的開啓，通常不會太久，錯過可能要等良久才有下一次。然一旦開啓，問題或建議案便會蜂湧而至。政策參與者倘若投注相當資源，便可善用「問題流」（problem stream）、「政策流」（policy stream）、及「政治流」（political stream）三者匯流導致政策窗開啓的契機闖關，或順勢推升至「政策議程」之列。

「政策流」（policy stream）意指政策替選方案之產生，如同生物學之物競天擇的道理，是一種篩選的過程。政策流指政策建議案的發展，乃依據其自身的誘因與篩選標準而定。「政策原湯」（policy primeval soup）指政策替選方案的產生是一種篩選的過程。不同的理念彼此在交互激盪下結合與再結合，稱之爲「政策原湯」，以突顯政策起源的不確定性。尤其在議會掌握在優勢席次的意識型態政黨，即使有「問題流」、「政策流」豐沛資源支扶，仍難逃「政治流」的斬刪。

當前執政團隊適時運用議會席次優勢，可任意開閤政策窗快速通過「反滲透法」、「黨產修例」、「國安五法」等作法，恐非學界所能預卜。

（二）政策問題的類型

政策問題的分類良多，一般是從「問題結構」、「問題層次」及「問題的特殊性」等三個面向加以區分略述如次：

依「問題結構」區分爲「結構良好」（well-structured）、「結構中等」（moderately-structured）、「結構低密度」（III-structured）等三種政策類型：「結構良好」（well-structured）：依 Dunn（2003）觀點：結構良好的政策問題可稱爲第一類型的政策問題，屬於戰術性的問題。如建立電子化政府的議題，這是非常專業及技術性的政策問題，它便是一個結構高度或良好的議題。「結構中等」（moderately-structured）：中度結構問題的模型，是政策賽局最佳的例證，就是所謂「囚犯困境」模型，以及國際間所進行的自由貿易協定的雙邊談判屬之。「結構低密度」（III-structured）：結構低密度又稱不良的政策問題，涉及許多不同的決策者，政策的效用無法得知，也無法按照順序排列。此類涉及多元決策制定者及政策方案，政策利害關係人對政案方案目標不具共識，呈衝突現象。Dunn 認爲結構不良的政策問題，屬於「戰略性」問題。如是否興建蘇花高速公路等。通常第二類型的政策問題將有「互賴性」、「主觀性」、「人爲性」、「動態性」的四種特性，因之政策分析家認爲結構中度的政策問題，必須認清問題的特質，才能有效解決。[257]

「問題層次」區分爲：1.主要問題（major issues）：指涉及政府機關任務之最高層次問題，屬於整體性、策略性、長期性發展政策規劃問題及發展方向之預測。如八千億前膽計畫。2.次要問題（secondary issues）：指政府機關內部單位的計畫或任務，涉及優先順序，及研擬計畫目標及執行策略。3.功能性問題（functional issues）：指政府機關計畫上的運作問

257 Dunn, W. N., 2003, *Public Policy Analysis: An Intorduction, 3rd ed. Prentice Hall.*

題，政府機關爲執行政策所必須面對的預算、人力、物力、技術等資源之管理。如預算、財務、採購等。4.輕微問題（minor issues）：指比較細節性的問題，爲達成政策目標所採取的具體的行動措施。如人事業務、幕僚業務、福利、休假等調置。

依「問題特殊性」區分：依政策問題特殊性可分爲「一般的問題」、「中等的問題」、「特殊的問題」：「一般的問題」屬於現代社會整體的問題；「中等的問題」指罪犯及社會公道一般問題及家庭解構的問題；「特殊的問題」如罪犯的處理方式，犯罪率上升，及不良少年的增加。

前述分類易於分判政策問題在過程中的屬性，切記不被類型固樁於一，因同屬一類型的社會問題政策，會受制於決策者、社會期待、政治角力等力道左右變更問題屬性。

二、建構議題易犯的錯誤

（一）議題的誤判

政策問題源自社會，對社會問題應深入探索，找出解決方案，避免「以正確方法解決錯誤問題」。政策分析人員、決策者都應認定政策問題所在，避免錯誤決策的發生。根據 Grover Starling 在《政策制定策略》（*Strategies For Policy Making*）[258]研究指出，容易對政策問題發生診斷誤判的原因有如次：

「組織結構」（organization structure）：組織結構屬於官僚體系的層級節制組織，資訊流通一貫從上而下的指揮體系，在資訊流通過程易被扭曲，形成落差。加上組織的集權化，使上層人員負載嚴重，難以獲得正確資訊。組織結構過於嚴緊固有利於統御指揮及命令下達，但監控系統一旦麻木失序，易致小洞變大洞、根腐而不察，原因可能源自：1.意識型態的偏差（ideology）：指幕僚人員對政策問題認知的信仰系統。這種型態有其危險性，妨礙眞正訊息的傳達，過於堅持信仰，會阻礙實際問題的瞭解，造成認知的不一致，使信念與實際現狀產生強烈衝突。2.無知（ignorance）：一個人對自己無知的無感是對問題診斷誤錯的主要來源。亦即決策者自認自己無所不知，殊不知政策問題可能涉及專業的知識技術，造成錯誤決策。3.超載（overload）：決策者面對無數決策資料，結果

[258] Starling, Grover., 1988, *Strategies for Policy Making*. Chicago, IL: The Dorsey Press.

可能掛一漏萬，遺漏眞正重要且深具價値的資訊。4.干擾/噪音（noise）：噪音因素影響政策問題的診斷，常發生在訊息傳送過程，受傳送者或接受者不同的解讀，或與其他訊息混合，造成認知上的混淆，對政策問題難以進行正確判讀。5.落差（lag）：指決策者接受訊息至反應之間的時間落差；當政策問題發生，決策者未作適當回應，該問題經過一段時間產生不當影響。6.迴避（avoidance）：指決策者在主觀的意願上，不願面對結構性問題，造成社會各族群發生衝突及社會不穩定。7.隱藏性問題（masking problems）或假性問題（pseudo-problems）：以眾所知悉的問題，去掩飾其他更重要的問題，只注意小問題卻蓄意隱藏更重要的問題有待解決。解決錯誤的問題雖不見得造成傷害，卻無法面對應該面對更重要的政策問題，徒然浪費國家資源。

例如 2019 年 7 月爆發國安隨扈官員於總統出訪返國專機，挾帶數千條香煙被調查局與海關總署共同查緝之醜聞，致國安局長請辭以示負責。某監察委員於馬前總統洩密案無罪定讞後，對歷次庭審法官約 20 人進行約詢，外界解讀其在體驗意識型態。決策者個人能力的超載作出錯誤判斷。決策者在面對過多政策問題無法解決時，以小問題搪塞掩飾大問題等，屬對政策問題的誤判。

（二）議題建構

議題建構是政策分析的首部曲。政策問題建構（problem structuring method）指利害關係人透過相互辯論與溝通，加以系統化找出問題的癥結或成因的過程。政策問題也是利害關係人相互對談的共識或問題成因的系統化過程，也包括決策者或分析家單方主觀判斷的結果；其標的在找出問題癥結或問題成因的系統化過程，必須是具體明確，能眞正反映利害關係人內心想法與實際需求。政策問題的重要性必須加以評比排列。因爲問題建構是政策分析的第一步驟，也是關鍵步驟，問題建構不好，政策分析的偏差是必然的。問題的癥結及成因界定不明，急就章於解決方案，無意找出問題建構（問題演化）階段，以致研擬方案，只是欠缺效果的解決方案。單急著找問題的癥結及成因，而有意或無意跳過問題建構階段，以至研議的方案只是個缺效果的解決方案。這是從制度建構論的觀點，探討議題的源頭及其演化。

建構政策問題注意準則：1.找出利害關係人共同需求：將問題建構重心擺在利害關係人的「需求」方面，找出眞正問題的癥結或成因。2.參與者代表性：參與問題建構人員的代表性要廣泛，背景差異性不妨多樣性，愈對主管部門愈有敵意愈要邀請加入建構行列，讓問題界定的觀點更加多樣化，反映現實不同的觀點。3.專業理性審視問題：問題的界定切忌受限於民意代表、特定利害關係者、團體，需以理性專業方式、公共利益精神表達對問題的不同看法。4.跨越權限範圍的協作：政策問題癥結涉及跨政府不同部門「權限範圍」，要將之涵括在「政策分析報告」內，由機關首長或上一層級首長協調解決「其他機關權限」的問題癥結。5.創意與現實兼顧：問題建構是發揮創意的過程，發揮想像力是相當重要的。經常採取循環式問題建構法，重新回頭檢視所建構的問題癥結或成因是否反映現實狀況？必須要找到根本的問題點，根據問題點設計對策，才是有效的方法。前述「其他機關權限」對跨部門協力是成敗關鍵，尊重權限範圍可降低、減緩協力阻礙。

（三）易犯錯誤

政策問題建構易犯錯誤類型可分爲四類：第一類型錯誤（Type I Error）：依統計學進行統計考驗時，當虛無假設爲眞實，但研究者卻根據資料拒絕虛無假設，此即被稱爲第一類型錯誤（null hypothesis）。第二類型錯誤（Type II Error）：同爲統計學觀點，指進行統計考驗時，當虛無假設爲假的，但研究者卻根據資料接受錯誤的虛無假設，此即第二類型錯誤。[259]第三類型錯誤（Type III Error）：係依公共行政領域所創設的觀點，使用正確方法來解決錯誤的問題。此錯誤即爲第三類型錯誤。第四類型錯誤（Type IV Error）：同爲公共行政領域所創的觀點，係指用錯誤的方法來解正確的問題。

根據 Howard Raiffa（1968）在《決策分析》（*Decision Analysis*）一書，論及「政策第三類型的錯誤」。第三類型的錯誤是將錯誤的問題給正確的答案。換言之，第三類型的錯誤其意指分析問題時，我制定了正確的政策，但解決了錯誤的政策問題，結果造成「政策的失敗，比貪污可怕」。成功的問題解決要以正確的解決方案來解決正確建構的問題。

[259] 余致力、毛壽龍、陳敦源、郭昱瑩，2008，《公共政策》，智勝，頁87。

三、影響問題進入議程的因素

（一）Kingdon 觀點

根據 John W.Kingdon：「公共問題」能否成爲制定議程或政府議程的項目，受到如次因素的影響：1.政策問題本身：公共問題如何讓政府官員知悉問題的存在，經何種方式將「情況」界定爲「問題」？能否使政府官員藉由社會指標的變動、焦點事件的發生，或非政府的回饋結果而認知問題的存在、或問題的急迫性？2.政治因素：問題發生時政治流如何？包含國家政治氛圍，全國性選舉結果？政黨競爭態勢？3.參與者的社會地位：公共問題是否受到大眾媒體的垂青，繫於問題的關懷者及參與者社經地位，包括政治人物、行政首長、民意代表、政黨領袖等，他們的關懷影響公共問題，能否成爲政策議題。

（二）Easton 觀點

根據 David Easton 的研究指出，公共政策過程必須考慮環境因素，脫離環境因素無異跳脫與實際生活。Easton 提出政治體系觀念，將公共政策過程區分爲外部環境因素與內部環境因素兩方面：

外部環境因素：指政治體系以外，足以影響政策過程的相關因素，包括：1.政治文化：政治文化（political culture）指政治體系成員，對政治所持有的經驗信仰、價值傾向與情感反應，它反映公眾對公共政策制定機構、公共政策制定者，或公共政策本身的認知、評價與偏好態度。2.社經條件：根據社經發展水準，將國家分爲已開發與開發中國家，這兩種類型在公共政策上的特質是不相同的。3.利益團體：在民主自由國家，利益團體扮演利益表達的功能，具有十分可觀的政治力量。美國的自由主義，被學者稱爲是「以利益團體爲導向的團體自由主義」（group liberalism），利益團體在公共政策過程，發揮關鍵作用。4.公共輿論：民主政治即是民意政治，民主政治體制下的公共政策，一切以民意爲依歸。5.國際因素：全球化影響國內公共政策的發展，如世界貿易組織 WTO、RCEP，對國內經濟結構的轉型，產生劇烈的衝擊。

內部環境因素：內部環境因素指政治體系內，影響公共政策過程的相關因素包括：1.政黨：民主政治就是政黨政治，在社會中政黨扮演利益匯集的角色；政黨功能正在轉型中，但其力量乃不可忽視。2.立法議會：總統制國家強調立法與行政部門的制衡關係，行政部門所有須經立法或同意的公共政策，國會掌握成亡關鍵角色。3.行政部門：總統制的美國總統、內閣制的首相或總理、與我國總統或行政院長，都擁有至高無上的政策制定權，對政策方向影響重大，行政院轄屬各部會首長，在權限範圍內同有高度的政策制定權，並在立法院接受質詢、向國會負責。4.法院：美國法院擁有司法審核權（judicial review），對於行政與立法議會的行動，具有合憲性及合法性的審核權，影響公共政策甚爲深遠。

Kingdon & Easton 的分類對初學者屬於較系統性，在實務面各因素的影響力是交互作用，力道時強時弱難分軒輊；外部環境的影響力更加多元化、全球化，以經濟發展新南向政策，考量因素不限於兩岸關係，更涉及區域經濟聯盟如 RCEP。以及中美貿易戰、中東石油等因素；尤其資訊科技進展到 5G 領域，中美兩國都在爭取 5G 標準規範的領導地位

四、議題倡議、建構

Fox, Charles J. & Hugh T. Miller（1995）在《後現代公共行政》（*Postmodern Public Administration*）一書提出：「論述理論」（discourse theory）來取代傳統的行政模式，以對話取代傳統官僚行政。Fox 認爲在論述情境（discourse situation）提供幾項條件利於政策議題的建構與倡議。

（一）平等機會、自由溝通

「平等」是民主政治最重要的原則。提供平等機會（equal opportunity）意味所有政策議題的參與者均有相同的機會論述政策議題，排除結構性和非結構性的限制。Habermas 認爲理想的論述情境在「平等」情境的要求，應符合四項條件：1.所有潛在之參與者必須有平等的機會，以進行溝通的言說行動（communicative speech acts），俾行理性的討論能夠持續進行。2.所有潛在之參與者必須有平等的機會，以使用指述性的言說行動（descriptive speech acts），亦即質疑、支持、反駁、說明、解釋或辯解；在冗長過程，任何意見都要接受檢證或批評。3.理性的參與者必須有平等的機會，使用表意性的言說行動（expressive speech acts），自由表達自己的態度、情緒、意向等，讓參與者互相瞭解。4.理性討論之參與者必須有平等的機會，以使用規約的言說行動（regulative speech acts）如命令、反對、允許、禁止等，以便排除只對單方面具有約束力的規

範，亦即排除特權。以軍公教人員退休制度改革為例，主管機關宣稱舉辦數百場的說明會。證之與會者表示，主管機關的說明會實質上是政令措施的宣達，對與會者意見參採與否，會中或會後不給具體答案，只以「會納入參考……」回覆。Miller 的研究提示政策倡議建構重視對談及互動，立基於平等地位，不是單向接受訊息。

「自由」是民主政治第二重要原則。自由溝通（freedom communication）處於社群網絡，能與他人自由溝通或交談是社會動物所必須的。免於受宰制是眞正溝通的前提，參與者可在無壓力下充分表達其意見，以臻充分討論的境域。

（二）建構倡議能力

賦予公民擁有論述建構能力（capacity building）的權利，並教公民如何運用此一權利，必須培養其具備論述的能力；公民對公眾事務表示冷漠、不關心，有時係因不知如何參與，而非政治冷漠或孤僻，而是不知如何參與。因之，教育和訓練成為相當重要的一環。論述能力要始自童年，刻意漠視培育工作，無異於愚民政策。

（三）資訊公開

資訊壟斷是獨裁者的根源，更是溝通的阻塞物。是以資訊公開流通（information opening），才能發理問題的缺失在那裡。資訊的公開可實現人民知的權利，理性的批判才有可能。政策在論述倡議過程是面對面的（face to face）境遇，是屬於會話式（conversational）論證，是動態的、互動的以及往返溝通的過程；有別於傳統的修辭式（rhetorical）論述，它是一種靜態的、單一的、及各自表述的過程。

五、政策分析沿革、特質

（一）政策分析概述

「政策」一詞的提出，係 Lerner, D. & Lasswell, H. D.於《政策科學：在範圍與方法的最近發展》（*The Policy Sciences: Recent Developments in scope and method.*）[260]一書提出「政策科學」後，堪稱卷帙浩繁。「政策」指某項被接

260 Lerner, D. & Lasswell, H. D., ed, 1951, *The Policy Sciences: Recent Developments in scope and method.*,

納或提議去達成某情況或目標的行動方案。政策層次最高，次爲計畫（Plan），再次爲方案（program）、措施（measure），最後爲行動（Action）。論者認爲 Lasswell 對政策、計畫、方案、措施、行動之順序排列，以國安危機的突發事件爲例，國安決策領導者絕不致僵化到要循其序再行動，必定先獵剿恐攻者，消弭危機於未然爲最優先考量。

「政策分析」研究的興起，可溯至 1960 年代末期、1970 年代初期，大眾對公共問題產生濃厚興趣，包含民權、和平反戰、婦女解放、環境保護等議題都受到重視，再加上數學、統計學、電腦資訊等科際學門的整合趨勢挹注公共政策分析的研究發展。

美國國防部於 1949 年至 1960 年間，成功運用 PPBS 制度後，要求其他聯邦政府對個別方案進行分析，並委託 Rand 蘭德公司進行政策研究。所稱 PPBS 指「設計計畫預算制度」（Planning, Programming, and Budgeting System, PPBS）。美國政府的倡導促成政策分析的蓬勃發展，學界投入資源將政策分析專業化。這股潮流導引許多期刊及政策研究組織的出現，如著名的《政策分析》（*Policy Analysis*）、《政策科學》（*Policy Science*）等刊物；1972 年成立「政策研究組織」與 1979 年成立「政策分析與管理學會」等相關組織，吸引大量學者及資源的投入政策分析研究。PPBS 在美國推行效益，學界看法不一，因爲 1971 年聯邦機關有些恢復「績效預算制」（Performance Budgeting System, PBS），不久有些州政府於 1979 年會計年度又採行零基預算制度（Zero-Based Budgeting System）。對地廣、人口密度、經濟條件不一的州政府，確有執行上的困難，選擇不同的制度無可厚非。但政策分析在實務界及學術界受到的重視已臻成熟不容棄置或輕忽的分量。

上世紀八十年代美國學者對政策分析看法：「政策分析係爲協助決策者作出政策抉擇的系統性途徑，其主要程序在探尋解決問題的癥結，尋找可解決問題的方案，從備選方案運用分析理論建構，以專家的判斷與思維，解決問題。」；「政策的分析意指運用直覺與判斷，對構成政策的每一部分進行檢視，並提出新的替選方案。其分析範圍包括對問題的正確認定、政策制定、及政策執行後的評估研究。」；「政策分析是對政策的替選方案，進行每一方案正、反兩方資料的蒐集與整合，進行系統性的研究。公共政策乃是解決問題的途徑，涉及資料蒐集與解釋，並試對規選方案的結果先行作預測。」；「政策分析就是使用推理與證據，從諸

Standford, CA: Standford University Press.

種備選方案中撰擇一個最佳政策的行爲。」;「政策分析的研究是指理性的決策制定者，設立目標，並透過邏輯過程（logical processes），探索達成這些目標的最佳方法。」前述論點散見於 Burt（1974）、Quade（1975）等學者的著作。[261]

上世紀九十年代中期 Dye, Thomas R.（1995）:「政策分析在描述和解釋各種政策的建立及後果，研究制定政策的原因，以及執行政策產生的後果等。分析過程具有相當活動力，需以客觀又精確的處理方法，提高分析的解釋力。」; Dunn, William N.（1993）:「政策分析爲一門運用科學，係運用各種研究方法與論證來產生並轉化與政策相關的資訊，以謀求政策問題的解決。」

九十年代末期我國學者吳定（1997）指出:「政策分析是指決策者或政策分析家爲解決公共問題，運用科學知識與推理方法，採取分析的理論架構及技術，進行系統性評估比較和替選方案，以供決策者參考決定的相關活動。其研究著重問題形成與規劃過程有關活動之分析研究。」朱志宏（1997）認爲:政策分析具有三個明顯特徵:1.政策分析者旨趣在解釋（explanation），而非規範（prescripttion）;2.政策分析者以嚴謹的態度及科學的訓練來分析公共政策的前因及後果;3.致力因果關連深尋統一的前提，並逐漸累積具有一般性能普遍適用、可靠的研究成果。

21 世紀美國著名學者 Weimer & Vining（2011）:「政策分析是以顧客爲導向的建議，這些建議與公共政策有關，也強調社會價值。」「顧客」一辭緣自美國將政策分析委託專業者、學界研究居多有別於我國。徐仁輝、郭昱瑩等業師（2014）[262]在《政策分析》一書，綜析前述學者著重理論與實務的結合。另從對象、方法、與範圍等三個角度勾勒「政策分析」的圖像:1.對象而言:政策分析係以顧客爲導向的公共政策建議。工作內涵著重:a.以公共事務關懷爲核心;b.存在著「委託人」與「代理人」的關係是以專業知識提供建議。2.方法而言:政策分析以量化爲主，質化方法爲輔，從社會成本效益的觀點，比較各方案的優劣，並提出建議。3.範圍而言:政策分析結果的提出與建議，包含社會價值的實現與專業倫理之建構意義。因之公共政策分析無可避免會與:社會價值、專業知識與政治利益產生互動、衝突。

政策分析過程通常包括政策問題的診斷、政策目標的研擬、政策工

[261] Burt, M. R.,(1974); Quade, E. S.(1975); Ukeles, J.B.(1977); MacRae Jr. D.& Wilde, J. A.(1979); Stokey, E.& Zeckhauser, R.(1978).

[262] 徐仁輝、郭昱瑩，2014，《政策分析》，智勝，頁 5。

具的選擇、備選方案的遴選抉擇、政策行動的推薦、政策結果追蹤及政策行銷設計等七個階段。各階段的必要性會因政策問題的範圍、急迫性、政治意識等因素作必要的調整或刪減。

（二）政策分析特質

Beckman M.& Dye, T.綜述學者對政策分析之定義，另行歸納政策分析有下述特質：1.政策分析者的旨趣在詮釋（Explanation）而不在規範（Prescription）。2.以嚴肅的態度及科學方法，分析公共政策的前因及後果。3.對公共政策的因果問題，致力探尋統一的命題，並逐漸匯聚成一般性、適用性的研究成果。4.政策分析是整合性的及跨科際性的（integrative and interdisciplinary）、預期性的（antipatory）、決策取向的（decision-oriented）、顧客取向的（client-oriented）。5.政策分析主要是分析公部門制定的公共政策。

根據 Beckman & Dye 的論述，政策問題絕不是單一學科的領域，它是跨學科更是跨領域的研究探索。政策分析本質是包容性的（inclusive），有容乃大。本書第四篇取名為「政策跨域」之理在此。

（三）政策分析階段論

徐仁輝認為政策分析的過程通常包括七個階段，各階段的內涵包括：[263]政策問題的診斷；政策目標的研擬；政策工具的選擇；備選方案的遴選抉擇；政策行動的推薦；政策結果追蹤；政策行銷設計。論者認為前述階段劃分宜依政策個案作必要的增修，在行動與結果之間，可適度進行政策過程調整，非俟結果產出後，再檢討修訂，誠如 Lindbloom 所言「漸進調適」（muddling through），以增益政策分析整體成效。

六、政策分析的要件、指標

（一）政策分析要件

Bozeman, Barrey. & J. Massey（1982）認為優質的政策分析要具備下列條件：[264]

---

263 徐仁輝、郭昱瑩，2014，《政策分析》，智勝，頁 5。

264 Bozeman, Barrey. & J. Massey, 1982, “Investing in Policy Evaluation: Some Guidelines for

1.具備充分正確的資訊

政策分析的工作需蒐彙許多完整且重要的資料，此乃政策分析者難以突破的關卡，因爲資料取得需耗費鉅額成本，經費成爲分析者重要關卡。人是有知覺的動物，在被觀察時，很難順服提供蒐集所需的資料。發掘被隱藏的眞實性（reality）是研究重責。政府機關間的跨域合作，可暢通資料取得管道，例如：犯罪資料、經濟資料、繳稅資料，良好正確的資料是進行分析判定的必要條件。

2.對政策本質有完整認知

任何政策領域，如教育、能源、交通、社福、國宅等，都有它獨特之處，分析者應依政策問題本質選擇正確合宜的分析技術、各項資料，於各不同面向剖析政策問題。除熟稔所分析的政策領域本質，還要對政策問題的歷史及特性有相當認識。分析工作不能過於獨特性，否則成爲個案歷史研究，不具有通則解釋性的價值。良好的政策分析在於如何把政策問題的概念化、通則化，不致太過於抽象，或太特殊化，無法作問題類推，喪失研究價值。

3.運用科學的研究方法

政策分析與直覺式途徑（intuitive approach）相較，發現政策分析的主要價值在促進政策的「理性」（rationality），但不意味政策分析一定能導致更理性的決策，此與決策者的意識理念及其施政行動有關。政策分析要求詳細對資訊進行分析、梳理、歸納，針對政策的影響因素進行有系統分析評估，以證據爲基礎進行系統性推理。歸納是政策分析的科學方法，即知識的取得來自於觀察爲基礎的證據，經由系統觀察和小心驗證的假設是建立證據的基礎。

4.以全觀視野跨科際進行政策分析

政策分析係跨科際的學科研究，負責政策分析工作者爲某學科專家，如政治學、行政學、工程學、資訊科技等，必須對其他相關學科的概念及途徑具有瞭解，始能進行符合經濟成本的有效跨域溝通。Dye, T.指出：「大部分政策都同時具有政治的、經濟的、社會的及其他方面的因素在內，只是依不同政策，具有輕重分量不一而已。」社會問題單一學科實不足以解決，必須跨學科領域進行全觀視野的剖析、論述，尋求解方。

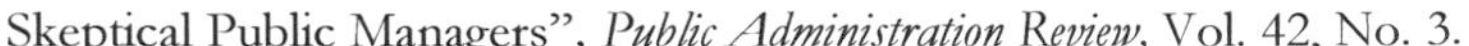

Skeptical Public Managers", *Public Administration Review*, Vol. 42, No. 3.

5.政策分析對問題發揮診治性、倡議性功能

Bozeman 認為政策分析者應是位「無偏私的工作者」（dispassionate researcher），且是位積極負責任的政策倡導者。Bozeman 直言：「政策方案在提供解決社會政策問題，未必能整治社會問題，方案只供研究者或方案建議者自我安慰之用。」他同時認為政策分析人員應是位負責任的政策倡導者。良好的政策分析者應採取「診治性政策分析」（prescriptive policy analysis）的分析途徑，發揮預期特定效果。

前述 Bozeman 對政策分析的要件僅屬基礎，尚需配合各項資源的調置、經費、工作團隊及分析對象所需的專業技能和資訊科技；研究團隊領導者的統合能力；以及政策分析委託者的理性、客觀，不宜過渡涉入研究分析過程，進行非專業的指導及其對分析結果的論析。現行委託政策研究案，委託者或機關組織屢以其預期政策目標進行形式、非形式的政策分析指導，左右分析結論。此弊病普遍存在於官僚體系。

（二）政策分析的指標

良好健全的政策分析，應充分考慮下列指標是否符合？

1.實際應用性（actual utilization）：指分析結果被決策者實際運用的程度，有幾種狀況：a.未曾被引用；b.僅供參考；C.用以補強原有的價值觀或決定；d.改變原有的價值觀或決定。

2.被採納程度（adoption）：指政策分析結果被決策者採納或參考的程度。最好結果是即被參考又被採納；分析結果不被參採者屬最差。

3.有效性（validity）：指政策分析的準確程度而言。通常判定政策分析是否具有效度？包括內在與外在的一致性、能否包括所有替選方案及決策者所要的所有目標等。就有效度與被採納而言，兩者應兼備最佳；較差情況是被採納但不具有效性；最差的是無效度又被採納的方案，不但不能解決問題，反而使情況更惡化。不具備有效性的政策分析無異浪費行政資源。

4.具備本益效率（beneficiaries）：具有兩項意涵：其一、符合成本效益：以社會福利而言減去社會成本是否仍具效益？其二、因果推論符合邏輯；所作分析因果假設是否具有廣泛的解釋力？通常政策方案的重要性，其程度是依邏輯性及總效益減去總成本的結果而決定。

5.原創及可行性（originality & feasibility）：指政策分析的結果是否具有創意而言，分析越具創意，價值越高。政策分析結果在各面向的可行性如何？如政治、法律、行政、經濟、技術、時間、環境等面向。可行性愈高，分析結果價值越高。

前述指標首重決策者的價值觀，左右決策者對政策方案的可應用性的評估；未被參採的方案未必最差，有時可能是時間、對象、成本的考量作不同選項；方案的有效性最受重視，也是政策決定者最優先考量；原創性未必符合最高期望值，因爲組織成員的理性未必完整合理，通常政策方案循舊跡略作調適居多。但各面向都要齊備很難，可作 SWOT 分析優劣，優勢居多，可行性愈高。

七、公共利益、公民精神

美國行政學者 Frederickson（1997）認爲：「公共行政」對於「公共」的意涵界定有幾種不同觀點：[265]

（一）公共利益意涵

「公共利益」不應是利益團體的觀點：公共利益若只是多元主義下各不同的利益團體、個體間相互競爭的結果，此種利益僅屬特定少數利益團體的私屬利益，不足爲公共利益的代表。此觀點排斥無法組成或參與利益論述的民眾利益，如貧民、弱勢者。

「公共性」是理性公共選擇者的觀點：此觀點奠基於自利動機的假設，認爲公共利益是公共行動者在市場競爭下理性選擇的自利結果，政客、官僚、政黨與選民在市場機制運作下，設法追尋自我利益。此觀點偏向自利觀點，忽略慈善家或慈善團體對公益的貢獻，非屬代表性觀點。公共利益是議員立法過程的觀察指標：實施民主政治的國家由人民選出民意代表，組成民意機關代表人民行使公共利益，凡經過立法程序的議案，概稱代表公共利益。但仍有自利民意代表「自肥」，未必眞正代表「公共利益」。

「公共性」是顧客的服務提供觀點：政府以私部門對待顧客的內涵應用到公部門內，將民眾視爲購買公共財貨或公共服務的顧客。符合顧客至上精神的公共服務就是代表公共利益。此觀點有違「人民」是國家

[265] Frederickson, H. George. & Cho, Y., 1997, *The White House and Blue House; Government Reform in the United States and Korea.* Lanham, MD: University Press of America.

眞正主人的觀點。照顧「人民」是國家最基本義務，不論人民有無給付能力。公共利益不但建構在公共性的基石上，更要具備公平性、平等性，尤其對少數族裔、弱勢者都應兼容併包。論者認為對「公共利益」一詞的詮釋沒有共識，充斥弔詭。諸如公共利益能否以數量多寡判準？差距要多大？政黨政治妥協下的公共利益符合公平性？當國家安全與公共利益對撞時，誰是公共利益的判準者？

（二）公民精神

第二次明諾布魯克會議重要人物 Frederickson 認為：美國「公民精神」要具備下列要件：

1.立基於憲法基礎：公民精神立基於憲法之基礎上，以合憲與否作為判準公共利益的標準；憲法揭示主權在民，代議政府、民權法案中的公民權利、正當程序、權力平衡等原則都應該作為公共政策倫理的基礎。必須是品德崇高的公民：美國公民須具有四項特質：a.要瞭解立國重要文件，從事道德哲學；b.要肯定美國政體的價值；c.負起個人的道德責任；d.要有公民情操，包括寬容與容忍。

2.對公眾回應的公平性：公共政策制定者對集體公眾（collective public）的利益重視較之「非集體性公眾」（noncollective public）易於知曉與重視，但決策者應遵循「憲法之前、人人平等」同樣要付出等同的關切與資訊蒐集。公共政策制定者對公民、社區、社會與國家具備愛心，才能建立民主的公共行政。

第三章　政策規劃

一、政策規劃概念

Abraham Kaplan（1918-1993）是美國很重要又受重視的行爲科學家。他在 1964 年的《研究導論：行爲科學研究方法》（*The conduct of inquiry: methodology for behavioral science*）一書，提出政策規劃的七原則：

1.公正無私原則（principle of impartiality）：應以無私無偏之態度，啓動政策規劃，對政策當事者、利害關係人、社會大眾等，均予以通盤慎重、公平的考量。

2.個人受益原則（principle of individuality）：政策規劃無論採行何種方案解決社會問題，最終之受益者以一般社會大眾爲標的。

3.劣勢者利益最大原則（maximin principle）：社會上居於劣勢之弱勢團體或個人在政策規劃時，要能得到最大照顧。

4.分配普遍原則（distributive principle）：擴大受益者的範圍及人數是政策規劃時，應讓利益普及於一般人，而非僅是少數族群、個人。

5.持續進行原則（principle of continuity）：政策規劃時應考量事務之延續性，對事務及解決問題之方案，從過去、現在及未來之趨勢考量政策之延續性。

6.人民自主原則（principle of autonomy）：政策規劃時考量問題是否可由人民處理或參與，倘若民間有能力及意願，應由公眾來承擔，讓政策執行民營化。

7.緊急處理原則（principle of urgency）：公共政策問題之輕重緩急，規劃時應有區隔。

張世賢在《變遷社會的政策規劃》一書，認爲在逆境下的政策規劃應注意幾項問題：

1.社會結構改造的必要性：僵化的社會結構無法因應外部變遷，其結構有必要改善，規劃要兼顧：（1）兼具前瞻性眼光；（2）要讓公眾有實際作爲的機會；（3）要有開闊胸襟，勿眼光短淺；（4）人人有公平競爭機會。

2.關鍵群體的配合：政策規劃必須有政治力的支持，尤其關鍵性團體的態度至關緊要，包括重要家族、集團、政黨等，規劃者要妥爲運用溝通、協調、宣傳等聯合策略支取支持。

3.冒險激進的選擇：以漸進策略無從改善混亂社會，應採冒險激進的作法，發揮洞燭機先的能力，掌握動態，爭取關鍵團體的支持，才能提供震憾性政策。

4.預籌規避風險措施：指政策規劃時，除慎選政策方案，更應兼顧風險的規避，以「小中取小」的策略，因應快速變遷的社會，政策不容失敗，步步爲營。

5.重要價值的優先性：兼顧「產出價值」及「型態價值」：前者指實際對環境產生的衝擊、影響和結果的價值；後者指政策制定及執行，其參與性與開放性、專制或民主等型態。在逆境中政策規劃應採取「產出價值」爲優先。

6.強迫應變的積極性：在逆境中規劃者採取主動出擊才能占上風，對外部要主動應變，不可坐失良機，以「今天不做，明天後悔」的積極觀念，主動規劃能力。

Ido Leffler 是美國 Yoobi 企業公司的 Cofounder & CEO，在幾經顛簸扶傾吐肺腑之言：「創立和經營企業，必定會有許多顛覆。要在問題出現即刻處理，然後就拋諸腦後。更別沉緬於過錯，絆慢你的腳步；問題出現就和團隊一起全力處理並汲取教訓。」處在多元複雜組織內外環境，Kaplan, Leffler 與張世賢所論有其共通可取的積極性、團隊協力、延續性咸爲決策規劃必備榫頭。但要強調前述準則很難判準激進手法、冒險激進究竟有多大風險、價值？

二、政策規劃的弔詭

（一）政策弔詭

Stone 在 2002 年將原著修輯爲《政策弔詭：政治決策制訂的藝術》[266]，書中提及「Paradoes are nothing but trouble.」麻煩在那？她舉出所謂

[266] Stone, Deborah., 2002 （revised ed.）, *Policy Paradox: The Art of Political Decision Making,* *（1988, Policy Paradox and Political Reason）* W.W. Norton & Company Inc., N.Y. pp.131-258, & Preface to the Revised Ed.

「弔詭」褻瀆邏輯學最初始的原則：一件事不能在同一時間是不同的事；兩件矛盾的詮釋不能同時爲「眞實」（true）；弔詭就在敘說不可能的情境，而政治生活中卻充斥著「弔詭」。她舉出「輸與贏」（Losing is Winning）、「支持社會福利與反對社會福利」（For or Against Welfare）、「敵人或盟友」（Enemies or Allies?）等政治百態。

她有趣地提問：「問題優先處理，還是解決方案優先？」（Which Came First-The Problem or the Solution?）。我們地域雖不大，卻有三萬六千平公里的土地面積，人口數二千三百多萬，更是蓋過全球不少國家。在自然資源不富饒的境況，產生政治生活中的許多弔詭；「反核」、「用乾淨的煤」、「農地種電」等等政治決策充斥著令人發噱的弔詭。因爲太多政治弔詭，讓政治人物殊不知「問題」、「解決方案」兩者，那個優先？Stone 在書中有良多論述，不論讀者身分爲何？她的論述頗値深入探索。

（二）規劃觀念變遷

政策規劃者爲因應社會壓力、社會變遷，於政策規劃時要適時調整：

1.社會壓力

規劃者要面對現代社會壓力。壓力源自四方，包括：「緊急意外事件」：在快速變化的社會，受天災、人禍、經濟、資源等事件的變化，決策者在緊急、突發時必須當機立斷，提出因應對策，以應外部壓力；「資源的有限性」：有限的資源在各方競爭下愈顯激烈，爭逐者不擇手段，敵友關係快速變幻，規劃者難對四面八方不同的價值作出決擇。政策規劃者在負荷過多過重環境中，以有限資源在有限時間內制定政策方案，千斤重擔壓心頭。「社會干擾變數繁多影響規劃決策」：社會受內外環境不同壓力影響，增加政策規劃的變數，處於動盪不安情境，增加下決策規劃者的難度。尤以內外部政治干擾，交相錯雜，利害關係團體各有不同主張，規劃或決策者倍受指責，難作定論。政策規劃者面對不同的學術理論、觀念、利益、勢力等錯綜因素、變幻多端、莫衷一是，如何抽絲剝繭，作出公正、公平決策，千斤重擔壓肩頭；「情境錯綜、難作抉擇」：不同壓力競逐，政策規劃者如何化解、管理？致規劃者管理壓力倍增，不易適時適事立即妥處，總蹉跎時日或喪失良機。

2.社會變遷

政策規劃工作在面對多元化、多樣性及快速變遷的工作環境，唯與時俱進作變遷調整，始能配合大變遷情境下的政策規劃思維，其作法重點：「系統整體性研究」：政策規劃思考層次，考量政府整體發展規劃，進行方案系統性的研究、研擬及制定，考量個案與整體性政策因果互動關連性；釐清「互動關聯因果」：對外部的動態生息亦應作糸統性思維，行整體性策政方案建構；「價值判斷客觀公正」：對常見或熟習事物存有定見居多，但外部環境變遷、需求的增加，創新及多元化發展，心靈及思考型態有必要與之共成長，固定思維影響對新生、複雜的事情作全盤性評估及規劃（comprehensive evaluation and planning）。對價值判斷需不斷反思、探索及客觀公正的巧思特別重要；「不確定性年代的再學習」：具備代表性、回應性、責任性的政策規劃是民主政治政策規劃的基本要求。規劃者必須面對複雜和內外部不確定性、複雜化等因素的變化，學習理論框架建構、資訊蒐集及分析的組織建構，對政策作出迅速回應；關注「關鍵工作」：政策規劃另項重點工作，是促進社會共同學習，透過對談溝通，讓知識與價值觀交流學習。鼓勵社區爲主的民主式參與促進公共問題的解決。配合授權與分權方式增加公務人員協助解決社群團體解決問題所需的資源與權力基礎。資源整合是行政部門、政策規劃單位重中之重。社會問題多元化如何取決輕重緩急，確實不易，行政決策者的敏銳觀察力、公正無私、不爲意識型態服務，以當前諸多大方針決策爲例：交通、外文、經濟、兩岸關係都呈現顧此失彼或急就章的政策規劃，或稱之爲沒有規劃程序的決策。

（三）政策規劃的原則

吳定認爲政策規劃制定應遵循幾項原則：

1.政治可行性

政策規劃首重在政治層面上的可行性，未能獲得政治相關因素的認同，很難在政策制定過程完成應具的程序，至於政策方案的實質內涵，更難與政治現況匹配竟其功。至少應獲致一般公眾、標的人口、政府首長、國會議員、政黨、利益團體、大眾傳播媒體、民意機構等的認同，規劃者都要兼籌併顧，提高政治的可行性。以反滲透法之規劃立法爲例，時間急促、法案利益關鍵人員不但涵蓋敵對陣營更涉及旅居對岸的台商、赴陸的學生，就法律的公平性、公正性、程序正義都受到有形無形的利害關係者或可能潛在的關係者的疑慮、恐懼。從政治層面考量反滲透法，即使挾其國會多數決強行逕付三讀，通過後的執行備受訾議。

2.經濟可行性

政策規劃要考量所需的一般性資源及特殊性資源之可得性，包括：金錢、預算、專業性的專業人力、物材、資訊等而言。國家重大政策規劃更要考量以下因素：國家資源的質量能否符合方案需求；農經漁牧的發展情況；人口、稅制、財務基本結構；國際貿易發展情況；財政金融體制：含銀行、稅制、股市等發展情況；教育醫療等制度暨設施建設；國民所得分配情況。充裕的財務配合是行政程序的核心工作。

3.行政可行性

行政機關能否執行政策方案，指涉「績效」、「結構」、「環境」等變數的互動關係。行政可行性應考量的因素包括：執行機關層次的高低；執行機關內部結構的情況；管理人員的執行力；一般執行人員的素質；管理技術的運作；與外界的公關聯繫互動。

4.法律、技術可行性

「法律」指涉政策方案在執行時，能否克服法規限制，是否違反「法律優位原則」、「法律保留原則」；是否待制訂新法或修改現行法規；是否需訂定法律或只依現行行政法規？「技術」指執行政策方案的技術知識與能力，更須具備專業技術的權威及水平。

5.時間、環境可行性

指從「時間」的幅度，執行政策方案的可行性：包括研發規劃政策方案的時間；執行政策方案所需的執行時間；政策方案產生影響力的時間等問題。「環境」可行性：以能源政策執行爲例涉及「環境生態保護」、「公害防治」、「污水處理」等規範及限制；「政策延伸性」問題更不容忽視，例如：水污染、廢棄物污染、空氣污染、噪音污染等問題；能源政策方案只有不違反相關環境生態保護的規定，始能順利被接納及執行。

以桃園機場新建第三航廈爲例，施工單位指若依原設計藍圖施工，技術上無法配合，突顯政策規劃過程對技術可行性欠缺週詳審檢所致。吳定之政策規劃可行性分析屬於原則性關鍵重點，行政決策者在抉擇政策方案不容忽視各項可行性之間的互動相依關係（interdependence），因爲各組織部門所提供的資源、技術各異，但彼此各有不同程度的依存關係。

（四）Starling 強調政策規劃應把握幾項原則

Grover Starling（1988）在《政策制定策略》（*Strategies for Policy Making*）一書，強調政策規劃人員，在規劃政策方案應把握下列原則：

1.策略資源的集中性（concentration）

指政府的資源能否集中於策略性要點。策略性因素關連到問題焦點及影響政策的優缺點，同時左右問題的解決機會與可能面對的威脅。政策規劃者應將相關的人力、物力、金錢、時間、影響力等資源，作整體性的思維考量，發揮最大的資源效益。

2.目標清晰性（clarity）

指政策目標及如何達成目標的過程是否清楚明確。目標愈明確清楚民眾愈明瞭，愈能獲得公眾的支持，在政策執行過程愈順遂。

3.環境的變遷性（changeability）

政策是對外部環境變遷所做的回應，必須要有足夠的彈性空間，以應外界需求彈性。易言之，政策規劃者對可能遭遇的問題要預爲檢測，賦予決策者有更多的決策空間，因應非預測性的事件

4.政策目標的挑戰性（challenge）

政策規劃者無妨提高政策目標，俾組織對政策目標的達成較具挑戰性與適應力，以激發組織的潛在能量，刺激組織之創新能量。

5.協調性網絡（coordination networks）

政策規劃者要建構必要的協調機制，使系統內、外成員均可獲得政策相關資訊，政策執行人員也有遵循的準則，以增益團體成員的支持程度。規劃案所涵蓋的組織、機構與個人，彼此運作應具有相互協調性與支援性，以利政策的產出。

6.一致性（consistency）

目標、目的、行動三者的一致性應集中於三個層面的配合：目標與目的間的配合；目的與行動間的吻合；目標、目的、行動彼此的運作上的一致性。行動是達成目的的手段；目的則是目標的具體實踐。三者密切配合才能徹底解決問題。

吳定、Starling 兩者都在呼籲政策規劃者對內外環境變動、資源取得，有效率的跨部門協力等層次的協作，始能提昇政策規劃的效益。2021年全球疫情驟緊，政策的挑戰性愈高，執行力愈差，如非核家園的建構。

三、政策設計工具

（一）政策工具

政策規劃首在確立政策問題及政策目標，再次爲政策手段的抉擇與運用，才能產生最大效益的政策結果。所稱「政策手段」以政策規劃而言，係指政策工具（policy instruments）、治理工具（governing instruments）、或政府工具（tools of government）。學者們有如次不同定義：Linder & Peters 將政策工具視爲公共政策最基礎的建築材料；Ingraham 界定政策工具是系統性探索政治問題與解決方案之因果關係的過程。

工具理性與過程論觀點不同，但都在探索政策過程可用的各項資源。政策工具指將實質政策目標轉化爲具體「政策行動」的工具、資源或機制的作用。政策目標僅代表機關的理念，必須透過標的團體的運作才能完成。政策工具旨在調適標的團體之行爲與措施，以符政策目標的達成。

（二）政策工具的特性

根據 Schnieder & Ingram：「政策工具爲系統探索問題與解決方案之因果關係過程。」指政策工具是將實質的政策目標轉化爲具體政策行動之工具或機制，它透過標的團體之運作完成政策目標，有如次意涵：1.政策工具是政策規劃與政策執行之間的聯結。政策工具是經過系統性分析的行爲，也是有標的的行動，必須透過確實執行才能達成理想狀態。2.政策工具的設計不是爲測試政策正誤而設計是一項經過系統思考的行爲，更是有目的之行爲，事前應縝密思考與精確設計。3.政策工具是公共政策的重心。沒有政策工具無法落實政策方案。

學者認爲政策研究，應以政策工具爲分類標準，如管制政策、許可政策、民營化政策等。以實質的領域爲對話及分類規劃，如環保政策、治安政策，以增加跨領域的溝通。政策工具必須依靠標的團體來完成，標的團體是推動政策方案的關鍵所在。吸納公眾的參與，俾能吸納標的團體之意見。政策參與（policy participation）爲政策工具推展成功的必要條件。

（三）政策工具的選擇

政策規劃者/設計者莫不期待政策工具效益的極大化，發揮最大的政策效果。但政策問題的複雜化、多變性，讓政策設計者無法成爲個人價值或社會倫理價值的極大化者。實務上，政策工具的選擇，屬於決策者/政策規劃者個人價值、經驗、倫理的抉擇，難有明確標準。

論者認爲政策工具的中外論者各有論證及優點，但研究成果的效益有限，偏向單面/單邊（one-side）論述。無法突顯政策複雜性的特徵，詮釋政策問題的複雜性。以手段與目標關係做爲選擇政策工具的標準，易流於機械式的思考途徑。工具論者強調選出最具效果的工具手段，卻忽略手段與目標（mean and end）的動態關係，難作出最佳的工具選擇。工具論者強調工具與政治分離的中立性，工具設計者或執行者忽視政治影響力，純以工具效果作爲標準，可能與實務政治脫勾。況且政治與其他的目標價值，如公平、正義、安全等目標，很難受到「政策效果」而裡足不前，政策規劃者難作全觀性衡量。

（四）政策設計、政策規劃

「政策設計」與「政策規劃」兩者的運用，學者各有解讀。學者常代替使用未作嚴格區分；如何判讀依作者對兩者的詮釋。依林水波編著（2001）《公共政策新論》（*New Direction of Public Policy*）認爲兩者有別如次：

1.政策設計

「政策設計」（policy design）所指涉的是「有系統地探討問題與解決方案間的因果關係」；依林水波之見「政策設計」範圍較「政策規劃」爲廣，不僅著重解決方案的研擬，也非常重視政策方案的執行問題；不僅重視技術分析，也重視政治分析；同時結合政策問題與政策方案、政策過程與政策結果的設計規劃。視政策設計爲一種社會過程，行動者包含設計者、接受者及利害關係人，溝通是過程中必要工具。

2.政策規劃

「政策規劃」（policy formulation/ planning）指涉「爲了達成特定目的而對未來的所作所爲的一種思考與決策的動態過程，結果是以書面表示的計畫」；或是「針對未來的情境發展，提出一套有前瞻性的行動方針（course of action）以爲因應的一種程序」。

林水波認爲：「兩者均屬於階段論的界定，將政策規劃侷限在解決方案的研擬，偏重理性與技術層面的分析，較少考慮到政治因素。而政策設計指涉的是探討問題與解決方案的因果聯結。」他同時認爲行動者與設計情境是設計理性重要變數，也要考量到個體與總體層次，兼顧設計理性。

3.政策規劃的原則

「政策規劃」（policy formulation）據 Mayer, Robert R.（1985）的定義：「政策規劃爲選擇與設計集體行動的理性途徑，以達成未來事務狀態的過程。」[267]政策規劃有下列特質：「目標導向」：以未來事務狀態預構爲政策目標；目標必須具備前瞻性，並描繪來來的發展遠景，以作爲實踐的標的。「理性途徑」：政策規劃必須兼顧工具與實質理性、手段與目標，審愼目標與手段的合理性，以設計出可行的政策。「集體行動」：政策規劃不是決策者單一行動，而是透過群體工作團隊的力量、共同參與、群策群力，以釐清集體行動的共識。「設計選擇」：政策規劃是設計與選擇備選方案的愼選。方案必須有創造性、務實性，唯有兼顧創造性與務實性，政策目標才能實現。「變遷導向」：政策規劃過程力求現狀的調整及未來變遷的預期，期望從已知或未來的可能變遷中修正，力求朝著創新美好的方向發展，政策規劃意味著變化及其方向的調適。

Charles Jones（1984）：「政策規劃是指發展一套計畫、方法和對策，以緩和某種需求、解決某項問題。」[268]吳定（2006）：「政策規劃指決策者或政策分析人員爲解決政策問題，採取科學方法，廣泛蒐集資訊，設計一套以目標、變革、選擇、理性等取向之未來行動替選方案的動態過程。」包含幾項要點：[269]解決已經由政策分析人員明確認定的政策問題；必須採取系統的、條理的科學方法，如問卷法、觀察法、次級資料分析

267 Mayer, Robert R., 1985, *Policy and Program Planning: A Development Perspective,* Englewood Cliffs, N.J.: Prentice Hall.

268 Jones, Charles O.,1984, *An Introduction to the Study of Public Policy,* 3rd ed. Monterey: Brook/Cole Publishing Company.

269 吳定，2006，《公共政策辭典》，三版，台北：五南。

法等；替選方案應以「目標」及「變革」爲取向；規劃是選擇取向的過程，任何一項行動都在從事選擇；各項活動應儘量經過合理的、客觀的，科學考慮後才作決定規劃過程原則上是理性的，應將個人主觀的偏見減到最低的限度；活動是集體互動的方式完成的；規劃是一項動態性的運作過程，即從政策問題界定，以至替選方案的設計、評估比較、選擇推薦等一系列的動態活動。

論者認爲「設計」、「規劃」（design & formulation）兩者有諸多重疊，如人力資源、組織結構、預算財務、專業技術、講求團隊工作等層面，每個層次都密切關聯又有相互依存性。

4.政策規劃可行性分析

從事政策方案規劃時，必須從事可行性研究（feasibility study）。研究過程之周詳與否，關係方案能否被接受，以及政策未來的執行。進行可行性研究分析時，必須顧及各相關層面：包括一般人民、標的人口、行政首長、意見領袖、政黨、利益團體、民意機構等；同時兼顧社會價值觀是否相違背，以降低政策方案執行障礙。諸多考量應包括：政治、經濟、預算、行政、環境、法律、科技等層次的可行性分析。

政策規劃過程，會考量諸多的政治影響因素。因之，政治可行性分析（political feasibility）更顯其重要性。Meltsner, Arnold J.（1972）《政治可行性與政策分析》（*Political Feasibility & Policy Analysis*）[270]，強調政治可行性分析與政策有關的參與者（actors）、參與者的動機（motivations）、參與者的信念（beliefs）、參與者擁有的資源（resources）、政策制定地點（sites）、及參與者之間的交易（exchanges）等項都是政策規劃群組應行留心考量的層面。

略述前段所陳：任何參與者都會有其動機、慾望、要求或目標，只是選擇的優先秩序不一：參與者的「動機」（motivation）有高度特殊性就難以捉摸，政治可行性即在求得可能滿足各方需求的方案；政策規劃者得設身處地洞察不同參與者的動機強度。參與者「信念」（beliefs）殊異，涵蓋意識、態度、價值，都和各參與者動機有密切關連，參與者會藉由他們指涉架構（frames of reference）來理解政策，此架構可能源自政治的意識型態，也可能是一組無關連的信念。「資源」：重要參與者都可能擁有其他參與者都想要的資源，因之，參與者之間的關係可能復雜無

[270] Meltsner, Arnold J., 1972, "Political Feasibility and Policy Analysis", *Public Administration Review*, 32(6):859-867.

比，例如，金錢、影響力、人脈等似有必要對各參與者所擁有的資源臚列供政策規劃者瞭解那些資源會被政策利害關係人當作支持某一政策依據，進而成爲策略聯盟的籌碼。「地點」提供政策規劃人員判斷，究竟是由民意機關作決策，或是行政機關作的決策？規劃人員要找出何時何地有助於政策決策者提供較有利的政治舞台（political arena），以便於一旦政策窗（political windows）開啓之際，有助於政策議題的建立。「交易」的概念源自資源互賴理論，係使用於政治行爲的合作，參與者藉由資源互換以換取政治支持度，進而提昇政策的可行性。

論者根據資源互賴理論（resources interdependence theory），政策規劃人員要慎選政策方案提出地點。以輔助失業人口的政策爲例，選擇高失業率地點發布有助於政策方案支持度的提昇。環團重視的地點不宜選作種電政策的地點，徒增環團反對聲勢與力道。

規劃過程考量經濟可行性（economic feasibility）是絕對有必要性。因爲執行政策方案時所需資源包括一般性資源與特殊性資源，一般性資源指金錢預算而言，特殊性資源指專業性人力、物材、相關資訊等，兩者缺一不可。

「預算資源是一切行政核心。」（徐仁輝）政策規劃所需資源政府未必是最大資源擁有者，有志於政策規劃的參與者擁有的財資通常是小額又零散。如何聚沙成塔，政策規劃團隊得縝密蒐集參與者的資源或缺口，在規劃過程適時調徵、交易，成就政策大目標。

政策設計、規劃階段完成後，即政策執行；政策方案的執行，以官僚體系爲主體，行政機關有無承擔執行政策方案之行政能力，必須進行是行政可行性分析（administrative feasibility）。這涉及諸多變項之互動關係：執行機關層次高低；執行機關內部結構；管理人員指揮能力；執行人員之素質；管理技術運作良劣；與外部聯繫之順暢。

論者強調對行政可行性分析宜廣、宜博、宜大，包括跨域行政涵括的科際整合、人力結構、組織調整及資訊科技的調色融合，昇華政策規劃的效益性及周延性。

法律可行性分析（legal feasibility）指政策方案在執行時，能否克服法規方面之障礙，有無違反法律規定？是否受到法規限制？是否需訂立新法或修改舊法？技術可行性分析（technical feasibility）指有無足夠之技術知識與能力，以執行政策方案？包括：1.專業知識之權威性；2.專業知識之發展水準；3.專業知識之認知差距？時間可行性分析（time feasibility）指執行政策方案之時間性考量。包括：方案規劃之研究發展時間；政策方案執行所需時間；方案產生預期後果所需時間。

環境可行性分析（environment feasibility）指政策方案如欲付諸執行，能否克服環境保護規定所受之限制，它包含自然生態保育問題；公害防制問題。

論者對環境可行性應放寬視野，以生態保護爲例，重視環境當下可能利益更要預估未來利弊，尤其環境歷史賦予的人類與自然環境的和平競爭與永續共存的善意。可行性分析未必項項具備，容有缺落，以萊豬開境入口，未必以國人健康勝於國安戰略爲前題。

四、參與政策規劃的困境

（一）政策規劃參與者

吳定指出我國政策規劃過程中，主要參與者可歸納爲：行政人員、民意代表、政黨、利益團體、媒體、學術研究機構：

從中央機關至基層的鄉鎮公所的「行政人員」，一般而言是政策方案或計畫的主要發動者，行政人員負責推動政府絕大多數的政務活動，並具有專業知識和動員支持力量的技巧。行政人員基於業務職掌，或基於回應民眾的需求規劃各種政策方案，承辦行政人員對方案的目標、內容與作法，較一般規劃參與者都要深入廣博。民意代表參與政策規劃旨在反映公共問題、公眾要求將公共議題/問題列入議程，對行政機關所規劃的政策方案表示意見，甚至提出相對的政策方案，民意代表通常透過助理人員的協助、進行資料蒐集、分析與研究、替選方案之選定等。「政黨」於政策規劃過程，扮演重要的角色，尤其重要政案方案或計畫，都是循政黨系統先行啓動，再由行政機關進行實質上的規劃工作。「利益團體」提出之公共問題，舉足輕重，如生態保護、野生動物保護，食安問題、消費者協會等。政府每年均編列預算，委託「學術研究機構」，進行政策問題研究。並將研究結果供政府做爲決策的參考。「大眾傳播媒體」不論報章、雜誌、電視、廣播等在政策規劃方面所扮演角色日漸重要包括：提供行政人員有關公共政策的資料，強調某公共議題的重要性及優先性，有助於政策問題列入政策議題的功效；批評社會的病灶包括政府的施政及行政人員的不良行爲，揭露社會上公共問題的所在；對政府提出應興應革的具體建議；對政府規劃中的方案提出影響性的看法。

吳定前述論點「政黨」等等均屬重點論析。另類重要政策規劃參與者是各類選舉參選人，雖在規劃階段可能不及現身，但候選人在競選過程所宣示的政見，往往是政策規劃者資訊蒐集最重要來源。另一隱性參與者是敵對陣營的政治宣示或文攻武嚇的訊息，都是規劃過程規劃人員不會忽視的病灶。

（二）參與方式

1.參與組織團體或利益團體：政策利害關係人透過組織團體，形成「議題網絡」、「地域性網絡」或「專業性網絡」等；或加入相關利益團體，聯合參與，壯大聲勢。

2.出席公聽會、說明會、政策規劃會或諮詢會或社區論壇充分表達意見藉機爭取權益保障。公民以社區代表或團體代表，藉由政策主管機關所組成的「公民諮詢委員會」（citizen advisory council）的機會，踴躍建言，爲自己或公民爭取更多權益。透過傳播媒體、民意代表及宣導品，進行投書、接受訪問、向各界廣發宣傳品、要求民意代表代言等方式，向有關部門進行間接遊說。

3.透過民意調查或公民投票（conferendum）直接顯示偏好。公民可在針對某特定議題舉辦民意調查或公民投票時，作積極的回應，表達個人的立場或偏好。

4.舉辦抗議示威遊行活動：在採取正常且理性的作法，不獲重視或成效不大，就選擇較激烈的抗議性與作法如街頭運動，以抗議、示威等方式，引起社會注意，要求當局立即作出回應；此類抗議性活動往往有助於當事人的訴求目標。活動未必單打獨鬥，如 2020 年 11 月「秋鬥」示威遊行，即聯合各不同社群團體以壯聲勢，但不同團體各有訴求，力道分散。

（三）參與政策規劃的困境

政府若任何事都要向公眾公開，可能危害國家安全及社會利益，如國防、外文等事務，因之公民參與和資訊公開兩者選擇會有些衝突。鄰避情結「Not in My Back Yard, NIMBY」常以激烈的抗爭手段反對，如核能電廠，垃圾焚化爐、水庫、石化工廠、火力發電廠、風力發電機建構、飛機場等的興建，對經濟發展造成重大的影響。公共利益團體是否能正確代表某部分人觀點，產生公民團體的合法性與代表性問題？現實社會，公民團體可能僅代表少數人的利益；或藉由少數族群，如窮人、老人等的利益，以增加與政府談判籌碼。政府在從事政策方案擬訂及執行時，必須從本益比的觀點出發，公民團體關心的則是公平、合理與正義的充分性及必要性，可能忽略本益比分析政策問題。在未型塑完整投資效益的情境下，也就是行政決策主管沒有跨域行政的觀念或理論基礎，忽略跨部門協力、跨利益者的權益保障，堆積諸多利益問題不予聞問，成爲日後爆炸性衝突點。公民團體爲突顯訴求，採取的手段有偏差及有問題的活動，如濫用電子竊聽器，僱用間諜探聽機密的作法，或以陳情、抗爭、大遊行等方式，延遲行政或司法過程。行政人員與民意相隔太遠，無法或漠視民意的存在，抗拒公民參與，行政官員隱密性、自我服務、缺乏想像力、虛假的、保守的、專業自許的機構和生涯利益取向，排斥來自民間的多權化及開放性的公民參與，影響公民參與的理想。公民未具備參與政策規劃所應具備的專業知識，產生所謂民意政治與專家政治的爭議。行政資源的有限性及行政績效的壓力，可能犧牲公民參與的機會，公共政策制定過程中如鼓勵公民的參與，無形中將增加甚多處理公共事務的成本與時間，而導致行政績效的降低，行政決策者以時間緊迫、浪費行政成本等爲名阻卻公民參與。

論者對前述公民參與的限制、困擾之外，仍存在諸多無法排除的困擾，包括公民參與的法源，散見於各種法規章程，只見通則性規劃居多，難成爲行政部門針對特殊案例讓公民參與規劃的執法依據，或成爲公民參與政策規劃的法源。形成公民權益難獲行政部門的尊重，造成公民參與徒具學術論述的綴飾。生化、核能、環保、農業、醫療等領域都應有其特殊性的公民參與規範或法則。

五、政策規劃理論

（一）菁英理論（elite theory）

哈佛經濟學家 Schumpeter, Joseph A.德裔澳大利亞人後入美藉，1942年在《資本主義、社會主義和民主》[271]（*Capitalism, Socialism & Democracy*）一書提出菁英民主理論，他認爲：「民主政治基本上只是人民用來選擇決策者的一種程序而已。」並說國家的政治制度允許菁英集團透過公平、公

[271] Schumpeter, Joseph A., 1942, *Capitalism, Socialism and Democracy*. N.Y.: Harper Torchbooks.

開的競爭，爭取人民的選擇即符合民主，又稱「菁英理論」或「經驗民主理論」。

Mills, Charles Wright（1956）在《菁英力量》（The Power Elite）[272]一書強調，在美國公共政策之制定屬於一群菁英族群統控的運作模式，菁英族群包括三種菁英：企業首領、軍事領袖、政府重要首長。所稱民主政治其實是由人民選擇菁英們作爲代理人，作爲公共政策的制定者。Mills研究指出具有同樣教育或宗教背景的菁英較易群聚。但美國學者 Wigfall & Kalantari（2001：103）則駁斥 Mills 忽略美國憲政制度的影響力，且菁英控制重大決策制定的見解，缺乏有力證據。[273]反觀，在完全執政的立法議會，政黨菁英對公共政策的制定，挾政黨之威權，不再是人民的代理人，政黨是人民之主人。論者認爲菁英與否種類繁多不限於三種，應是多元化菁英才符合現實多元化複雜社會問題的解決。

1.菁英理論主要特徵：認爲公共政策是統治菁英的偏好和價值；有少數人在制定政策，多數人未參與；菁英藉著控制資訊及專業資訊等較高層次的資源去制定政策；社會的競爭有賴菁英之間具有民主政治的價值，或財產及利益的保護才能獲得菁英的接納與考慮。

2.菁英理論的優、缺點：有助瞭解公共政策並非反映大眾的需求，而是菁英們的價值和偏好；有助於瞭解政策的改變是漸進的，而非革命性的；其缺點是與「民意政治」的精神相違背；忽略大眾對公共政策的潛在能力；菁英分子產生討價還價、相互結盟的現象，使得政策趨於保守。

Dye, Thomas R.（2004）歸納菁英理論幾項評述[274]：社會被分割爲許多碎塊歸少數擁有權力者，多數人未擁有權限；社會價值同被少數人所掌控配置；群眾並未能參與決策制定。少數掌權者對被其治理者不具代表性。菁英占上層社會經濟層級的人數同屬不成比例。非菁英向菁英層次的移動，雖持續但極爲緩慢，如果要維持社會的穩定並避免社會革命動亂的話；非菁英只有接受菁英群的共識，否則難以進入菁英圈。菁英支配社會系絡的基本價值，並維護價值系絡的存在；菁英間只會對少數議題範圍出現歧異。公共政策不在反映群眾的需求，只會顧全菁英最重視又盛行的價值。政策的變遷是漸進又緩慢，不是採革命手段。活躍菁

---

[272] Mills, Charles Wright,1956, *The Power Elite,* New York: Oxford University Press.

[273] Wigfall, Patcicia Moss. & Behrooz Kalantari., 2001, *Biographical Dictionary of Public Administration,* Greenwood Press, CT, P.103.

[274] Dye, Thomas R.,2004, *Understanding Public Policy,* 11th ed. Englewood Cliffs: N.J.: Prentice Hall.

英們只會對漠不關心的群眾發揮極少又間接的影響力。菁英影響群眾的力道不如群眾影響菁英。

（二）團體理論（group theory）

團體理論建立在政治學理論之多元主義思想。多元主義包含：制度的多元主義及社會的多元主義兩項概念。此即美國社會的政治運作盛行利益政治的緣由，主要學者有政策分析家 Dye、Thomas R.、Dhal、Robert A.、Lindblom、Charles E.等人。

團體理論的論點是對社會的其他團體做出某些要求時，表示一種或多種共同觀點的團體，例如對政府作出要求時，即成爲政治利益團體。政策影響力成功與否，源自利益團體及其成員的社會地位；團體人數的多寡；團體成員團結程度；領導者的領導能力；團體所掌控資源如人力、財力、訊息，影響其競爭力。團體理論的團體屬利益團體的成員，注重遊說活動的技術；基本哲學與立場是否符合社會主流思想與觀念，受到檢視與關注。

團體理論的優點勝出於制度及政治的多元化試圖影響政府決策，強化了代議功能；促成辯論和討論公共政策的品質；擴展政治參與的範圍；產生制衡政府的權力，保護自由；有助於維持政治的穩定。

團體理論的論述發現如次缺點：因制度造成根深柢固的政治不平等；關心特定而非普遍的議題；略過民主代議的過程；不受公共監督之談判、妥協和交易的方式；造成阻礙政府活動及使政策無法推行。

（三）公民參與理論（citizen participation theory）

1.公民參與意涵

「公民參與旨在建構政府上下水平治理機器的統合，型塑政府政策的公開化、透明化，成爲回應性的政府。政府藉助與民互動、夥伴關係，完善政府內外組織結構。」此乃 Joyce & Rasheed（2016：36-37）研究波灣阿拉伯、巴林等六國《公共治理與策略管理能力》[275]道出公民參與在公共治理的理論與實務上展現諸多綜效。

Lowi, Theodore J.（1979）倡議公民參與（citizen participation）以型塑

---

[275] Joyce, Paul and Turki AL Rasheed., 2016, *Public Governance and Strategic Management Capabilities: Public Governace in the Gulf States*, Routledge Group, pp.36-37.

四種權力領域（arenas of power），包括重分配、分配、選民、立法者（redistributive, distributive, constituent, and regulative）等四種權力的爭逐。[276]Wigfall 指陳：「嚴格而論公民參與尚未發展建構完成理論的階段，但公民參與在大眾媒體及資訊科技助長下，快速發展且深入公共政策決策的每個節點（notes）。」[277]公民參與理論認爲公共政策是公民基於「公益」的觀點而參與。藉諸參與公共政策制定過程，除透過投票參與政策制定外，尚可經由「民意調查」、「公聽會」、「說明會」、「協調會」、「規劃會」等方式，表達對政策方案的看法或主張，供決策者作爲參考。「反送中」參雜公民參與的訴求，但不同政治內外勢力的加入，在大陸國安等法之建構，已扭曲公民參與立法的正軌。

2.公民參與的管道

公眾參與政策制定，有不同的管道型式含社區組織、利益團體、公聽會、公民諮詢委員會、示威遊行。運用選區民意代表發起公共議題，間接參與。

3.公民參與的優缺點

公民參與政策規劃「優點」：促使政府的行動或政策較能符合公眾需求；可增進公、私部門資訊的交換；可透過各種參與管道，使不同階層者的利益受到考慮及保障；讓政府的施政因公眾的參與而擴充「合法性」的基礎；可進一步落實政府向人民負責的理念。

公民參與政策規劃「缺點」：公民參與相當費時費事；未具專業知識的參與，對公共事務的處理不見得有幫助；弱勢團體的參與可能只具象徵意義，而不具實質效果；有組織的團體可能會掌控參與的機會和過程；民意代表與民眾競爭「決策」的權力，模糊民意代表的職責；公務員因受公眾表達意見的影響，難作全面性的取捨。

4.公民參與的管理

公民參與的管理方式採取民主領導與激勵方式，但管制爲其主軸，目的在讓組織成員有機會參與機關決策，藉以激發責任感與榮譽心，共同爲組織目標奉獻。參與團隊成員分享資訊、決策制定影響力；參與成

---

[276] Lowi, Theodore J., 1979,*The End of Leberalism: The Second Republic of the United Sttes*. New York: Norton.

[277] Wigfall, Patcicia M. & Behrooz Kalantari., 2001, *Biographical Dictionary of Public Administration,* Greenwood Publishing Group Inc. pp.88-90.

員共同投入心力、責任心及技能的管理機制。建構管理基礎條件爲：民主式領導以鼓勵、授權、溝通等民主方式，激發公眾之潛能，共同達成組織目標；團隊成員在互信互惠的合作關係上，共赴事功；依激勵理論人人爲自我尊榮，自我實現的需求而參與，提供智慧、資源，參與共同目標的達成；共同參與團體決策由團隊成員集思廣益制訂；行動程序是循序漸進；對事件的心理關切；參與成員進行意見交換或表述，讓參與者決心以行動加入。

參與層次受限有其一定範疇，能提供參與的事項並非漫無限制。如人力調遣、財務籌集則屬專業技術，至於 AI 科技同屬之，成員能共同參與的事項：組織設計及組織結構，以應組織永續生存及競爭力的提昇，陳舊的組織結構已難因應時勢變遷，重建組織編組架構，組織成員有第一線的感受，組織成員不乏眞知灼見之士。採擷成員觀點符合經濟成本效益。彈性多樣化的組織結構採扁平、水平、垂眞、矩陣形式，成員容有不同感受、定見，其中論述容有採行空間。東西方對組織成員僱傭承諾不一，在時勢影響下，公部門組織成員，相對於私部門較有穩定的僱傭承諾及信賴，年金改革產生組織對成員承諾的重大缺口，有多少正負影響力誠難預料。建構信賴團隊：團隊成員對團隊組織之信任感，有助於成員間合作、協調，相互扶持，影響組織目標的達成。

組織成員管理：成員管理可分管理者、被管理者兩種層次：管理階層在認知接受度影響參與管理是否被抗拒排斥，在管理層次的權力行使、技術層次的指引，在管理方式上必須有新的管理作爲，權威式的管理作爲只會限縮組織成員的創造力、認同感。被管理者層次：依 Maslow 需求理論，組織成員的成長、自尊、訓練等需求，管理者重視個別的需求，要有配套措施栽培，對參與管理進行引導、及訓練發展。參與管理組織文化的建構，因組織文化多樣化（diversity），學界難有通則性的規範供參。但通則性原則：1.建構平等原則：對參與成員能力要肯定，不因性別、種族差異要公平對待、尊重，適時授權；2.型塑互信互助：互信的基礎在坦誠、透明，參與管理者展現信任合作，才能激勵成員彼此合作，共同參與投入技能，爲目標建構穩定互信氛圍。學習建構企業家精神要突破現況，樹立企業型組織文化，有助於建構參與式管理。

5.參與效益

「提高工作效率」：參與讓員工全心投入，工作效率得以提高；「減緩員工的離職率」：員工參與決策，情緒高昂，從工作中獲得自我肯定，不會產生離職之心；「改善組織成員互動關係」：參與管理減緩員工抗拒權威領導，讓長官與部屬關係更爲融洽；「激勵成員的工作動機」：從參與中獲得獨立自主，進而滋生強烈工作動機；「改善決策品質」：組織成員共同參與決策過程，發揮個人創造力，匯聚共識，工作效率得以提昇；參與管理可減少組織成員對改革的抗拒；提昇成員對問題判斷、分析能力；增進成員間的情感交流，增進團隊意識。

6.參與管理的困境與建議

對組織緊急迫切問題，不容提供從容的時間、空間，進行參與管理；成員與其領導者對參與問題，很難具備同水平的技能、見地、能力；參與管理可能耗掉組織一定程度財政經費，組織決策者在衡酌效益成本，可能流於形式上的作爲；參與管理員工原有權益，維持一定程度的保障，不致影響成員的地位安全。

員工參與要與其專業技能相當，困難度太高、太過於專業，於組織工作效率的提昇，產生無形的抗拒心理；組織專業化日趨提昇，複雜的組織問題參與者的專業、技能可能不足；需依組織問題的專業性考量參與者的選任；公部門權責固定，機關決策管理者能否授權，共同建構參與管理的氛圍，以及參與管理成效的歸屬，管理決策者有無獲得授權都會影響參與管理的成果；建構更多的實際參與機會、溝通管道；選任開放的主管擔任參與管理領導者，親自帶頭參與，展現溝通誠意及民主認知；減少權威象徵的工作環境，以平等對待組織成員，建構積極作爲風氣與組織團隊氛圍；對團隊成員授權灌能（empowerment），提供完整資訊傳遞改革決心，鼓勵成員學習成長。

（四）公共選擇理論

英國經濟學家 Duncan Black 於 1948 年發表「群體決策制定之理性」一文，首先提及「公共選擇」（public choice）一詞，後被尊稱爲「公共選擇理論創始者」[278]；後繼有 James McGill Buchanan, Jr.（1919-2013）& Gordon Tullock（1922-2014）在 1962 年出版：《同意的計算：憲政民主的基礎》（*The Calculus of Consent: Logical Foundations of Constitutional Democracy.*）一書被認爲是創立公共選擇學派的里程碑。Buchanan 被視爲公共選擇理論研究官僚體系的功臣。

278 Duncan, Black., 1948, "*On the Rationale of Group Decision-Making*", *Journal of Political Economy*, 56(1) (1948): 23–34.

1986 年 Buchanan 獲得諾貝爾經濟學獎，在演說中提到公共選擇理論的方法論有三大要素：1.方法論上的個體主義；2.經濟人行爲的理性；3.政治作爲交換過程。足證經濟學影響公共選擇理論爲最。Buchanan 的公共選擇理論不能不知市場失靈及政府失靈的問題。所稱市場失靈的原因有公共財提供、外部性問題、自然獨占、資訊不對稱等問題。其中公共財易造成「搭便車」（free rider），以致造成「共有財的悲劇」。政府失靈的原因有直接民主的問題、代議政府的問題、機關提供財貨的問題、分權政府的問題，即政府以政策工具介入市場失靈，受到上述因素難以克服，造成政府失靈。在多元民主政治體制實際運作上，會有人運用各種策略以影響政策過程，從中牟利，產生「尋租」（rent-seeking）的狀況。

公共選擇在政策制定之應用：Buchanan 係以經濟學的方法對應政治學廣博範疇：國家理論、選擇規則、選民行爲、政黨政治、官僚體制等進行論析。公共選擇理論對人性的假定：人是自利的、理性的、效用最大化者。Buchanan 本身是自由主義者，他的公共選擇理論被視爲反政府管制的理論，公共選擇理論應該強調市場機制；政府也創設財產權制度，俾市場機制可以活躍，並以最有效率的方式爲整體社會謀福利。公共選擇理論被列入新制度經濟學（New Institutional Economics）研究範疇，注重在不同民主制度下的公共選擇有何不同的效益，以及不同的選擇規範，如一致決、多數決等對決策「品質和數量」的影響。

Elinor Ostrom（1933-2012）在 2009 年獲得諾貝爾經濟學獎，主張藉由「設立中央機構」或予以「私有化」（賦予財產權）等兩種方式，才能有效管理；或依政治經濟學的觀點，由政府提出有效管理的工具，例如「政策課稅」、「賦予財產權」、「政府直接管理」、「外部成本內部化」等政策工具的使用。

（五）交易成本理論

「交易成本理論」（transaction cost theory）是由 Ronald Coase（1910-2013）在 1927 年提出，主要觀點認爲買賣雙方爲了進行市場交易，必須尋找願意與之交易的對象，交易意願、交易條件、議定價格、簽訂合約、進行必要的檢驗，以確定對方是否遵守合約規定等活動所產生的成本。

美國經濟學家 Oliver E. Williamson（1932-）於 1986 年認爲：「市場中的買賣雙方所作的任何決定都需要交易成本。」例如，必須取得資訊，必須確定消費者，必須以條件與價格進行談判、簽訂契約，必須追蹤契約執行的狀況等。Williamson 前於 1981 年「經濟的組織學：交易成本途徑」[279]一文認爲市場中買賣雙方具有事前成本與事後成本兩大類。事前交易成本：搜尋信息的成本、協商與決策的成本、契約成本。至於事後交易成本：監督成本、執行成本、轉換成本。至於形成六項交易成本的原因有：1.不確定性；2.少數人的談判；3.有限理性；4.機會主義；5.不適當選擇；6.道德淪喪（moral hazard）。而影響交易成本高低的三項原因是資產的特殊性、交易的不確定性、交易的頻率。資產愈稀少愈珍貴，交易成本愈高。交易頻率愈高付出成本愈多。

（六）外包-以降低交易成本

Williamson 針對公、私組織分析認爲某些適當的情況，公共組織可以將業務委託外包。但從市場與科層組織（Market, Hierarchy）的結構來看，市場具有高度的誘因：密集度及高度的績效主導性，而科層組織的治理結構則享有高度的行政管控能力與協調力。當組織選擇治理結構時，可以從契約風險程度、廠商履約的風險及整體的損益平衡的價格計算加以衡量，如前三者風險過高，建議由內部自行生產，比交由市場交易來得好。

交易成本理論嚴格而言，尚未形成學界及實務界認可的理論。最常被認可的是交易成本分析（transaction cost analysis），包括交易前（pre-trade）、交易後（post-trade）分析較符合實務界及學界的共識。

（七）委託代理理論

委託人與代理人各有不同的目標，委託人與代理人關係須俟委託代理契約成立才易於確認。代理人一直都期待將自己的目標利益極大化。兩者各自獲得的資訊都是不對稱的，委託人不易觀察代理人所作的決定，因之兩者目標的分歧與資訊的不對稱，組織/行政部門不必然以委託人的利益爲重，否則受代理成本（agent cost）羈絆譎詭頻生。委託人可藉諸限縮管理的裁量權，或列舉權利與義務關係的契約建構互利關係。實務上的委託代理關係頻生於行政事務，範圍愈加擴大，行政機關的警衛、環境清潔、文書作業等。上層次的民生福祉問題，委託民間、私人、專業機構愈加普及，如托幼、托老等。

---

[279] Williamson, Oliver E., 1981, The Economics of Organization: The Transaction Cost Approach, *The American Journal of Sociology*. 87（3）: 548–577.

委託代理理論（principal-agent theory）的重點：委託者、代理人兩者都是自我利益的極大化者；兩者之間的資訊不對稱；委託人知悉最喜歡採取何種行動，其面臨的問題是如何透導該行動；代理人的契約本身是自我執行的，理論假定代理人的自利同時會讓委託人權益極大化。從委託人與代理人理論觀察官僚體系，實務面問題叢生包括：怠惰職務問題、資訊不對稱、道德風險、逆向選擇等問題。代理人（官僚）基於自利行爲，滋生「資訊不對稱」、「道德風險」，未能依委託人（公眾）的期望與利益執行職務，形成代理人「逆向選擇」。

在多元民主政治體制，廣大民眾實難有效監督政府，就會有人利用各種策略影響政策過程，從中牟利，便產生「競租」（rent-seeking）的狀況。如政府的關稅、進口配額或種種管制措施，便會產生經濟租；而民選首長及民意代表所追求的「租」，就是競選連任。這些活動及行爲就是所謂的「競租」。

委託代理理論兩者關係不易確認：將委託人與代理人理論運用到官僚組織，探討官僚組織機構與國會之間，或官僚組織與總統之間的代理關係。代理人理論其實很難完整詮釋委託者、代理人的互動相關係，至於道德層次更難論析，缺乏判準標準。利害關係難以確切掌控，如選民爲委託人，民意代表爲代理人，但選民的利益的多元化，根本欠缺有效機制控制代理人會忠誠履踐。

公部門儘量將公共服務民營化或簽約外包：以減少政府組織規模，爲組織與員工簽訂契約，訂定品質及績效標準，藉以監督代理人的行爲，這些制度安排都是公部門應該可以採行的改革策略。

（八）博奕理論（Game Theory）

博奕理論於 1928 年由 John Von Neumann（1903-1957）所倡，一直到 1947 年他和 Oskar Morgenstern（1902-1977）的《博奕理論與經濟行爲》（*The Theory of Game and Economic Behavior*）一書出版後，博奕理論才廣受重視及應用。

德國波昂大學的 Chandrasekaran, R.著有「非合作性博奕理論」（Non-cooperative Game Theory）一文。Reinhard Selton, John F. Nash & John C. Harsanyi 因研究賽局理論卓有成就於 1994 年同獲諾貝爾經濟學獎。

賽局理論（game theory）乃研究決策者面對一個或一個以上對手，必須對某事作出決定，且決定的後果視對手的決定而定時，決策者如何理性決定的一套理論；博奕理論適合於一個人無法作「最佳」選擇，其選擇的最佳後果端視對手如何作決定的情況。理想的「博奕」情況是，決策者均涉及彼此互依的選擇，必須調整自己的行爲，不僅反映本身的需求與能力，並反映預期對手會採取何種行動。由於「博奕」含有不幸結果的意涵。在嚴重情況下，博奕理論其實並不太適用。但它卻可能出現在決定戰爭或和平的戰略層次，要不要使用核子武器、國際外交折衝、行政與立法議會衝突的決策情境。決策者面對博奕決策情境，通常會選擇一個使他遭受最少損失的方案。據此，參與博奕決策者的最有利的行爲，是在計算對方可能行動對自己的影響後，採取對應行動。

博奕理論本質上假定，所有參與者都是理性的，否則此理論即不適用。博奕理論在說明如果人們完全理性的話，則在競爭情況下，將如何作決定。最著名的例子是上世紀六十年代「古巴飛彈危機」。

（九）漸進主義

Lindblom, Charles E.（1917-2018）在 1959 年 PAR 發表「漸進調適科學」（The Science of Muddling Through.）一文，他表示反對「發展規劃模式」，認爲不符合實際狀況，因爲人類並沒有能力將所有的目的與手段做一完整的考量。Lindblom 復於 1979 年 PAR 發表「仍在漸進調適，仍未完成」（Still Muddling, Not yet through）以回應學界的批判並對理論加以補充與澄清，他認爲我們知識能力有限，對複雜的政策問題所能做到的仍只是部分或漸進分析，無法做到完全綜合的分析，但可透過運作，以達圓熟靈巧。Lindblom 漸進決策途徑（incremental decision-making approach）亦被稱爲「漸進主義」（gradualism / incrementalism）。

Lindblom 認爲決策者著重從已有的政策或措施，去尋找漸進的替代性政策，不作大幅度的政策變動，其主要論點：目標選擇與手段選擇兩者要同時考量；只尋找與現行方案稍有不同的備選方案，不求全盤的改變；僅考量少數可行的備選方案，勿須列出所有可能的備選方案；對備選方案僅考慮少數的發生結果；在執行過程要不斷界定問題，並尋求解決方案；必要時可修改目標以迎合手段。Lindblom 呼籲在政策制定上勿對理論過分依賴，而代之以「漸進的」（incrementtal）分析，他認爲政治過程是一個漸進的運作過程。對漸進主義的判準有下列重點供參：

1.規劃與決策兩者運作不同

規劃與政治的決策中心是分離的（separation of political and planning center），因之兩者的互動是有層級性的（hierarchical）；規劃的決策中心

（planning center）從政治的決策中心獲取方向與指示；而政策規劃係依政治指導行事。某些特定的目標在政治過程中完成；負責規劃的機構，只需作達成手段的選擇即可，政治和規劃機構的互賴性較小。

2.政策參與者缺乏價值共識（lack of value consensus）

政策利害關係人對解決問題的價值認知不盡相同，各利益團體會爲政策目標之釐定進行角力，過程中的妥協與衝突是必然的。政策規劃只能達成有限共識。

3.缺乏目標共識

目標的共識包括一般性目標（absence of general ends）及特定的目標難以建構。政治決策者以自己選區利益爲重，對整體利益往往缺乏一致性的共識。難以建構一般性目標和目的。因之，Lindblom 認爲特定的目標是修訂的、機會主義的或不明確的（specific ends are remedial, opportunistic, or unclear）：爲減少衝突或不愉快，特定目標與目的通常以修正（remedial）的形式表示：規劃所需的資金與資源同以模糊形式呈現，以免不必要的衝突、爭端和反彈。

4.功能理性（functional rationality）

漸進主義偏重手段的選擇，具有功能理性的特質；強調規劃的技術面與事實資訊的詮釋，不做衝突價值的分析與選擇。Lindblom 認爲人類的能力有限，無法將所有的目的和手段做一完整的考量。加上決策情境的複雜，其耗費成本很大，很多方案規劃分析成本，大於所得的效益。一項具有經濟效益的政策方案是「邊際效益」（marginal benefits）大於「邊際成本」時，才可稱之爲具有經濟效益的方案。Lindblom 認爲所謂「漸進調適科學」，決策者只要選定少數目標，所要考量的只是選定的少量目標，也只是少數的替選方案（alternatives）。這些候選方案與過往政策相比較，只作部分政策修正，相差不多。所依據的是先前的規劃和執行經驗，而不是理論的基礎。

第四章　政策合法化

一、政策合法化過程

（一）政策合法化

「政策合法化」（policy legitimation）是政策過程論的階段名稱：秉持此種認知的學者包括國內學者吳定（2006）及國外學者 Jones（1984），Ripley & Franklim（1987）。最早 Lasswell, H. D.於 1956 年以七項概念來呈現政策過程的內涵包括：「消息」（information），「推銷」（promotion），「指令」（prescription），「發動」（invocation），「應用」（application），「終結」（termination），「評估」（appraisal）等以闡述政策過程的意義。本論著所指「合法化」包含「推銷」與「指令」的政策活動。

余致力（2007）：「政策合法化意指公共政策推動者，一方面推動政策方案的擴散與說服工作；另方面推動方案通過立法，讓規劃好的政策通過正式立法過程，並且獲得民眾的支持。」公共政策合法化的過程環節，影響因素很複雜。依 James E. Anderson（2003：23）政策合法化的五個階段論指「政策議程」（policy agenda）、「政策形成」（policy formulation）、「政策採納」、「政策執行」（policy implementation）與「政策評估」（policy evaluation）。Anderson 的「政策採納」（policy adoption）意指：「發展對於某個政策解決方案的支持，以致於可以讓該方案正當化與權威化。」而 Jones 的「政策合法化意指瞭解誰支持這個政策，以及如何維繫政策支持多數的問題。」類似「政策合法化」一詞的用語，學者有下列不同用法：

Weimer & Vining（2005：261）：「政策採納」（policy adoption）、「政策執行」（policy implementaion）兩者係指政策分析後的動作。Dunn（1981）：則稱之爲「建議政策行動」（recommending policy actions）；Lester & Stewart（2000）：則將政策採納拼入「政策形成」（policy formulation）階段，在政策評估之後加上「政策變遷」與「政策終止」；Howlett & Ramesh（1995）將 Anderson 的「政策採納」直接簡化爲「公共政策決策制定」（public policy decision-making）。Rodgers & Bullock（1976：3）認爲政策合法化受影響的因素包括：法令的清晰程度；懲罰的確定與

嚴重程度；對政策正當性認知；強制力的需求程度；人民對政策的同意程度；政府測量順服程度的能力；監控的廣泛程度；是否存在著特定的執行機構。

綜前，法令愈清晰、懲罰愈確定且愈嚴重、民眾對政策正當性認知愈強、強制力的需求程度愈低、政府測量順服的能力愈強、監控廣泛的程度愈高，同時存在著一個特定執行機構，民眾對政策的順服程度就愈強。反滲透法被批無主管機關屬空白授權，學界對之戒懼甚深惶恐有加，懼怕因微言被「查水表」。

（二）政策合法化定義

公共政策對「政策合法化」的定義：指使合法化政策得到授權，或取得合法化地位的過程。當政治系統取得正當性，取得人民的授權以行事，經由一定法定程序，制定之政策，人民才認爲有遵守義務。一個政府未取得統治的正當性，未必取得人民的信服。一個政治系統的存續，實繫於「行動之合法性」觀念。「合法性」與「合法行動」之間存在著一種動態的關係，人民接受政府的合法性與否，影響對政治系統的觀感。正當性的象徵物（symbols of legitimacy），如政治平等、多數決、代議政治、政治參與等，與政府之政策產出，不能有太大的差距存在。

（三）政策合法化的正當性與法定地位

根據 Charles. O. Jones（1984）《公共政策研究導論》（*An Introduction of the Study Public Policy*）[280]指出：「任何政治系統中，均存在著兩種層次的政策合法化。第一層次爲政治系統取得「統治正當性」（legitimacy）的過程；第二層次爲政府取得法定「統治合法性」（legality）的過程。政府的合法性乃是政治系統存在、穩定、持續、成長與發展的前提。更是塑造某政治系統政策制定的特殊性與有效運作的基礎；「統治合法性」指政治系統獲得授權或取得統治正當性的過程：包括批准解決某種公共問題而提出的特定提案的政治過程；所謂合法性也就是統治正當性。統治合法性指一個政治系統內的大多數成員對該系統之結構與體制所表現的支持程度。

David Easton：將支持分爲特定（specific）支持與普遍（diffuse）支

[280] Jones, Charles O., 1984, *An Introduction of the Study Public Policy*,3rd ed., Monterey: Brook/Cole Publishing Company.

持兩種：特定支持：指人們對政府的產出（output）符合他們的需求，而向政府表示一種親善的態度和傾向。普遍支持：指政治系統成員對政府所抱持的一種親善態度。Easton：灌輸人們一種「合法性的感覺」（a sense of legitimacy）是獲得人們對權威或政權普遍支持唯一最有效的方法。社會成員願意服從權威，遵守政權制定的規則。最可靠的支持來自社會成員認爲接受並服從權威並遵守政權制定的規則是對的是應該的信服（conviction）。

（四）政策合法化過程

1.從立法院的組織與立法職權論析

立法院爲我國最高立法機關，依 94 年 6 月 10 日憲法增修條文第 4 條規定，立法委員自第七屆起改採單一選區兩票並立制，主要內容有：立法委員自第 7 屆起爲 113 人，任期四年，連選得連任，於每屆任滿三個月前，依下列規定改選：

（1）自由地區直轄市、縣市 73 人，每縣市至少 1 人。

（2）自由地區平地原住民及山地原住民各 3 人。

（3）全國不分區及僑居外國國民共 34 人。

前項第 1 款依各直轄市、縣市人口比例分配，並按應選名額劃分同額選舉區選出之。增修條文第 3 條依政黨名單投票選舉之，由獲得 5%以上政黨選舉票之政黨依得票比率選出之，各政黨當選名單中，婦女不得低於二分之一。

立法院的職權依憲法第 63 條：「立法院有議決法律案、預算案、戒嚴案、大赦案、宣戰案、媾和案、條約案及國家其他重事項之權。」另依立法院議事規則第 44 條：「對於法律案、預算案部分或全案之復議，制定法律及審查預算爲立法院的主要職權。」

2.立法院制定法律的過程

我國立法院審定法律案運作主要程序爲：1.提案；2.一讀會；3.審查；4.二讀會；5.三讀會；6.公布。茲略析之：

（1）提案

提案是立法的第一個步驟。提案來源：行政院、司法院、考試院、監察院、立法委員及符合組織法規之黨團。至於預算案之提出，則專屬於行政院。提案先送程序委員會，由秘書長編擬議事日程，經程序委員會審定後付印。程序委員會置委員 36 人，由各政黨（團）依其在院會席次之比例分配，每一政黨（團）至少 1 人。院會審議法案的先後順序，由程序委員會決定。

（2）一讀會

政府提案及委員所提法律案列入議程報告事項，於院會中朗讀標題（一讀）後，即應交付有關委員會審查或逕付二讀。委員提出之其他議案，於朗讀標題後，由提案人說明提案旨趣，依院會之決議，交付審查或逕付二讀或不予審議。預算案於交付審查之前，行政院院長、主計長及財政部部長應列席院會，報告施政計畫及預算案編製經過並備質詢。

（3）審查

委員會審查議案時，可邀請政府人員及社會上有關人員列席，就所詢事項說明事實或發表意見，以供委員參考。議案審查完竣後，提報院會討論。審查會出席委員若不同意審查會之決議時，得當場聲明保留院會發言權，否則即不得在院會中提出相反之意見。法律案交付審查後，性質相同者可以併案審查；但已逐條討論通過之條文，不能併案再行討論。各項提案若於該屆委員任滿時，尚未完成委員會審查程序者，下屆委員不予繼續審議。

各委員會爲審查院會交付之議案，得依規定舉行公聽會，邀請相當比例之政府人員及社會上有關係人員表達正、反意見，並將意見提交報告，送交立法院全體委員及出席者，作爲審查該案之參考。委員對法律案、預算案部分或全案之決議有異議，得依法於原案表決後，下次院會散會前，提出復議動議。復議動議經表決後，不得再爲復議之動議。

（4）二讀會

二讀會討論經各委員會審查之議案，或經院會決議逕付二讀之議案，二讀時先朗讀議案，再依次進行廣泛討論及逐條討論。二讀會對議案之深入討論、修正、重付審查、撤銷、撤回等，均是在這個階段作成決議。經二讀會之議案，應於下次會議進行三讀；但出席委員如無異議，也可繼續三讀。

（5）三讀會

三讀會除發現議案內容有互相牴觸，或與憲法及其他法律相牴觸外，只得爲文字之修正。立法院議事，除法律案、預算案經三讀程序議決外，其餘議案僅需經二讀會議決。

（6）公布

完成三讀之法律案及預算案經院長咨請總統公布並函送行政院。總統於收到後 10 日內公布之，或依憲法增條條文第 3 條規定之程序，由行政院移請立法院覆議。

二、影響政策合法化的因素

（一）參與者

政策合法化的參與者因政治制度、國情、合法化機關、政策方案的本質、利害關係者的不同而有差異，大體上政策合法化參與者包括：民意代表、行政官員、司法機關、政黨、利益團體、專家學者、大眾媒體、特定人選。

立法機關（立法院、地方縣市議會）的民意代表，乃是政策合法化過程的核心人物，涉及人民的權利義務的重大法案，都須經民意代表的審議、妥協、折衷、協議，才能完成法定程序。行政官員廣泛，包括總統、中央及地方政府的行政人員，一方面是政案方案合法的發動者，將選定法案送請立法議會審議；另方面，本身可基於職掌、審核批准，毋須送請立法議會審議的政策或方案，居於審核方案的立場行之。由於司法機關具有解釋憲法、法律及命令的權力，在美國稱之為「司法審核制」（judicial review），可實質決定政策合法與否，在相當程度參與了審核方案的立場。政黨在政策合法化過程具有相當大的影響力，政黨勢力消長，影響到政策方案能否順利完成合法化。利益團體不論是公益性或非公益性，常基於特定立場，利用請願、示威、施壓、遊說、結盟或利益交換，促使行政機關或立法機關通過或拒絕某項政策或方案。在學術或研究機構工作專家學者，本於專業素養或良知於政策發展過程中發表個人意見，影響有權核准政策方案之人士。在政策方案合法化過程中，大眾傳播媒體包括電視、廣播、報章、及雜誌，常藉提供資訊及評論，影響有權核准者對政策方案所持觀點、態度。政策方案的利害關係人會利用請願、遊行、參加聽證會、投書，促使有利的方案，獲得合法化；不利的方案及時打消。

（二）協議

政策合法化過程，充斥著討價還價、協商交易的活動。這些活動可能在政黨、派系、利益團體之間進行，甚至在行政部門與立法議會之間。

Charles E. Lindblom & Robert A. Dahl 在 2017 年再版《政治，經濟與福利》[281]（*Politics,Economics,and Welfare*）一書指出：有幾種因素促使在政策合法化過程中進行交易、妥協、退讓：

社會多元主義（social pluralism）出現多元利益團體的妥協：由於各種利益團體、地區及特定對象等因素的影響，各領袖間對某政策可能未盡同意，但又期望能獲得同意，並能彼此獲益的可能。因之發生協商交易的行爲；此種協商交易行爲在「必需」、「可能」、「有利」的情況下，才可能發生。根據資源互賴理論：當一個團體被認定可能影響對方團體的權益或導致自己損失時，後者愈有可能去操控對方；由於利益團體彼此利益息息相關，因之彼此必須同時經由協商交易方式，以保護自己權益。

在政策倡議初期不同意，後礙於情勢變遷，傾向有同意可能（initial disagreement and potential agreement）：某些利益團體對政策初期強硬不表同意，後經協商交易行爲而同意。任一參與者採取強硬立場，可能導致協商破局。

以美國爲例，由於憲法、法院判決、政治傳統對政府結構有諸多限制，也增加了協商交易行爲的可能性。加上聯邦政府行政結構、兩院制的國會、三權制衡原理、民選官員及民意代表的任期重疊性、政黨政治、司法審核制、國會委員會權力運作等，造成協商交易的必要性及可能性。

（三）妥協結果

政策立法程序是一種妥協結果。前述多元利益團體、相互依賴關係、憲法因素等構成協商交易的必要性。而協商過程交易行爲依 Grover Starling[282]的看法，產生若干奧妙的結果：

1.政策被廣泛接受（widespread acceptance）

政策必須受到政治活躍分子廣泛的接受，才能行得通，以美國而言，有些政策容許政治上的少數有否決政策的機會。因此，政治上的少數既使不同意，可透過協商交易，要能得到他們的默許。

---

[281] Lindblom, Charles E. & Robert A. Dahl., 2017, *Politics, Economics, and Welfare.*, N.Y. Routledge.

[282] Starling, Grover., 1988, *Strategies for Policy Making.* Chicago, IL: The Dorsey Press.

2.政策藉不理性方式得到同意（irrational agreement）

政策爲獲得廣泛支持，可能經由「滾木立法」（logrolling Legislation）產生不理性同意的情況。所謂滾木立法其方式爲同意其他領袖之提案，以換取他們對你的提案之支持，以互惠式交換利益。由於討價還價伴隨著獲得廣泛支持的壓力，使得「妥協」成爲不可避免的手段。

3.政策被有組織者所控制（controlled by the organized）

許多政策制定過程，不論議題提出、方案規劃、政策的合法化，屢見有組織團體的利益所在，因爲這些組織團體有資源，提供報酬給支持者，讓支持者向對方施壓。通常由官僚進行組織性的操控，行利益交換。

4.無法控制行政官僚（failure to control bureaucracy）

由於議價交易不可免，導致民選公職人員、民意代表，無法對行政官僚行使制式的控制（unified control）。每個行政官僚體系服務對象，都屬行政網絡的一部分，官僚經由被服務對象替機關進行遊說，以免機關權限、地位及安全受到威脅。

綜前，政策方案在制定過程的議價協商，確有它存在的必要性及重要性，協商固會限制以理性政策分析的程度，政策制定必須結合官僚體系權限（authorities）的運用，因爲制定過程被融入「權力遊戲」（the play of power）中，因之政策方案的政治可行性分析（political feasibility），應被政策分析人員列爲最重要的分析項目。

三、政策合法化策略

（一）建構政策方案的支持者

行政機關在從事政策方案規劃、合法化以至執行的過程中，必須隨時設法爭取可能的政治性資源支持其行動，尤其政策方案合法化過程中爲甚。缺乏外界及機關本身的支持，將無法達成既定的目標，甚至威脅該機關的生存及成長。行政機關的政治性支持來自三方面：外界社區民意代表、立法議會及行政部門本身，行政官僚會建構如次支持體系：首先爭取民意支持系絡：具體作法包括掌握關鍵性的大眾；組織服務的對象；行政機關避免成爲被擄獲的機關；協助成立公益團體。其次爭取議會支持，其方式：由法律授予行政機關具有管制權、人事權、對社會大眾提供服務之權；再次爭取立法議會的授權：立法議會透過撥款法案的運用，提供行政機關政策方案運作權力；可藉由拉攏立法議會之委員會主席，聯繫民意代表的情誼等方式，增強行政部門的政治力量。各部會均設有國會聯絡員，用意即在此。

（二）運用多樣性策略

行政機關欲強化本身的支持力量，必須做好與其他機關的關係，進行跨組織織的協力運作。此乃跨域行政重要範疇項目之一。尤其是其資源具有控制或影響力的單位，例如，主計單位、人事單位、研考單位等。與上級及平行機關維持良好的關係，也是強化該行政機關支持力量的重要策略。

美國 Carl E. Van, Donald C. Baumer, & William T. Gormley 三位學者，認爲政策方案在制定過程中，會運用各種策略，以獲得各參與者的支持，以使方案合法化，取得合法執行的地位。他們將之歸納爲下列若干策略：

1.包容性策略（inconsultation strategy）

這個策略又可分爲：諮商性策略（consultation strategy）由負責公共事務部門向政治人物在事情變得棘手之前，進行諮商。一個行政與立法分屬不同政黨之分裂型政府，政策方案如要獲得接納，廣納異議的諮商策略就顯得更爲重要。

2.建構聯盟策略（coalition building strategy）

大部分的政策方案除非花相當多心力去建構支持聯盟，爭取支持否則不易過關。

3.妥協策略（compromise strategy）

綜觀國內外情勢，很少有重大法案不經過取捨交易（take and give）的過程而能通過的。此種討價還價，折衷妥協的結果，可令雙方覺得「雖不滿意但可以接受」。「妥協」是民主政治的一種基本生活方式。除妥協尚有繞道性策略，避免一場正面激烈爭鬥。2020 年總統大選、立法委員選舉執政黨取得絕對多數席次，屬完全執政的時期，執政黨鮮再與在野黨進行「妥協」，挾其絕對多數席次，甚至封殺在野黨提議增購疫苗採購案。立法機關在審議各種爭議性極大的法案時，行政部門、執政黨及立法機關本身常使用妥協策略，只取得暫時性的勝利，問題未解。在訊息要求公開化、透明化，倘若執政者要求採欺騙策略（deception strategy），暫時性安撫民怨更屬不智之舉。當今選舉策略屢為解決暫時性危機採行欺矇手法，日後再收拾殘局，行政成本代價難以預估。

4.政策分析策略（policy analysis strategy）

基於運用嚴格的實證研究以提供決策資訊的政策分析策略，有時比雄辯策略更能達成較好效果。在網軍盛行的訊息時代，何謂事實（reality）？誠難於短時間去除抹黑抹紅的詭計。政策分析資訊固然有相當大的說服力，但是否被充分利用，依論題本質、分析報告是否詳盡及民意代表與政策分析人員間互動的深度而定。

5.抗議策略（protest strategy）

在媒體被統籌管控下，抗議畫面難出現在新聞媒體，即使被採也難逃被拉皮整形，難呈現眞象於公眾面前。某些議題如「價值的爭論」重於「事實的爭論」;「政治角力」勝於「證據呈現」的情境下，抗議策略會是有效的方式，尤其輿論對其有利的情況下更是如此。抗議策略仍會持續被採行，因其成本較低，通常時間也較短暫，但長期抗爭則屬例外。

（三）行政機關的策略

政策規劃者或分析人員如何讓其擬訂或推薦之方案獲得接受？可從幾個層面規劃：前置作業階段的意向徵詢，在可能範圍接納其他各方意見。儘量考慮政治可行性，可適度修正方案內容，減少政治因素的阻力。在推薦方案前，預估可能遭受拒絕、駁斥、修正的部分，事先籌謀對策。政策方案應以清晰明白、周詳完備的形式向決策者提出。與政策決策者建立良好互動關係，並以專業知識及聲望博得決策者的信任，以提高政策方策被接納的程度。政策分析或規劃人員應具備溝通、說服、協調的技巧，以強化決策者接納的可能性。推薦方案時態度應誠懇、謙恭有禮，切忌語多高傲，以免引起決策者反感，造成反效果。

決策者在工作上的特性影響取捨方向：決策者過去的工作經驗，知道成功或失敗的政策各具有那些特徵，同時知道成敗的理由；決策者的責任感影響自己的決定，對所屬機關、整個政府，甚至整個世界未來的責任感、價值觀；決策者視野（view）的特質：直接影響機關組織，可能心胸開闊或封閉者，施政作為採取保守的心態。規劃分析人員在推薦方案時應瞭解決策者的心態，以耐心、誠心、信心的態度，權變的應對，方案才可望獲得接受。

根據 Anthony Downs 研究，政策能不能合法化首要工作是要瞭解決策者動機，決策者將機關組織視爲可以達成個人目標的場所，如升遷、加薪等，這屬於攀爬者（climbers）；一旦他們覺得升遷無望時，就會趨於保守，歸類爲保守者（conservers）；自認在追求自認對國家有利的政策目標，屬於狂熱者（zealots）；認爲維護機關組織就等於在追求公共利益，屬倡導者（advocates）：政治家（statesmen）型採取廣泛的公共利益觀點。

政策規劃或分析人員瞭解所面對的決策者究屬於何種類型，有助於並採取不同的作法，知己知彼始能力求政策方案被接納。

四、決策者取捨標準

「決策者」指行政機關或立法機關，對政策規劃或設計人員所提供的各種政策規劃方案，進行抉擇的機關首長、民意代表而言。所指「標準」係決策者的「價值觀」、「政黨歸屬」、「選區利益」、「民意」、「順從」、「決策規則」等取捨拿捏的尺度。

這些尺度首重「價值觀」（values）：有不同的價值觀會影響決策者包括：「機關組織的價值觀」：組織爲生存而強化、擴充其政策計畫並維護其特權；其次是機關組織的「專業價值觀」：它是各機關組織、各專業所累積的偏好主張；「個人價值觀」：決策者爲保護自己或促進本身在物質上、財務上、聲望上及職權的優勢所持有的觀點；「政策價值觀」：基於公共利益而制定適當的及正確的政策之看法；「意識型態的價值觀」：決策者對不同主義所堅持的信念。

次爲「政黨歸屬」（party affiliation）：不論機關首長、民意代表所屬政黨或派閥的政治主張、立場及信念等，基於政黨的要求，對其決策意向、行爲影響至極，影響力道仍視政策議題大小有別。

再次爲「選區利益」（constituency interests）：以選區之民意代表而言，常堅持「黨意與選區利益，兩者衝突時以選區利益爲優先，因選民對其職位保持具有最後決定權之故，而非民選的行政官員，也常以選區或利益團體代表身分而從事政策的制定。

「民意」（public opinion）何在？：民意傾向一直是決策者（不論是

行政官員或民意代表）的重要決策參考指標。民意代表更不會忽視民意對重大政策的主張或看法，關鍵因素是與選票息息相關。民意對於各層級機關、民意代表都具有重大的、廣泛性的影響力，民意走向左右政策走向及施政作爲。

決策者常「順從」（deference）民意代表的建議，同樣地有些民意代表在投票時會順服其代表地區的民意；或採取「援引先例」的方式對某些案例作最後的決定。通常決策者會就案件本身進行判斷作出決策。

五、促銷政策方案

美國國會接受各州政府或不同的諮詢遊說公司或代理人向國會、議員進行政策法案的資訊提供、說明，政策方案的「遊說促銷」有其一定的程序要遵循。但各國作法不一，沒有通則。以行政機關如何向立法機關促銷政策方案，學者或實務界看法同樣殊異，茲略舉二類供參：

（一）技巧性的促銷

掌握政策合法化過程和各「參與者立場」：政策方案的參與者觀點、價值、立場均不一，應針對提交立院審議的方案，蒐集各種參與者的資料：如民意代表、利益團體、政黨、意見領袖、學者專家、當事人等。參與者立場可概分爲三類：「支持者」（supports）、「無所謂者」（indifferents）、「反對者」（opposers）。各類參與者的動機、信念及角色做深入的研究供掌握運用。其次「建立聯盟」：因政策本身、合法化過程中的場合（如院會或委員會）、合法化進行時間之不同，宜乎採取不同的策略，以形成不同的聯盟（coalition）；行政機關如何妥善運用所擁有的資源（預算、物質），獲得多數民意代表的支持在平時或適時分別給某種利益做爲互惠支持的條件。如「前瞻計畫」對各縣市政府給予明暗的承諾爭取地方機關及民意代表的支持。適切運用「合法化策略」：行政機關爲其本身的政策法案能獲得立法機關民意代表的認同支持，須運用各種有效合法化的策略，其中包括：試探性的消息發布：政策法案向立法議會提出前，先將內容摘要向社會透露，以觀察社會各界的反映。把握「適當時機」：或稱政策窗開啓，即在政治情勢、社會條件、立法機關內部氛圍對所提法案有利的情況下提出，法案獲得通過的機率較大。「爭取社會團體」協助支持：行政機關可透過支持其立場的一般大眾、傳播媒體、學者專家、利益團體、及法案的受益者或團體等，凝聚力量對立法民代施壓，促其採取支持的態度。加強「民代聯繫」維持情誼：行政機關要妥善運用各種方式，瞭解民代選區生態及關切的問題，加強與民代的聯繫與支援，維繫密切的情誼；提供政策資訊增進瞭解：民代無暇對行政機關的政策方案深入瞭解、研究分析，行政機關有義務適時提供政策方案的相關資訊，增進民代對方案的認識，採取支持的立場。

「首長親率督陣」列席各項相關會議：行政機關首長為贏得民代對法案的認同與支持，應親自列席立法機關的各審查委員會、座談會及聽證會等，一則以示尊重，二則為政策法案辯護，三則接受民代詢問並適時作必要的回應或詮釋，澄清疑慮。

善構「國會聯絡團隊」：行政機關設置國會聯絡人團隊，絕非掛名，應擇活躍善於公關的優秀人才投入，成員更要培訓及歷練，對內部機關業務運作熟練及其他機關職掌權責的瞭解，適時為政策法案提供有益的資訊。

「互換資源」發揮黨政協調功能：對阻力較大的法案，透過政黨的力量，居中穿針引線協調，對黨籍民代或曉以大義、或以黨紀，要求其採取支持的立場。對不同黨派要妥適互換資源，爭取政黨最大利益。

（二）行政與立法部門互惠促銷

行政與立法部門對政策方案各有所期待，未必雙方同等對待，但基於互利雙贏觀點，對政案方案合法過程進行促銷。

林水波、張世賢合著《公共政策》一書，指出行政策機關為爭取立法議會對政策方案的認同，使修正、規劃或另行設計的政策方案爭取肯定完成合法程序，有幾點意見：

1.宣示政策方案惠民利民的措施：對公眾的利益，行政機關協助民意代表照顧選區大眾利益，以助其爭取選民認同。反之，對不與行政機關配合的民代，採取漠視或減量，甚至不利選區的決策。「前瞻計畫」採取政黨色彩不同利益、資源配置，即為一例。

2.提供民代專業情報：行政機關擁有足夠完整的政策制定專業資料，熟知那此資訊有助於合法化或有礙於合法化。為促使政策合法化，政策規劃者或分析人員提供民代政策方案的正、反意見，讓民代在議會展露其問政專業性，贏取民代同仁或選民的尊重。

3.維持與民代密切情誼：行政機關決策者可循國會聯絡人，與民代建構私人情誼及聯絡關係，維持穩定情誼，而非為爭取支持政策方案再與民代聯絡。

4.出席委員會之聽證會及接受質詢：出席民代個人的記者會，委員會之聽證會或公聽會，以表示關切及支持民代及其委員會的議題，藉機對方案擬訂的緣起與背景提出完整的說明。

5.透過政策協商：對重大政策方案各政黨或民代有不同的意見或堅持，行政機關可透過黨籍之黨團，透過立法院議事規則之黨籍議員協商機制，以及不同政黨之政黨協商爭取支持，突破懸宕的法案，儘速獲得妥協，完成政策方案的合法程序。

6.善構與民代辦公室成員的情誼關係：民代辦公室幕僚是民代對外代表及重要幕僚或軍師，民代對方案的發言、意見、批判，具有決定性的影響力。因此，行政機關國會聯絡人員平時對民代幕僚團隊成員要公平對待及維持友好情誼，屬不容忽視的工作。

綜前，行政部門對政策方案如何進行制式或非制式的促銷行動，各有良方。行政機關國會聯絡人員對政策方案能否有效協助順利完成立法程序，具有關鍵性影響力，機關內部同仁對聯絡人轉交民代的請託、關說，要有完整一致性、公平性的對應運作方式，忌諱對民代有不公平的對待，而種下被民代報復的惡果；平時對民代幕僚團隊成員公平對待、尊重及維持友好情誼都是不容忽視的工作方法。

第五章　政策執行

一、政策執行意涵、特質

（一）意涵

Jeffrey L. Pressman & Aaron B. Wildavsky 於 1984 年合著《執行：華盛頓州的偉大期望如何在奧克蘭破碎》（*Implementation：How Great Expectations in Washington Are Dashed in Oakland*）[283]一書，在此之前，Pressman & Wildavsky（1973）《政策執行的研究》[284]一書，指稱「執行」（Implementation）係公共政策研究「失落的連結」（the missing link），後續學者對公共政策的「執行」研究如春筍般活絡。

政策方案在行政部門首長或民意機關核准後，取得合法地位，進入「政策執行」（policy implementation）的階段。政策執行的重要性，誠如 George C. EdwardsⅢ.所云：「缺乏有效的政策執行，政策制定者的意圖將無法成功實現。」

Wildavsky（1983）：「政策執行是相互的調適（implementation as mutual adaptation）。」Charles O. Jones.（1984）在《公共政策導論》（An Introduction to the Study of Public Policy）認爲：「政策執行乃將政策方案付諸實施的連串活動。」[285]這些活動包括：「闡釋」（interpretation）：即將政策方案以語言轉換成可令人易於接受及可行的計畫或指令；「組織」（organization）活動：即建立或重新配置資源、建構執行單位及方法，促使政策方案能付諸實施；「應用」（application）活動：展開提供服務、給付或其他既定的方案目的、措施或工具。Jones 認爲透過闡釋善誘、資源的有效組織配置、提供服務應用，在執行過程要與參與者、相關者進行協調（Wildavsky）。

---

283 Pressman, Jeffrey L. & Aaron B, 1984, *Implementation: How Great Expectations in Whashington Are Dashed in Oakland.* Berkeley: University of California Press.

284 Pressman, Jeffrey L. & Aaron B. Wildavsky., 1973, *Implementation,* Berkeley: University of California Press.

285 Jones, Charles O.,1984, *An Introduction to the Study of Public Policy,3rd ed.* Monterey: Brook/Cole Publishing Company.

吳定：「政策執行指政策方案在經過合法化程序，取得合法地位後，由主管部門負責擬訂施行細則，確定執行專責機關、配置必要資源，以適當的管理方法，採取必要的對應行動，使政策方案順利付諸實施，俾達成目標或目的之所有相關活動的動態性過程。」張祺明：對「政策執行」的詮釋與吳定異曲同工頗爲相似。但另提出幾項具體重點：1.擬訂詳細執行政策方案的辦法；2.確定負責推動政策方案的機關；3.配置執行政策方案所需的資源、人力、經費、物材、設備、資訊等；4.採取適當的管理方法執行政策方案，包括計畫、組織、指揮、協調、管制等方法；5.採取必要的對應行動，促使執行人員及標的人口順服政策的獎懲措施等。

但吳定特別強調政策執行是一種不斷修正調整的動態性過程。柯三吉：「政策執行乃是指政策、法規或方案付諸實施的各項活動。」

綜結我國學者對「政策執行」意涵：指政策方案在經過合法化以後，擬訂施行細則，確定專責機關、配置必要資源，以適當管理方法，必要的對應行動付諸實施，不時修正調整達成預定目標或目的等相關活動的過程。政策執行是一種動態過程。

（二）政策執行的特質

R. Ripley & G. Franklin（1987）認爲：「行政機關的基本特質與政策執行的成敗息息相關。」兩位學者係從執行層次審視執行成敗的關鍵因素，可歸納爲下列各項：

1.多樣性的參與者

在政策規劃過程，有相當多利益團體、政黨及其他的多元參與者介入，試圖影響政策的方向與目標。在政策執行過程亦然，除官方外有更多的非官方的執行機構與人員參與其中；另「利益團體」、「非營利組織」、「非政府組織」等介入，均爲政策執行過程的參與者。

2.政府的規模與公共計畫的繁複性

多元社會的發展，社會公共問題也隨之更加多元複雜，因應社會問題政府成立各式各樣的機關、任務小組或組織，政府組織規模隨之膨脹，人力及財力支出隨之增加，都使得政策執行日益複雜。

3.目標的多元及彈性化

政策參與者的多元化，目標難兼顧各方參與者的期待；因之，政策目標維持一定程度的「彈性化」易於政策方案的落實與執行者有適度的裁量空間，以供必要的調整與裁量，考量落實政策方案的目標與多元期待，有時政策目標的含糊是一種彈性。

4.政策執行是跨府際運作

政策執行跨越中央至地方各層級，水平層次機關亦然，尤其重大政策更是上下、垂直緊密關聯的配合，才得以完美執行。

5.影響政策執行外在因素

政策執行環環相扣，經費、人力與資材，樣樣都息息相關，何況政黨間的惡性競爭，都可能左右良善方案的落實程度。不只內部性的國內政經狀況，外部性國際局勢的變遷，都可能影響政策執行；COVID-19 是最佳驗檢實例。影響因素學者觀點不一，張祺明試圖綜結政策執行的特性有三大特點：「動態性」：政策執行不是一個時間點，或是執行終點，而是一連串持續性的過程；其次「連結性」：從政策議題選定、政策合法化、政策規劃及政策執行環環相扣；再次為「實務性」：政策方案確定合法化後，如何落實，處處與行政部門執行能力、人力、財務面面都相關。

二、政策執行工具、影響因素

George C. Edwards（1973）在《執行公共政策》（*Implementing Public Policy*）一書，提述有四大重要工具、變項影響政策方案的執行：

（一）溝通

有效溝通（Communication）是政策執行首要條件，執行內容及命令愈清晰，阻礙愈少，就愈能收到預期效果。影響溝通造成傳達不良原因有：

1.執行命令欠缺清晰性（clarity）：造成命令不夠清晰的原因包括：政策制定過於複雜，基層官僚無時間或無能力規劃出政策執行的明確命令；執行命令含糊不清，讓執行者有空間與利害關係者從中便宜行事或妥協，相互推諉；競爭目標太多，不易達成共識，以致執行命令有意或無意不夠清晰；對新政策計畫不夠透澈，發生行政執行命令的不確定性；法院的判決大多屬於原則性，執行者為嚴守法治的界限，不得不訂定含糊的命令。

2.命令的執行欠缺一致性：執行命令清晰明確，但命令的內容或作法，前後發生矛盾衝突，溝通仍會受到阻礙，因之執行命令應具備一致性（consistency），執行成功機率愈大。造成執行命令的不一致性原因，與命令本身的不清晰相關。執行命令的不一致有可能受致於壓力團體所致，因之，決策者/首長應儘量減少利益團體的影響，以減少執行過程的不一致現象。

（二）資源

2016 年政黨輪替爲提振國內經濟，相關部會召集工商界領導者溝通；與會者指出「六缺」：缺人才、缺地、缺電、缺水、缺工、缺德（指產業未依規定處理廢棄物，如卜蜂公司）籲請政府要重視。提供充分的資源（Resources）是執行政策成功的必要條件之一。資源廣泛涉及範圍包括

1.人力

人員（staff）不足支應政府職能的不斷擴增，行政事務相當複雜，與政策執行者之人數比例，不論在教育、環保、能源、醫療及科技其他政策的推動方面，仍有人手或專業不足之缺點。另執行人員的管理技巧或行政專業，已難於應付政府面臨的問題，加上員額精簡（downsizing）更加突顯人員的問題。欠缺人力是 2016 年政黨輪替後工商團體提出經濟發展前錦產生「六缺」嚴重問題，其中缺人、缺錢、缺地、缺電……等，缺乏專業人才被列爲最嚴重的問題。根據勞動部統計 2020 年 1 月底，移工人數有 71.3 萬，其中產業移工 45 萬多，社福移工 26.2 萬多。四年來社福移工增破到 26 萬多，與政府力推長照 2.0、鼓勵本地從事長照看護減少移工依賴政策相互矛盾。[286]

2.資訊

有關革新或高度技術性的政策，各層級執行人員更須知悉政策內容、執行技術，更應掌握充分的資訊（information），才能正確無誤地執行政策方案。

3.設備

設備（facilities）的定義不限於經費的充裕，更擴及所購置的設備、物料、器具、僱用人員等執行政策的資源要項。COVID-19 疫期爲維繫國

[286] 聯合報，2020 年 3 月 8 日，「防疫與移工：人道與法律兩全的智慧」，A12。

外邦交國，捐贈邦交國醫療器材，在費用價格與慈善團體、個人的報價有相當落差，直接影響國人對政府的信任。

4.權威

負責執行政策相關人員，應賦予不等的職責與權威（authority），始能順利推動政策。

（三）執行者偏好

政策執行者通常賦予某種程度的行政裁量權，他們對政策方案的意向、態度、認知、堅持等態度，影響政策的執行甚鉅，同機關的執行者對政策方針的體悟，可能有很大的差異。再者，不同機關的本位主義（parochialism）（或稱地方觀念）傾向的緣故。此外，執行人員本身會有不同的競爭者，各有不同的詮釋偏好（disposition）與選擇，以致執著、偏好、抗拒、陽奉陰違、敷衍塞責，使政策無法依計畫施行。選擇支持政策方案的執行人員，固可提昇政策方案的推動，另可透過獎勵、升遷、福利等誘因，以強化執行人員的動機及效率；對不良於配合者要適時替換或懲罰，迫使執行人員共同努力執行政策。

（四）官僚體制

官僚結構（Bureaucratic structure）或組織體系的運作，對政策的執行機關均會影響執行效率、效能，下列影響因素包括：

1.SOP 正面效應

標準作業程序（Standard Operating Procedures, SOP）是行政機關爲遂行繁雜多樣的行政業務，日積月累的經驗與調整，發展出一系列的慣例規則。高行政效率的行政機關把 SOP，列爲行政運作規範的首要工作標竿。主要理由：可以節省時間以處理更多的事務；有規則可循，可以替代對其他資源的選擇；資源的有限性，可減少不必要的浪費；不容執行人員另作假想，偏離執行正軌。統一的作業規範讓執行人員，有餘裕的能力因應其他異常狀況的發生；執行人員可提供公平、一致的服務水平。

2.SOP 負面效應

標準作業程序的負面效應決策者或首長應事前籌謀化解不良影響包括：SOP 可能限制執行人員能力的發揮、擴展、創新；SOP 本身既具有限制性，不容有太多的彈性空間，對組織內、外部環境變遷無法及時回應、調適、應變的需求；執行人員可能把 SOP 錯置（displacement）爲政策方案的執行目標，產生「目標錯置」（goal displacement）。錯把 SOP 當成抗拒變革的檔箭牌（shelter），讓行政組織淪爲變局的犧牲者，無力施展危機管理。

3.權責分權化

執行權責分權化（Fragmentation）權責配置不當、課責不明，產生機關間權責的不明確，相互推諉塞責導致政策執行成效不彰或失敗的重大影響。事權配置不當屢會產生不利影響，造成行政組織間政策協調的困難度：由於執行活動所需的資源和權威散置不同單位，以致政策執行時協調困難。會造成資源浪費的現象：在同一政策領域中，由不同機關執行相同的政策目標，在人力、金錢、設備等資源，可能重置而形成浪費。解決執行權責分權（配置）化的問題，決策者可衡酌執行機關首長的專業、領導能力等條件，減少權責的分散不專、權責不明的情況。

綜前，Edwards 以溝通、資源、及執行者意向等三層面概述政策執行工具的特質，顯然不足於讓行政組織面對內外環境的壓力，包括利益團體、政黨、立法議會、及司法單位等組織力量，在政策執行的過程中，都循機介入、干擾、指導政策執行的機會，讓政策執行產生離軌。例如在打擊假訊息（fake），檢警在執法上會產生落差，立即導致「查水表」副效應。

Richard Elmore（1978）從組織理論工具典範（Instrumental Paradigm）論析政策既定管理架構與目標導向，政策執行工具或手段必須包括：提高組織的控制力；尊重官僚組織的自主權；決策者成爲基層工作團隊的夥伴；加強組織成員間利益衝突之妥協與議價。Elmore 在政策執行過程從組織理論，認爲組織結構擔任的重要角色，論述政策執行組織有四種模式：

1.系統管理模式：政策執行應有秩序及目標取向的理性極大化；權力分配建立在層級節制；組織的決定在內部單位要有分工體系；執行過程應隨外部環境需求作調整。

2.官僚過程模式：基於官僚自由裁量權與作業的標準程序；權力分配在個別的分工機關及專業化間要妥置；由組織決定裁量權的運用及程序的改變；執行過程確定何種程序需修正。

3.組織發展過程模式：組織的目標、共識及承諾由成員共同介入以滿足其社會、心理需要；權力分配應減少層級節制爲設計原則；要發展組織成員間的人際關係；強調決策者與執行者之間的共識。

4.衝突與議價模式：當上下成員無共識，各種利益與權力在各領域爭取資源；權力分配處在不穩定及變動大的狀態；政策參與者在過程要持續維持商議；能否成功端視組織成員的利益、目的是否兼顧保持。

（四）影響政策執行因素

參據Sabatier, Paul A. & Daniel Mazmanian（1979）[287]針對「管制性政策」（regulatory policies）的「執行過程的概念架構」（a conceptual framework of implementation process）認爲政策執行過程大致可分爲五個階段：1.執行機關決定政策產出；2.標的團體對對政策產出的順服；3.政策產出的實際影響（actual impacts）；4.對政策產出的察覺影響（perceived impacts）；5.主要法令的修正。

在實務上政策影響，往往發生在執行階段，也會出現在政策終結才浮現。執行階段很難預評，如核廢料處理、風力發電設備、及各種疾病預防針注射副效應等。政策方案係依社會問題建構，社會的變動性會深入回饋（feedback），根據Sabatier & Mazmanian（1979）二位學者認爲影響執行有三大因素涵括：

1.「問題的可處置性」（tractability of the problem）指政策方案對問題本身是有可行性與可辦性，其性質包括：有效技術理論與科技的可得性；2.「標的團體行爲的分殊性」：標的團體占總人口的百分比，標的團體行爲亟待改變的幅度；3.「法令規章」：法規變動會是助力或阻力，在執行過程的有利結構（the ability of the statue to favorably structure the implementation process）：係政策本身資源、地位、目標或指示等要素能否規範政策執行的能力，此類能力包括：正確的因果理論；明晰的政策指令；充分的財政資源；執行機關內部與彼此間的層級整合；執行機關的決定規則；執行人員的甄選；外圍分子的正式介入。阻礙執行的因素偶因過程中的偏差、誤植以致無法依政策規劃，有效配置資源，產生跨部門行政協力/協作的不力，如在政治執行團隊領導者的更迭頻繁，接位的

[287] Sabatier, Paul A. & Daniel Mazmanian.,1979, “The Conditions of Effective Implementation”, *Policy Analysis,* 5(Fall), pp.481-504.

政策領導者有其獨特偏好，無法接續原政策規劃，致使執行延宕或提早終結政策執行，尤其發生在政黨輪替爲最。

影響政策執行除法律、憲法外，其他的非法律變項（non-statue variables affecting implementing）可能甚於法律因素：包括社會經濟與科技情況；媒體對政策議題的關注情況；大眾的支持情況；被服務團體的態度與資源；最高當局的支持情況；執行人員的投入感與領導技巧。非法律因素對學習者恐不易深入體悟，如社會價值的變動、政策領導者的更換、重大科技創新等都會是政策執行賡續的阻力。

針對影響因素如何政策監督（Policy Monitoring）？探索範圍是讓政策分析家描述政策計畫實施情況與其結果間的關係；亦即描述及解釋公共政策執行情況的論述分析。Amitai Etzioni 認爲監督政策執行主要方式包括：透過行政立法方式進行行政監督、立法監督、司法監督及政治監督（含輿論監督）；其次對行政裁量權進行監督，如限定裁量權的範圍、規制裁量權的行使、節制裁量權的運用等方式。公共政策學者 William Dunn（2003）認爲政策執行結果無法精準預知，有必要對政策活動（Policy Actions）的起點至終點（目標）過程，進行監督以追蹤管制其執行狀況，監測控管的內容包括：對投入政策的各項行動、資源包括足以影響各種政策產出（Policy Outcomes）的時間、經費、人員、設備、供應品等資源，以及足以產生政策轉換及政策影響（Policy Impacts）所及的行政、組織與政治的活動及態度，進行有效率的監督。欠缺政策執行的監控機制是最大黑洞。

依據 Dunn 的論述，政策監控是對政策計畫實施情況與其結果，進行描述及解釋，其功能有：1.順服功能（compliance）：透過監控的過程，以獲取相關的行政官員、承辦人員、專責機關、標的人口等，是否遵守立法機關、管制性機關等所訂定的標準、程序及規定，政策執行的參與者能否順服。2.審計功能（auditing）：利用監測以獲取政策執行機關所提供的資源與服務，是否眞正到達被服務者。3.會計功能（accounting）：經由政策監控，以獲取政策執行在經過一段時間，是否由於某些公共政策或計畫的執行，受到外部的政治、社會、經濟及文化上，產生了何種改變或其程度。4.回饋功能（feedback）是政策執行監督不可忽視的功能，組織內外環境快速變遷，政策執行規範在未能適時修正、整調，唯賴監督的回饋功能，進行政策漸進調適以活化方案績效。

政策監控的途徑：1.社會系絡統計法（Social System Accounting）：此方法盛行於 1960~1970 年代，指運用社會變遷主觀及客觀指標，衡量不同時段、年代及時期，在政治、經濟和社會的發展脈絡起伏，其主要功具乃運用社會指標（social indicator），亦即藉諸社會外在客觀條件和內在主觀對政府提供社會服務的統計數據，以顯示政策執行與預期目標，有否直接或間接的變動、互動或干擾因素，影響政策指標達成的變動趨勢。2.社會實驗法（social experimentation）：以社會科學研究方法分為「實驗組」與「控制組」從事政策執行的實驗，以檢測其政策執行結果。3.社會審計法（social auditing）：藉諸監測投入、轉換過程、產出、影響等變數之間的關係。社會審計有兩種型態：其一、資源分散（resource diversion）：旨在藉執行政策資源分配，瞭解政策結果。如接受同額政府補助的兩個單位，分配在不同的資源運用，其效益結果是否有別？其二、資源轉換（resource transformation）：兩個接受同額的團體，但該資源顯現不同的意義。資源轉換常採用「質化」方法，以檢視資源轉化的情形。4.社會研究累積法（social research cumulation）：運用調查研究型態對政策投入、過程、產出和影響予以評估。此法運用於以機關為單位的生產力衡量：運用政策規劃與政策執行的個案研究；描述政策行動與執行結果的研究報告。優點乃對機關可作深入的瞭解，但調查的數量，限縮調查的信度和效度。

三、政策倡議聯盟

1994 年 Sabatier & H. C. Jenkins Smith 在「政策倡議聯盟架構」（Advocacy Coalition Framework, ACF）一文指其為「第三代整合性理論」。茲略析 1990 年 Goggin 的倡議及 1988 年 Sabatier 的 ACF 論析如后：

(一) ACF 的意涵

Sabatier 以「倡議聯盟架構」代替政策執行一詞。其因在於政策執行過程，本身即是政策內涵的改變、「政策導向的學習」（policy oriented learning）。ACF 的意指「ACF 的參與者來自各種階層之政府及私人機構，他們共享一套基本信念並試圖找出操作的規則、預算及政府人事以便達成目標。」

ACF 此架構指出多元的參與者，涉及各層級的政府、利益團體、研究機構及媒體等，多元行動者易導致政策目標的不一致及技術上的爭論，此際 ACF 旨在建構共同的理念與相同價值基礎以型塑合作關係。

（二）建構 ACF 基本前提

建構 ACF 涉及過程理論的變遷及技術資訊的明確性；Sabatier 認爲瞭解政策變遷過程，需要十年以上的時間觀測（time perspective）；政策方案的成敗，政策次級系統的行動者是重要關鍵，因爲他們對政策或計畫本身最瞭解；鐵三角不敵變型金鋼：Nelson 在 1984 年對虐童案的廣泛研究，指出傳統鐵三角概念應擴充到新聞媒體、政策研究人員、政策分析家及政策制定者。[288]甚至應擴大到社會問題利益相關者（含受害者），因爲問題根源是政策規劃的重要參考。政策方案或計畫要被概念化爲信仰系統，有利於政策方案預期目標的達成。鐵三角的概念恐限縮影響社會問題的外部性探討，政策方案制定、執行過程，不僅跨行政部門的依存，更擴及外部的涉入；例如兩岸關係的經貿互動。這也是 Sabatier 強調的「外部性因素」。

（三）影響 ACF 的因素

1.Sabatier 觀點

Sabatier 認爲會影響 ACF 主要包括兩大部分：其一「外在因素」：影響政策變遷的外在因素包括「相對穩定變項」（relative stable parameters）及「外在動態事件變項」（dynamic event parameters）。「相對穩定變項」包括：問題領域的基本屬性；自然資源的基本配置；社會的文化價値與社會結構；憲法的結構。「外在動態事件變項」包括：社會經濟變化的狀況；系統治理聯盟的改變；來自其他次級系統的政策決定和影響。其二「內在結構」：指政策次級系統各有不同的政策信仰和資源，形成各自的策略指導工具。因之，除強化成員的政策信仰，透過媒體建構共識。另相互競爭的聯盟成員各運用自己的策略，促使民眾對政策議題產生「政策學習」的效果，導致政策的最後變遷。簡言之，ACF 影響因素可概分爲制式的及非制式，內外部情境變幻難以掌控。

---

288 Nelson, B., 1984, "Marking an Issue of Child Abuse", In *Agenda Setting Readings on Media, Public Opinion and Policymaking,* ed. by D. L. Protess and M. McCombs, N. J.: Hillsdale.
「所謂鐵三角（iron triangles）又稱安逸的小三角（cozy little alliances）或稱三角聯盟（triple alliances）。三者指國會委員會或其小組、行政機關、及利益團體，會聯合起來共同處理具有直接的、實質利益的政策議題。」

2.國內學者觀點

歸納國內學者吳定、林水波、張世賢，認爲會影響政策執行的重要因素如次：「政策問題的特質」：政策問題涉及問題的相依性、主觀性、動態性、時空性及政策利害關係者（政策標的人口）的特質。它涉及標的人口行爲的分殊性：分殊性愈高愈難建構統一管制標準，做爲績效評估的標準，以致執行成效便受影響。「標的人口多寡」：人口數愈多愈易於動員以支持或反對政策方案的執行；「標的人口行爲需要調適的程度」：受傳統習俗影響的固定行爲模式，一般人不樂於做太大的改變。政策方案執行時需要大幅度調適行爲，遭到抗拒的可能性較大；「政策內外條件」：其一、政策本身規劃時的合理程度：具有高度政治性的政策，利害關係者不容疏漏，更應注意民意的趨向及政治溝通的運用，政策標的人口的適度參與，爲政策執行成敗的關鍵。其二、政策本身以外的條件：指標的人口順服政策的程度，及執行機關所面對的政治、經濟、社會與文化環境狀況，直接影響執行機關所採取的行動。另立法機關與主管行政機關對執行機關的支持程度，同爲影響政策執行成敗的重要因素；「政策合法化程度」：應由行政部門透過立法議會的政策、方案或計畫等程序不容繞過。若逕由行政部門首長或決策委員會予以批准，如前瞻計畫、反滲透法須議會或民意機關審議者，須交由立法議會審議，注意黨派協商、利益調和以符程序正義，避免強行表決及全輸全贏的窘境。「跨行政部門溝通活動」：機關間的組織溝通與執行活動的強化涉及垂直平行的不同機關，如何溝通政策及執行方法，共赴事功乃最重要的課題。溝通順暢對於政策內容、績效標準、目標及目的、具體作法均有相當瞭解與共識，對政策執行極爲有益。Amitai Etzioni 指出具體強化溝通行動包括：使用強制性懲罰權力（含威脅、處罰或制裁）；使用物質報酬性權力（增薪、獎金、獎賞）；使用規範性權力（給予聲望、特權、尊重、承認等）即象徵性的懲罰或獎勵。「溝通」是行動不是口號，政策執行過程內外影響因素變動頻仍，適時溝通的必要性是回應民意最佳捷徑。

Malcolm L. Goggin 還特別強調政府組織匯聚組織結構、執行人員及財務資源等因素的組織能力（organizational capacities），包括有效配置政策資源（人員、經費、資訊、權責）的情形；Van Horn D.S.& Carl E.Van Horn：「當決策者所制定的政策明顯與執行人員的價值觀互相違背時，執行者往往會改變既定的政策方針。」論者認爲機關執行政策所涉及的組織結構、政策資源、工作方法、技術、程序、獎懲辦法、組織氣候等，都會影響政策執行倡議的成效。

四、政策執行的調適

上世紀九十年代對政策執行的研究，依 Goggin, Malcolm L., Ann O. M. Bowman, James P. Lester, & Laurence J. O'Toole Jr.的著作《執行理論與實務：邁向第三代》（*Implementation Theory and Practice: Toward a Third Generation*）一書爲例。Goggin 等認爲上世紀七十、八十年代是政策執行第一世代及第二世代的研究，第一代偏重實務/個案研究；第二代偏重理論/分析架構的建構；第三代則試圖進行理論與實務的整合性研究。

（一）政策執行研究途徑的調整

以研究重點來探討政策執行，在歷年研究途徑的變化，可分爲一至四代，其標的在型塑完美的執行，在執行目標的達成過程，找出執行的缺失。

1.第一代政策執行途徑-由上而下型：

2.第二代政策執行途徑-由下而上：

3.第三代政策執行途徑-整合型政策執行：

Goggin 認爲：「政策是一種在不同時段與空間的行政與政治決策與行動的繁鎖過程。不僅發生在不同層次政府與府際關係上。」他強調政策執行不能忽視執行動態面的探討。Goggin 整合型的第三代政策執行，又簡稱爲「政府間政策執行溝通模式」。研究焦點在聯邦政府與州政府之行政人員、立法人員、利益團體在動機與目的上的差異，以預測或解釋執行行爲及其影響。執行行爲會受到政策、執行者、執行機關及環境特性所左右，亦即權變理論的觀點。

第三代政策執行結合「由上而下」及「由下而上」研究途徑，即採多元、定性及定量的分析法，從事「比較性」、「縱貫性」、「系統性」的研究方法，旨在驗證各種假設而非建立假設。能否成爲眞正的整合模式，仍待更多政策經驗研究與理論的修正及補充。

（二）第四代/ACF 政策執行研究

Peter DeLeon（1999）重構對第三代政策執行研究，提出「第四代執行研究」。據吳定研究指出，從 1970 年起政策執行典範約每十年有大進展，2000 年以後學者提出政策執行研究方向有如次內容：

研究取向	研究內容
基本觀念	政策制定與執行密切結合運作
研究重點	發展驗證結合理論與實務的測量工具
推理途徑	權變採取歸納及演繹的途徑
工具	兼採定性與定量途徑，但偏重定性途徑
偏好	平衡研究成功與失敗案例
趨勢	重視執行成果，但更重視過程
角度	兼顧微觀的由上而下與宏觀的由下而上的執行
參與者	強調多元參與的民主
研究主要參與者	政策社群具有興趣者
其他運作方式與重點	強調後實證邏輯的觀點與方法論，包括辯論、詮釋、參與、協商、辯論；並以對話，達到「政策學習」效果

五、基層人員、政策執行

（一）基層人員行為特徵

基層人員的工作行爲有三項特徵：1.依顧客需求修正行爲：基層人員被日益膨脹的民眾需求困擾，以有限人力必須透過各種手段、修正顧客的需求；2.依工作專業修正行爲：除對顧客修正行爲，基層人員尚需對自己的工作活動與認知加以修正，以發揮工作長才，縮短預期與實際之間的差距；3.基層人員的對抗策略：學者 March & Simon 認爲基層行政人員會對定型化的計畫或個案性的服務給予較高評價，而犧牲採用較複雜或需通案性、整體性思考的計畫；另種對抗方式是基層人員以便宜行事之風格，選擇自認最可能成功的，但未必是最需要的個案先行處理，主要策略是將民眾大約歸類，或轉介至其他機關。

（二）基層人員的執行行為

所謂執行行爲指執行單位將形之於法律的原則規定，實際轉化或行動過程的外顯表現，主要有如次類型：1.完全順服：包括「僵化的順服行爲」及「無個人化的執行行爲」；2.目標錯置：指執行行爲所導向的目標，但不是眞正計畫設計的最終目標；3.異議：指執行者藉由表達意見的方式，企圖改變政策制定時原定的計畫；4.限制工作量：指執行者自我限定每天或某段時間的工作量，使受服務者自然降低尋求被服務的動機；5.因循舊制：指執行者蕭規曹隨的作法，對改變過去的作法或創新的方案，概予排斥；6.推諉塞責：踢皮球，將執行不力的責任推卸、委過予他人；7.延遲執行：藉由拖延執行的方式，使計畫不能發生效果；8 言行不一：執行政策時內心不贊同，因此虛應、表面功夫；實際上未執行，卻裝得很努力。

六、政策執行的困境

（一）地方政府對政策執行的困境

中央政府機關制定的公共政策屢受社會各不同利益團體、標的人口、政黨指點，如一例一休、年金改革、非核限電、前膽計畫、疫情三級微解封等無一不受到挑戰與抗爭。即使中央政府在完全執政的優勢下，地方政府對中央的公共政策執行上，仍有諸般困境橫梗在地方政府的門口，阻卻中央政策在地方上的落實，有下列執行的困境因素分述如次：1.財政上的困境：中央政府獨擁「租稅立法權」，坐享控制國家的主要收支經費，地方政府如澎湖、連江縣政府，幾乎仰賴中央政府的補助與分配經費；在制度上，憲法對中央與地方之權限、乃至於地方制度法，都說明我國實施「均權制度」，尊重地方自主權才對，但在重大政策上，以「一例一休」爲例，中央政府的勞動部林部長稱：「立委一直在逼我」，仍自詡捍衛中央政府不畏立法委員的施壓（聯合報 106 年 7 月 18 日 2 版）。根據主計處歷年財政統計資料顯示，中央財政有「集權化」的趨勢，而地方政府的財政依賴度依然居高不下，地方政府的財政計畫一百元中至少有 40 元要向中央政府要求補助，財政貧窮的縣市澎湖、台東、連江等縣市更加嚴重。2.中央統一規劃，地方各有分殊性，難照單全收：中央政府各部會的政策規劃，以統一規制爲著眼，對各地方政府的分殊性難以作出個別性的規劃，即使中央政府瞭然全盤的財政惡化，仍難塡飽地方首長以地方利益爲主的大胃口，爭取優厚的財政分配。在中央無法政策分殊性規劃及制定下，只能要求各級政府依據全國標準付諸實施，即所稱「中央買單、地方付費」的執行模式。3.相關法令的灰色、衝突與空白地帶：中央制定的政策法令，規定含糊不清，屢以「秉權責自行處理」，讓地方基層不知如何執行；法令太多，地方政府執行人員不知如何援引何種法令；社會進步新興犯罪型態層出不窮，如跨海詐騙分子被遣送回國，一下飛機即被檢警司法單位釋放。4.地方人力不足，運用欠缺彈性：民意高漲及民眾需求的澎脹，各層級政府業務量大增，人力的供給相當欠缺；人力運用之法規，無法適時鬆綁、毫無彈性，地方政府陷於「巧婦難爲無米之炊」的困境。5.中央政府漠視地方政府的自主權：公共政策運作體制採「重中央、輕地方」的集權模式，危及地方政府自治發展。以前膽計畫偏重「輕軌計畫」，地方政府急迫需求卻以執政者顏色爲考量，即爲顯著例子。

（二）政策執行的困擾因素

政策執行的困擾，非始自政策開始執行，乃源自政策議題、問題認定、政策規劃、政策策訂，即建構公共政策過程中的各環節，都與執行的成敗有密切關聯，既使原始、底定的基幹都是順利成功的，但這都不能保證執行的成功。執行困擾來自：1.創新性的公共政策，並非漸進調適的政策，不易推動；2.在執行前的準備工作，未全盤準備就緒，上級政策制定機關即要求推動；3.多元化利害關係者：政策利害關人含政黨、利益團體、受影響的個人或組織，基於各種不同的原因，試圖改變政策內涵或執行方法，致使推動政策的工作難於切入，以致躊躇不前難以順利推行；4.執行過程，機關組織的改變或調整，影響政策的順利推動，以致政策執行一波三折；5.政策涉及的受益者、標的人口非常多，政策相關者基於自利，不贊成政策的目標，要求對政策方案作大幅度調整，以致原訂政策無法落實；6..推動政策所需的成本極高；7.全球性的鄰避情結（NIMBY）的影響，使政策方案在執行時，受到標的人口極大的抗拒與阻撓，以致政策推動失敗。例如反核運動盛行。

（三）標的人口與政策順服

「順服」（compliance）：政策順服指政策執行的受命者的態度與擁有權力者的命令互相一致的關係。政策順服指政策執行有關人員：包括執行者、標的人口、執行機關。標的人口拒絕順服政策的執行，將影響政府的威信及服務人員的宗旨；對標的人口行為動機要能激勵或嚇阻標的團體的順服，否則難產生標的團體的認同。

第六章　政策評估

一、政策評估概述

（一）國外學者的論述

Nachmias, David & Chava Nachmias（1979：1-6）在《公共政策評估：途徑與方法》（*Public Policy Evaluation: Approaches and Methods*）一書指「政策評估是指客觀、系統與經驗地檢視現行政策，並以目標之達成檢視公共計畫的標的。」政策評估在方法上是客觀、系統與經驗的；政策評估的對象則是現行的公共政策，以衡量「目標實現」的程度。

Hanekom, S. X.（1987）在《公共政策》（*Public Policy*）指「政策評估是對政策內容、執行與衝擊（impact）或評鑑，以論定政策目標完成的程度。」Rossi, Peter H. & Howard E. Freeman（1982：20-21）在《評估：系統性途徑》（*Evaluation: A Systematic Approach*）一書：「政策評估係運用系統性的社會研究程序，以評估社會干預政策計畫的概念化、設計、執行與效用。」Hanekom, S. X.（1987）：在《公共政策》（*Public Policy*）強調：「政策評估是對政策內容、執行與衝擊（impact）或評鑑，以論定政策目標完成的程度。」

綜結 Hanekom, Rossi, & Nachmias 的論述都意謂著政策評估的起點始於政策問題的議定、規劃、合法化、執行、以及政策目標的執行成果等過程。均屬政策評估的意涵。

（二）國內學者的觀點

丘昌泰綜合學者看法：「政策評估係運用社會科學的研究程序，包括社會政策計畫概念的形成、設計、執行與效用。」包括下列內涵：

1.足以影響社會發展的公共政策與計畫，其評估對象包括目標實現程度的評估及政策衝擊或影響程度的評估。

2.採用多元的社會科學研究方法：一為實驗設計（experimental design）為主軸的量化方法；另一為以自然調查（naturalistic inquiry）為主軸的質化方法。如主觀評鑑法、田野調查法等。

3.以評估者身分區分：官方評估者，如美國會計總署（GAO）、國會預算處（Congressional Budget Office）等；民間智庫、非營利組織及學術研究機構等非官方評估者。前者易受政治過程及官僚的干預；後者易受支持者個人意識型態的影響，左右評估的方向。

4.政策評估包括政策產出（policy output）與政策結果（policy outcome）：前者包括標的團體實質受到的財貨、勞務或資源，但政策實質對社會狀況究竟有何正面、負面影響？或政策可能產生的新問題；這些政策結果可能是政策影響、政策衝擊或政策回饋（policy feedback）等實質意義高於政策產出（output）。

（三）政策評估角度

依政策評估的角度，評估種類可分數種：從評估活動組織嚴謹性可分為非正式和正式評估；從評估者在政策活動所處地位，可分為內部及外部評估；從政策過程的階段可分為預評估、執行評估和影響評估。茲列述如下：

Edward A. Suchman（1972）在《評估什麼？評估研究之評論》一書概述[289]：1.投入評估（effort evaluation）：指對政策投入的數量與品質之評估；2.績效評估（performance evaluation）：政策預期目標的達成與政策實際產出的比較；3.績效充分性評估（adequacy of performance evaluation）指政策績效能夠充分反映政策目標的程度；4.效率評估（efficiency evaluation）：著重於政策產出的成本效益評估；5.過程評估（process evaluation）著重於政策是否按照預定計畫與目標進行。

Orville F. Poland（1974）在 PAR 期刊[290]提出三 E 計畫評估：1.效能評估（effectiveness evluation）：利用控制實驗設計或準實驗設計，以評斷一項計畫的達成與否，以估算計畫目標的達成率；2.效率評估（efficiency evaluation）：運用成本效益分析方法，以評估計畫的投入成本與產出；3.折衷評估（eclectic evaluation）分析政策計畫的次級標準，諸如輸入、輸出過程等，以辨識計畫最待補強之處。

Eleanor Chelimsky（1989）觀點：1.前置分析（front-end analysis）：指政策施行的起頭至政策終結的評估；2.可行性評估（availability

[289] Suchman, Edward A., 1972, “Action for What? A Critique of Evaluation Research” In C.H. Weiss (et al), *Evaluating Action Programs,* Englewood Cliffs, Prentice-Hall Inc.

[290] Poland, Orville F.,*1974, PAR,* Program Evaluation and Administrative Theory, Vol. 34, pp333-338.

assessment）：指對政策計畫是否有必要及是否可行的評估；3.過程評估是對執行政策的過程評估；4.效果或影響評估（impact evaluation）是對政策實施後的結果所做的評估；5.計畫追蹤（program monitoring）指對政策執行過程進行追蹤與管制，以調整方向；6.綜效評估（synthesis evaluation）指將許多的評估研究結果，進行匯聚評估整體效益。

美國評估研究協會（Evaluation Research Society, ERS）：在《評估實務準則》（*Standards for Evaluation Practice*）一書中，參酌 Rossi, P. H. & W. Williams（1972）在《評估社會方案》（*Evaluation Social Programs*）所闡述六種類型的評估架構：a.「前置分析」（front-end analysis）：指新計畫執行前，所做的評估研究，強調政策執行所有可能造成的問題，並依前人的評估結果，評估計畫是否可行；b.「可行性評估」：旨在回應有關政策形成與執行的相關問題。政策規劃通常會與政策預定達成的目標加以分析比較，以評估計畫的合理性與達成計畫目標的可能性；c.「執行過程評估」：是描述與評估具體計畫的活動過程。如管理、操作、成本，以及若干執行過程的細節，政策執行過程民眾對計畫瞭解所產生的效果有相當大助益。d.「影響評估」（impact evaluation）：最受官僚體系與立法議會的歡迎。主要評估焦點在公共計畫能否完成政策目標。影響評估與過程評估都屬於回溯性的政策評估。評估過程所觀察到的衝擊，是計畫本身或外在環境因素的影響；e.「計畫與問題追蹤」（program and problem monitoring）：旨在提供問題的相關資訊，或是同時追蹤計畫在不同區域的長短期現象。計畫的提出是否與民眾關心的政治息息相關？f.「後評估」（meta-evaluation）又稱綜效評估（synthesis evaluation），主要在重新分析過去評估研究發現，從中得到經驗。後評估是一種回溯性的研究，混合過去的研究成果，以藉此判斷政策領域的計畫效能。

前述 Suchman、Poland、Chelimsky、美國評估研究協會（ERS）等學者及研究機構對政策執行成果評析概括議題：預期目標的產出與實際產出的比較、成本效益比較、政策執行前的預評估、過程效益的監督評估、政策執行綜合效益評估等關鍵項目都受到學者及研究機構的重視，容有說辭各異但關鍵內涵所見略同。

二、評估架構、信效度

（一）預評估

「預評估」（Pre-Evaluation）是在政策執行前所進行的評估。預評估指評估者對政策方案在規劃階段或在執行一段時間後，進行某些方面的評估。可包括三項工作：規劃評估（planning evaluation）、可評估性評估（evaluability assessment）、修正方案評估（modified policy evaluation）。「政策執行評估」則在執行過程中，對政策執行情況的評估，以確認政策在執行過程被嚴格地貫徹執行。

（二）政策執行評估類型及影響因素

根據 Suchman（1972）, Panton（1978）認爲政策執行評估因爲執行階段、監測重點各有不同，可分兩大類型：1.過程評估：即從被評估的政策方案的運作過程、瞭解方案進行中發生，未曾預估到的影響因素，以及各項資源的配置等問題。2.傳送系統的評估：即 Michael Q. Panton（1978）所強調「投入評估」（efforts evaluation），強調傳送系統的資源、人力、時間及行政程序等規劃監測問題。

影響政策執行的因素：政策執行人員與設備的不足；外在因素影響、阻擾政策執行人員，無法按目標執行；執行人員欠缺執行任務的專業知識；標的團體難以確定或不願合作等。前述影響因素從管理角度，要兼顧探討的問題涵括：執行時遭遇的問題與可能解決策略；決定政策執行的可行性、執行人員所需要的能力與條件；執行過程尚若仍有其他問題，要如何調整政策內容，以達政策目標。

（三）政策執行評估架構、內涵

根據 L. L. Morris & C. T. Fitz-Gibbon（1978）研究列舉政策執行評估的架構與內容包括：

1.內容摘要：說明政策評估的物件，如政策名稱、進行評估的理由、評估所要達成的功能及目標，以及評估後的主要發現與建議；

2.政策背景與政策環境：政策形成過程背景、預期達成的目標、可資利用的資源，包括政策建構過程和所要達成的目標，以及可資利用的資源，行政部門的配合措施與安排等。

3 政策的主要特性：包括政策內涵、執行時所用的資源。及執行時所用的材料、負責執行人員，標的團體的因應舉措及執行進度。

4.描述執行評估：執行計畫的評估內涵、執行時所獲取資料是即時、具體的、評估的結論亦然。

5.結論與相關考量：包括政策方案各細節執行、標的團體/人口的期望、政策方案待修正或刪除、資源的配置、方案活動與政策目標的結合度、執行人員的配合與課責等層次。

綜前所述，政策評估乃在政策執行過程中的評估。尚未到政策終結，但推動的效果、效率和效益都會有些成果與表現。其中政策的缺陷、政策資源的錯置、政策環境因素的改變等，都已顯端倪。政策評估所獲取的資訊都是即時的、具體的也是眞實的，評估的結果可立即產生作用，進行調整。

（四）政策評估信度與效度

1.信度

吳定認爲信度（reliability）[291]是實驗研究調查設計的一種概念，指某項測量所獲得的分數，如果採取重複同樣的實施方式，在所有相關的測量條件都相同的情況下，會產生同樣結果的程度。信度就是「可靠性」（trustworthiness），指實驗或測驗結果的一致性（consistency）或穩定性（stability）而言。

對研究結果或測驗採行的信度方法有再測信度（test retest reliability）、複本信度（alternate form reliability）、折半信度（split-half reliability）、庫李信度（Kuder-Richarson reliability）、評分者信度（scorer reliabi-lity）。

2.效度

效度（validity）指某項研究結果或測驗的「正確性」，亦即某項研究或測驗能夠測出其所要測量的特質或功能的程度。測驗的效度愈高，表示該項測驗的結果愈能顯現它所要測量對象的眞正特徵。效度是科學測量工具最重要的必備條件，研究或測驗缺乏可接受的效度，則該測驗或研究可謂前功盡棄。在效度的論述中，以內在效度（internal validity）與

291 吳定，2006，《公共政策辭典》，台北市：五南，頁412。

外在效度（external validity）最受重視。影響效度高低因素包括：測驗組成要素、測驗實施、受試反應、效標、樣本等。

（1）內在效度：內在效度（internal validity）指實證研究所獲得的結果或研究發現，歸因於實驗本身的程度。例如：某高一生採行新式的實驗教學法，半年後測驗學生的學習效果，發現學習效果比未接受新式實驗教學法的學生高五分，如果內在效度高，表示成績進步確爲新式教學法的結果；如果內在效度低，表示成績進步是受到其他因素的影響。

（2）外在效度：外在效度（external validity）指實驗研究所得的結果或研究發現，可使研究人員類推適用至其他情況的程度。如可類推性的程度高，表示該研究的外在效度高。

三、執行評估目的、困境

政策執行評估的發動者或決策者，會因機關組織文化、性質、動機與需求的不同，懷有不同的目的取向。參據林水波、張世賢（1990）所著《公共政策》及張祺明：指出政策評估的目的、困難及其影響，各略述數端如次：

（一）評估目的

1.消極目的

政策評估當成「遲延作成決策的藉口」：決策者利用評估研究的進行，做爲延長作成政策決定之時間藉口；「規避執行失敗的責任」：機關組織首長利用政策評估研究的結果，作爲某種決策之決定或不決定的規避責任之立場；以評估報告「作爲進行公共關係或遊說工具」：執行者或決策者利用政策評估的結果，作爲炫耀工作績效的手段，進行公共關係，爭取更多的政策資源，及對機關組織計畫的支持；「符合經費補助的要求」：依接受經費補助的政策方案，必須從事政策評估，以符合提供經費者的要件。「僞證、掩飾與攻擊的需要」：機關組織決策者爲掩飾政策的失敗或錯誤，以評估報告作爲攻擊或破壞某政策或計畫的策略工具。姑不論以政策評估作爲藉口、工具、規避責任、要脅經費、攻評工具，均屬消極性作爲。

2.積極目的

Weiss, Carol H.（1972：10）在《評估研究：評鑑方案效率的方法》（*Evaluation Research: Methods of Assessing Program Effectiveness*）一書指出政策評估的主要目的有數項：據以繼續或停止政策的實施；改善政策的實施與程序；提供作爲類似政策的參考；增加或刪除某些政策執行策略與技術；提供作爲分配各競爭政策資源的根據；作爲接受或拒絕某一政策所涉及途徑或理論的基礎。簡言之，決策者以政策評估作爲工具，據以決定政策賡續與否。

（二）政策評估的困境

對政策評估的理想作法，係對政策產出及其影響，提出精確周詳的評估。如何作出客觀、精確、周延的評估，確有難處包括：目標多重難聚焦於一，斷定其達成度：政策目標多重不易確定於單項目標，在政策目標多重或含湖不清，欲判斷目標是否達成，及達成程度，極爲不易；政策方案與實際產出間難斷因果關聯性：對政策方案作有系統的評估時，所觀測的重點在政策執行的實際社會情況中，是否有明確的因果關係？要找出政策方案與標的人口間的因果關係，確有困難。難以建構明確因果關係；政策的影響或衝擊廣泛分散又不易評估：政策的影響者除標的人口或利害關係人外，其他尚有間接受影響者，影響之深淺程度，誠難分辨；政策評估資料不易取得：評估政策方案或預算案的執行績效，往往需要大量精確、可靠的資料，這些資料分散各不同機關組織，必須投入大量人力、資源，進行大規模的普查或抽樣調查，否則難有所獲；政府機關支持政策評估力道不足：政府機關未必願意投入有限資源在政策評估工作，政策執行評估需要大量人力、經費資源的投入。政府機關心態保守，不願外界對政策本身加以批評；另一種是委託學者進行評估，藉由學者替政府機關實施的政策背書。政策評估的產出及資料難作執行成果與績效的因果關連證據。

前述狀況造成政府在推動政策執行評估的工作計畫時，大都以經費不足、效益不符成本、耗時又耗人力等藉口予以推辭，以政策評估結果難作決策參考，能進行執行效益評估結果具有信效度之機關、組織、研究單位，委實不多，且決策者屢於評估過程有形或無形的關心，形同介入評估運作，影響評估結果的公正性，評估者/組織未必能做到客觀周延及符合評估水平。

政策過程偶會進行過程評估（process evaluation）。過程評估指對執行中的政策或計畫，進行評估狀態，評估焦點在於計畫或政策，對標的人口提供服務的手段，滿意度的調查，以找出政策或計畫的管理問題。影響評估（impact evaluation）指對政策方案執行完成的最後結果所進行的評估，焦點在政策目標是否達成，政策對實際現象所產生的效果。完成計畫目標的成本效益為何？

政策評估通常重視三項問題：一為政策方案能否滿足標的人口；其次政策方案提供的服務與政策藍圖是否符合；再次為政策執行推動過程，各項資源的運用。評估方法通常偏重於對執行狀況設定「績效評量」（performance measurement）指標，以衡量其成果。績效指標對政府提供的各項服務，誠難一律以指標測繪其成果高低，均屬執行評估的難題。

政策影響評估（evaluation of policy impact）在衡量政策方案對標的人口影響程度，著重檢視政策執行達成的結果或其影響是否符合預期目標。影響評估的範圍包括：政策的預期目標；政策成功的標準；政策影響性的衡量。

影響評估適用的先決條件（prerequisites）可歸納為：評估的方案必須具備清晰可測量的目標；評估者可建構一套合理的評估標準；政策方案已實施一段時間，且關鍵要素已傳遞到標的團體/人口。政策的影響具有許多層面（dimensions），評估時應面面俱到，下列各面向不容遺漏：1.考量政策後果：包括可預期（intended）及不可預期（unintended）的後果。福利政策易構成不可預期的後果，如提供失業輔助金，易形成就業意願下降，非預期的後果。生育補助的實質影響有無在配套措施跟著成長如：人口成長數、教育體制結構、醫療等。2.政策的溢出效果（spill-over effect），政策對標的團體的影響之外，可能對其他團體產生某種影響或衝擊。如種電政策對良田的縮減、核子試爆可能對人類產生溢出效果，危害人類生命安全；3.影響未來發展的可能性：如管制物價的政策，一時或可抑制物價上漲，但可能影響對外貿易的競爭力或生產投資意願的降低；4.成本難行本益比較：公共政策除直接成本尚有間接成本，間接成本一般不易量化，且被忽略。以都市更新政策（urban renewal project）為例，可能造成寄居人口流離（dislocation），以及社會的動盪不安（social disruption），均不易計算成本；對政策的間接成本或間接利益同樣難以量化。前述詮釋，恐陷影響評估的淺層無法深入底蘊，有些影響出現在當下，有些在十年、二十年後才會浮現，如塑膠品的使用讓生態環境嚴重被破壞，數代都可能無解。

四、政策評估途徑

政策評估人員在進行正式的評估工作前，須與決策者、委託者共同商議，究竟採取何種研究途徑以選擇問題、處理問題、蒐集資料、分析資料及詮釋資料。評估途徑可採質化途徑（qualitative approach）、量化研究途徑或同時兼採質化與量化研究途徑。根據李欽湧（1994）《社會政策分析》認爲實證研究的分類、步驟可分爲兩大類型：

（一）量化研究途徑

「量化研究途徑」（quantitative approach）又稱定量研究途徑。定量途徑的意涵指運用數量方法蒐集資料、研究分析、並觀察事物間的相互關係與互動狀況，進而從事推理及解釋。定量分析具有邏輯的嚴密性及可靠性，得出精確的數位推論。

（二）質化研究途徑

「質化研究」（qualitative approach）又稱定性研究。質化評估途徑的資料蒐集方法：1.深度及開放式的晤談：引用開放式訪談資料時，應直接引註受訪者的經驗、意見、感覺與瞭解；2.直接觀察：應細述政策方案的活動，參與者的行爲、執行者的作法、執行者間的互動狀況；3.書面文件檢視：對開放性問卷的回答、個人日記及政策方案執行紀錄等。引用書藉、文件資料，應對方案檔案、函件、官方報告及開放性調查的資料予以摘要、引註、分析使用。

（三）政策質化評估的特點

根據 Michael Quinn Patton（1978）在《運用焦點評估》（*Utilization-Focused Evaluation*）一書，認爲質化評估途徑的特質：1.屬自然性的調查：政策評估人員只就政策方案在執行時「自然」產生的活動及過程予以調查，不必以評估目的對方案或參與者進行操控研究，屬於自然性的調查（naturalistic inquiry）。2.調查研究深入事實眞相：自然性調查可對那些偶發的，與原計畫有出入的，未預料到的變化等重要事項，深入探究。

（四）質化研究評估報告

政策評估人員依前述獲取的資料，透過「內容分析」（content analysis），依主題、類別、及個案，予以組合成「質化評估報告」

（qualitative evaluation report），執告內容包括：1.執行方案的詳細描述；2.主要方案過程的分析；3.參與者類型與方式及其對方案的描述；4.紀載觀察到的變化、結果及影響；5.受訪者提供的政策方案優點與缺失的分析報告。

（五）研究分析態樣

政策評估力求調查、觀測、統計等資料的眞實性、完整性，以歸納分析、田野直接觀察、全觀性思維、個案深入分析等途徑，擷取政策方案執行效益，撰擬評估報告以供決策者參酌，或作爲政策過程的適度調整、修正。

質化方法傾向調查性、發現性及歸納性（inductive analysis）的研究邏輯。政策評估人員不必對政策環境強加一些預設的指標，只對眞實狀況予以研究。歸納性分析有兩種方法：其一、就政策方案本身而言，以詢問方案參與者個人經驗的相關問題；其二、就政策方案彼此間，歸納尋求每一個案獨特的「制度性特徵」（institutional characteristics）。基本條件是對每個方案具有充分瞭解。

「田野調查」（field work）的質化研究即評估人員親身且直接與方案執行地區的相關人員直接接觸探索方案（direct contact with program），接觸過程評估人員與他們發展一種分享經驗與機密的共識。

五、政策評估運用、限制

政策評估結果報告的價值，在於被運用（utilization）情況而定，傳統上評估結果被運用情況。學者及實務界各有不同的觀點：

（一）政策評估結果的運用

William N. Dunn 對評估結果提供四種運用方式：1.提供政策方案調整（adjustment）：政策執行的情況在經過監測與評估後，外部因素、環境發生變化、資源（人力、經費）不足等，須調整方案的執行方法、技術或程序等；2.政策方案持續推動：在經過監測與評估後，初步滿足標的人口的需求、價值及機會等方案可繼續推動執行。3.終止政策方案：執行狀況在經過監測與評估，推論原先的問題已獲得解決或問題未獲得解決，反衍生更多問題時，應即終止（termination）方案的執行；4.政策方案的重構：政策方案的執行在經過監測與評估後，發現問題未獲解決，乃因初期對政策問題界定不當、目標不明確、解決的方法未盡妥當所引起，因之應重新建構（restructuring）問題、界定政策議題的癥結，重新設計新的目標及新的解決方案。造成所謂「政策循環」（policy cycle）的情況。

實務界運用方式：1.直接應用（direct utilization）：對方案或計畫的評估結果，所產生的特殊觀念、發現、建議等，直接而明確加以運用或做爲方案決策修正的依據；2.概念性應用（conceptual utilization）：指評估結果影響決策者或政策分析人員，對於相同或類似政策議題的思考方向。3.說服性應用（persuasive utilization）：指評估結果用以支持或駁斥某種政治、政策立場或主張，作爲攻擊或防衛現狀的依據。

（二）評估結果應用限制

根據 Edward A. Suchman 的研究，在 1969 年出版《評估研究》指出大量評估結果未必受到決策者的應用，成爲學者証述題材較多。William N. Dunn 的看法，認爲評估結果是否受到睛睞，取決於幾項因素：

1.資訊的精確

政策評估報告若能附上詳細「評估報告說明」（product specification），通常易受決策者的採納；若能反應決策者的需求、價値觀和假設時，更易受到重視；決策者對於客觀的、精確的、可類化到其他事務的評估資訊同有偏好，被使用的機會相對增加。

2.研究調查模式

決策者是否應用評估結果之資訊，與政策評估研究的過程是否嚴謹有關。過程嚴謹評估報告愈精確，易受決策者的採用。但要如何才算精確？量化？質化？依決策者的偏好。

3.問題的結構

參與者對結構良好的問題較具共識，決策者會傾向於將評估結果，直接運用；結構不良的問題，參與者對目標不易具共識，甚至各有主張，決策者會對政策產生間接性影響。從而指導、影響其他政策行動的決定；決策者有時雖傾向工具性知識的應用，但實證研究發現決策者仍以應用性概念知識爲多。

（三）評估結果的運用

Leviton & Hughes 認為評估研究結果被運用與否？影響因素：1.評估結果的相關性：與政策問題相契合時，較易於受到決策者的重視與採行反之被閒置或忽略；2.決策者與研究者之間的溝通：研究者與決策者雙方的溝通頻繁且無障礙，研究者較能掌握決策者的需求，研究結果較易被決策者接受；3.決策者所擁有的資訊：決策者擁有愈多資訊，越能從不同面向檢視評估結果，對評估結果的要求與應用愈多；4.評估結果的合理性：合理性愈高採行的機率愈高；5.使用者的認同：使用者於過程的介入與倡導愈多，決策者易於對問題解決進行決策，則問題評估結果較能受到重視與採行。論者實務研究發現，受委託進行政策評估之學者、研究機構，基於自利（不願投入更多資源、預期獲益達標……）、互惠，忽略學術倫理，以雙贏（win win）方式接受評估結果。

第七章　政策行銷

政策行銷是建構公共政策與公眾的連結工具。行銷管理（Marketing Management）與公共行政（Public Administration）都注重雙向溝通：傾聽民眾價值、宣傳行政創新，透過政策監控評估績效，調整施政策略，提昇公眾對政策的接受度與認同感。[292]

一、政策行銷概述

吳水木（2006：11-12）提出幾點「行銷理由」：1.「民主化」政府需要人民支持：以選舉制度取得執政權的政府，需要公眾瞭解政府措施，獲得支持。否則執政權無以爲繼。如博奕條例之與澎湖縣政府。透過政策行銷爭取更多支持，雖然未獲縣民共識，但政府行銷方法頗值其他政府機關學習；2.「專業化」施政領域，政府需要人民瞭解：政府施政內涵愈趨專業化，一般公眾難以理解，尤其涉及義務分攤的公共政策。如電價、健保、種電、反滲透法；3.「服務化」的政府需要人民配合：政府以提供公共服務爲目標。良好的公共服務，需透過政策行銷，讓公眾配合使用，才能達成服務型政府目標，新北市與交通主管機關對外環捷運開通的宣導及免費試乘，都是「服務化」行銷典範。

丘昌泰（2011：7-8）指出政策「行銷功能」包括：1.加強公共服務的競爭力：政策行銷提供公共服務的競爭力、不同的選擇，有了比較，公眾可得到較佳的服務，政府可發揮最佳的服務策略；2.建立良好的公共形象：市場的行銷廣告運作，可樹立公部門良好形象，有助於相關政策的推展，爭取民眾的支持；3.促使公共服務商品化：公共服務透過商品化加以行銷，吸引公眾的購買與採納。例如公共服務（交通、景觀、休憩、生態保護園區）採「使用者付費」；4.博取民眾更多的好感：民主政治的執政權靠民意的信任與滿意度，對政府的施政滿意與否，政策行銷很重

[292] Kotler, Philip & Nancy Lee, 2007, *Marketing in the Public Sector: A Roadmap for improved Performace, Pearson Education.*請參考郭思妤譯：科特勒談政府如何做行銷，2009，台灣培生教育出版公司。

要，博取民眾好感很重要；5.澄清不必要的誤會：民主政治是言論自由的社會，各種媒體成爲批判政府的公器，更是散佈謠言的溫床，必須適時透過政策行銷澄清公眾對政策的疑義。如對重大疾病傳染（如對岸不明肺疾與政府強吹打預防針的對照）、重大意外事故、地震等。

二、政策行銷、政策順服

「民之所欲，常在我心。」、「天下事當與天下論之。」[293]政府施政應以民意爲依歸，治國不應背離民意。黃榮護（2000：520）提及：「如何建立有效率（efficient）、負責任（accountable）、有應變力（responsive）的傾聽型（EAR）政府是公共管理者應嚴肅面對的課題，此乃公共關係（Public Relation, PR）、公共行銷（Public Marketing, PM）受重視的主因。」公共關係與公共行銷兩者標的、手法（means）各有差異，與公眾關係互動良好，政府的行銷措施，公眾的順服會更貼切緊密。

「公共關係」主要關係對象是公眾、企業、組織、社群，透過溝通以取得彼此的瞭解、信任與支持。溝通的進行是有計畫、系統性的步驟履行必要程序。政府對公共關係的重視因外部環境變化，各階段隨政府執政者之偏好有異。政府受企業部門重視行銷以求永續發展，愈加重視溝通、宣傳公共政策。過去「政令宣導」屬單向的宣教，不符民主治理需求。「政令行銷」立足對等、平頭平視，順服效益勝過單向宣導。

（一）政策行銷、社會行銷

美國行銷協會（American Marketing Association）對「行銷」詮釋：「行銷係針對創意、想法、產品及服務創造交易，以滿足個人與組織目標，在概念化、訂價、推廣、分配上所做規劃及執行的過程。」王居鄉等（2002：23）引據 Bearden 看法，認爲成功行銷關鍵因素有三：1.組織的基本目的在滿足顧客的需要；2.要滿足顧客需求，組織成員必須全體同心協力；3.組織應強調長遠的成功目標，滿足顧客需求。

林淑馨（2017：638）引述 Kotler（1991）對行銷概念定義爲：「行銷是分析、規劃、執行、與控制一系列的計畫，藉以達成企業所預設的目標。爲了達成此目標，組織本身需根據目標市場的需求提供產品，並同

293 元謀，《資治通鑑》，梁紀，武帝、大通二年。

時善用有效的訂購、溝通及分配的技巧來告知、刺激及服務目標市場。」張忠謀在清華大學演講，指高級主管不能忽略的兩件要事：「行銷與市場」。

所謂「社會行銷」（social marketing）依 Kotler 定義：「社會行銷是運用行銷的原則與技術去影響標的群眾，自願接受、拒絕、修正或放棄有助於個人、團體或整體社會的一種行爲。」社會行銷的重點在於瞭解行銷目標、對象的眞正的需求，再針對需求設計社會產品，以最有效率的方法將產品傳達給顧客。

（二）行銷組合

行銷的基本組合包括產品（product）、通路（place）、價格（price）和推廣（promotion）等四種構成要素（傅篤誠 2003：5）。意指市場所需求的財貨或服務，會是有形的財或無形的服務概念；「通路」乃提供產品給消費者的傳送管道。如何善用通路讓消費者接受到行銷訊息或接觸機會是行銷基本功；「價格」是財貨交易的具體指標，價格未必等同貨幣價值，也可能是一種機會成本。「推廣」指在先前預定時間內，利用媒體或非媒體工具來激勵消費者的需求與購買慾望，以提高銷售效率之活動。諸如拆價、抽獎、名人代言、哏圖。政府對一般民眾、社會群眾而言，則是進行一連串的溝通活動、宣傳活動，以宣揚政府的理念與使命。

（三）政策行銷漸受重視

美國政府在 70 年代受到越戰、水門事件、經濟停滯等因素，致使政府稅收急遽下降，人民對政府滿意度、信任度等都呈下降，批評聲浪四起，聯邦政府公共管理者探討「公共組織行銷」的潛在性及有效性建構出規劃、執行與控制服務運送的架構（孫本初等，2009：29）。

政策行銷是政府機關及人員採取有效的行銷策略與方法，對研議或完成立法之公共政策產生共識或贊同的動態性過程；行銷目的在增加政策執行的成功率、達成公共服務目標，而有效行銷策略有利於政策標的之達成。

丘昌泰（2001：37）：「政策行銷指政府機關提供一套讓市民需求得到滿足的行政服務，市民納稅、付費或其他成本支出的方式支持政府的公共政策，兩者各蒙其利。」魯炳炎（2007a：60）從政策行銷的主體、對象、手段、目的、過程與內容等面向說明其行銷內涵：「主體是政府機關與人員；對象是社會公民或利害關係的個人、組織或團體；手段包括行銷的策略與工具；目的在於促成公眾對於公共政策的認識與支持；過程是持續循環的動態過程；行銷的內容除既定政策內容與公共服務提供之外，尚包括公共政策的規劃、推動與執行。」孫本初等（2009：28-29）認爲：「行銷概念在公共組織管理強調社會需求的滿足……；公民參與觀念的提昇；政府行政人員服務導向的轉變；有限資源的有效利用；改善公共部門的生產力。」綜析學者觀點不一，行銷手法公私部門之差異日益縮小，標的、手段，似在相互學習，私部門更加重視成本效益比。

三、政策行銷特性、原則

（一）行銷的特性

根據林淑馨（2017：645-647）、丘昌泰（2011）認爲政策行銷管理具有下列特性：

1.無形性/難捉摸性（intangibility）

公共服務很多是無形的、抽象的。公眾接受服務時不需付出代價而去享受使用過程、使用經驗、花費時間或其他無形的服務。評估行銷的價值需花費較多的時間與精力，才能滿足公眾多元與殷切的需求，建立機關良好的信譽。

2.易消逝性（perishability）

公共服務難建立存貨，於需求旺盛時再提出供應，服務期限未使用就會消逝，無異浪費。因之，政策行銷者難依供需節奏起落，進行調節。處在需求巔峰期，政策行銷者需備以龐大成本，以應需求，若未有妥善完備的即時服務，難免受社會大眾的責難。2020 年疫情爆發，疫情指揮中心自詡已超前佈署且在大外宣「TAIWAN CAN HELP」豪語，熟料 2021 年上半年，本土群聚感染迄同年六月底驟昇 1.5 萬人，百姓惶惶不安等不到注射疫苗，「超前部署」落空現形，全民普天蓋地的憤懣填膺。歷年國定連假高速公路的「免費」時段，事前有妥善規劃、宣導則宜，但意外事件頻生下，交通打結，消費者的責難怨言洶湧而至。前述案情咸歸易消失性的事例，人類理性難作周全決策。

3.不可分割性（inseparability）

公共服務的產品由數個機關、組織聯合參與產製，甚至產製過程與消費者消費同步發生，服務的提供者與消費者形成不可分割的關係。例如，政府提供節慶活動，公眾是活動的參與者，透過公眾參與吸引更多其他參與者。

4.異質性（variability）

政府機關業務性質殊異，服務人員素質不一，對品質良劣難有共識，呈現異質性難有一致性的標準化，服務品質各有優劣，誠難有穩定品質。如監獄、戶政、地政、文化、交通等對品質標準難定，勢必有落差。

（二）行銷的原則

林淑馨（2017：646-647）認為：政府機關及政策行銷人員，應參酌的行銷原則：1.公開原則：公共政策制定過程，應適時公開透明。2.同理心原則：站在行銷對象立場以同理心進行行銷，始能被行銷對象接受。3.誠信原則：所有政策內容與相關資訊，須透明且據實呈現。4.可靠原則：政府對任何政策承諾，均應設法兌現。5.主動積極原則：行銷人員應以前瞻及宏觀的眼光，主動積極的進行行銷。

（三）成功行銷的基本條件

吳定（2006：338-339）認為政策行銷應掌握時代脈動及基本的配合條件，包括：1.擬訂卓越的行銷策略與方法；2.行銷活動設計，應具體明確、可行；3.機關首長的全力配合、支援；4.機關全體成員的熱情參與；5.行銷人員應具備雄辯、協調、溝通、說服、專業等優秀能力；6.須具有充分政治、經濟、社會等資源條件的配合。

政策行銷要因時順勢調整，如 2020 年大選期間，執政團隊與在野黨同以「台灣人民」為主體，但行銷措詞手法不同，未符多數選民意向的老調，不再被不同年齡層的選民採信，「時代脈動」的掌握乃政策行銷致勝關鍵。競選口號能否被實現則屬另一議題，但政府對政策行銷的運作難脫「時代脈動」的診斷。

四、政策行銷類型

陳敦源等（2008：6-7）、荷蘭學者 Buurma（2001：1287）基於市場行銷概念，將公共組織的政策行銷分爲四類：

（一）市場化概念（Marketization）

將公共財貨和公共服務以市場行銷導入，即公部門的活動移轉到私部門，目的在降低價格，以迎合顧客需求；政府的外包服務，旨在提昇服務效率，廣義而言即政策行銷作爲。

（二）城市行銷（city marketing）

城市行銷盛行於全省各縣市，營造各縣市的特殊目標，如福隆沙雕、北市花博、冬山童玩、中市新社花博、南投茶葉博覽會等。

（三）利益相關人行銷（stakeholder marketing）

公共組織與非營利組織，透過行銷以增益自身利益。Burton（1999）提出利害關係人行銷（stakeholder marketing）的概念，在社會與市場的支持下，確保利益的存續。在中央組織再造過程，中央氣象局以利益相關人爲標的，亟力行銷其獨立性的重要性，以維組織的永續性。

（四）執行政策行銷（policy marketing）

公共組織爲達成政治目的，運用行銷工具，以實現政策目標，此乃 Buurma 所謂公共政策行銷所欲實現的目標，行政首長爲政策行銷運用春節賀歲，屢在大眾傳播工具露臉、辯護即爲最佳例證。

五、成功行銷、公共關係

市場行銷千變萬化，屢以競爭對手爲師，不斷創新突變。政治場域更爲盛行，對岸於 2009 年啓動大外宣計畫，在全球擁有五百多所孔子學院，直接間接掌控傳播媒體數遍及全球，每年耗資上百億美元。2021 年 5 月 31 日中共中央政治局第 30 次集體學習，主講者復旦大學中國研究院張維爲院長強調：「要打破西方對中國的輿論圍剿，光靠官方話語是不夠的，我們打的就是學術話語、大眾話語和國際話語三套話語體系的組合拳」，習主席感受近年大外宣、戰狼外交受挫，指示要塑造「可信、可愛、可敬」暨開放又謙和的基調。[294]大陸因中國與歐盟協議受阻，戰狼外文與大外宣受到盟邦、媒體、友中人士之誹議排斥，領導者親臨集體學習，調整監督內外步調。

行銷與公關兩者休戚相關要取得衡平發展。2003 年 Kettl 在《治理轉型》（*The Transformation of Governance*）提示：21 世紀公共行政面對模糊地帶（fuzzy boundaries）不斷擴張，溝通管道疊床架屋，行政資源虛耗，效率不彰倡議治理轉型。行銷與公關在互動中要不斷轉型優化，決策者豈能忽視學習、調整政策行銷？

（一）成功的行銷

一項成功的政策行銷，劉兆隆（2011：23-24）提示要重視整體的建構，包括下列各項問題及要件：

1.要清楚傳達政策所期望的訊息

除傳達訊息的時間點，所使用的語言及用詞，是一種藝術與技術，過程是相當艱辛與審慎挑戰。政府對行銷人員相關能力的訓練，要兼顧市場、論述、行銷等能力的培訓。

2.對各方的不確定性要加強溝通

對已確知的資訊，傳達過程較未知又不確定性的政策訊息，要能理順具體。行銷人員容易忽略不確定性政策對收訊者、民眾對狀況瞭解與心理的穩定、安定的渴望。政策行銷人員要以公眾的觀點、期待，降低一般人員對未來不確定性的恐懼，有助於公共政策的落實與推動。

3.運用資訊科技宣導行銷政策

傳統宣導技能已不敷資訊科技快速發展，從成本效益著眼都要運用嶄新的網站、部落格、臉書、推文等工具的運用。建構網站固然重要，它的安全維護更加重要，不被駭、不被竊取個資等安全維護，成爲不容忽視的面向。

4.認清溝通對象的知識水平

政策行銷固要接受者瞭解行銷內涵，提昇知識水平同爲行銷政策不

294 聯合報，「戰狼外交轉彎？習：外宣要可信、可愛、可敬」，2021 年 6 月 5 日，A8 版。

容忽略的重責。中國政府對全民在重大政策宣傳伎倆，通常採取順口溜成功將公共政策讓不識字的庶民皆知，值得政策行銷人員學習、以及技能的培訓都頗値關注。

5.內部溝通是首要工作

「團結力量大」。組織內部力量的凝聚，才能進行跨部門、跨組織力量的整合。內部力量靠充分溝通、協調、妥協，溝通工作由組織領導者親率指導，組織領導者是公共政策最佳行銷代言人，唱作俱佳是領導者最佳推銷品牌，切忌樸克牌臉龐；或如誠實中動輒在媒體面前哭訴委曲，反突顯無能推諉塞責之醜態。

以人類有限理性對「不確定性」確難有週全規劃的公共政策。執政者要理順政策失靈的因故，作出透明性的論述，不宜歸咎前朝，養成官僚推諉塞責的慣性。

（二）公共關係意涵

黃榮護（2000：520）研究指出：「政府施政以建構富裕、安康、安定的社會生活環境，最受民意重視。如何建構讓人民認爲政府是一個有效率（efficiency）、負責任（accountable）、有應變能力（responsive）、又能傾聽（ear）民意的親民政府，此乃公共組織領導者、政策執行者共同要面對的課題。」

美國 Rex F. Harlow：「公共關係是一種特殊的管理職能。有助建立和維持組織與公眾間的交流、理解、認可與合作；如何運用媒介、並與其密切配合，參與處理各種問題與事件；幫助管理部門瞭解民意並作出反應；要當社會趨勢的監視者，幫助企業保持與社會變動同步。」Harlow 指出「公共關係」它是一種專門的管理職能，運用各種工具瞭解民意並作出回應；它也扮演監督者的角色。英國公共關係研究機構（British Institute of Public Relations）定義：「公共關係」即是「名譽照顧」。公共關係爲贏取大眾的現解與支持，以公益與行爲影響力作爲達成目標的方法，即組織、企業對其作爲的結果，能否獲取公眾信任的總評價。

林淑馨（2017：628）、何吉森（2000：529）：「公共關係是個人或組織爲強調內外關係溝通之管理功能，藉以承擔社會責任，走入公眾之間，並建立善意關係。」兩位都在強調公共關係是管理功能之一，目標在承擔社會責任，與民眾建構善意回應及互動關係。

公共關係不再是上對下的對話；公共關係的建構是垂直、水平組織、領導者或執行者，處在公平、對等的視野、心態，共同善待公共關係的參與者、行動者，它不是單向訊息的傳導，而是立足點的對等跨域管理，作出計畫性、系統性的互動服務（interactive service）。在公共關係的網絡，彼此提供資源協助對方，解決疑惑，獲致彼此共同期待的標的。公共關係的建構不再侷限於單向互動，而是建構雙向都能獲益的服務、支持。

前述學者對「公共關係」意涵同中有異，並無通識。黃榮護（2000：529）則特對政府部門的公共關係提出下列意涵：1.針對組織內部成員、外部公眾的感覺、意見、觀點、態度及行爲，提出預警，並對之適時、預警式對組織與公眾關係作出回應。2.對組織公共政策措施，及其對公眾的影響，預作分析作出回應。對公眾意見、官民互動、施政良窳的分析結果，對組織決策者、政策執行者提出調整建議。3.施政調整建議，建構公眾與公部門組織均有益之政策措施及雙向溝通管道。促進組織內部成員、外部公眾的感覺、意見、觀點、能度及行爲，成爲可預期的觀測指標。針對上述擬定計畫，進行持續管理改善工作。

公共組織管理者對內、外部變動要有敏銳觀察力、分析力，彙結秉報決策者，藉以調整政策偏失，公共關係在發揮預警、回饋功能。

（三）公共關係的功能

建構公共關係旨在蒐集公眾訊息，提出預警功能。公共關係要作爲組織的預警功能，蒐集訊息、環境變動監測、輿論變幻，進行預測評估，以維組織面對外部變遷的敏感性、警覺性、回應性，以維組織在動盪世局中平穩發展。影響組織發展、生存包括社會政治變動、世貿經濟波動、兩岸互動，都是現代組織必須關切的監測對象，讓組織適時制定政策，或適時調整組織目標，力求組織永續生存。宣傳在爲組織樹立良好形象，大眾媒體可適時、準確、有效傳播，一則在宣導組織績效，從而影響或引導公眾輿論，使之有利於組織本身。宣傳同樣在化解外部對組織、企業的誤解。公共關係的部門除提供決策者決策參考，更是化解管理危機最佳途徑、工具。

（四）公共關係的型塑

1.公部門公共關係

John Locke：「政府的成立是受到公眾所普遍支持的理想、信念和原則而存在。」政府部門重視公共關係是要使民眾知道施政內涵，讓民眾與之配合，民眾根據相關訊息據以評估政府施政成效、正確與否；同時也知悉政府有那些服務可爲民所用。公共關係可粗略分爲兩種：政府對國人公共關係可視爲「政府施政成績」或是「名譽管理」；國外公共關係則牽涉外交政策的執行，像國際政治傳播與國際宣傳。聯合世界衛生組織 WHO 拒納中華民國爲觀察員，2019 年 12 月 31 日發布新型冠狀病毒，大陸對武漢下令封城。2020 年美國總統、日本首相安倍晉三先後公開聲援中華民國加入 WHO。這是國外公共關係多年耕耘的重大收獲。相對於向 WHO 秘書長的人身惡意輕蔑，阻斷我方成爲觀察員，反成爲敗筆。

林來局（2009：152-153）歸結 Otis Baskin, Craig F. Aronoff 對政府公共關係有幾項功能：A.政府透過各種傳播管道，對公共政策與施政改革的背景、理由與目標，爭取公眾與議員的充分瞭解、信任與支持，回應相關的疑惑。瞭解新聞媒體的需求，提供周詳的服務，消除敵意，爭取媒體的善意與合作。B.提供公眾正確的訊息，使其完全使用政府的服務提供及訊息。透過民意調查，瞭解人民的態度、需要與願望，作爲公共政策制定、修正的參考。C.透過政府公關建構，確實掌握國家公共政策之研究，洞燭機先防患未然，適時提出政治興革意見。接受請願與訴願，消除人民的不滿與不安。秉持開明、公正、公平之態度，維護社會正義安定，培養人民對政府之向心力。

2.企業公共關係

企業公關理念是要使企業獲得資本、融通資金、取得原料、人力、生產、行銷、及企業形象塑造，有幾項原則要兼顧：A.媒體會提出企業相關任何問題，應設法盡力提供相關資訊以澄清疑慮。以正確訊息回應媒體工作人員，以免招致更多疑惑。忌諱以「沒有意見」及「無可奉告」爲託詞，要尊重媒體工作人員的立場及所負的權責。B.避免媒體因缺乏瞭解，以致新聞報導失實或偏差，對企業的新情勢及未來作法，須明確以待。切忌新聞工作人員進行威逼或利誘，要求發表或扣壓某項新聞。新聞發布要迅速並掌握時效性，須立刻處理新聞，不得拖延，以爭取時效。C.所有重要新聞應以公正無偏的態度，提供給新聞媒體，不容對不同媒體有差別待遇。公關人員對新聞媒體人員，應依正常途徑提供給媒體、機構。

（五）公共關係的推展原則

公關活動中所依循的基本原則和價值標準取向，對公關活動的出發點、目的、方法等發生制約，使公關活動更具自覺意識的理性，茲述明推展原則：

1.建構互動信任

互信是建構良好公共關係的基礎，要取信於人，就要先信任於人。害人之心不可有，防人之心不可無。良好的溝通是先肯定對方，不是否定。

2.誠實無欺

組織、企業要推銷產品，絕不可虛僞欺瞞，一旦被揭露欺騙的行爲，會讓長年建構的組織信舉徹底摧毀。誠實並不意味知無不言或言無不盡，組織或企業機密自不可洩。

3.言行一致

組織發出的訊息前後要連貫一致，才不致讓公眾的認知混淆，不知對錯無所適從。公共部門經常以經費贊助公益活動，但活動的舉辦提供者、服務人員對待顧客的態度，卻沒有相對應的改善。

4.良善溝通

溝通是促進互動、瞭解、縮短彼此距離的最佳途徑，坦率誠實的心態，藉由意見交換探明對方意圖，透過互通的溝通增加彼此的瞭解與接納，完成公關標的。

（六）公共關係建構工具

1.多重功能傳播媒體

傳播媒體兼具多重功能：1.報導的功能：新聞媒體負責將社會生活發生的事件，以公正客觀作法告知公眾，新聞報導是客觀事實的陳述，各依其獨特性、客觀性、深入性、時效性樹立其自身的信譽。2.教育的功能：新聞媒體肩負社會教育功能，將政治、經濟、文化、科技、歷史、宗教、生活等知識傳播給大眾；向公眾傳播的內涵必須竭盡教育性、啓發性、時勢性。3.娛樂的功能：公眾日常生活的娛樂資訊，大部來自小說、漫畫、趣聞；電視上的音樂歌舞都是娛樂文化的來源；平面媒體的銷售率、收視率越高，公共關係在運用上也應配合公眾的生活趣味性和娛樂性。4.監督的功能：大眾媒體型塑的大眾輿論，對政府、企業及各業的政策、行銷、人員、產品起著社會監督的作用，公眾的回饋對公關工作者是重要的公關工作調適依據。媒體與公眾的互動是取得最佳資訊的捷徑。

2.網際網路

網際網路無遠弗屆是公、私部門不容忽視的重要公關工具。網際網路的特質優勢包括不受時空限制的互動性：大眾傳播工具愈趨互動性，網際網路的內容不易被單向所控管，多數是雙向傳播，內容由播散者自撰、自創。網際無國界，跨越時空限制，無遠弗屆，窮鄉僻壤，在同一時辰，能激起同聲驚呼或綻顏。網際傳播功效難以評量。在基本配備下，訊息供應者，同時也是接受者，訊息唾手可得。2016 年蘇聯利用網路介入美國大選，2020 年美國 FBI 公開警戒宣布特定對象利用網路製造假新聞（fake）混淆事實，甚至總統參選人自編造假被媒體中止轉播或以「事實待查證」標示。

3.演講

主講者是完善演講的功臣，其內涵建構在內容布局、結構、主文、穿場及結論等連串穿場程序。Bob Hope（1903-2003）是上世紀越戰期間舉世聞名的諧星，他背後有一組專業人才爲其蒐集各種演講題材趣聞，他集演、說、舞、唱於一身，臨場應變機智無人能比，對美國越戰前線官兵士氣鼓舞力量留名史冊。

演講從開場問侯語及肢體語言是開場序幕，吸引觀眾把幕前幕後、台上台下的距離接近，感受到演講者的熱力，開場的序幕拉開後續的坦途。主文以極簡易條例式的字詞宣告於觀眾，提供驚豔的開場重點，吸引聽眾注意。各論點要有佐證事實、資訊、或統計數據、或新鮮圖繪，論點適時引據理論或名言，提昇說服力、被接受度。總結是演講重點的再論述，擷取精要論述的濃縮版，讓聽者清晰建構主題下的各論點。切忌前後論點矛盾，啓人疑竇。

回應及互動要視主辦者的立場及演講者對主題的觀點而定；非專業性的論壇，演講者會選擇避免臨場回應，或以紙條提供問題，透過臉書、推文回應，避免落入有心人圈套。把握「知之，爲知之；不知，爲不知」誠實回應聽者，非個人專業領域，欠難回應；跨域專業領域，建議要誠實面對並回應。

4.期刊雜誌

姚惠忠（2006：314-321）：公關實務上常藉諸小冊（brochure）、通訊（newsletter）和年度報告（annual report）容納深入、詳細的資料，除建構推介組織形象尚抱括下列功能：小冊：組織最常運用簡介或小冊子等印刷品，編輯爲宣傳物當作常用的公關工具，需依組織特定標的、對象、時節等組織特定需求進行調整內涵，不宜一成不變、或久用不進行增刪。通訊出版品：通常是定期性或不定期性出版印刷品，與特定對象維持時續性的關係。配合組織的意圖性、目標性、發展性、特殊性撰述，傳達特定對象有關組織特定標的。年度報告：屬於較嚴謹的對外傳訊工具，尤其針對組織特定利害關係人。例如企業的年度報告對象是股東、金融界的權威利害關係人。年度報告在撰述時要注重數據的準確性，須簡潔、扼要，既要含括基本資訊，更要反映組織現況、前瞻發展性。

第五篇　跨域管理

跨域管理是邁入跨域行政的門檻。跨域管理之研析得由公共管理（public management）發展歷史深入堂奧，熟識公共性的價值體系，認知公共行政、公共服務之新穎銳變，再歸納管理類型的演化過程/典範，透視行政管僚體系的實務革新創新，掌控跨域網絡管理之脈絡，再行呼應跨域行政劃時代的來臨。

第一章　公共管理

一、公共管理理論發展

（一）Woodrow Wilson

公共管理理論的研究，學者溯自 1887 年 Wilson 的「行政的研究」，研究者認同與否，論者看法不一。原因是 Thomas Woodrow Wilson（1856-1924）最早提及〈businesslike public adminitartion〉並未受到各界重視。其後美國參與二次大戰，導致政府財政鉅額虧空；先進國家也面臨相同的財政危機、政府行政組織持續龐大到運作失靈。「小政府」的思想，在英國柴契爾與美國雷根政府推波助瀾下，成爲新右派的政府組織改造的圭臬。際此政府政經困頓，爲解決多重問題，將顧客至上、彈性、競爭、績效企業管理之元素注入政府部門，期以解決政府困境，此爲「公共管理」源起背景（林淑馨，2017；孫本初，1999；吳瓊恩，2006）。

不同觀點來自 Minogue 認爲推動公共管理係受到財務、服務品質及意識型態等力道驅策而興起；Kettl 指出公共管理的研究，應從政治、社會、經濟與制度四個面向論析；丘昌泰認爲觀察公共管理的興起，可從內生因素及外生因素著力：前者來自新右派意識型態的興起及新古典經濟理論的批判；至於外生因素則指全球化及資訊科技帶來的衝擊，導致政府管理思維必須轉型因應。

孫本初則從理論與實務面論析：公共管理受到「後官僚典範」的挑戰，企圖跳脫傳統官僚層級節制的嚴密控制、狹隘的效率觀、空泛的行政執行程序，和抽象的公共利益等問題，以及實務上受到 1980 年代各國政府行政改革運動的激勵與催化。林淑馨則指傳統公共管理在 Weber 系統下的公共行政出現「合法性危機」，因爲公共行動無法秉持理性，忠實地面對人民的不滿與接受抨擊，加以意識型態與經濟理論的變遷，試從管理層面改變層級節制、嚴密控制的思維，以挽回日益下滑的人民信賴感。

（二）Bozeman 的研究途徑

Barrey Bozeman 所稱的兩種途徑爲「P 途徑」及「B 途徑」。「P 途徑」

（the P-approach），指從「公共政策源起」而來（down from public policy）；「B 途徑」（the B-approach）指從「企業管理向上提昇」（up from business）。重視 Bozeman 觀點的學者包括佘致力、吳瓊恩、孫本初、丘昌泰、林淑馨等學者。

1.P 途徑

P 途徑又稱公共政策取向途徑（public policy-oriented）。係指公共管理應與公共政策相結合，研究途徑以「量化」取向，聚焦在高層政策管理者，並關切政策的成果，政治因素對政策的影響，以 Kettl 看法爲例，他認爲「P 途徑」具有下例特徵：

（1）研究起點的不同：排除公共行政或政策執行成果的研究，強調以自我原有的學科專長來研究公共管理，類此學者以非政治學或公共行政學者偏多。

（2）重視方案執行成果：著眼於高層政治性主管人員的績效策略研究，焦點在於政策方案遭遇問題的解決，著重形成方案結果的研究。

（3）策略性前瞻規劃：偏向於前瞻性、規範性的策略研擬，高層主管的重責在於策略研擬，以利屬員朝其前瞻規範的目標努力。

（4）重視實務發展經驗：經由個案研究來發展所需之知識，從實務運作及管理經驗中萃取最佳的管理原則。

2003 年 Kettl 在《治理轉型》（*The Transformation of Governance*）（pp.50-150）一書對上述論析有所調修，可供參酌。

2.B 途徑

B 途徑又稱「企業管理導向途徑」（business-oriented）。倡導學者以企業管理學派或受過一般管理課程居多。Bozeman 認爲「B 途徑」對於公共管理的主要特徵：較偏重企業原則的運用；對公私部門間的差異不做嚴格的區分，以經驗性的理論發展作爲詮釋公私組織的差異基礎；對策略管理及組織間管理漸予重視，並強調組織設計、人事、預算等過程的研究；以量化的實驗設計爲主要研究方法，個案研究較少。

3.P 途徑與 B 途徑之相同點

關切焦點向外延伸超過行政機關的內部問題，特別注意組織的外在環境；重視管理過程中政治因素所扮演之角色；強調規範性取向，關注如何改進管理效能；關注經驗性學習，特別在個案研究教學上；強調要在「科學」與「藝術」之間尋求平衡。

4.P 途徑與 B 途徑之相異點

P 途徑學者盡力劃清與傳統公共行政的關係；而 B 途徑的學者與實務界咸認「公共行政即管理學」，認為兩者有密切關係及相似理念；P 途徑學者認為公私部門本質有別；B 途徑的學者不認為公私部門管理有太大差異，並認同接受企業管理概念與工具運用於公部門；P 途徑學者仰賴「個案研究」以獲取知識；B 途徑的學者及管理者偏重「個案研究」與「量化研究」為研究方法；P 途徑的學者以政治性任命的高階管理者為對象；B 途徑的學者以具備文官資格的公共管理者為對象；P 途徑的學者擅長於實務個案的編纂與羅列；B 途徑的學者重視學術研究與理論建構，擅於汲取不同學術領域的研究方法、技術及理論。

5.綜析兩種途徑

兩者同時關切策略與過程，並具有外部焦點取向；強調管理的柔性面與硬性面；共同關切上中下各層級管理者與政務官的公共管理；重視「公共性」包括非營利組織、私人企業與各種不同組織的公共層面；重視理論的重要性，尤其重視規範性的理論。

二、公共管理意涵、特質

（一）公共管理的意涵

余致力（2000）：「公共管理旨在幫助公共管理者，獲致解決公共問題、滿足民眾需求及處理公眾事務所需的知識、技能與策略，以造就一個績效卓越，也就是負責任、有反應、講效率、重公平的政府。」林淑馨（2017）：「狹義的公共管理指公部門的管理（public sector management）；廣義包含公共事務的管理，從政治面到行政面向，從公部門、私部門到第三部門均涵蓋在內。學界的通說指涉公共事務的管理，意指政府部門及非營利組織的管理。」論者認為基於跨域行政理念，「公共管理」在跨際學科的滋沛互植下，已超越公部門、非營利組織的範疇，向外拓展研究領域至私部門、跨國企業等疆界。

丘昌泰從「管理主義」、「公共行政」、「政策管理」、「新公共管理」等角度界定公共管理。茲歸納「公共管理」的綜合性觀點如次：

1.公共管理不是意識型態或文化形式，是一種新興專業、管理實務：英國學者指公共管理是新右派的意識型態，但大部分則指其為專業或管理實務。

2.公共管理是新修正的公共行政的同義詞：傳統公共行政注重民主與行政間的關係，如公平、正義等價值觀。公共管理偏重組織內部結構的安排、人員激勵及資源分配等管理。

3.公共行政與新公共管理為同義詞：兩者皆強調師法私部門的企業管理實務與技術，試圖轉換傳統官僚權威式作風成為有效率、回應性及顧客導向的新典範。

綜前，公共管理將公共行政視為一種專業，並將公共經理人視為專業的執行者/專業經理，不但重視組織內部運作程序的有效性，更重視組織與外部環境的關係（孫本初，2009）。

（二）公共管理的特質

Bozeman（1993）重視組織內部的經營管理，更重視組織外部的政治問題，以及組織間如何協力合作以貫徹政策方案，解決公共問題（吳瓊恩 2006）。

Kettl（1993）從公共政策的角度理解公共管理，除擺脫傳統公共行政與政策執行，公共管理研究途徑更具前瞻性及規範性，以最高管理者的策略設計為焦點，偏好「個案研究」與「個人經驗」的知識管理，認為公共管理與政策分析是一體的。

1.四大特徵說

余致力（2000）認為公共管理有四大特徵：「公共管理以公共管理者為研究對象；重視公共系絡或政治環境，同時重視管理知能與策略；以政府方案為關注焦點，重視績效，強調部際關係與府際關係；公共管理採科際整合與個案研究途徑，強調理論與實務並重。」論者理念強調：沒有跨科技學科整合，公共管理會足陷傳統官僚體制思維，跨不出自家宅院，要融入資訊科技進行跨域管理。

2.六大特徵說

丘昌泰（2010）從「管理主義」、「公共行政」、「政策管理」、及「新公共管理」論析歸納「公共管理」，有六大特徵：「1.吸納私部門的管理策略與方法；2.以私部門的管理手段運用於公部門並不失公部門的主體性；3.公共管理者主張公共利益、公共道德、公共責任、公共服務等公共性價值；4.吸納私部門的管理策略與方法：以實踐公部門所揭示的「效率」（efficiency）、「效果」（effect）、「公平」（equity）、「卓越」（excellence）

「四 E」目標；5.引入市場管理機制：選擇性地運用市場機制手段，並非將公共服務完全市場化：受到公共選擇學派的影響，引進市場機制，將公共服務民營化，以提昇競爭力、降低預算成本與權力極大化，採「市場導向的公共行政」（market-oriented public administration）；6.吸納、修正而非排斥公共行政、政策執行內涵。」

綜之，管理行爲在領導者的殊異特質下，各有不同作爲及影響；管理範疇更不再受限於組織本身擴及外部政經環境變遷；公共管理首重不同部門資源、人力的支援與調配，社會問題或政府方案單一組織/部會已難獨自承攬運作，跨域協作是理論與實務運作最佳王道。公共管理兼取公共行政的管理程序與原則以及政策執行重要概念；公共管理重視政治系絡與府際關係，強調管理知能與管理策略、科際整合與個案研究，以及理論與實務並重。

吳瓊恩等（2006）：「公共管理衍生自公共行政，但有其獨特性。公共管理對政府組織內部管理運作的關注勝於對政府各部門間的互動研究。它關切公部門經理人如何運作科學管理技術，諸如規劃、組織、控制及評估等方法，如何達成經濟與效率之雙重目標，及服務品質的提昇。」

公共管理從傳統「POSDCORB」，轉化爲「PAFHRIER」，再延伸新功能及新內涵爲「PAMPECO」（孫本初,2009；余致力,2000；吳瓊恩,2006）。「POSDCORB」：係傳統或稱古典管理學者 Gulick & Urwick 的「計畫、組織、用人、指揮、協調、報告、預算」（Plan, Organization, Staff, Director, Coordination, Report, Budget, POSDCORB），代表七項行政管理功能。「PAFHRIER」：係 Garson & Overman 在 1983 年《美國公共管理研究》一書所言：「PAFHRIER」衍生自「POSDCORB」，它代表「政策分析、財務管理、人力資源管理、資訊管理、對外關係」（Policy Analysis, Financial management, Human Resource Management, Information Management, External Relations, PAFHRIER）。「PAMPECO」：係 Graham & Heys 在《管理公共組織》一書所論，綜納行政過程的需求，再整合爲「PAMPECO」內涵有：「規劃、分配、市場、生產力、熱忱、協調」（Planning, Allocation, Market, Productivity, Enthusiasm, Coordination, PAMPECO）。

前述公共管理內涵的演變，從「POSDCORB」轉化爲「PAFHRIER」，意謂傳統官僚體系的控制管理模式，引進私部門（商業管理）概念及財務、人力、資訊管理，以及重視對外關係的經營；相較於傳統管理方式「PAMPECO」則注入市場、生產力及熱誠等概念導入新的行政運作活力。

三、公共管理之公共性

（一）公、私部門管理

公、私管理之區別，論者看法不一，理不應爲公共行政研究重點。公私差異自有，但管理知識、技能、概念與工具，自有類似的之處，以發揮相同的功能（如規劃、決策、組織、領導、溝通、控制等），俾將管理資源作有效適宜配置運用，進行財貨生產及服務提供，踐行組織目標。認爲公私部門本質有諸多差異的學者良多，如 Denhart（1991）；丘昌泰（2010）；徐仁輝（2010），差異面向包括：底線、時間水平、人事任免、分權負責、決策過程、公開性與封閉性，茲略述比較如次：

1.損益底線有別：公部門管理者不似私部門經理人，對利潤、市場績效或企業存活作爲有一定的損益考量底線；2.公私部門能掌控時間有別：公共管理者對政治的需求與政治的時效性，相較於私部門經理人只有相對較短的時間作政策改變或政策制訂；私部門經理人通常有較長的時間去進行市場開發、技術創新、投資與組織重建等；3.人事任免權限有別：官僚體系對組織成員的考用、陞遷、考績、解雇、退休等皆有嚴謹的法規與作業程序，難以效率角度，善用人力資源。私部門對人事任、調、免皆有較大權變，發揮較大更佳的任用效益；4.分權與制衡機制：公部門依憲法的均權與制衡的設計，各部門的權責是分散的，幾乎任一政策的推動，皆需耗費不同的資源與其他公部門進行協調溝通。私部門較無需耗時與外部的協調談判；5.決策過程縝密有別：私部門經理人對決策前的縝密思維作較多考量；相對於公部門管理決策者，則不斷在做、重新修正或不做決定，或迫於下決策的急迫性及各方利益的干擾，決策的過程難在時程表下完成；6.管理工作透明性有別：政府管理工作在公眾的監督下進行，較爲公開；私部門企業管理在內部進行，不經過大眾的審視、監督、較封閉。公部門在管理工作過程呈現公開性接受議會監督；私部門管理過程基於業務安全、機密較爲封閉。

（二）公共管理核心價值：公共性

憲法是最高行政規範：公共行政的行動準則是國家的憲法爲其最高

準則，組織結構設計與運作，公共管理更需依循憲法、法律與行政命令的架構進行。公共行政須完全遵循憲法的規範，這與私部門是最大的區別所在。

公共管理以公共利益爲中心：公部門以實現公共利益爲「行政核心」，管理者能否實現公共利益爲公眾關切、監督的標的。能否回應公眾關切的利益，同爲民選公共管理者能否繼任的關鍵。公共管理僅實施部分而非全部的市場制約：私人企業以市場爲導向，依市場遊戲規則自由、競爭發展自身利益；依收費標準，政府不能採取市場供需定律爲決策導向，而是根據政府預算的編制、審議、與執行的既定程序。

公共管理服從政治主權：主權是國家最權力象徵。民主國家主權歸人民所有，國家領導者代表人民實現主權的意志。公共管理者接受政府與人民的付託，制訂與執行公共政策，公平配置資源，完成國家發展目標，公共管理者是確保主權得以實現的執行者，此誠非私部門管理者所擁有的權力所能比擬。

四、公共管理的困境、挑戰

（一）公共管理的困境

孫本初（2010：75）引據 Behn 指出：「公共管理要成爲一門學科，就必須研究下列三大問題」：

1.微觀管理問題

公共管理者如何突破憲政體制及程序規則等微觀管理（the Micro-management Question）的束縛。既釐清政策制定和執行過程中的權責歸屬，以及依法行政的遵循。公部門在引進企業管理精神，其合法性及倫理的問題。

2.激勵問題

從代理人理論而言，在官僚、市場與網絡治理模式下，如何確保代理人能符合委託人（公眾、組織、政府）的利益？即透過何種方式、手段誘發代理人，進行自我激勵問題（the Motivation Question），以促進委託人的價值目標或利益的達成。

3.測量問題

測量績效包括對公共管理者、受託者、政府組織本身，包括輸入（input）、產出（output）、結果（outcome）、及影響（impact）等層面的測量。公共管理者同時要協助公眾瞭解如何適當且實際地測量出政府的績效，明確化各參與者本身的職責。

（二）未來挑戰

根據孫本初（2009：50-52）引據 Emmert（1993），公共管理在未來環境系絡可能面對不同的環境變遷，接受不可預測的挑戰包括：管理模式持續受到挑戰需不時調整；公私部門之間的依存互動程度日益緊密；管理技術受到資訊科技發展影響不斷變革創新；公部門服務工作委託外包日益增加，私部門承擔更多公共服務，委託代理人關係日受重視；公部門成員更加多樣性以應多樣性文化需求如外藉配偶之參選公職；全球化面對更多桃戰，地域性聯盟和種族主義的抬頭，公共管理面對更多雜症待解；重視生活品質與環境保護意識高漲，核心價值不再單純化；舊模式管理難應時代變革，卻又無力符合轉型正義，深陷進退兩難的泥潭；決策管理者舊思維漸進調適管理模式，難運用大數據輔佐重大決策的取捨，在 2020 年 2 月面對新型冠狀肺炎的口罩資源調控配置上，價格飛漲、排隊購買、貨源不足等亂象，決策者左支右絀的決策行徑，民怨四起。

前述，公共管理未來的發展，要輔以管理工具、知識之發展及深化，建構管理哲學基礎，成為一門應用性的正統學門。

五、公共行政與新公共管理

Jann 的公共行政與新公共管理比較表

公共行政	新公共管理
遵循制式規則和程序	善用資源達成結果
民主的控制	財產權
層級節制	市場
依法治理	由所有權者治理

公眾福祉	廠商福利
合法性	私人利得
課責	自主
正當性	機密性
重視規則	重視成果
集權行動	競爭
需求的公正	市場的公正
公民意識	消費者主權
公權	廠商
迴避風險	容忍風險
中立的專業知識	利益的導向
穩定	變遷
傳統	更新
牢騷	出走

資料來源：Jann,[295] 1997：95

合法-理性型官僚組織強調控制成本，嚴守法規與標準程序、監督組織成員、重視層級節制及命令統一、實踐公共利益等；而新公共管理著重企業家精神進行官僚體制的變革與再造，倡議顧客導向的組織、考量施政品質和成果、授權員工、滿足顧客需求與偏好，確立行政課責等。

新公共行政與新公共管理在組織設計都強調：分權化（decentralization）、扁平化組織、支援專案組織、簽約外包、及合產、公私合夥。兩者的區分：新公共行政希望行政更制度化，傾向服務的提供和更多的管理，較重視層級節制和管理；新公共管理傾向減少制度化、委託服務，較重視誘因的建構、進行契約監督、和管理創新。

[295] Jann, W.,1997, "Public Management Reform in Germany: A Revolution without a Theory?" In W. J. M. Kickert (ed.), *Public management and Administrative Reform in Western Europe,* Cheltenham, UK: Edward Elgar, 1997, pp.83-102.

第二章　新公共管理、新公共服務

新公共管理源起於英國，盛行於紐西蘭、加拿大、澳洲等地，它由效率觀點出發，重視企業家管理精神，主張政府應將公共服務交由市場提供，以達成小而美的政府（丘昌泰 2010；吳英明、張其祿 2006）。林淑馨（2017）認為公共管理與新公共管理之差異在於「興起的國家」及「公共性程度」。她的兩句濃縮觀點對初學者恐難了解其梗概，卻指引重要方向。

一、新公共管理發展背景、意涵

（一）背景

1970 年代後、市場自由化、個人主義的新右派崛起，以及市場機能極大化、政府角色極小化的新古典經濟理論興起，促成新公共管理的產生。新右派的思想主要源自於自由經濟思想，交易成本理論、公共選擇學派、代理人理論等論述。

（二）意涵

1.新公共管理意涵

新公共管理以市場導向的公共選擇理論為基礎，發展有別於傳統行政理論的論述內涵，歸納有三項核心觀念包括：（吳定等，2007）

（1）顧客導向：新公共管理以市場為導向，強調公眾為消費者，以顧客導向作為政府行動的方針。

（2）公共組織內部市場化：新公共管理的學者 Savas 曾云：「將政府民營化」（to private government），相信市場的運作較政府官僚體制更有效率，行政改革應將市場的競爭概念灌輸公共組織中，謂之「組織內部市場化」。

（3）企業型政府：Denhardt & Denhardt（2000：50）倡導「大膽創新、追求變革、前瞻視野以及接受挑戰等是企業家的特質。」

綜結，新公共管理是引進市場機制、推動企業型政府，以追求效率、彈性與回應性的制度。核心觀念是競爭、授能、績效、顧客優先，而非官僚體制的命令。能否將企業家精神轉型爲公共經理人（public manager）（初學者要認知公共經理人不在於我國官僚體系，它存在於美國公部門）的特質，學界論述不一。若能，則此政府稱爲：「企業型政府」（entrepreneurial government）。

2.稱號因地域而異

Hughes 則指出，1980 年代之後新的公共管理模式在不同的國家出現，只是不同稱號，包括：管理主義（managerialism）、新右派（the new right）、新治理（new governance）、市場導向公共行政（market-based public administration）、後官僚典範（post-bureaucratic paradigm）、或企業型政府（entrepreneurial government）等，名稱雖異實質內涵卻大致相同，統稱爲「新公共管理」（new public management）（吳定等 2009；孫本初 2010）。

3.石油危機及其他因素催化新公共管理

新公共管理的興起與 1970 年代的石油危機導致的經濟不景氣、發展停滯，能源成本提高、失業率昇高、政府收入減少、福利成本持續增加，引起福利國家諸種危機背景有關，其中包括：

（1）經濟危機：石油危機導致經濟的不景氣。

（2）財政危機：國家因經濟蕭條稅收減少，公共支出卻持續擴大；

（3）官僚危機：國家爲分配龐大福利，增置官僚組織來執行，相對的預算與經費擴大，影響對公共財的不當觀念與使用。

（4）合法性危機；國家一旦經濟發生危機、財政不堪負荷，人民的需求也不斷增加，政府無法有效因應，施政效能下降喪失民眾信賴，政府體制失去合法正當性。

1980 年代後政府的觀念由大有爲政府轉向小而美，對傳統行政理論，政治控制行政的模式大有質疑，且不滿傳統官僚體制的組織設計，不符民主要求且缺乏效率（吳定等，2007）。林淑馨（2017）提示對公共管理與新公共管理之差異應有區隔，大範圍而言在於「興起的國家」及「公共性程度」。

二、新公共管理理論

新公共管理有三個理論基礎：

（一）交易成本理論

Willamson（1986）提出交易成本理論（transaction cost theory）。理論指出買賣雙方在交易過程中，都必須負擔交易成本。諸如情報蒐集、議價過程、合約監督等，都必須付出人力、物力、金錢及風險。建構「制度」是降低議價過程成本的基本法則。正因爲交易成本有下列幾種特質：

1.不確定性：市場有許多無法控制與預測的不確定因素與影響。

2.少數人的談判：除少數決策者、簽約者和談判者，難以完全瞭解契約之規定。

3.資訊限制理性：因受到有限資訊之限制，無法完全瞭解契約規定。

4.機會主義：人是自利的，交易過程追求個人利益，優於追求組織、團體的利益。

5.反向選擇：因資訊不對稱的差異，買方屢受誘、被迫作出較差的選擇。

6.道德淪喪：雇主或買方難以控制賣方、代理人或部屬，因之賣方或代理人盡量擴大自己的利益，喪失簽約的道德標準，只以契約加以規範。

（二）代理人理論

代理人理論（principal agent theory）在探討買方或股東（委託者）、賣方或管理者進行交易契約，在責任或義務關係的理論。在買賣雙方的目標，假定不一致時，委託者追求利益極大化；代理人追求目標成長及較高的薪酬。兩者各擁有不同的資訊，或稱資訊不對稱的困境，委託者對代理人可能酌減代理人的裁量權。代理人理論有如次重點：1.兩者都是自我利益極大化者；2.兩者擁有的資訊不對稱；3.經理人面臨的問題是：如何誘導行動？4.代理人的契約是自我執行的，不需強制力量；5.契約有參與上的限制，避免經理人、代理人不履行契約的內容。

綜述委託人（公眾）的利益是分散的，難以統一控制代理人實現委託人的願望。代理人理論主張縮小政府規模，採取外包方式，以確保履行承諾。

（三）公共選擇理論

公共選擇學派（public choice theory）對官僚體系的抨擊不留遺地，咸認官僚體系的文官和政客的作爲均在追求個人利益。基於自利動機的運作下，官僚體系在追求預算及政府組織規模的極大化，出現官僚體系的無效率。公共選擇學派主張，爲減少官僚體系對社經體系的干預，主張限縮政府的干擾；此學派主張藉助「加強市場機制」或「創設財產權」的強化，減少政府職能，將公共財貨或服務的提供，交由市場機制調制更有效率。

新公共管理的興起肇因於兩股思潮：反國家主義（antistatism）及經濟學的公共選擇理論。另一爲 1990 年代克林頓總統授權高爾副總統進行行政改革，試圖摒除行政官僚體系的僵化，試爲公共組織帶來活力提昇政府績效，稱之爲政府再造（reinventing government）運動（吳定，2007）。這股風潮讓各國政府行政管理文化產生「轉移」（transformation），從公共行政轉變爲公共管理（孫本初，2010）。

三、新公共管理與傳統行政理論

（一）傳統行政理論與新公共管理的比較

根據 Rosenbloom（2002：39）及吳定（2009：284）對傳統公共行政與新公共管理進行的比較，有如下圖的區隔：

傳統行政理論與新公共管理的比較表

課題	傳統行政理論	新公共管理	備註
價值	經濟、效率、效能	成本效能、對顧客的回應性	
結構	理念類型的官僚體制	競爭、師法企業	
對個人的觀點	非人化的個案、理性行動者	顧客	
認知的途徑	理性-科學的	理論、觀察、測量、實驗	
預算	理性的（成本利益）	以績效為基礎、市場導向	

政府功能特色之所在	行政部門	行政部門	
決策	理性-廣博的	分權化、撙節成本	

新公共管理重要面向：關注顧客的需求；爲因應市場競爭機制，組織的設計應更彈性化；基於小而美的政府，不再著重於理性-廣博的政策規劃，大有爲的政府不是政府的使命。

（二）新公共管理模式的優點與限制

1.新公共管理的優點

新公共管理源起於上世紀石油危機產生經濟不景氣、財政惡化和政府正當性危機等困厄險境，企圖克服雙環困境（catch-22），試圖藉助官僚體制的再造，回應服務，不再依賴萬能政府，實現「小而美」的自由主義和新保守主義的理想（林鍾沂，2001），新公共管理具有如下優點：

（1）在許多國家確實裁撤多餘人力，而生產力卻提昇甚多，且未減少公共服務的數量與品質。

（2）公共政策制定更能採取理性途徑與策略設計導向，以契約管理方式，提昇服務、品質、效率與責任。

（3）公共服務對公眾更具快速回應性，提供更多管道讓公眾參與，以及更快速的服務方式。

（4）工會對公部門決策的影響力減低，權力轉移到管理者與主雇團體。

（5）政府部門提供各種創新與改進計劃，行政管理更具彈性，向企業管理文化靠攏。

2.新公共管理的限制

受到新公共管理意識型態影響，強調結果導向（Result Orientation），公部門以結果或績效作爲衡量指標。新公共管理探討組織內部行政人員如何有效生產，並未論及行政人員對政治社會的相關責任。因之產生幾項問題（顧慕晴，2009：8-15；蘇偉業，2009）：

（1）忽略公共行政的政治本質：忽略政治面向所應追求的價值、公平，使行政人員缺乏倫理思維的技術官僚，只重視工具理性的迷思。

（2）新公共管理無法協助達成社會正義：強調以市場機制、生產效能率及成果的提昇，以生產爲導向，充其量達成平等的目標，大小團體一視同仁，卻無法使各團體平等立足於社會。

（3）使社會大眾無法參與決策：官僚人員被期待具有前瞻性、創新能力的企業家特質，這與民主政治鼓勵人民參與決策過程悖離；官僚人員在競爭環境，於決策過程的保密，又與行政資訊要對公眾透明，容許人民參與決策的精神同樣是一種弔詭。新公共管理視「人民爲顧客」，準此無異剝奪人民參與決策、分享主權的民主理念。

（4）忽視公共利益：在強調績效體制下，官僚人員會選擇易於達成的工作作爲目標管理的指標，忽視國會議員、公眾的觀點，公共利益被棄置。

（5）限縮行政人員的思考範圍與倫理角色：新公共管理強調企業取向，希冀行政官僚爲有效率的生產者，這無異壓抑其代表教育者角色應有的廣泛思考空間與代理人的倫理角色。既使中下階層的官僚仍應聽命於上層決策者的行政倫理。

（6）忽視社區意識的培植：新公共管理視公眾爲市場機制內的個體，旨在追求個體的利益最大化。屆時，人民參與公共決策的意願低，也不願和他人、行政官僚分享觀點，建構整體的社區意識。

（7）民主課責機制難以制衡官僚作爲：社會問題日益複雜多元，在財政拮据壓力下，行政官僚被賦予更大行政裁量權，其自主性越大，在課責機制未法制化規範下，對官僚更難以發揮制衡力量。

（三）公私管理思維

新公共管理誠如 Shafritz & Russell（2005：312）所言：「管理主義、新公共管理、新政府運動等都是進步里程碑。無異如馬克白的對白：『在舞台上志高氣昂或焦躁不安的演員，下台後再也沒有人會再注意到他了』（poor player that struts and frets his hour upon the stage and then is heard no more）」。這意味任何改進措施，一旦下台，一切又歸於平淡。

誠如林淑馨所云：「私部門管理思維無法涵蓋公部門的完整面貌，去國家化或國家空洞化，某種程度上或可提昇行政效率，在短期內或可看到積極成效，但過度重視成果導向的結果，可能無利於國家長遠利益。政府在管理流行（management fad）之餘，有其維護公平正義和追求公共利益的正當性及積極作爲的義務。」無論台上或台下，各種理論盛衰各領風騷，倡導者或實務界評價迥異其趣，重點在對國家、公眾的長遠利益，庇護厚薄深淺不一。

四、新公共服務

新公共服務是對傳統公共行政和新公共管理進行反思，並提供討論民主參與模式。自 Wilson（1887）在「行政之研究」（the Study of Administration）提出後，行政研究專注於「政府應做那些事？」、「政府如何以最大效率及最少成本來運作？」其後效能、效率成爲政府提供公共服務的最大核心價值。

1970、1980 年代的公共行政都在強調效率、效能和績效爲政府內部管理的主要價值觀，同爲公共服務的核心價值。這些價值是政府提供服務準據，在政府制定、執行與治理面，會被一再強調。但政府在提供效率、效能之同時，卻設法阻卻、減少公民與民間的參與，以致決策延宕與溝通成本增加。這與強調「主權在民」的公共服務核心價值，和以強調效率、效能和績效爲主的公共管理有不一致的觀點。

（一）新公共管理邁向新公共服務

1980 年代盛行推動「政府再造」，係受到 1970 年代石油危機、經濟成長遲緩、福利支出擴大、預算赤字跟著上升，政府面臨財政與人民不信任多重危機。政府產生不正確的公共財觀念，不計成本過度提供公共服務以應民眾需求，藉助過度供給以突顯績效；政府官僚犧牲人民利益，以成就本身利益，亦即政府謀取自身利益的多，貢獻社會的少。誠如林鐘沂（2001：166-169）所言：「過度供給與竊盜行爲」。

歐美政府面對諸多危機，推動公共服務民營化，引進民間資源參與公共服務，提昇品質與水準；建立小而美的政府體制、企業型政府的治理模式，緩解傳統公共行政管理的窘境。然而強調市場機制與去官僚化，導致政府的角色日漸被企業菁英所取代，影響政府承擔公共利益者的角色，此種漠視公共利益受到人民的不信任，導致政府合法性危機及官僚課責機制的蕩然。

Robert B. Denhardt & Janet V. Denhardt（2002）在 PAR（Public Administration Review）發表「新公共服務：服務代替導航」一文，復於 2003 年以「新公共服務：服務而非領航」（The New Public Service: Serving not Steering）主張：「信任」、「公共利益」、「服務」、與「共享」等理念。對於以公共利益爲規範基礎的公共行政之民主價值、公民資格、服務等面向，重新進行深層探索。

（二）新公共服務

「新公共服務」一詞最早出現在英國布萊爾政府的執政籃圖，它融合傳統文官體制與企業型政府之特徵，及自我觀點形塑而成的理念（Britch Cabinet Office, 1999；蘇俞如, 2003：12-13）。英內閣所提「新公共服務」內容如次：

1.具服務性質之政策應具備前瞻性，而非反應短期之壓力。

2.公共服務之提供應符民眾需求，非只求提供者之便捷；

3.政府應具有高品質與高效率的服務態度；

4.政府應運用新科技，以應現代企業與民眾之需求；

5.重視公共服務，政府應從行政體系進行改革，提高服務品質。

新公共管理提出建立企業型政府，在執行上出現偏頗矛盾包括價值提昇、公私協力的緊張，及對民主制度度價值的傷害與威脅。新公共管理是以市場爲導向的新自由主義（market biased neoliberals）對新公共服務的影響有三：

1.阻礙公民對於公共領域的專業認同感；

2.政府與公民之間的關係愈來愈像顧客與公司之間的關係；這導致公民不再相信政府機關是公共利益的維護者；

3.公共行政者整合公共規範與目標之能力受到懷疑。

Denhardt, Robert. & Janet Denhardt 在「新公共服務：服務而非導航」一文中，提出新公共服務的核心價值有：

1.提昇政府公共服務的尊嚴與價值；

2.重視公民、公民權與公共利益等價值的內涵與實踐。

林淑馨：「新公共服務試圖從公民權利、公民參與與公共對話三個面向勾勒出一幅，當代政府與公民社會民主治理的新圖像。」學者對新公共服務評價未全盤否定，至少公民參與及對話之功效，餘溫猶存未被新自由主義斬絕。

（三）傳統公共行政、新公共管理、新公共服務之差異

1.林淑馨從治理模式區分傳統公共行政、新公共管理、新公共服務：

（1）傳統公共行政以權威作爲主要的協調機制，偏向層級節制的治理模式；

（2）新公共管理以價格爲協調機制，強調市場的治理模式；

（3）新公共服務以網絡互動爲主要協調機制，傾向社群的治理模

式。

林淑馨強調在不同的組織，治理模式的比例各不同，立論也不一。

2.Denhardt & Denhardt（2007）提出十個重要指標來區別傳統公共行政、新公共管理、及新公共服務的不同：

傳統公共行政、新公共管理、及新公共服務之比較圖

	傳統公共行政	新公共管理	新公共服務
基本理論與認識之基礎	以簡樸政治理論、社會科學，延伸對社會與政治評論	尊基於實證的經濟理論、社會科學為基礎的精緻對話	民主理論，包括實證、詮釋、批判與後現代的各種知識途徑
對於理性的主要論述與有關人類行爲模式	概要理性，「行政人」	技術與經濟理性，「經濟人」或自利的決策者	策略理性，理性的多元檢驗（包括政治、經濟與組織）
公共利益的概念	公共利益由政治界定並由法律層次中所展現	公共利益乃個人利益之總和，利益創造僅賴私部門與非營利組織間合作，卻忽略公民參與	從不同角度整合多元相互滿意的意見，公共利益乃共享價值與對話之結果
接受公共服務者（公共服務人員對誰回應）	委託者與選民	視公民為顧客	服務對象為公民，而非顧客。站在公民立場提供真正共享的需求與服務
政府角色	操槳者（著重單一的政治界定之目標，其政策之設計與執行	領航者（扮演市場力量的媒介	提供服務者（公民與社群團體利益的談判與協商，以共享價值與對話之結果
達成政策目標之機制	藉由現有的政府機關執行方案	藉由民營化與非營利機構創造機制與誘因結構以達成政策目標	建立公、私、非營利機構聯盟等多面向社會人際網絡，滿足公民中心的治理

課責之途徑	層級節制：公共行政人員向民選政治領袖負責	市場導向：自利的加總將導致廣大公民團或顧客所要求的結果	多面向途徑：關注法律社群價值、政治規範、標準與公民利益
行政裁量	允許行政官員有限的裁量	寬廣的自由裁量空間，可無限擴大權力範圍以達成企業的目標	裁量是必要的，但必須受到必要的限制，職權有限，主動為民服務、積極回應需求
組織結構的假定	官僚組織、機構乃由上而下的威權結構，及對服務對象的控管	分機化的公共組織、機構內保有基本的主控權	內外共同領導共享的合作結構
公共服務人員與行政人員激勵基礎的假定	薪資與福利、文官服務的保障	企業精神、意識型態上縮減政府的規模	公共服務、要求貢獻社會

資料來源：參考 Denhardt & Denhardt，2007：28-29.；林淑馨，2017：115-116，彙整之。

（四）新公共服務的理論

1.民主化公民理論

民主化公民理論（Theories of Democratic Citizen）乃公民應主動積極參與治理。民主政府藉由民主程序，公民選擇與其一致的權利與利益。而新公共服務強調在公民參與治理的過程，超越自我利益的考量；行政人員應視公眾為公民，而非限於選民或顧客，建構互信合作的基礎。

2.社群與公民社會理論

社群與公民社會理論（Models of Community and Civil Society）指社群是一個媒介，可以彙整公民的需求，擴大公民參與政治的實質經驗，在參與過程中，體現社群建構與民主治理的本質。而公民社會是一群具有社群意識、情感與共同意見的公民所組成，防止政府成為集權的機制。政府扮演促進社群與社群間之連結機制。

3.人性化組織與新公共行政

行政組織不應受外部權威控制與主導，不能忽視行政人員與公民的需求與觀點。新公共行政學者 Golembiewski 認爲只有創建更人性化的組織（Organizational Humanism），具備開放、信任與誠實的網絡，透過開放、創新的空間，才能使組織成員面對問題，並將平等、公正與回應等概念都納入討論。

4.後現代公共行政

「對話」是後現代公共行政（Postmodern Public Administration）的重要價值觀。透過「客觀的對話」及「理性分析」，將行政人員與公民的觀點進行充分的討論，發揮人性關懷，此乃新公共行政所強調的精神。

（五）新公共服務的核心價值

新公共服務根據前述民主化公民理論、社群與公民社會理論、人性化組織與新公共行政、後現代公共行政等理論建構而成，強調政府對民眾回應性及公民參與的過程，以回應公民的眞正需求。薈粹 Denhardt & Denhardt,林淑馨等學者新公共服務的核心價值包括：

1.服務公衆而非服務顧客

服務公眾而非服務顧客（serve citizens, not customers）行政人員重視公共利益即是透過與公眾對話，回應公眾的需求而非顧客；政府須能敏銳地感受公眾需求，並對服務的提供負責。

2.追求公共利益

追求公共利益（seek the public interest）依法行政與價值中立的傳統消極作法，不足以因應當前；新公共服務的政府強調公平與公正的價值，更著重提昇公民資格與公共利益的維護，這不再是政府的責任，也是公眾每個人的共同責任。

3.重視公民價值觀勝於企業家精神

傳統公共行政重視權力集中、規範與控制；新公共管理師法企業精神與作爲，強調公民要積極參與各種方式的決策過程。新公共服務主張公共利益要由行政官僚與公民共同努力創造，非由管理者自行操控。重視公民價值觀勝於企業家精神（value citizenship over entrepreneurship）。

4.策略思考與民主行動（think strategically and act democratically）

新公共服務認爲政府在促進公民聯盟與社群的建構，兩者同爲政府與公民的共同責任。公共問題的解決，由公民與行政官僚共同界定，使治理更具正當性與成長性。

5.體認課責的重要

新公共管理強調利潤與成果，卻忽略課責的重要性；新公共服務體認課責是複雜且多面向的，體認課責非簡易之事（recognize that accountability is not simple）不僅回應市場需求，更要恪守憲法、法律、命令、社會價值、政治規範、專業標準與公民利益。強調的課責，透過資訊公開、多元對話、公民授權等途徑，明確化內、外在的課責性，保障公民權益。

6.服務而不是掌舵

傳統公共行政扮演界定問題與主導政策的角色；新公共管理強調效法企業管理策略與原則；新公共服務強調政府是公眾的公僕，共享公共利益的價值，不是控制與領導政府施政方向，而藉由分享互動與對話，服務而不是掌舵（serve rather than steer）建立共識與認知。

7.重視人性價值提昇

以誘因提高生產力是新公共管理的觀點；新公共服務則透過人性價值的提昇，透過合作共享領導，以提昇行政官僚體認工作價值、榮譽及自我成就的重要性，而不是單純的生產力數據，重視人性價值而非僅是生產力（value people, not just productivity）。

（六）推動公共服務的策略途徑

新公共服務在提昇政府施政及公民參與的滿意度，亦即政府整體公共服務形象及競爭力，其策略途徑如次：

1.建構公私協力夥伴關係

公私協力夥伴關係（public-private collaborative partnership）：指公私部門以對等互惠進行互動，形成共同參與及責任分擔的互動關係，並各自保有獨立自主性。新公共服務相信人際間的互賴關係是厚實社會資本的重要途徑，以公眾爲中心的公民參與的治理模式，有利於專業規範與合作信任的長期培育。

2.解決跨域政策議題

各機關的權責或管轄權是公共行政進行跨域治理最被忽略的領域。如何公平、公正地善待各機關的權責，是進行跨域合作最根本的策略。政策方案之順利推展有賴於各機關善待彼此的組織文化、職掌及管轄權，有利於公共服務的提供。

3.形塑催化型領導

公部門應以服務公民爲目標，並擴大公民參與，才能提昇政府形象與服務品質。所謂「催化型領導」（catalytic leadership）的特質：(1) 領導者將公眾關注的議題，提昇至公共政策議題。(2) 提供參與者多元化議論，以利問題界定、利害關係人及問題的解決方案；(3) 鼓勵多元化的策略選擇；推動制度化的合作及推動網絡的建構。行政官僚藉助「催化型領導」建構不同參與者的對話平台，以促進各種公民團體間的對話，滿足公民參與需求，以提昇公共服務的品質。

4.聚焦願景建構

新公共服務的行政官僚要扮演服務的先驅者，創造服務願景、聚焦願景，推昇服務的新境界。

（七）新公共服務的實踐

根據廖俊松（2009）研究指出新公共服務的實踐可分爲五個面向：

1.培育公共服務觀

公共行政人員在培育過程中，要灌輸行政機關之存在目的在創新、維護公共利益。新公共服務認爲公共行政人員必須扮演積極角色，促進公民參與，執行法律與政策，以及確保公共服務品質；行政人員應建構公共對話平台，確保公民參與治理過程都有發言權；身爲政府決策者必須堅定信仰，堅持公民參與價值，及公共利益的維護，以達社會公平的理念實踐。

2.公民參與公共事務

後現代主義推崇透過政府、公民及公民社群間進行平等的溝通與協商，以累積信任與資源能量，以彌補新公共管理提倡經濟資本，而導致社會資本匱乏的現象。政府應制訂相關法律，鼓勵公民參與公共事務，輔導公民社群團體的專業與活動能力。

3.參與社區事務提振公共意識

積極推動社區營造，藉由社區參與，輔導居民營造社區意識，關懷社區特色、環境，營造民主化與公共化的生活環境；透過社區參與提昇居民的公共意識，型塑富含共同生活的社區，實踐公民社會的理想。

4.建構公民參與機制

公民是民主治理必要的組成分子，相關參與治理的機制必須建構，完整無礙的溝通平台、論述空間是建立政府與公民間互信的合作基礎；同時要發展多元的參與決策模式，包容多元意見，培育公民參與能力；兼顧公民與政治人物、民意代表間對公共利益的溝通與共識。

5.從基礎教育灌輸及培育公民參與

新公共服務精神的實踐有賴社會眾多公民的積極參與。政府要從基礎教育培育公民意識，有參與公共事務的興趣與能力，具有成熟的公民意識與思想，以踐行公共利益的能力，成爲公民社會的中堅分子。

前述公共服務機制的建構，始自基礎教育開始，我國公民意識抬頭但公共事務的參與，距離理論論析尚有相當大的距離。從公共行政、公共管理、新公共管理、新公共服務的觀點，學界咸在移植西方思維理論，實務界確實戮力迎向民主思潮，但「制度建構是發展不是移植」（法國學者 Alexis De Tocqueville）。

（八）新公共服務的困境

傳統公共行政主張依法行政；新公共管理強調經濟（economy）、效率（efficiency）、與效能（effectiveness）等 3E 價值主張；新公共服務強調公民參與價值。

Denhardt & Denhardt 對前述三分法之緣由未作完整論述。學者韓保中（2009：135-138）及丘昌泰（2010：650-651）針對前述理論觀點提出下列疑義：

1.分析架構立論有別

Denhardt & Denhardt 對美國行政學發展探討指出：Woodrow Wilson, Frederick W.Taylor, Luther Gulick & Herbert A.Simon 是美國傳統公共行政理論的代表。四位所論主題互有關聯，但學者立論重心不同，四位能否完整代表 1990 年代前的行政學，似有「以偏概全」及「過度化約」之嫌。

2.批判內容簡約化

Denhardt & Denhardt 以「rowing」、「steering」、「serving」分別代表傳統公共行政、新公共管理、新公共服務等三階段下的官僚體系與行政倫理的意象（image）。再說新公共服務的「服務，而非領航」（serving. not steering）乃是對傳統公共行政與新公共管理的批判。甚至划槳、領航、服務之意象更是符號代表的結果。過渡符號簡單化，恐淪於貶損其他理論，以誇大提昇新公共服務之嫌。

3.邏輯與理論

Denhardt & Denhardt 在 2002 年出版：《公部門與非營利組織的行為管理》（*Managing Human Behavior in Public & Nonprofit Organization*）一書內容。僅依年代劃分三個理論體系，並未對三者提供詳細的分析途徑，似有探討不成比例之嫌，且歸納後卻導向價值的批判，似有邏輯過度跳躍之議。

論者認為偏重組織與人力資源管理，未能超越權力分立、行政中立等固有行政倫理規範。另有論者認為新公共服務不過就是新公共行政學的觀點，再融合後現代主義、批判理論的思維，難稱為一種理論或研究途徑。

4.實務運用與理想啓迪

新公共服務的公民觀點是種理想化，是一種應然面的思維，實難做到。放眼民主國家，執政者莫不口掛「公民精神」，能夠踐行者又有幾人？新公共服務在實務上能踐行到何種程度？普受質疑。

五、企業型政府

Osborn & Gaebler（1992）《新政府運動》一書提出推動「企業型政府」的十項原則：導航式政府；社區式政府；競爭式政府；任務導向式政府；結果導向式政府；顧客導向式政府；企業精神式政府；前瞻式政府；分權式政府；市場導向式政府。

英國學者 Hood（1991：4-5）指出公部門學習私部門，在實務運作上有效的管理技術概括為：

1.實踐專業管理

組織的中高階管理者享有主動、明顯的裁量權，落實權責相稱。

2.明確的績效標準與測量

確定目標的達成有其績效基準，任務達成與否有明確的課責指標、效率指標。

3..強調產出控制

新公共管理對公共組織產出結果的重視，勝於產出過程。

4.組織結構主張分部化

公部門組織結構依產品或服務性劃分管理單位，再行統合化的管理，以管理整體施政效果。

5.強調市場競爭機制

強調市場的競爭，以簽約外包策略檢測市場機制，期以競爭的精神，提昇服務品質與降低成本。

6.重視私部門實務管理風範

摒除僵化管理，在人事甄補和獎酬方面更加彈性，善用私部門成功有效的管理工具。

7.重視紀律與資源的運用節約

節開支、強化人員的紀律、正視管制工會的要求、降低付出成本的管控。

審之 Osborn, Gaebler & Hood 等學者論析，其中公部門的學習功夫只稱得上形式化的學習，眞正的結果導向、企業精神講求的實質內涵，只屬表象學習，並非官僚體系的無能，其實公、私部門的差異性，限制踐行能耐。以 Osborn 的政府學習市場導向論，在依法行政的大框架，因應市場快速變遷，行政部門難以神速或跳躍式立法，制訂彈性市場的運作法規。學者的論析有助於官僚體系思辨行政效率減緩施政的空洞及死角，進行行政革新、政府再造。

（一）企業型政府的源起

Osborne & Gaebler（1992）在《新政府運動：如何將企業轉換至公務部門》（*Reinventing Government: How the Entrepreneurial Spirit is Transforming the Public Sector*）指出：「如果政府管理文化與行爲能夠加以改革，即可從『官僚型政府』轉變爲『企業型政府』，並且像私人企業般積極爲人民解決問題。」政府機構企業精神經營管理政府組織，始可建立企業型政府，以滿足人民的需求與社會期待，公共利益極大化，可從數層次論析：

1.理論層次

政府再造的壓力來自現代生活三項層次：公眾對政府的需求，在質與量上大幅成長，但官僚體系提供的服務未能滿足需求，冀望透過企業型政府以恢復公眾對政府的信心；科技的進步擴大服務範圍及其多樣化：政府的服務成本提高，卻未能同時提昇效率與效能，期待政府以企業型政府加以改善；傳統官僚體系行政運作遲緩、缺乏效率：公眾對政府的運作普遍不予信任，尤其對政府預算運作普遍不具效率。2021 年 6 月公眾苦等疫苗，民氣由體諒漸趨提昇爲指責分貝，實質淪爲「TAIWAN NEED HELP」。

2.實務層次

大多數推動政府再造運動的領導者，經常面對「雙環困境」（catch-22 situation）：對內而言，改革者需撙節施政成本，如人力精簡、機關簡併等；其阻力來自內部組織成員的抗拒及既得利益的排斥；對外而言，改革者要提高服務效能，滿足公眾期望與需求，則需要增加稅賦、擴大稅基，調整所需的資源配置，決策者要面對議會的質疑，甚至公眾的負面回應或抗拒。

上述理論與實務面對雙重困境，決策者乃思引據企業型政府的企業經營理念與作法，提昇行政效率與效能。

3.企業型政府與公共利益

孫本初（2009：142）：「企業型政府」指在文官體系培育「政府的企業精神」與「企業型官僚」。所謂「政府的企業精神」指在具備變遷導向內化的政府，積極引導創新理念，將革新理念轉化爲具體方案理念，施以實際的行動實踐方案設計規劃，協助解決政府的公共行政事務，解決政策議題與善用行政資源，追求公共利益極大化。

Osborne & Gaebler（1992）在《新政府運動》一書提示：「企業精神」是公部門的迫切需求，藉以去除官僚體系文化積習。吳瓊恩（2006）：「企業型政府在楊棄官僚體系的舊方案與方法，以求新求變且願意承擔風險，運用商業頭腦來經營政府。」林淑馨（2017）：「政府與民間企業在本質上仍存有差異，無法完全像民間企業般營。追求公共利益是政府最終目的；企業則在追求產品創新和利潤，組織目標不同。公、私部門成員對風險及報酬的看法各有不同，不冀望公部門像私人企業般牟取私利。」江岷欽（1995）:「企業型政府並不是要政府完全像商業機構一樣，人民所期望的是政府不要太官僚化，而擁有企業般的彈性與機制。」

學界對官僚體制不符時代需求及公眾期待屬共同認知，但如何達成？學界看法殊異贊同與質疑者同樣存在，公眾更是分歧莫衷一是。至少政府改革後要能像企業般有效率提供公共服務追求公共利益，此乃組織改造最基本認知與共識。

（二）企業型政府發展原則

Osborne & Gaebler（1992）提示企業型政府運作或治理需遵循下列重要原則：

1.導航而非操槳

強調政府職能在於引導領航（steering）而非操槳（rowing）。Osborne & Gaebler 認為高層決策與實際執行，應予分開，各負其職責，避免領導者陷溺於運作細節，以致無從發揮導航功能。如藉助契約外包、特許制或租稅誘因，取代實際的「操槳」。

2.公衆參與及監督政府

鼓勵公眾透過有效管道，參與公共事務，政府從中掌握社會問題，瞭解民眾需求，解決社會關切的問題。透過參與及監督，提昇公眾對政府的認同感。企業型政府講求因地制宜的治理，授權地方政府或派出機構，對內講求參與管理的觀念，授予部屬部分決策權限，透過組織成員、公眾的參與，凝聚向心力，提高生產力和工作效率。

3.以目標、任務和結果導向為施政重點

政府藉助法規與命令管控組織成員，無法確保課責性，反造成政府管理成本過高，以及組織成員的消極低抗和目標錯置等病灶，以目標和任務為導向的治理方式，指引成員發揮效率、創意、彈性及士氣提振。以此取代法規命令，在現行官僚體制恐難成眞，因為難脫依法行政、課責、行政倫理之規範。

官僚體制普遍只重投入、不重產出，導致政府只重視施政形式而不重視實際施政績效。企業型政府企圖改變此過時現象，強調施政實際結果，預算和績效並重、分工協力的管理體制。

4.建構即時回應機制、各機構間型塑競爭性

爲民創造福利、提供服務是民主政府的職志；企業型政府強調政府的服務以滿足民眾需求爲優先，應建立即時的顧客回應系統，政府的施政品質與績效，也應由公眾決定滿意度。

官僚政府的獨占性，造成政府機能的僵化、保守、浪費和無效率。提供政府公共服務機構間的競爭性，有利於效率的提昇，刺激政府機關改變作法。

5.開源與節流兼顧、重視策略規劃

撙節支出達到收支平衡是傳統的財政運作。企業型政府強調要增加利潤，應發揮企業經營的精神，進行有效投資，以解決困窘的財政：如藉助開創基金（enterprise funds）、配合使用者付費（user fees），影響受益費（impact fees）等增加財政收入。

傳統行政工作僅著眼當前問題，以被動方式處理問題，民怨徒增。企業型政府重視策略思考和長期性規劃，以遠見來治理國家，重視危機處理，對未來的需求和問題預作前瞻性策略規劃。

6.重視市場導向機制

有限資源扮演大有爲政府的角色，乃過往運作方式。企業型政府透過市場競爭機制創造資源有效運用，風險分擔協助公共事務的處理，提供效率的提昇，如課徵污染費、環境維護費等取代原有行政管制機制，以解決公共問題。

人民是政權主體不是客體，行政機構應視民爲主並非商業關係的顧客。前據 Osborne & Gaebler 所論，政府非不能推動企業型政府，關鍵在官僚體系的政府管理文化與行爲，如何配合市場型的企業管理文化與行爲價值判斷，而不被外部性的監督者如媒體、立法委員、利益團體、公眾等指涉施政舉措，有違利益輸送或自利準則？這不是官僚體系自身的課責機制完整與否的問題，而是整體官僚體制的行政行爲的重整與價值建構。

（三）型塑企業型官僚體制

公共組織受限於諸多侷限包括沉澱成本、有限理性、利益團體和歷史包袱，以及內部成員因應環境的能力，重重限制與困境，難以改善公共組織績效。根據 Lewin & Sanger 認爲型塑企業型官僚體制要創造新環境的作法：

1.容忍錯誤

創新組織的成功經驗是容忍可理解的錯誤。在公部門缺乏鼓勵創新的有形報酬，在制度上缺乏進取的機制，官僚惰性和組織僵化日趨嚴重，決策者要主動表達授與行政人員的自主權，以增自發性的創新。

2.創造才能與承擔風險

決策者要設法塑造基本價值（initial value）和獎酬系統（reward system），消弭抑制人才創新的因素。加強溝通中下層管理者的創新理念，瞭解顧客的需求，強化風險承擔責任。

3.賦予自由裁量權與重視評估回饋

提供執行者充裕的資訊和裁量權。同時對執行者給予支持、資助，提昇工作能力和增加組織內部的互動和積極參與，擴大創新。重視分析和評估：在創新方案中不斷評估，藉由回饋系統，探索執行方案的績效，將分析和評估，例入行動方案中。

4.調整組織結構與獎酬彈性化

組織結構層級愈大，繁複法規命令愈難整合資源。結構層級扁平化，調整變遷因應外部環境，愈加快速，如政府服務外包（contract out）給民間，可縮短層級節制。公部門的獎酬制度受到法律、規則和工會契約的限制，管理者應另找其他方式對有貢獻者以確認和獎酬，因基本的報酬之外，尚有聲望、尊榮感之價值觀。

5.建構公私協力機制

公共服務的創新單靠政府難以獨立完成，須公私協力，建構外在多元的擁護者，導入社會資源於公部門的創新方案中，始臻完善。藉助媒體塑造正面的公共形象，須要有行銷與溝通的技術，與媒體建構良善的互動關係，有助於建構外在的政策擁護者。

根據 Lewin & Sanger 的前論，型塑企業型政府不能忽略原有組織結構的調整、變革、工作流程、人力配置等行為及組織文化的再進化。另依 Howard Aldrich（1999）在《組織進化》（*Organizations Evolving*）[296]一書指出：不但組織成員的組構不能忽略與組織目標的聚合，外加組織角色也得一併進化，與外部性的企業文化有某種程度的交集，尤其企業文化的即時重獎酬賞，官僚體系得化費時日調整。

[296] Aldrich, Howard., 1999, *Organizations Evolving*, Sage Publications, London, pp.113-140.

（四）推動企業型政府限制、困境

1.推動限制

「企業型政府」的實踐，具體實際的外顯行爲不可缺，需具備某些共同的特質：

（1）重視成本效益

政府改造必須調整只重視預算而不關心產出的作法，企業型政府重視政策及政策的成本效益關係，減少開支提高產出。1997 年金融風暴後，各國普遍面臨預算赤字與債務危機，國際貨幣基金會藉以要求受援國家必須進行經濟改革、撙節政府開支、及提高行政效率。

（2）績效/產出評估

企業型政府的運作講究產出與績效，重視績效評估。以檢測產出的極大化、資源的運用最適化的目標。企業績效的評估通常以量化方式進行，但政府的施政方案難以從單純的利潤、收益或成本的角度衡量，政府施政方案廣雜且受公共性所限，評估標準難以統一。通常以成果（outcomes）和產出（outputs）兩項爲評估標的。

（3）裁量授權與績效課責

對政策方案的執行者，企業型政府賦予自由裁量權，以保證其能達成清楚具體目標。在創新的目標與管理，企業型精神的行政組織各有清晰的績效標準，執行者必須充分瞭解本身工作目標，並給予充足資訊與裁量權。

（4）提供選擇與彼此競爭

競爭是市場運作主要手段；政府滿足公眾的公共服務需求可透過競爭手段提供選擇，以滿足公眾多元選擇機會。政府提供公共服務不應只考量投入，更應注意顧客、消費者的需求立場來看，才能落實「民之所欲，常在我心」之理念。企業型政府運用「標竿管理」（benchmarking）以多元的服務水準或產出提供評估，督促行政機關朝標竿邁進。競爭不限於企業之間，尙包括政府機關之間的競爭

（5）創新改革與法規鬆綁

創新與改革壓力源自傳統慣用的行政方法無法解決環境變遷與現實壓力問題。根據環境特性與發展趨勢，以權變的創新與改革另謀出路。繁複行政作業的程序與規定最受詬病，即無法達成管控目的，徒增行政交易成本，如何以彈性與效率方式取代，成爲企業型政府努力目標。法規鬆綁，授權管理者、執行者以彈性作法因應外部變遷，進而達成組織

目標。

2.推動困境

「企業型政府」冀望政府的制度結構性問題，從傳統官僚「管制導向」轉化爲創新進取的「顧客導向」。對政府執行者的作爲態度及政策設計策略多所論述，但如何達成目標的誘因機制卻付之闕如，此爲企業型政府關鍵限制。

（1）領導者與執行者的誘因結構

市場競爭趨勢驅使企業以顧客爲服務導向，惟政府的公共服務多具獨占性，「只此一家別無分號」；而民選政治人物則是「競選連任」爲標的，對政黨而言則是以政績來「極大化選票」，此乃公共領域中最直接的市場邏輯的誘因機制。對官僚體系的常任文官則無上述的誘因機制，因文官身分受到法律保障，基本心態是「防弊重於興利」。民選首長與常任文官的誘因動機不同，推動企業型政府出現「上熱、下冷」的窘境。「企業型政府」假定「人」是積極創新的成功關鍵。在實務上，政府績效之良窳，決定影響因素不限於「人」，尚包括組織系統與政府組織結構的影響。政府組織結構又受到官僚文化、誘因機制、思維意識模式有關，導致因循保守，無法開創新局。突破組織舊有體制不易，在此之前，改變組織文化著手，會是最重要的考量與捷徑。以協力合作或權力分享的方式，落實改革。

（2）對私部門企業管理的迷思

當市場失靈（market failure）會導致顧客至上的誘因漸失，消費者主權因之喪失瓦解。從福利經濟學觀點，政府的介入挽救市場失調，以財政政策或稅賦政策，導正市場的失靈與失調，此爲政府存在的重要目的。市場失靈比比皆是，政府扮演管制者（regulator）的角色，不能只顧效率和成本，應考量公平、正義、政治與人道等層面的價值。企業型政府如果卸下管制者的角色，似有未妥，可能會出現市場秩序更加混淆矛盾。企業永續生存不易，政府要在不確定的內外環境下，要面對創新改革的風險，取捨彈性之間，涉及是非對錯及價值判斷的風險。

六、公營事業、NPO、民營化

(一) 公營事業

所謂「公營事業」(public utility) 是由國家或公部門來經營的事業。公營事業/公用事業：指所提供之服務或物品，屬於人民日常生活所必需之事業。一般而言，此種事業多具有「民生必需性」及「自然獨占性」等特性，較難發揮市場競爭的功能。公營事業的特質除從公共利益（公共性）維護層次，尚有自然獨占性、供需調節及網絡的特性，茲略述如次：

1.公共性

公用事業在生活或產業活動中提供必需的財貨和服務，如鐵公路、電信、水電等，均屬人類生活必不可少的民生必需品服務。大多數公用事業對大眾提供大量生產或服務，需做巨額投資，且部分產業特性，如自來水符合自然獨占性，多由國家來經營。

2.效率性

公營事業強調公共性，以確保公共服務的提供，但多具有市場獨占性，缺乏競爭壓力；加上各種法令的束縛，較一般企業缺乏效率。公營事業制度之設計是以企業效率性供給公共財，和確保供給的公共性，兩者爲主。

公營事業隨著解除管制和競爭的導入，獨占事業的獲利日益困難，過去秉持的「不論何人，皆能以合理的價格，享受基礎的普及服務」愈加難以達成。

3.自然獨占性

公用事業有自然獨占特徵，大多數政府均將獨占性產業置於政府直接控制下，形成整個市場或產業只有一家供給者局面，而無其他競爭者，消費者無其他代替品，無法享受優質服務或廉價供應。政府爲防止供應者任意抬高價格或停止服務的供給，通常予以管制。加上經營主體多爲中央或地方政府，產生經營沒有效率或政治干預的弊病。

4.網絡的特殊性

除前述的公共性、效率性和自然獨占性之外，公營事業還有網絡的特殊性。如電信、電力、自來水、瓦斯、鐵路等事業，都是透過網絡系統提供財貨和服務，相對民營事業受到供給範圍或場所的限制。

5.供需調節

公營事業屬民生必需品之經營旨在調節市場價格，避免市場操作哄抬，如糧食、蔬果、豬、肥料等民生品由公營、公私合營者不乏其例。在自然災害頻生之季節確實能提供民生品供需調配之效。

（二）公營事業的困境

公營事業對國家經濟繁榮、增裕財庫，確有功效。但時代變遷及公營事業在整體經濟扮演角色漸有改變。公營事業受限於官僚體制的僵化與政策法令的束縛，顯現營運不佳的困境。其經營缺失包括下列：

1.誘因不足、效率不彰

公營事業長期擁有獨占、壟斷的優勢，缺乏同業的競爭壓力與挑戰；預算由政府編列，獲利繳庫、虧損由政府挹注，欠缺利潤動機與憂患意識，資源無法作有效的配置，經營效率普遍低落。

2.兼具官僚體質、缺乏自主性

公營事業受到法令過多的束縛，以及機關部門的層層限制與監督，決策程序繁複冗長，難以因應遽變的經濟環境。議員也易以公平、正義之名，干預事業的投資與經營。欠缺民間企業的活力與機動性。

3.組織成員心態保守

公營事業組織成員有「鐵飯碗」意識，心態保守，員工大都有公務員身分，工作有保障。即使不景氣也不致被遣退。公營事業龐大，賞罰機制與分紅制度不平衡，員工心態不平，欠缺憂患意識。

4.組織龐大，管理困難

公營事業組織規模龐大，欠缺成本效率的概念，冗員過多，人事費用負擔重，難以有效管理，影響事業的經營效率。

5.領導者未具專業能力

公營事業管理者在政府政黨輪替後，成為酬庸最佳職位。決策管理者不需具備任何該事業領域專業背景。以外行領導內行的事業績效，非領導管理者的核心價值。

（三）非營利事業

1.非營利事業（NPO）興起背景

1830 年法國學者托克維爾（Alexis De Tocqueville）到脫英建國的美國考察獄政制度時，發現美國民眾無論年齡與職業，都積極參與民間協會的活動，有助於民主社會的實現建構。

上世紀末，非營利的協會發展愈趨多元化與專業化，涵蓋人類行爲各層面包括：教育、健康、環保生態與社會福利、社區發展等，已成爲美國社會相當重要的社會資本（social capital）。根據對 1974 至 1994 年美國一般社會調查（General Social Survey）資料指出，民眾參與非營利組織活動各有成長與下滑，1985 至 1994 年間有上揚趨勢，就功能面而言，參與非營利組織有助於社會聯繫發展與維持，發揮個人參與協會活動的效益。

關切弱勢團體或關懷社會的福利，非營利組織與社會保持密切的關係。當今爲維持協會運作與政府維持密切關係是必要的，目的在爭取補助、免稅、募集資金，以充裕財源，實現協會組織目標。Sargeant（1999：7-8）：「非營利組織是公民社會、政府與企業交織而形成的產物。」

2.非營利組織基本概念

（1）基本概念

非營利組織被稱爲是政府與企業之外的第三勢力（the third force）；另有學者稱爲行政、立法、司法部門之外最具影響力的第四部門（the fourth sector）。對非營利部門管理之重視，屬新興的公共管理課題，相關的概念必須釐清不宜混淆。

（2）慈善部門

慈善部門（charitable sector）乃從非營利組織的運作資金或資源的「收入面」論析。根據 Salamon & Anheier（1997a：66）研究指出：「美國非營利部門的資金來源：個人慈善捐助僅占 19%、收取費用占 52%、公部門財務支援 30%。」另據美國國稅署規定：非營利組織必須通過公共支持考驗（public support test），即任何非營利組織如果要取得免稅地位，其收入必需有 30%以上來自大眾的捐款，而來自與本身無關的投資收入不得超過 30%。數年前傳聞某大慈善事業團體，以信眾捐獻善款在國外操作軍火股票，國內信眾爲之嘩然，捐獻爲之驟減，該組織緊急重整，漸復信眾之信心。

（3）獨立部門

獨立部門（independent sector）此指非營利組織的「獨立性」，它是政府部門與企業之外的「第三勢力」。但從「資金」來源運作，不少 NPO 非但不能獨立反而相當依賴政府部門的補助與民間企業的捐款。從 NNITP 實務訪察發現，良多掛名托育、托老、兒少關懷等私人機構，因爲有力人士在立法部門的撐腰，幾乎攏斷社福基金，形成社會資源的寡占獨享。

（4）自願部門

自願部門（voluntary sector）指部門的管理與作業人力的供給，來自「志工」或「志願者」，但先進國家的經驗顯示，其人力來源愈趨專業化與永業化，儘可能僱聘支領全薪的專業員工。近年發展蓬勃的照顧養護中心，規模愈發壯大及多元，地方政府監管輔導無力時，屢生災害意外事故。

（5）免稅部門

免稅部門（tax-exempt sector）從部門享受免稅待遇的角度界定非營利部門的概念，從先進國家經驗得知，很多 NPO 並未從免稅獲得正面的助益，有些國家的 NPO 並不重視免稅地位的取得。

（6）非政府組織

非政府組織（Non-Governmental Organization, NGO）指開發中國家政府部門之外，從事跨國性民間事務的國際組織，如人權國際組織、區域經濟發展組織等。但 NGO 一詞的運用，未必限定於國際非營利部門，大致可分爲兩類：其一、是否在政府民政部門登記註冊的社會團體、基金會、民辦非企業單位；其二、民間自發組建，並未在民政部門登記註冊的草根性非營利組織。

（7）第三部門

政府是第一部門展現的是「政治力」；市場是第二部門呈現是「經濟力」；非營利部門稱爲第三部門（the third sector）呈現「社會力」。這說明政府市場以外第三勢力的影響力與地位。但在未開發地區，第三部門不是在「權」受制於政府，就是在「錢」的方面受制於政府或企業，並未有高度的獨立性與自主性，第三部門的稱謂似有虛胖。

3.非營利組織的定義

Sargeant（1999：4）：「非營利組織雖有不同的名稱，但其存在目的是期盼透過適當資源的運用與財務與勞務提供，以達社會的公善；NPO 的存在不是為個人的利益，亦不能將盈餘利益分配給股東或成員，只能用於僱用幕僚從事會務，以完成其組織任務。」

Salamon & Anheier（1997a：30-34）則從四個面向對非營利組織提出詮釋：

（1）法律規範上的定義

從法律對於 NPO 所為之規範界定其概念。依美國國稅法第 26 項免稅規定的法人組織就是非營利組織；準此，慈善、教育、宗教或科學機構都可視為 NPO。根據 1998 年美國國稅署統計，依國稅法第 501（C）（3）條成立的非營利組織總共有 575,000 個（The Foundation Center,1998, p.vii）。

另根據德、法、義等大陸法系國家規定公共利益與目標必須由公部門來執行，並符合公法人資格的組織才有權力實現公善，私人部門沒有該項權利，並沒有提供免稅地位。

（2）經濟財務上的定義

依據 1993 年聯合國（United Nations）國家會計系統（The UN System of National Accounts）針對國家收入來源所作的官方報告，將經濟活動歸類為五個部門：非財務法人、財務法人、政府、家庭、非營利組織。其中，非營利部門的收入並非來自於市場上財貨與勞務的銷售，而是會員或支持者的捐助。

（3）運作功能上的定義

從非營利組織所實現的運作功能與目的界定其概念，係指促進公共利益或公共目的之組織型態。根據 O' Neill（1989：2）指出：「非營利組織是滿足公共目的、實現社會公善之私人組織。」另有學者指「公共目的」應限於具有共同價值與分享目標的一群人，基於互助性與凝結性而組成的團體或協會。如兄弟會（Fraternity）。

（4）結構運作上的定義

此從 NPO 的基本結構與運作特性界定其概念。通常具有的特性包括：「組織性」意指非營利組織必須要針對組織章程、會員幹部、定期會議、資金來源等事項有明確的規定，臨時性的人群組織不能算是非營利組織；「私人性」：指 NPO 雖受政府的資助，但它不能被政府所控制，是民間的獨立部門；「非營利分配」：NPO 獲取的利益不能分配給該組織的領導部門，必須回歸到任務與目標的實現上；「自我管理」：NPO 必須獨立自主、自己管理自己，不能受制於外在力量；「自願性」：非營利組織的成員都是自願性的奉獻和參與，不能被迫參與加入。

4.非營利組織的類型

對非營利組織的分類工作確實很困難，且沒有一種分類標準可涵蓋所有非營利組織，目前的分類系統有下列幾種：

（1）聯合國國際標準（The UN International Standard）

工業分類系統（Industrial Classification System）：本系統原爲美國所創，於 1948 年爲聯合國所採。本系統將經濟活動分爲六十種類別，非營利組織爲其中之一；系統將其內涵歸類爲：

A.教育：小學、中學、高中以上，成人教育或其他；

B.健康與社會工作：如人力健康服務、社會工作活動等；

C.其他社區社會與個人服務活動：如衛生、商業、貿易、娛樂、新聞、圖書館、運動等。

本系統運用相當廣泛，歸類爲經濟活動具有相當的跨國性比較基礎；本系統的缺陷在於未從「收入面」考量 NPO 的經濟活動。本系統對依靠會費及政府資助的非營利組織不能納入該系統的經濟活動中。

（2）歐洲共同體一般經濟活動工業分類標準（The Europian Communities' General Industrial Classification of Economic Activities）

本系統由歐盟依據前項分類系統加以改進而來；NPO 更加細分爲若干類別：教育：中小學、高中以上、托兒所、職業等；研究發展：醫療健康：醫院、療養機構、牙醫、獸醫等；娛樂文化：娛樂、圖書館、博物館、動物園、運動等；其他公共服務：如社會工作、專業協會、宗教組織等。

開發中國家重視 NGOs 的事實來看，它已經成爲國民住宅、社區發展、經濟活動、醫療照顧等綜合性的活動組織，很難在這個系統找到確切的類別。

（3）國家慈善統計協會（The Council of Charitable Statistics）

美國獨立部門（The Independent Sector）的分支機構美國國家慈善統計協會發展出國家免稅組織分類標準（National Taxonomy of Exempt Entities），主要是從獲取免稅地位的角度歸類 NPO，其分類細緻包括 26 種活動。本分類繁複欠缺跨國比較意義。

（4）非營利組織國際分類

非營利組織國際分類（The International Classification of Nonprofit Organizations）則在學術上與實務上較受到重視，分類標準著重在以經濟活動爲分類標準，歸類爲 12 種類型：文化娛樂、教育研究、健康、社會服務、環境、發展與住宅、法律宣導與政治、慈善中介與自願性服務、國際活動、宗教、商業與專業協會、其他。

（5）國家慈善統計協會的分類標準五大考慮因素

統計協會的分類涵蓋性廣，受到重視，但其運用應注意五項因素：「人口異質性程度」：人口異質性愈高，則非營利組織愈趨多元化；「福利國家程度」：福利國家實施程度愈高，則 NPOs 的多元化程度愈高；「國家發展程度」：已開發國家由於社會中產階級數量高，故非營利組織活動通常較開發中國家更爲興盛；「法律架構」：普通法系國家的非營利活動較大陸法系國家更爲活躍；「歷史傳統」：國家歷史傳統重視非營利活動的國家，通常 NPOs 的數目與種類就愈多。

5.非營利組織的理論基礎

學術上不同的學科對非營利組織理論基礎的觀點，看法各有不同。從公共管理層次相關的理論有下列三種看法：

（1）市場失靈（market failure）

從經濟學理論觀點假定人是自利的。因之，處在自由競爭的市場下，買賣雙方都會爲自己的利益做出最佳的選擇，進而達成供、需雙方的最適性，亦即是「帕雷多最適配置」（Pareto Optimality），也稱之爲「市場機制」。理論上市場機制會自由運作，但某些狀況下，卻會產生市場失靈的現象。市場失靈主要原因有二：

A.「資訊不對稱」（information asymmetry）：指消費者對產品品質與價格，沒有完備的資訊或判斷力，處於不合理或不公平的地位，讓生產者有機會抬高價格欺騙消費者，或提供劣質的產品給消費者。此際，生產者壟斷資源的配置，不是最佳的供、需配置，產生市場失靈。

B.「外部性」（externalities）：指市場交易的結果對非交易的第三者所造成的影響，包括正面、負面影響。如納稅者或不納稅者同享警察的保護。外部性涉及的利潤或成本，並非專屬生產者所能掌握，也非價格系統所能左右。非營利組織不以追求本身的利益爲目的，故不致降低品質，較爲人民所信賴。

C.政府失靈：Salamon（1987）指出：政府的出現與功能被認爲可以彌補市場的缺點，並提供市場無法提供的集體性財貨。然而，經濟、社會快速變遷，以及民主政治本身的特質，政府本身也產生政府失靈（government failure）的危機。

政府失靈的論點，指出人民對政府的績效，尤其是公共財的提供無法盡如人意，原因可能來自民主政府制度設計的瑕疵有關。例如人民投票的結果，未必是政策的偏好，而是制度設計或運作上的扭曲結果。非營利組織因其公益的特質，可協助政府解決部分的公共問題，改善政府有限資源的配置，也是它的存在原因之一。2020 年 2 月初行政院因 COVID-19 病毒宣布口罩禁止出口，於 2 月 4 日宣布口罩實名制限制採購數量；同日平版新聞媒體報導某慈善團體分別蒐集國內數十萬口罩、衛生人員防護面罩等防疫器品，專機送往對岸捐獻的善舉。這無異呼應 Salamon 所言：政府行動多變，透過代理人來彌補。

（2）第三者政府理論

Salamon（1995：41-43）針對非營利組織的特殊性，彌補市場失靈與政府失靈的不足，提出「第三者政府理論」（the third party government）。Salamon 認爲政府行動的多變與多樣性，在公共服務的提供上，必須仰賴非政府機構來彌補，即透過代理人來運作。

前論認爲非營利組織在公共服務（集體財）（collective goods）的提供，政府應視之爲「優先機制」（preferred mechanism）而不是次要的。本理論的特點認爲由非營利組織執行政府目標，對公共基金的支出具有實質的裁量權，是政府公權力執行的代理人。

（3）「志願失靈」

「志願失靈」（voluntary failure）指非營利組織本身的失靈或缺失，造成原因（林淑馨，2017：495-498；馮燕，2000：11；江明修等，2002：21-22；Salamon，1995：45-48）據學者分析如次：

A.慈善的不足性（philanthropic insufficient）：NPOs 無法獲得足夠充分和可依賴的資源以服務人民需求，服務的地域也無法全部涵蓋，導致需求殷切或問題嚴重的區域無法取得所需資源。口罩配置的實名制，偏鄉地區及弱勢者無法全面被慈善披撫，至爲顯著。

B.慈善的特殊性（philanthropic particularism）：NPOs 以公益爲使命，在服務或資源的提供經常集中於少數特定次級人口群體，忽視社會其他群體，導致資源配置的不當或服務的不普及，甚至造成資源配置的浪費。

C.慈善的家長制（philanthropic paternalism）：NPOs 的資源，部分透過外界捐助，組織中掌握最多資源者對於組織運作與決策具有相當的影響力，造成資源及服務的不當決策，非經由組織評估審議過程決定。

D.慈善的業餘性（philanthropic amateurism）：服務的提供多依賴未受過正式專業訓練的志工來加以執行提供，NPOs 受限於資源困境，無法提供職工具有競爭性的薪資，難以吸收專業人員參與，影響運作成效。

論者認為 COVID-19 病毒，NPOs 的貢獻良多，但不能單純以 NPOs 的角度論述，應另立專章全面性、全方位視野探討論析。

（四）民營化

二次大戰後受世界性經濟蕭條影響，各國政府為擴大就業機會，減輕經濟與社會衝擊，公營事業大規模產生，並被視為民營事業營運失敗提高政府效率的不二法門。在開發中國家的公營事業被視為統治者控制國家經濟的手段。

上世紀 70 年代受到二次能源危機的衝擊及民眾需求的增加、國家財政的惡化的影響，公營事業因國家過度介入導致經營缺乏效率的問題日益嚴重，民眾普遍對政府產生不信任，提出民間參與及回歸市場機能的訴求。80 年代英國為首的公營事業的民營化在德、法、日本等先進國家逐漸展開。90 年代後形成風潮普及世界各國，主因是公營事業缺乏效率、無法即時因應民眾的需要和環境的改變，嚴重的虧損形成國家財政負擔。各國紛紛尋找解決之道，民營化和解除管制即時衍生為時代性產物。

1.民營化的基本概念

「民營化」（privatization）一詞學者的定義並無一致的見解，代表的意涵並沒有一致的共識。視之為「非國有化」（denationalization）同義詞有之（林淑馨，2017：523）；但另有學者則認為除美國之外，其他歐陸國家則視民營化等同於「非國有化」（Savas,1990；詹中原，1993）。

Grand & Robinson（1984）則從福利國家各種相關活動來認知民營化，認為「所有民營化的提案，意味著國家各種活動的後退（rolling back）。」Hanke（1987）認為「民營化係將公共貨品或服務功能，自公部門移轉至私部門的活動，其目的在於擴張所有權的基礎與社會參與。」

林淑馨（2017）：「民營化指在各類公共活動及資產所有權上，政府角色的縮減，以及私部門角色的增加。」英國柴契爾政府所指「民營化」指將公營企業過半數（50%）的資產者移轉給民間。意指「公營事業所有權的移轉」，意即「解除國有化」。

國外學者視民營化為國家活動/責任的退縮，將原由國家承擔的公共服務提供委由私部門；國內對民營化的看法採取廣義的看法：「透過解除管制、契約外包、公私協力、公設民營等作法，以減輕政府的財政負擔，並達到提昇效率之目的。」

2.民營化的目的

推動民營化預期主要達成目標包括：爲提高效率，開放競爭並解除管制；增加財政收入，減少舉債或降低稅賦負擔；鼓勵員工持股，增加員工認同與福利；擴大分散股權，促使社會大眾參與投資；強大資本市場，活潑資金流通；爭取國內外政治支持，強化執政基礎。

3.民營化的類型

根據 Savas（1992）對民營化類型的分類最具整體性與周延性。他對各國民營化政策分類計有撤資、委託授權等類型：

（1）撤資

撤資（divestment）指公營事業或資產移轉民間，透過一次性的方式，完成去國有化。有下列方式：

A.出售（sale）：指出售股權或資產。出售股權指將公營事業的股票，在股票市場售予私人的一種民營化方式。

B.無償移轉（free transfer）：主要方式爲員工無償移償或優惠配股與全民無償或優惠配股。

C.清理結算（liquidation）：對公司之資產、負債、未來獲利能力等，重估其價值，並對外公開標售，由民間投資者承購。

（2）委託授權

委託授權（delegation）又稱部分民營化，政府部門委託部分或全部財貨與服務的生產活動給民間，但繼續承擔責任，有以下方式：簽約外包（contract out）；特許權（franchise）；補助（grant）；抵用券（voucher）；法令強制（mandate）。

第三章　組織再造、行政團隊

政府再造與行政革新是現代政府重要議題。「政府再造」（reengineering government）在 1980 年代是各國政府官僚體系的「變革文化」重要的一環，再造與否屢被披上象徵政府治理能力提昇與否的圖騰，實質上它的推動與否未必等同政府績效的上揚。政府組織再造是組織變遷歷史不容忽略的過程，其成敗是重要參據。

各國投入政府再造的工程，名稱殊異如英國的「效率小組」（Efficiency Unit）、紐西蘭「執行長」（Chief Executive）、澳洲「聯邦監察長」（Commonweal Ombudsman）、加拿大「藍博特委員會」（Lambert Commission）與「公共服務 2000」（Public Service 2000）、美國「國家績效評估」（National Performance Review, NPR），印證行政革新時代的來臨（Administrative Reform Comes of Age），各國力求行政效能、服務品質能符合人民的期待標準，進行不同程度的組織再造/政府再造。

一、政府再造背景、定義

（一）政府再造的背景

隨著公眾對政府的需求與期待愈多，政府的職權隨之擴增，但財政的缺口未跟著緊縮，普遍受到「財力不足」、「績效不彰」、「欠缺效率」、「浪費資源」、和「政府失靈」的惡評。面對諸多困境，解決之道「民營化」、「小而美」的政府行政革新浪潮因之而起。行政革新將重品質、降低成本、顧客滿意等基本觀念，導入政府行政運作，藉由觀念的指引，使政府的運作更具效率、品質。

明諾不魯克會議重要學者 Gary L. Wamsley 認爲：「政府需再造係外部環境的劇變與公眾的需求日增所致，但徒增組織規模與職能，在行政效率與效能上並未顯著進展彰著，預算支付卻反而日益沉重，讓政府的合法性日漸式微。」政府再造受到內、外部環境的壓力、公眾期待，希望藉由體質、結構的檢討與改變，減少施政成本提昇施政效能。

（二）政府再造的定義

政府再造運動稱呼不一，「公部門改革」（public sector reform）爲其一，「政府再造」（reinventing government）或「政府轉型」（government transformation）德法學者稱之爲「行政現代化」。用詞不一，卻都希望提高政府效率與服務品質，建立一個「成本最少，做得最好的企業型政府」的改造運動。

Michael Hammer 所云：「再造（reengineering）是對組織過程的再徹底思考及根本性的巨幅變動設計（radical redesign），以促成組織績效劇烈的提昇。」林淑馨認爲「再造」強調「過程」尤其是爲顧客服務創造價值的全面性連續過程。

論者認爲「再造」即工作流程配合組織結構的重新創造及再設計；不只是績效的微幅提昇，而是大幅改進。「政府再造」絕非「組織精簡」（downsizing organization），僅人力縮減及預算支出的層次，兩者概念不一。政府再造不是立即見效的萬靈丹，也不是危機處理的特效藥，它是用來翻修「層級節制或專業分工」的設計觀念。「政府再造」是政府組織體制、工作流程、觀念及方法的全程革命（end-to-end revolution），以人民導向（people orientation）爲中心意涵的價值創新。

二、政府再造核心價值與理論

（一）政府再造的核心價值

Kettl（2000）、丘昌泰（2010）認爲政府再造有下列核心特質：

1.提昇生產力：公民一方面希望減稅另方面又希望政府能滿足及提供更多的公共服務，政府必須在有限財政資源、收入，爲人民提昇服務績效。

2.管理市場化：公營事業的民營化，有國家與非政府的夥伴，進行服務提供計畫，改革策略建構在以市場機制代替命令、控制體系，改變管理者之營運作爲。

3.公私協力服務：公眾爲讓政府更具回應力，改造服務提供系統整合，不再以政府官僚機構爲首要，進行公私協力，公眾有更多選擇管道。

4.因地制宜分權化：回應力的提昇，國家採不同管道，授權基層政府，或移轉服務提供，採分權化由地方政府承擔，讓地方管理者滿足地方公眾的需求。

5.掌握政策制定提供服務能力：當政府扮演服務採購者、服務提供者的角色，提供服務運送功能，其政策推行不必假手政府本身，可委託、外包以提昇服務效率，同時提昇服務採購能力。

6.施政採結果導向責任制：官僚體系由上而下的責任系統，改爲由下而上的結果導向的責任系統，焦點著重於績效與結果，而非過程與產出。

（二）政府再造的理論與策略

1.政府再造理論

政府再造的理論，因論者專業領域背景不同，見解分歧。以新右派（the New Right）觀點係以市場機制模式推動體制內的再造工程。而 Hale & Hyde（1994：127）則認爲政府再造工程是一重新設計之系統策略，奠基於下列工程（陳正隆，1999：133-134）：（1）進行策略規劃：再造工程透過策略規劃（strategic planning）組織關鍵流程，重整安排流程以迎合外部環境的消費者與市場需求，資源依需求優先秩序配置。（2）品質管理：再造工程會參據價值附加性（value address），檢視每一步驟，對顧客能否產生附加價值，對流程設計方面具有一定之品質管理（quality management）。（3）參與管理：再造工程從參與管理（participate management）角度檢視組織如何跨組織功能進行運作。作業方式採水平作業、直接溝通，對極少受到監督的團隊，需較高層次的協力合作與員工發展。（4）進行專案管理：從專案管理（project management）之觀點，將組織重心從高度專業分工的管理，轉移到生產線與流程管理上，透過流程改革，促使工作齊頭併進，以縮短作業循環與跨部門業務轉移時間。歸結前述，政府再造是政府管理流程、組織體制的再創新。

2.政府再造的策略

傳統行政組織無法因應外部環境的驟變，政府再造成爲政府治理能力及績效提昇的象徵或圖騰。Osborne & Plastrik 認爲政府再造的成敗，取決於具體實踐的成敗，而非理論的周延程度。再造對象多屬功能龐雜、僵化保守的官僚組織；欲使其具備彈性、富於創新、具企業精神的公共組織，講求策略是必然之途。

1997 年 Osborne & Plastrik 在《解放科層體制：再造政府的五項策略》

（*Banishing Bureaucracy: The Five Strategies for Reinventing Government*）一書提及五種策略（Core, Consequence, Customer, Control, Culture, Five Cs），作爲徹底改造政府基因（Government's DNA）。（江岷欽、劉坤億，1999：121-132）。

（1）核心策略：目標、願景之建構

Osborne 認爲公共組織的職能要聚焦於領航（Steering）而非操槳（Rowing）。行政體系要著重在正確政策之研擬與設定施政方向，而非汲汲於公共服務之提供。官僚體系的政治決策者、高階文官對改造的趨勢與特質，要有其核心策略的執行途徑包括：公共組織單位對組織的業務目標及內容無所助益者應予簡併；公共組織的領航、管制與服務提供之業務權責，要詳加規劃；設立新的領航機制。

（2）結果策略：績效考評、獎優汰劣

結果策略（the Consequence Strategy）的目的在規劃公平、客觀及科學的績效酬賞制度，以獎優汰劣。施政績效策略功能發揮深淺，影響政府改造的效益。結果策略的途徑含括：企業化管理（enterprise management）；管制性管理（managed management）；績效管理（performance management）等。

（3）顧客策略：迅速回應、強化責任

旨在調整行政人員與顧客間的互動方式，以待顧客方式處理行政業務，強調組織對顧客負責，促進行政體系提高對外環境變遷的敏感度以及回應性。提供顧客選擇權以及品質保證是執行顧客策略的有效途徑。

（4）管控策略：授權灌能、提昇能力

公共組織的決策權向下逐級授權，控管策略（the Control Strategy）由鉅細靡遺的法令規章及層級轉達命令，轉化爲共同願景的「績效責任」，主要途徑：組織授權灌能（organizational empowerment）；成員授能（employee empower-ment）；社區授能（community empowerment）。

（5）文化策略：調整心態、修練行爲

文化策略（the Culture Strategy），係前述四種策略最難以持續的重要支點。根據 Osborne & Plastrik 研究，要改造政府必須刻意改變行政人員的心思意念，以及行爲習慣。文化策略落實途徑主要有：改變行政人員的工作內容及方法；管理輔導行政人員的情緒及壓力；形塑「贏家心態」（winning minds）。

三、領導與行政團隊

（一）領導的意涵

根據過去數十年學術統計分析，對「領導」（Leadership）的定義，就有三百五十種以上，人言言殊莫衷一是，難有被學術界與實務界統一認定的見解。Richard L. Daft（1999）：「領導是世上最顯眼也是最被忽視的現象（phenomenoa）。」[297]領導學是新與學科，其中提及「領導是互惠的。」領導希望透過影響力，帶動屬員致力於共同的標的，邁向未來可預期的變遷。Daft 對領導的詮釋，言簡意賅。領導不是自發性的，它是一種學習、拓展過程。

「領導是團體中一部分人對其他人所可有的社會影響，如果該團體中的一分子，對其他分子具有某種的權力，那麼他對他們便有某種程度的領導作用。」此乃行政學前輩張潤書引據 J.R.P. French & R. Snyder 的詮釋。[298]

吳定：「所謂領導是指在一特定情況下，某人行使各種影響力（influence），以影響他人或團體的行爲，使其有效達成特定目標的一種過程。」他進一步詮釋：「領導不限上級人員對下級人員的領導，也包括下級人員對上級人員，因行使影響力而產生的實質領導。」比較兩位著名學者的看法，語意遣詞深淺不一，讀者從用詞的文意，會有不同領悟。相對在學界及實務界的使用率，立判高下。

（二）Bennis 領導詮釋

Bennis,Warren.（1989：18）對領導的詮釋：「領導（leadership）是一種過程；領導不是一種職位。組織中所有的領導都可以被取代。領導的核心是能力」。這是影響群體致力於目標的達成的「能力」。Bennis 名言：「領導」是做對的事情；「管理」是把事情做好（Leadership is doing the right thing, whereas management is doing the things right.）。[299]

建構領導基礎的基本力量，依 1959 年美國 Jr. P. French & B. Raven 提出建構「領導」的基礎有五種基本力量：「獎賞權」（reward power）、「強制權」（coercive power）、「合法權」（legitimate power）、「參照權」（referent

---

[297] Daft, Richard L.,1999, *Leadership: Theory and Practice,* The Dryden Press, US, pp.1-26.(原文: Leadership is one of the most observed and least understood phenomena on earth.)

[298] 張潤書，《行政學》，1998，二版，台北：三民。頁 393。

[299] Bennis, Warren.,1989, *Why Leaders Can't Lead,* San Francisco: Jossey-Bass, P. 18.

power）、「專家權」（expert power）。1975 年 Kruglanski, W. & P. Hersey and Marshall Goldsmith 分別增加「資訊權」（information power）及「關聯權」（connection power）。[300]基本力量不斷在擴張，也不斷在銳變；從美國川普擔任總統過程，對立法部門、司法部門的挑戰抗拒，被稱爲「民主異化」。

（三）工作團隊意涵

工作團隊被認定對組織生產與品質，有重大影響。源自上世紀八十年代，品管圈（Quality Circles, QC）管理原則的盛行，後續受到公私部門的重視，期望透過「工作團隊」（work team）的採行，大幅提昇效能與效率，增進社會大眾對公、私組織部門的信賴。「團隊」內哄直接貶損領導者的領導能力；2020 年上任的美國副總統 Kamala Harris（賀錦麗）工作團隊，於 2021 年 5 月到墨西哥等國國是訪問後，被美國著名媒體 CNN 披露 Harris 的工作團隊發生嚴重內哄。Harris 是被共和黨視爲 2024 年總統大選的重要對手，箇中有無政治操作陰謀且待後續觀察。

團隊從建構對組織發揮的作用、效益，未必如大眾的期待。團隊發生重大效益與否？得從多層面逐層剝離探究其功效。儘管團隊與原有組織維持特定互賴關係，但在運作過程，可能與組織的人力、資源在運用上發生衝突。團隊的建立可能與某特定的工作任務有關，但未必如組織有監督者、管理者的存在。

團隊大部分存在時間以非正式組織編組型態出現，但不同時空及團隊的任務、貢獻，會得到組織決策者、管理者的激賞、鼓勵，現階段學界無法以理論支撐團隊是組織必要成員，只承認不同型態的團隊，在協助組織目標達成有不同的功效發揮時，始會被組織領導人贊同接納。

（四）團體與團隊

1.何謂「團體」？

「團體」（group）：指爲執行工作以達成一個共同的目標或目的，而相互依賴互動的兩個以上的聚集。團體的設計僅是組織目標達成的手段或過程，基本考量仍然不脫「個人」與「組織」兩主題。簡言之「團體」是以工作達成爲導向的「個人」與「組織」之互動關係。

300 吳定，《公共行政論叢》，1999，台北：天一。頁 188-189。

2.何謂「團隊」？

根據 Hornby 所云：「團隊首重團隊精神（team spirit）。」[301]。重視組織目標之達成，其成員之間相互依賴與彼此承諾，是高度信任的團體，成員以其才能相輔相成，共同爲團隊的使命及目標共同努力，彼此之間講求溝通與參與，爲績效的設定及達成，貢獻才能、專業。

團隊強調成員之技術互補、充分回饋溝通及集體績效的強調，並負責達成特定之任務目標。群體的工作經由協調努力產生正面綜效，個人之投入大於個人投入總和之績效。

3.「行政團隊」行爲方式

團隊經由自我引導，計畫與組織的方式，建構活動內容，以完成工作。團隊經由工作過程中人際間的坦誠與溝通，建立堅實的互動關係，經由決策、開會、解決衝突，人員保持高度的涉入感與承諾。

（五）行政團隊的建構、途徑

1.功能與目的

建構團隊正功能：增進工作士氣與工作動機，提昇行政效率，增加行政生產力；強化員工工作滿足感，型塑和諧的組織文化，促進組織目標的達成；減少人員流動率，增加團體成員凝聚力，培育堅強的行動團隊。Beck 認爲團隊建構有四大目的：釐訂團隊的目標與目的；決定或釐清團隊成員的角色與責任；設定團隊的政策或程序；改進團隊組織成員的人際關係。

2.建構行政團隊的途徑

（1）建構良善的人際互動關係：強調團隊成員與其他成員間的互動，目的在追求團隊成員間高度知覺。「我們是一體的」是鼓勵成員把其他團隊成員視爲同一群體的工作夥伴。

（2）規劃成員的角色、責任：本途徑在界定團隊成員的角色與規範。目的在界定對每個角色的期待、團隊規範，並賦予每個成員應承擔的責任，每個成員的職位、角色與責任，使得團隊運作更有效率。

（3）建構團隊價值觀：強調團隊價值觀的重要性。團隊的價值觀爲

---

301 Hornby, A. S. et al.,1962, *The Advanced Learner's Dictionary of Current English*. "team spirit, spirit in which each member of a team thinks of the success, etc., of the team and not of personal advantage, glory, etc." p.1132.

所有成員所共享，引導成員採一致、協調的方式來採取行動，其中成員的職務說明，爲團隊成員共知、共享、尊重，有助於成員的工作更有效率。

（4）工作資源分享：強調工作團隊與其成員完成任務的特有方式。強調成員如何奉獻其特有才能，共同參與完成任務的特有方式。此途徑非常重視成員間資訊交換，包括完成工作所需的資源、技術、實際步驟等觀點分享團隊成員。

（5）培植對社會與團隊的認同感：前述各途徑要與社會認同的心理機制作相當的緊密的連結。透過明確的團隊界線來培養團隊的認同感，以提昇團隊的凝聚力，以專業成就鼓勵成員以團隊爲榮。

3.行政團隊的管理

團隊管理指進行有效的管理步驟列述如次：

（1）「合作意願」是建構團隊的首要步驟：選擇對的人才，願意與別人作有效的合作；「合作意願」比「天賦才能」更爲重要。選擇具備行動力遠比獨斷專行的聰明工作者（smart worker）優先。成員能夠承上啓下，讓上令得以貫徹，下情得以上達。選擇具有不同專長、特質的成員，讓團隊成員多元化、異質化，以發揮互補作用。

（2）激勵團隊士氣：對團隊整體的激勵遠比對個人的激勵更加重要。激勵方法兼採 Maslow 的需求階層理論及 Herzberg 的雙因子理論的優點，「保健因素」、「激勵因素」兩者要兼採。

（3）適時弭平團隊內部衝突：管理者要能傾聽、發現問題，領導者態度謙誠；成員個性不一、多元，工作方法與想法各異，解決摩擦與衝突之道包括：適時澄清流言、控制黑函的散播，以免以訛傳訛。領導者展現誠懇有效溝通，緩解團隊壓力。情勢難以控制，必要時解散團隊重新洗牌組成新團隊。

（4）提高團隊競爭力：領導者要扮演合作、推動、協調、溝通與傾聽的角色，具整合多元文化的能力，要明定合理的規章制度、明賞重罰，展現創新典範；要能營造積極向上的團隊文化，不斷求進步的組織氛圍。

根據孫本初（2001：502）引據 Shonk, 1982；Mears & Voehl, 1994；Moravec et al, 1997 等學者對團體與團隊作如次的歸類及彙整，如下表：

團體與團隊差異表

差異類別	團體	團隊（自主性）
領導者	被派定的領導者	沒有明確的領導者，由團隊成員共舉；*獨創團隊由領創者任之*
決策	團體決策後，仍可找出多數、少數意見之區	團隊共識制定決策；*或由領創者作最後裁定*
目標	團體績效目標由上級層次決定，個別成員目標，得依授權存在其差異性	績效目標由共同成員訂定，充分被認知及接受；*創領者的策略目標*
互賴程度	成員間信賴程度，依成員之互動建構互信程度	團隊成員的行動、決定均會連帶影響其他成員
合作情形	團體成員較重視個別的任務達成	成員經由充分合作達成工作使命
意見表達	個人的觀點會被刻意掩飾	成員意見自由表述，共同分享
責任	重視個人責任	共同責任與個人責任要兼顧
權限	在組織權限職責內運作	在一定範圍內，充分被授權
整體氣度	偏重個人工作成果，以「我」為中心	重視整體工作成果，以「團隊」為中心

資料來源：孫本初（2001：502）（*表內斜體字乃論者彙輯*）

（六）行政團隊建構限制

1.資訊開放不鬆手：團隊注重資訊的公開與分享；傳統本位主義及保守心態，即不開放更不願分享資訊，形成團隊難以成立。

2.個人課責不明：團隊依靠集體力量達成任務，但公部門權責分散，難就個人責任區分，作爲獎懲依據。

3.領導者心態保守：對團隊授權灌能（empowerment）是團隊重要概念，但領導者對授權保守，難讓團隊成員擁有自主性與裁量權，不利於團隊的建立。

4.既得利益者的反對：公部門向以個人和年資計算薪酬，若改爲團隊或集體績效爲基礎，將造成既得利益者的反彈。

5.桃戰傳統官僚指揮體系：團隊與官僚體系的指揮系絡有別：建構團隊會對傳統官僚組織的運作及工作關係，重新塑造，傳統官僚體系不易接受團隊的合作新觀念。

（七）工作團隊行為模式

1.行爲模式之建構

團隊成員經由自我引導、計畫、組織的方式，建構團隊工作內容，共同達成。早期人群關係學派把團隊視爲「非正式團體」、「非正式組織」，其成員間的行爲是不固定或無意識的心理結合，有別於正式組織的法規程序。菁英領導者會以不同名目、編組、稱呼，對「非正式團體」、「非正式組織」成員進行混合式團體編組，納入統籌管制，旨在減少組織內部衝突。成員經由工作過程，透過坦誠與溝通，建立互信關係，成員高度涉入決策、會議、衝突解決。

2.1980年代後工作團隊

團隊從非正式組織，衍生具備積極性規範（如相互支援資源互換），團隊不足的決策與程序，透過正式組織予以彌補。團隊過程的各項行爲之建構與維持，透過實際的合作行動，以促使團隊基本任務的完成。團隊非正式、正式的活動氛圍，要讓組織高層管理者感受，促使其同時給予關切，建立良好的互動關係。生產工作團隊成員，應讓其擁有組織的共同願景（vision），讓團隊成員長期關注組織長期目標。團隊的願景、任務、目標等，都要透過完整行動步驟加以貫穿，對團隊各項步驟給予支持與指引，才能產生組織與團隊的互惠價值。對團隊成員的個別角色期望，同樣要有界定，以呼應團隊任務、目標、行動方案的達成。

前述對團隊的探討，不宜再以單獨的個體、組織爲基點，同時要兼顧團隊氣候、願景、成員期待，作出適時調整觀點與措施；團隊觀念在東方日韓勝於西方美國的淡然。團隊異於團體，它不僅是個人的組合，更是自願性的融合，其中的任務、感情是一體的。不宜再以個人或組織爲主體的二分法來分析立論。

四、領導者的特質、類型

（一）行政團隊領導者特質

Stephen Robbins 對領導的剖析，從特質理論、行爲理論、及權變理論等三個層面論析。而個人特質理論則源自 Max Weber 的「魅力型權威」（charismatic authority）。但後續對領導特質的研究，卻無法達成一致性的見解。要釐清「魅力型權威」領導者的共同特質，在於有些領導者內向（introverted）、害羞、溫柔又寡斷（bland and procrastination）；而其他的則好大喜功、生性古怪但具決斷力。

Rosenbloom 是從組織理論途徑關切領導，他強調兩個層面：第一、領導應具備的特質；第二、領導應如何運作。Rosenbloom 認為學界無法找出一套領導的人格特質，反映出「領導」可能是因時、地制宜的。外部環境對「領導」的影響究竟有多大影響力，不論從情境途徑（situation approach）或心理途徑（mental approach），對「領導」的決策可能因人而異，要從中萃取共同特質會是很大挑戰與難度。

學者 Eugene Lewis & Warren Bennis 對領導者的特質、品格、及技藝（traits,qualities, and skills）的獨特見解如次：[302]

1.深信成功的可能性（belief in the possibility of success）：領導者有股熱切要改變或維繫社會、政治、或經濟生活等層面的問題。他們知道改變的可能性很低，但他們的努力會造成不一樣的改變。

2.具備溝通技巧（communication skills）：領導者要與其團隊成員進行有效溝通，這有賴於領導者具有持續遊說的功力。團隊成員對共同目標的達成，要有清晰合理的概念或美景。

3.同理心（empathy）：領導者要深入瞭解團隊成員的心理、工作流程、員工的期待及員工最掛慮擔憂所在。同理心不僅要致力溝通，更要讓領導者找出能帶領成員的最有效途徑。領導者要超然又冷靜地進入團隊成員的心路歷程（mental processes）。

4.旺盛精力（energy）：領導者長期時間投入工作數量驚人，需要旺盛精力。「工作狂」（workaholic）會是合適說辭。許多名人如美國核子之父 Hyman Rickover 及道程工程師 Robert Moses，都投入大量的時間與關注，以獲取組織所需詳細合適的計畫和技術。

5.良好的判斷力（sound judgement）：持續的領導實質上要依靠運用良好而理性的判斷，意氣用事、獨斷或反覆無常的回應局勢，並非持久領導的保證。領導要發展出絕無錯誤的自信，良好判斷越來越不容易。領導者有責任維持成員不偏頗的看法，其本身更要有宏觀視野。

---

302 Rosenbloom, David H., Robert S. Kravchuk, Richard M. Clerkin.,1998, *Public Administration: Understanding Management, Politics and Law in the Public Sector.*,1998, 7th ed. p.151.

6.恒常性（constancy）：領導者不論在困頓或平常情境，都要維持恒常性不屈不撓努力不懈。領導者對團隊成員的信任與否，要負責；避免反覆無常放棄權責、立場。領導者不是機會主義者，不會自私自利放棄立場。既使組織成員不認同領導者主張、看法，領導者仍要作出理性又持續的行爲、決策。

7.自我管理（self-management）：領導者要知道本身的長處和弱點，並依此行動。領導者要懂得分工授權，不需事必躬親，也沒理由要求領導者精通組織所有複雜的專業技能。領導者要著眼於能達成或貢獻最多之事務。領導者不宜陷入其他員工專擅之例行工作，這無異浪費領導者的時間。

Eugene Lewis（1984：109）在《公共企業家：邁進官僚政治權力的理論》（*Public Entrepreneurship: Toward a Theory of Bureaucratic Political Power*）一書，深度論述胡佛等人的「組織生命」（organizational lives），有些共同的關鍵重點特質列述如次：

1.自身目標與組織目標結合：他們把組織視爲達成自身目標的工具，他們的「目標」與組織結合，實質上是透過組織達成自己預期完成的「目標」。

2.掌控政策議題論述的專業性：高度成功的「公共企業家」（public entrepreneur）擁有全部或部分的專業領域的社會實質價值，而且主控了其專業和利益領域的媒體論述、立法聽證及不同的會議。實質擁有（own）公共政策的論述主導權。

3.有效治理公共組織：成功的公共行政領導者緊握組織所擁有的潛在影響力，而且公共行政組織是政治領域中推動社會、政治、和經濟變遷的最強有力的工具。公共組織同時是反擊政治對手的最有權力的基礎，也是對外部政治行動者作爲抗衡的槓桿。

4.卓越超群知識能力：每位公共企業家都對其聽眾/追隨者宣稱他具有知識能力，及踐行歷史任務的能力，此乃政治體系內其他人都無法達成的。

5.能極大化自身權限：公共企業家像 FBI 的胡佛，擴張他們在公共政策領域的「擁有權」（ownership），並過渡延伸組織的疆界以利控制更多的事務，降低不確定性及極大化的自主權。

公共組織領導者的人格特質得有：「正直」、「道德」、「誠實」、「值得信任」、「具有幽默感」。學者對領導者特質的論述最具體中肯的學者良多，以 Norma Riccucci 爲最。Norma Riccucci 的研究指出領導者有下列共同特質包括：

1.政治手腕：處在政治環境下能有效處理問題的能力。政治手腕（political skills）不限於國內，更要放眼全球結交政治權貴，處理企球化企業在多變政治環境下，能有效處理問題的能力。

2.圓融熟練的管理及領導技能：包括規劃能力、組織能力、有效溝通能力、激勵員工、設定務實的目標、誠實、通曉公務政治及其知識及職場的專家。

3.技術專業能力（technical expertise）：在領導者的不同工作領域，擁有專業技術能力。

4.通曉組織策略運用：企業持續永生是其存在目標，爲達成組織目標的各種策略運用要適時適地調適。

歸結 Riccucci 對領導者共同應具備的人格特質，她的慣用詞有：尊嚴、道德、誠實、信賴、倫理、及幽默感。[303]但在多變多樣的環境，確難兼顧十全十美的專業領導及管理技能。其他重要特質包括信任和持續性，在某種情境比其他特質更爲重要。

Anthony Giddens 在《社會理論核心問題：行動、結構與社會分析的對照》（*Central Problems in Social Theory: Action, Structure and Contradiction in Social Analysis.*）一書，提到「人」在社會要具備三種基本特質：對社會的認知能力（knowledgeability）、對政治經濟文化的意識能力、獲取社會資源的能力（含政治權力）。

綜述 Robbins 重視特質秉賦及不同情境下的權變作爲，領導者決斷力會是關鍵。Rosenbloom 指出具備領導特質只是基礎工程其後的領導作爲包括堅毅的成功信心、善解團隊的內心、瞭解競爭對手的優劣、對組織成員的同理心、高瞻視野、理性堅毅立場。Riccucci 的領導者特質在呼應資訊科技時代權變作爲的權變手腕、專業素養及策略運用技藝。領導者的特質需求不再停滯，而在呼應組織內外部環境的需求，條件不斷在變遷更迭成長。

（二）團隊領導者領導模式

1.以上司爲中心模式的具體領導方式

管理者先作出決策再向部屬宣告；管理者向部屬以推銷方式

---

303 Riccucci, Norma.,1995, *Unsung Heroes*, Washington DC: Georgetown University Press, pp. 226-231.

（sells），行銷他的決策；管理者提出想法，再邀請提出問題/意見；管理者提出未定決策（tentative decision）的主題，提請修正；管理者提出問題，獲得建議，再行作出決定；管理者對決策作出合宜的限制規範，再要求部屬之團隊依限制作出權責決策；管理者作出廣泛定義，並容許部屬在範圍內自行決策。

2.以部屬爲中心的領導模式

以部屬爲中心的領導模式，部屬有較多參與組織決策的自由和機會，也提供部屬對組織目標的認同和理解。領導模式的選擇，不再是單向的選項，上司與部屬可以共同調適。Rosenbloom 認爲管理模式應由管理者和部屬共同協調爲之。在部屬參與決策意願不高時，以部屬爲中心的領導模式就不合宜。反之，部屬想有更多的參與決策機會，以上司爲中心的領導模式恐不適宜。

組織在面對外部環境的變遷，以及工作任務的本質、問題和組織目標的不同，管理者對領導模式的選擇，要有情境理論（situation theory）的概念，例如救火，領導者就不宜徵詢部屬意見爲先；當機立斷下決策才能達成組織任務。領導者決策制定要考量組織資源的取得，以及對各門部資源配置的公平性，避免分配不均產生的衝突。當分配不均的爭議發生，領導者要快速說明、溝通，以避免各部門間的協力障礙。

3.永續經營的領導者

永續經營的領導者係以成功與拙敗爲伍。一位革命家從事建國工作，成功是偶然、失敗是必然。國父孫中山先生十次革命十次失敗，第十一次革命才成功。古巴卡斯楚革命奮鬥史更是。美國民主制度的總統選舉，對各參與選人而言是冗長的競逐過程，在美國各州的競選更是成功與拙敗的見證發展史。

新創公司 BodeTree 的執行長 Chris Myers 針對希拉蕊的敗選演說，提出建議：「不論是領導人或是個人，面對失望，都可以學著優雅轉身。」Myers 對希拉蕊管控敗選的失望情緒是如此高超讓人佩服讚嘆道：「她處理這個情況的方式，仍舊充滿智慧、格調和優雅……應該是所有必須處理失望之人的模範，特別是創業者。」、「在失敗時保持優雅……，保持堅強，擺出一張好撲克臉……，高尚的態度應對失望，繼續前行……，帶著敬意，光明正大面對未來，團隊眾人也有機會再次合作。」[304]一位永

[304] https://www.cw.com.tw/article/article.action?

續經營者要在失望和挫敗之際，把握每一刻，一步一步繼續前行。

五、激勵行政團隊理論、實務

（一）理論

激勵/動機（motivation）是針對個人、組織之心理上或生理上的各種需求，以物質或精神的激勵方法滿足人的需求，以激發工作意願，以符合組織目標的連串行動。學者對激勵/動機的看法有別：R.D. McCall「動機是激勵或誘使某人採取行動，或作爲的一種心中的需求、驅動力、或是目標。」；Berelson & Steiner（1964）「動機是一內部狀態，以激勵、促動、或轉換、指導或引導行爲朝向目標。」；Luthans（1973）「動機是爲達成某一特定目標的內部驅力。」

1.Maslow 的需求理論

科學管理理論認爲組織員工會爲回饋性獎賞與懲罰所激勵，更加努力工作以賺更多的錢。人際關係途徑（human relation approach）研究者對此看法提出批判。研究發現參與實驗者會反向操作，生產力不降反昇。到了 1943 年 Abraham Maslow 提出「人類激勵理論」（A Theory of Human Motivation），認爲人類需求階層（a hierarchy of human needs），人是追求滿足的動物，且是追求永無止境的更大滿足。人首先追求生理需求（physiological needs），如飢餓和口渴；一旦滿足，追求安全和庇護場所（safety & shelter needs）需求並尋求社會歸屬感；接著要「社會地位」（social status）和「自尊」（self-esteem），最後尋求「自我實現」（self-actualization）。

Maslow 的需求理論，它的需求層次的滿足秩序是由下層往上，當下層需求未獲得滿足前，上層需求的提出，理論上對人是沒有激勵作用，或是說在基層/底層需求要獲得滿足。當需求獲得滿足，管理者就要考量其他的誘因/需求，以激勵員工；同時段出現許多需求，會影響人的慣常的決策/行動。Maslow 把前三種需求視爲匱乏性需求（deficiency needs）；後二種爲成長性需求（grow needs）。他認爲匱乏性需求不滿足時，人在心理或生理上無法發展爲健康的人。成長性需求有助於個人的成長及潛能的開發，尤其是自我實踐需求。

基層需求被滿足後，人會追求更高層次的需求，尋求人的存在價值

（being values）像眞、善、美的境界。這是來自靈性的需求（meta-needs），激起人對工作會無私地投入、奉獻和認同。論者認爲需求層次的出現秩序未必如 Maslow 所言，可能會依個人的智商、教育、毅力之不同，可能超越某層次，追求更上一層的需求。如甘地聖雄的忍飢，產生不合作運動。Maslow 的研究對管理、組織發展、教育、心理等領域發生重大影響。

2.激勵-保健二因子理論

Frederick I. Herzberg 及其研究同事在 The Psychological Service of Pittsburgh 從事一項研究，對 203 位工程師和會計師進行訪問，找出他們在工作中，那些因素會使他們快樂或不快樂，研究發現：負面的感覺通常與其「工作環境」有關，而感覺良好的因素，通常與其「工作本身」有關。那些能防止不滿的因素爲保健因素（hygiene factors）；產生滿意的因素爲激勵因素（motivators）。保健因素未具備就會產生負面的態度，導致工作的不滿，具備保健因素只能促進有限的工作滿足感；激勵因素能增進工作滿足感，如未具備只會產生有限度的不滿足。保建因素包括金錢、監督、地位、安全、工作條件、政策、行政與人際關係等，這些因素不能激勵員工，但能防止不滿的發生，對生產力的成長無助益，但防止績效的下降，維持激勵在零度水平，防止負面效應的產生。若爲使員工發揮潛力產生自動自發的精神，願爲組織效力就必須有激勵因素。激勵因素能使產量增加，包括工作本身、認知（recognition）、升遷成長的可能、責任及自我實現的成就感等因素。

激勵-保健二因理論是繼需求層次理論之後被廣泛運用到工作場域。二因理論對 1960 年代後的工作設計，在工作豐富化及工作生活品質（quality of work life）深刻影響。批判者認爲激勵-保健二因素的認定並無標準可言，如保健因素的薪資對藍領而言可能是激勵因素；Herzberg 訪問對象限於工程師及會計師，樣本數有限且未包括其他職業類別。以面對面訪談，受訪者可能基於自我防衛社會機制（ego-defense social device）回應，可能扭曲實質意涵和內容。

3.ERG 理論

Alderfer 是耶魯大學心理學家，他把 Maslow 的五種需求層次簡化爲三種需求分爲：生存（Existence）、關係（Relatedness）、成長（Growth）等需求，簡稱爲 ERG 理論。生存需求（existence needs）：指維持生存的物質需求：如食物、空氣、水、薪水和工作環境；相當 Maslow 的生理及安全需求；關係需求（relatedness needs）：包括在工作中與他人的關係，如與上司、同事、部屬、家屬維持良好關係，相當於 Maslow 的社會需求；成長需求（growth needs）：個人的努力及工作表現來發展的一種需求；相當於 Maslow 的尊榮感和自我實踐感。論者認爲如此類推可能粗糙，只供學者參酌。

Alderfer 認爲低層次的需求不滿足，對其慾望愈大，對工作不滿足，對其渴望愈大。對低層次需求愈滿足，對高層次的需求慾望愈大。反之，對高層次的需求愈不滿足，會轉而對低層次需求的慾望愈大。如對成長需求不滿足，會對關係需求的慾望愈大。一旦關係需求的慾望愈不滿足，會對生存需求慾望愈大，這是需求的挫折，挫折會讓人產生退化現象。Alderfer 的理論認爲在某一時間內可能有一個以上的需求發生，不同於 Maslow 認爲低層需求不能滿足前，高層次的需求不會成爲激勵因素。至於 ERG 理論的適用性，各有不同見解，未必適用於各種組織型態。

4.Vroom 的 VIE 模式

Victor Vroom 依據較早的 E. C. Tolman & K. Lewin, J. W. Atkoinson 的研究綜合爲一種工作激勵的過程理論。基本概念的公式如下：

M = E * V * I

激勵 M（motivation）的動力與行動等於期望 E（expectation）、價值度 V（valence）與工具價值 I（instrumentality）之乘積的總合。「期望」指特定的努力會獲得某些報酬的主觀信念。所謂種瓜得瓜的心理期待，確信所作的努力與目標或績效的達成完全相關。「價值度」是對某一成果所表達的偏好強度，亦即個人對組織的工作目標、結果、報酬或誘因給予的價值評斷。員工對組織給予的報酬不滿意，那報酬對他而言不具報酬價值，不會產生激勵作用。「工具價值」即員工努力工作，產出高度績效，若報酬與心中的報酬產生觸媒作用，就會產生工作的激勵作用；反之，不能產生預期報酬的多層觸媒作用，就不被視爲主要的激勵動力。例如升任科長是工作很大的激勵，因爲還有司、處長職位要努力耕耘；但升到薪資和職位己達組織的最高層級，相對欠缺工作的激勵動力。

（二）實務

■案例一

Destination Hotels 總裁兼營運長 Jamie Sabatie：「我十分重視培養優秀的公司文化和創造開放式的環境。……我把與團隊成員定期交流視爲使命，和大家一起吃早餐或午餐，不但是分享和建立私交的機會，也讓我得以聆聽眾人想法、讓公司更上一層樓。」[305]林鍾沂強調：「激勵員工的士氣不僅是技術層面的問題，更涉及高層次哲學通識問題，也不僅是客觀知識的認知問題，更是主體生命的實踐問題，組織除了應有中短程的作法，也要在組織結構上妥爲設計，以滿足人員基本需求，更要建立組織未來的願景，以培養全人（the whole person）人格爲己任。」[306] Sabatie 和林鍾沂同時強調領導不脫生活哲學的重要性。「激勵」本身是公共行政組織管理者最難在官僚體制下進行的行政運作/活動。因爲公部門官僚體制的「財務」、「資源」都在監督列管範圍，連加薪、減俸都要依法行之。「激勵」在學術上的論述偏重在私部門組織範疇，有些建議或觀點僅留在說說階段，尤其以金錢、實際物質作爲獎勵工具時，公共組織的管理者都要思索考量，「錢/經費」從那裡來？所以林鍾沂說：「激勵是種行政運作的工具。」[307]對公部門確實是工具，如何善加運作成爲管理者手中利器？吳瓊恩在《行政學》[308]有不同作法：

1.短程作法

行政組織對激勵的短程作法，有正負面的誘導及額外的獎賞：

（1）正負面的誘導或激勵

爲建構組織成員的優良行政作爲，或有利於自己及組織的制式行爲，可採取正面的誘導辦法，如發給獎金或非財務的獎狀，以增加工作滿足感。紀律或懲罰對組織成員是負面的誘導，以防阻組織成員的脫軌行爲，但負面工具的使用，要公正、公平不可有兩種標準、尺度，以免引起員工的怠工或消極抵制。

（2）額外獎賞

對員工的獎勵在作法上，改變往昔方式在正式場合、擴大員工的表揚大會，以榮耀獎彩章披載身上，以滿足生理、心理及安全感的需要。

305 http://www.cw.com.tw/article/article.action?id=5077165&utm_source=dailybrief&utm_medium=Email&utm_campaign=dailybeirf#sthash.0VXQNfvq.dpuf

306 林鍾沂，《行政學》，2005 年，台北：三民，頁 261。

307 Ibid，頁 259。

308 吳瓊恩，《行政學》，2006 年，台北：三民，頁 512-518。

行政部門難以提供制式以外的額外獎賞，但可考量表彰方式，切忌制式、刻板及行禮如儀的表揚方式。

2.中程作法

（1）內在激勵

讓組織成員在工作中獲得成就感，從工作中享受其樂趣，以促進個人的成長與發展，以滿足自我實踐（self-actualization）的滿足需求。內在激勵是一種超實用的態度或超越工具理性的態度，以一種欣賞樂在工作中的美學態度，讓工作者與工作本身結合；培養員工專業技能之外，成就員工的生活哲學。

（2）激勵核心工作

所謂成就感指員工體驗工作成果是有價值的，值得去作，也就是在工作中的奉獻與未來的成果是不可分割的，致力工作任務的達成。如何成就有意義的工作？可作如次考量：包括完成工作的技術多元性、達成個體任務是整體組織工作的不可分割的工作、工作對組織同仁都有連帶的重要性、員工對工作的裁量權、作業的自主性、對個人績效可直接清楚獲知。

3.長程作法

培養全人的人格和達成利己利人的工作觀，是組織管理者不容忽視的長程性工程包括：培養全人（the whole person）的人格：所謂全人是指不會以個人有限的專業和認知來詮釋世界。全人是有通才又有專才的修養。有較廣闊的人生觀，不僅在工作上、家庭生活和社會生活都有成就感，重視眞、善、美，爲公共利益奉獻；達成利己利人的工作觀，工作不僅是個人的自我實踐，亦在幫助他人開創人生，造就他人成就事業的目標；幫助他人又能成就自己的工作觀。

■案例二

行政團隊的型塑方式不一，創新的團隊精神內涵，可能突破往昔判準觀點，與管理理論有所干戈。「團隊和諧」是團隊精神重要表徵，也是行政管理者依理論遂行管理團隊成員的行爲規範準繩。爲了和諧有時會壓抑特殊優異者的傑出表現，優秀的人反受壓力無法衝刺，落後的在「團隊和諧」庇祐下也未提昇競爭力。美國紐約馬拉松賽女子組冠軍在睽違四十年後，於 2017 年由美國白人女子 Shalane Grace Flanagan 奪得后冠。Flanagan 迄今擁有多項優異賽跑記錄，但被世人驚訝的是她在身兼選手、助教、教練等職涯過程，對培育團隊精神有創新的管理思維。「團隊成員都是獨立個體，無須爲了團體犧牲自我，唯有透過相同理念成長的組合才是團隊……，團隊就是要贏，當別人成爲自己最大競爭者時，自己的能力也會提昇，領導地位不是靠資歷或輩分，絕不懼怕青出於藍……」[309]

---

[309] Shalane Grace Flanagan, born July 8, 1981.
https://en.wikipedia.org/wiki/Shalane_Flanagan 另請參閱聯合報，「領跑姐的管理哲學」，2020年12月14日，A13。

第四章　管理類型

跨域行政的管理理論沒有唯一、也沒有絕對唯我獨尊的。學習者宜考量下述管理類型，循事件（events）、組織結構、組織文化、組織資源、資訊科技、領導者特質、因時因地等撰輯符合全觀性的理性思考，提出可行性的管理/混合策略，善馭之。

一、目標管理

「目標管理」（Management by Objectives, MBO）和「全面品質管理」（Total Quality Management, TQM）在行政管理理論發展上，都有段精采的過程，一旦它的論述精華被其他學者吸納稀釋於其他理論中，兩者目前顯已退居幕後，其精髓被眾家吸納，MBO 在 Rosenbloom《公共行政學》第七版 172 頁中不出 13 行的論述，可見一斑。且流覽其風華一二。

MBO 重要內涵包括：設定「組織目的」（setting goals）、確立「組織目標」（objectives）、設定組織、單位、及經理等層級的優先秩序；策定爲達成目標的各項計劃；爲達成目標所需各項資源的配置；追蹤及監督爲達成各層級組織目的及組織目標，各層級執行進展及落差；對各層級執行成果，進行績效評估；針對執行成果，提出再改進、修正措施，以臻完備。在 1980 年代 MBO 在美國城鎮的公共行政頗受肯定，對行政生產力有一定程度助益。

二、全面品質管理

TQM 是 1980 年代末期及 1990 年代初期被學者及公共管理者共同關注的發展趨勢。1985 年美國 Naval Air Systems Command 的心理學家 Nancy Warren 所提出。後經 Demings, W.Edwards（1986）[310]拓展及許多學者努力

[310] Demings, W. Edwards.,1986, *Out of the Crisis,* Cambridge, MA: MIT Center for Advanced Engineering Study.

耕耘盛行於企業界及公共行政界。另有一說是由 Armand V. Feigenbaum 的「全面品質管制」（total quality controll）、歐洲企業界的「整合品質產品管制」（integrated control of product quality, ICPQ）、及日本所稱的「全公司品質管制」（company-wide quality control, WQC）演進而來。Demings 強調「將品質嵌入組織產品的必要，而不是在事後才來剔除瑕疵品。」他提示對缺陷率的分析及如何降低缺陷率的方法，助益企業產品提昇，襄助日本快速躍昇世界經濟舞台的功臣之一。

吳定認爲：「TQM 是一項由機關組織全體管理人員及員工共同參與，採取計量及人力資源發展方法，不斷改善機關組織運作程序、產品及服務，俾使機關組織的產出，能滿足服務對象需求與期望的系統性途徑；它是一種哲學，也是一套概念和工具。」

Rosenbloom 綜合各家論說，指出全面品質管制的主要部分：「顧客是品質的最後決定者；品質應嵌入產品的生產過程中，而不是在末端加入；品質源自組織內的所有工作人員，品質若不良，源自系統而非來自個人；品質需要靠輸入和過程持續的改善；品質改善需要全體員工的參與。」論者認爲 Rosenbloom 的系統過程論強調管理作爲要巨細靡遺，如 AI 晶片之精密製程。

James Swiss 批判 TQM 的論證：「全面品質管理的發展是爲了產品的生產，而非服務；TQM 和政府之間的結合並不完美。……正統的 TQM 依靠對品質支持的堅強組織文化，而形塑此文化，管理要持續進行改善管理。」[311]Rosenbloom 綜論認爲：「對 TQM 的論辯比評估還要多，少數個案顯示它的運作功效，但也可能失敗。」「擴大員工參與具有改變工作場合關係的潛力及越來越大的利益。」

日本學者 Kaoru Ishikawa 在《在國外如何運用全公司的品管控制》（How to Apply Companywide Quality Control in Foreign Countries）一文中強調 TQM 有七項核心價值：以顧客爲尊（customer focus）；以員工爲重（employee focus）；重視團隊精神（teamwork）；重視安全（safety）；鼓勵坦誠（condor）；要求全員積極參與（total involvement）；以過程爲重（process focus）。審之，全面品質管理是以行爲主義（behaviouralists）爲基礎，並以員工參與及決策授權、分權化等概念轉化而成的「新思維管理學派」（new managerial school of thought）。TQM 協助日本在上世紀八十

311 Swiss, James.,1992, "Adapting Total Quality Management to Government", *Public Administration Review*, 52 .1992: 356-362.

年代後的經濟起飛貢獻匪淺。

TQM的基本要素或特性大致有以下幾項：

1.顧客至上（customer focus）：TQM組織成員要持續滿足，甚至超越顧客的需求與期望。所稱顧客包括外在顧客及內在顧客，因爲服務提供及產品之輸出，在組織運作過程中是不同組織或個人間一種輸入-輸出的關係。TQM強調顧客與供應者的溝通，著重持續、雙向及開放的溝通，以確保雙方在供需上的密切聯結。

2.全員投入：所稱全員包括高階、中階、基層、甚至顧客及供應者均應參與投入，範圍包括產品或服務品質產出的所有過程。TQM強調投入之外重視成員對品質的承諾與責任。品質文化之塑造須獲自最高層以下各層級全員的投入與奉獻、承諾才能達成。

3.高階管理人員的支持與承諾：高階管理者須直接、積極投入TQM的活動過程中，建構一種鼓勵變革及爲顧客持續改善的環境氛圍。高階人員的授權、塑造團隊氛圍、重視對個人的表揚、利益分享、重視員工意見及溝通，引導員工自動自發的投入。高階管理人員的支持行動與責任有六大項：塑造組織的未來遠景與使命；追求改善與持續進步的長期承諾；人員的參與；使用正確、規律的方法以追求持續的改善；建立正確、合適的支援體系；提供員工不同層級的不同相關訓練。

4.事先預防而非事後檢視：TQM強調：「第一次即以正確的方法完成任務」的工作觀，品管著重在事先預防（prevention）找出問題、缺陷所在加以處理，強調品質的提昇在於「上游階段」，即所謂「源流管理」或「管理源流」，事先確實整合每一個製造環節，產生高品質及降低生產成本。誠如Crosby所言：「品質的目的，不在於寬容錯誤的事和物，而在根除和防範錯誤的事物發生。品質需建立在生產過程的起始階段，而不是在生產過程結束後才建立。」

5.重視團隊合作：生產過程特別需要團隊合作（teamwork）與協調，品質的改善過程中，每位成員的通力合作乃是最關鍵所在，過程中的上下成員是一整體的。命令與服從的比重將降低，取而代之以相互支援及對共同問題的相互關切。全面品質管理的品質是透過組織成員的運作而達成，不只是個人的努力。品質不只在人員，更在於制度良窳。當制度的不當導致錯誤發生時，要檢視的是制度而不是個人。

6.持續性的改善：改善（improvement）是要求組織成員不間斷地追求改良與進步。從個人的生活方式、工作方法、社交方式或家庭活動皆是不斷改善而獲取進步。改善是一種過程導向。工作改善同樣也是以人爲導向的思考方式，「以人爲導向」的思考，強調人員的努力以達成目的。持續性的改善推行是由上而下，而改善的提出偏重由下而上，因爲基層員工最瞭解問題所在。

7.教育與訓練兼顧：教育與訓練是激勵組織成員朝向全面品質管理邁進的重要因素。組織運用不同成員的技巧支持全面品質管制的過程，個人需要教育並接受必要的訓練。「教育」的目的在使員工不斷成長，瞭解提高品質的意義及如何推動施行各項步驟；「訓練」是讓員工學習運用持續性改善的工具與技術；訓練的範圍和程度應視組織成員的層級、工作性質及特定過程，調整訓練內涵與程序。

綜述 TQM 特性：強調顧客、鼓勵全員參與、各階主管全力支持、事前預防重於事後彌補、強調團隊合作、持續性的改革、加強教育及培訓。公共行政組織提供服務，而非產品給公眾，公部門如何擷取 TQM 的精髓，管理者的權變措施要有相當智慧，和良好的溝通技能，始能讓員工積極參與，熱誠提供服務。

三、策略管理

私部門的策略規劃先於公部門啓動。1980 年代受到新公共管理（new public management）的倡導，策略管理（strategy management）與績效管理漸受公私部門的重視，但兩者論述理論、聚焦重點有別。策略管理在公部門受制於憲政架構（constitutional arrangement），以及立法機構與司法部門的法律和判決、法令規章、管轄權限、資源運用、政治氛圍、民眾權益等限制；以致私部門在推動策略管理的「目標管理」、「結果導向」等機制大部分適用於公部門。

（一）策略管理的內涵

各國受到企業組織的企業精神，以及對政府仿效企業精神建構企業型政府的影響，對策略管理更加重視。所謂「策略管理」是指綜合運用政策方案、管理能力與環境變化，以組織力量達成其目標的的管理方法（楊凡 2015：286）。「策略管理是管理者有意識的政策選擇、發展能力、詮釋環境、以集中組織的努力，達成既定的目標（吳瓊恩引據 Shafritz & Russell, 1997：326）。」Shafritz 的論點指出：「願景陳述」、「目標達成的時間管理」、「環境評估」、「組織內部能力」、「分析各種備選方案」、「整合組織各種力量」等要件的整合過程，由組織中「策略規劃單位」推動施行。

Hughes：「策略管理本身是一種過程而不是規劃本身（It is the planning process not the plan itself.）。」[312]Shafritz 的論點指出組織要整合各種內外部所有可資運用的資源，這與 Hughes 強調過程而不在規劃本身是相呼應的。

吳瓊恩（2006：522-525）認爲：「策略管理的過程乃在於滿足組織的遠景與使命，而這樣的過程主要有分析、建構、執行與調適及評估等四大步驟。」楊凡（2015：287）認爲：「策略管理是管理者有計畫的政策選擇、發展能力、詮釋意境，集中組織的努力，達成既定目標。」楊凡的詮釋有廣博內涵如次：1.首重優劣分析：從組織內部的優勢和弱勢，外部環境的機會與威脅，進行 SWOT（Strengths, Weakness, Opportunities and Threats）分析，又稱爲「強弱機威」。SWOT 分析通常由顧問或資深管理團隊以一種互動的、腦力激盪的方式進行，對組織定位的每一面向實施遠景應具備的基本條件，進行人事、制度、財務的可行性分析。2.建構推動策略：經過 SWOT 可行性分析後，對組織外在環境的機會與組織內在的優勢，進行建構推動策略。一個有效策略建構在辨別、理解與利用組織的優勢與獨特能力，亦即建構其他組織無法做到的競爭優勢。3.分工執行：組織在建構預期使命與任務後，必須採取各項步驟執行決策。執行的措施包括組織的各項工作，調派人力執行預定的各項計畫活動，諸多資源、責任劃分，必要的訓練，獎勵/懲罰規定，以勵士氣。4.調適及評估：組織內、外部都會適時變化，且組織的績效同樣會有波動起伏，必要時對工作程序、方法進行檢視，並加以調整，監督者要提出環境變化的預警，提供必要的修飾或調整策略、使命、目的及施行上的各種實務問題。

綜論策略管理有四個指導原則包括：關注長期發展趨勢；將目標與目的整合爲一貫的層級體系；重視外部環境變化；以策略性思考配合願景進行組織調適。策略管理要有良好的規劃以及管理者權威性的投入、執行，並掌握組織環境外部變遷。

---

312 Hughes, Owen E.,1998, *Public Management & Administration ,2nd ed., New York: ST. Martin's Press, Inc. p.166.*

（二）公部門策略管理的困境

公部門的策略管理相較於私人企業，其自主性較弱，既使公營事業在推動策略管理仍有諸多瓶頸障礙要突破，如人事、財務、績效、考核、薪俸等的調整。林淑馨對公部門推動策略管理的困境有如次見解：

1.公私部門的差異性：不宜忽略公部門與私部門本質的差異性，公部門模仿私部門策略管理，以競爭力分析而言，難以援引。忽略兩者的本質有很大的不同，以致影響策略管理在公部門的運用成效。

2.難以試用於手段、目標關係複雜的公部門：策略管理強調簡單的手段與目標關係，這可應用於目標易於界定的私部門，卻難以適用於目標模糊不清，政策經常受到制肘干預，以及外部環境難受政府組織掌控的快速變遷。

3.策略管理的概念過於簡化、直線性思考，難運用於公部門：這使得策略性規劃過於樂觀，忽略外部環境的不確定性及可能變遷，使得策略規劃落入空洞化不易落實。

4.策略管理所強調的確定性、控制性與持續性，不足以因應混沌的社會現象：外部環境充斥著動盪不安、混沌不清，影響策略管理的實施績效。

5.策略管理採取科學理性途徑，無法適應政治環境的多元性與複雜性：科學管理是策略管理的基本途徑，希望透過理性分析過程，理清組織內部與外部的不確定性做成客觀的未來發展策略，在現實的政治環境由於利益團隊、政黨等重要角色的介入，對話遠比策略更受重視，影響策略管理的運用。

6.策略管理的價值不在本身的計畫，而在於策略性的思維方式，參考諸家的理論與論述，針對本身的優勢與弱點，作出適合組織在未來三至五年的策略性規劃，在推動過程作出因時、因事、因人之權宜策略，以濟組織雄風於不墮。

（三）策略管理的步驟

楊凡（2015：287）認為：「策略管理是管理者有計畫的政策選擇、發展能力、詮釋意境，集中組織的努力，達成既定目標。」吳瓊恩（2006：522-525）認為：「策略管理的過程乃在於滿足組織的遠景與使命，而這樣的過程主要有分析、建構、執行與調適及評估等四大步驟。」楊凡（2015：287）詮釋有如次內涵：1.分析：管理者從組織內部的優勢和弱勢，外部環境的機會與威脅，進行 SWOT 分析。SWOT 分析通常由顧問或資深管理團隊以一種互動的、腦力激盪的方式進行，對組織定位的每一面向實施遠景應具備的基本條件，進行人事、制度、財務等的可行性分析。2.建構：組織經過 SWOT 可行性分析後，對其外在環境的機會與組織內在的優勢，進行建構推動策略。一個有效策略建構在辨別、理解與利用組織的優勢與獨特能力，亦即建構其他組織無法做到的競爭優勢。建構過程是一種跨組織功能的整合。3.執行：組織在建構預期使命與任務後，必須採取各項步驟執行決策。執行的措施包括組織的各項工作，調派人力執行預定的各項計畫活動，賦予資源、責任劃分，必要的訓練，獎勵/懲罰規定，以勵士氣。其中訓練過程包括職前、工作中、執行結果等訓練，循政策執行的過程，調適組織執行政策方案的各項資源配置。4.調適、評估：組織內、外部環境都會隨時變化，且組織的績效同樣會有波動起伏，必要時對工作程序、方法進行檢視，並加以調整，監督者要提出環境變化的預警，提供必要的修飾或調整策略、使命、目的及施行上的各種實務問題。執行與評估何時啓動？單獨進行或於執行過程就要進行評估，在實務運作上以經濟成本爲考量。企業生產線的執行必須立即、適時進行調整、修正，不宜等待產品到消費者手上，再行召回進行零組件的維修替換，如汽車安全帶的召回更換。

（四）運用策略管理的限制

公部門的策略管理相較於私人企業，其自主性較弱，既使公營事業在推動策略管理仍有諸多瓶頸障礙要突破，如人事、財務、績效、考核、薪俸等的調整。林淑馨（2012：270-289）對公部門推動策略管理的困境經彙整概述：忽略本質差異性、施行手段目標複雜、策略概念過於簡化、管理過程僵化、理性途徑難應外部環境、策略價值淪淺碟論述。

四、績效管理

「績效」（performance）一詞受到公部門的重視，始自 1980 年代英國柴契爾夫人推動政府再造風潮影響。當政府出現嚴重的管理危機與信任危機，傳統管理哲學受到省思，引進企業的管理哲學與方法重塑政府，冀望建構一個「成本最低、效率最高、回應最快、品質最好」的企業型政府。

再造政府的過程、方式、標的不一，各國政府的要求更加不同。「績效管理」（performance management）同時成爲先進國家政府再造核心工作。美國於 1992 年通過「政府績效與成果法」（Government Performance and Result Act）。紐西蘭、英國、瑞典均基於績效、成果概念、預算概念等作爲標的，無非爲提昇政府績效、滿足人民需求。

策略是指爲未來行動、走向或遠景的規劃和指引，也就是從現在走向未來，預期狀況的前瞻性與動態性思考。績效管理的基本概念是在組織內勵行策略管理，在員工人力資源管理誘因上採績效俸給制度，兩者配合組織與個人的功能均能彰顯。實務上的績效管理改革作法參考私部門的經驗，就管理學理論建構而言，策略管理與績效俸給制度是策略管理最重要的基石。策略管理活動的基本觀點是一種設計、預測與控制的邏輯思考，這與公共政策的政策分析與政策設計概念一致。策略管理的理論基調是組織各項管理活動，包括組織內部和外部環境管理，都是有意識性的目的導向過程，以求組織生存與成長，所設定且定期或不定期調整的目標，策略的形成與建構是策略管理的核心，透過各種組織活動、組織設計和組織變遷等形成一個相互協調、支援和整合的設計，讓組織資源得永遠作有效運作（施能傑 1999：107-108）。[313]

（一）績效管理意涵、過程、原則

郭昱瑩（2009：31）：「效率強調以對的方法做事（do things right），效能指做對的事（do the right things），而績效結合兩者，以對的方法做對的事（do the right things right）。」林淑馨（2017：266）：「績效指有效率的運用資源，以提供有效益的服務或產品。」一般的「績效」包含效率、效能與滿意度。效率強調經濟效率、回應效率、生產效率；效能指出產出的品質是否良好，能否達成原定目標；滿意度指對政府服務的感覺或情感性的反應。

企業運用「績效管理」一詞以強化員工表現的管理技術，以及如何執行策略、達成目標的管理過程。孫本初（2001：142-143）：「績效管理要透過課責（account-ability）機制的建構來提昇高組織的績效。課責不能只侷限在組織內部對外部規範的回應，或對較高權威的反應，而應根源於民眾的期待及信任。」「績效管理即是一套如何有效執行策略，達成組

313 施能傑，「政府的績效管理改革」一文被輯於《公共管理論文精選》，1999、台北：元照，頁 107-108。

織目標的管理過程。」私部門對績效管理較公部門易於界定。公部門的「績效管理」至少要滿足四類行動者的需求：1.民選首長藉助績效管理對官僚體系強化政治控制力；2.民選議會成員，藉由績效管理確立民主政體的課責制度；3.對行政體系的改革者、管理者，藉它有效控制行政流程，改善生產力與品質，提高組織競爭力。4.對政策執行者言，績效管理有導航（steering）作用，藉由績效標準和指標，管理者清楚工作要求和個人的任務重點。前述對各層次的參與者而言，對績效管理的認知各有差異，也形成推動績效管理的困境所在。楊凡（2015：289）:「績效是行政效率、效能與總體生產力（施政服務成果）之綜合體。」[314]Gary Cokins：「績效管理是指一個管理其組織策略之如何落實的過程，以期將策略（計畫）轉化為實際結果。」許南雄:「績效管理是指以績效取向為依據的管理目標與技術文化體制，也就是多種組織績效成果因素的系統整合管理制度。」1993 年美國通過「政府績效與成果法」（National Performance and Results Act, NPRA）尋求政府改造的績效成果，之後成為美國各機關創新行政文化的管理技術與方法。

績效管理的過程主要有：計畫、控制、評估、契約式人力運用（如委外服務）、顧客關係、生產力（績效成果）的衡量與改進、品質管理的實施，以及顧客導向等途徑。績效管理的內涵：良好的績效評估必須包括組織目標與績效成果的衡量方法與技術，對品質的考評、績效薪資（performance pay）、管理資源與預算財務的配合、策略計畫的評估與改進等。過程決定績效管理的應變性。

丘昌泰認為績效管理的原則有：易於達成目標的總體原則、易於建構的組織氣候文化、建構易於達成的績效標準、成果的回饋與績效評鑑結合。具體步驟包括進行績效管理，要獲得上層管理者的承諾及全力支持，以及組織成員的認同與共識及熱心參與。初步評估的目標要易於達成，以增加組織同仁的信心。組織各級主管的投入，全體員工的動員參與改進績效程序。績效目標要分年度分階段實施，由易入難，從簡易入手，讓不同部門都在起跑點一齊出發，醞釀組織氣候及績效文化。

資訊蒐集是績效管理的核心工作之一。運用資訊科技進行量化與質化績效目標資訊的蒐集、分析、制定，績效標準要具備客觀性、可行性、需求性。結合標的成果與績效評鑑標準，讓成果公開分享，讓執行單位、運用者及管理者的評鑑認同。績效管理的良窳提供後續政策分

314 楊凡，《行政學精要》，2015，台北：晶華，頁 289。

析、規劃參考。將回饋的訊息與目標綜合觀察。林淑馨（2017：267）：引據張博堯（2001：23）：「績效管理的作法：包括績效目標規劃（plan）、業務執行（do）、績效評核（check）、績效回饋及改善（action）等四項。」

（二）美國績效管理

美國績效法（或稱成果法）（Result-Act）源自聯邦政府不斷變革經驗所帶來。源自上世紀二次大戰後對政府績效進行幾項變革，較受公行界重視的有「績效預算制度」、「設計計畫預算制度」、「零基預算制度」、「政府績效與成果法（Government Performance and Result Act, GPRA」。

「績效預算制度」：指政府預算編列以施政計畫爲基礎，又稱「計畫預算」（Programming Budget），本制度以管理爲中心，明確劃定國家欲達成的目標與可用資源；「設計計畫預算制度」（Planning Programming Budgeting System，PPBS）：是 1968 年 8 月所提出，以設計爲中心，以分析爲手段，提高行政效率爲目的；「零基預算制度」（Zero-Base Budgeting System, ZBBS）：是根據目的、方法與資源作基本的更新與評估，於 1977 年由 Jimmy Carter 總統提出。美國聯邦政府會計總署（General Accounting Office, GAO）歸納歷任政府的施政計畫與預算過程，以及不同時代對績效內涵的需求進行不斷改革，強化公務人員對責任及績效的認知，並透過各種制約，提昇行政績效。

GPRA 於 1993 年 8 月 3 由克林頓總統簽署執行；GPRA 相關配套措施到 1997 年才逐一建構完成，也引進以顧客爲導向的策略，提昇人民對政府施政及爲民服務，提供的瞭解。顧客與績效導向成爲 GPRA 的重要使命。

1.GPRA 內涵

績效成果法明定聯邦政府各機關應設計出：「組織績效計畫」、「績效目標」、「績效衡量標準」。績效目標在作爲衡量機關產出及服務水準；並對預算管理局提出報告。

GPRA 是運用「策略管理」的思維模式來執行政策，提昇行政效率。GRPA 應具備三個要件：界定任務及欲達成的成果；衡量績效以測定計畫進度；運用績效資訊，進行決策。

2.GPRA 主要目的

GPRA 完成合法化的主要目的在規定美國聯邦政府各機關在 1997 年

9 月 30 日前發展出五年的策略性計畫，將可衡量的結果與各年度的績效計畫聯結，於 1999 會計年度績效計畫聯結。本法從 1993 年至 1999 年前後耗時前後七年多，根據 Radin, B. A.研究[315]指出 GPRA 在過程中耗時多年完成合法化的主要目的有幾點：運用各政府機關執行施政計畫或策略的成果，重建人民對政府的信任；從政府連串的試驗方案中，開創其他改革方案；重視執政成果與提昇公共服務品質，增加人民對政府的滿意度；幫助管理者從執行施政方案與改善公共服務，從中獲取的資訊以瞭解施政的成果；透過立法程序要求聯邦各政府施政與相關方案須具有績效，以供國會決策參考。

3.執行 GPRA 的步驟

界定目標，並對目標的達成建構共識；從事設定目標的工作；以策略式管理達成預定目標；建構績效評估指標；建立責任制度；依績效評估指標，監督與報告執行進度；發展與目標相關的報酬。

1998 年 NAPA 於 GPRA 實施一段時間後，「美國國家公共行政學院（National Academy of Public Administration, NAPA）」對 GPRA 提出研究建議：

（1）以結果導向爲基礎的管理策略是可行的。

（2）行政及立法議會對 GPRA 相關配套立法措施，必須在 1998 年完成，有待加油。

（3）GPRA 的執行尙屬起步階段，行政、立法與執行單位，必須有執行動機耐心完成與彼此協助相關工作。

（4）執行的成敗繫於決策高層的行政與立法議會的承諾與支持，資深管理人員要身體力行相互配合，以執行結果爲導向，並勇於承諾。

（5）對執行單位的執行方案成果，勿過早判斷其成敗，要考量對各層級執行成果資訊的蒐集有其限制性。

（6）各層級政府的行政機關要有政府一體的信念與目標，從整體與合作的管理活動，建立績效夥伴關係，達成方案目標，減少不必要的資源浪費。

（7）多數單位所規劃的計畫草案，普遍缺乏成果的要求，以虛無的目標或告示了事，要研擬具有意義且實用的單位計畫，再請行政與立法

---

315 Radin, B.A., 1999, "The Government Performance and Results Act(GPRA) and the Traditional of Federal Management Reform: Square Pegs in Round Holes", paper prepared for the National Public Management Conference, p.20.

兩單位的相互審核。

（8）目標管理局（OMB）要審視不同層級政府間相互配合的協調管理能力。

國家公共行政學院對 GPRA 持肯定的態度，能結合美國的政治制度、透過立法與行政的合作，對各方案的執行成果加以課責。同時也指出各層級跨不同機關的協調能力不足、虛應 GPRA 的目標、執行人員的訓練待加強等缺點。

（三）Radin（1999）對 GPRA 的評估

GPRA 的通過未考量美國政治結構與功能，其執行產生機會成本，造成不可預期的問題；聯邦政府的整體策略未與一般的行動與要求相互整合；公共行政界只觸及機制的安排與過程，卻未觸及國家的決策過程，未眞實反映決策與預算流程，改革只用過度簡化的思考，解決複雜問題；過分強調共通性未顧及個別的差異性，利用單一的尺度來適應不同的標的，未考慮各別政策或方案的差異性且過度簡化政府與民眾的要求；GPRA 形同圓形插銷，插進方孔的鑰匙之中。

綜前所述，顯然 Radin 與 NAPA 的論點是有落差的。吾人切勿過度樂觀認爲，透過國會立法的過程，就能強化管理流程，並促使各單位主管人員對於服務品質及成果產生認同。GPRA 要成功，除與政治體制契合，尚包括幾個重要因素：領導階層的支持；績效資訊的衡量要詳實設計衡量；成果評量要能有效課予機關的責任；課責機制未完備，立法議會及人民尚難有效監督政府的作爲；立法議會的自律與政治的穩定，有助於政府的行政改革。

（四）公私部門的績效管理

公部門與私部門的績效管理，有相當顯著的差異：公共部門績效管理呈現多元認知的差異，認爲必須滿足四類行動者的需求：1.滿足民選首長藉由績效管理強化對文官系統的政治控制；2.對民選議會藉由績效管理確立課責機制；3.對文官系統的管理者藉由績效管理以有效控制工作流程，持續改善生產力與品質及提高組織的競爭力；4.對一般文官而言，績效管理具有引導作用，藉由明確績效標準和指標，讓管理者與個人的工作要求與任務重點明確化。從推動評估發現首長、管理者、議會、及個人對績效管理各有不同的詮釋，認知落差造成推動上的困境。

其二、公部門施政計畫陳義過高：公部門爲迎合公眾的期望與要求，提出的施政計畫難以施行，形成施政的致病缺陷。難以實現的施政計畫，對執政者都是難以承擔之重。任何施政計畫與目標要衡量組織內部能力以及外部環境的變遷。未能兌現的施政計畫都會形成公眾對政府的不信賴。

（五）績效管理的研析

績效管理的潛在困境與困難，要讓它公開化、透明化，不用掩飾。諸如下列事實：未必每項績效都能量化；資訊可能不存在或要花費鉅額成本去搜集，或資訊本身具有不可信賴的因子；標準和標的間可能是相互衝突的；績效評量未必能測出政府組織各項工作的實質內涵。公共管理重視投入與產出，任何施政作爲都要考量資源預算的投入，既使交通公共建設的公益性未具顯著效益，但基於國家戰略思維，決策者會放眼未來的效益，因之戰略性大過任何考量。茲列舉中外學者宏見如下：

丘昌泰（2010：299-301）：參據 Fenwick（1995）及美國會計總署匯聚績效管理成功要件有下列幾項因素，更要兼顧施行的限制：

1.績效管理成功要件

（1）建構績效目標期望值：讓組織成員對績效資料要有清晰的期望。從美國聯邦組織實施績效管理的經驗顯示，機關的領導者與資深管理者對績效資訊的提供有相當的凝慮。尤其績效資訊要對外公開，都持保守的態度。

（2）提供強烈誘因參與績效管理：從對績效資料的蒐集與應用要提供強力誘因吸引組織成員。績效管理涉及機關的任務、策略規劃與目標、預算編列、績效指導等工作，都需要有強烈的誘因；幕僚/執行人員未能充分參與和責任過重，都難以啓動誘因。

（3）熟練管理過程各項技能：尤其決策者、管理者對績效管理過程所需技能要有熟練技巧：官僚要接受績效管理的有關訓練；諸如策略規劃、組織文化改變的技巧、面對利害關係者的諮詢與妥協技巧、績效評估的分析與報告方法、提供績效資訊系統、提供員工運作績效指標資料的方法及編列績效預算等知識及技巧。

（4）要獲得組織決策者的認同與支持：未獲得組織最高決策者的認同與支持，管理者再多的努力，都難以產生明顯成效。績效管理者也應獲得授權，以決定績效指標。

（5）要培養組織互信與自主的文化：績效管理可以提昇員工學習的動力；也會是對不良員工的懲罰工具或措施。跨組織的績效管理文化有助於建構組織間之互信與自主的組織文化。

2.推展績效管理的限制

公部門的組織目標、結構與任務特性不一，但普遍存在難以建構衡量指標的困境。徐仁輝（2004：24-25）引據美國公部門組織的績效衡量指出：要有效地衡量政府組織績效並不容易。主要原因有下列限制所致：

（1）目標設定無法一致：公私部門組織目標不一；私部門以追求利潤爲主，公部門目標多元化，彼此衝突很難妥協取得共識，難以量化。績效目標的確定是評估的先決條件，難定目標，指標不定，影響評估結果。

（2）績效指標難以量化：公部門組織任務肩負「公共性」、「社會性」等規範性價值，異於私部門交易活動的「對價性」（quid proquo），公共服務難以計其成本和效益，政府活動的效果具有「遠程性」（remoteness）和「不確定性」（uncertain nature）。組織運作成本難以企業的利潤或效益標準來衡量；造成公部門績效指標難以具體化和量化的問題，在信度與效度上不易建構。

（3）完整資訊掌握不易：完整與正確的資訊是提供績效衡量的基石。政策計畫的執行經常是片面的、短暫的與泛政治化，且蒐集資訊經常是爲不同目的，讓績效評估難以客觀進行；且資訊來源不同，績效衡量基礎不一。

（4）品質績效指標難以制訂：品質指標係指產品性質和服務提供，需經由顧客認定，透過即時性、回應性及成本等概念來界定，難以用客觀具體的指標與數據衡量，造成指標設定上的困難。

（5）政府績效的因果關係難以確認：政府因環境的不確定性、多樣性、及資源互賴性等，甚至多元政策間的衝突，以致政府施政或運作結果，以及產出價格和單位成本難以衡量，造成績效指標的設計及操作的困難。

（六）檢討績效管理制度

■其一、制度性問題

林淑馨（2017：283-286）引據林嘉誠（2007：129-133）等學者研

究，認爲我國績效管理制度仍有下列問題待改進：

1.停滯在觀念啓發階段

績效管理仍停留在觀念啓發階段，尙未顯現明確管理成效：我國對公共組織成員的績效管理教育訓練不足，未能充分瞭解其運作程序，仍在「觀念啓發」階段，未能展現實際運作成效。

2.績效目標與衡量指標未能有效勾稽

策略績效目標與衡量指標連結仍待強化：在設計上以年度績效目標與策略目標之實現進行比較。衡量指標除須符合效果、效率、經濟及公平等原則外，尙須具備信度、效度、時限性、敏感性及成本效益等特性。依調查過去偏重效率面指標，內容過於簡略、保守、致無法有效衡量績效目標實現程度。

3.績效目標與衡量指標挑戰性不足

績效目標與衡量指標的訂定目的，在引導政策方向，作爲年度施政工作努力的依據及展示績效的良窳，現行的制度欠缺實質獎勵，且機關在訂定績效目標植偏向保守、挑戰度不足，不利於策略管理的推動。

4.施政計畫與預算編列尙難結合

年度總預算案之編列，包括歲入、歲出及債務之償還應於年度開始前六個月前完成；然績效評估在年度結束後四、五個月才能完成，評核結果無法立即回饋修正下年度預算編制。

5.施政管理及評估資訊建立不夠完整

各機關年度施政績效報告要提送行政院研考會評核。惟評核機關與受評機關尙未建置完整，相關資訊無法獲得，影響評估作業進行。另評核機關無足夠時間及能力進行細部瞭解，受評機關在不違背事實之範圍內，會隱匿不利機關之資訊，或粗略地將事實帶過，造成評核機關作業困擾。

6.評估專責單位及評估人員專業能力仍待持續提昇

行政院所屬各機關多未設置專責績效評估單位，影響績效制度推動及發展。且大多評估人員大多爲兼任性質，對機關業務性質及評估技術並不完全熟悉，影響績效評估制度推動成效。

前述檢討提示官僚體系在運作績效管理之前，未作充分準備，以教育訓練的缺乏爲最，尤其毫無政策前例之方案推動，決策者連摸著石頭過河的程序都大膽省略，此乃現行體制決策者一貫易患之盲動。

■其二、績效制度與激勵制度

機關績效與激勵制度仍待持續結合：完善的績效評估制度必須結合績效評估與激勵制度。並落實機關總目標、單位目標、及個人目標的達成，給予及時獎勵，有效提昇機關整體施政績效。行政機關績效評核是依據「行政院所屬各機關施政績效評估要點」，而績效獎金制度是依「行政院暨地方各級行政機關年度實施績效獎金計畫」辦理。績效獎金偏向機關及內部單位績效之評核，未能與機關施政績效評估作業相連結，以致機關績效評核結果與績效獎金無法結合，降低機關績效評估制度推動成效，有待檢討調整。

（七）績效評量工具

1.六標準差

「六標準差」（Six Sigma）：「是一種邏輯理念及改善作法，運用策略、改善組織文化及各種管理統計工具，以達顧客滿意、成本降低、利潤增加及追求完美之目標。」六標準差從事前的過程管理到即時資訊的掌控、修正、降低錯誤與資源浪費。它著重輸入到產出流程之管制。六標準差最常見的步驟爲「界定」（define）、衡量（measure）、分析（analyze）、改善（improve）及控制（control），又簡稱爲：「DMAIC」。各項步驟與內涵略述如次：（1）界定：指顧客界定產品符合高品質的必要流程及條件。（2）衡量：瞭解現狀與符合顧客滿意的差距，找出關鍵流程所造成的缺失。（3）分析：剖析流程造成失誤原因及關鍵變數。（4）改進：找出關鍵變數最大容忍範圍，修正缺失使其在可接受的範圍。（5）控制：將改善的成果持續維持、甚至更加提昇。

2.平衡計分卡

1990 年 Kaplan & Norton 首在《哈佛商業評論》（*Harvard Business Review, HBR*）提出「平衡計分卡」（(Balanced Scorecard，BSC）後，被認爲對企業管理的影響力與日俱增。Kaplan 等將企業制定的策略與關鍵性績效指標相互結合，能在長期與短期的目標下，對財務性與非財務性、內部與外部構面、落後與領先指標、及主觀與客觀具體指標績效之間取得平衡之策略性管理工具。

平衡計分卡指將績效指標之選擇與策略目標（strategic objectives）進

行連結，並以策略地圖（strategic maps）呈現策略與指標間之關聯性。

把「策略」建構爲組織核心的五大法則：把策略轉化爲執行面的語言、以策略爲核心整合資源、讓策略落實爲個人的日常工作、讓策略成爲持續性的循環流程、及高階層帶動變革，成功運用平衡計分卡貫徹組織策略，並化策略爲實踐力量。

林淑馨認爲平衡計分卡應包括顧客構面（customer perspective）；財務構面（financial perspective）；內部程序構面（internal perspective）；學習成長構面（learning and growth perspective）等構面/觀點。

五、衝突管理

一旦「衝突」升溫，發生的危害可能導致衝突的相對人、第三者、組織與組織互動、公共利益等層面發生受損。「危機管理」要能預期偵測，進行管理作爲。衝突類型不一，在各種時地人物事的差異下，情境領導對危機管理者而言是種重大挑戰。

（一）組織衝突緣起

組織衝突指組織內兩個人以上或兩個以上的組織間，因意識、目標、利益的不一致，所引起的思想矛盾、語文攻訐、權利爭奪與行爲爭鬥。衝突可概分爲：個人對個人的、個人對組織、組織對組織的衝突。但細緻的分類又可分個人對派系、個人對政黨、政黨對政黨的衝突、族群與族群、意識爭峰……，分類只供分析論述的功用居多，但在公共管理對衝突的論述要依衝突頻率最受公眾關注的組織與組織間的衝突爲最。

組織間的衝突緣起因素良多，以公共行政的觀點論析有兩大重點：其一是爭奪政府有限資源；其二是組織權責的維護、擴張；兩者的目的都爲自身組織權力的維繫與組織永續生存。在爭奪過程慣以高舉公共服務、公共利益、克盡職責等形式上的正義大纛，旨在爭取更多維護自身權責不容侵犯的正義，透過公開、明示、或暗示對方的不當行政作爲，固保原有的支持者，爭取更多公眾、議員、或組織共同上級支持其論述。組織衝突眞正背後原因是爲鞏固組織權責不容侵犯、及爭取更多的行政資源以維繫、壯大組織能永續生存。

依組織理論對組織結構設計上，在部分權責與其他機關會有某種程度的重疊，這些組織設計目的在防止行政資源被單一組織所壟斷獨占。讓部分權責分置其他組織，另一原因是藉以讓組織間產生衝突，激起組織間的良性競爭。如此的組織設計負面效應是組織間責任不明，相互推諉塞責的副效應是公共行政組織領導者不容輕忽的衝突起因。

衝突是必然不可免，應給予適度鼓勵，其緣由如前述。重點是如何管理？組織是人的集合體，人的本質善良、自我動機、競爭本能、成就慾望的不同，激發衝突。人群關係學派認爲組織衝突有下列原因：

1.目標無法一致或共存：同組織不同部門，各有權責要完成的目標，從經濟學角度「人是自利」（self interest），在致力目標過程以本身「目標」爲最優先，互爭優先，衝突不可免。川普的「美國優先」豈不吹響衝突號角？

2.垂直命令與水平幕僚的衝突：上下的指揮體系與同單位間、同部門間所轄各單位的指揮命令體系不同，服從命令自以「上下」爲遵守程序，其次才是「水平」幕僚或協同配合、要求，屬於次要層級，但組織任務的達成通常仰賴其他部門、幕僚單位的配合支援才能事竟其功，在服從與協力之間難作取捨，衝突因之而起。

3.工作的互賴性：依「相互依存理論」（interdependence theory），各單位在資源或資訊的互賴性、依存度愈來愈高，其他單位要求快速反應，以免計畫期程的延宕，衝突的可能性隨之增加，依存度、互賴性愈高，爭執頻率愈多。

4.有限資源的競逐：資源是權力與影響力的象徵，各組織爲其目標之達成，必須極力爭取政府有限資源，尤其在預算編列項目與金額上引起衝突，預算象徵組織權威及其永續生存資源。

5.權力分配的落差：同組織同層級但不同部門，各有權限範圍，從組織職掌結構表可窺其一斑，權責輕重區分有別，組織人力員額配置，反應權力之落差，組織成員在工作過程即會實質的體會，日久組織間的衝突難免。

6.突發事件衝擊部門權責均衡：組織各部門職掌明定於法規，各項行政作爲權限分明，衝突很少；突發事件卻無明確法規劃分職責歸屬，事件的緊急讓相關部門互相推諉卸責，造成組織衝突。

7.激勵與薪酬：獎勵方式要公平合理，不影響組織各團隊的合作協調；獎勵涉及薪酬更加要謹慎爲之，政府組織官員有法定薪俸，組織領導者或管理主管不得任意變更減俸，這方面的衝突較少。但對同工情境下的激勵額度、等級不同，容易造成個人與組織、組織與組織間的衝突發生。

衝突的迸生（emergence）可歸責的因素太多，除前述外，資訊科技創新、生態的突變、歷史背景，尤其「資訊不對稱」都可能驟變衍生爲組織與個人、組織與組織間的衝突。公共行政管理者除專業領域，更要擅專於人文地理、生態疾病等意外所帶來的災禍，防範未然。

（二）組織衝突的效益

衝突效益的產生不易，在組織內部的衝突幅度，大都在管理者的控制、監督下。組織間衝突要對組織產生效益，有如次的層面、場域：

1.爲促進競爭、提昇工作效能：衝突足以促進競爭，力求本位的權責及自我的工作表現，讓組織倍加努力與奮鬥，提高服務精神、恢弘工作效能。

2.藉以瞭解內部實情：內部衝突促使首長加強內部控制的有利工具及機會，藉以探詢下情，運用權力解決問題。

3.提高對組織管制與擬聚團隊意識：在個人與組織間的衝突，藉以提高對組織的約束力，使組織趨於團結與凝聚團結。藉以顯示首長對組織的力量與權威，加強控制與組訓團隊合作。

4.集思廣益、顯現眞理：理越辯越明，爭論與辯駁中找出眞象，不致偏頗，集思廣益自是得體。

5.藉由衝突過程再省思觀察：事情起了衝突，行政作爲勢必遷延時日，藉此多角度剖析事情眞委，考慮更周全，不致於失之專斷或草率下定決策。

衝突管理通常忽略事後的建構、整理、歸結，將衝突起始終結例入組織知識管理供傳承、學習、預知，彙輯於組織智識庫，作爲培訓重要材料。

六、危機管理

任何工作領域危機事件都無可避免，而危機需要我們投入更多心力，程度更甚於往昔的挑戰。單一個人或官僚組織難以獨力因應危機。同心協心與合作無間是在危機中存活的關鍵因素。

（一）危機之意涵

當組織發生問題未能適時或適宜地解決，相關利害關係人對問題各執一端互不相讓，磨擦日烈爆發衝突危機。衝突在組織領導人或行政長官未能公正、公平消弭，衝突之星火會在不可知、不可預測情形下，或在內、外部各端的支持者贊助、支援下壯大聲勢，釀成組織的「危機」。「危機」再不處理就會變成組織的「災難」。

詹中原詮釋「危機」（crisis）一詞，認爲它源自古希臘時代「crimein」一字，此意爲決定（to decide）。所謂「危機」是決定性的一刻、關鍵性的一刻。危機是事端的轉機與惡化的分水嶺也是生死存亡的關鍵，是一段不穩定時間和不穩定狀況，迫切到要人立刻做出決定性的變革。危機出現其結果未卜難料，具有相當程度的風險。「危機是事端的好、壞轉捩點」（Crisis is turning point of better or worse.）。

（二）危機管理之意涵

「危機管理」意指機關組織對潛在或當下危機，在事發前、事發中、及事後所採取的一連串的因應措施。危機管理應是計畫性、預期性的動態應變管理過程。危機過程對各種資訊的蒐集、分析、研判，對應。化對策爲行動，進行必要適時修正，以降低危機風險與損失，甚至消除危機於無形之中。危機管理是組織爲避免或減輕危機情境所造成的嚴重威脅，進行計畫性的防患措施或應變計畫，在不斷預演或練習中學習、修訂計畫內涵，它是長期施政作爲之一環。綜言之，「危機管理」就是針對危機情境所作的計畫性的管理措施與應變策略。

1.危機管理是一種政治責任，只有政治課責機制的配套，才能廣被各層級接納，建立危機管理的共識。

2.危險管理是政府協調各部門進行協力合作的基本作爲。

3.危機管理是跨部門協調、協作的機制，更是最重要的政策議題，組織領導者的投入參與是維護組織生存的最佳的利器。

危機管理要在平時的不斷預演及練習中，操練跨部門的協調和協作，用以保護人民，建構組織的政治資源、經濟資源於最佳地位。911 事件前美國國防部五角大廈與所在郡市消防局與其他鄰近地區反復消防演練，成功減輕五角大廈人員及財務的損失。2019 年 COVID-19 疫情爆發，政府成立疫情指揮中心，2021 年疫情嚴峻，領導人授權指揮中心升級，體制上升級爲跨部門全國指揮中心，在執政黨團配合下，編列史無前例的預算支援戰疫，歷級三級二個多月才微解封，有效的危機管理理應褒獎。過程中瑕不掩瑜，誠屬難免，當爲後事之師。

（三）危機管理特徵

美國「聯邦危機管理局」（Federal Emergency Management Agent, FEMA）對危機管理的過程、屬性進行研析：

1.過程的階段性：美國「聯邦危機管理局」（Federal Emergency Management Agent, FEMA）把危機過程分成四個階段：「舒緩階段」、「準備階段」、「回應階段」、「復原階段」。

2.不確定性的狀態：指危機狀態之不確定及不穩定、影響範圍之不確定性、及相對關係人回應的不確定性。

3.處理的緊迫性：對危機處理的時間具有緊迫性，危機之發生多爲突然，迫使決策者在有限時程內以有限資源或資訊爲基礎，當機立斷，先行消弭危機於一二。

4.雙重效果性：危機具有正面與負面效果，負面效果可能影響組織目標或價值造成影響；正面效益是組織、個人從中學習，認知問題，進而解決問題。

5.威脅性：危機會影響組織目標之達成或基本價值，甚至影響決策者的決定行爲、領導力、判斷力等不同的影響力道，決策者的判斷力、思考邏輯會進一步被表露於危機管理過程。政務官的去留往往不在施政績效之高低，而在危機管控的手法。

6.危機管理可有效節省行政成本，行政資源的有限性不容被突發或漫延的災難侵蝕組織永續生命。防範未然，可節省大量行政成本，投入更有意義的施政作爲，而不是危機災難後的修補。

（四）化解危機衝突

1.化解內部危機

組織要坦然面對衝突，衝突雖有部分正面功效，但不容組織內部到處烽火，久必屋毀人潰，要因事因人立即化解或預防，未必事緩則圓。組織內部衝突是件大事，它的解決途徑有幾點：強制裁決、解決問題、理性說服、協調溝通。何者爲先？沒有定律，溝通的前題是理性接受，裁決後要澈底解決問題否則衍生另項爭議；爭議各方在協調時要知所進退，在各有所得，失之不大情況下解決爭端。

2.危機階段論

從危機管理的過程階段論可分：事前、事發、事后等三個階段。危機爆發前建構危機指揮中心，對各類危機情境作預測、預估、評量，並將危機消弭於無形。危機爆發由危機指揮中心負責各項指派事宜及處理，「危機管理小組」負責有關解決危機時所需資源的取得、安置及分配等項任務；對危機情境的發展狀況作追蹤、監測。危機解決後展開系統評估與調查工作，確認危機的眞正成因。加速復原工作的進行。

丘昌泰認爲危機管理係在危機狀態下所實施之管理程序與方法，乃是公共組織對於自然與人爲危機進行預防、準備、因應與回復的管理程序與方法。危機管理就是公共組織爲降低危機情境帶來之威脅採取事前、事中或事後的因應管理過程。危機管理者所面對的危機可能是已經出現的危機（如三聚氫安毒奶粉），亦可能是潛在尚未發生但有發生可能之危機（如發佈海上颱風警報）。危機管理必須要不斷地修正與調整，以有效預防危機、處理危機及化解危機，甚至消弭危機於無形。

綜前所析，危機管理過程通常包括危機預防、危機處理、危機復原三個階段。「危機處理」是「危機管理」三階段中的一個環節，其管控範圍依危機層次可大可小。危機處理是「救弊於已然」，公共組織的處理目標只能盡量減少傷害；因此，危機處理是消極的作法；危機管理非常強調危機預防，乃是「防患於未然」，其目的是預防可能發生的危機，化解危機於無形。

（五）中外危機管理策略/階段

詹中原：「針對發生災害地區的危機管理政策有四種類型：舒緩政策（mitigation policy）、準備政策（preparedness policy）、回應政策（respone policy）、與復原政策（recovery policy）等四者。」四種類型即危機管理的四個階段，略述如次：

1.舒緩政策：其目的對災難加以控制或修正控制策略，以減緩威脅本質；其次採取各種措施以保護災區的人民和各項設備，減少受害程度。

2.準備政策：目的在發展政府對災難事件的應變能力，讓災難回應作爲能迅速充分運作，提昇運作能力，其政策內容包括：規劃危機運作計畫；建構危機資訊聯絡網絡；檢視緊急事件處理中心各項工具、設備；設置危機預警系統及警報系統；緊急事件應變人員的訓練及預演；建立應變資源管理計畫。

3.回應政策：當危機變成災難事件時，政府應採取的各項應變行動：包括醫療救援系統，緊急事件處理中心之設置；救難與災難撤離計畫、災民收容中心；後續災害擴大預防措施。

4.復原政策：依災後之復原時間的長短可分爲：修復性復原：指短程的結構整修，以恢復基本民生維生系統爲主，盡速解決民生問題爲主，諸如水、電的供應，交通的恢復；轉型性復原包括長期基本結構的改造、翻修，如運輸系統的重建、污染物的清除、疾病衛生控制等。

依據美國學者 Louise K. Comfort 對美國災難的研究提出危機管理的策略包括變遷策略、持續策略、及整合策略等三者，茲略述概要如次：

1.變遷策略：危機管理政策要深入廣及協助民眾個人及組織，以增進對危機的因應能力，以達成保護自己生命、財產與社區安全之政策目標。此目標內涵要具體，不要過於抽象，爲一般大眾、組織所接受，組織各部門能相互配合，及因應環境變遷作適度的調適。變遷策略要依據危機評估控制分析、資訊回饋與行動調整等三個途徑，提昇各部門學習能力促進彼此協調互動。

2.持續策略：危機管理政策要對必要資源作有效配置及調度，因應時間與任務需求。在不同的年度、人事調度及行政地區能符合政府組織結構及程序上，維持持續性功能的運作。各層級政府配合擬訂持續性的執行準則，建立較彈性的組織結構與運作程序，提供各部門適時性調整權限及分工，以應不同需求，確保應變能力。

3.整合策略：各組織特性不一要建構整合性的溝通模式，能有效對個人、組織作有效的緊急溝通，且有權限及機制對緊急環境下的民眾與應變資源作緊急調配、運用。各組織危機管理系統要整合一致，以目標之達成爲要旨。各項系統要有效溝通聯繫，聯結危機地區的個人、組織與資源。

論者要強調當前危機處理類型不再侷限於疫情，更要擴及天災、水災、毒物、意外災害、交通、民生……，「危機指揮中心」是一種常態性、結構性、組織性的機制。它是跨域管理規範性的組織結構，平時有一定的編組、預算、人力、資訊數據分析研判，「危機指揮中心」需要各類專業人才，是危機管理的智庫和神經中樞。危機管理策略最高指導原則：在危機可能發生地區，除了應變機制之建構，要建立各類型的緊急應變中心。指揮中心的領導者要兼備溝通能力及權威性。各類型的指揮中心要在平時演練溝通能力、展現指揮能力與誠信，應變參與者的服從、無私地提供必要資源應急；調度系統的整合及有效性，要在災難前先行整合、演練、及修正。

七、課責管理

二十世紀末，世界主要經濟發展國家幾乎同樣面臨「雙重困境」（catch-22）：即政府即面臨財政日益困頓危機、民眾對政府的期待日增。各國政府採取各種途徑如「政府再造工程」、「企業化型政府」等措施，冀望提昇政府效率，解決民眾需求。隨著政府公共服務的外包與移轉，受託民間企業、組織，其公私界線日趨不明，不僅承擔契約責任，更包含憲政責任，逐漸轉變成具有公共行政的功能，須接受民主政體的公共課責（public accountability）。惟政府監督契約執行的評估機制不建全及監督機關、人力、技術，明顯不到位。結果產生「課責失靈」（accountability failue），本章分從公部門、非營利組織不同的主體來論述課責的意涵、特質、內容與方式。

（一）課責意涵

《韋氏大字典》:「課責指一種義務、自願接受責任或是對於一方之行爲加以說明。」吳定《公共行政辭典》:「課責是有權受到外部機制與內在律則限制的一種情況。」「課責」（accountability）具多樣性意涵，易與「責任」（responsibility）或「義務」（obligation）混淆或誤用。《韋氏大字典》對責任意指一方所需承擔之事務，或如道德、法律或精神課責的義務；義務係基於承諾、契約或有形規範法則，使得一方必須有所行動的過程，或因之必須做的職責。

Day & Klein（1987：5）:「課責與責任往往爲同義詞，但除非雙方皆具有責任，否則單方無法對其他人負責。申言之，課責並非是單方面的具有，具有雙向互動之特質。」Kearns（1996：8-9）:「義務與課責在概念上是有所區別的，課責是代表對上級或監督機構的一種責任或回應性；義務則對於具體或無形目標加以負責（公共利益）。義務與課責之差距即存在於對象之差異。」

劉淑瓊（2005：37）:「責任被界定爲行動的義務，而課責是進一步要求履行對行爲結果負起責任之義務。」呂苔瑋等（2006：341）引據Hughes（1998：230）:「責任的涵義須透過層級結構進行，對下屬都負有責任，至於何事、負責範圍等問題，卻無法精確表示，以致責任的意涵顯得模糊不清。」課責（accountability）：林淑馨（2017：139）指「政府或行政人員有違法或失職之情事發生時，必須要有單位或人員對此負起責任。課責情況大多有法令規範，但眞正發生功用在於個人的倫理判斷。」

論者認爲責任、課責兩者較易被混淆使用。前述中外學者對責任或課責並未能釐清詳實，被學界或實務界共同接受的說辭。大部分情境容許公共管理者在管理措施的方便性、嚴肅性，作出不同的選項。上世紀末公、私部門使用課責一詞頻率愈趨時麾化，似乎採用「責任」用語不夠時尙（fad），總會不經意地避免用「責任」兩字。其實兩詞在英文各有不同用字，但在中文的運用上，兩者的互動性及使用權重，學界對公部門較喜歡以「課責」兩字論析行政管理責任。論者認爲義務與課責是「您泥中有我、我泥中有您，必要時您我要水乳交融。」

（二）行政課責、行政責任

James W. Fesler & Donald F. Kettl（1991）[316]：「行政責任（administrative responsibility）具有系統層次意義的綜合性概念，由負責行爲及倫理行爲構成。前者指忠誠地遵循法律、長官指示，以及效率經濟原則；後者指堅守道德標準，及避免不倫理行爲的發生。」

林淑馨（2017：139）：「行政責任」之內涵指回應、彈性、勝任能力、正當程序、廉潔等涵義，茲略述如次：

1.回應（responsiveness）：指政府機構快速洞觸機先、知悉民眾的需求，並採取「前瞻」性主動行爲，研議解決方案，解決問題的發生。避免落入回應遲緩或無力回應。

2.彈性（flexibility）：政策之規劃或執行，不能忽略政策目標之達成、個別團體、地方團體或情境等因素之差異。以風災救援爲例，服務對象之順序要因地制宜，具有彈性。

3.勝任能力（competence）：行政機關推動職掌、貫徹公權力的行爲要謹愼，並顧慮後果；即要有履行任務的能力，又要表現行政的效率、效能之施政績效。

---

[316] Fesler, James W. & Donald F. Kettl.,1991, *The Politics of the Administrative Process*. Chatham NJ: Chatham House Publishers Inc.

4.正當程序（due process）：指任何人未經法律正當程序，不得被剝奪生命、自由、權利或財產。對政府而言，「正當程序」指政府要「依法行政」（rule of laws,administered by laws）。

5.廉潔（honest）：指政府施政要能坦白公開，以防止腐化。以施政得失而言，要對外公開結果，接受外界檢覈；政府相關決策者及執行者，不能受賄、或圖利他人。

Kears（1996）：「課責的本質是一種控制的行爲。有效的課責機制設計，須建構在資訊（information）、監督（monitoring）、與強制（enforcement）三者基礎上。」Hughes（1998：226-230）：「課責是一種委託人與代理人之關係，代理人代表委託者執行任務，並報告其執行狀況的關係。」

陳敦源（2009：32-33）歸納以下幾項課責重點：

1.課責關係包括「課責者」（accountability holder）與「被課責者」（accountability holdee）兩者的角色及其互動關係，此種關係可比爲代理人理論來理解。

2.被課責者有義務來回答課責者關於授權行動的表現問題，這種義務設計，包括資訊公開的法律義務，與資訊表達結構的「可理解性」（comprehensiveness）。

3.課責者對被課責者所關心的焦點是「績效」問題，受託者應達成的程度問題，這種績效資訊是不對稱地背負在被課責者的身上。

陳志瑋（2005：133）例述兩者：「在一組相對應的關係中，甲方有義務對自己的行爲或活動，對乙方提出解釋、說明與回覆；在此情況下，乙有權對甲課責，甲是被課責的對象，一旦甲的行事出現違失或不當，就必須負起責任。」從組織理論甲乙兩雙方是處在上下不對稱地位，一方有權另一方有責。此即，江明修（2002）,Kears（1996）,郭昱瑩（2011）等學者所言：「課責是指向高層次權威（higher authority）負責，即向權威來源解釋說明個人行動的過程，以及處理監督和報告之機制。」

Koppell（2005：95-99）：則分別從透明度（transparency）、義務（liability）、控制能力（controllability）、責任感（responsibility）、以及回應性（responsibility）五個面向闡述課責的內容。

表：課責的概念

課責的概念	關鍵要素
透明度	組織能否顯露其績效的實況？
義務	組織是否能面對其績效結果？
控制能力	組織是否符合首長的要求？
責任感	組織是否遵循法規？
回應性	組織是否符合顧客的期待？

資料來源：Koppe11（2005：96），轉引自林淑馨（2017：142）

狹義「課責」是指向高層級權威「解釋或說明」個人行動的過程，處理的是有關監督和報告之機制。課責是管理者、決策者與決策執行者之間的互動原則、規範程序；具體而言「課責指涉一種權威關係。」論者認爲：何謂「課責」？學界看法依視角而不一，難有被公認的一致性定義。若純粹站在上下層級論析，則殊難涵蓋「道義」（moral obligation）範疇，道義以平視角度對待另一方。道義容不得對方規避倫理口誅筆伐，承擔應負責任。

（三）公部門的課責管理、目標

1980 年代先進國家受到新公共管理影響，導入企業化管理模式與精神，部分的公共服務或事務，移由私部門或非營利組織提供。公、私部門間的界線越來越模糊不清，「如何課責」（how to be accountable）益形重要。加上政府再造運動，傳統的課責觀念，無法適用於複雜網絡關係的政策領域，公共管理者對課責關係也難有清晰架構。公共管理講究效率、效能、及經濟成本，其本質是對人民如何負責，向人民提出說明、解釋與報告，政府據此被課予責任，並透過課責機制達成政策目標，落實民主目標。

林淑馨（2017：144-145）引據 Dowdle（2006：3-6）論述，指公共課責目標包括幾項內涵：

1.透過選舉建構政治責任：：Dowdle 認爲美國自建國後，選舉制度讓全民受到很大的信任，藉由選舉（election）選出代表全民各種意見的官員，對選民負起政治責任。

2.促進公共利益之實現：認爲理性官僚（rationalized bureaucracies）對被選出的官員有疑慮，爲建構完善理性、專業官僚的框架，透過課責可促進公共利益的實現。

3.司法監督：公正的司法審查（judicial reviews）歷爲美國理性官僚所倚重，英國學者更藉助「司法」力量，以框正民主與官僚的問題，以「法治」監督行政部門的作爲。

4.行政透明化（transparency）：60 年代越戰和 70 年代水門事件的衝擊，開始反思應透過其他形式來監督政府，具體作法是 1966 年資訊公開法、1976 年陽光法案。

5.回應市場（market）：美國 70 年化後經濟發展停滯、公部門的浪費、無效率、無回應，使得改革者尋求私部門市場的機制，冀以提高政府效率。

Nancy Roberts（2003）在 PAR 發表「透過對話維繫公共官僚的課責」一文，提及建構課責機制的三種導向[317]：

1.以目標導向爲基礎的課責（direction-based accountability）：確保組織施政作爲與組織目標、政治權威領導、及選民利益相結合。

2.以績效導向爲基礎的課責（performance-based accountability）：組織的產出和施政結果要釐清列述，以供績效成果評估，檢驗與組織目標能否相連結，過程需符合管理實務的規範。

3.以程序正義導向爲基礎的課責（procedure-based accountability）：建構完備的法律、規則、與規範，以規範導引政府施政、執行的既定方向。

綜述林淑馨、Dowdle、Nancy Roberts 的論析，且先回溯劉坤億（2009：67-68）引據 Mattew Flinders（2008）論述：「提出政府被課以責任目標有數項指標：避免權力被濫用、腐化、誤用；確保公共資源依其公共目的來使用；並堅守公共服務的價值；改善公共政策的效率與效能；增強政府的正當性，以提昇公眾對政治領導人及政治制度的信任；記取教訓，避免錯誤重蹈覆轍；提供可達成、具體改善效果的社會功能；在複雜的政策網絡中釐清錯誤。」如斯，學習者對公部門的課責問題，更易入理。

317 Nancy Roberts,2003,*PAR*, "Keeping Public Officials Accountable through Dialogue: Resolving the Accountability Paradox", Vol. 62,issue 6.

（四）公部門的課責關係

「課責」成立前提是具有合法性的權威關係，才能對受託者對其績效表現結果提出說明（Romzek 2000：22）。公共行政課責源自「課責機關的權威來源」、「機關自主性程度」兩項關鍵，內涵包括數種關係：

1.層級節制課責關係（hierarchical accountability relationship）：層級節制來自組織內部權威控制，表現在上級和部屬間的課責關係。直屬長官對部屬工作的監督及定期的績效審核，屬此類型的代表。

2.法律課責關係（legal accountability relationship）：當課責權威來自組織外部時，組織成員通常沒有多大的自主裁量空間，通常源自法律課責關係；「法律課責關係」屬於「法治價值」。通常在監督、檢視官僚體係是否「依法行政」？

3.專業課責關係（professional accountability relationship）：當工作任務授予個人高度自主權，容許依「內化的」（internalized）專業規範與判斷作決策時，屬於專業課責關係，被期待依專業規範行使專業裁量，乃是一種負責任的專業行爲。其績效標準是同儕的專業規範、共同議定的準則與普遍通行的實務規則。

4.政治課責關係（political accountability relationship）：政治的課責關係授予官僚體系的執行人員有良多的自主權，以回應外部需求與期待。例如民選官員對服務對象、公眾。官僚體系的官員擁有自由裁量權以回應利害關係人的關注與期待。強調顧客服務取向與對服務對象的需求回應。

（五）行政體系課責機制

Richard Mulgan（2003：65-66）認爲任何課責機制、制度都有其複雜度，但要能回應下列問題：「誰負責」、「對誰負責」、「負什麼責」、「如何負責」、「負責步驟」。課責的詳細機制分成：「選舉、立法監督、政策對話、媒體、司法監督、政府審計、調查與監控、民意反映及個人課責」九種面向。

表：政府課責的機制

課責機制	誰負責	對誰負責	負什麼責	如何負責	負責步驟
選舉	執政政府 個別議員	選民	總體績效	競選政黨	討論矯正
立法監督	執政政府 政府機關 個別官員	議會大眾	總體績效 整體績效 個別決策	說明與報告、行政調查、委員會調查	資訊揭露 矯正
政策對話	執政政府 行政官僚	利害關係人 利益團體 大眾	整體政策	諮詢機構 政策社群 抗議	資訊揭露 矯正
媒體	執政政府 行政官僚	新聞工作者、大眾	整體政策 個別政策	新聞報導 採訪揭弊	資訊揭露 矯正
司法監督	執政政府 行政官僚	法院 調查機關	依法行政 個別決策	聽證會 報告	資訊揭露 矯正
政府審計	執政政府 行政官僚	審計官 議會、大眾	財政適法性、總體績效	定期審計 績效考核	資訊揭露 矯正、討論
調查與監控	行政官僚	監察人員 督察人員 大眾	個別決策 成績 績效	調查建議書	資訊揭露 討論
民意反映	行政官僚	大眾	整體政策 個別決策	申訴程序	資訊揭露 矯正、討論
個人課責	政治人物 個別官員	上司、法院、大眾	績效 依法行政	向上負責、揭弊	資訊揭露 討論、矯正

資料來源：Mulgan, Richard.（2003：109-110），轉據林淑馨（2017：149）

（六）NPO 的課責

1.課責問題

課責的基本觀念是授權人對代理人間的關係，代理人代理授權人/委託人執行任務，並向授權人報告進度。企業授權人而言，對代理人課以責任，冀望最終獲取利潤。易言之，課責是一種外在判斷標準，讓組織決策者因其決策或行動結果，接受獎懲。張瓊玲（2008：7-8）認爲公共部門及企業部門的責任概念，難以完全適用非營利組織，其因如次：1.非營利組織成員間的互動，係基於理念的契合及信任，不具明確的層級關係。2.成員的責任不侷限於法律責任的遵守，而是對公共利益和公共信任的維繫，績效指標不明確。3.社會大眾對 NPO 追求的公共利益評價不一，組織係以其自身的主觀認定，去落實組織的責任。4.NPO 要面對多元化組織對其多樣化的責任問責，NPO 對其難有肯定、明確的責任區分。

江明修等（2002：24）:「對非營利組織的課責，是藉由遵守明確的法規命令等正式機制的使用，避免違法或不當行爲，並對財務進行完善的管理。」對非營利組織的課責，旨在對其倡議、關懷議題及捐募的財貨是否公開、釐清責任歸屬，以及探討組織的經營成效應該由誰負責成敗。

2.NPO 課責特性

周佳蓉（2007：2-27-32）認爲非營利組織課責具有幾項特性：1.透明度是基礎課責：非營利組織資源取自大眾，如何善用捐款及建立資源使用和結果的財務報告，以展現組織的透明乃建構課責機制的礎石。2.強調對使命宗旨負責：課責可視爲 NPO 的一種管理策略，不管其模式和策略如何，首應建構 NPO 宗旨和成立使命，以及發展策略、環境及資源偵測，並隨組織的使命、宗旨擬定相應的課責內容、利害關係人互動規範。3.強調價值課責：NPO 的價值觀影響其支持者間的互動，將價值視爲組織主要關注與動機，未必被視同爲負責，尤其缺乏課責機制，將會弱化 NPO 組織與其支持者的關係。4.重視組織的治理、表現與效能之課責：NPO 基本上對董事會或理事會負責治理與經營管理之要求。組織治理的課責核心是在一定期限內，檢驗組織對使命達成之過程和結果，進行檢驗。5.強調情境互賴的多方對話與溝通：非營利組織的課責是以組織認同或自陳目標的情況下，眾多利害關係人的對話或是協調過程。監督或制裁手段不是組織對課責的唯一手段，運用對話、溝通、約定、正式或非正式的課責要求，均是達成社會責任的途徑。6.重視非營利組織在公民社會之角色：NPO 同爲公民社會的成員，要參與推動公民社會蓬勃發展，需奠定組織的自主性、與標的弱勢者接近、對話，成爲具有代表性的結構，雖難以普遍要求具備這些特質，但缺乏課責，會導致績效不佳或代表性不足的可能性。7.重視非營利組織課責與正當性：NPO 課責是組織自我努力，同時適時反映社會觀感、期待、及支持度與接受度；其正當性展現在活動內容及行爲程序上，符合道德倫理或社會代表性。

3.NPO 課責內容

非營利組織的課責機制源自公部門。林淑馨（2017：153）根據 Kearns（1996）提出四種課責內容納入組織策略規劃：1.法律課責（legal accountability）：要求清楚的權威層報，遵守法律的精神和法律規範。2.協商課責（negotiated accountability）：要求對關係人的需求，給予高度回應。3.裁量課責（discretionary accountability）：在行使自由裁量權時，要以專業知識進行正確的判斷。4.預期課責（anticipatory accountability）：要能預測未來趨勢，並主動參與及倡導相關立法和行政創制。

對 NPO 的課責並不侷限於前述所列述，尚包括對公共利益和公共信任的維持；亦即對非營利組織關係人所作的承諾性社會課責。因之除外部的法律課責，內部控制機制尚包含道德倫理課責。

政府會制訂相關法律，從公共服務、公共政策與財務法規等實務面監督 NPO 在實務面上的運作。目前我國在民法、人民團體法、各部會財團法人設立標準及監督準則、免稅法規及募捐法規進行管制。政府一方面透過 NPO 提供公共服務；另一方面卻對 NPO 進行監督之責，政府角色難免有衝突矛盾之處。非營利組織多元目標及任務，屢與政府多個組織機構業務有關，政府各層級間可能產生協調及監督的困難。

多數非營利組織的自發性規範以董事會爲重心，期望執行長對組織資源運用的績效負責，卻對組織自身的表現欠缺課責。董事會對組織內部的課責規範包括：明確的使命與願景；利益迴避原則；確認議題的優先順序；與關係人進行溝通；設定自身評鑑指標；定期的正式評估；嘗試新的工作態度與方法。

非營利組織由於缺乏成本利潤機制，未重視績效管理，難以提昇效率。績效管理是 NPO 能長期生存永續的關鍵因素。衡量 NPO 的績效可從組織使命的達成度、社會接受度、效率、外界投入資源的充沛程度，捐款人或同仁的滿意度、組織資源與人力配置的平衡度、轉換度等指標進行評估。績效評量機制因組織不同，宜有不同的評估指標，進行多層次、不同角度的評量。論者認爲 NPO 的貢獻良多，但任何形式的組織都應有其嚴謹性、透明性、守法性，對 NPO 同樣要有課責、監督機制，否則會是社會潛藏的亂源。

八、跨域網絡管理

跨域網絡管理（cross boundaries network management）不是新名詞，只是公共管理者爲了方便因地制宜拆解爲「跨域管理」、「跨域治理」、「網絡管理」、「協作管理」、「神經網絡管理」等等不同情境下的溫情稱呼。從管理決策者的實質身分，不論立足行政管理、商業管理的領域，管理決策階層都在不斷操演前述「目標」、「品管」、「策略」、「績效」、「衝突」、「危機」、「人力」（下章）等等實境或虛擬管理事務，管理決策者都不時在「跨越不同管理標地」進行整合式的「策略」佈署與建構，透過資訊科技 IT、運用人工智慧 AI 等工具、載具，發揮整體組織運作功效。

前述從「目標」到「人力」等七項頂尖管理類型，實務操作管理決策者，不會是單項操作，而是由單一到多項、垂眞到水平、合縱連橫混合交錯類似「神經系統」交織成「跨域神經網絡系統」，在多元化虛擬團隊（virtual teams）[318]組織成員共同協力，日益精進爲組織永續生存前進。

在「供應鏈變革」[319]一文，作者錢婧提及「互聯網過程需要高效、靈活的供應鏈作爲支撐，改變以往規模化、標準化的運行模式，使得供應鏈上的每一節點、每一環節都能更加柔性和靈活，以應不斷變化的需求和未來。」、「只有把變革升級到戰略層面，落地到每個個體，才有可能做到從『孤島』到『鏈』的質變。」

錢婧引據馬云曾在全球智慧物流峰會上指出：「未來的物流公司要成長，要靠數據、靠人才、靠技術、高度投入技術研發。」錢婧歸結：「對於未來商業整合，協同發展，全渠道貫通缺乏認知和信心。單個企

318 Lipnack, Jessica & Jeffrey Stamps, 2000, *Virtual Teams: People Working Across Boundaries with Technology*, John Wiley & Sons, Inc. pp.239-272.

319 錢婧，2019，「供應鏈變革」一文，《云端》（HAI VISION），頁 76-79。（錢婧，北京師範大學經濟與工商管理學院主任）

業思想轉變終歸只是杯水車薪，改革必然需要生態系統內的各方同時發力，以技術爲推手……」。

哲學家史懷哲醫生（1875-1965）在《文明的哲學》（The Philosophy of Civilization ）（1923 年出版）[320]；提及：「自身沒有辦法產生新的調節過程，以便彼此中和，而形成進展。」可以闡述各種管理類型、理論，未能擷取各方論述精髓，因事、因時、因地作出適時調適，行政管理會如同史氏所云停滯進展，在實務界、學術界日漸凋零褪色。

本章單例從「目標」到「人力」等七項管理類型，實屬滄海一粟，杯水車薪難應跨域行政領域的荊棘叢林，高度倚賴「跨域行政生態系統」整合發功。即使跨域行政整合成功成爲強有力行政團隊，仍不宜忘掉 Donald F. Kettl（2002）醇厚告戒：「強而有力的政府可能剝奪人民的自由。」[321]勉勵對強權政府不忘侷限它的權力。理論與實務的弔詭，此僅其一端而已。

[320] 蔡佩君、傅士哲、林宏濤等譯，2010，《文明的哲學》，*Kulturphilosophie*（1924 年德文版），原著 Albert Schweitzer（1875-1965），此地通尊稱為史懷哲醫生，史氏因對非洲的偉大貢獻於 1952 年獲頒諾貝爾和平獎，台北：誠品，頁 44-45。

[321] Kettl, Donald F., 2002, *The Transformation of Governance: Public Administration for Twenty-First Century America,* The Johns Hopkins University Press, Baltimore, pp.4-7.

第五章　人力資源管理

「人力資源」是 21 世紀國家競爭力最重要的戰略資源。因應多樣性民族，全球企業組織對它的管理邁入跨文化管理與宏觀戰略經營。[322]

21 世紀公私組織把爭取吸收優秀人才，列爲組織發揮競爭力最重要的策略之一。「人力資源管理」(Human Resource Management, HRM) 是處理人員的甄拔、訓練、評估、與薪酬的過程，並關注勞工關係，健康與安全、公平待遇等問題。策略性人力資源管理著眼於組織與外部環境之間的關係爲主要思考對象。傳統人才需求標準與新世紀全球化的人才需求標準有別。後者需要的人才必須能思考，善於學習及富創造力的人才（吳瓊恩 2006：544）。各機關組織之「人力資源運用」包括人員的分類體制、考選任用、考績獎懲、俸給福利、訓練進修、退休撫卹等業務；「人員行爲管理」有行爲激勵、人性尊嚴、行政倫理、組織士氣、態度及工作情緒等動態管理方式。各種組織都有共同的資源以維繫生存的永續，這些資源包括：實體設備、財務、技術、人力等資源、及知識和社會資本。

傅肅良：「人事行政係各機關爲達成人盡其才、事竟其功目的，設立組織體制、選用考訓、激發潛能意願、保障生活安定方面，所採取的各種措施。」除前述尚包括保險、福利、休假、保障、考勤等範圍。[323]

全球普遍遭受少子化及高年齡化問題，高齡化人口數日益增加，相對的工作人力（working ages）（通指 15 至 64 歲的人口數）日漸萎縮。以澳洲爲例，Burke 等學者（2013）《公部門人力資源管理》[324]一書指出：單以澳洲墨爾本人力署統計指出，2010 年 65 歲（含）以上占人口數 13.7%，到 2021 年預期占比人數上升到 19.1%；維多利亞州的工作人力/勞動人口數從 67%，預估到 2021 年只剩 65%的勞動人口。臺灣高年齡化人口數在出生率逐年負成長趨勢，已嚴峻成「生不如死」窘境，未來公部門人力資源管理是重大挑戰。

---

322 李嘯塵主編，2000，《新人力資源管理》，北京 石油工業出版社，頁 129-524。

323 林淑馨，《行政學》，2015，台北：三民，頁 237-238。

324 Burke, Ronald J. ed. 2013, "The importance of human resource management in the public sector, future challenges and the relevance of the current collection", *Human Resourse Management in the Public Sector,* Edward Elgar UK, PP.1-13.

前論，所謂人事行政即各機關組織之人力資源運用與員工行爲管理之措施。人事行政即針對人事問題進行系統探討與研究，基於管理的策略與價值取向，成就學理體系爲人事行政學。

人力資源屬於專業領域，任何學術領域論述難脫「人」的角色、功能、核心價值，它們的歸屬是「人」。在行政管理、商業經營、科技發展、國防戰略，「人力資源」管理的良窳，直接撼動各學術領域的價值與磐石的存續或傾潰。公共行政管理界域廣雜卻如神經系統般糾結互聯，時刻被行政領域各細緻節點的「人」所纏絲裡捆。管理者欲振興除弊、扶傾於即倒的關鍵是「人」。人力資源範疇廣袤不在單項的「人」，更擴觸組織「成員」及其廣博內涵。

一、HRM 廣博意涵

（一）人力資源管理演進

組織中對「人」的重視，始於科學管理學者 Taylor，他以「個人」爲分析單位，希望將他們訓練成爲有效率的工人；後來 Mayo 以霍桑實驗基礎發展「團體」爲單元的組織行爲研究；上世紀 50、60 年代的管理學者從個人需求角度出發，探討管理個人動機與激勵方法的重要性，基本的觀點角度是個人、組織與工業心理學。

1970 年代企業競爭日盛，組織爲適應外部環境的挑戰，促使人力資源管理學派的出現，不再單純以個人、組織與工業心理學爲滿足，結合組織行爲論者，以員工的安全與健康、滿足感、績效，擴大初時關懷的焦點。到 1980 年末期人力資源成爲管理學新的研究領域，出版許多專業書籍及學術論文，大學紛紛設立課程及研究所；大型企業推動人力資源管理計畫，以提高人力素質與效能，依當時 Marginson,P.K,et al.（1988）研究指出 80%的公司都已制定全面性的的人力資源管理政策。

（二）人力資源管理特質

所謂「人力資源管理」（Human Resource Management）：是將組織內人力資源作最適當之確保、開發、維持與活用，基此所爲規劃、執行與管制之過程稱之。即所謂：「人與事配合、事得其人、人盡其才」。Poole, M.（1990：1）：「人力資源管理主要是融合國際商業、組織行爲、人事管理與工業關係於一爐的管理理論，其最終目標在於建立一門社會科學。」人力資源管理的基本前提是肯定人力資源爲組織最重要資產。此後演進，人被視爲「智慧資本」。

根據 Sisson, k.（1990：5）：從管理範圍而論「人力資源管理」需涵蓋四項特質：強調人事政策與策略規劃的整合；從管理責任而言：從傳統的人事幕僚管理者，移轉到業務部門中的資深管理者；從管理關係而言：從「管理與企業」關係移轉爲「管理與雇員」關係，從「集體主義」移轉爲「個人主義」；從管理角度而言，強調組織承諾與啓發，管理者的角色成爲「授權者與促進者」。

（三）人力資源管理與傳統人事管理

丘昌泰認爲：「人力資源管理」（HRM）是指組織內所有人力資源的取得、運用和維護等一切管理的過程與活動。「人力資源管理」與「人事管理」在內容上雖接近但內容有別：「人事管理」（personnel management）指日常進行的工作，如工作分析、用人、訓練與發展、考核、報酬、維護及工會關係。「人力資源管理」著眼較廣，具「策略性」（strategic），兼顧組織氣候、組織文化，作長時間的考量，包括下列層次：

1.環境層面：人力資源管理重視全球與外部環境，如生態、健康議題；傳統人事管理重視國內與內部環境。

2.組織層面：人力資源管理重視策略性的議題，強調競爭力、生存力、競爭優勢與工作人力的彈性化；人事管理以吸引、留住或激勵員工等運作性議題爲主。

3.管理層面：人力資源管理主張與員工、顧客、供應者保持密切的夥伴關係；人事管理重視組織內的功能性活動爲主，著重內部員工的領導與控制。

4.管理單位角色：人力資源管理單位重視與組織生產與服務息息相關的通才；人事單位則重視負責人事業務的專才。

5.員工層面：人力資源強調與員工維持和諧的平等關係；人事管理重視員工衝突面及衝突的處理。

6.實務運作：人力資源強調團隊意識，採取宏觀的策略發展模式；人事行政強調個人，採取狹隘的微觀能力之培養。

我國公共行政組織機構多數以「人事」爲機關、單位之稱呼頭銜，鮮以「人力資源」爲前銜，但私部門事業組織慣用「人力資源」爲前銜，再冠以「人力資源長/部」、「人力資源科/課」等稱呼。前述丘昌泰對「管理單位角色、員工層面、實務運作」等層次論析，與當前公私部門人事與人力資源管理單位扮演長期人力資本的投入角色；員工管理實務，除衝突排解尚包含多樣性員工人才拔擢、培訓；實務運作兩者兼俱長期策略性觀點，對組織人事及人力資源難作細膩分割。

（四）管理者應具備的技能

吳瓊恩認爲人力資源管理者應具備的技能/觀點，屬於較高層級的管理技能有如次論述：善於溝通的人際關係、組織專業決策技能、專擅於組織領導變革技能、人力管理專業技能。其細緻論析包括：1.練達的人際關係：人力資源管理者應具備溝通、協商與團隊發展。組織內外部的人際關係處理，日益重要。管理者對人力資源的政策、方案與實務之處理皆需人際關係的技能，方能與競爭對手爭逐獲取優勢。2.決策技能：人力資源管理者必須做出各種決定，以符合組織的策略性目標，諸如問題的詮釋，以及對問題採取解決的方法。凡此皆需精密的訓練，尤其面臨倫理上的困境，更是決策技能的一大挑戰。3.領導技能：管理者要具有協助組織變革的能力：如問題的診斷、變革方案的執行、結果的評估，對員工技能與態度的診斷辨別能力，在人力變革過程所出現的衝突、抵制、與混亂能作有效的管制處理，以確保組織發展與變革的成功。4.專業技術能力：HRM 人員必須具備人員甄補、發展、獎酬、組織設計與激勵等的最先進實務知識以處理各種人事管理問題的技能。此外，論者認爲 HRM 的決策群對外部環境的觀察力、技藝培訓專業能力、跨部門協調溝通能力，要與時俱進提昇專業技能。

表：人事行政與人力資源管理的異同

區別標準	人事行政	人力資源管理
管理哲學	科學與行政管理、效率與合法性至上，著重低階層的人事、男性主義	人力資源管理與授能管理、民主至上、重視所有階層、女性主義
政治行政關係	理論上可截然劃分	實務上兩者混合為一體
組織層次	由上而下與集中化的決策過程、機械式官僚機構、重視規則取向的人事系	兼採上下整合、分權化或集中化決策過程、專業任務取向、績效基礎預算、

	統、費用編列預算、改革重點為提昇效率	改革重點為提昇品質
個人層次	個人責任為重點、以特殊技巧為甄補標準，強調 X 理論的管理角色、訓練重點為 HOW、追求自我利益	個人權利與責任並重、以潛能為甄補標準、強調 Y 理論的管理角色、追求責任、利他主義與滿足感
社會環境	與社會環境無關、人力的同質性、官僚責任的倫理焦點、多元性與非妥協性的集體協商模式、公民責任與特權的公共服務認知	與社會環境、文化的多元性、作業責任倫理焦點、共識性與妥協的集體協商、公民權利公共服務。

資料來源：摘錄 Raadschelders（2000）

策略性人力資源管理者究應具備何方寶劍？除前述吳瓊恩學術上的論析，學者各居策略性觀點有迴異的論述：以 Paul Evan（2013：18,99-109）等論述，從領導與發展角度管理者個人特質要有處事坦誠且前後一致的人格；接受開誠佈公的批評與建言；是位能激勵人心並善於溝通者又能引人加入團隊的魅力；能夠處理廣雜的議題且有能力解決問題。Raadschelders（2000）重視人事/人力資源管理者要兼具管理哲學的底蘊素養，這點與吳瓊恩在行政管理的論著，都有共同的著墨與倡導。論者對 HRM 的專業人員，對公平、正義要有恒常持平觀點，尤其要客觀審視 LGBTQ，社會的多樣化得客觀以對。

（五）公私部門 SHRM 的變革

1991 年 IBM 針對全球三千位以上的人力資源管理者與重要行政人員的研究調查，指 HRM 對於組織的成功非常重要佔 70%，到了 2000 年上升到 90%。從科學管理學派之父 Taylor，以「個人」爲分析單位，繼之 Mayor 以「團體」爲單元的組織行爲研究；到了 1960 年代後公共管理學者基本觀察角度是個人、組織與工業心理學等整體面向，關懷面向焦點更加擴大。1980 年代末期大學紛設專業性人力資源研究所或課程；各大企業亦推動人力資源管理計畫，提高人力素質與效能。根據 Marginson et al.1988 年研究發現，至少 80%以上企業已制定全面性的 HRM 政策。

1990 年 Poole 指出人力資源管理已融合國際商業、組織行爲、人事管理與工業關係於一爐的管理理論，認定 HRM 是組織重要資產，必須以策略性觀點運用結合組織目標的達成。發展過程，HRM 從管理理論與人事管理策略規劃整合；人力管理責任由人事幕僚提昇到資深管理者；強調組織的承諾、管理者的角色成爲授權者與促進者。人力資源已被視爲達成組織目標的最佳工具。

根據 Burk et al（2013：17-33）研究指出，公私部門 HRM 的特點指出：公部門從上世紀八十年代，世界各國陸續對公部門的公職人員，從「終身職體制」（carrer based system）銳變爲不同的「職位制系絡」（position based system），對公務員不再提供終身職位保障。

Burke 在《公部門人力資源管理》（*Human Resource Management in the Public Sector*）[325]一書，闡述上世紀八十年代紐西蘭、意大利，成功剔除公部門公務員具有「特殊職務身分」（special status），邁向更有策略性的管理機制。德國也在同時段見證成功的轉變，減弱了公務員的權威性。書中引述 OECD（2004）中有 13 個會員國改變公務員身分角色，由終身職位制朝向「職位制系統」（position based system），進行變革。有效刪除公務員終身職位制，更加強調公部門對外徵才的機制。書中引據 Bach and Bordogna（2011）的研究，指出美國各州政府對公務員「特殊職務身分」的調整，比起美國聯邦政府更有效率。

我國對 SHRM 的詮釋，不宜侷限於公務員身分角色，需作廣泛性的論述，包括公務員各職務對外選任、職等、官等、俸酬等面向，要爲國家永續生存調整 SHRM 的法制面與國際競爭力接軌。

二、策略性 HRM

（一）意涵

策略性人力資源管理（Strategic Human Resource Management, SHRM）意指將組織運作策略與人力資源管理之間作有效結合。人事作爲的各項目標，在支持總目標的有效達成，創新組織績效與價值，發展出能促進創新與彈性的組織文化。

傳統人事管理重視選、用、育、留等例行性人事行政作業及人事管制功能；策略性人力資源管理強調全觀性（Holistic）與目的性，運用創新及彈性化的策略，達成組織目標。策略性人力資源管理強調在整合

[325] Buke, Ronald J., Andrew J. Noblet, Cary L. Cooper , 2013, *Human Resource Management in the Public Sector,* Edward Elgar UK, PP.17-33.

（Integration）與適應（adaption）兩個層面。前者人力資源管理應整合組織的發展策略、策略性需求，並貫穿組織上下層級；後者的適應層面，人力資源管理實際做法的調整、採納與實踐，必須成爲日常業務的一部分，並由業務主管與雇員負責。

（二）功能

策略人力資源管理強調人事政策與組織規劃間一致性的整合；管理人事的責任不再專屬於人事主管，而由資深業務管理階層承擔；人事管理的焦點從管理對工會關係轉變爲管理對雇員關係，從集體關係轉型爲兼顧個人關係；著重承諾與主動，管理者扮演誘導者，促成者的角色。

（三）SHRM 核心概念

人力資源管理是策略性的管理，非侷限於事務性的管理，要認識它的機會與威脅，它有幾項特徵包括：充分認識外在環境的衝擊影響；充分認識人力市場的競爭與動態的影響層面；會有三至五年中長期的人力資源規劃與視野；著重人才選擇與決策的問題；考量所有人事，而非僅限於計時性或作業性的員工問題；將組織策略與人力資源整體策略進行整合性的總體規劃包括：

1.兼顧人力資源管理哲學：哲學（Philosophy）的用意在於界定組織價値與文化，人力資源哲學必須展現如何對待員工，呈現員工應受到的尊重與價値。管理哲學在展現如何型塑組織目標價値與個人的價値於一。人力資源管理學者不斷強調，組織高層領導者要有哲學底蘊及人力資源管理哲學的素養。（Evan，2013；吳瓊恩，2002）

2.訂定人力資源政策與行動計畫：政策的用意在於提出分享性價値的指導綱領，人力資源政策（Policy）要與人力資源計畫的行動綱領相關。行動計畫（Program）的用意在於說明人力資源的策略，人力資源計畫必須協調所有參與建構人員的議題與計畫。

3.人力資源管理實務及過程：實務（Practice）指幕僚作業、績效評鑑與獎勵報酬，人力資源實務必須擔當激勵行爲的行動角色。管理過程（Process）指人力資源其他活動的執行與形成，人力資源管理必須界定活動的執行、成效與評估。

三、SHRM 發展趨勢

上世紀八十、九十年代，全球經濟突飛猛晉，歐美大企業搶生產資源、人力資源布局全球各地。企業全球化經營引爆人力資源管理諸多政治、社會、經濟、種族、管理等層次的問題，其中 Dowling & Schuler 在 1990 年出版《人力資源管理的全球視野》[326]，道出諸多人力招募、訓練與發展、策略性人力規範、國際勞工問題、薪酬、績效評估等議題。

現代人事行政在行爲科學及管理科學的驅動下，由過昔的消極性邁向積極性，在工作環境的改善、人性化的激勵等措施倍加重視，加上人事制度配合組織建制的調整，人事行政有諸多改變，略述如次：[327]

（一）SHRM 發展趨勢

人力資源管理發展趨勢有幾種面向：盛行勞務外包：將非核心的人力資源管理業務外包，以減少人力成本。加速人力資源整合：將人力資源管理與知識管理理論緊密結合；知識管理以蒐集組織管理運作的經驗、技術與智慧，並使組織成員得由組織選任合宜人才。創新與跨域管理協力併進：人力資源部門由執行功能轉變爲創新與協助各部會的關鍵功能，人力資源概念的轉變，由業務服務轉變爲專家化的單位，由程序導向轉變爲組織目標結果導向，由行政業務的執行轉變爲以顧客爲主，低成本投資轉爲人力投資與資訊科技運用的結合，由被動轉爲主動直接。

（二）SHRM 施行方式

SHRM 的施行要恪遵幾個執行階段及層次包括：釐訂 SHRM 的組織策略目標，這些特定目標的管理與決策制定，應配合組織的結構調整或變革。發掘達成策略目標的關鍵行爲：有了策略目標後，接續找出如何達成組織目標的關鍵行爲，如何達成有賴組織結構調整或變革才得以實現。組織變革與目標實現：執行組織變革程序，實現達成目標的改革行爲，調整變革內容，繼之執行程序。組織如何調整或方案調整，在 HRM 即組織的人力資源，包括人力的結構、專長、數量等，應配合策略目標所需的關鍵行爲。監督變革與執行評估：有效監督變革方案的施行，須

[326] Dowling, Peter J., & Randall S. Schuler., 1990, *International Dimensions of Human Resource Management*, PWS-KENT Publishing Com. Boston, MA.

[327] 林淑馨，《行政學》，2015，台北：三民，頁 266-268。

先建構監督機制、規劃評估方案，以監測上述方案的有效性及執行，並依評估結果，依組織結構調整配置相關的人力或資源。

（三）SHRM 管理者角色功能

根據孫本初（2001）指出：要增益人力資源管理的價值，SHRM 管理者的能力應扮演的角色：

1.策略夥伴：強調人力資源實務與經營策略規劃與執行併肩。成功扮演策略夥伴角色，人力資源專業需要和管理顧問一般，具分析和公關技能，協助組織效能和變革議題。策略的形成是組織全體管理團隊的責任。策略的形成過程有如次步驟：其一、人力資源專業者有責任及能力提供，定義組織結構及經營的架構；其二、人力資源專業者有義務主導組織藍圖審查，依組織藍圖指導管理者嚴謹地討論各議題，包括組織文化、組織目標、及組織合適人才等。其三、人力資源管理者必須規劃達成組織目標的好方法，人力資源主管必須參與會議、創造和討論最佳的變革方法。

2.行政管理專家：首重建構有效率的組織與流程。做爲新時代的行政管理專家，人力資源專業須將工作和作業流程作妥善處理。效率的提昇有助於對人力資源管理專業的信任，並爲建構策略夥伴建立基礎。

3.變革管理者：協助組織建立變革的能力和認定新行爲，以協助組織型塑優勢。維持員工高昂士氣、瞭解員工心聲，進而提供資源幫助個人成長等。人力資源部門有義務協助員工維持高昂士氣、對組織的忠誠和全力付出。相對也應代表員工發聲和意見的表述；協助員工有成長發展機會。

論者認爲 SHRM 管理者不容侷限於人力資源專業領域，更要通曉組織各項功能、組織結構、領導人才之選任培訓、資訊科技之運作與視野，提供組織領導者作出最適當的人力配置與組織目標結合，更是跨域行政的通才與 SHRM 的專業者。

（四）行政院人力總處 SHRM

2005 年行政院人事行政局（現爲行政院人事行政總處）公布（行政院推動策略性人力資源管理說明資料）。爲落實「策略性人力資源管理」提出「創新」、「專業」、「進取」三項爲核心價值。重點視野：作爲政府決策及全體公務人員的共同核心價值，並將之列爲訓練課程：「創新」在強調變革、彈性多元，展現創造力，經由「批判性思考」與「創造性突破」，達到從無到有、推陳出新、改善現狀結果；「進取」在強調積極主動，追求績效，迅速回應人民需求，透過團隊意識與績效觀念之提昇，展現行政執行力及對公共服務的勢忱與活力；「專業」在強調積極學習，開拓視野、追求卓越，藉由提昇專業知能及核心能力，有效解決問題並提昇服務水平。

四、HRM 策略性理論

（一）策略性理論孕育中

從美國各大學成立人力資源管理學科迄今，學界對人力資源管理的理論建構仍在醞釀揣摩階段，在沒有共識的理論基礎，建構爲策略性人力資源管理僅能稱爲草創性策略，或稱之實務經驗的論述較妥。

（二）SHRM 策略性核心概念

我國考試院下有銓敘部，職掌公務人員銓敘審定；行政院人事行政總處統轄全國公務人員調派任免培訓工作。考試院與行政院對所屬公務人員管理職掌不同，但重疊性、重複性屢見不鮮，兩院對公務人事管理各有依據與論述，彼此的衝突、歧見雖儘量不形之於外，乃不爭之事實。2020 年初，行政院對外宣稱行政院人事行政總處不再列席考試院院會，考試院於必要時會邀請列席。兩院權責競爭不是壞事，有助於能力提昇及組織結構之汰弱，終究政府是一體的，跨域行政講求兩院之協力溝通，共享人力資源。

考試院與行政院對公務人力管理各有法律依持，既使考試院對公務人力資源管理訂定相關法制，但行政官僚體系在財政、預算的配合，決定 SHRM 制度規範的成敗、績效。學者所謂策略性人力資源管理核心內涵包括：[328]（陳眞 2018）。

1.人力資源管理哲學：所稱哲學（Philosophy）指在界定組織價值與文化，包括組織員工的薪酬、退休、養老、褒獎等，對公務人力價值在制度上的建構、保障。

2.人力資源政策：建構人力資源政策須與組織目標、人的價值、工作

[328] 陳真，2018，《公共管理精論》，頁 3-104-107。

生活等相關的議題，具有分享性價值的行動綱領。

3.人力資源計畫：計畫（Program）用意在於針貶、修正現行的人力運用缺失，協調所有能促進、改善人力資源運用，提昇組織效率的行動作爲。

4.人力資源實務：人力運作實務（Practice），在採取運用人力幕僚，透過計畫性作業，針對人力資源在實務運作上，進行績效評鑑與激勵、褒獎、培訓等實務進行人材選聘。

5.人力資源過程：資源管理過程（Process）必須界定活動的規劃、執行、檢討活動的優劣，策勵政策未來行動方針。

綜結前五種問題，可簡略爲五 P 問題，人力資源管理的核心概念不限於五 P，尙包括培訓、監督、跨域整合等能力建構。簡略爲五 P 問題用意不在問題的簡單化，人力資源問題的複雜化、多樣性，有賴於實務界、跨學界的整併努力。

（三）策略性 HRM 管理方式

※組織策略目標與人力資源管理的鏈結：人力資源管理固有其特別屬性、階段性標的要達成，但脫離不了組織目標總策略的配合，諸如訂定組織 HRM 策略：HRM 與組織發展目標的策略與決策要調整配合，大環境下的 HRM 策略，要適時改正；建構策略目標達成所需的關鍵行爲：組織策略目標要明確樹立，組織人力資源運作的目標，當配合依循、調整、才得以實現。

※組織結構與 HRM 進行程序性調整與修正：組織結構的調整係爲目標達成，在工作流程、管理監督作有效率的修正；人力資源的管理更以組織各部門職責之達成爲優先考量，組織目標達成以人力、財力爲重要支撐，只對 HRM 的提昇，難以提昇工作效率，惶論組織目標的踐行、資源的有效運用。

※監督組織策略及人力資源管理變革：監督、評估是監測既定組織變革進程的，有效步驟。政策執行成果要適時評估，適時變革追求新的組織策略，SHRM 的調整更是必要過程。

五、組織決策者

（一）組織決策者與公共管理者

1.決策與管理涵意

根據研究顯示：組織、企業的高階層次的領導者、管理者被同時賦予不同層級的決策分量，同時肩負組織內部的管理成敗的權責，在組織內外實際擔當決策與管理的活動管理、監督、檢驗等實質內涵。在人力精簡及成本效益原則，學界對決策者與管理者慣於分別論述的作法，恐無法與科技快速發展同步進展，呼應實務界的轉型，作更適度的詮釋。應否再劃分爲公部門、私部門，或民選政務官、高階常任文管（十職等以上常任主官）的決策與管理？行政院對院屬機關、機構聘僱人員之選任會是觀察指標，是類突破性觀點、作法，行政院與考試院在實質及形式上已漸行漸遠下，遑論在法制建構上的溝通協調？

2.決策者與管理者的互動

管理學大師 Peter Drucker：「管理是企業的泉源。」余致力（1999）：「組織理論學者 Peter 的『彼得原理』指世界上眾多問題的根源，乃在於科層組織習慣於將優秀的工作者，晉升到一個他未必能勝任的職務，如將世界上各種組織中的職務都降低一級，而留在他們最有能力的層級上工作，則天下太平。」

在人力資源管理實務工作者常道，所謂人才既是：「把一位工作者，擺在他最適當的位置上，他就是人才。」依材任使、適材適用，乃人力資源管理者最難的工作。此觀點與 Drucker 的觀點相呼應，管理者的良窳，決定組織能否永續生存。

（二）決策管理者的專業與技能

所稱「決策管理者」係指身兼組織決策內涵的分析、抉擇、制定及決策執行各階段的資源配置，執行目標的監督、成果的評估、獎懲與決策的再調整等等連串的過程，決策管理者是至爲關鍵的人物。

「決策管理者」與「政策參與者」的互動日趨頻繁，對象更加多元化，通常接觸溝通對象包括：政策利害關係人、國會議員及民意代表、大眾媒體、政黨。

「政策利害關係人」：公共政策利害關係人（policy stakeholder）的意

見與態度是決策管理者不容忽視的，更是決策管理者調適、修正決策的重要參據。國會議員及民意代表：民意是政府執政權限合法性的重要根據，不具民意支持的政權，會被定期選舉所更換替代。任何具民意基礎的公共政策必以多數國會議員、民意代表的認同爲基礎；民意機關的代表更是政策執行的監督者。「大眾媒體」：具有匯聚及型塑民意的機能，在自由民主政治體制下，媒體對政府的影響力巨細靡遺動力源自客觀評述，但對錯誤決策更應錙銖必較。媒體是政府與民眾便捷溝通橋梁，扮演政治的行動者，如華盛頓郵報在水門案中曾扮演關鍵「吹哨者」（whistler）。「政黨」：民選政治首長透過政黨推舉，成爲公部門公共政策的推動者、決策者，再挾其多數席次的同黨議員席位，政黨精英成爲公共政策的代言人、推動者、甚至成爲政黨意志的代言人。公部門組織的決策管理者，對政黨精英的溝通更形重要。

（三）決策管理者的角色功能

決策管理者在公部門、企業同樣會面對諸多挑戰，如何解決公共問題、滿足公眾需求，學者見解難有一致性觀點，茲簡述三位學者的論析：

1.Mintzberg 十大角色功能：在《管理工作性質》一書，提出三大角色類型十大行爲特徵：

角色類型	行爲特徵
人際角色	1.頭臉人物 2.領導者 3 聯絡人
資訊角色	1.監理者 2.傳播者 3 發言人
決策角色	1.企業家干擾處理者 2.資源配置者 3.談判者

資料來源：Mintzberg《管理工作性質》

2.Katz 三項必備技能：在《哈佛企業評論》（*Harvard Business Review, HBR*）有〈有效管理者應具備的技能〉一文，指出決策管理者必備三種技能：技術性技能、人際間技能、概念化技能。其中「概念化技能」指具備從事形而上、抽象化與策略性思維能力。Katz 認爲三種技能分屬基層、中層、及高層決策管理者。在公共管理實務上，「決策管理者」具備何種技能？情境理論其實提供淺顯的論述，歸結決策管理者要具備 Quinn 多元化（diversity）技能，以應不同情境下的不同角色功能需求。

3.Quinn 等學者提出多元化角色能力：在《成爲管理者大師》[329]（*Becoming a Master Manager: A Competency Framework*）一書，認爲公共管理「決策管理者」要成爲管理者大師，應扮演 8 種角色，具備 24 種能力：八種角色包括：

（1）導師（mentor）：瞭解自己與別人的能力、有效溝通能力、幫助部屬成長發展能力；著眼於關懷體恤、設身處地爲員工著想。

（2）輔助者（facilitator）：建立團隊能力、善用參與式決策的能力、調合衝突的能力；重視工作過程、促進團隊成員互動。

（3）監督者（monitor）：監督個人成績的能力、監督集體成果的能力、管理組織績效的能力；閑熟的工作技術專家、協助部屬按部就班工作。

（4）協調者（coordinator）：管理專業的能力、設計工作的能力、跨功能管理的能力：具可靠性、可信賴性特質，能維繫組織及團隊結構。

（5）指導者（director）：提出願景、設定目標、規劃策略的能力；組織與設計的能力；委託、授權的能力。果斷英明、提供部屬處事的方向與原則。

（6）生產者（producer）：知道如何有效工作的能力、塑造良好工作環境的能力、管理時間與壓力的能力：懂得工作取向、又能發起行動的管理者。

（7）掮客（broker）：掌握與維持權力的能力、凝聚共識爭取承諾的能力、表達構想的能力：兼具政治靈敏度、爭取資源的管理者。

（8）革新者（innovator）：瞭解環境變遷的能力、創造性思維的能力、創造變革的能力：獨具創造力、聰慧的願景預見力，才能帶動改革。

成爲策略性或創新性的管理大師，都被賦予或被期待兼備十八般武藝於身，管理者要在職場歷練多少學習或培訓？繫於管理者心智、學養、專業等能力，職場上鮮有此類奇才，往往是某些領域的專才而不是跨行政領域的通才，難免影響跨域行政成敗的關鍵所在。

（四）人事政策的分權化

傳統人事管理的法規多如牛毛，中外相差無幾。高爾副總統對美國

[329] Quin, Robert E. n., Sue R. Faerman, Michael P Thompson., Michael R. McGrath.,1996, *Becoming a Master Manager: A Competency Framework*. 2nd ed., John Wiley & Sons ING.

聯邦政府人事法則從數千頁如牛毛般的人事法規，刪減爲只剩一千多頁的聯邦人事法則可見人事法規鉅細對決策者、管理者可能徒添治絲益棼的弊病。

根據 Kettl, Ingraham, Sanders & Horner（1996）對美國公部門的研究發現諸多弊端，亟需實施分權化的政策緣自下列諸因素：

1.未具彈性的面試規則：聯邦機關任用專業職位的程序太過冗長，且未具彈性，使得聯邦管理者寧願僱用臨時人員代替，得以快速執行面試程序。

2.僵化的職位分類標準：過度集中化的評估程序，尤其對於具有大學學位員工的進用相當繁鎖。

3.複雜又神秘的職業分類標準：對專業技術人員的鼓勵制度太過狹窄，即不易甄補、更不易留住人才。

4.公式化的補償規則：以年資爲基礎的獎酬制度，增加政府費用，限制績效基礎獎勵制度實現的可能性。

5.人力減量規則：美國聯邦政府實施縮編計畫，要求各機關裁員，造成人心惶惶，欠缺安全感。

根據美國聯邦功績制保障委員會（The US Merit System Protection Board）的報告，至少有 850 頁聯邦人事法規，而美國聯邦人事管理局爲執行又必須另訂 1300 頁的人事管制命令，人事手冊中的人事綱領也多達一萬多頁，法規的繁複，更造成政府的冗員。爲簡化人事法規，聯邦再造小組建議採取人事政策的「分權化」，採取下列必要政策：

1.人事管理局必須解除人事管制，將多達一萬多頁的聯邦人事手冊，授權各相關部門執行。

2.授權各部門採取自己的甄補過程，檢視所有職位，儘可能精簡聯邦政府的法規與申請表格。

3.簡化現行的職位分類系統，賦予各部門更大的彈性空間，以進行職務的歸類與給付。

4.賦予各機關設計其績效管理與報酬系統的權力，以改進個人與組織績效的密合度。

5.對績效不佳的公務員，中止其職務期間應予以縮短一半。

OECD 國家對於人事政策的分權化同樣重視，其具體作法是授權下放（devolution）給各管理單位，以增加管理彈性。以紐西蘭爲例，1988 年訂定《國家機關法》擴大授權，1992 年後政府重要官員更擁有協商報酬與其他僱用條件的權力。分權化/授權下放的益處有諸多好處，包括：

可促成組織的變遷，使各部門更具多元化的權限；使各部門能更容易甄補與留住人才，更有效率地管理員工；加強管理者的責任與義務，使他們能夠更積極地管理資源；將政府管理焦點集中於效率與效果，對服務提供與回應具有正面衝擊；改進政策與行政之間的連鎖關係。

六、HRM 未來性

（一）英國政府再造人力資源管理模式

英國人事行政在柴契爾夫人執政後，吸取私部門人力資源管理經驗及政府瘦身計畫，管理發生極大變化，對政府部門裁減員工，希望創造高品質、高效率、顧客取向的公共服務體系。形成一個新員工管理模式（new people management）或稱新工業關係模式（new industrial relations）。具有如次特徵：人事功能的特徵是策略性的，而非行政性的，其變革須在國家資源限制的條件下進行策略規劃；從父權管理型態（paternalism）朝向理性主義或績效驅動的管理；僱用實務強調更彈性化、非標準化，而非僵化與一致性；工業關係走向二元化模式，亦即管理與非管理幕僚都可以就契約問題分別進行協商；國家不再採取模範雇主途徑，而改採新工業關係途徑。

（二）美國聯邦政府建構新人力資源管理模式

參據 Kettl,Ingraham,Sanders & Horner（1996：61-86）提供步驟包括：重建聯邦政府組織結構、政府工作提供選擇彈性、以創新方法提供產品與服務方法、提供績效獎勵、提供生涯發展與績效制度結合、提供公共服務文化、文官體制與財務預算制度的結合。學者們對美國聯邦政府較具共通性的見解：

1.重構聯邦政府的中央人事機構：將人事機構從規則設定者與強制者轉變爲管理系統的發展者與支援者，亦即中央人事管理機構轉變爲人力資源管理機構。

2.對從事政府工作提供選擇彈性：讓政府對各部門要從事的工作人力，賦予相當大的彈性，另一方面必須避免可能引起的績效不彰與政治濫權。

3.結合政府內外部之力量創造最佳的服務與產品：充分運用員工、私部門的簽約者，非營利組織等力量，以效率、效果與回應爲創造最佳服務與產品的標準。

4.堅持結果的責任性：權力下放固然讓各機關有更大的自主權限，也意味責任的加重：根據聯邦《政府績效與成果法》所強調的績效責任。

5.以新契約形式管理政府生產者：償罰併重，一切以績效作爲是否僱用的主要依據。

6.透過績效基礎的補償制度對績效者進行獎勵：對績效卓著的員工進行實質的獎勵，以提高其經濟誘因，使其努力奉獻於工作。

7.設計權威的行政核心加強政府的設備：執行艱難的改造工程，須要有堅強的行政核心，不致受到政治因素干擾。

8.透過生涯發展與輪調制度，以培養績效文化：政府必須甄補、培養與獎賞常任幕僚執行其任務，對幹部的生涯發展應提供長期的計畫，使其能安心完成任務。

9.培養公共服務文化：公共服務必須兼具三項特質：願意執行獨立裁量權與自主性工作型態的原創性，兼具服務大眾的堅毅精神。

10.將文官體系與預算財務緊密結合：人事管理系統向來獨立於重大政策制定與計畫執行。今後應加強與預算系統與採購系統之間的緊密相結合，成爲政府再造的推動者。

我國人事機構的重整單從行政院人事行政局，基於人事權歸併爲行政權的理念，納入縮編爲行政院本部一級幕僚單位，只屬組織架構的歸縮。原隸屬的人事組織權限不減反增，挾行政院權責進行擴權，2020 年考試院考試委員人數被大量刪減。「人事行政總處」未來主導開拓世紀性人力資源發展重責。

（二）美國聯邦政府 SHRM 的障礙

美國聯邦政府於克林頓時期進行國家績效評鑑（NPR），採取人力資源角度進行文官體制的再造，期以建立夥伴性、績效導向、分權化官僚體系。目標在實現公共服務的四目標：效率、效果、公平與卓越。首先面對守舊勢力抗拒變遷的問題，美國官僚體系的特色在於依法維持穩定性、永業性。進行裁員縮編皆非易事。如何說服、教育守舊勢力配合變革，是文官體制改革的首要工作；採取溫和改變的步調，僅從技術層面著手，對體質的改變有限；政治干預問題：文官體制的建立原希望與政治分離，加強其政治的免疫力，俾文官培育中立性與獨立性；但官僚基於專業知識與能力，均成爲國會議員與政務官員諮詢對象，故與他們相當熟悉，鐵三角關係緊密；一旦有不利於文官自身利益，會設法策動議員干預關說，甚至在國會議堂進行杯葛行動，使得文官改革受到政治力的干預。

（四）未來 HRM 變革

Jared J. Llorens（2013）在「美國公部門 HRM 職教：當代挑戰與績效改善良機」指出，公共管理者要面對不可避免變遷，接受職訓再教育，因應彈性薪酬和人事法規制度上的變革。變遷肇因於科技創新和 HRM 機能的縮緩，以及美國中央至地方持續的預算赤字持續限縮員工薪酬所致。審之，自 2018 年政黨輪替後，基於執政理念及人民需求擴增，政府組織、人力快速膨脹；2020 年疫情嚴峻人力需求孔急，HRM 變革勢在必行，職訓及法制變遷才能因應未來不確定性。[330]考試院積極擬議 HRM 新制預定兩年後實施。

330 Burke, Ronald J. ed., 2013, *Human Resource Management in the Public Sector,* Jared J. Llorens's "Public sector human resource management education in the United States: contemporary challenges and opportunities for performance improvement", Cheltenham, UK, pp.303-317.

第六章　組織變革、創新

Kettl（2002）在《治理轉換》[331]序文揭櫫 21 世紀的政府，在鬆散的治理網絡，政府在合法性（legitimacy）支撐下，勉爲公共行政團隊的成員之一，又不時不忘宣示它是團隊的領導者。COVID-19 疾情影響全球，染疫者 1.9 億餘人，死亡超過 419 萬餘人。[332]台灣是世界防疫績效的優等生，所生產的個人或醫療專業口罩嘉惠世人，國際聲譽一度響徹。口罩國家隊之一二成員，於 2020 年初及下半年被爆，口罩成品被混入不良製品流入市面。Kettl（2002）警示：「政府在公共行政領域的無力及角色扮演，亟待組織變革與創新。」倍感 Kettl 的先知，鏗鏘有力有益於對 2021 年疫情指揮中心盲、忙、亂，發揮振聾發聵之效。

一、組織變革

「組織變革」指組織受到外在環境的衝擊、內部環境變化的需求，調整組織內部的組織結構、指揮、人力及資源的配置，以維持本身的均衡，進而達到組織生存與發展目的的調整過程，即爲了滿足組織本身及其成員的目的，應用技術使組織進展爲更有利的組織發展過程（陳眞 2018：3-127）。

孫本初（2001：413-416）：對「組織員額精簡」詮釋爲「全球經濟不景氣，資源日益減少，科技推陳出新，組織面對內外環境的快速變遷及價值觀的重組，以因應急速變動的時代，爲提昇高度的競爭力、生產力，力求成本降低、減少開銷，拓展組織永續生存的各種策略。」孫本初認爲「員額精簡」（Downsizing）咸被國內外認爲是進行組織重組、提高績效、降低成本的有效管理方式。他例舉美國克林頓總統推動「美國績效評估委員會」（National Performance Review, NPR）對二百多萬聯邦公務人員進行 12%的「員額精簡」，精簡對象爲中高階無效人力爲重點。我

---

331 Kettl, Donald F., 2002, *The Transformation of Governance: Public Administration for Twenty-First Century America,* The Johns Hopkins University Press, preface.

332 聯合報，2021 年 7 月 29 日，「全球主要國家疫情」統計表，A9 版。

國於 1993 年 9 月訂定「行政院暨所屬各機關組織及員額精簡計畫」訂定三年精簡 5%人力，後下修為 3%，實施結果未如預期。

「員額精簡」孫本初認為非理論建構下的產物，乃實務運作下的經驗累積。「員額精簡」乃組織有計畫地裁減組織的職位及工作；又稱為「減肥措施」（to cut off the Fat）或稱為「整簡」（to Get Lean and Mean）；「人力裁減」（Reduction in Forces）、「人力縮減」（Deselecting）、「縮編」（Resizing）、「資遣重組」（Restructure through Layoffs）、「減少組織員額增進績效」等不同稱謂（Kolowski,et al 1993：263-332）[333]。前述名稱不一，手段與目標雷同，不離人力、預算、及組織結構的調整。

Dewitt（1993：30-40）：「管理者為促進組織績效，對人力及預算之縮減。」另學者 Cameron 等（1993：10-29）：「組織員額精簡主要目的在增進組織效能、生產競爭力。」對「員額精簡」之內涵詮釋學者見解不一，但重點偏重在人力員額及預算之縮減，透過轉任、調職、退休，解僱、空缺不補等策略，以達成本的抑制策略行動。唯各國在員額精簡都陷入惡性循環：減後再增、增後又減；前朝精減組織、員額；後朝再增機關、人力及預算。

二、組織變革實務、困境

（一）行政法人法及實務操作上的遞演

行政法人法：於中華民國 100 年 4 月 27 日總統華總一義字第 10000079421 號令制。共有 42 條文。行政法人法公布後，國家兩廳院於 2004 年依法改制為行政法人，經過十年的營運，2014 年國家表演藝術中心成立取代之；行政法人邁入另一創新體制-「一法人多館所」期以單一法人轄管多個劇場：包括國家兩廳院、台中國家歌劇院、國家交響樂團及衛武營（2018 年 10 月開幕）。目前「行政法人」屬性的機構包括：「國家表演藝術中心」（文化部，2014.04.02）、「國家災害防救科技中心」（科技部，2014.04.28）、「國家中山科學研究院」（國防部 2014，05.14）、「國家運動訓練中心」（教育部 2015.01.01）、「國家住宅及都

333 Kozlowski, S. W., Cha, G. T., Smith E.M. & Hedlund J., 1993, "Organizational Downsizing: Strategies, Interventions and Research Implications.", in Cary Copper & Ivan Robertson(ed.), *International Review of Industrial and Organizational Psychology, Vol. 8*, pp. 263-332.

市更新中心」（內政部，2018.02.14）等五個機構。設置行政法人法期待前述機構走向專業治理、並因人事、會計、及採購制度的鬆綁，期使營運策略得以更富彈性，靈活因應環境與需求的快速變遷。

任何制度建構通常會循著：理想的規劃、執行、及落實，最重要的是要隨外部環境變遷、內部組織需求的增刪，不斷進行檢視和調整的過程。行政法人法僅是通則性的規範，個別法人得另訂設置條例。各不同屬性的機構特質，各專業特質要有效呼應，以採購規章爲例，各行政法人屬性不一，得自訂之。以「國家表演藝術中心」爲例，它實屬「一法人多館所」體制，各館所屬不同特質的機構，如何才能達成資源、人力相互支援、共享等加乘效果。都得考量各行政法人的屬性、專業特質、生態結構及價值體系，提供組織調整的重要參考。

如「國家住宅及都市更新中心」（下稱住都中心）依組織設置條例，住都中心有 7 大業務：1.管理社會住宅-租賃及管理；2.整合都市更新事業-釐清範圍內涉及權利人之關係，蒐集意願同意書或針對範圍內低收入戶、中低收入戶及遭受急難或災害者提出救助方案；3.擔任都市更新事業實施者-具公益性、急迫性、民間無投資意願或無法自行實施之個案，予以規劃施作；4.公開評選實施者-中央指示或地方政府得委託中心公開評選實施者；5.營運管理-都市更新事業及公益設施（如公共托老中心、圖書館等）之相關不動產；6.投資-爲提升本中心營運效能，必要時得價購都市更新範圍內公私有土地及建築改良物；7.研究規劃-計畫可行性評估與相關之教育訓練（如民間社區都更知識宣導、推廣）。上述 7 大業務，每項均得與民間團體、企業、地方政府及中央機關（構）合作。

「變是唯一的不變。」行政法人法立法已有十多年的歷史，有待回溯整補思考，原建構的理想、發展定位、專業屬性，在實務操作多年後，有無重塑調整的必要性？光憑「行政法人法」絕非萬靈丹，在快速變遷的環境中要適時適切調整組織。

（二）組織變革困境

「傳統價值與既得利益者的對立」：組織變革會讓維繫組織存續的行爲規範與價值觀發生擦撞，尤其對保守派及既得利益者。組織變遷、調整可能導致個人既得利益的失衡，千方設法抗拒變革以維既得利益。

「變革與重新適應」：變革對組織內部原有生態關係產生失衡，組織成員原有和諧關係必須重新調整，面對新關係懷有疑懼，產生不安，保持現狀是最佳保障。外部變遷因素、競爭性造成組織壓力，對組織內部部分成員產生磁吸。此抗拒力與吸引力產生擦撞。

「資訊科技的挑戰」：資訊科技挑戰原有工具、技術與方法：組織變革影響原有工作技術與方法改變：最大隱憂是以 AI 取代現有組織成員的工作技術、或工作方法另作重大調整。對組織傳統心理、工作、生活上產生微變或重大改變，影響傳統既有的安全感、穩定性，以致行爲或態度，產生抗拒與改變。

「權力結構重塑」：權力結構重塑調整影響指揮體系。因變革導致原有權力結構的改變，組織變革帶來原有權勢擁有者，喪失權力、資源，引起權位者的調整與洗牌，原領導者被移位或貶謫，成員須重新遵循新指揮系絡。因變革產生法令規章重新適應的成本投入，組織領導者、成員受到「沉澱成本」（sunk cost）的負荷、不方便性，在「怕麻煩」、「惰性」的觀念下，變革遭到抗拒。

「變革訊息欠透明、資源匱乏」：因變革組織相關資源難以配合到位，如變革所需資的人力、物力、財力、資訊、推力等無法及時充分配合提供，產生推阻。變革的作法、目的、內涵不夠透明：組織成員對變革眞正目的有所誤解，或作法讓組織成員質疑，都可能遭到抗拒。

前述新舊價值觀的對抗、組織生態的失衡、資訊科技取代人力、指揮系絡的調整與適應、資源配置的不均，都會挑起組織變革利益相關者的神經，增加變革的成本。

（三）組織變革實務操作

提昇組織成員對變革政策的參與機率；增加組織變革的溝通管道、消除疑懼或誤解；爭取組織成員對變革的認同與支持；增加成員的教育訓練，減少成員的抗拒行爲；提高獎勵、誘因，促使成員認同及支持變革；對組織領導者、管理者提昇組織成員對他們的信任度；採取詢諮、座談、簡報等方式，進行上下層級、平行部門間的溝通；變革的進度採取循序漸進方式，勿操之過急、一步登天等激進方式；組織變革的績效標準應合理可行；採用「立場分析理論」，增加變革驅動力、減少變革抑制力。前述操作方式未必循序漸進，可依實務需求作跳躍式變革。

三、組織員額調整

（一）員額調整特徵

1.調整原因多重性

員額精簡是人爲的，具有意圖性、目的性的工作，不限於組織功能衰退的員額精簡，尙包括政治性、經濟性、功能性的運作退場，都可能是組織員額調整的重要原因。員額調整是組織變革重要工程之一；精簡員額不足以涵蓋實務性，它不侷限於人事的縮減，尙包括人力轉任（transition）、調職、提前退休、解僱、人力遞補、人力培訓等等一連串的精減、調配的行動策略。

2.提昇組織效率、效能

組織員額精減調配的焦點集中在組織效率、效能的提昇。緣於外部競爭、壓力的積極性回應、作爲，其中員額減少，從經濟學觀點無非在抑制組織財政、成本的降低，但透過調配的操作，作人力有效運用，整體而言是甲單位精減，乙單可能受惠於甲單位人力調遣支援，提昇行政效率及績效。

3.調整工作程序

任何組織員額的減少會對原有工作的程序、生產力，都產生不同分量的影響，既使部分工作流程的調整，組織成員或相關組織都要作部分的調適因應。Band & Tustin（1995：36-37）:「員額的減量指人力轉換、解僱、職位調派等，這些作爲只是員額精簡的手段之一，不是唯一方式。」[334]

（二）員額精編主因

1.國際競爭：中美貿易戰、關稅戰、國防戰略調整帶動員額精編，能否精編要配合人力專業素養的培訓，AI、IT 等資訊科技的運用，提供員額精編的捷徑及工具。

2.行政革新：推動「行政革新」是領導者強化其正當性的最佳方案，而「員額精簡」可突顯其改革決心。如 1975 年蔣經國任行政院長即要求

---

[334] Band, D. C. & Tustin, C. M., 1995, "Strategic Downsizing", *Management Decision,* Vol. 33, No. 8, pp.36-45.

五年內精簡全國員額 5%；連戰接續於 1993 年就任行政院長行政革新目標爲縮減各機關預算員額 5%，以提昇行政效率。政黨輪替後再陷精簡再膨脹的雙循環。

3.公營事業民營化的推動：公營事業長年績效不彰，爲各界所詬病，政府爲因應內、外部環境的急驟變遷。多數公營事業都要配合組織體質的改善措施，而人員的精簡是最主要改革措施，人力成本的降低，會快速呈現績效、營利、獲益的改善。

4.政府機關各有其設置的特定業務範疇，但時代變遷、科技進步、社會經濟等因素變遷及政策走向，都會牽動機關原有業務的消失、委縮，冗員及無效能人員的出現，導致員額精減的壓力。

爲提昇行政組織競爭力，獲取組織持續生存的資源爭奪，政黨輪替初期進行組織行政革新風潮帶動執政者新形象；上世紀受到能源危機、金融風暴影響，黨政學界數度聯合探索政府革新方案，對組織成員縮編、行政革新直接發生某種程度效益；縮編同時推動組織流程、組織文化及組織結構重整之契機。

四、組織創新

根據 Hans Joas 出版的《行動創新》（*The Creativity of Action*）（1996：161）一書，認爲在社會制度框架下的個人，要讓個人思維（body image）、行動及情境，進行準對話（quasi-dialogical），深層考量行動前在制度框架下各種職場互動優劣，尋找最適宜的行動途徑/手段（mean）。

（一）創新組織過程

1.意識到組織面臨生存危機

永續生存是組織首要目標，當危機浮現增益變革意識；變革的需求初始來自組織內部，感受外部對組織的永續生存，產生的不同層次的壓力，包括專業技能不足、人力流失與招募落差；組織財務運轉的不順更是變革的壓力；組織領導者、決策者深悟組織處在內外部變化與競爭者間之落差，挑動變革神經。認知組織在技能、管理、獲益等情境的衰退，管理者，爲求組織永續性，意識變革的重要性。

2.決策者啓動變革

組織決策者呼應變革，以解決組織生存困境：領導者受到各層級的鼓舞，決心呼應變革，啓動針對組織問題的檢試、分析、歸納，建立對組織問題的影響、嚴重程度、及解決問題的共識。決策者規劃變革計畫、程序、資源調配，相關推動組織變革目標、計畫推動期程、各分組任務配置，監督對管理者的建議及輔導以解決生存挑戰。

3.資源配置

組織變革大小不論，原有組織掌控的資源都會進行規劃、執行、監控程序；協調溝通能力有助於監督任務的達成；慎選監控人選，錯誤的扶正是監督者重要且必要的工作及應具備的技能；組織變革各項進程都要進行管控；對抗拒變革的力量進行溝通、舒解，重整編組、運作等是變革工作實質的挑戰。

（二）創新組織

Lewin 認爲組織精簡通常存有兩種力量：阻力與推力。領導者如何增滋推動力量，減少阻卻力量，必須認清兩股力量在變革過程的消長，其過程有幾個步驟：

1.解除管制

解除管制（Unfreezing）意指解除現行阻礙發展的現行成規，誘因組織成員、領導管理者，認知需要變革，另覓新的解決方案。打破現行的成規，必須另尋新作爲、新方法，讓員工眞正體認變革的迫切性。呈現出內、外部實際狀況與組織標準理想的差距，讓差距對員工產生內心的不安，因不安奮發振作，縮短差距。在面對焦慮情境，老舊成規無助於現況，組織成員亟思突破帶動風潮，找出新價值、新途徑。

2.採取變革行動

指組織團隊發展新的行爲、價值及態度，或變更組織結構、發展新的技術等方式。建構新工作模式、增僱組織創新顧問，透過工作模式的變換、顧問的變革意見，提供組織成員反思原有行動（Moving）途徑的障礙、低效率，或應行改善的行動介面；檢索現有組織環境中可替代的方法、工具、成員、技術，驗證從中找出替代方案（alternatives），進行變革。

3.變革管控

依變革過程中所呈現優勢、效應，作出歸類，從中汰舊換新，獲取變革中的優勢，讓新的作爲成爲再行管控標的。

五、組織變革、工作生活

組織變革過程學界或實務界莫不以組織爲思考核心，以組織利益或組織標的爲最核心的思考重點。各種策略、方法、工具、資源調配都圍繞著「組織」，倡議各種策略性、技術性的作爲。卻忽略經濟學最基本理論根基「人是自利的」。在各種變革理論或倡議中，鮮少將組織變革、創新工作與組織成員的期待、生活品質同時作出衡平（equilibrium）的論述與兼顧。

孫本初在《公共管理》一書，特別提列專章論述「工作生活品質」[335]，顯示學界對組織變革與創新工作，已不能把「組織成員的利益」棄之不顧，此爲跨域行政論述不容忽略「生活」與「職場」領域，而在本書第一篇、第六篇提列專篇詳述工作生活是血濃於水、泥中有您我的親密關聯性。茲列述重點如次：

（一）工作生活品質

科技發展同時促進社會的繁榮與發展，也日益提昇人類對生活品質的要求。組織變革與組織創新對成員的工作生活，連帶會產生不同程度的影響，直接或間接對組織的生產效率、效能，都會連動相互影響。

如何改善及提昇「工作生活品質」（Quality of Working Life, QWL），在世界各地普受重視：諸如「Center for the Quality of Work Life at UCLA」、「Work in America Institute」、「The American Center for Quality of Work Life」、「Quality of Work Life Councils」等公私營機構紛以 QWL 計畫來關切組織變革（Organizational Change），在增進組織實務（organizational reality）與組織成員福祉的相關作爲。根據對私人企業的研究文獻指出：QWL 可提昇較佳的工作績效與減低人員離職率與缺席率。QWL 爲組織成員在組織能否滿足個人重要需求；與個人工作有關的福祉及其在工作經歷得到的獎勵、滿足、壓力與避免其他負面效果等層

335 孫本初，2001，《公共管理》第 19 章「工作生活品質」，智勝，頁 545-560。

面有密切關連，簡言之即個人的需求在組織內被滿足的程度是重要指標。

根據 Nadler & Lawler（1983）研究[336]指 QWL 對生活工作價值有不同評鑑、視野：從 1957-1975 年，QWL 被視爲研究組織變革創新關鍵變數（variable），驟焦於工作滿足感或心理健康等個人面向，強調工作對個人的影響；幾乎同時段從 1969-1974 年，對勞僱合作專案及改善個人與組織關係，QWL 被視爲是研究途徑。同時也用以改善環境品質及創造更具生產力及令人滿意的環境，QWL 被視爲一種重要研究方法（Methods）。1975-1980 年，QWL 被視爲一種運動（Movement），是對工作本質及員工與組織關係較具意識型能的敘述，參與工作管理和工業民主的概念屬之。1982 年之後 QWL 被視爲全球性的概念，等同於一切事務（everything），被當作解決品質問題、低生產力及其他疑難的萬靈丹。工作生活品質表示組織成員在廣義的工作生活中，個人的生活需求能被滿足的程度，滿足程度愈高，表示其工作生活品質愈高；反之，則愈低。

（二）QWL 指標沒準頭

學界或實務界對「工作生活品質」（QWL）並沒有一致性的定義，專家們卻提供參考「指標」供研究評估：其一是先驗性的假定；其二是從經驗研究來理解 QWL 的範疇（孫本初 2001：554-557）。從員工的慾望、需求與價值論述面向包括：有價值的工作；適當的工作條件；依工作能力償付薪資與利潤；工作環境及工具的安全性；適切的監督；對工作成果適時回饋；能否提供工作技術、責任發展與成長的機會；實施更公平的功績制、訓練機會及高級管理技術和升遷機會；正面的社會氛圍；正義與公平的遊戲規則。孫本初綜析學者研究，從分析或統計面向論析：系統的生存能力、經濟生存能力、民主化與人性化的管理過程等三項指標。

336 Nadler, D. A. & Lawler, E., 1983, “Quality of Work Life: Perspectives and Directions.”, *Organizational Dynamics,* Vol. 11, No. 3, pp.20-30.

（三）中外學者對 QWL 評量面向的研究（參據孫本初，2001：556-557）

研究者（年代）	工作生活品質評量層面
Kahn（1972）	1. 缺席率、離職率；2. 薪資；3. 工作內容；4. 工作條件、同輩關係；5. 監督；7. 升遷管道；8. 績效。
Office of Management and Budget（1973）	1. 福利計畫、需求；2. 失業率、工資；3. 休假、工作時段、工作滿足感、工作耗時。
Seashore（1973）	1. 離職率；2. 工作倦怠；3. 自尊、焦慮；4. 工作壓力、工作舒適感；5. 認同感；6. 發展；7. 工作以外活動；8. 工作滿足感、生產力。
Taylor（1973）	1. 疏離感（流動、離職）；2. 健康和安全（壓力、疾病、意外傷害）；3. 經濟穩定性（待遇的滿足感）；4. 自尊（決策的滿足、工作技能）；5. 自我實踐（學習成長、工作技能勝任）；6. 工作環境（身體安危、社會認同、團隊合作）；7. 控制和影響（權威、參與）；8. 組織向心力（對組織目標的認同）；9. 生涯期許（升遷、期待）；10. 休閒活動（時間消磨、嗜好活動、社區活動參與）；11. 家庭生活；12. 其他指標。
Walton（1973）	1. 合理報酬；2. 工作環境的安全條件；3. 個人能力的發展空間；4. 持續成長及安定性；5. 組織的工作與社會整合；6. 憲法對工作的保障；7. 工作對整體生活的影響；8. 其他社會因素對工作生活的影響。
Bernstein（1980）	1. 決策的參與；2. 經濟上的回饋；3. 管理資訊的分享；4. 權利的保障；5. 司法機關的獨立超然；6. 擁有參與的民主意識。
Levine（1979）	1. 領導管理者對員工尊重與能力的信任度；2. 日常工作的變化性；3. 工作的挑戰性；4. 升遷制度的公平性；5. 個人生活對工作生活的影響程度；6. 自尊。

United States Office of Personnelmanagement（Nachimias，1988）	1. 監督；2. 夥伴關係；3. 工作任務；4. 工作團隊關係；5. 經濟福祉。
黃文豎（1991）	1. 工作報酬；2. 工作福利保障；3. 工作場所；4. 人際關係；5 公平對待；6. 升遷；7. 工作自主性；8. 工作自尊、成長；11. 工作變化性；12. 參與決策。
陳彩（1994）	1. 工作條件；2. 工作特性；3. 組織活動；4. 前程發展；5. 社會關係。
蔡蕙如（1994）	1. 生活品質（薪資、福利、工作安全、工作保障的提供）；2. 社會品質（與上級、同仁、顧客關係之建構與維持）；3. 成長品質（員工參與、升遷、自我成長、自尊、工作特徵）。
林靜黛（1987）	1. 工作內容；2. 公司制度；3. 人際關係；4. 工作環境；5. 福利；6. 上司的領導；7. 個人的成長與學習；8. 家庭與工作關係。
歐陽玲（1994）	1. 人際關係；2. 工作內容；3. 上司的領導；4. 個人生活；5. 學習成長；6. 福利制度；7. 公平分配；8. 工作自尊；9. 升遷發展；10. 工作收入；11. 工作環境。
廖宗宏（1995）	1. 公平；2. 工作內容；3. 福利；4. 家庭影響；5. 安全。

前述多位論者對家居生活咸表重視。Winc 公司執行長兼共同創辦人 Xander Oxman 語意深遠道出：「與妻子和小孩共處的時間，不但是我一天裡最快樂的時刻，也是維持平衡和看清全局的關鍵，有助於我成為優秀的領導者。」

QWL 與組織變革、永續生存，關係緊密到中外學者咸表重視，卻對 QWL 指標沒有一致性的準頭可依。原因在每個國家、人民、工作對幸福指數標準不一，OECD 國家、開發中國家對 QWL 的指標，無法立於同一水平所致。但 QWL 受到重視是全球性趨勢。

六、市場失靈、政府失靈

（一）市場失靈

這是公共行政學界從經濟學的角度，探討公共政策議題（policy agenda）的產生、啓動。市場失靈理論（market failure）立基於自由競爭市場運作失調問題，分析議題源自經濟制度理論。依持古典經濟學者所持的理論，認爲社會中生產者財貨及服務的製造，與市場消費者自願供需有密切關係。一旦構成完全競爭性的經濟市場，生產者可追求利益極大化；消費者可追求效用極大化，進而達成「巴瑞圖效率」（Pareto Efficiency）的狀態，致使任何人的利益或效益未受到損失，並使資源分配獲得最佳的效益。社會公共問題的發生與否，藉由自由經濟市場的經濟活動予以解決。但衡酌現實的社會，仍有許多因素影響自由市場的經濟活動供需及資源配置，乃有市場失靈的問題，此時政府乃制定各項公共政策介入市場運作的困境，加以規範促使資源分配的過程公正及公平。

（二）市場失靈之原因

1.公共財供需問題

公共財（public goods）有大自然或政府的提供，具有一種集體公共利益的特性包括：1.無排他使用性（unexcludability）：即任何人皆能享受此財貨，無排他使用性；2.供給的共同性：即對此利益的享受，不會影響他人對此利益的享用；3.外溢效果的產生：即公共財在生產過程中，所伴隨而來的有利或不利的副作用是隱性而非事先所能預期的；4.利益均霑的原則：對個別團體所不能表達的需求，可由政府主動提供，此類公共財，一般人或民間企業通常不願意或不可能提供，故由政府來解決。

2.外部性問題

「外部性」（externality）係指任何一行爲者影響另一未經同意的個體，而其行爲是具有價值效益的影響；某一經濟主體的無償經濟行爲，影響到另一經濟主體的現象屬之。此種外部性可能是正面的或負面的，如果經濟行爲產生的社會效益超過私人利益，稱之爲「外部經濟」（external economy）；如果經濟行爲造成的社會效益低於私人利益，或社會成本高於私人成本的情況，稱之爲「外部不經濟」（external diseconomy），一旦造成外部不經濟，會導致市場失靈，政府此時必須以政策工具介入市場的運作。2021 年疫情嚴峻提昇三級警戒，市場百業封閉及其配套紓困方案，識者看法不一，最大隱憂是通膨的「外部不經濟」，且待後續追蹤調研。

3.自然獨占問題

在市場某些產品因生產者擴大生產規模，形成生產成本愈益降低，報酬遞增更加大規模生產，並透過市場的競爭，迫使小規模者退出市場，最後形成獨占或寡占的現象發生。以前甘阿店已被少數便利商店集團幾近獨占不見蹤影；電訊業 4G 被少數獨家壟斷，5G 基礎設施不足，徒呼口號自爽。

4.資訊不對稱所造成的問題

資訊不對稱（information asymmetry）所造成的問題，亦稱「資訊失衡」，係指消費者對品質價格沒有完善的資訊或不具有判斷能力，因之消費者在議價過程，與生產者相比處於不公平或不合理的地位。此際，市場無法提供市場機能充分的運作，此時政府有必要適度介入。

（三）政府失靈（government failure）的理論

政府失靈是政策爲解決市場失靈所產生的各項問題，而採取各種政策工具或干預行動，以補救市場失靈的缺失。然政府在結構上、制度上與運作上，具有許多先天上的缺陷，致使在提供公共服務上，產生不足或無效率，造成政府失靈。

經濟學者對政府失靈的原因有不同的見解：

1.Weimer & Vining 以福利經濟學的觀點，建議採取以下措施

（1）直接民主以投票解決問題

以投票方式決定政策，對特定政策提供明確方向，但多數決制度，容易產生「多數暴政」（Tyranny by the Majority）的情況：包括投票的弔詭，多數決的結果，未必是個人理性的總和，多數決往往會犧牲少數人或弱勢者的權益；政府的權力分立，旨在防範獨裁，卻也造成政府無效率負面結果。

（2）代理人尋租自利問題

代理人尋租自利：代議政府的民選公職人員受到選區選民之壓力或自身的私利，產生所謂「尋租」（rent seeking）的行為，以各種手段尋求私利，在政策過程從中牟利，產生「競租」的狀況。

（3）財貨供給問題

公共財之預算受制於民意機關、預算支用效率不彰，政府機關無成本觀念，導致無效率。文官過渡保障、冗長的行政程序，加速行政無效率的運作。

（4）分權、制衡問題

政府的分權與制衡問題是民主政治的基本信念，從中央到地方，政府不同的部門都有分權的設計，使得政府的權力不時介入，或行政與立法同屬單一多數政黨均易於形成集權，check and balance 的失靈同為政府無效率的主因。

2.Douglas 的觀點

Douglas 認為在現實世界中，政府失靈源自政府提供公共服務的能力不足及無效率的現象，其原因有如次：「類別的限制」：政府對一般性的公眾的需求，提供公共服務，較難對特殊人口給予特別服務；「多數主義的限制」：資源的有限性，造成公共財多元提供的矛盾；「時間的限制」：政策會隨政黨輪替而更換改變，難有長期的政策規劃；「知識的限制」：政府部門有專業分工及本位主義的特性，政府機關易於固守單一信念的特質，無法有效連貫資訊與研究，必須仰賴民間智庫的協助；「規模的限制」：政府規模龐大，依法行政所產生的官僚氛圍，必須建立與民間聯繫的中介機構。

3.數位落差

「數位落差」是政府公共政策推動過程最大的病灶。2012 年 3 月內政部與教育部為推動 NNITP 方案（另有專章論述），論者進行跨縣市、跨國境的調研發現「數位落差」之存在不容忽視。落差存在於南部、東部偏鄉最為顯著，其他中南部偏鄉同樣有之。2021 年 COVID-19 疫情嚴峻，同年 5 月警戒升為第三級。疫苗注射成為政府施政工作重中之重。主因是疫苗的超前部署掉隊，訖同年 7 月底疫苗施打涵蓋率達 30.97%，嚴重不符公眾期待。「長輩打第 2 劑要上網」成為媒體頭版新聞。[337]行政

[337] 聯合報，2021 年 7 月 31 日頭版，「長輩打第 2 劑要上網」。

院科技部門有 180 智商政務委員領軍，在資訊科技配合疫情指揮中心確實有諸多優異作爲。但防疫工作除戰略指導更有待各部門的戰術配合，即本書強調的「跨域行政」，著眼於中央各部門人力、專業、資源的跨域整合協力。「長輩」們究竟有多少比例達到「數位水平」（專指上網）？在沒有精準統計數字，據以推動上網登記預防注射方案，政府能不失靈？

第六篇　職場

人生最偉大舞台是成千上萬不同類型的職場。生活素養的建構型塑在職場的鋒芒頓銳。對職場的視野決定個人事業高度與浮沉；視野的寬闊取決於職場閱歷過程或投入職場萃煉過程。根據摸著石頭過河理論（muddling through）心態不斷調適會是常態，但每個人學養經驗作法迴異，沒有定論常規。

1907 年從哈佛畢業的企業家 Harry Elkins Widener（1885-1912）愛書如狂。他在 1912 年去英國買書，回國不幸搭上鐵達尼號。沉船時，懷德納和他父親把母親和同船女士送上救生艇獲救，父子倆卻不幸喪生。懷德納生前常說哈佛大學圖書館不夠好，想把自己的書以後捐給哈佛大學。他的母親不僅把書捐給學校，還捐兩百萬美元給學校蓋懷德納圖書館，唯一條件是圖書館的外觀和結構，都不得改變。百年來，書籍收藏一直增加，但是因爲對懷德納夫人的承諾，這個圖書館的藏書閣只好往地底下延伸，所以地面上的建物看起來和落成時一模一樣，地下卻延伸了數哩，變成五層樓高的地下書庫。它是世界上收藏最多珍貴書籍的圖書館，但沒有傲人的高塔，從外觀上一點也看不出來。現在大家看到的成功多是表面的，往上爬，讓自己的成就快速被人看見，是成功的普世價值。但人類眞正的成長旅程，往上不是唯一的途徑，往下扎根、往旁伸展也是。人要做自己相信、但沒人會看見的基本功。只要夠堅持，對自己的信仰夠眞誠，成長的途徑，不見得是急著向上做出別人看得到的功績，很多時候，必須向下挖深或水平成長。別人未必即刻看見，但你會成長得扎實穩健又有深度；紮穩與否決定您在職場成就。

施振榮認爲台灣年輕世代三大新核心能力有待建構：「系統觀的創新力」、「跨領域的整合力」、「問題根源的探索力」。系統觀的創新力小至個人、家庭，大到社會、國家等系統。他說工作領域也有系統，以電子科技領域來說，從系統晶片（SOC, System on Chip）到主機板、電子終端產品、雲端，也是由小到大的一種系統。不同系統互有關聯性，要解決問題，就要透過具有系統觀的創新力來解決問題。其次要培養「跨領域的整合力」。「跨」就是整合，整合才能創造更高的價值。因爲社會的需求複雜而多元，年輕世代要學習跨越不同的領域、不同的系統，才能突破界限，藉由整合來滿足市場的需求，進而創造出更大的價值。第三，則是要培養找到「問題根源的探索力」。解決問題要洞悉問題的關鍵所在，其他枝枝節節的問題自然也會迎刃而解。台灣同樣也要積極建構國家或產業的新核心能力，如此才能面對來自競爭者的各種挑戰，維持台灣的永續競爭力！

本書無力提供在職場成功捷徑或輕軌，經博攬群籍與網訊，發現成功人士都有些共同特質：高度自信、戮力工作、注重健康、習性中規、胸襟大度、全觀性洞察力。各項特質容在本篇各章略繪粗梗，盼可佐助補料，燃亮自己或幫可助之士。

第一章　職場資訊

一、就業準備

凡事豫則立不豫則廢。職場是人生最耀眼的舞臺，不論粉墨或素顏登臺，都得從學校練就十八般武藝。就業前的生活、學習階段，都屬於前進職場的準備階段。「生活篇」各章論述包括時間管理、行為管理、及人脈建構等等內涵都在為邁入職場前對個人心理、理念、專業技能及文化素養進行周詳的修練。即使擁有豐碩、完美的出身背景或學養，職場世界萬紫千紅，同時也是血淋淋的殺戮戰場。

制式學習過程應積極進行「就業準備計畫書」。職涯諮詢顧問 Ford R.Myers 稱之為「求職工具包」開始做起，「工具包」裡應該包含以下東西：書面列出你的成就（家庭、學校、社團、社區，自認可與人分享的樂趣）；前瞻性定位宣言（當前、三至五年或長期人生目標）；專業性傳記（以第三者的觀點詮釋點批職涯過程，篇幅不出二頁）；目標公司的清單（列出擬任職的公司、組織及其理由）；人脈清單及管理（詳參生活篇第四章人脈管理）；專業推薦人（依職場類型敦請專家、業師、上司，撰述推薦函，可另撰參考資料附上）；推薦信（依擬任職場之需求，國家考試可免）；履歷表（中文及英文版必備，跨國企業另依其規範）；追蹤系統（工具包內涵應適時更新稽審，與時俱增更刪）。在主動或被動（如公司裁員、併購）情境下選擇職場轉換，心理準備工夫應是「職場工具包」必備要件之一。

美國思想領導力公司 Nuanced 創辦負責人與行銷公司 Founders Marketing 的執行長 Kristi DePaul 提供五種能讓求職者履歷表吸引人的專業訣竅：1.計畫投身的行業/企業中，AI 機器會查找到什麼關鍵字，應留意公司的工作相關內容及適任資格等詞彙（強調尋找的技能與經歷），將這些詞彙放入履歷中，必能吸睛。2.展現技能：您能做出什麼貢獻以及專業技能，凸顯你強項的關鍵技能與應徵的職務是最相關的。3.別讓工作經驗只限於「工作」；以具體數字展示，以提高說服力：剛畢業者不妨考慮將學生時期完成的重大專案與報告也寫進履歷。團體專案與大型研究報告可能會涵蓋許多雇主正在尋找的技能類型：溝通、寫作技巧、時間管理、聚焦、專案管理、團隊合作與研究……，切記只強調與潛在職位相關的專案。4.了解公司願景與文化，瀏覽公司網站，找出公司的使命宣言與核心價值以及公司最新相關新聞或媒體報導。找出公司的需求、價值觀與利益。5.讓求職信更加個人化。在說明過往成就時，各項指標是不可或缺的要素。請持續追蹤你在目前職位、專案或實習期間達成的任何量化里程碑。花時間與預擬雇主建立信任，適時告知（切勿過早）你正在求職，而且很樂意被列爲目前（或未來）職缺的候選人。[338]

二、蒐集職場資訊

職場人力的進出是社會常態，不會因政治混沌（chaos）、經濟活躍或停滯而有所停頓，只會短暫困頓與不安。職場狀況確實受到政治、經濟、社會、氣候變遷、國際局勢等等內外情勢的變遷，影響不同職場人力供需曲線的上下浮沉（declined）。如何蒐集職場人力變動，有幾種影響因素要考量？

（一）政治因素

政治對人類活動具最大的影響力。兩岸局勢發展可能性變動是投入職場必要且是第一考量因素。不論您未來的職場的選擇是公部門或私部門，都難逃政治變動的影響力。政治影響整個社會動態、經濟發展、日常生活、職場變化，沒有一項不被政治影響力所左右。投入公私職場的進展時光，不能只顧眼前三年五年，甚至要放眼十年或二十年後個人對人生的定位與志向，但政治因素如何考量，甚難預估推測，但預測、推估、研判是求職者必備的認知及智慧，對職場訊息的蒐集則是不容忽視的關鍵。不妨回溯本書第二篇跨域政治學，當另有領悟、創見、及行動。

（二）社會因素

社會變動固然受到政治發展趨向所左右，但社會力量同樣會震憾政治的穩定與成長，社會繁榮、活力展現影響力量，其相關因素頗爲深廣。往往一件重大社會新聞，啓動沉默大眾，在受到社會輿論驅使召

338 http:// hbrtaiwan@epaper.cwgv.com.tw

喚，形塑成巨大政治壓力迫使執政當局改弦更轍；民主社會不容忽視民意（選票），對政策及其執行作出重大調整與修正。如華航空服員聯合罷工，禁用燃煤與綠能種電都得向民意屈膝。

（三）經濟因素

經濟的穩定與否，直接影響民生，經濟活力不足，百姓幸福指數下滑，執政者的民調指數跟著坐溜滑梯。經濟活動力強弱是社會力量的展現，更是政治權位穩定與否的指針。在民主政治社會的國家領導者、地方百里侯莫不以經濟民生爲重。唐朝馬周：「自古以來，國之興亡，不以畜積多少，在於百姓苦樂。」2020 年某總統參選人以：「莫忘世上苦人多」爲其選舉政策指標，苦民之苦，通常被參選者認定爲「念茲在茲」的口頭禪。

（四）人口結構變動

2019 年估計全球 60 歲以上人口到 2050 年是目前的兩倍，超過 20 億人口，人數超過 5 歲以下的孩童。以美國而言，每天約有一萬人滿 65 歲以上，到 2030 年即十年後，美國人每五個即有一人是 65 歲以上，到 2035 年達到退休年齡人口超過 18 歲以下人口，正式邁入人口高齡化。人口高齡化及出生少子化（以下簡稱高少化）將嚴重影響社會職場結構，此種變化尚未計納資訊科技 AI 等所帶來的挑戰。[339]人口高少化象徵職場結構的變動。以老年人口增加比例，職場中對年老長照需求，勢必成長，長照需求與醫療、衛生、食品需求等等職場，都會產生連帶關係。職場人力一旦產生供需不調，相關的職場就業機率就會發生變動，改變目前的就業型態。根據教育部 108 年 10 月 18 日最新統計資料：全國小學在 104 學年在 6 班以下有 984 校，占全國小學總校數 37.4%，國中在 6 班以下有 94 校，占 12.8%，學生數在 300 人以下的國中有 212 校，占 28.9%。學生數的減少，代表老師的需求數下降，流浪教師數目會上昇，補習班不作應變措施會有連串的倒閉風。人口結構的變動影響經濟活動的轉型，就業職場跟著變動，求職者如何掌握職場變動風向球？

---

339 Irving, Paul., 2018, "*When No One Retires*", *HBR.org*, *摘錄《哈佛商業評論》*，2019 年，*頁 42-48*。

（五）科技發展

AI（人工智慧）的發展，機器人大量進入職場與人爭奪就業機會，在未來的十年根據統計會有十種以上的工作機會被機器人取代，包括銀行行員、公路收費員（台灣已取代）、計程車司機、送貨員、剪票員、清潔工……。機器人取代人力在大陸、台灣的許多現代化工廠，己成為事實。職場的選擇，對人而言未來要面對更大的挑戰。

（六）高少化、教育體制

台灣人口結構受到高齡化、少子化（簡稱高少化），快速牽動職場就業及教育體系的生態。根據行政院主計處於 2019 年 12 月底發佈：具大學以上教育程度者失業率前十一個合計為百分之四點七六，為近三年最高，且呈現教育程度愈高者，失業率也愈高的趨勢。[340]據以考證台大等校研究所有招不到博士班學生的事實，未來職場就業之難易，對研究所報考者是項重要參考指標，相對提供職場未來幾年變動機率。另有個位數的大學被教育部勒令退場，或因招不到學生，申報停止招生、教職員裁減訊息，這對職場變動是未來求職者應行注意的訊息。

三、職場、人格特質

職場的選擇繫乎個人的志向、教育、技藝、家庭背景、職場素養、人生價值觀等等因素所左右。如果單以公部門、私部門分類職場，顯過於單純化，不符當今社會總體經濟發展及全球化現況。細緻分類恐非本著作論述範圍；以個人創業而言，更是千百種以上。傳承祖業、自造產業、鄉土文創等等都是屬於私部門職場，至於後續公部門基於公共利益的投入，則歸入其他論析層次。職場的正規分類是提供完成學程後，邁入職場服務進行優劣分析的參考，所謂優劣分析是就求職者而言，不指職業本身現階段氣勢的優劣。

為協助如何認清身為求職者，如何剖析自己的優劣點，找出當下自身條件符合職場的條件，能快速進入職場佔有立身之地，為後續人生大展鴻圖。謹提供數則參考指標：

[340] 聯合報，2019 年 12 月 24 日，「前 11 月大學以上失業率 近 3 年最高」，A11。

（一）人生志向

立志創業、立志當大官、立志當企業家、科技界發明家……，有志向是自身進行培育、修練技能的重要動力。志即立，當全力以赴永不懈怠，才能功成名就，光宗耀祖衣錦榮歸。志業不分貴賤，行行出狀元。所謂：「人生貴適志耳，富貴何爲？」

（二）人格特質

天生木納不善辭令，不習應對進退、不拘小節者，難在官場行禮如儀的刻板環境討生活。一位古靈精怪創意十足的傲才，安頓在早九晚五的官僚體系，只會扼殺天才瑰寶。進入職場前與自己眞誠對話，考量自己的人格特質找出合適的職場。歐巴馬夫人參加其夫就職典禮的禮服，出自從小愛玩洋娃娃的華裔設計師。

（三）職場專業素養

生活篇論及時間管理、行爲管理、人脈管理都在爲邁進職場前的修練功夫。這些都是職場工作成員被普遍要求的基本素養。沒有時間觀念的工作者，不易見容於講求團隊紀律的工作團隊，自命不凡行爲乖張不服上官指揮者，都不易被職場主管或其工作同仁所接納。有了寬厚、仁慈、包容、同理心、道德、倫理的基礎人文素養是基本條件，至於擁有職場「專業知識及專家技能」才能在職場上頭角崢嶸獨領風騷。

（四）職場發展性

夕陽工業的相關職場，容有高薪誘力也不是新進職場求職者的首選。擔任時薪的工作，除非配合自己的職場發展計畫，不須委曲苦讀四年，畢業後才得以進入的職場。組織文化封閉的企業、性別歧視的主管、川普嗜好習性的老板，都不是優先考量的職場。職場發展性在啓迪求職者要對未來三至五年的職場變遷，進行資訊蒐集分析。

四、職場新結構

（一）德國工業 4.0

2013 年德國成立工業 4.0 平台（Plattform Industrie 4.0）是由德國產、

官、學、研與勞工團體共同組成，目的在整合全國資源、協調所有利害關係人，共同推動工業 4.0 的組織。平台的秘書長 Henning Banthien 指出：成立至 2019 年初，已有超過一百家企業、產業協會、工會、研究機構與政府單位成爲會員，是德國最大的全國性工業 4.0 組織，堪稱推動工業 4.0 的大腦與司令台，也成了企圖發展工業 4.0 國家爭相仿效的對象。

（二）德國工業 4.0 結構及功能

1.溝通者：作爲推動工業 4.0 的技術測試平台，讓資源不充裕的中小企業，在實際投資、實踐工業 4.0 之前，可申請政府經費補助，利用實驗室進行技術、商業模式、生產流程、管理系統的測試。

2.鼓吹者：德國工業 4.0 平台組織架構有技術標準、研發、資安、法律、工作就業等五個工作小組，動員各種優勢共同投入，擬定建議方案提供企業作爲指引和實踐工具，在物聯網聯合中美日等國已發揮既競爭又合作效益。

3.召集人：政府提供平台運作經費即時解決問題，擔任策略性運作指導教育者角色，從學童教育爲核心起點，建構一個跨學科思考、工作及學習的實境世界。工業 4.0 將改變主管的領導角色，賦予員工更高自主性，在去中心領導化的生產流程，挑戰更優質管理。

4.輔導者：透過各種會議、訓練課程、參訪活動，讓企業家一對一交流，共享經驗理解工業 4.0。說服企業動手做工業 4.0，否則數年後就等著關門大吉。

德國工業 4.0 平台在經費支援下，以學童教育爲核心起點，建構跨學科思考的實境世界，去官僚化指揮，扁平化組織結構，提供創意空間及提昇競爭力。

（三）全球工業 4.0 白熱化

「中國很清楚，自己的工業技術還落後別人五到十年，直接買進能夠讓自己一步到位的公司和技術，是彎道超車的捷徑。其中，德國工具機業中的隱形冠軍，是中國邁向工業 4.0 之路的噴射火箭推進器」安永聯合會計師事務所在 2015 年底的一份研究報告指出：2014 與 2015 年間，中國買了近 40 家德國企業，其中不乏技術和市佔都是全球龍頭的隱形冠軍。2016 年第一季，中國又在德國投下三十二億美元（約一〇三八．四億台幣），買下十二家德國高科技公司。同年六月二十八日，工業機器人世界冠軍庫卡（Kuka）醞釀已久的出售案，也塵埃落定，買主正是中國的家電大廠美的集團。[341]（摘自 2018 天下雜誌）透過併購提昇全球化競爭力是截彎取直的老招式，日本在上世紀八十年代善用之，讓經濟實力快速稱霸於世。

五、工作態度、生涯學習

根據南投某國中的陳校長撰文指出：「108 新課程強調素養。姑不提執政者如何刻意去中國化，對落實『素養』的作法值得讚揚。」何謂「素養」？論者見解不一，至少應包括生活素養及工作態度。生活素養從每天晨昏定省，雙親子女間的互動開始，就是從家庭生活爲起點，雙親對子女的睡眠、子女對長輩的問早道好；子女到校後對同學、師長的禮貌，處處都在培育學子們從家居、學校生活落實生活素養。所以陳校長在文末結語：「素養就是習慣與態度，其實沒有什麼高深的道理。」[342]教化，國家之急務也，而俗吏慢之。此乃本書把第一篇編輯爲「生活篇」的根源所在。

（一）工作態度

傳統與現代的基本工作態度有別，職場與居家生活不同。自家經營企業是領導者，不同於受僱當夥計。受僱者的守時、守分是工作基本態度。職場講求效率，凡事以成本考量，會是提昇競爭力的務實作法。時時不忘溝通協調以獲取對方的觀點、承諾、准諾、確認，此乃職場最基本的工作態度，忘掉學歷、職位高低，爭取職場被認同感，融入組織文化。

（二）職場晉陞障礙

美國在組織中阻隔某些人群，晉升到高階職位的無形障礙，大都出現在女性或少數族裔，屢被稱職場玻璃天花板（Glass Ceiling），源自歧視（discrimination），背後原因是文化、才能、貧富、階級、種族、學歷、地域等等不同的落差，再形之於外的優越感作祟；史匹柏認爲它源自仇

---

[341] http://www.cw.com.tw/article/article.action?id=5077198&utm_source=dailybrief&utm_medium=Email&utm_campaign=dailybeirf#sthash.8qbaR4p7.dpuf

[342] 陳啟濃，2019 年 9 月 2 日，「落實素養從每天生活教起」，《聯合報》。

恨，現代人必須戰勝的惡魔。俗稱天花板效應即被視爲惡魔，隱藏在世界各角落不分公私部門的職場。

（三）生涯學習

職涯進修計畫有別於學校體制學習，體制外進修可結合各階段的人生目標，擬訂、調整進修計畫。中興大學資科所陳文賢教授：「資訊科學研究所畢業證書有效期半年，畢業後不進修只剩三個月，再不進修在職場上不具價值。」以知識爆炸速度，在某些領域陳業師所言有過之無不及。思科公司前執行長庫克：「矽谷資訊科技發展速度，在大學一年級所念的，到了畢業時，在科技職場上已屬陳年舊品。」人生會有不同職場轉換，根據統計，人一生中在職場的轉換，通常會有四至五個機會。如何不斷累積職場專業技能，成爲「後」一場職場轉換的「資本」？即是成爲職場最亮麗的產品？從泛泛之輩的「人才」到職場或獵人頭（hunter）公司爭取、搜尋的「主角」（roles），可能要耗時多年的歲月，生涯學習（carrer learning）要有志者焚膏繼晷夜以續日。

第二章　公部門職場

一、公部門職場的迷思

「公務員生活等於免加班、免業績壓力又有好薪水」這款迷思恐怕將面對前所未有的挑戰！當各行各業飯碗風險增高，過往科技新貴高薪神話不再盛傳，保障一輩子的公職鐵飯碗成爲最夯的職涯選擇之一，這種迷思（myths）同樣該甦醒了。2018 年如火如荼的年金改革，碴醒對公職懷有憧憬的夢幻者，公職的風險與其他行業同步高漲不能例外。根據《Cheers》雜誌解析熱門公職的實際工作和國考趨勢，建議多以企業文化和職涯規劃的角度思考公職，不要想入避風港，卻走進另一種現實的「囚牢」！以報名對象爲例，大量出現無工作經驗的大學、碩士畢業生，同時準備研究所與公職，「一魚二吃」蔚爲風潮。具 3 年以上工作經驗的白領階段，甚至不乏過了 40 歲的中年國考考生。說明國考在職場同時受到政治、經濟、全球化、AI 科技、貿易戰等因素影響，釀出不同程度的波盪，對公職部門的尋職者而言不能不察。

二、公職與職場風險

公務人員高考三級及格者薪資爲 44,850 元，普考及格者薪資 35,200 元，在高科技業與金融業「高薪神話」相繼浮沉幻滅，疫情爲虐各行業皆難逃裁員、併購（mergence）命運的情況，當公務員可能是一種風險最低的選擇。但行政院人事總處人事長施能傑強調：「公職＝長期飯票」的迷思更是千萬要打破，因爲現在的公務員要面對上級單位或民意壓力，工作負擔並不輕，加班也是常態。

高普考與地方特考的差別是，高普考分發的職缺以中央機關爲主，地方特考則以地方政府機關及其所屬機關爲分發對象，轉調年限各有不同規定，報考公職前應行的評估與選擇請愼哉！切勿因經濟不景氣轉戰公職，或爲穩定生活，還是懷抱著熱情目標進入國家體制，試圖在最保守的環境裡創造自己的生涯？

三、行政組織意涵、特質

行政組織指涉政府部門爲對象，從中央到地方政府、公營事業單位，都屬於行政組織。但隨著公共服務的委外、民營化，民間部門開始提供和政府部門類似的公共服務，公、私部門間的區別日趨模糊。行政組織在論述時通常指「正式」的行政組織，但「非正式組織」對「正式組織」都會在不同場域發揮影響力，對研究者而言是不容忽略的。行政組織特質從結構而言，是靜態的，由許多不同的部門所構成，它有權責分配及層級節制（hierarchy）體系的權力運作功能。從行政組織成員的交往互動的動態觀點，它是一個活動體（organs），在執行工作時依權責分工合作，箇中有諸多的依存互動行爲。行政組織間不僅是成員互動，更存在成員對權責觀點的認知，藉由成員心理及認知交互活動形成團隊意識。行政組織是一群人的聚合體爲共同目標努力，在權責、分工的結構中進行，資源運用及轉化、產出，組織成員的進退有一定規範必須遵守，不得任意終止與行政組織的關係。行政組織是層級節制的體系，組織成員的進退有其嚴謹程序、法制。

四、行政組織架構

（一）行政組織領導類型

1.首長制與委員制

從行政組織的首長人數而言；首長制的首長爲一人，委員制又稱合議制，其行政管理職權屬於全體委員，共同負責處理，稱之爲委員制。以瑞士的聯邦政府爲代表，總統並無實權爲名義上的元首。兩者各有優缺點：首長制與委員制之優劣，因各國不同的文化、素養、地理、歷史等因素會有不同的運作效益。首長與委員制的混合制：混合制首長不能獨攬大權，重要事項均由委員會議決議，首長以主持會議爲主，執行委員會決議，綜理機關日常業務及指揮所屬機構及其成員。

2.集權制、分權制

集權制的行政權責集中於組織的領導階層或總機關，下級機關聽命於上級機關。事權集中、行動迅速，下級可能被動等待指令行事。分權制指行政權責分散各階層或分支機構，不必事事聽命於上級，較符合民主政治精神，避免專斷獨行；缺點是過度分散不易統一與團結。

3.業務部門、幕僚部門

業務部門專責執行職能或稱實作部門，實際執行及推動工作之部門，對社會及人民發生直接關係與往來，業務部門是權力單位，保有決定權具有管轄權性質；幕僚部門的工作是對內的，不直接執行組織目標，專司襄助或支援業務部門的單位，幕僚部門爲輔助單位而非權力單位。

4.中樞機關、派出機關

中樞機關是在首都地區設置負責領導與統籌的總機關即稱爲中樞機關。派出機關乃中央總機關/中樞機關爲服務各地公眾在各地分設的業務機關。派出機關不等同於地方政府，屬於功能性業務組織，屬於上級機關的代理人。諸如行政院、立法院中部、南部辦公室屬之。

5.公營事業機構

政府爲提供人民服務，經營工商、交通、金融業務、設置公營事業，以交易方式供應勞務或商品爲人民服務。公營事業包含政府獨資經營及公私合營，其經營主體爲各級政府，其經營目的爲特定之公共利益。（捷運、鐵路、運輸、電信、電力等屬公營事業機構，若以公司型態政府股權占 50%以上。）

（二）行政組織的架構

行政組織除要面對公眾，尙要應付民意代表、政治人物、記者、媒體、及各級機關及政府。各行政組織間有太多競合及相互依存及資源競爭關係，面對的環境複雜度較高。

其次在資訊流通及民眾對公共事務的關切，行政組織面對不穩定的需求、政策偏好及各種選舉壓力，行政組織處在環境不穩定的情境。行政組織的作爲動見觀瞻受多方矚目，易受各種不同社會事件的影響成爲公共問題，承擔不同社會責任（如洪仲丘案，衝擊國防部、法務部……）。社會事件同樣會影響政策的穩定性。行政組織目標不但意義模糊，也不乏徒具象徵性符號的道德訴求。行政作爲的手段與目標的因果關係不易確定，組織目標的凝聚不易。因行政組織目標的不確定性，難設考評標準，無法實際反映機關效率，如警察再多罰單也難與社會治安劃上等號。依法行政的原則，行政組織的權威範圍與行使方式、組織設計、人員配置，皆需有法定依據，行政組織可擇的方案較爲狹窄，難以適時改變組織管理制度，各階層的自主空間有限，難以因應外部變遷，肇因組織結構依法設置，彈性低。

五、組織文化、組織氣候

「組織文化」（organizational culture）指一群人共有的，可以影響成員態度與行爲的各種價值觀、規範、規則、信仰、穿著、語言、習慣等所有的有形或無形事物。文化是社會中的人群所共有的一種約定成俗的心理狀態，那是人群所培育出來的價值觀、共同信念及特有的行爲方式所組成。「組織氣候」（organizational mood）係組織內部環境持久的特質，組織成員會感受到這種特質，行爲同受其影響。組織氣候只是一種組織氛圍，可以刻意營造與改變。組織氣候是組織文化的一部分，但不同於組織文化。

六、進場準備

前述諸端大綱細目都是進入公部門職場準備工夫，但仍有重要事項待重申如后。每年都會有數十萬有志投入公職部門者，參加考試院考選部舉辦的高普考暨其他各種類別的國家考試。選擇報考公職的動機、志向、規劃、種類因人而異，報考時機不同如：學程中、畢業後、任職私部門後、學成歸國後、婚後投入職場等等。

根據論者在公、私部門職場歷練，其中以公職部門任職長達 39 年最長，謹提供數則邁入公部門行政組織的準備工作：

（一）誠實面對自己

深入剖析個人特質、志向、人生目標，進入職場前要好好與自己對話，向家人、朋友、老師、親友長輩請益，尤其在公部門職場服務過的先賢前輩，透過他們的閱歷與對您的認知，提供客觀的意見以供參酌。「旁觀者清、當局者迷」最重要的是個人的興趣、志向、人生目標。進場前第一件準備功課是「誠實面對自己」。要面對自己內心深處的呼喚，運用靜心情境下的「心」，以直覺（intuition）問自己，「服務公職」是我人生目標第一項選擇？

（二）剖析個人特質

您對自己擁有的特質，有過深入分析？您能例舉具體的人格特質（個性、修養、專業、擅長技能、文化素養、價值觀、領導力、耐心、觀察力、情緒管理等等），並加以條文列述？這些特質與「一般公職人員的特質」有那些吻合之處？如果沒有具體答案，進場前那是準備工作項目之一。

（三）志向與人生目標

在學習過程中會有許多不同志向。志向維繫奮鬥意志，有了堅毅志向會讓自己在連串挫敗中奮勵不懈，誓不妥協跌倒再爬起的特質。這與「一般公職人員的特質」有那些吻合之處？如果沒有具體答案，同樣是進場前準備工作項目之一。

「人生目標」可作階段性規劃。在學習過程中會有許多志向，志向維繫奮鬥意志，有了堅毅志向會讓自己在連串挫折中再奮勵不懈，誓不妥協。「子曰吾十有五而志於學三十而立四十而不惑五十而知天命六十而耳順七十而從心所欲不踰矩（論語別裁 P.77）」

那您的人生目標又作何規劃？規劃的志向，要作何準備工作？學校學習過程不同於專業補習班。補習班專注於學習者特定考試，考前科目的準備。公職考試要先行分析、準備、踐行、檢討，凡事豫則立，不豫則廢。考試類科是考前要釐清的重要標的。不同類科的考試科目不同，共同科目固要精熟通澈，專業科目更是致勝的關鍵。

（四）調查分析公、私職場

進入公職前國家考試門檻嚴格，高普考錄取率每年不同，但不超個位數，甚至少於一個手掌指頭數。這象徵進場前的努力耕耘要付出心力與毅力是難與外人道。調查分析歷年錄取率、考試類別、考試類科有助於考前選項及後續的意志力支撐。公、私職場進入門檻、規格、方式等各有不同，其目標都在運用不同的方式選拔符合組織需求的人才。

求職者對各類職場的人才需求規範有必要先行瞭解，才不致迷失準備方向或徒耗心力。公部門考試屢有博士學位報考初等考試之情事，且有全軍覆沒的情事發生。以高學歷應考初等、普考，是否有必要？有必要作事前進行投資成本分析，例如初等考試花一年時間準備，與報考高等考試花二年時間準備，兩者在職等、待遇的差距，需花費多少時間初等考試才能達成高考的職等薪俸，投資與回收成本要事前作評估。

大陸中新社報導 2019 年國考有 89 個中央及直屬機構共計 143 多萬名通過報名審查，許多崗位招錄條件在不同面向變得更嚴格，包括基層工作經驗、專業技能工作年限。大陸自 2009 年起連續 12 年國考報名人數均超過百萬以上。[343]

私部門組織、企業偏重職場技能的選拔，以應企業組織的急迫需求，現在職場雇主以投資報酬率，衡量取才用人標準，較少像公部門對組織各職等的成員進行培訓投資。忠誠度、薪酬、工作量、組織文化、專業技能都會有不同程度的影響，員工流動性更受個人、組織內外環境的影響。私部門求職者要先行備妥徵才基本專業技能，進入組織後依職場績效再期待企業組織的專業技能培訓厚植後續發展實力。

343 聯合報，「陸國考『門變寬、檻變高』」，2019 年 11 月 25 日，A9。

第三章　私部門職場

2020 年是私部門職場快速變遷關鍵起始年。COVID-19 及整體經濟多面向暨複數層次聯動波盪，首衝職場的進出、人才甄試留任培訓等管理領域。根據美國勞工統計局（Bureau of Labor Statistics, BLS）對 2020 年職工調查統計，職工工作任期縮短為 4.1 年，流動率相對提昇。[344]企業雇主的人力成本無疑增加，職工任期快速變動問題受到多方關注。

一、變遷快速的職場

職場類別概括分為公部門、私部門兩大類型。但公務機關投資股份居百分之五十以上者仍屬公部門，但越來越多的私部門是由政府轉投資的事業單位，且私人持有股份未必全超過百分之五十，這些單位兼具社團法人、財團法人的身分，在公、私部門之間擺盪。若事業單位主管/董事長由政府指派，大致歸類為公部門。

本章節以私人企業為論述重點。私部門職場的進場、轉場、或退場之運作，在實務上有時難分軒輊，得依組織特性、企業類別、進行調適。何以觀測、預知私部門職場是如此重要？有段資訊揭露它的嚴重性、不可預測性，謹提供參閱：

機器人取代人力將會在未來三年內在各層面快速發生。第四次工業革命來臨，進入機器學習、認知運算、人工智能，創新的科技迅速深入各個經濟層面，成熟的科技使得企業面臨轉折點。顛覆性科技的應用普及，人與企業間的溝通成本越來越低，客戶需求及市場快速變動。全球 41%的 CEO 預期公司將在未來的三年內經歷重大轉型，根據 KPMG 調查指出，更有 82%的 CEO 擔心目前公司的產品或服務在未來三年，是否還能獲得客戶的青睞？[345]

知己更要知彼（企業組織），才能在職場競技場佔有優勢。未來經濟

344 王怡棻譯自"Turn Departing Employees into Loyal Alumni", *HBR*, March-April 2021. 詳載哈佛商業評論 2021 年 4 月號,頁 93-102。

345 http://www.cw.com.tw/article/article.action?id=5078667&utm_source=dailybrief&utm_medium=Email&utm_campaign=dailybeirf

變動不可預估（unpredictable），唯有各種資訊持續蒐集辨析，儘力感應預期未來可能的變化。2021 年疫情持續嚴峻下，升到三級警戒幾近封城，北市著名五星級飯店爲維持營運成本開銷，創新作爲在 Lobby 推出嶄新美味高級餐盒，推出後掀起仿效。職場鐵律「變是唯一的不變」。變與不變？「人」是主角。

二、職場專業技術、形象

在外部環境競爭激烈的企業，鼓勵成員重視個人及組織形象，尤其獨門專擅科技爲最。職場技能或個人素養很多淵源始於其他場域的歷練培育；個別企業組織特有的企業形象，淵源企業創始人的耕耘與開發，組織成員經長時期的心智溝通，深入意識深層，無時無刻會念茲在茲的責任感及榮譽心，以身在企業組織爲榮，忠誠地踐行。企業專業技能及個人形象是漫長的羽化過程，需要組織成員戮力參與，爲鋪陳企業永續經營，由外默化形塑浸潤滋長形之於外。

建構企業具有競爭力的專業技能/專業形象，與企業領導者特質具有皮骨相互滋長的相關性，其中以 Norma Riccucci 的研究最具中肯及務實性。[346]研究指出領導者有下列共同特質包括：

在職場要善理專業技能之外，職場形象仍需內在素養的支撐。陳嫦芬書中所言在任何場域都要打理妥貼適切其位、其職、其域。要像變形蟲般因應周境變遷，不是一成不變什麼場域都西裝革履。職場重視專業形象，如何展現自己形象有助於成就自己期待目標的達成，但切忌細微處可能暴露不欲人知的短處。子曰：「視其所以，觀其所由，察其所安，人焉廋哉！」如何建構「全相素養」是職場競爭者要經年累月修煉的底蘊，有了厚實的底蘊不難外顯，而不做作。

陳嫦芬在《菁英力》一書對「專業行象」領域有充足且彈性的提訓，足供職場清純者及老練者的修煉。綜納精要：「專業行象」是職場技能與個人形象的總體表徵。徒具個人形象的衣著、彩妝外貌不足襯托個人獨特的品質，必須與職場的專業技能，透過表達展現智慧及合儀肢體語言、專業的著裝風格及美學素養，以不卑不亢的自信展現才智。

專業形象的培訓範圍依企業類型項目不一，基本訓練課程包括禮儀

346 Riccucci, Norma.,1995, *Unsung Heroes* , Washington, DC: Georgetown University Press, pp. 226-231.

（含顏質管理、國際禮儀、餐桌禮儀、談話、上下搭車、贈禮、握手等等）、肢體動作、衣著調配、各行業禁忌、文化及宗教禁忌、飲食習慣或忌口等等，各依企業在全球地區的不同布局，會有不同差異的培訓項目。職場專業形象不限於外顯，要透過內心積極服務熱誠和誠懇，吸引客戶要讓對方感受您發自衷心的熱誠，形諸於外的肢體會是柔軟的心，謙恭態度的表露，不虛應了事。以「上下搭車」爲例，戴安娜王妃體姿移挪，讓媒體攝影者無法捕捉其瑕疵，世人對她懷念不止。

雖然初登職場的新手不會有太複雜的企業形象的標竿要學習及模仿，但對出差從公的規劃，有一定的程序要留意踐行。如出差預期目標爲何？目的地？與何人接洽？洽談地點、時間及洽談內容？有無先前準備簡報資料？資料內容主管是否過目核准？有無其他應變計畫？至於個人前赴出差目的地，個人應隨身攜帶的文件、文具、地域詳圖，連絡的對口單位或人員在行前有無再確認？會後如何撰述會談內容、或決議事項，提供單位及主管人員的定奪？

前述《菁英力》同樣也道盡論者在公部門職場（含軍職）近四十年職場閱歷及其所需職場技能的重要性；期勉公、私部門職場新進及現職人員謹記踐行。能否在職場上成就大業，所繫不外人生素養及職場專業技能。

三、技藝學習、實現夢想

兩屆奧斯卡最佳導演 Spielberg，受邀於 2016 年哈佛大學畢業典禮致詞，道出技藝進修與夢想實現：

「畢業典禮是角色定義的關鍵時刻……，眞正的未來，將由你們來決定。我期待它會是個正義與和平的未來……，有些人也許知道未來要做什麼，但有些人就不是那麼清楚，或許你會開始懷疑，自己的選擇是否正確……，人生的前二十五年裡，我們一直被訓練要聽家長和老師灌輸我們的智慧與資訊……，人生就是一長串定義自我的時刻……，傾聽內心深處的聲音，眞的很重要——這股細微的聲音，讓林肯和辛德勒（Schindler's Ark 一書的主角 Oskar Schindler，作者是 Thomas Michael Keneally）做出了正確的道德抉擇……，在定義自己的關鍵時刻，別讓你的德性，因爲一時的權宜而開始搖擺。堅持，需要很大的勇氣，所以你需要許多支援，包括家人、好友，還有你生命中的摯愛、支援、勇氣、直覺，這些都放進了你的英雄工具箱……。」

Spielberg 不忘幽默說：「英雄需要壞人，這樣才有打擊的對象（A hero needs a villain to vanquish）……，無論哪一種歧視，無論對象是穆斯林、猶太人、少數民族或多元性別（LGBTQ）族群，背後的根源都是仇恨。」

Spielberg 曾一度綴學，再進加州 Long Beach University 大學完成學業，他是終身技藝學習的最佳楷模，不斷學習職場專業技能，在影劇界成就史上前無古人的讚譽，人生夢想得以逐一實現。別忘了，在職場不斷學習進取是您的天職，但別奢望有努力未必像 Spielberg 就能圓夢，反之不努力衝刺就淪為「職殘」者。論者身為省府學習團隊一員是在二十世紀末才到長堤大學研習，惜非同時段。在職場一天就別忘記時時學習職場技藝，想停歇就退出職場吧！職場沒義務背負一位「職殘」者。

四、職場素養修練

私部門的 CEO 不是超人，面臨企業組織各種國內及世局變動挑戰，日益艱困又複雜。CEO 如何因應對新進求職者，有必要以其面對的世局及帶領企業的領導作為、視野等體會，與職場夥伙共同分享職場素養，該當應行何種修煉？

企業領導人面對著一個充滿顛覆性科技、高度波動市場、全球危機的瞬息萬變時代。企業領導人習慣根據直覺或舊有的慣性模式來做決策，但在今天的複雜經營環境下，決策本質已大幅改變以大數據為佐料；各界含董事會、投資人對於 CEO 領導人的審視和要求，愈來愈嚴格。「你就像是住在透明金魚缸裡，大家二十四小時盯著你看」係一家美國五百大企業中的通訊業前執行長透露心聲。今天的領導人必須隨時應變、隨時接受審視，還必須擁有高水準的體力、心智力和 EQ 來做出優質的判斷。為符合良多的角色需求，CEO 必須不斷學習和修煉。

史丹佛商學研究所的調查也發現，將近 100%受訪 CEO 都渴望接受在職發展。然而，他們往往面臨各種阻礙學習的天敵。第一個天敵，是無法說出「我不知道」。麥肯錫顧問公司庫姆拉和杜提瓦拉分析，他們爬到了職涯的巔峰，背負著各方高度期待，很難說出自己不曉得答案是什麼。正因如此，他們需要學習。其次，由於他們習慣不斷評估情勢、評估各種人和各種問題，往往對於「向他人學習」充滿戒心。第三，容易把「學習」和「獲取資訊」兩者混淆。徵詢同儕或同業是「獲取資訊」的重要途徑。許多 CEO 確實會努力走出去，與不同的人互動，也會廣泛閱讀。問題是，很少人進一步把這些知識內化並實際應用。結果，這些知識依舊只是知而不用，對領導沒有任何實際幫助。領導人想要走出高壓又疏離的孤立困境，專家建議以下自我修煉心法：

（一）接受現實、孤單脆弱

RHR 企業總裁薩波里多指出：「想要減輕孤單感，關鍵在管理自己的脆弱。」「孤單正是脆弱有機可乘之處。」居高位者向來就較爲孤單，接受這個事實就不必試圖掩蓋，可以減輕無助感，更容易尋求必要的支援。張忠謀「保持距離」的領導哲學，其副效應確有異曲同工之妙。

CEO 以企業最大利益爲優先，也是打破孤立的好方法。感覺自己屬於「比自我更重要的群體」的一部分，有助於領導人轉移孤立感，或將此感覺正當化。

（二）向外部同儕學習

利用與同儕領導人建立交流網絡，跟上外界脈動、吸收新觀念、挑戰自我。這種學習模式是刻意挑選傑出的個人（或一群人）交往，或拜訪不同產業或地區的傑出企業，或參加同儕會議與其他傑出者交流活動，學習其他資深前輩的成功之道。CEO 需要一個「可以說出內心眞正想法的安全空間」，例如向其他公司的董事會表述，他們都是身歷其境的過來人。也可以往外部尋找支援網路。有些 CEO 會主動在外部建立自己的同儕交流團體，可以自由談話，吐露心情和想法。

（三）尋求導師指引

許多企業家都有自己的導師（mentor），定期尋求想法的刺激和指引；或與前任在位者維持健康的師生關係，定期會面；也有人選擇了自己信賴的董事，保持對話；聘請資深的外部顧問，例如總裁教練，來幫助他們成爲更有效的領導人。無論導師或顧問，能夠有一個可靠、獨立的對象徵詢意見，並在棘手問題上提供過來人的見解，釐清問題的本質，找出可行的答案。

（四）計劃性鍛鍊新技能

許多 CEO 喜歡藉由「做中學」來自我提升，這有三個步驟：其一、察覺自己的學習落差及對組織會造成什麼影響；其二、要靠自己堅毅決心做出改變；其三、找出正確的學習方式，大量練習新技能，獲取回饋。有位 CEO 一直無法拉下臉跟他的團隊說狠話，因此，他找人學習高難度對話的技能和技巧，並應用在實際的對話中。另位 CEO 則把「有效授權」當成需要學習的挑戰。今天領導人的壓力和挑戰只會有增無減，只有主動擁抱爲自己的學習發展負全責，才能與時俱進免受淘汰。

（五）熱愛工作

2005 年 Steve Jobs 在史丹佛大學有段精彩絕倫震撼人心的演講：

「我深信，讓我繼續前行的唯一力量，就是我深愛我所做的事。你得找到你的最愛，愛人如此，工作亦是如此。工作會填滿你一大部分的人生；獲得眞正滿足的唯一之道，就是做那些你眞心認同的偉大之事，而成就偉大的唯一方法，就是深愛你做的事。如果你還沒有找到，繼續追尋，千萬不要放棄。」

當然 Jobs 的熱愛工作與英年早逝未必相關，但他熱衷工作與傑出成就，同被世人尊敬與哀悼。

（六）過程的堅韌與敏銳

「我在職涯初期太過擔心其他人的想法，但我逐漸明白，進展比完美更重要，任何值得之事，也都需要堅持和韌性。批評讓我更渴望、更強悍也更敏銳。」這是奇異（GE）執行長 Jeffrey Robert Immelt，2016 年在紐約大學史登商學院的畢業演說。同場合他對畢業生醍醐灌頂：「……談論就業不會創造就業，唯有親身投入，你才能爲他人創造工作……，企業將藉由在地創新、解決在地問題來改變世界。」當代台灣年青人創業方向，很多在學成後回鄉投入農漁、傳產、文創，已成本地學子另項最夯選項。

善用千里眼擴張職場的敏銳度：「求職天眼通（Clairvoyance）」是瀏覽器 chrome 的網頁擴充軟體（chrome extension），幫助求職者獲得眞正職缺評價。當求職者進到 104 人力銀行或是 1111 人力銀行等求職網站的職缺系統中，就會跑出匿名評論的區塊，提供網友在職缺正下方留言，使用者也可以看到其他人過去的評論。「工欲善其事，必先利其器」職場就業準備豈不也該如是？

（七）職場現況調研

最夯與退潮職場之間的存活空間委實不大，近三年最夯的十大職場，與三年後可能消失的職業有那些？求職者要比較不同職場如同比較商品；而人力銀行較不容易揭露對企業資方不好的評價或事實，導致許多資訊不透明。職場就業準備工作要為二年或三年後的就業作準備工作，如何準備？職場現況與個體的優勢與劣勢分析；最優職場，五年後會退場？憑什麼理由，說它不會退場？個體的職場專業與副屬職場專長是那些？該職場歸類為近程變化，或遠程變化？其原則能否列舉？挑選的職場具有專業技能？或僅具興趣而已？

「不要只是參與，而是要為自己爭取一席之地。想更進一步，就去領導層為自己爭取一席之地。」此乃美前總統 Barack Obama 於 2012 年在巴納德學院演說詞。在您的職場不要只是參與，要戮力在領導階層爭取一席之地。

（八）生涯規劃的轉換/退場

人在職場的轉換次數，因時因地因人、更因時代變遷而異，處在現代經濟繁榮快速變遷的社會，職場的轉移更換是社會常態。換場後再進入職場，中間休業時程長短不一。職場轉換的動機是屬於生涯規劃？轉換過程是可預知的、可預測性的休業，休業期間在個人心理層次較有穩定性功效。但非預期性的休業，可能造成心理重創以致生活失去原有步調，或失去人生方向徬徨踟躕、身心失調。把職場轉換視為中、長程的生涯規劃，「看勢辦事（台語）」是消極性作法；除擁有優勢的「職業技能」，尚無法讓休業漫無期程向後延宕，那對常態服務職場的人是一種精神折磨及身心煎熬，一位優秀負責的現代人，對職場轉換（含預期及非預期）要有周詳的規劃及行動。

良禽擇木而棲，職場轉換不論是制度性、需求性使然，都得作預期的準備，這包括職場素養、專業技能的增進、再進修、再深造等程序，咸得心理、生理上的進階準備，才不致事到臨頭慌張不知如何理順。從工作第一天準備提撥退休金，這不含職場法定提撥數。提撥多少才算數？初期從薪酬中提存一成，一年後提高至一至二成，第三年後提撥退休金的比例要逐年遞增。沒有人有義務為我們自己的意外事件付出他們生命辛勤努力的積蓄，爲您療癒。父母不是你終身的生活無虞的保險靠山，同樣你也不是下一代意外事件的當然保證人、保險人。不限於組織內、工作場域、及家庭生活，人人都要儲存危機管理的技能及換場準備。這不限縮在個人的心理準備，更要與家人建立共識，正常經濟來源一旦危機發生，家人應如何維持生活常規，資源/金錢的分配，家務事如何調適再分工，都要有一定的前置共識及原則要遵循。

五、衡平管理職場進出

（一）職場價值觀

職場帶給自己的價值觀是選擇工作場域的關鍵考量，但年青世代在就業類型的選擇，偏重物質價值取向或說偏重一時在工作崗位上所獲取的金錢待遇，可能會喪失其他更重要的價值，如專業技能的精進、人脈關係、工作實務歷練、自己工作性向的迷失。

個人如何建構薪酬對人生的價值標準？有幾項衡酌尺度值得深度思考：其一、薪酬是否代表現職工作能力的肯定？個人整體績效符合組織要求標準？薪酬與工作付出的標準應該維持一定的衡平？其二、現在職場能否提供額外的專業技能培育？往上晉昇的職位能否符合職場生涯規劃目標？企業歷年對培植計畫執行成效，同仁是否認同？如果持續在原組織未來職場專業及素養能否與時俱增？您在職場的投入與發展空間是否達到預期比例？其三、有無職場導師制（mentorship）的建構或能自尋導師？私部門不同職場的人力流動率不一，業主對員工的教育訓練成本的投入，看法及作法都不同。公部門較私部門有標準制式且公開透明的考訓教育。

（二）轉換職場

換場是摸著石頭過河、跳躍式過河？當你要跳得更遠時，勢必要彎下腰來再挺身一躍往前。彎腰是對人尊敬、對長官表示謙恭有禮，是舉世的要求。退場當以優雅姿勢向同仁道別，看看究竟有多少同仁爲你揮手致意、微笑？那些笑臉是對你的肯定與贊賞？平時努力耕耘才能獲致職場同仁的尊敬。

（三）累積閱歷成就後場資本

根據統計，人一生中在職場的轉換，通常會有四至五個機會。如何讓自己在累積職場專業技能，成爲後一場職場轉換的「資本」、「職場最亮麗的產品」？

從泛泛之輩的「人才」到職場或獵人頭（hunter）公司爭取、搜尋的「主角」（roles），可能要耗時多年的歲月。主動或被動（如公司裁員、併購）情境下選擇職場轉換，心理準備工夫應是「職場工具包」必備要件之一。

（四）成為人力資本

如何準備成爲職場的「人力資本」（human capital），成爲下個職場被認定爲最富競爭力的資本投入？職場工作者要留心備妥如次事項：找出健全具有競爭力的職場，常言道「良禽擇木而棲」。除非企業文化存續著永續經營的管理理念，下個職場就不該列入。

主動留意下個職場，不必等「玻璃天花板」的出現，這不同於站著此山望著那山高的心境；在職場上的耕耘努力，要留下佐證事蹟；適時摘錄工作經驗及另類創新奇想、方案；在「毛遂自薦」時刻要「勇於闡述創意及價值」：在會議中表述自己的創意，及不同意見，容有招致妒忌的可能，但爲組織奉獻心智是應盡責任；價值觀的闡述要與組織價值相呼應。

陳嫦芬強調：「展露才能最佳場域在會議室」。會議室通常是組織各部門的領導者，當言則言不必含混其辭，言之有物，會前的準備、資料蒐集，會中聲調鏗鏘有力，展現高度自信，目視全場適時反應調整；「周全的提問是提供思索、解決問題的良方」。唯有深入問題核心才會擬議出妥善完整的問題發問，發問旨在觸動問題核心，發問技巧要多方琢磨，切忌對立案者顯露輕蔑、挑剔、挑釁之口吻，主事者或主管聽後只有減分。一位自視高傲的奇才，不會給組織加分，只會給組織帶來衝突。最完美的發問是協助進行邏輯思維、導正思考盲點、提供問題可能的解決方案。

「伯樂與千里馬」在職場的立論，有先後之別。「千里馬」的立論基礎是職場工作者必先具備一定的「人生素養」及「職場專業/技能」，在適當場合表現、展露給識才又愛才的主管。「伯樂」的關鍵在於主管的偏好、定見、使命感、及時機。要不要爲組織提拔俊才（talents），存乎主管一心。重點在職場工作者自身的素養及專業是否出類拔萃、運籌帷幄決勝千里，那才是主管要在諸多千里馬萬中選一的關鍵。嚴守職場紀律努力付出，勇於承接任務，鍛鍊心志，反思工作的優勝劣敗；講方法細思辨，做好本分；建構良善的人際關係，以禮待人；展現誠實、信賴、正直的人性；持續奮勵，永不退縮。

人生不如意十常八九；失敗是常態、成功是偶然。在職場要讓自己提昇爲「人才」（talent）。如何把自己從學習、模仿、突破創新，修煉成具備工作職場的「專業人士」（professional），那得在工作中汲取專業技能，創新前所未有的專業知識，在該領域成爲頂劣的「專家」（expert）。在同一職場的歷練，前述過程依個人慧根、導師（mentor）、主管無私栽培及職務歷練，多年後也只有極少數才能爬上組織、企業頂尖領導人、主管。畢竟千里馬罕見，伯樂難遇，普羅大眾屬驢騾之質居多，豈容自身不力爭上游？

第四章　職場素養

職場素養不限於專業領域的學術程度，正規教育的學制向以文憑爲符號。文憑是有其時效性，尤其專業技能的證書、證照、文憑，只限於領取該文件的有限期程內的證明書。尤以 IT 各領域的專業技能，長則一年、短者數月的壽命。職場素養須時納專業領域的創新與時俱進者，才能長久佇立於職場。

一、顏質管理

據聞慈喜太后在未完成梳妝，絕不上朝或接見群臣，即使臥病亦是隔層薄紗聽臣啓奏不容親睹。關鍵在維繫「天威」。英國女皇伊麗沙白出現在公眾場合絕對頭載與衣著花色相配的髮帽，絕不致出現膨鬆亂髮，有損高雅風儀。「女爲悅己者容。」古今適用，不因性別平權高漲而掉漆。

男女顏質同等重要；顏質高低影響職場成就。職場倡導顏質管理固爲組織形象，更以型塑組織工作效率及職場愉悅氛圍爲標的。顏質管理的效益不但呈現在組織，更融入家居生活。老奶奶常說：「世上只有懶女人，沒有醜女人。」以今之化妝術，梳妝前後判若兩人，宛若仙女下凡。

上世紀公部門職場尤其公營事業機構、行庫，由公部門組織製訂制式服裝，時日長久沒有變換款式顏色，新鮮感不足反覺沉悶呆滯，缺乏活力。今天企業機構不分公私部門，競相在款式顏色上稱奇，爲的是「給您好臉色」，以吸引顧客，提昇職場活力氛圍。

職場重視統一制式服裝的公司組織，顏値管理倍受重視。環視具有組織規模又要面對群眾的組織，第一線工作人員、公關人員的顏値管理絕對受到組織各層級的重視，重視自己的顏値管理，始能「鶴立雞群」。以外資銀行爲例，花旗銀行、匯豐銀行櫃檯第一線工作人員顏値管理優於其他銀行、百貨商家。重視顏値管理的職場求職者更有機會在職場轉換及徵募競賽中，與同一水平的競爭者獲得評選者的加分脫穎而出。

顏質管理從極小的細節開始，爲自己的形象加分。男性優質形象在細微末節呈現，包括髮型、鬍鬚、衣著合身、領帶、皮帶、手提公事包、手機、腕錶、皮鞋或布鞋。這些替您在職場競逐者中加分。不同職場有不同的組織文化，形象末節得略作調變。一個創意行銷公司，應徵者的創意衣著形色，會是加分的亮點。影藝界個人形象價值非凡，那是長期培育與投資，不必以之爲學習榜樣，聊備參考即可。

顏質良劣與情緒管理有關。林肯總統有沒有說過「四十歲以後，一個人的臉是自己決定的。」不是我們要關切的重點。我們要問的是「憂愁滿面」、「雙眉緊鎖」、「怒目瞚眥」、「怒不可遏」……等等形容語彙？不都在描繪形象的不友善？原因何在？豈不與情緒低落憤懣有關？因之優雅「情緒顏質」又是無數必修課程之一。

二、職場專業素養

Roger Federer（瑞士・費德勒）是有史以來最傑出網球選手之一，8 次溫布頓優勝和 20 次大滿貫勝利者，訖 2019 年再獲職業生涯第 101 個冠軍頭銜。在成名之際仍保有謙遜隨和態度，這是 Mercedes me 雜誌採訪團主筆 Alexandros Stefanidis 對 Federer 受到世人矚目及取得的成就，仍擁有罕見的優雅和從容自在，言談中對雙親及祖父母的敬意和感激溢於言表；對童年朋友的眞誠敬意依然心懷繫之。Stefanidis 歸結 Federer 以「天賦」、「訓練」、「紀律」、「野心」、「勤奮」、「專業」、「毅力」、「堅忍不拔」等字眼，都不能簡單爲 Federer 歸結「性格」（trait）爲「頭銜」、「夢想」或是「天賦和訓練」。

Stefanidis 的結語：「像費德勒這樣的明星有一種難得的從容感，他們讓我們覺得彷彿我們也能夠有機會達成他們一樣的成就。」[347]「從容感」豈不與我們所說的「泰山崩於前，面不改色」的擁容氣度，職場形象豈只限於職場專長。俗語說行行出狀元，但傑出程度不一，共同尺度即是專業素養的深淺厚薄。費德勒時年 37 歲對職業網球選手而言屬高齡。以他爲例是因爲有「夢」最美，估不論我們位居職場起跑點、中端、或末端，擁有從容感就有「機會」。且讓我們觀察諸家對職場素養的論述：

[347] Stefanidis, Alexandros., 2019, *Roger Federer: The Human Superstar*.譯者：Perry Hsu, Mercedes me: pp.48-55.

(一)「專業素養」內涵

陳嫦芬指出職場「專業素養」的內涵，有幾類具體面向：[348]

1.「個人特質」(personal traits)：直覺力、領悟力、學習力。

2.「社交魅力」(social graces)：熱情友善、風度翩翩、熱誠服務。

3.「語言能力」(facility with language)：用語精準、多語言溝通能力。

4.「個人習性」(personal habits)：中規中舉、談話教養、思辨自律。

5.「友善」(friendliness)：同理心、關懷心、包容心。

6.「樂觀」(optimism)：奮勵不懈、永不退縮、正面思維、追求卓越。

其中「個人特質」的持續培育與自律，成就專業技能。以藝人彭于晏為例，他從小是個小胖子，努力減重邁入演藝圈，經歷配角、合約糾紛、失業挫折，過程中自我要求，每拍一部電影就學會一項新技能，在拍「翻滾吧！阿信」每天鍛練體操持續八個月；拍「激戰」時和拳擊手練打三個月，學會格鬥泰拳和鎖技；在拍「我在墾丁天氣晴」學會衝浪；拍「海豚愛上貓」取得海豚訓練師資格；「黃飛鴻之英雄有夢」以半年學會工字伏虎拳和虎鶴雙形拳不用替身；「破風」一片取得專業賽車手證；「湄公河行動」學會泰語、緬甸語和射擊；在拍「危城」學會雙刀。在拍聽障奧運主題的「聽說」苦練學習手語。他的持續不斷學習最大受益者是他自己。演藝圈彭于晏的自律精神和比爾蓋茲在每年年終都會自我評估有無學到新東西？[349]他們的「剛毅」(grit)、「自律」成就職場專業技能。

(二)專業技能的競技場(arena)

會議場域是展現職場專業技能的競技場，會議是公私部門進行決策的場域，會議參與者都是被主持人/決策者認為組織的重要幹部或重要主管。但公部門跨不同部門的會議，與會者發言內涵僅就會議主題代表各部會發表意見，未經授權或逾越會議主題的內容，一位常任文官不致胡亂開口。公部門、私部門的職場作為有別；參加跨部門的會議則是為共同的組織目標，取得不同部會的技術、資源及經費的讚助及配合。私部門在維繫企業的永續生存，會議主題若以企業組織目標的達成為宗旨，得認清組織文化、組織架構、決策層次，有助於對會議流程及溝通，進

348 陳嫦芬，《菁英力》，2016，台北：商周，第三、四篇 。

349 盛治仁，「自律才有真自由」一文，刊於《聯合報》，2019 年 9 月 4 日，A13。

行準備及摸擬。

會議主持人偶會脫序，要求與會者針對某主管的領導或重要議題提出批判，此時發言內涵不論褒貶都會是雙面刃，如何應付得體要有相當職場閱歷，難有定律可循。有一回被部長指定對某領導幹部的績效缺失發言，姑不論首長是有心或無意，無異增添組織和諧氛圍的變數，當時容獲有見地的好評，對受評者無異揮以重拳，如何不失衡平，讓受評者不失顏面，應妥慎處之，該過程銘懷不忘。

領導風格或作爲依不同組織文化、及組織領導者風格的偏好，適合甲機關未必迎合乙機關，因爲文化、偏好不同或各走極端，切勿以規格制式作爲，因應新組織的領導者或組織氛圍，要審時度勢，那是職場素養重要功課。

（三）職場會議

工作會議是學習專業技能的場域。在同一場域工作同仁，資質、經歷、努力不致差距太大，在心態上要以學習爲著眼，切忌眼露輕蔑不肖或不敬之舉。會議過程要不時提醒自己的發言、表述、認知，不偏離會議主題及組織任務，呼應組織文化的思維邏輯。既使對會議主題內涵，有萬全準備，自信見解獨特到主管鐵定採行，仍要留給與會者有表達意見的空間，切忌獨攬進行單人秀。與會者的見解、方案容有其獨到之處，因爲單向的努力難免有疏漏、偏狹之處。會前的預習功夫要紮實完備，備妥補充佐證資料，甚至疑義清單作爲提問之用。調閱前案會議內容、或類似會議記錄，有無援例可循方案、建言，政策的建構有其脈絡，摸瓜隨藤而上，所謂「查案辦理」指的是前案制訂過程。會中對不清楚事情，不知不明之處要弄清楚，重點在提問方式及其邏輯思維架構，相關疑義要先行思索辯證，以拉近與各部門的距離。會中發言或提報過程，被主管中斷提出簡單發問，諸如：「然後呢？」「你確定嗎？」「規定怎麼說？」，或對某主管說「您對此有何高見？請找出缺漏……」，此時先不要去推論決策者的用意何在？要鎮定從容，針對要點應對論析。

（四）緊急會議與會前準備

陳嫦芬提示：「緊急情況下召開的會議，切勿掉以輕心，專注力更要集中……。」緊急會議那是職場專業素養的展現，平時的自我鍛練及能力提昇，處在緊急會議的場域，那是能力考驗更是應變力、覺察力、思維邏輯總考驗，以戒慎之心處之。在對各場會議於每次會議結束時，要以制高點評析會議的缺點或議題未周全之處，尤其緊急方案的處置，在有限時間內的決策，理性思維的偏失是常態，要記下會議缺失及後續補強之道。緊急會議通常針對前次會議的嚴重缺失，或臨時緊急事件的迸生，會後心得的摘記，有助於建構理性思維。對議題重要觀點，如何表述，謹記在腦中，反複思維、或表述於心？被邀與會，通常限於本職權責論析？若涉及其它部門權責要如何表述？切記謙恭爲懷。

各項會議未決事項或重大遺漏，都是後續召開緊急會議的理由。此時若假設身爲領導者，要如何身處？記事本提供腦筋急轉彎應變作爲，略行精要記載，以供緊急會議之用。緊急會議不容有會前溝通的機會，赴會同時不忘備忘錄/記事本。

任何會議議決事項未執行前，不宜提出執行上可能的困難。幹部在解決問題，本身的困境要自行克服，因爲組織的目標達成與否，咸賴各部門的協力合作。

（五）審視會議記錄

會議記錄與會議主席裁示事項有無落差，會後要再行勾稽，明察更迭異動主因？會議記錄在網站公告者（機密除外），有必要上網復查與筆記本所載有無出入，原因何在？究係會議紀錄者的觀點或主席的裁示進行變更？

（六）心得紀述、評析

經一事要長一智，會後不是工作的結束而是各部門行動的開始。決議事項經組織領導人、企業主管批准公布後，始發生效力。但會後要把會中所見所聞及與會者發言精要內容摘錄心得，略析優劣以供參酌或另建構創新作法？毋待會議決策到手始構思如何行動。那不是一流主管應有的作爲，要讓構思先於決策行動。

三、心境調整、自我療癒

（一）職場倫理為重，情緒心境管理

「期待主管輕聲細語進行溝通，在職場上那是奢望，也是不切實際的想法與期待。」陳嫦芬不是澆冷水而是實情。曾在公私部門職場任事的經驗，告知自己，希望主管陪伴同事好好成長、開心任職，在現實環境中幾乎很少，孤軍奮鬥是常態。而且「以您的觀點堅持己見，切記那是大忌。」除非自己觀點主張是石破天驚的程度，再說服從主管決策是義務更是職業倫理，成敗責任的承擔是主管，不是你，切記！

主管在瞬息萬變的職場，沒有時間剖析他的整體思維與理念，更無暇傾聽您的細節，最佳處理之道是在溝通簡報前的準備功夫，這是職場適應的重要關鍵。職場屬員要求溝通，可能發生在自己闡述的條理不夠清晰或不能言簡意賅，沒有聽不明白的受話者。此際，堅持己見是另類的霸道和溝通障礙。

被主管訓斥那是公私職場的常事，初入職場者不要被主管大聲怒斥給震攝住，即使要淚崩也不要在他面前。慈悲心的陳嫦芬說：「此時擇地放聲哭吧！再回到辦公桌前，繼續幹伙。」心中自有不同程度的酸甜苦辣或委曲，無處傾訴；在職場上的同事各有職責，沒有人有義務聽您傾倒苦悶、訴苦。要學會自我調整及療癒。陳嫦芬以上建議很貼切實用。在公部門職場曾見初來新進者持著公文夾邊揮淚邊跑公文的窘境。

她持續建議：「……能否在遇到拙折時，迅速調整心境，那是主管對部屬觀測重點，一位善於調整心境的工作成員，顯現職場上的可塑性，以及面對工作壓力的抗壓性是否夠堅韌……，細微處決定他在職場上的升遷速度。」以當下公私職場而言，公部門以同等學經歷，男性主管會選擇女性當副手，因爲女性的細緻觀察在關鍵時刻是定海神針。

（二）穩定自己、立足職場

「我們要轉化世界，我們就得先轉化自己。公共政策必須反映我們的集體心理問題，因爲政治即是我們的生活方式。」（McLaughlin & Davidson 1998：82）

老子曰：「毋勞汝形，毋搖汝精，毋使汝思慮縈縈（纏繞），寡思路以養神，寡嗜欲以養精，寡言語以養氣。」這與養生者以慈，儉，和，靜四字爲根本的修爲同軌，再說神之不守，體之不康。據說中國最老人

瑞李清雲長壽秘訣：

「寒暖不愼，步行過疾，即可亡身。行不疾行，目不久視，耳不極聽，坐不至疲，臥不至極……；要無喜怒哀樂之系其心，無富貴榮辱之動其念。飢寒痛癢，父母不能代，衰老病死，妻子不能替，只有自愛自全人道。」

你的職涯永遠不會如你所想的，你可以夢幻、期待，但您必須立志，不是靠/哭爸（媽）族，或是啃老族。研究指出職涯統計，人的一生平均會有四次機會轉換職場。職場偶會閃亮無比，接著又轉爲黯淡，或許它會再次發光，或許只是平淡，或許流浪街頭，但職場各階段仍舊有不同的意涵。你要找出心中覺得合理的犧牲，諸如離鄉遠渡膺任要職，獲取高薪或持續維持穩定薪俸，箇中變遷因人而異因地有別，而且職場工作內涵，更會隨時間昇降起伏，職場過程中的改變，不容您大意，因爲有太多太多的不確定因素（uncertain factors），會影響您的工作穩定性。

四、跨職場導師

跨職場導師的尋覓很困難，勝於單一職場導師。職場導師（mentor）的輔佐有益於工作技術的精進及改善，但導師未必在自身的職場或工作崗位以外的領域善專。跨域行政的領導者/主管需要跨職場導師。在工作職場上順遂是期待，不是人生常態。因爲職場上有太多的事物不在自己能力掌控範圍；既使自己能掌控也未必能周全量度。

在職場隨意向人訴苦在某些場域不宜，要有智慧斟酌輕重及其影響。常言道：「害您的人，通常是最親近信任的人。」因爲人生不如意事十常八九，在失意時也是失去理性時，您自己過往的事可能不復記憶，但最親近信任的友人，可能記憶猶新，切記在職場的不如意，不說不言把它忘了、埋了。尋求職場導師的重要性在此，它有益於心緒調控。另擇不同場域的職場好友，在位階、學養略同者，「無友不如己者，過則勿憚改」（論語學而篇，以今而言是務實）結交成較制式的聚會，進行互動交換工作心得，或傾訴工作上的瓶頸，交換彼此的意見。以撫慰工作上的壓力，從其他成員吸取工作經驗及支持。

五、形象管理

形象不是絕對不變，具備高度互動性、變動性、藝術性。職場注重「形象管理」，爲的是改變劣勢爲優勢，爭取、拉近與同儕的距離，改變僵化的觀點爲彈性貼切的包容、接納、符合眞實的情境。形象因人而異、因事而異隨時空變遷；個人素養的增益與修煉會是重要關鍵，既使個人改變了，但與談者的僵化思維牢不可破也於事無補。

職場的「形象管理」有幾層步驟：其一、互動過程，如何以直覺監測對方的印象是什麼？不安、疑慮、信任，再針對問題以自信方式闡述、分享給對方；其二、以誠懇態度表述：切忌批判指責對方的固執、不公、偏見，這無益化解對您個人刻板印象；其三、建構眞實我：最佳形象是眞實坦誠可信賴的人，努力塡實不完美的素質，成爲道地眞實的「個人形象」，它是邁入職場的「前置作業」：其四、從面試開始建構：求職者很容易忽略第一印象，但面試官其閱歷、工作經驗、專業技能肯定受到組織重視，求職者要避免在「以貌取人」的第一時間被判定出局？「形象」講究外顯特質，如進場的儀態、走路姿態、衣著合儀、聲相柔軟、坐姿自然挺背腰貼椅背下半部、面部表情怡然自信等等細節，在前三十秒端出的正點「形象」，才有機會在諸面試官視覺留下「第一印象」。「以貌取人」對面試官要遴選第一線面對消費者的求職者而言，面貌突出占 1%優勢，決定勝負在您的整體「形象」。面試前的自我練習、修正，或請至親好友，從多次面試演練，選擇最佳的形象，供面試官留下最完美的「第一印象」。有了良好的第一印象只是提供求職者登上灘頭堡，提供自信心，接續的過程仍要穩打穩紮。

第五章　職場轉換

職場轉換要有週全心理準備，與自己對話，徵詢家人好友的意見，但切勿與同職場者論及職場轉換事宜，轉場成功固然可喜，但不成可能成爲負面效應。職場轉換是人生願景規劃期程，謀定而後動的大事。

一、職場面試

企業挖角高階主管爲擴增人才成爲企業資本，即使卓越才幹者成爲其他企業 hunting 的對象，最後一關仍得通過企業董事會、CEO 的面談。

以職場求職者而言，面試前的準備工作較易忽略事項包括：簡歷表中所述時間、名稱、地點、稱謂、成敗事故等背景被忽略或遺忘，精幹面試官會從中找到矛盾或前後不一的細節，或針對某事提出質疑，詳閱熟記簡歷表所述各細節，及其相關細節、人物。那怕九死一生的意外事故，不忘生趣淡泊口語配合肢體語言，快速表過；沒人要看您的眼淚，切記！

（一）精簡吸睛的中英履歷表

求職者的身世、學歷、經歷、工作期望、待遇、聯絡電話、電郵等基本資料，力求簡短提敘。重視家庭倫常的面試官，不會把機會給忘記祖父奶奶姓名的求職者。瞭解自己的故鄉、家族、經歷典故、對自己現況的認知與理想抱負。

中英文簡歷是求職工具包必備項目，要時時更新。其格式、內涵項目、字體大小，各企業要求不一，事前查詢有其必要性，不要想一招半式一成不變的簡歷表就能闖天下。遞出前先行再大聲朗讀，找出其中語辭不順或繞口詞句，作必要的修輯。

（二）瞭解面試程序

「面談」的英文（interview），當中的（view）意指觀察、審視，面試官審視我，我也在留意對方，彼此都在留心對方；Interview 即指相互的觀察、瞭解，本意是讓面談的參與者進行溝通。職場對求職者的面談或對話，通常作法不一，參與人員依職位階級或企業組織規模大小的不同，以及對該職位人才條件的要求標準，會有不同的程序/標準。

出現職缺之單位主管通常是面試小組的成員。公部門對外部機關召徵人員，其程序較爲公開及制式；但企業組織對外徵才，歷次面談人員，應有慣例可循，事前蒐集資訊至關重要。從人資部門、新進人員、或上網逕詢相關面試程序。人事主管、人力資源部及職務出缺之主管，通常會參與面試。求職者對企業公開資訊要上網瞭解，尤其職缺之各部門之職掌、主管、副主管。

（三）面試場域

求職者對組織、企業找尋人才的通例，事前要進行瞭解。臨場的心理建設奠定於事前演練；如何面對被要求自行表述，當面試官提出以五分鐘「談談您自己」時，事前演練是致勝關鍵。面部表情、肢體語言、時間掌控、語調高低、眼睛環視面試官 Eye Contact，都得請好友協助，提供修正，只有先感動自己的表述才能吸引面試官的關注。「掌握細節意涵、眞實呈現自己」這是陳嫦芬對讀者提綱挈領的提點。面試沒有 NG 機會，切記臨場前的不斷預演、修正。

面試官的提問，不必字字重複，但要精準把握「關鍵字詞」並從它開始回應，對面試官專業性、技術性的問題，切勿在該領域浸潤數十年的面試官前班門弄斧。任何面試場景，求職者都會不同程度的緊張，包括肢體僵硬、臉紅、呼吸急促、手心出汗、尿急等只是程度不一，對問題要以從容略帶微笑的口齒回應，同時雙眼環視每位面試官展現自信及自在。面試前上化粧室，一則如廁再則端視儀容。

試想面試請來重要幹部在一起，究竟面試官想知道什麼？他們無非想從面對面推估求職者有無具備職場/職缺應具備的專業特質？他們會從那些面向探詢求職者是否在過去工作、學習過程展現學習心、企圖心、協調合作、超越自我目標等特質？履歷表的提綱契領描述，以及臨場坦誠清晰表述都是關鍵。

二、如何談自己？

當面試官提出「談談您自己」，它是一項大哉問。有經驗的面試官可以從中找出、解讀，眼前的求職者，他/她的整體素質是否符合職場的專業技能或人格特質。甚至求職者的生活、工作、人生的價值觀，均可從談論中判讀解析。「談談您自己」最能揭露您人生神秘面紗，求職者能不愼乎？面對熟習的問題，切忌輕狂、漫不經心，跨大不實回應咸屬不宜。語調懇切、音量柔和但要有力入耳，切忌輕啓小口未聞其音。

談自己若從經濟學供需理論爲著眼，企業是人才的「需求者」；求職者是職場專業技能的「供給者」。供需雙方各從自己的角度評述對方是否夠格？求職者在尋覓良木而棲，面試者則冀望從眾多應徵者，找出符合組織需求的人中龍鳳。

對身世表述要言簡意賅；人生理念的論析要鏗鏘有力；對過往的成敗，坦然理性面對；未來的夢想與人生價值觀要結合。有夢的人生最精釆也最能吸引面試委員的注意及睛睞。面試技巧能事前準備演練，勤能補拙，凡事豫則立、不豫則廢。

三、切忌答非所問

「談談自己」是談我自己的事。即使官二代、富二代的身世背景，在描述時千萬小心，僅可輕描淡寫；虎爸虎媽對自己嚴峻的教誨，如何銘刻心懷作爲人生行爲奎臬的描述，比起富二代要吸引人。「要以愉悅心情談自己，既使有不幸的人生遭遇，也要在以樂觀進取的心態，讓面試者感受您內心向上奮勵的意志力及光明正大思維的人生觀。切忌掉淚激動，要以堅強、光明、堅毅的眼神傳遞給面試者，您是敢於面對困難愈挫愈勇的鬥士。」陳嫦芬語意深遠，再三以其閱歷爲底稿勉勵後續求職者。求職者穿著不宜爲突顯個性或表徵自己的品味，標新立異應藏拙，即使有天縱高人一等的資質。

四、尊重職場文化

講求紀律、制式衣著的職場，不會歡迎好挑戰權威、不循舊規只顧個人形象的脫彊野馬；職場講求工作團隊協力合作，以達企業目標；就算奇才也難縱容於講究團隊協調的工作環境。據聞有經驗的面試官或職場募才高手在初次面試/見面的前 30 秒，即可從面試者衣著、妝扮、儀態、眼神獲得第一手資料。再從對話中找尋職場閱歷、技能、應變能力、自信力、與處理困境的堅韌與毅力。獵人高手（talent hunter）是當下人力公司的台柱人物，憑恃的不單是閱歷，更是千百次的歷練與學習成果。

陳文茜：「進得去，它是門；進不去它是檻。」面試是邁入職場的「門檻」，擁有天縱英才古今奇葩，不能進門跨檻，只得在職場邊觀望興嘆。

五、展現職場專業

面試場域是展現洞察力及感悟力的最佳捷徑。「商場如戰場」，以今天的商場競爭之激烈，委實不爲過。如果戰場爲眞，企業組織要的成員，絕不會是位「媽寶」，而是位洞察力敏銳，眼觀四面、耳聽八方的「商場戰士」。企業寧可錄取一位戰技嫻熟，能與競爭對手優先爭取到客戶，簽訂合同具有一定程度職場素養的幹部，不會選一位素材重新訓練後再上陣，等到練就一身功夫讓他跳槽他去。企業對不同職位的人材，各有不同的評量遴選拔擢條件。求職者的職場基本素養：「敏銳的洞察力及深廣的感悟力」那是進入職場前生活、教育、學習過程中不容忽略，要自我培育的專業技能。

軍中情報員的遴選，據聞會對求職者進行希奇古怪的檢測，諸如「請問您上樓梯時，您踏過幾個台階？」；「請問您到考場面試，總共走過幾道門？」；「從等候室到考場，您碰到幾個人？」、「請您描述他/她們的特點何在？」；「請利用三分鐘描述您在面試等候室所見的人、物景像？」。依經驗得知，能整合片段資訊成爲邏輯結論，通常具備清晰的溝通力。

六、前事不忘、後事之師

面試門檻未過，原因要事後檢討，「前事不忘、後事之師」，切忌沒有記憶或心得。否則未來是屢試屢敗。

（一）面試後的檢討

從 Google 搜尋「面試官」，常跳出「不尊重」一詞。感受面試官的態度不尊重求職者，感覺沒把你當一回事。對公司而言，那是常事更是求才策略之一。一位經不起面試第一關的挫折感，如何期待求職者的抗壓性，更不提在高壓環境下會有創新空間及技能的展現。面試官代表企業文化之一環，求職者該從哪些層次看出來？讓您佔候一刻鐘而不道歉：面試官可能行程忙到不行，或中途離開接重要電話；但面試官有無歉意之舉？或對他的離開略作說明？這些都可能暗藏測試求職者的才能。不要拒絕「請您作簡短的自我介紹。」因爲有經驗的面試官從您說詞內涵、條理、口詞、語音、肢體語言（不論站著或坐著），可判斷求職者是否符合職缺的最佳人選？

（二）反向檢測職場

讓您佔候多時而不道歉：面試官可能行程忙到不行，或中途離開接重要電話；但面試官有無歉意或對他的離開略作說明？對面試工作毫無準備：對您的履歷毫無概念，顯示面試官忙碌，事前毫無準備，此時不要拒絕「請您作簡短的自我介紹。」因爲有經驗的面試官從您說詞內涵、條理、口詞、語音、肢體語言，可判斷求職者是否符合職缺的最佳人選？

單一或多人組成的面試小組，對職缺人才需求內涵要有一定程度的認知，對您的專長或經歷一無所悉，可看出面試者的不專業或企業文化。對你的問題答非所問：如果帶你認識企業實體環境，他們有權問你問題並得到回答。同樣地，如果你問了問題，面試者卻答非所問，支吾其詞，對面試官的專業及是否應徵，應質凝及考量是膺任此職缺？

無理頭打斷您的回應：當您陳述問題或見解時，無理頭被打斷您的話，切忌不回應，此刻是面試者可能在進行思維邏輯性、應變能力的檢測。勿掉以輕心，但也有可能是面試者粗魯行徑、不懂面試專業。回與不回，兩者輕重誠難當時判斷，慎之。面試官態度傲慢、輕蔑眼神：有相當企業規模及營運績效的組織，各級主管或面試官有一定的職場素養，傲慢無禮言止，理該不會出現才對，但一旦親睹經歷也不必太介意，正是提供供思忖該不該在那種職場素養的職場工作和那種主管一齊打拼？面試官容有趾高氣昂的面貌，不必太介懷，以笑臉相對從容應答，縱然面試官說：「我們候補優秀人才很多」，陳嫦芬建議笑答：「我是優秀人才之一，也是你們最合適的人選。」

歧視性的問題，偶會出現在面試官一時的無聊或好奇。問一些性傾向、男女朋友等私人問題，至於婚姻狀況在履歷表通常會表述。如被問及可以技術性回避它。「面試官，你的問題早在履歷表向你報告了，謝謝您關心。」這是陳嫦芬對面試官探詢個人生活隱私，提供的最佳回應。程序結束離開前如果面試官未告知後續事宜，可以笑問：「請問什麼時候可以參加工作團隊？」

前事不忘、後事之師：多聞、多見、多做是一種寶貴體驗，凡經歷的要用筆記本記下。備忘錄記錄您在過程中的心得，經常對過程細節的反思，會培養自己細緻的覺察力、靈敏度、儲備正能量。

（三）準備當主管

Liz Ryan[350]告訴您十件事，以檢測你是否準備好當主管？你怎麼知道自己已經準備好晉升管理職？有些知識就在你的腦中，有些則在於直覺；當你覺得你想當導師、想教導他人的渴望，已超出你想學習、想專心處理功能性事務的渴望之時，那就是了。接下來就是 Liz Ryan 提供已經準備、尚未準備好當管理者的跡象：

■您已經準備好成爲管理者

1.你喜歡分享你的知識，其他人對工作有問題之時，也都會尋求你的建議。

2.看見他人學習和成功，讓你覺得心滿意足。

3.你對公司有通盤的理解，看得出各部門相互合作、相互配合的方式，也知道怎麼讓你的工作更有效率。

4.如果有人對自己的工作很興奮，你也會很興奮。

5.你樂於擔起員工和高層之間的橋梁，也希望能更專注地扮演這樣的角色。

---

350 http://www.forbes.com/sites/lizryan/2016/06/28/five-signs-youre-ready-for-a-management-role-and-five-signs-you-arent/#26eb11964b65

■你尚未準備好當主管

1.看見其他人遲到、聊天或打混，都讓你覺得很煩，所以你想成爲管理者，好阻止他們做這些事。

2.你不喜歡其他人用與你不同的方法做事，你覺得任何事都只有一種正確的處理方式。你想告訴團隊成員該怎麼做事，所以你需要管理職位。

3.你想要管理職或團隊領導職賦予你的權力。

4.你想成爲管理者，是因爲管理者的薪資比較優渥。

5.你喜歡制定並確保他人遵守規則。

■老闆不叫員工做的十件大事

1.向顧客或廠商撒謊。

2.叫員工向其他員工說謊。

3.在出錯之時讓員工承擔責任。

4.要求員工取消或延後排定的假期，又不給予補償。

5.要員工刺探其他員工。

6.要求員工遵循自己的規範和流程，因爲自認爲只有這樣才行。

7.要求員工不要提出自己的意見和想法。

8.在員工表現良好之時，要求員工接受不好的績效評價。

9.要求員工長時間工作，卻不給休息時間。

10.要求員工避談應該公開討論之事。

第六章　前瞻未來職場

本章論析前瞻未來職場快速變遷的重要性及可能性，實無力提供職場未來變化程度的答案，但以當前世態的可預測性及正在蘊釀的各種現象（symbols），進行評估未來職場變遷傾向。因爲影響職場變化的因素太多，以馬拉松運動比賽爲例，肯亞選手在穿上 NIKE 公司新研發的運動鞋，已成功打破 2 小時跑完全程的紀錄；再以中國大陸大二學生發明磁浮汽車世界專利權再奉獻給國家。後續科學發明會有其他意外創舉，職場的變遷似也難脫科技創新、政治混沌、金融股市崩盤、氣候變遷，COVID-19 疫情天災等外部因素的衝激；再舉台灣受到高少化（高齡、少子），職場受到變遷的程度漸漸浮現，如學校學生數及班數的銳減，私校教師裁退，高齡化影響就業市場；如何預防及提出應急公共政策，政學商醫各界都在瞎子摸象，各說各話。

前瞻因應措施，個人究該如何？周行一提出建言：「景氣不好時更要努力加強自己的本職學能，增加自己的職場競爭力，更別忘了把身體顧好，身體健康加上職場本事好，再大的經濟海嘯也不怕！」[351]提昇職場競爭力及維持健康身心，似是最基礎工程。

一、職場沒有「退休年齡」

（一）高少化、退休年齡

當職場沒有「退休年齡」快速到臨，如何自處？人口高齡化漸被施政當局重視時，它已延伸出諸多社會問題。高少化是未來學者、政治領導者、教育學家無法想像的困境，問題如千斤重擔壓肩頭。少子化與高齡化兩者互爲因果，政治學者或行政實務領導者在社會資源的配置上，不能只顧其一，而任棄其二，必須執兩用中。

職場受到少子化無法接續人口老化的職場就業缺口，在經濟發展屬已開發國家的美國競爭力自 2015 至 2018 年逐年人口平均壽命下滑，令政

351 周行一，聯合報，「貿易戰陰影中的散戶生存之道」，2019，06，09，A13。

治上、學術上有遠見的領導者、學者憂心不已。許多職場的就業人力來源面對嚴峻挑戰，整體競爭力即刻受到影響。因爲勞動人力來源的缺口無法在短期內彌補，識者建議方案不少，但 OECD 國家中如日本、德國等，認爲可行之策即是延長「退休年齡」，以法國而言卻受到嚴重抗拒示威。

一旦職場不再提供或取消「退休年齡」保障時，在職場技藝不斷翻新、精進，如何持續留在職場拚命？拚一口飯吃的能耐都不足時，未來歲月如何渡過？「退休年齡」或許仍會存在五年、十年，但之後呢？以當下在校的學子們，如何擁有不同職場領域的專業素養？這絕非單一行政部門所能解決的社會、教育、政治、產業等跨域行政要共同戮力的共同問題。前述周行一教授千字良言，論者化簡摘錄建議讀者回溯細嚼。

（二）組織第一線與後端人員

企業、組織在網際網路日盛下能否永續生存發展，前景更加難卜。在資訊科技鼎助下組織第一線與後端人員距離愈來愈小。各行各業進行溝通、交易，資訊科技取代傳統面對面的溝通，開會次數愈趨減少，視訊會議即刻解決疑難雜症；組織的成員直接面對公眾、客戶、消費者，主管甚至與競爭對手直接對撞；後臺人員與第一線人員的界線愈模糊，加上「去中心化」的組織結構漸趨授權第一線成員有更大的自主權。職場的成員/工作者要扮演的角色、決策力，正在變化中。

勞雇關係重新定義-忠誠度不是唯一評量選項，跨傳統與現代的勞雇關係正在銳變中，雇主無終身僱用之責，勞方忠誠度的職場觀念，同樣也在調整。

（三）2020 年代新趨勢

2020 年代新趨勢指 2020 年至 2029 年十年之間。美國銀行（BofA）基於社會變遷預測未來十年新趨勢，報告係由 Haim Israel 爲首的分析師提供給客戶：「預期 2020 年代將改變舊的典範、顛覆商業模式，型塑未來生活的新趨勢。未來十年我們會看到自動化提高、全球經濟衰退、空前的創新、嚴重的生態挑戰、量化寬鬆政策滅亡、人口結構變遷與全球化告終。」[352]Israel 的預測中包括商業模式變革（如數位貨幣）、量化寬鬆政策滅亡等事項，參閱曾任比爾蓋茲、前英首相布萊爾的顧問以及克林

[352] 聯合報，「未來 10 年投資熱門題材」，2019 年 12 月 1 日，A11。

頓、希拉蕊競選總統的首席策略師 Mark Penn 於 2007 年出版《微趨勢》，復於 2019 年台灣以《未來十年微趨勢》[353]為譯名兩本經典書籍，不致被 Israel 的預測震昏，相對而言，Mark Penn 的預測讓人採信其推理憑據；至於「淺見菁英」散播的假消息（fakes）與政客們的勾結，更加令人憂心困惑，我們享有的自由、民主是否正被吞蝕剝削及內縮（involute）[354]？

未來十年世界變遷，在科技創新帶動下，會有空前的發明能量，正在快速改變生活型態，創新力道請參考 2019 年 12 月 2 日出版的《時代雜誌》。[355]根據前國防部副部長林中彬，參訪上海浦東某商銀，櫃台見不到銀行行員而是一排 AI 交易機器，僅一位來回走動服務員提供必要疑難解答。過去的金飯碗銀行行員可能在數年內與其他自動化行業員工被 AI 機器人逐漸取代、消失。

二、新穎勞雇關係

政大企管所教授司徒達賢提出新穎勞雇觀點：「傳統勞雇關係受到挑戰，有競爭力的企業絕不會是養老院，企業或員工面對瞬時變化的市場，唯有求新求變，長期穩定的勞雇關係應否為常態，值得深思，過往從一而終的勞雇模式，值得再思。」政府年金改革只是因應永續生存起步工程，不會停歇，會以各種變革方式如公部門增聘約僱人員，減輕對永業文官的財政負荷。各縣市約聘式短期教師同樣基於財政考量。

勞雇關係與家庭不同，尤其經營環境瞬息萬變、知識不斷創新的資科產業，對員工創新智慧漸難以「終身僱用」要求貢獻全部心血，受雇者可能隱藏待價而估，若依襲當下薪酬觀念及相關法律規範或倫理期望，顯然無法約束員工不跳槽，屆時「不忠誠」、「背叛」的道德問題，

---

353 許芳菊、張家綺譯，2019，《未來十年微趨勢》（*Microtrends Squared: The New Small Forces Driving The Big Disruptions Today*），原作者：Mark Penn, Meredith Fineman，台北：圓神出版，頁 13-40。

354 Neufeldt, Victoria.,eds., 1994, *Webster's New World Dictionary,* p.472, "evolute: of gradual progressive change,as in a social and economic structure", "evolutionist: a person who believes in the possibility of political and social progress, by gradual, peaceful steps", p.711, "involute: rolled up or curled in a spiral; rolled in ward at the edges〔*involute leaves*〕; involution: an involving or being involve; the process of rolling or curling inward"另據聯合報，2021 年 8 月 2 日〈台灣社會內捲化的危機〉，作者：黃齊元，A8 版。該文道出社會文化模式沒法創新不斷內耗、內縮、內捲，社會變得平庸，整體效率、競爭力削弱。

355 TIME《時代雜誌》, Dec. 2, 2019, "The 100 Best Invention of 2019", pp.46-81.

又得重新定論。未來職場勞雇關係不容死守道德規範或勸說，必須重新調整勞方及資方的法律關係。既使公部門的常任文官在 2018 年強推的「年金改革」，已說明政府（雇主）無意更無力承擔「終身保障」之責，私部門職場勞雇關係變化會面臨更大震盪。

三、跨多樣性工作團隊

組織員工的職涯發展不再限於組織內，但組織則有義務照顧員工生活與知能成長。企業策略發展也配合員工的知能特性與水準，甚至為了員工的生涯發展去從事能讓其有所發揮的多元化多樣性技能培訓。

勞雇雙方視員工在人力市場上的發展機會、貢獻潛力，以及組織未來發展方向，來決定是否維持勞雇關係，所謂「合則留不合則去」的經濟理論的市場供需關係。組織對員工沒有義務雇用一輩子。有不少歷史長遠的企業，員工心態上長期依賴組織的雄厚資源，相信只要盡忠職守，永遠不需要面對人力市場上的競爭，因而在知能上陷入停滯。

全球在網絡化快速發展中，資訊的流通跨越國界、區域、社群，無域不及，跨國工作人力流動型態，在資訊科技推波助浪下，透過 IT 技術，虛擬工作團隊無遠弗屆，人力資源管理原則同受波動轉型，不再以親臨職場工作為必要條件，管理團隊的統御能力，需經由組織紀律、幹部培訓、目標管理等途徑，建構共識。

當前職場的工作夥伴，具有不同文化、種族、信仰、性向認同、生活習俗、政治意識等多樣性（diversities）的呈現，尤其跨不同國界、地域、文化、宗教信仰更盛。學習面對多樣性文化背景的工作同仁或客戶，尊重、包容，跨域協力是實際執行的動力。Mitchell F. Rice（2005：3-44）在《多樣性與公共管理》一書強調多樣性文化的屆臨帶動政治、立法、管理等層次的調整與變革，公共行政領域無不受到影響。[356]川普競選美國總統，利用種族、文化、移民等面向，挑起白人至上種族主義吸納右派人士在政治競選場域獲取選票。

莊淑芬在一篇專文以另種角度強調前瞻性觀點：「允許男人擁有多樣性的特質，讓他們突破既定範圍，重塑新男人形象。」[357]究竟多樣性文化

[356] Rice, Mitchell F.,ed. 2005, *Diversity and Public Administration: Theory,* Issues, *and Perspectives,* M.E. Sharpe, New York.pp.3-44.

[357] 莊淑芬，2019，「全球百大趨勢報告」，《天下雜誌》，671 期。

會帶給本土文化是滋養還是侵蝕兼併作用，尚待長時間的觀察。但跨文化行政管理在官僚體系已激起陣陣漣漪，官僚們對新住民的政策，同樣在學習及適應時期；多元文化的開發，重點在教育、職場爲最。

四、跨域全相職場素養

Daniel Goleman（1995）[358]在《情緒智能》（*Emotional Intellegence*）一書指出企業界卓越人士優於職場上的同儕，原因在擁有 25 項領先群倫的情緒智能。接著 1996 年 Robert E. Quinn et al., 出版《成爲管理者大師：能力架構》（*Becoming a Master Manager: A Competency Framework*）列舉 24 項能力，請讀者兩書參照研閱，對成爲職場全相素養的才能必有另番嶄獲領悟。

陳嫦芬以生活素養成就職場專業技能的圓通成熟；專業技能成就職場榮景，咸爲成功人士立足職場的必要修件。[359]她同時強調職場專家知識要及早修習包括：「全球總體經濟、區域金融策略、行銷與品牌管理、組織架構與互動、個體經濟分析、銷售與客戶管理、決策科學、人力資源管理、會計、公司治理」。若說上述僅是培育職場工作者成爲「全相職場素養」奠基工程，不是高調更非輕狂。往昔認爲跨國企業經營者才有必要對全球經濟發展趨勢對自身企業組織的影響，進行分析掌控，但在川普總統假美國優先的大纛，掀起全球貿易大戰，即使不以出口貿易爲主軸的企業主，同樣要留意貨幣貶昇、利率浮動等外部競爭環境的變化。發展中或推動中的區域金融發展規劃：「一路一帶」、「TPP、APPEC、RCEP、歐盟」都要深入瞭解，因爲區域經濟的波動會產生「蝴蝶效應」；個體經濟是商業決策的基礎；品牌行銷與管理有助於科技研究及客戶管理；組織架構影響運作管理及資源分配；跨域人力資源的開發及培訓是企業永續經營的根基；公司進行跨域治理協助公司邁向跨域經營的基礎。

---

358 Goleman, Daniel.1995, *Emotional Intellegence,* Bantam Books. Those terms are different: Emotional intelligence(EI), emotional leadership(EL), emotional quotient(EQ) and emotional intelligence quotient(EIQ).其中情緒智商（Emotional Quotient,EQ）的譯意，學界較有共識。

359 陳嫦芬，2016，《菁英力》，商周，頁-69。

五、職場危機管理

職場危機指公私部門因組織結構調整、所有權人變更、組織經營不良、績效不佳、面對職場新技能挑戰，以致慣常的行政專長、專業技能不足因應新職場的變遷。「危機即是轉機」，但如何順利進行職場轉換，才不致成爲致命失業的淪亡點？本論述著重的職場危機，限縮於工作職場能預期或不能預測的不穩定或不對稱，雖屬於生活及工作「危機處理」範疇，但職場危機有其處理規範及程序，有待區隔供探索及提高避險空間。

（一）危機處理步驟

1.確認職場危機因素

確認涉入職場危機各因素：包括人、事、物、地，職場變動的範疇、原因？係內部因素或外部因素引起的？有那些職位涉及職場工作成員的轉換？內部職務調整能否解決？原有職務工作能否及時補充人力？有無企業要被併購、裁員、結束營業等跡象？「地」指組織、企業所在地，可能因組織、工廠遷移境內新址或國外，組織成員受限於家庭老少、配偶工作等無法隨同組織異地發展，必須離開原職場地工作所釀成的危機。

2.確認危機主題

「今天失火，明天失業」這是在某廠區所見警示標語。「煮蛙理論」不容發生在當今快速變遷的職場危機，否則企業無法隨外部環境的變動，作必要的調整，只有從職場領域永久消失。

（二）危機處理及演練

1.危機處理程序

「不依規矩不成方圓」，經歷過 911 事件及 2008 年金融海嘯，沒有建構危機處理標準作業手冊的組織、企業應屬不多。徒具官樣文章的危機處理標準作業程序的制定，不如危機處理的演練。是類標準作業手冊偏重組織實體，缺乏對個人職場危機的因應培訓，因爲規矩的訂定，未必能臨事有條不紊，事前對危機處理的演練，實體部分要定期或不定期操練預演，雖不必如消防隊鳴笛大響，至少沙盤推演或危機小組成員同驟一室進行紙上作業演練是必要的。個體職場危機處理的心理建設更有其必要性，人與組織是有機體，有其生存期限，沒有永世不朽的人與組織，只是生命週期長短不一罷了。

2.危機處理演練

公私部門普遍缺乏危機處理演練，企業即使制定職場危機處理標準作業程序，領導幹部要進行實質演練，再行修正程序缺失。作業程序包括：危機處理團隊的建構：建構有效率的危機處理工作領導團隊（Team leadership: building effective work groups）。任命危機處理組織的領導者：組織領導人才的培育列爲優先，結合人文、資訊科技、及團隊組織的效率領導（Organizational leadership: nurturing humane and effective organizations）。前瞻職場危機的發生：藉座談會針對危機處理宗旨進行開創及溝通，分享工作意義，只有上下同心始能樹立職場危機共識。（Visionary leadership: creating and communicating shared meaning in forums）

我們很難清楚、簡單、正確地預測職場危機，因爲情境的複雜性，變項的難覓。再說人心叵測，社會科學無法十足正確地預測職場危機，即使雙方對談妥協、及妥協後的協議簽署都難保證協議執行，任一方的誠意及踐行左右終結職場危機或讓危機死灰復燃？

2016 年後，三年內相繼出現華航空服員、長榮空服員的罷工，同屬同質性職場的罷工最終是落幕了，但過程、結果都不一。審之兩件罷工，協議過程雙方有過多額外限制及太少的合作誘因、執行中缺乏法律的明確性、執行所需的資源被低估或被刪除、缺乏法定利益提供執行誘因，都可能影響職場危機處理協議的執行。

3.專家論析危機管理

Louise K. Comfort（2007：189-197）運用美國 Katrina（2005 年）颶風爲例，提供危機管理的捷徑。Comfort 是公共事務與國際事務的教授，專擅不確定性的決策及空間資訊系統計畫（spatial information system project）。她強調 4Cs：「認知、溝通、協調、及控制（cognition, communication, coordination, and control, 4Cs）等機制的建構。[360]

「認知」（cognition）是緊急事件管理的核心工作（central

[360] Comfort, Louise K., 2007, *Part III-The Future: Hindsight, Foresight, and Rear-Review Mirror Politics,* "Crisis Management in Hindsight: Cognition, Communication, Coordination, and Control" (The Article was presented at the Annual Conference of the American Society of Public Administration in Washington D.C. March 23-27,2007) pp.189-197.

performance）對新興危機的認知程度是採取行動的一種能力。運用 Katrina 颶風為例：她說緊急事件管理標準模式的潰壞，讓「認知」未擔任起清晰的角色。她強調跨政府跨不同部門的危機管理是一種複雜及適時調整的認知體系。在這個認知體系建議跨中央與地方、府際各部門間需要適時調整及調適（adjust and adapt），以呼應實體、工程及社會上千變萬化的需求。

美國 911 事件後的安全體系政府進行再造，成立國土安全部，之後政府危機管理體制被認為是一種動態跨府際系絡。Comforts 認為緊急應變動態系統有四個決策關鍵（decision point）要重新建構評估包括：對危機的偵測、對緊急危機各脈絡關聯性的認知與詮釋、多元跨域能否有效進行危機溝通、跨社群地域的反應系絡能否自我組織以及集體動員，減少危機等級並回應解決危機？

Comfort 認為四個決策關鍵具相互依存關聯，4Cs 是危機管理層次的演化過程。如何建構完備 4Cs？通訊科技基礎（TII）工程必須完備，它仰賴人的學習能力及運作。資訊科技用以輔助偵測與糾正錯誤，開創「問題解決」及監督「績效管理」，具有實質效益，但繫乎人類對危機的「認知」。Comfort 的理論建構有其實務背景，但揆諸法國學者托克維爾（Alexis De Tocqueville）對美國憲政體制的研究。論者必須指出：「制度不能移植，它是一種演化過程。」

2019 年新型冠狀肺病毒打破全球各國對已知危機管理模式。Comfort（2007）強調 4Cs：「認知、溝通、協調、及控制」等危機處理機制，在面對「認知」階段，人類的無知、自私、好面子，4Cs 就被摧毀殆盡，等到病毒已入侵社區傳播險境，始試圖以政治魔力「零星個案」驅趕；在意識領軍下兩岸封閉溝通管道，讓滯溜武漢國人自嘆命不如跨國詐欺犯搶手；在對岸舉國病毒擴散嚴峻，中央地方上下一團慌亂，近千人的滯留已不見後續的「協調、控制」為何物？Tocqueville 的提示在美國是金玉良言，在東方至少在我國，西方諸多行政理論可能與我國實務脫鉤。

第七篇　跨域行政

Donald F.Kettl 在二十一世紀初以敲金戛玉之姿，告知「跨域治理」（cross boundaries governance）是美國公共行政 21 世紀重中之重。行之 150 年「由上而下」官僚課責機制，到上世紀二次大戰後漸趨「由下而上」授權分擔責任；但人類面對資源的有限性，行政部門要解決快速變遷環境下各種社會、地區、跨境的社會問題，力有未逮。911 恐攻事件發生後，牽動美國情報、安全、消防……，整體情治組織架構重整，成立「跨域治理」模式的國土安全部。

國家領導者、行政機關最高決策主管，未能通曉各種行政專業領域與技能者，必須匯聚各專業領域菁英於行政工作團隊。誠如 Sloman & Fernbach（2018）在《知識謬見：個人想法的迷思與集體智慧的力量》所言：「沒有一位廚師能精通世上所有烹飪、更無一位音樂演奏者能擅演各種音樂或樂器；如同個人無法專善於每件工作……我們必須透過協力合作致力共同目標。」[361]透過「跨域行政」進行資源整合最佳化的配置運作，這是時代趨勢。COVID-19 疫情全球五大洲無一倖免，益顯跨域、跨境、跨洲的行政互動，對國家永續生存的重要性。

「跨域行政」的任務在搭起「拱橋」（architecture）。貫串不同的行政專業、科技專業，學術領域等力量匯聚以恪盡行政標的。以 IT 或 AI 資訊專技駕御各不同系統脈絡而言，跨域行政承攬「神經網絡」（neural network）的角色及發揮雙 E（Effectiveness, Efficiency）的預期功能。Kettl 在《治理轉換：美國 21 世紀公共行政》[362]強調「行政瑣事」（administrative details）千頭萬緒，除民選首長、官僚，更要鏈結不同組織、私部門、社團、公民……，不同資源及能量，踐行公共利益。以數年前外交首長一句：「某地方有如鼻屎大」爲例，可能摧毀政府各部門長年累月的外交努力成果。

---

[361] Sloman, Steven. & Philip Fernbach., 2018, *The Knowledge Illusion: The Myth of Individual* Thought *and The Power of Collective Wisdom,* Pan Books, UK, pp. 4-15.

[362] Kettl, Donald F., 2002, *The Transformation of Governance: Public Administration for Twenty-First Century America,* The Johns Hopkins University Press, Preface & Ch. 4,5,6.

第一章　跨域概念

一、跨域治理概念

（一）跨域治理涵義

「跨域治理」：一指國家層級之上的區域、國際社會爲其範圍；二指國土內的行政區域或特定管轄區（jurisdiction）作爲討論範疇。這反映跨域治理的研究方向與研究社群領域，前者置於區域跨國議題及超國家機制的效能與設計等課題；後者如從事發展政治學或比較政治經濟學的學者，關注如何透過分權化（decentralization）與權力下放（devolution）來追求地方區域繁榮、良善治理（good governance）等目標。

1.兩個以上不同組織爲解決共同棘手問題

孫本初（2010：221）：「跨域治理係指跨越轄區、跨越機關組織藩籬的整合性治理行爲。」跨域治理成員是兩個或兩個以上不同的部門、團體或行政區、私部門及非營利組織，因業務、功能或疆界相連（interface）或因重疊而逐漸模糊（blurred），導致權責不明、的結合，透過協力（collaboration）、社區參與（community involvement）、公私合夥（public private partnership）、或契約（compact）等聯合方式，解決社會棘手問題（wicked problems）。

2.跨域治理名稱殊異但目標一致

跨域治理即使同一國家因地域、政黨不同，在名稱運用偶有區隔，類似概念包括英國的「區域治理」（region governance）或「策略社區」（strategic community）；美國的「都會區治理」（metropolitan governance）；日本的「廣域行政」。「跨域治理」揉合多層面的治理方式，不侷限於地方自治團體，尚包括中央政府跨部會水平之間的問題處理（林水波等，2005：3-4）。跨域治理在解決組織成員共同面對的棘手問題。

（二）跨域治理之特質

跨域治理是一種系統性的思維模式，可從不同分析層次及眾多參與行動者相互依存關係論析之。林水波（2010：223-224）認爲跨域治理有三種特質：

1.綜觀全局系統思維

跨域治理蘊涵綜局（holist）的系統思維，考量整體性主張公共治理應具備綜局的視野，不限於單一機關、政府、或轄區的狹隘眼光與思維，而應採取各機關間、府際、及跨轄區合作協力的思維模式；從理論與實務的角度，跨域治理兼具宏觀與微觀兩種層次的意涵，亦即組織內部（intra-organization）及跨組織間（interorganization）治理：組織內部的跨域治理：指打破組織內部結構功能疆界，採取整合性的觀點和作爲，解決組織面對的問題。例如 Morgan 所提：「全像圖組織設計」。跨組織間的治理：指府際間的協力（inter-government collaboration），在不同層級或不同轄區的政府間，處理相同或相關的公共問題與政策時，採取超越藩籬的觀念，納入同一網絡思維。

2.參與者具相依互存性

參與跨域治理的組織成員會形成一種組織網絡，參與者之間存在著相依性，彼此的資源、專業相依互賴，讓跨域治理的參與者互通合作。跨域治理是一種系統性的治理思維，透過綜觀全局的思維來分析議題，改變單一思維與本位主義，強調多元參與者之間協力合作，彼此資源、訊息互惠互依之網絡關係，相互發展是主要基石與誘因。

（三）跨域治理之驅力

跨域治理受到全球化的經濟發展、金融與資訊科技的多元開發、民眾多元需求及棘手議題的複雜性，受到相關理論的扶持精進，學者對跨域治理形成的驅力及論述日增，僅擇如次論析供酌（林水波，2005；孫本初，2010：222-223）：

1.全球化城市銳變

國家角色受到全球化影響變得模糊，具發展策略且定位清楚的城市益發出色活躍；城市間的競爭不侷限於本國周邊地區；經由競爭再演化爲合作；競爭的對手，由鄰近擴散至全球各大城市。

2.快速競爭的經濟發展

國家經濟發展的快慢、競爭力的優劣永續與否，與私部門企業的不斷創新與積極開拓有關，更涉及國家政府職能的統整完備與否，以及政府對社會問題的回應力與敏捷性，同爲影響因素，經濟發展催迫快速調整傳統治理策略，以符公眾期待。

3.資訊科技便利迅捷

資訊科技及通訊網絡的無遠弗屆，大幅縮短過去的耗時耗費，更跨越地形與距離的限制。資訊的便利，打破傳統疆界的區隔，彼此的界線更加模糊，不易界定，跨域治理挾其資訊科技，降低管理成本提昇行政效率、效能。

4.生態環境與永續生存的要求

全球性的生態污染造成人們生活環境及健康受到嚴重的威脅，石化燃料造成地球溫室效應日益嚴重。隨著產業界配合及生態意識的高漲，各國政府的有效規劃，還要民間團體的參與和政府形成協力夥伴關係，爲人類永續目標努力。

5.公共政策的複雜廣域

公共行政的社會問題日趨複雜，已非單一政府單一部門的職權或資源所能支配因應處理。各部門向以單一/本位主義思維來建構組織間的合作機制，或整合跨部會、私部門的資源，以應多變又複雜的環境變遷，屢因彼此利益不一，協調錯漏，導致政策措施的失敗與失準。

6.傳統區域主義阻礙發展

傳統區域主義利益多元，資源未被發揮應有效益，阻礙發展。都市發展基於人力、資源、管理、治理等運作考量，進行區域合併、建構大型組織架構都會政府，企圖以單一命令鏈超越傳統單一、多元分散的政府。管轄區域在行政或區劃的合併，有利於政府規模的合理化，協助資源不足之地域獲得發展資源。如縮減縣級合併成立直轄市。

7.公共選擇理論

公共選擇理論認爲都會區若存在許多不同的地方政府，管轄權彼此重疊，可透過相互競爭提昇效能，並回應民眾的需求。都會區治理體制應提供公眾更多的選擇以處理管轄區內的共同事務，其體制的選擇鑲嵌在政府間的協議、公私協力夥伴關係及職能的轉移、代理。

8.新區域主義

新區域主義受到公共管理學界的關注，統合傳統公共行政與公共選擇理論的論述，整併競爭與合作機制兼顧併用，藉由地方政府、社區組織、企業組織及非營利組織間的互動運作，形成策略夥伴，解決區域內共同議題。

二、地方自治、跨域治理

上世紀國際性組織與跨國企業受到全球化思潮下，影響力日益增長。到了 21 世紀二十年代美國川普政府自利的「美國優先」，單邊主義復甦與否受到關注。但國際性權威的國家漸受到挑戰與質疑，伴隨資訊科技與網際網絡的發展，人類生活受到多元化的影響；公部門要因應多元化問題的興起與多變，顯得力不從力。尤其威權國家的官僚體系，面對結構不良的價值衝突，更顯其困窘與侷限。若一切問題均仰賴中央政府，除中央與地方關係的扭曲，也有違地方自治的立意精神。

今天地方行政區域面對的議題，不再是單一屬性，如社區發展、教育文化、公共安全、天災病毒等，均屬多面向的複雜性問題。林水波：「學理上地方政府的研究已逐漸從『地方自治走向跨域治理』，地方政府必須結合各界的力量，以提昇公共服務的品質與能力。」換言之，「跨域治理」（across boundary governance）的出現是爲了調整既有公部門組織間單一權責劃分體系，透過公、私協力關係的建立與發展，整合多元行動者及其資源，以新的治理途徑面對公眾新要求及期待。當前地方政府間的跨域治理績效，成敗互見、毀譽參半。林水波：「跨域治理的法制不夠周延，無法令配套，尚在起步階段。然地方政府跨域合作仍有其必要性、時代意義與迫切性。」除法制化條件之貧乏，外加各種外力（派系、政黨、利益團體）掣肘使協力治理的工作困難重重。

周行一在「給台大機會成爲偉大的大學」[363]一文刊載公私協力跨域治理的精闢論述：

在這個迅速變遷的時代，人類社會面臨的最大問題是「問題的複雜性」，很多問題都牽涉多重複雜領域，已經無法以一個領域的知識來解決問題，例如能源問題就起碼涵蓋科技、經濟、污染、健康、安全、戰略等領域，稍一不慎，「解決方案」會帶來更多問題。大學要協助解決問題，引領社會進步，成員間的分享與跨領域合作比以前更爲關鍵，現在所有的大學都在絞盡腦汁改變校園內組織與運作方式，希望產生一個跨

[363] 周行一，《聯合報》，「給台大機會成為偉大的大學」，2018 年 5 月 7 日 A13 版。

領域對話、分享、合作、共創的氛圍。

以上觀點讓我們對照 Darlene Russ-Eft et al（1997）在《人力資源發展評論》（*Human Resource Development Review.*）[364]第十章「培訓：跨學術團隊在溝通和決策制定技能」執筆者 Elizabeth Cooley 有如次的提示：

社會複雜問題需要不同領域的專業人員，跨學科協力的專業技能愈形緊密。不同領域專家的涉入，可防阻工作團隊的崩解、消弭彼此的誤會、幫助問題的解決，協助團隊成員的溝通，促進共同面對問題的決策制定。

地方自治的行政工作面對多元複雜的社會問題，已無法單獨解決，從學術領域單一學科也難以詮釋社會問題的複雜性及多元利益相關者，地方行政決策者不再以單獨行政領域論析空污、水資源短缺問題，會立基於地方利益廣邀問題相關者共同協力參與，但問題解決的論述，行政決策者學會從廣泛層次進行跨領域的溝通、協調。

三、跨域、協力、治理

（一）跨域

詮釋「跨域」（cross boundary）之前，須先對「Boundary」一詞有所瞭解。根據 Rhodes（2011：134-147）在《公共管理與複雜理論》（*Public Management and Complexity Theory*）[365]一書所言：

「界線/範圍是研究公共管理最為關切的議題，卻很少被明確定義……，簡單說即是一件事物與另件事物的界面，或是兩個群體、前後

---

364 Darlene, Russ-Fft., Hallie Preskill., Catherine Sleezer.,1997, *Human Resource Development Review.*, Sage Publication Inc., Ca. p.247.
Complicate problems require the expertise of a variety of specialists from different discipline, and increased specialization brings with it a heightened need for interdisciplinary collaboration. While team meetings are expected to sense as the vehicle for successful collaboration among professionals, three barriers of ten stand in the way of effective team interactions: disorganization, misunderstandings, and problem-solving difficulties. These problems suggest a need for interventions aimed at improving team communication and decision-making processes, as well as a need for methods to observe and evaluate the effects of such interventions on a team's functioning.

365 Rhodes, Mary lee., Joanne Murphy, Jennv Muir, and John A. Murray., 2011, *Public Management and Complexity Theory: Richer Decision-Making in Public Service.* New York: Routledge, pp.134-147.
"While boundaries are a major issue of concern in the cases studied and in public management generally, the term 'boundary'is seldom defined...,a 'boundary'will be identified as 'the interface between one things and something else: the point at which two groups, contexts or entities meet..."

關係、或兩個實體間的特質。」

2003年根據 Frederickson and Smith 研究，當時公共行政盛行的理論有八大類包括：政治體制下的官僚、官僚政治學、公共組織理論、公共管理、後現代理論、決策理論、理性選擇、治理等（political control of bureaucracy; bureaucratic politics; ublic institutional theory; public management; postmodern theory; decision theory; rational choice; governance.）[366]。「治理」角色日趨受到協力參與者的重視，跨域程度、深淺取決「治理」途徑、過程的窳楛。

（二）自利、公共利益

協力源自美國傳統自由主義（classic liberalism）與公民共和主義（civic republicanism）。前者強調私人利益，視協力是聚合私人偏好成爲集體選擇，協力是透過自我利益的協議。公民共和主義強調個人對更大事物的承諾，視協力爲對待差異性的整合過程，聚合爲共同的意願、信賴及同理心，執行共同的偏好（March,1989：126）。根據 Wood and Gray（1991：143）的研究歸結：「協力」是一群面對共同問題，擁有自主權的利害關係人，分享共同的法制、規範及組織結構，一起採取行動解決共同面對的問題。協力需要自願性的夥伴，擁有自主權及獨立決策權，彼此有些可轉換的目的與期望，透過共同分享資源，以增益協力系統能力。……每種研究都有貢獻，但沒有一種定義能完全滿足自身的說辭。」Agranoff and McGuire（2003：6）提出積極的看法認爲：「協力是行動與策略的交會。」McGuire（2006：33-43.）：「協力成員旨在分享、交換資源，藉助協力網絡，建構共同規範，遂行共同目標。協力公共管理是一種概念，描述多元組織建制輔助及運作的過程，這種建制爲的是糾正問題，這些問題是無法或輕易由單一組織所能解決。」McGuire 的意義簡單不過：「自己做不了，就讓大家來參與。」McGuire 指出協力/協作關鍵源頭，自己作不了，就讓團隊一齊完成。

（三）協力

何謂「協力」（collaboration）？根據 Wamsley, Gary L.詮釋：「協力是一種過程，由具有自主性的參與者，透過正式或非正式的協商

---

[366] Frederickson, G.H. & Smith, K.B., 2003, *The Public Administration Theory Primer*. Boulder, CO: Westview Press.

（negotiation 管道，共同開創規範（jointly creating rules），管理互動關係，促使參與者對議題處理共同決定與執行。過程互動中結合規範、利益的分享。」協力形式的出現乃因公共議題棘手又複雜，涉及廣泛層面不易處理，需由跨不同的部門共同處理。

林淑馨（2017：604-606）引據 Sullivan & Skelcher（2002：41-43）：「以光譜概念詮釋組織間不同形式的協力，從非正式、組織鬆散到高度結構化的互動關係。」Sullivan & Skelcher 把協力態樣歸納爲下列類型：

1.網絡

網絡指兩個或更多單位的關係形式，並非所有成員都圍繞在單一體系中。網絡中的成員通常被定位於該體系中，且會依序與正式權威以外組織相連結，網絡形式通常是非正式關係，且網絡組織間的關係鬆散。

2.夥伴關係

以區域爲基礎的夥伴關係是盛行的治理方式。夥伴關係的成員包括公部門、私部門與公民社會團體間的協議，成爲服務提供及資源分配、支援的途徑，以達成夥伴關係的發展目標。依協力程度高低可分爲三階：成立正式的管理機構；承擔共同活動；有限度的資訊分享等類型。惟夥伴成員關係的緊密程度可能依次遞減。

3.聯盟

聯盟（coalition）比起夥伴關係，其正式程度更高。聯盟形式常在私部門出現，鮮少在公部門，除非屬於公私部門間的策略聯盟。

4.策略聯盟

策略聯盟（stragetic coalition）指一個以上的組織共同結合爲類似獨立形式或水平、垂直的關係，在不確定性的環境系絡中共同分享資源；透過共同的平台藉由正式契約，設定終止日期，形成不同規模、型式、及目的之連結，但不強調要形成單一組織。

5.整併

公部門組織的整併涉及機關組織條例或組織通則的修改，包括機關名稱、層級與人員編組、功能執掌、業務範圍等。私部門的整併，牽涉的面向更加複雜。

表：協力的形式及治理規則

協力的形式	非正式或特別鬆散關係	有限度的資訊分享	協議承擔共同活動	建置正式管理機構	形成聯盟結構	參與法人合併為單一組織
治理的規則	藉由相互的規範、義務、價值和信任加以自我管制	←		→	透過法規章程，來達成外在的管理	科層體制
組織及政策術語	網絡	夥伴關係			聯盟	整併

資料來源：Sullivan & Skelcher（2002：43）；林淑馨，（2017：604-606）

（四）協力要解決什麼？

協力（collaboration）（或稱協作）因爲社會問題的複雜性，參與解決問題的協力成員，其背景更是多樣化。學者對「協力」的定義各異其趣難有共識。

Bardach（1998：11-17）對「協力」的詮釋堪稱簡潔具體。他說「協力是二個或二個以上的機關採取聯合行動，試圖一齊而非個別工作以增加公共價值。」協力的公共價值應該要能產出更佳的組織績效或更低的成本，否則寧可不要協力。在協力下如何讓每個人都得到想要的利益，又要避免他人有所損失而離開，也就是如何創造多贏又沒有讓協力成員感覺有所損失。此際即陷入「協力困境」（the paradoxes of collaboration）：在創造符合自己的需求，又要兼顧別人的需求。「巴瑞圖最適性」（Pareto Optimality）係 Vilfredo Pareto（1848-1923）意大利經濟學家於 1897 年所提出，在解決公共問題時先解決主要問題，再循序漸進處理次要問題，即強調「主要的少數、次要的多數」（Vital Few, Trivial Many）。在公共政策制定時力圖爲劣勢者利益最大化，多照顧弱勢族群以消除貧富差距。[367]

「協力是分享創新或發現的行動與過程（act or process）。協力包含在進行新奇或不同事情時，開創新價值。協力同時在激勵各方參與者脫軌思考，不以舊途徑、方法共同協作。協力是每個參與者呈現被接受、認可的專業、經費、能力，置於檯面。放手讓給團隊，由參與者共同從中開創新事物」（Thomson and Perry 2006：20）。這意謂在協力的過程，要參與者奉獻專業、經費、能力等等，是其他協力參與者所欠缺的資源，爲共同目標開創新行動。

前述，學界各有不同詮釋，學習者恐更加混沌不明。協力/協作參與者進行經濟學的資源交換理論（resource exchange theory），以減輕交易成本；在減輕本身負荷之餘，參與協力的共同目標是開創性的新局勢。

（五）合作、協調、協力

Thomson 早在 2001 年的博士論文（dissertation）對協力歸結：「協力是一種過程（process）。協力是擁有自主權的行動者，經正式或非正式的協議，針對認定的議題，聯合參與者創設規則及協力組織結構，管理參與者的相互關係，協力參與者遵守共同規範並相互獲益的互動過程。」六年後 Thomson（2006：23）指出：協力比起合作（cooperation）或協調（coordination）屬於較高層次（high-end）的集體行動。隔年 Thomson 與其他學者的研究發現「協力只是時髦用語（buzzword）（Thomson et al, 2007：1-2）。何以如此貶損「協力」進行大翻轉？

以台灣爲例：九合一勝選的政黨聯合 13 縣市首長提出「跨區域治理」的政策宣示。跨區域協力的重要性日益受到重視，全民更是期待跨縣市政府的協力能開花結果。事實證明，「跨區域治理」被提出後沒有具體作爲，印證 Thomson 的發現：「協力只是時髦用語」。

Bingham et al（2008：3-4）：「協力公共管理」不但包含參與協力的兩個或以上的組織，而且要納入公眾與公民的角色於治理過程。「協力不是政府改革，而是找到更佳的治理機制，結合各領導者、公私組織及公眾，以創新、公正及尊嚴方式解決問題。」尤其在地方層級，公民熟稔在地人文、風土人情，關切自身權益，在決策過程應該扮演更大的角色。在資訊時代的「公民參與」（civil participation），已大大降低協力的交易成本，並提昇它的運用。Bingham 的論述，協力有三項重點：協力決策

[367] 吳定，2006，《公共政策辭典》，台北：五南，頁 193-194。

的參與者已擴及公眾或公民；參與者交換資源更要力求降低成本，還要分享協力權力；協力的共同目標，在共同解決協力成員無法單獨解決的社會問題。

何謂「協力」？學界沒有共識，難以比較研究發現，難題出在各協力組織（正式或非正式）沒有統一的權責、任務、資源及課責的標準。如果只說「協力是一種過程（processes）。」過程內涵可概可分爲法律規範、互動流程、資源、權力、共同偏好、自利等，得以不同角度來觀察。倘若協力僅是「過程」誠難滿足學界及實務界的期待。奈何這種說辭是被多數學者所認同。只是過程的起承轉折相關變項，觀點頗不一致。Thomson（2001）定義：「協力是擁有自主權的行動者透過正式或非正式談判，聯合開創治理他們相互關係的管理規範與結構，及讓他們一起工作的議題，爲其制定各種行動及決策；協力是一種涉及分享規範及相互獲益的互動過程。」[368]

前述歸結爲：治理、管理、自主權、相互關係、信賴及互惠規範（governance, administration, autonomy, mutuality, norms of trust and reciprocity），化約爲三大類：結構面（structure dimension）（治理與管理）；社會資本面（social capital）（相互關係與信任規範）；機關面（agency dimension）（組織自主權）。

「結構面」而言參與者要參加決策制定、行動管理及相互關係的規範，創立協力組織，達成協力目標與共享權力協定，協力夥伴要樂於自我監督，堅守共識的規範，建構可信賴的承諾。信譽、信任、互惠三者是治理的核心要素：可增加建構集體行動的可能性，其價值在面對面的溝通，化解參與者之間的競爭或衝突，達成均衡（equilibrium）建立共識。

「管理面」在建構明確的角色及責任區分，劃定權責範圍，調和私人利益與公共利益，跨域管理者要具備跨域協調技能（boundary-spanning skills）才有妥善處理私利與公益之間的內在衝突（the inherent tension between self-interests and collective interests.）。

「機關自主權」從動力論（dynamism）而言，協力成員都扮演著代表個人/組織利益的雙重身分（a dual identity）；要兼顧協力的目標與責任，當個別成員與協力的目標相衝突，就會陷於膠著狀態，這是協力弔

[368] Thomson, Ann Marie., 2001. *Collaboration: Meaning and Measuring*. Ph.D. dissertation, Indiana University-Bloominton. Paper Presented at the annual meeting of the American Society of Public Administration, Phoenix, AZ.

詭（paradox）更是協力研究文獻重複主題。**相互關係面向**而言，資訊分享不足則不足以滋長協力，無法彼此獲益，再說單只是資訊分享不足以導致協力。相互關係植基於相互依存關係（interdependence）、信賴規範與互惠（norms of trust and reciprocity）；能否互惠受到突發事件挑戰及對社會責任的共識。從經濟學觀點協力提供減少參與者的交易成本，協力參與者是自願性的，成員付出的邊際成本超過邊際利益，就會停止參與協力。

「互惠行動是集體協力行動的成功關鍵。」著名學者 Axelrod（1997），Ostrom（1998），Powell（1990）先後對協力互惠的重要性給予肯定；Bardach（1998）& Thomson（2001）咸認：「信任是機關間協力所重視的二種能力之一。信賴需要花費長時間及細心培育（nurturing）。」時髦用語「協力」兩字，人人愛用，殊不知其中充斥著「自利」作梗，在過程中已把「協力」自身埋葬。

（六）協力平台、策略

1.建構協力平台

誰建構協力平台？協力組織成員共同組成？協力組織的上級透過命令（mandate）組成？公共管理者預先建構協力平台再招募成員？或採取虛擬組織（virtual organization）容許組織成員自由進出？等等問題，讓建構簡易單純化的協力架構，陷入多樣性迷宮中。諸如：如何突破組織成員的權限範圍及機關層次的屏障；協力參與者提供協力資源多寡的公平性；協力平台能否匯入不同參與者的機關文化及歷史背景；協力領導者的領導特質與其協力參與者之間能否建構互動慣性關係？這些因素都會產生不同分量的影響能量，左右跨域協力的功能；再說公共行政更是屢受政治氛圍及利益團體的施壓，尤其是鐵三角的利益共生結構。

參據 NNITP（後有詳細論述）觀察，基層協力結構採取官僚體系，透過官式層級命令以半正式的官式協力結構，較易整合協力資源齊力達成共同目標。協力成員可採不同方式吸引地方熱心社團組織奉獻各種資源：專業技能、志工、經驗、物質等等。虛擬式協力架構在地方層級不易被協力成員或領導者所贊同，尤其對重大工作分配及職責區分，透過面對面的溝通，較易型塑團隊精神，彼此交換資訊及獲取緊急支援。中央層級建構虛擬協力平台，基礎通訊設備的完整性、有效性，決定協力平台的成敗。

2.跨越團隊與夥伴關係

「權限範圍」在行政程序法第 19 條第 1 款規定：「行政機關爲發揮共同一體之行政機能，應於其『權限範圍』內相互協助。」如何建構跨越參與者權限範圍，建立良善的互動夥伴關係？建構快速透明溝通平台包括對話窗口、定期會議、會談等有形及無形的管道；團隊領導者要有柔性談判技巧及妥協雅量；這些都是建構共同承諾的「權限範圍」或稱共同協議的首要工程。

公共行政學界所指涉的「權限範圍」（boundaries），即行程法第二節「管轄」的規範，計有九條條文。「管轄」權限即是自主權（autonomy）、行政裁量權（jurisdiction）、領域（domain）、或勢力範圍（turf）。權限範圍的箇中屏障是「權責重疊」，它會阻礙協力參與者彼此的溝通，關鍵時刻組織會爲各自的利益或生存，捍護自己的管轄權限，增加組織、部門之間的協力溝通交易成本。但政府各不同部會基於組織理論，組織之間的權責會有部分的重疊設計。原本初衷是爲降低政府施政風險及提昇部會之間的競爭力；但在協力平台上權限範圍是跨域行政的重大障礙。無可厚非，「權責重疊」另一設計考量，在均衡行政資源，避免資源被特定部會寡占。組織設計者爲淡化權責重疊，會以技術性名稱及工具性用途，淡化重疊權限範圍的存在，但面對組織的永續生存，除了奮戰別無選擇，除非上級命令或其它等量代替品的補償。

3.協力策略

協力會採取策略性的夥伴關係，致力共同問題的解決。Robert Agranoff and Michael McGuire.（2003）：《協力公共管理：地方政府新策略》（*Collaborative Public Management: New Strategies for Local Government*）一書：「協力管理是描述多元組織協助及經管，無法或不易由單一組織解決問題的一種概念過程。協力過程是處在諸多限制下（含知識、時間、經費、競爭及傳統智慧），藉由創新或發現，規劃解決方案，彼此具目的性的相互關係。協力策略是透過共同分工（co-labor）達成共同目標，經常在多元部門及多元行動者間跨領域進行工作的一種關係。」

在實務上協力有濃厚的互惠價值觀。協力與合作兩者都在尋求致力於共同目標的達成；協力過程有許多的合作（cooperation）事宜採官僚體系的夥伴關係，即兩個或更多的組織透過正式或非正式的協議或契約致力問題的解決，例如內政部、教育部共推的「全國新住民火炬計畫」[369]（National New Immigration Torch Project, NNITP）（本書後稱 NNITP）。

Winer, Michael B. & Karen Ray.（1994）在《協力手冊：開拓、維繫、共享歷程》一書[370]提及影響協力能否成功幾項因素，歸類爲環境因素、成員特質、過程與結構、溝通、目的、資源等六大面向共計十九項內涵。略述箇中要項：「環境」：指過去社群協力或合作的經驗，合宜的領導者，有利的政治/社會氛圍；「成員」特質要求成員相互尊重、瞭解、信任，合適的跨部門成員，成員視協力爲自身利益，具有妥協能力；「過程與結構」：成員能爲協力的過程及成果擔綱（a stake），參與不同層次的決策制定，處事有彈性，拓展成明確角色並掌握政策方向（guidline），調適能力；「溝通」：能開誠並持續溝通，能遂行正式或非正式溝通脈絡；「目標」：能建構易於達成的目標與目的，可共享的願景及一致性目標；「資源」：協力經費要充裕，熟練的協力會議召集人。

（七）公衆參與

Bingham, Leary, & Carlson.（2008）在《架構轉移：協力公共管理的側面思維》[371]一書，增添公眾與公民在協力過程的角色重要性。Bingham 等認爲：「地方協力公共管理不但應該包含參與協力的兩個（或以上）的組織，而且要納入公眾（public）與公民（citizens）的角色於治理。協力不是政府改革，而是找到更佳的治理機制，結合各領導者、公私組織及公眾，以創新、公正及尊嚴方式解決問題。在地方層級，公民在決策過程應扮演更大的角色。」因爲公眾或公民對地方的需求與期待最爲清楚，公共政策主要在落實地方層級社會問題的解決，尤其跨地區性共同問題，仰賴中央有明確決策之餘，容許地方公民有自主權參與決策制定，落實主權在民的民主理念。

---

369 許芳雄，2015，博士論文《跨域協力治理之研究：全國新住民火炬計畫案例分析》（The Study of Cross Boundaries Collaborative Govenance: The Case of National New Immigration Torch Project），指導教授：世新大學行政管理學系徐仁輝教授。

370 Winer, Michael B. & Karen Ray.,1994, *Collaboration Handbook: Creating, Sustaining, and Enjoying the Journey,* Amherst H. Wilder Foundation, St. Paul, MN.p.138.

371 Bingham, Lisa Blomgren., Rosemary O'Leary, & Christine Carlson., 2008. *Big Ideas in Collaborative Public Management.* (editors: Lisa Blomgren Bingham and Rosemary O'Leary) "Frameshifting: Lateral Thinking for Collaborative Public Management." NY: M.E. Shape. (ch.1)pp.3-16.

（八）治理意涵

「治理（governance）是在探討與說明政府與民間的社會互動關係與現象。」此乃 Cashore & Vertinsky（2000：10）對治理簡易詮釋，茲另列學者對「治理」觀點：

1.林淑馨詮釋治理

林淑馨（2017）：「治理是個易於引起混淆的名詞。應透過不同的路徑思考，更能獲得完整的理解。」治理要透過下列三個層面來理解：

（1）公部門的治理是一種組織結構

官僚體制彈性運作不足，難快速解決社會問題。政府治理必須與科層體制、網絡、市場及社群等概念相連結，屬於組織結構類型之一。以社會福利服務之提供，常由宗教團體、慈善機構與民間社團所組成的治理結構，較能有效滿足需求。網絡結構係由各類利害關係人與團體所形成，試以影響政策走向爭取社會資源之分配。

（2）治理是一種過程

從組織結構與制度的設計，以過程觀點理解治理，則治理參與者/行動者的互動關係即為治理論述重點。從政治系絡的府際關係與互動、公私部門、及第三部門之間的互動過程，皆會影響治理。如中央與地方政府的互動，須共同制定政策；非營利組織、專業性組織及利益團體，會透過系統議程來影響政府政策議題。

（3）治理係一種分析架構

將治理視為分析架構，假定不同的治理模式會影響不同的治理結果；治理結果會回饋不同治理模式的選擇。政府治理包括幾類：多重治理、多元治理、資源與權力互賴、網絡管理。

前述強調治理過程的參與者或稱治理結構元素之間的互動關係外，更重視整體治理政策議題的發展與結果。

2.孫本初、Rhodes 的治理概念

根據孫本初（2010）研究，認為 Rhodes 的治理概念有幾種涵義：

（1）政府是小而能的政府：政府依公共服務提供之觀點，政府類型被重新界定其範圍及規模，政府結構不必太大，是小而能的政府（as the minimal state）。

（2）改善公共行政宜採公司治理：公司治理（as corporate governance）指運用私部門的管理與控制，以達治理目的；建議採取商業管理方式，改善傳統行政部門的組織文化與氣候，脫離傳統公共行政的

舊軌。

（3）治理是新公共管理模式：採行管理主義引進私部門管理方法，強調專業管理、績效標準與評估、結果管理及顧客導向是新的公共管理（as the new public management）：另從新制度經濟學領域採行誘因結構（如市場競爭）到公共服務領域，強調外包、市場機制和消費選擇權。

（4）以臻良善治理：善盡良善治理（as good governance）境界要有下列幾項工作標的包括：有效率的文官、獨立的司法和法律制度，以確保契約的履行；獨立的審計人員，有回應能力的立法人員；有責任地運用公共資金；各層級政府對於法律和人權的尊重；多元的制度與言論自由。

（5）治理推昇國際互賴（as international interdependence）：治理在國際關係的上有國家空洞化的隱憂：意指國際間相互依賴已侵蝕國家的權力；更由於商品的國際化及關稅貿易等問題促使治理逐漸減弱，國家權力部分向上移轉於國際層次，並將部分權力向下移轉於國家下層機構。歐盟 EU 證明跨國政策網絡的出現。

（6）治理是社會控制系統（as a socio-cybernetic system）：多元的政策領域是由多元的參與者共同參與行動，然公部門、私部門及志願參與者之間界線的模糊是多元互動、干預與控制的產物。換言之，治理是社會上主要行動者互動、干預的結果。治理是一個政治、社會互動管理型態。誠如 Kooiman 所言：「治理是社會上主要行動者互動，干預的結果。

（7）治理出現新政治經濟關係：新政治經濟（as the new political economy）透過治理重新檢視國家、公民社會與市場經濟，在界限日趨模糊情形下的關係。Lindberg 認爲：「治理是經濟行動者在政治與經濟過程的協調活動，不只關心經濟效率，也關注社會控制的議題。治理是在經濟變遷下，如何調控策略與權力的運作。」

（8）治理會是自我組織的網絡：自我組織網絡（as self-organizing networks）是治理概念的分析核心。治理是協調與資源分配的網絡結構。重點是自組式的治理結構，強調網絡成員之間的信賴與相互調適，作爲主要的運作機制。

3. Ali Farazmand **良善治理概念**

Farazmand 在《良善治理》[372]一書論述：「良善治理功能的展現包括參

[372] Farazmand, Ali. (edi), 2004, *Sound Governance: Policy and Administrative Innovations,* “Sound Governance in the age of Globalization: A Conceptual Framework”, Praeger Westport

與者，權責單位、法制規範（參與者包括非政府組織）。治理本身即包含過程、結構、價值、管理、政策、及行政管理。」Farazmand 論及良善治理概念含括政府整體系絡，不只國內財政經濟、政治、民主制度、憲政法治、組織、行政、管理、倫理的無瑕疵，而且在國際全球之間，國與國之互動是獨立自主能自我判斷。良善治理反映在治理與管理功能呈現在完善的組織和管理績效；它不只呈現在當前而且有持續維繫的能力，而且能預為籌謀防範在先，適時回應、負責、透明、及自我糾正，因之良善治理不僅兼顧長期策略也顧及近程的實務運作。良善治理不僅當前制度系絡的完美更顧及未來發展。

Farazmand 認為「良善治理」（sound governance）有幾個層次要完備：1.完整結構性：建構結構性內外運作完整過程（process），參與者、法規、程序正義、決策制定、水平垂直互動等法制結構體制（structure）；2.認知及價值：認知及價值（cognition and values）層次意味著治理結構或程序能否處於正統或脫序的治理體制或程序；3.憲政體制：政府憲政體制（constitution）及治理脈絡是良善治理最重要的層次。組織與機構（organization and institution）的構成要件與屬性是良善治理另項重要層次；4.管理與績效（management and performance）的良窳直接與良善治理有直接影響：良善治理政策（policy）指導良善治理的過程、結構、方針等要項的領航；5.各部門（sector）的參與：包括工商農業、科技、教育、交通、研究單位，以及公眾的直接參與。國際及全球力量（international and globalization forces）是良善治理的非常重要力量，因為全球化國與國的相互依存關係日益攀昇，如 2019 年新冠肺炎，WHO 扮演角色；6.倫理課責及透明化（ethics, accountability & transparency）良善治理的關鍵特徵在於它的倫理道德，課責要求、及其透明化結構和價值體系。

Farazmand 認為「良善治理」的施行，需要行政及管理部門持續的創新、調整，具備前述執行能力是最根本的。

Farazmand 的創見不凡，但實務操作能履行一二，已屬不易。根據孫本初及 Rhodes 觀點在邁入新公共服務，要提供多元化需求，政府規模要小而能。但 Farazmand 論點有違實務發展實境，以 2016 年選後政府組織規模不斷澎脹即為實例。公私治理有別，政府若採公司治理方式，在危機管理彈性化上尚有施展空間；但難渡依法行政的關卡，不違依法行政

Connecticut, pp.1-23.

的鐵律，否則政府即獨裁、濫權，有違民主法治國。

推臻公共行政爲良善治理途徑良多，包括有效率的文官體制、健全的司法體制、言論自由等始能孕育。治理組織網絡成員講求自由進出，但如何進出？仍應有法的規範，但立法程序何其冗長又耗資源，難以因應治理標的多元變化，此乃治理困境。

（九）治理的運作

1.糾衆齊心致力

「對新興社會問題的判斷與詮釋，要在一個能共享不同組織文化的社群團隊，才能齊心致力提供建設性的回應對策。」（Vickers,1965）[373]多元力量的投入而不是分歧的，割據徒增治理成本。

2.官僚體系

官僚體系是治理龍頭與脊梁。「治理是一種描述政府間互動及其政治、社會、行政等廣闊環境的關聯。治理是政府在嚴峻的內外環境追求集體利益的一種變遷能力及其變革中擔綱的角色；治理是一種過程，包括正式與非正式的組織建構，以引導和約束治理團隊的集體行動；而社會行動的發起容由政府或非政府組織帶動；政府之間的依存關係，讓社會問題更加複雜，單一政府更加難以解決。」（Kettl, 2002）[374]Kettl 強調官僚體系是「治理轉換」的龍頭，治理成員唯官僚組織馬首是瞻。

3.承擔風險、責任

「治理」（Governance）是一群具有相依關係的行動者，所組成的執行機制，經由交換資訊、共享資源、改變行動等過程，建構共識，並藉由共同承擔風險與責任，提昇達成目標的能力（陳恆鈞，2010：238）[375]。Agranoff and McGuire（2003：20-21）強調：「治理一詞經常被用來描述更廣泛的組織類型，參與公眾活動，相對擴大及改變政府的管理領域。治理意指多個公、私部門參與行政裁量權與公共管理。」惟參與治理者日眾，管理不當、目標各異，不在參與協力政策的制定、共同協議

---

373 Gray, Barara., 1989, *Collaborating: Finding Common Ground for Multiparty Problems,* Jossey Bass Publishers, CA, P.226.

374 Kettl, Donald F.,2002, *The Transformation of Governance: Public Administration for Twenty-First Century America,* The Johns Hopkins University Press, Baltimore, Cp. 6, pp.118-150.

375 陳恒鈞，2010，〈參與治理是趨勢？或是迷思？〉，載於《公共治理：能力、民主與行銷》，考試院編，頁 235-264。

的執行，而在資源的競逐、爭取或控制。

「治理不單單是民選代表決定公共價值、公共政策及機關執行政策工具的選擇；治理即不是舊的垂直命令指揮，它是較新的水平思維網絡結構；治理是下個千禧年（millennium）的口號（watchword）；治理網絡的行動模式，必須結合水平與垂直的官僚體制。……公眾要參與『公共價值』的取捨與裁量。公共問題的協力治理是整合公、私部門及公民，透過協力領導者的召集，解決單部門無法處理的公共問題。」（Bingham et al. 2005：547-558）。後續治理從水平到多元層次（multilevel）的組織結構發展，以應參與者源起不同政府組織、NGO、NPO、私人、公眾的多樣性：地方公共問題的最佳解決來自基層公眾對議題的參與。治理不再是官僚體系下的命令鏈，還要考量水平、垂直、多元網絡的參與成員共同承擔風險與責任。

林水波、李長晏（2005：48）：「治理是指以功能或議題爲導向的區域問題解決，強調的不完全是政府結構本身，而是政府參與並引導的全局治理（holistic governance）的過程及功能，尤其是與其他單位合作共同進行治理。」治理參與者共識的建構是領導者首要工程，否則愈多參與者並不是治理力量的表徵而是食之者眾的註腳。

4.當治理是超國家層次

協力成員循透明的資訊交換管道建構共識，改變過往官僚體系單向垂直的行動程序，協力領導者採開放思維，公平對待參與者，執行效率的提昇是協力最根本需求。治理是更多的公眾參與政府的行政裁量、決策，過問的事項與個體、公眾利益有緊密相關的公共問題管理。治理結構（governance structure）可分爲正式或非正式的治理機制。組成要素：包括目標、專業化工作、分工、法規、標準作業程序，權責關係。從結構類型而言，治理有三種特質：自我治理結構（self-governing structures)；有領導者的組織（a lead organization）；具網絡管理的組織（a network administrative organization）（Bryson et al. 2006：44-55）。根據對NNITP 的個案研究、觀察，有組織領導者是首選，其他屬學術論述高見。

根據《公共治理與策略管理能力》作者 Joyce & Rasheed（2016）研究倡議：「公共治理要提昇爲『超國家層級』（supranational level）是公、私部門及非營利組織、社會行動者、企業社群間新夥伴關係，以公開、透明、回應性的一種新治理結構。」[376]論者讚佩 Joyce & Rasheed 對策略性治理的高明論述，若不能以『超國家層級』的結構匡住各參與者，單就資源的爭奪，治理領導者就要耗費鉅額行政成本。

治理困境的解決之道：根據 OECD 在 1998 年全球調查研究提供三種解決之道：「其一、鼓舞各層級政府擁有更加獨立自主權，但政府提供掌控整體方向不容偏誤；其二、透過彈性化容許對社會問題的處理有其差異性，但政府要確保某種底線的統一性；其三、對地方的需求要提供更迅速的回應性，但無損於效率和經濟原則。」[377]公共政策、社會棘手問題的解決，OECD 的良方善策似乎成為我們推動行政方案的護身符，實體效益良劣與否，仍要衡酌我們的政府機關體制、政經水平、行政人員的技術水平、資源取得等層次進行可行性評估，才是務實作法。

2019 年新冠肺炎病毒肆虐與世界三大宗教活動媽祖繞境對撞，政治課責主事者與宗教信仰團體兩者間的風險管控，涉及籌措宗教活動的資源投入與容許繞境防患病毒可能傳染的醫療資源的成本，各以百億計恐僅初估；顯現社會問題以公共治理的快速變遷，我們要努力的空間相當寬廣，不限於區域、東南亞、兩岸，亟待以全觀治理（holitic governance）視野始能邁向世界平台。

四、政經互動多元

公共政策處在混雜的政策利害關係人暨有限的生存資源，有待公共管理者解決的問題日益複雜化及多樣性（diversity），雖然各種組織彼此互動頻仍，但社會、政治、經濟、文化等各自範疇的不確定因素卻日益相互振盪複雜化，讓為民服務的公共管理者舉步維艱裡足不前，瞻前顧後的結果是向執政首腦的偏好傾斜，殊不知這絕非公共行政管理的常軌。

政府領導者莫不潛心戮力推動各項施政計畫，然公共政策非單一機關能處理，一旦事涉數個部會，主政者會責請成立跨部會工作小組。承命之跨部門領導者組成跨部會工作團隊，針對特定的公共議題，進行跨部會溝通或與私部門共同協力治理，務期施政效率於短期內能極大化績

376 Joyce, Paul. & Turki Al Rasheed., 2016, *Public Governance and Strategic Management Capacityies: Public Governace in the Gulf States,* Routledge N.Y. PP.21-38.

377 Kettl, Donald F.,2002, *The Transformation of Governance: Public Administration for Twenty-First Century America,* The Johns Hopkins University Press, Baltimore, Cp. 6, p149.

效，以回應民眾需求，但跨部會協力治理屢屢受阻，施展無力困難重重，掌聲零落。

為公共政策啓動跨不同部會的協調會議是跨域協力/治理的第一步。跨部會協力會議的協調組織或編組，應優先/同時於議題的建構，通常跨部會合作在型塑過程就會消失於無形，原因良多論述各異。既使有明確的公共議題要進行跨部門協力，但參與跨域協力治理的參與者或代理人，在審酌自身組織可能從中獲益優劣處境即勞燕分飛，徒留主政者協調不力虎頭蛇尾之惡名。參據進行跨部門協力的經驗法則，參與者或部會時時受到 Collins「互動慣例鏈理論」（theory of interaction ritual chains）的影響，實務界以質疑心態抗拒，終極要勞動上層領導的號令（mandates）化解，勉力為跨領域演影者的行政部門，在多次跨域協力會議亮相後，略施作態虛應一二，仍難免消聲無影，讓學界亟思脫困解決之道。

跨部門工作的不易及困境，論述著作良多，被實務界援用與重視的委實不多，原因在諸多著作論析被歸類為「理論」。跨域治理的研究者偏好政府單一機關的內部不同局/處的協力，針對特定的公共政策，進行跨局/處的協力（collaboration）個案研究的發現或結果，輕易定論為跨域協力/治理，跨域行政領域今非昔比，不但橫跨中央不同部會，更加縱貫中央至地方政府或鄉鎮。

審之諸多論述能就兩個或兩個以上的部會，從公共政策議題倡議、政策評估、政策制定、政策執行，在協力過程廣納公、私部門、公民、NGO、NPO 等政策利害關係人共同參與，委實不多。至於政策伊始，跨域協力的參與者是兩個以上的公部門、私部門、志工團體、利益團體、公民參與之協力參與更是幾稀矣！原因在研究期程冗長繁雜的個案研究，在成本考量分析後，會另循研究標的或採行其他研究途徑。

政策執行由中央、直轄市暨縣市政府到基層政府組織、機構或學校，也就是公共政策從中央、直轄市縣市政府到基層鄉鎮是垂直縱向官僚體制的逐級推展；在各層級的橫向水平層次是政策推動必要的協力參與者，包括相關的公、私部門、政策利害關係人、政策關懷倡議團體、志工團體以及普羅大眾。社會的公共問題容有消弭解決之道，但複雜多元的參與者（participants）以個人利益為考量爭逐有限資源，混淆了公共政策解決方案。以蘇花公路之拓寬工程，姑不計其名稱為快速公路、高速公路、環島高鐵、花東鐵路電氣，沒有一件不被披著羊皮的環保野狼社群所環伺，再從中獲取漁利，若未果，結局責由意識型態作祟，或委責於選舉等杜撰藉口搪塞之，一直到重大災難、事件的爆發，重啓政策窗。

公務機關如同個人也以自身利益爲考量，淹沒社會大眾的公共利益（public interest）或公共價值（public value），在缺乏跨部門協力進行整體前瞻性規劃，既使良善的公共政策也難逃虛耗公共資源於無形，到頭來是政策目標落空、效益不彰，或衍生非預期的反效果。2017 年 8800 億元的交通輕軌等建設大餅，運輸部門在龍幫護航下，獨排眾議爲大選護盤力推到底。底氣能否持續，受到 2019 年新冠肺炎病毒侵擾，變數增添，困難度倍於往昔。

五、跨域工作團隊

（一）公部門跨域團隊

Evans, Paul., John Hassard and Paula Hyde.（2013）在《關鍵性領導：公共組織的領導與隨員》[378]一書，闡述領導者如何領導公部門組織：「首先要善用資訊網絡達成組織目標、權責劃分、及團隊互動導向的問題解決與決策制定、建構分享的願景及策略導向吸納組織內外部成員致力願景達成、支持持續性發展文化即使有錯也要從中學習獲益、細膩地輔助變革且維持穩定的均衡發展。」

往昔政府跨部會工作編組，難「跨」「權限範圍」，同樣難跨官僚體系不同部門多元文化價值。執政者爲因應緊急性（emergent）或權變性的（contingent）問題：諸如社福、人口、健保、交通、產業、教育、風災、天災、病毒等重大意外或災難事件，遲遲未見施政成效爲民所針貶，民怨沸騰，爲期快速回應（responsiveness）。公眾、政治人物、媒體的期待，莫不循著決策慣性成立「跨部會工作小組」解決緊急事件，久之被視爲一種「政治符號」的宣示。

執政者急就章成立「跨部會工作小組」，旨在安撫民心，未必著眼於施政缺失進行缺失分析，其功效不外回應民意及喚起公部門相關部會的注意。執政者揭示政治符號乃舉手啓齒之勞，但要落實跨部會的公共政策產出、執行、落實、展現成效，誠屬冗長繁複的工作程序，多數是跨

[378] Evans, Paul., John Hassard and Paula Hyde.,2013, *Critical Leadership: Leader-follower dynamics in a public,* Routledge Taylor & Francis Group, pp.18,31,99-109.

部門會議浪頭過後，又趨於浪平無痕。

多年來政府成立「跨部會工作小組」褒貶參半。褒者，乃讚許政府主政者適時反映民意掌握機先；貶者乃後續跨部會的協力，執行成果不佳。揆諸政府主政者體察政府跨不同部會協力合作的重要性，倡議快速成立跨部會小組，但對急需要解決的公共問題，非但無法提出解決方案，過程中也屢讓不同的影響因素干擾掣肘，擴大公眾對政府不信任的鴻溝。

何以各類型的跨域協力組織網絡或架構，未能適時解決公共政策的難題？徒增政府各部會之間的齟齬與互不信任？公部門同處在多元文化、多元價值的社會。「跨部會工作小組」的成立，究竟要整合那些相關的公部門、私部門、非政府組織（NGO）、非營利組織（NPO）、政策利害關係人來共同參與？才能有效整合有限人力及資源，進行跨部門的協力工作，這是跨域協力領頭羊首要建構的灘頭堡。

（二）淺碟研究

研究者受限於時程以及能投入的資源，大多裡足於單一政府機關轄屬的不同處局間的水平協力治理作為個案研究，將研究成果類推為能夠跨不同部會又跨中央、縣市政府到基層政策執行機關學校，屬於行政多層次的「垂直與水平」協力治理，如此的跨域協作誠難兼顧公、私部門權限的整合及其力量發揮。跨部會進行協力推動公共政策，對績效產出與政府資源投入比例，因箇中不同參與者，對績效的評估指標及其獲益，難有一致的標準尺度。

公私部門進行跨部門協力/協作，不同機關部會層級的「領導者」而言，中央部會決策制定層級的領導者，與直轄市、縣市政府層級偏重政策執行監督層次的領導者，甚至到基層全國新住民火炬計畫（NNITP）選定的各重點學校，校長領導層次的「領導特質」各異，協作效果即有不同觀感及效益。因為各層次領導者，所面對的權責、組織功能、組織文化、工作團隊、協力參與者，不盡相同，依情境領導理論（situatinal leadership theories）所需的「領導特質」（leadership traits）要求內涵各有差異，各協力參與者能否以協作標的，各拋私利己見以公共利益為共同宗旨？跨域研究有必要重整，以多面向、多層次、多重利益關係人、跨不同官僚體系的觀點作深入探索直搗龍穴而非淺碟研究。

在各層級協力治理問題的浮現，以決策層次而言，施政決策能否解決多元的社會問題？參與決策的利害關係人其意見及顧慮，在決策過程是否被充分尊重、包容？擬訂的公共政策各種配套是否完整地被規劃？政策執行過程，內外部環境的變遷，政策是否適時調整？提供政策執行的各項有效資源能否到位？參與者的權責分工是否明確？課責機制的建構是否到位？鑑於政府提供的社會公共服務日趨多元，政策利害關係人各擁不同利益主張與期待，政府單部門已無法獨立因應，需要讓更多的公、私部門、NGO 等不同組織、資源的協力參與。

（三）跨域行政的重要性

「跨域協力」（cross boundaries collaboration）在 20 世紀末期已成爲公共管理學界的顯學與重大挑戰。邁入 21 世紀的民主治理，受到更多元文化（multicultures）的浸潤，社會問題更加多樣性（diversities）及複雜性（complexities）是趨勢，相關的利害關係人（stakeholders）自利意識高漲，在多元文化及多元價值觀的相互振盪下，公共管理者受到空前的挑戰。挑戰即是契機，更是研究「跨域協力」動機。跨域行政慣用相關辭彙[379]，在相同領域即使同樣字辭，研究者在不同視野、理論、資料、議題，都可能以不同內涵加以區隔，以示研究者的獨特發現、見解，以 2019 年 12 月英文版的 *Harvard Business Review* 即以「COLLABORATION」爲主題，姑不論公共行政領域、商業管理在邁入 2020 年代「協力/協作」已成顯學，公共行政領域已銳變爲「跨域行政」（Cross Boundaries Administation），不論學科教學、專業研究著作，沒有一門學科能金雞獨鳴高唱唯我獨尊，諸論者於高論時，請同時不忘提醒讀者如何跨學科去探討研究，更不忘跨域行政平台的重要性。

2019 年政府爲因應新冠肺炎病毒，成立中央指揮中心，初期各部會領導者不時跳出指導，甚至院長層級也不時脫軌演出，在在說明政府在面對天災時，成立的跨域行政管理，或稱跨部會工作小組，確實受到不同層級的「權責保衛戰」作梗未發揮應有功效。

---

379 列述常見跨域行政語辭：公部門組織網絡、行政分權化、行政整合、權變協調、跨地方協議、跨地區合作、新治理、自主權、預算/資源（公私協力）、勢力範圍、協力命令、跨組織協調、權變協調、協力過程（規劃、執行、評估）、相互關係（mutuality），相互依存（interdependence），互惠、領導/治理等語詞都屬跨域行政的小領域。公共管理者、跨域協調者（知識、能力）、網絡治理、全觀治理、代理人與總管、夥伴關係、管理模式、危機/衝突管理（認知、溝通、協調及監督）、信任（trust），社會網絡、非正式關係、利害關係人、公民角色、公共課責、協力弔詭、決策類型、協力結構、公共價值（利益）、課責都有不同研究主題被列為是研究變項。

（四）跨域決策團隊

公部門跨平行組織間的協力網絡建構不易，因為要跨越各組織的「權限範圍」，彼此協議不易達成，最佳捷徑是協力參與者的共同上司或首長出面，召開協調會居中調適各方的困境，讓出部分權限供跨域領導者運作。NNITP 全國新住民火炬計畫在內政部、教育部會銜發布的協力命令，詳述計畫參與者的「權限範圍」，或稱權責事項。NNITP 計畫的「推動委員會」是決策團隊，移民署是其秘書單位。

（五）官僚體系是協力重要橋梁

官僚體系善於規劃與組織，但對外部環境的變動卻反應遲緩。2014 年 8 月高雄市民反映空氣異味，後續的氣爆事件及 2014 年 9 月的餿水油事件，均屬官僚體系反映遲緩的例證。肇因官僚體系只重視本身「權限範圍」，推諉塞責又是文化傳統，能推就推導致災難事件無法適時處理，與民意產生極大落差，導致擴大民眾對政府信任的差距。

事後，目睹行政首長急急律令，相關部會要組成跨部會專案小組，快速行動救災應急，但長期的行政文化及政治惡鬥，只突顯中央與地方政府橫向失靈與縱向失能。前述公共危機肇因於權責單位各不隸屬，彼此橫向欠缺聯繫，或未建構跨部門、跨組織協力的協議，既使災難事件釀成，也跨越不了平行組織的權責範圍。

從內政部推動火炬計畫研究發現；地方政府間的平行跨域協力組織對口機構欠缺，只有配駐在各縣市政府所在地的移民署服務站，組織層級低，難有橫向的溝通聯繫。研究訪視發現，中階層級官僚體系的縣市教育局/處，針對 NNITP 計畫鮮少進行跨縣市政府協力支援，除高雄直轄市、嘉義縣市政府、新北市政府官僚體制是推展 NNITP 整個過程提供橋梁功能，讓協力行動緊密支援配合。

六、新住民

新住民是嶄新的公共治理參與者，更是政府公共服務最優先服務對象，同時也是選票票源的亮點。列入跨域治理論述，乃勢之所趨。何謂新住民（New Immigration）？根據內政部移民署官網的英文名稱為（National Immigration Agency）對「全國新住民火炬計畫」則譯為（National New Immigrations Torch Program, NNITP）教育部對「全國新住民火炬計畫」則譯爲（Taiwan New Resident Torch Program）兩部對「新住民」的英文名稱則各譯爲（New Immigrations）及（New Residents）。研究發現，不同英文用字較被認同的共識是（immigration）指從他國或外地來到本國稱之爲「移民」（immigrations）；英文（emigration）則指前往他國的「移民」，兩者的語意所指對象各有不同，不容混淆。

2013 年外交部、內政部入出國及移民署主辦之「2013 移民政策國際研討會暨全國新住民火炬計畫成果展」大會手冊（2013 年 11 月 19 日）。內政部李部長鴻源的簡報：「全國新住民火炬計畫執行情形」（New Immigrations Torch Project Introduction.）。但「program」一字出現在第 20、21、22、23、24、28 頁。另大會手冊中，新北市仁愛國小高校長元杰專題演：「全國新住民火炬計畫新住民重點學校推動實務分享」（Best Practices on Campus in Mew Immigrants Torch Program.）採用「program」非「project」。

根據維基百科對（外來）移民（immigration）的詮釋：「移民是人們永久性的移動，到非其出生地的其他國家或地區。移民是許多因素的結果：包括經濟、政治、家庭團圓、及自願性逃避自然災害以期改變生活環境。移民是指進入並定居到一個非其出生地的國家或地區。」[380]

---

380 http://en.wikipedia.org/wiki/Immigration. "*Immigration is the movement of people into another country or region to which they are not native in order to settle there, especially permanently. Immigration is a result of a number of factors, including economic and/or political reasons, family re-unification, natural disasters or the wish to change one's surroundings voluntarily.*"

第二章　跨越權限範圍

「跨域行政」首重跨越「權限範圍」。「跨」不了就不用「誇」了。

一、權限範圍

（一）憲法層次

「權限範圍」（authority boundaries）有其法源。憲法第 1 條規定民生福利國原則；第 107 條至第 111 條規定中央與地方權限劃分、民主、法治、基本權保障，都未禁止私人參與公共事業等公共行政任務的執行；第 144 條規定公用事業以公營爲原則，並可經法律許可讓民間經營（辛年豐，2014：239）。從憲法層次看 NNITP 計畫係政府爲解決社會問題照顧新住民及其子女，私部門參與協力治理取得政府資源，具有憲法正當性。

（二）行政程序法

行政程序法（下稱行程法）第二節「管轄」計有九條條文，自第 11 條至第 19 條都在規範行政機關的「管轄權限」。「管轄」的權限即公共行政學界所指涉的「權限範圍」（authority boundaries）、「自主權」（autonomy）、「管轄權」（jurisdiction）、「領域」（domain）、或「勢力範圍」（turf），後兩者之用語較少被採用。行程法第 19 條第 1 款：「行政機關爲發揮共同一體之行政機能，應於其『權限範圍』內相互協助。」

上述憲法、行政程序法以不同的字詞，表述同樣的內涵。行政機關之「管轄權限」，依其組織法規或其他行政法規定之。管轄權非依法規不得設定或變更。同一事件，數行政機關均有管轄權者，由受理在先之機關管轄，不能分別先後者，由各該機關協議，不能協議或有統一管轄之必要時，由其共同上級機關指定管轄。管轄權有爭議由各該上級機關協議定之。行政機關得依法規將其權限之一部分，委任所屬下級機關執行，或委託不相隸屬之行政機關執行之；或將其權限之一部分，委託民間團體或個人辦理。行政機關爲發揮共同一體之行政機能，應於其權限範圍內互相協助。因法律、人員、設備不足，得請求機關協助執行；請求應以書面爲之。被請求機關認有正當理由不能協助者，得拒絕之。被請求機關得要求協助所需費用。

跨域行政最高法源依據是憲法、行政程序法。但前述規範的灰色地帶，出現在「權責重疊」（authority overlap），由各該機關協議。協議不成由上級指定管轄。通常在機關之間爲維持檯面合諧，會暫緩爭議或保留權力均衡，靜觀其變，後續可能造成衝突。在跨院際「權責重疊」部分會增加協議的變數與困難度。

以公務人員考績法的修正爲例，行政院人事行政總處與考試院銓敘部間幾經協議，仍功虧一簣，歸責於管轄權責在憲法及憲法增修條文就存在著模糊灰色地帶，至於本位主義及外部因素更增添跨部門協力變數。

（三）Kettl 觀點

美國學者 Kettl（2006：10-19）對「權限範圍」有以下論述：在美國的政府體系有五種「權限範圍」具有歷史意義包括：任務、資源、能力、責任、課責（mission, resources, capacity, responsibility, accountability.）。這五種基本權限範圍型塑美國行政機關的行爲。[381]「任務」：公共行政最重要的權限範圍是定義一個組織的任務。任務是政府組織對外的一種承諾更是權威象徵，不容其他組織侵犯；「資源」：當組織任務確定同時要求「資源」的配置，藉由資源鞏固權限範圍；資源配置（allocation）的多寡同時反映對某公共政策的重視程度；「能力」：有資源才能建構「能力」，進而貫徹組織的任務，首重專家人才的建構，以供組織執行任務，人才也是官僚體系迎戰政治壓力的重要工具；「責任」：組織管轄範圍即在界定個別組織對執行任務應付出的奉獻，管轄範圍（boundaries）告訴政府官員什麼是該做的？什麼是不能做的？「課責」：政府管理者擁有政策制定權力並爲其決策行動負起責任。以上五種權限力量同時結合公共行政策略，以水平夥伴關係齊力工作，很難採取垂直式組織結構，要求以上下隸屬關係推動跨域協力決策，或以個體立場主張個別的責任輕重。

權限範圍是行政管理過程的核心。Kettl 強調：「權限範圍界定組織負

[381] Kettl, Donald F., Dec. 2006. Managing Boundaries in American Administration: The Collaboration Imperative. Special Issue. *PAR*. pp.10-19.

責做什麼及其權力與職責（powers and functions）的所在。所有管轄權限是反覆無常的（all boundaries are arbitrary）」。「跨域協力」所論述的「權限範圍」，從公共行政角度即指「跨管轄權」，也就是「跨越權限範圍進行協力」的簡稱。如何從跨越權限進行協力，必須以全觀視野論述「跨域行政」。

在實務上行政管理要有效管理兩個組織達成共同目標，首先要跨越彼此權限範圍，就需要協力（collaboration）策略。沒有資源，組織既不能建構「能力」，也無法貫徹組織任務。權限範圍是行政管理過程的核心。要存活在內外環境變動不羈的組織，能「跨」才能行動也就是「變是唯一的不變」。

（四）跨域治理的權力移轉

Pierre & Peters（2000）指出：國家在治理結構中，呈現三種權力移轉型態：

1.向上移轉至國際行動者或組織

國家將部分的決策主權，讓渡給國際行動團體或組織，諸如國際貿易管制組織，其原因是世界菁英所要解決的問題，並不是以國家爲疆界，可能是全球性的；其次透過國際組織統合乃是解除管制所必要的途徑，這與金融及通貨市場的管制鬆綁有關；且各國政策關切的跨國問題，可發展出能促進跨國政策學習的制度，成爲新的策略概念。

2.向下移轉至區域、城市與社區

國家授權給地區或地方政府、機構，較前更受重視。賦權授能（empowerment）予地方政府權力與財政責任之際，同時促進公民參與及對政治議題之掌握。學者認爲分權/授權，在某種程度上是以專業知識的釋出、轉讓、授權；而授權後的公共服務，在許多地方逐漸變得非標準化，更貼切地回應地方性的需求。

3.向外移轉至跨域治理行動團隊

治理指將傳統上由國家所能控制的權力與能力，移轉給政治菁英難以控制的機構與組織，亦即協助大量的非營利組織從事公共服務的提供。政策活動的輸出/提供，透過公私合夥設立半自主性的代理機構，執行政府原本執行的任務。在地方是類夥伴關係被視爲政治與非營利組織在資源運作上的特殊混合。

向上（國際組織）或平行（國與國）間權力移轉、授權，有國際先例或國際法可循，但治理成員之任一方，違反約定、協議，難有制衡及對抗工具，此乃國際爭端頻仍所在。治權授權灌能在向下推展時切忌通則化，要因地制宜彈性賦予權限解決地域、文化的特殊性。公共服務之提供基於成本效益考量，有愈多向外移轉至私人、非營利組織的政策方案。

二、跨域領導者

跨域行政基礎門檻是跨越權限範圍；跨域領導者是後續諸端過程的核心。

（一）人類的行為與成長

半個世紀前美國學者 Kurt Lewin 認爲人類行爲可涵約如數學方程式 B=f（P，S）。根據 Lewin 的方程式。指出人類行爲受到情境（S）影響，而情境受到人群（P）所影響；行爲與情境兩者是相互依存、互動。此乃「情境領導」及「權變領導」最重要的理念脈絡；最正確的領導行爲依情境不同而決定。「行爲與成長是所有情境的函數」（Behavior and Development as a Function of the Total Situation.）（Lewin，1946：239）。行爲與情境兩者互動下，綻放各種類型的成長、競爭，跨域領導者要體認經濟學及公共事務學家 John Kay & Mervyn King 在《極端不確定性》書中所言：「人類事務中，平穩不是選擇，長遠看也不是持久選擇。」[382]卓越領導者在跨域領導過程要適應、擁抱不確定性，透過協力團隊智慧以理性漸進調適選擇最佳決策。

（二）NNITP 的領導者特質

NNITP 所稱「領導特質」（the traits of leaders）的展現，以「對象」而言指：上層領導者或決策團隊，到最基層 NNITP 計畫執行的領導者如校長、主任、組長或工作團隊的領導者，他們領導特質的施展決定計畫成敗。領導特質有時論述領導者或管理者，個人在管理作爲上所呈現的

[382] Kay, John & Mervyn King, 2020, *Radical Uncertainty: Decision-Making Beyond the Numbers*, W.W. Norton & Company, New York, Ch. 21-23. 在台灣洪慧芳中譯本為《極端不確定性》（Radical Uncertainty: Decision-Making for an Unknowable future），遠足文化發行。

人格特質（personality）；領導特質不限於對領導者個人本身，往往會陳述在跨域協力治理的氛圍下，各個參與者（participants）共同面對公共問題所展現的領導力、才能、能力、方式、領導術、領導策略，偏重在權變領導理論（contingency leadership theory）所強調在協力治理網絡下的參與式領導（participative leadership）所展現的「個別的或集體的領導特質」。

NNITP 工作團隊領導者的特質，除具備通則性的領導特質，尙要有機關首長等同的領導特質。基層領導者展現權變性的順服，突破傳統官僚體系的順服（obedience）的門檻，展現卓越跨域領導特質。跨域領導者如何拿捏需視情境而異，因爲朱元璋說過：「執而不變，非時措之道也。」此乃情境權變領導之論述宗旨。領導特質概括下列幾項內涵：對環境的調適能力、對周圍生態的敏感度、具有達成目標的野心、堅毅的意志力、合作、處事果斷、可靠，期望影響統御群倫，秉其充沛的精力、堅持到底、高度自信心、抗壓性、勇於負責等等特質。孔子對爲政者的訓戒：「子張學干祿。子曰，多聞闕疑，愼言其餘，則寡尤；多見闕殆，愼行其餘，則寡悔。言寡尤，行寡悔，祿在其中矣。」此乃論語爲政篇所言。其中闕字乃保留之意。第二句「多見闕殆」，意指不要有過分行動，處世就少後悔，行止就不會有差錯。如此祿位就在其中。古人言：「事到萬難須放膽，宜於兩可莫粗心。」

（三）協力網絡的領導特質

協力網絡一旦脫離官僚體系，各參與者地位平等，不存在官大學問大，有錢是老大的情境。誰是跨域協力網絡的領導者/跨域協調者？如何推舉？跨域領導者的權責如何界定？跨域領導者是追隨者？還是獨裁者？西方學者認爲跨域領導者要以跨域協調者（cross boundaries spanners）自居較妥，因爲他要知所進退，有時是領導者有時是追隨者。以本土政治生態的現狀，跨區域治理的領導者，受制於本位主義、山頭主義容不了上下瀟脫的精神領袖。

（四）跨域領導者產出機制

在欠缺跨域領導者產出機制的法制化，倡議跨域治理恐淪落爲激情下的政治宣傳或口號（watchwords）。再說跨域治理的領導（leadership）產出，沒有公式可循，因爲影響領導的因素（factors）變動不羈難以掌控。以 NNITP 計畫推動爲例，循官僚體系由上而下，各層級領導者理應順服上級，實地訪談發現事實不然。以致推拒、排斥配合擔任跨域領導者之情事，依舊出現在巨大掌聲的空隙中。

各層級領導特質的重要性被展現，在協力過程跨域領導者如何依情境不同，權變領導？迄今沒有被公認的協力治理理論，徒有令學子們眼花不知所從的大批文獻及論述。膺任跨域行政/協力領導者都隱匿在官僚體系，只要領導者存在，不難在政治、行政叢林中尋跡獲寶，在充裕誘因及道德勸說不難找到。

（五）職場培育菁英

職場素養成就菁英的必要條件，在職場上能成就一番事業的成功人士，對「生活素養」咸表重視。陳嫦芬在《菁英力》（Professionalism）提及「生活素養」是成就職場專業人士的必要修件。「生活素養」更是培育「全相職場素養」五大領域之一。一位專業人士除專業領域的智識外，律己甚嚴，自我覺知，正直誠懇，均爲菁英的底蘊。「專家知識」的十大管理課，要及早修習包括：「全球總體經濟、區域金融策略、行銷與品牌管理、組織架構與互動、個體經濟分析、銷售與客戶管理、決策科學、人力資源管理、會計、公司治理」；前述十大課程對中央部會首長而言，要理順跨部會協力治理已屬生活專業素養的基本功課。對組織高層而言，全球經濟發展趨勢對企業組織的影響分析是主管幹部必修課題；發展中或推動中的區域金融發展規劃同等重要：「一路一帶、TPP、APPEC、RCEP、EU」都要深入瞭解，因爲區域經濟的波動會產生「蝴蝶效應」。

「公共組織經理財務資源，資源配置的『公共預算』，分析預算執行的『財務行政』兩者要一併研究。」[383]個體經濟是商業決策的基礎，公私部門跨域協力領導者對上述兩者仍應兼顧探研；品牌行銷與管理有助於科技研究及客戶管理；組織架構影響運作管理及資源分配；人力資源的開發及培訓是企業永續經營的根基；公司進行跨域治理是公司邁向多角化經營的基礎。「我們要轉化世界，我們就得先轉化自己。公共政策必須反映我們的集體心理問題，因爲政治即是我們的生活方式。」（McLaughlin, 1998）[384]職場菁英的優越素養是跨域領導者最佳選項。

---

383 徐仁輝，2000，《公共財務管理》，台北：智勝，序。

384 McLaughlin,Corinne. & Gordon Davidson., *Spiritual Politics*，1998，台北：國立編譯館。P.82。

（六）政治敏感度、談話語調

英國前首相梅伊（Theresa May）加入梅克爾的行列，晉升歐洲強權領袖之際，女性領袖怎麼對選民說話、如何相互對話，更加受到不同陣營的仔細檢視。權威就與男性的聲音有所聯結；2012 年的研究顯示，溫和的政治口號只要修改為較低沉的聲音，不管原本是男性或女性的聲音，都會變得比較能吸引選民。

2020 年太平洋東西兩岸都在競逐總統大位，賓洲大學語言專家李伯曼（Mark Liberman）比較了 7 位共和黨總統參選人後，發現保羅（Rand Paul）的聲調變化最大，不過，沒有人認為他「情緒化」。女性還得注意，不能太過強力地反擊她們面對的性別歧視文化，否則可能會被人視為沒有幽默感的女性主義者。前澳洲總理吉拉德（Julia Gillard）在 2012 年的著名演說中強力抨擊性別歧視，也讓她得以留名。然而，當女性領袖以身為領袖而非身為女性而留名，才是眞正的女性主義勝利。Julia 的領袖特質似過於偏執，不能執兩用中，以致不能久居總理之位。

女性如何與他人互動。女性領導者的行為愈「男性」，權威性也愈高，但許多研究亦顯示，這麼做的代價就是比較不討男性和女性喜愛。權威和討喜難以兩全，但也不是辦不到。[385]2020 年得以連任的紐西蘭總理 Jacinda Ardern，在施政作為充分展理女性溫柔與決策的堅毅果斷，舉世公認的成功卓越領導人。

三、領導者的權變

（一）敏銳觀察力

跨域領導者要俱備敏銳觀察力。政治生態詭譎多變局外者難窺堂奧，一位組織領導者具備敏銳觀察力，才能維繫組織生存。政治生態變化國內外有別，但仍有政治情勢變遷的觀察指標：選舉、政黨活動、經濟繁枯、以及民生、政治、意外天災等重大事件的因應及其決策。地方政治領袖屢用議會休會期間赴國外考察兼休憩，但無感於颱風的逼近，在地方釀成重大災害後，急忙返國，招致罵名，顯無敏銳觀察力所致。

---

[385] http://www.cw.com.tw/article/article.action?id=5077464&utm_source=dailybrief&utm_medium=Email&utm_campaign=dailybeirf#sthash.hP7FT5tG.dpuf

（二）組織層級不一，領導特質需求有別

一位資深官僚受訪時強調：「首長的專業及歷練的重要性。」任何行政首長都要經過歷練，我們政府機關在培植首長，第一是專業，第二個是歷練。不同情境、對象、政策的跨域協力領導者，需要情境領導特質的培訓與歷練：從高雄氣爆、食安危機的權變作爲，顯示官僚在權變特質嚴重不足。各層級權變領導的培訓迫在眉捷，現行文官培訓制度要漸進微調，同時培訓與職務陞遷、人才拔擢並重。本土化領導特質：有待學界進行跨學科共同研究，如何依不同的組織、協力對象、組織文化及價值，進行權變領導？官僚體系有不同組織層級，面對的情境不一，領導特質需求有別。

（三）美國 911 事件

Donald F. Kettl 對 911 事件的研究論著，掀起對領導特質需求迥異於往昔，面對來自不同面向層出不窮的新挑戰，難以傳統危機處理理論因應。2001 年 911 事件恐怖分子攻打 TWIN TOWER 及國防部五角大廈，美國人受到極度震驚（stunned）的記憶，即使執行突擊槍決賓拉登，人民的驚恐深烙心靈。

911 事件對公共行政的理論及實務，開啓了新又不可預期的挑戰：詳審這些挑戰，洩漏了很熟習的核心問題即是「協調」：國土安全是公共行政最古老的難題。解決「協調」（coordination）這個難題儘管有許多論述，國土安全卻引進新又特別的面向包括：契合（matching）：組織職掌提供服務以地方爲主的問題；安全界定：人民應該受到最低的安全保護標準如何界定，規範限制如何達成公眾所認可？安全機制的學習：對很少發生的安全問題，提供學習機制建構可信賴機制；新舊安全體制的衡平：新的國土安全任務與既存重要任務之間，如何取得衡平；契合人民的期望：在一個分（碎）裂的安全體系，經整合爲美國國土安全部（Department of Homeland Security, DHS），涉入配合協調單位包括司法、能源等機構，DHS 之龐大僅次於國防部、退撫軍人部，國土安全部的治理系絡如何契合公民的期望？前述挑戰需要新又有效率的「突發事件協調機制」（contingent coordination），這是一種政府如何彈性施展（develops）及契合（matches）政府能力，因應新又不可預期問題的機制。

Kettl 認爲解決國土安全問題需要一種建構在既存行政結構與策略能

力（administrative structures and policy capacity）的複雜途徑上，這兩項一旦有需求時要能有效結合。Kettl 稱爲：「突發事件協調機制」（contingent coordination）。用「協調」一詞，肇因於國土安全部組成機關，偏重在公部門機構，私部門的參與較少所致。

（四）新舊權變領導的比較

Frederick W. Taylor（1911）科學管理，強調工作分工及組織權責。Herbert A.Simon（1916-2001）在 1997 年版的《行政行爲》（*Administrative Behavior*）認爲：「協調是一種權變性問題（contingent problem）。問題是什麼？如何演變？如何解決？決定於議題、組織及員工的屬性。因爲組織結構很少能迅速調整，或快速迎接艱難問題的挑戰。反而會循著組織結構，找尋協調的機制。」Simon（1997：51-57）[386]強調「透過決策制定的過程進行協調（coordination）。」協調而不是協力（collaboration），因爲美國新成立的 DHS 成員都屬聯邦機構，沒有私部門機構。

Kettl 的觀點：「911 事件需要一種複雜的解決途徑：要有效結合既存行政結構及策略能力，即所謂突發事件協調途徑（contingent coordination app-roach.）。」Kettl 指出：「911 事件當天美國國防部所在地阿靈頓郡的協調工作會議是都會地區應該仿效的楷模，該郡緊急救難局（emergency services）領導者在事件前既奠定成功基石，那批堅強優異的官員們，經年累月爲因應危機作準備演練，讓他們當天早上面對現場問題擁有各種解決方案。」

泰坦系統公司（Titan Systems Corporation）（2002：10）對阿靈頓郡 911 事件災後研究報告呼應 Kettl 的研究指出：「領導不是一天學成的，它是每天不斷學習（Leadership is not learned a day,it is learned every day.）」、「有效率的國土安全回應，需要合適的協調以應國土安全問題的特殊屬性，事實上這些問題是極少以慣常方式出現，每次意外都要符合出現時，即刻作出特殊的回應。」各級管理者及決策制定者要設計出有效率的服務體制，能夠快速回應廣泛的威脅與問題。在不同層級政府、機關、公務員之間的協力（collaboration），以因應可能很少或絕不會重複發生的重大問題。這些國土安全問題是連串又零容忍錯誤的屬性，要處理這些問題涉及以新穎又創新的公共管理途徑。這些途徑堅持要植基於延續美國的民主制度，同時又要因應轉換又不可預期的國土安全的管理問

[386] Simon, Herbert A.,1997, *Administrative Behavior*. 4th ed. New York: Macmillan pp.51-53

題。

綜前結合實務與理論論析，建構本土化跨域協力領導的組織架構及其領導者培訓恐非一蹴可幾。跨域管理人才的培訓及其領導者應具備敏銳觀察力、判斷力、執行力等特質的養成；協力組織工作團隊成員的默契與配合，仰賴平時操演與修正，每個環節決定因應緊急事件的成敗。

四、預算資源

（一）預算

「預算就是透過政治過程來配置有限的資源……，預算處於政治過程的中心。」（徐仁輝，1999：331）

「預算資源」相關論述見諸不同的學科著作，因爲「預算資源」左右各種研發創新的基礎工程，更是決定跨域協力治理成敗的關鍵因素。經濟學家強調「個人利益的極大化」，在社會學家的眼中是「不可能的神話」，認爲那是對現實社會環境缺乏瞭解。個人的偏好通常受制於現實制度環境，社會學家認爲理性的建構還是要鑲嵌於現實制度環境。公私部門的跨域協力成敗受制於資源取得的難易程度及作出行動抉擇的成本耗費。如何作出最佳政策抉擇，預算的有效配置是決策基礎，左右政策績效的展現。

資源與人類社會經濟發展緊密關聯，跨域行政是有效運作各種主客觀資源要素的總稱。「資源是在一定歷史條件下……被人類開發利用的，以提高自己生活福利水平……具有某種稀缺性……，在一定的條件和一定時期內是有限的。」（孫保平、杜啓貴，2000：3-5）「各機關任何的政策與計畫，皆涉及財務問題，就預算而言，各機關的政策與計畫之推動，皆與財政管理密切相關。」（徐仁輝，2000：1-23）

根據 Rhodes 以「交易成本」理論（transaction cost theory）觀察英國中央與地方政府關係，研究發現的確有資源交換的結構性關係。在政策網絡的決策過程是參與者彼此交換資源：包括權責、資金、資訊、組織、合法性（legitimacy）等要素（Rhodes 1988：110-116）。論者認爲：「公部門與私部門彼此需要對方知識、專業及其他行動參與者的力量，挾其對預算的挹注產生互惠關係，進而發展爲穩定策略性政策網絡關係。」

（二）資源互賴理論

Jeffery Pfeffer and Gerald Salancik 在 1978 年提出「資源依賴論」（resource dependence theory），指涉組織能否進行垂直整合建構跨組織關係、有膽識的領導團隊以及外部的政治生態等面向，都會影響組織對資源的依賴。兩位學者強調權力與資源依賴有正相關；資源是權力的根本；組織所仰賴的資源經常掌握在其他組織手中；合法獨立組織彼此的依賴是一種常態（Pfeffer and Salancik 2003：106-112）。

爭取最大的預算資源是組織爲維繫生存發展，最重要的任務。預算資源同時象徵權限範圍的重要憑藉和對外具有政治上的宣示意義，任何機關首長上任第一件最關切的事就是擁有多少預算資源。透過立法程序，賦予機關的預算資源，對機關首長而言，象徵「權力」與「義務」。沒有預算資源一切最佳施政理念，只是空中樓閣，淪於政治口號無法兌現的芭樂票。

（三）預算、資源兩者缺一不可

預算是循法定程序獲取的經費；資源是除法定預算之外，各種可用之軟硬資源包括人力、裝備。預算資源是推動施政計畫的根本。推動 NNITP 計畫的預算來源是法定編列的外配基金，它是特種基金性質。內政部、教育部毋須逐年向立法院爭取預算。除了有固定經費來源，學校的既有硬體設備以及人力資源更是必備要件，預算、資源兩者缺一不可。人力、學校軟硬體更是最大的資源，預算更是整個 NNITP 的靈魂糧食。預算、資源的配置是跨域治理過程的核心工程：不同行政組織機關之職掌，依組織理論在設計規劃時，會讓箇中職權以不同稱謂，分置不同機關。旨在讓機關間產生既競爭又合作的依存關係。現況下的行政機關，行政運作能否如組織理論所擬訂，產生競合關係。恐非組織理論家的規劃、設計所能控制。因爲影響因素涵括組織內部及外部環境的掣肘干擾。當中組織領導者居重要角色，外部因素包括政治勢力、利益團體的侵擾，或多或少都會左右跨域協力/治理的進展或成效。公部門的協力參與者依官僚運作有其行政運作的可預期性。至於非公部門的協力參與者，最大的公約數是參與跨域協力過程有多大的利益獲取、資源分享的多寡。甚至在資源取得的過程中，協力參與者有無決策參與權，都會影響資源及利益的分享。

（四）發掘潛在資源

發掘基層重點學校行政團隊及其周邊社群、公眾的內在資源；NNITP 重點學校校長領導下的行政團隊，如何運用有限預算是團隊智慧，但跨域協力講究的不是單一部門去面對問題，還要結合地區的各項資源包括地區意見領袖、志工團體、NGO、NPO、公民及新住民等等，跨不同組織人力、物力的資源，共同參與 NNITP。火炬計畫成功運用社區各種資源的重點學校，包括澎湖、台東、花蓮、高雄、台南、新北市、嘉義市。訪視過程發掘有創意又有實際功效的作法，提供對新住民的關懷及其子女在教育的輔導和協助，故事被移民署彙編專冊。受訪者（A2）提出如次的描述：

……「火炬金三角」這件事情，金三角第一個就是學校，第二個就是各縣市移民署服務站，第三個 NGO，你知道嗎？我到澎湖去看到一個多美的畫面，我去訪視，執行成果報告的是誰？你知道嗎？是 NGO 的一個團體，……太好了！學校還有原住民還有特殊兒童，還有家長會還有一般的學生，我們學校做的東西是琳瑯滿目……，我學校的學生族群是很多種，你新住民只是其中一種，原住民也是其中的一種，我校長又不會講原住民話，你叫我推原住民教育我怎麼辦？沒有關係，我校長不會，就像說教練不一定要是選手，但是他會去找各種資源來訓練學生……。

跨域協力不是鼓勵行動參與者仰賴其他組織成員伸出援手，而是突破傳統思維，自立自強。資源就在組織內部或者鄰近的社區、組織，善用或誘導鄰近的人力資源，共同參與 NNITP 計畫是最能降低行政成本的作法。跨域協力第一步在鼓舞組織內部人力的投入，從中找出可用人力資源，共同協力。跨域協力的推動不是光靠人力資源，還要有法定的「預算」。預算維繫人力資源於不衰不竭，預算是維持組織生存的重要關鍵。NNITP 火炬計畫工作團隊，整合重點學校軟、硬體資源成爲跨部門的協力治理最佳典範，內政部、教育部兩部的工作團隊共同爲公共行政界建構跨域協力/治理組織架構及其有限資源的運作管理，立下公私部門跨域行政最佳的標竿及風範。

五、組織隸屬、順服

官僚體系水平組織除上級的行政指揮領導，在組織行政支援互不依存時，平行互動除有建制性、常規性的跨部門合作協議，推動跨域協力橫向互動不易，原因有下列幾項：橫向科層官僚體制（hierarchical bureaucracy）組織不相隸屬沒有順服機制；推動施政計畫所需預算資源，彼此欠缺互賴關係；在官僚體系組織文化作祟下，兩者組織層級不對稱頻生溝通困難及順服困境（如縣市政府一級單位/中央四級單位）；協力成員各擁權限範圍自重，難有交換互動誘因；跨域協力機制欠缺法制化，致使互動橋梁、常態或非制式的協力運作機制無法建構。

第三章　官僚體系

官僚體系對跨域協力的整置建構，影響力及重要性更甚於上世紀九十年代。根據 Sullivan（2002）研究指出：「協力整置（arrangement）一直是政府施政的特徵，只是今天更盛於往昔。」[387]肇因於社會問題棘手，涉及多機關權限，單一機關、部門無力自行解決，必須仰賴其他機關的人力、資源、預算。

一、官僚體系、跨域協力

（一）官僚重責

Agranoff（2006）在《管理網絡：對公共組織的增值》[388]提出「協力式網絡」。認爲公共管理者（public managers）有十項重要工作，其中一項是管理者持續在「官僚體系」進行公共行政領域的大部分工作。他運用組織傳統模式來強調協力的途徑是立基於「科層體制」的協調及嚴格的指揮體系，管理協力範圍內的各個分散組織機構。Agranoff 進一步強調：「單一主管掌控多層次的協力，這個單一集權化的組織行動是由首要的協調者主理協力活動，其背後支撐力量源自官僚體系的授權。」從官僚體系踏進跨域協力是跨域行政發揮效率、效能的最佳捷徑。

Kettl 針對 Wilson 在「行政的研究」一文，提出批判：「在某些層面或方法上，要展現有效率及負責任的行政，政策的制定與執行是要劃清範圍的。最主要原因：不是每個人都能做每件事。因之建構能力去執行不同的事，無可避免的方法是設定『範圍』，像區別州議員與州長的責任，總統的管轄範圍與部會首長的責任等等。沒有『範圍』是完備或完全穩定的。但在某些方面沒有『管轄範圍』是無法行動的。每種權限圍範都是可滲透的、可變動的（permeable and movable），具備『彈性而不致

387 Sullivan, Helen. & Chris Skelcher., 2002, *Working Across Boundaries: Collaboration in Public Services*, Palgrave Macmillan.p.20.

388 Agranoff, Robert., 2007, *Managing within Networks: Adding Value to Public Organizations*. Washington, DC: Georgetown University Press. *Ch. 2. pp.23-33.*

破損』(bend-without-breaking)的權限範圍……，設定權限範圍的挑戰在提昇行政效率又兼顧行政效能，而不致威脅到行政的課責及其回應性。」曲而不折的傳統，歷經四十多任總統成爲美國政府的慣例，到了2020年底總統大選當選人底定，川普仍以其他煸詞妖惑，挑戰司法、否定選舉結果、無視疫情嚴峻，讓美國官僚體制幾近破損。眼見國家分裂在即，總統當選人拜登急呼要 Healing American。但拜登近一年的整置，受限於憲法聯邦體制，防疫配載口罩令跨不過佛州、德州政府的權限範圍，似乎推翻前述可滲透的、可變動的權限範圍，遑論推動其他全國性振興經濟方案？

（二）資源配置

「官僚體制」是一種「政治性配置」(political arrangement)，爲達成政策目標將中央與地方政府所涉及的行政、社會、政治、經濟、教育、交通、文化組織等資源，透過立法程序進行法制化的配置。在跨域協力/治理的領域上，此種體制蘊涵諸多範疇。在協力治理的領域是行動參與者「分享權力」(sharing power)的夥伴關係。夥伴關係不再侷限於中央與地方政府的上下關係，也是地方與地方政府的府際水平關係，更是公部門與私部門組織、志工團體的夥伴關係。透過協力誘因結構(incentives structure)，提供協力參與者所欠缺的資源，降低交易成本，達成協力共同目標。協力程序有幾項重點：其一、協力部門主事者面對面的溝通，達成協力共識、目標、協議；其二、原本組織的權限範圍略作必要調整及資源再配置，對組織成員清晰宣達跨部門協力在資源及成本的減損，相對促進共同利益，激勵同仁共赴前階段達成的默契與溝通成果。

研究 NNITP 發現：跨公部門部會間協力的波折與困境根源是跨域權限範圍的橋梁建構不易，協力參與者固守權限範圍無法分享權力、資源，奢談跨部門協力效益。跨域橋梁的建構最困難的工作，是由組織、部門主管首長親上第一線進行跨部門的溝通；組織首長是領頭羊，不同的部門進行協力治理，首重首長們的溝通協調並帶頭宣示。有了共同的認知(cognition)、承諾。後續責由副首長領頭的工作團隊，對政策規劃的細節進行洽商、協調。當官僚跳入跨域協力，以其掌控的資源、預算，始正式啓動跨域行政的樞紐。

二、協力命令

（一）NNITP 是協力命令

2012 年 3 月內政部與教育部爲 NNITP（推動「全國新住民火炬計畫」）會銜以內政部台內移字第 1010933482 號及教育部臺國（一）字第 1010156442B 號函，通函全國各層級機關，直轄市、縣市政府、各地區重點學校。此項通函即是「協力命令」（collaborative mandate），爲跨公部門的協力治理取得法源，發揮協力治理運作功效。

美國學者 O'Toole（1997：45-52）針對實務界與學界對網絡議題的研究指出：「學界有助於實務管理者克服網絡處境的論述，委實不多。……網絡是多元組織或成員間相互依存的結構；不再是科層組織（hierarchical arrangement）的下屬單位。」公私部門跨域協力，各擁資源的參與者要發揮即時預期協力綜效，各階段績效評估各有其規劃水平要兌現，不容計劃結束再行評估，亦即過程評估，藉以對方案的再調整、修正，績效嚴緊管控。從 NNITP 得知網絡的成員是多元化，其成員之間的關係屬於資源相互依存的結構爲主。未如 O'Toole 的預期，擺脫官僚體系進行協力治理。從跨部門的協議（或協力命令）的達成及其發布，都是循著官僚體系，從上而下的指揮命令模式在運作。官僚的活力處處活躍在各組織層次。未來能否如 O'Toole 所言：「制度化後凝結的網絡，會緊繫著權責約定（authority bonds）、交換關係（exchange relations）及基於共同利益，歸納爲『單一多元體結構』（single multiunit structure）的聯盟。」論者認爲 NNITP 屬短程「制度化的單一多元體結構」，有利於政策方案推動。後續「制度化多元體協力結構」的出現，有賴公共管理者及學界共同努力克服跨域協力重重限制、規範，有利於私部門參與跨域協力，交換各種資源，襄助公共利益的達成。

（二）協力正當性

憲法第 144 條規定，國家管制市場的手段很多，包括：收歸國營、自由競爭、私有財產權、經濟干預及透過立法手段進行民營化。受到新公共行政的倡議，政府瘦身、外包是公共行政提昇服務品質及節省公共行政成本的趨勢。透過立法許可，私經濟主體參與人民生活照顧提供穩定的合理費用，具有憲法的正當性。因之公私協力方便私部門提供私經濟知識技能，在既有的憲政秩序是可以容許的（辛年豐 2014：227-242）。

（三）協力決策參與

協力決策的參與以專業性、技術性爲優先。Sullivan et al（2002：32-34）對英國的協力夥伴研究指出：「官僚比政治人物對協力決策扮演更重要的角色；策略夥伴的角色同被置於政策發展與執行的核心。」此乃學者研究統計之建言。「協力」是處理自然及科技災害、人爲災難以及恐怖事件後果的必要基礎。當緊急災難事件擴大，涉入成員變多，屆時統一命令被創設。但決策的參與，在較大緊急事件上是被限制的。非專業性或非學術專業的參與者，很難找到合適的參與管道（William L.Waugh Jr.& Gregory Streib, 2006：131-140）。[389]傳統官僚對公眾參與決策，一向是傲慢、自信、不相信；未來公民參與決策的制度化仍待手耕耘。

（四）官僚體系優勢

公私協力參與者的標的心態各異，但官僚體系優勢雄厚擁有獨特資源，私部門難以割捨只能仰合。官僚體系的優勢特徵包括：官僚是全職、領薪俸、依功績及技藝被任命的終生職管理者；官僚依科層設置並遵守法律及紀律。「官僚體系擁有諸多優勢包括效率、可預測性、可信賴性、紀律嚴明。」（Weber 1964）。今天官僚體系依舊深受 Weber 學派理論的影響，保有諸多優勢，但仍不脫揮之不去的弱勢，其中受到批判的是缺乏「公眾參與」的理念。理想型的官僚體系與眞實世界的組織結構是有差異的，這點毋庸置疑。

官僚體系在 21 世紀依然活力十足，至少不會因政黨輪替而消失，官僚有它存在的價值，官僚組織結構更是行政運作的支柱棟梁。COVID-19 疫情嚴峻威脅人類生存，各國政府在官僚體系的專業技術監控、指揮，發揮有效監控阻卻、減緩擴散功效，我國政府績效卓著爲世人肯認。以川普總統的「美國優先」仍需仰仗白官幕僚（含國防將領）及行政官僚體系爲奧援，因爲官僚的專業無法取代，乃多年浸潤洗煉的卓越人才。社會問題愈棘手難料下，公眾參與或監督機制，試圖跨越官僚結構以全面「協力網絡」來取代，依公私職場超過四十年閱歷持保留心態，近期恐難如學界所期跨越整合公私資源遂行公民參與公共政策制定。

---

389 Waugh Jr.,William L. & Gregory Streib, 2006, "Collaboration and Leadership for Effective Emergency Management", *Effective Emergency Management*, pp.131-140.

鑑於當前官僚體系在人力招募、培訓體系、年金改革、政黨政治的介入，官僚心力交瘁疲憊苛存心態，難有昔日的雄心鬥志，冀望是一時疲態。

三、官僚體系是跨域槓桿

（一）官僚體系的槓桿效益

「官僚體系」在協力網絡而言是無法脫離的關鍵夥伴，也是公、私部門協力的天平槓桿。官僚體系的槓桿作用（leverage）發揮協力價值、維護資源及互賴關係。Agranoff（2006：56-65）指陳協力網絡不會取代官僚體系：協力網絡只有在最大邊際效用下，始能略調政府的管轄權限，但絕不會取代官僚體系。公務機關在網絡的決策權限受到限制，但是難以被排擠到網絡以外。在處理惱人的政策及計畫問題時，公務機關卻能增添協力治理的公共價值。

（二）資源相互依存

英國 Rhodes 在《瞭解治理》一書，闡述公私組織協力活動是「資源相互依存關係」（resource interdependency）。為執行公共服務政策所形成的「政策網絡」（policy network），再進展為「權力互賴」（power interdependency）關係，中央與地方政府透過權力互賴形成「府際治理」（intergovernmental governance）關係（Rhodes, 1997：10-162）。Rhodes 從政策網絡理論探討府際的權力互動關係，採取制度論的研究途徑，剖析「治理」在英國中央與地方政府各層次的問題。Kettl（2003：253-277）在研究 911 事件指出，協力組織因應緊急災難事件時，要運用「權變協調」（contingent coordination）而不用「權變協力」（contingent collaboration）。因為參與者都是美國聯邦機關官僚體制為主，各擁雄厚財政、資源。

四、官僚體系待甦醒

（一）官僚已死？

Paul du Gay（2005：1-15）在編著《官僚體系的價值》（*The Values of Bureaucracy*）一書宣稱：「官僚未死！它有不可取代的功能。」同書另一作者 Goodsell（2005：17-40）強調：「政府官僚結構是治理的重要單位，不容忽視且不可或缺的，在治理過程官僚展現的效率與效能、專業、可靠性，對反官僚的批判者是有力的反駁。」國內學者為官僚辯護之立論不一，陳敦源（2002）《民主與官僚》一書，係從新制度論觀點，為官僚存在的價值有嶄新的褒貶。

回顧 2002 年 Donald F. Kettl 在《治理的轉換：21 世紀美國公共行政》一書述說美國「官僚權力」在民主共和體制延續性問題的解決之道。他褒貶美國國會行政權力的拳頭強大到可以直接威脅到個人的自由。Kettl 細述 Hamiltonians 相信強大的行政權可促進商業貿易；Jeffersonians 強力主張限制政府的權力；Madisonians 致力政治力量的均衡；Wilsonians 藉助政治課責調和行政強權。[390]四派學者立論殊異，反對官僚的學派其背後擔心的是「官僚權力」（bureaucratic power）的強大威脅民主自由。

川普為競選總統連任，要求烏克蘭總統調查政敵，藉此影響 2020 年大選實屬濫權。行為曝光後，公然抗拒國會調查，妨礙國會行使憲法賦予的監督權，違反守護美國的分權原則。2019 年 12 月 12,13 日引起紐約時報、華盛頓郵報洛杉磯時報等十幾家全國重大媒體，紛紛發表社論支持彈劾川普，紐約時報社論標題直接呼籲「彈劾他」。[391]美國憲政採行行政、立法、司法三權分立；所謂「官僚權力」本文意指白宮總統掌控的「行政權」；「官僚體系」指常任文官與政務官在內之行政組織體制。美國的「行政權」與「官僚體系」兩者運作有別，不容混淆。

（二）官僚睡夢中？

Gay（2005）所言「官僚未死！」應屬至理與事實（reality），但邁入 21 世紀經過近二十年的政經大動盪與天災浩劫，官僚體系應盡的責任

---

390 Kettl, Donald F., 2002, *Thre Transformation of Governance: Public Administration for Twenty-First Century America.* The John Hopkins University Press, p. 118.

391 聯合報，2019 年 12 月 17 日，「美媒串聯發社論 力挺彈劾川普」，國際版：A8。

（responsibilities）及課責（accountabilities），不論國內外政治平台都與世人期待愈走愈遠，只得大力發聲：「官僚雖未死，但仍在睡夢中！」但有膽識官僚依舊會擔任白宮腐敗的吹哨者（whistler），把川普女婿「Jared Kushner Fan Club」內情透過諸媒體公諸於世，企圖喚醒美國人良知。[392]本土「遮羞布」的「鐵衛部隊」結訓閱兵的夢幻隊形，官僚似未甦醒。

（三）官僚與協力結構

「社會科學的行動與結構論爭中，一直在尋求權變性的權力結構」（史美強，2005：44）。「協力參與者在官僚體制下為了自身組織權益，難脫自利行為，端視協力監督系統的力道大小。協力命令在官僚體制下展現活力，凝聚公、私部門的專業、技能、資源於共同目標。基於專業要求，對參與協力無形之中形成篩選機制和屏障（Waugh Jr.2006）。官僚體制可能會帶來好的政府管理，但實際上會導致政府責任的弱化、誤導。

根據人類理性未盡完美，公共政策及公共組織結構同樣都在採取漸進調適，但重視官僚體系結構的重要性，其基本理念依舊受到 Kettl、陳敦源（2002）；、Goodsell、史美強（2005）、Waugh Jr.（2006）等中外學者的重視著墨。官僚體系在因應多樣性變遷的 21 世紀，誠如 John Kay 所言「極端不確定性」（radical uncertainty），可能動則得咎丑態百出，但其動能依存，只是未充分甦醒。協力結構或許在多樣性激勵下，容有盡心盡力之處，但別期待太深，協力結構不是萬靈丹。

反觀今日「協力」的重要性一再被強調，改善協力及提昇其價值的建議也不斷被提出。新領導策略被建議，導致以強制性的觀點進行權力轉換，而不是從官僚體制、或標準作業程序進行不同組織協力。公、私協力網絡的成員，不容輕忽依然注重私利、忽略公益的協力弔詭。官僚體系的協力成員處在協力命令下，根據制度論（institutionalism）的看法：制度成員的行動能量依舊保存著，人類文明才會有所突破及創新。

（四）協力百態

在協力命令下推動公共政策，即使有充裕經費作後盾，在過程中彌足珍貴的是「時間」。「時間」與「預算」兩者是協力方案的雙胞胎，互動互賴又緊密依存，協力成員共同掌控時程進展才能讓有限預算，在呈現績效後衣錦還鄉光耀門庭。誠如陳敦源所言：「不能跨，就不必誇

[392] Brian Bennett, Jan. 27, 2020, “Family Matters”, *TIME,* pp.26-33.

了！」

推動 NNITP 計畫的工作有其時間性，執行過程難免有其他單位的干涉或不解（諸如會計部門對帳目核銷），都釀成承辦重點學校士氣低迷，各層次的督導人員莫不以加倍的精力，遂行解說或釋疑，讓協力團隊再行上路。Thomson（2001）強調：「增加信賴可減少組織自主權的限制效應；增加信賴可觸動共同的利益的擴張；相互關係可激勵增益承諾；啓動對新治理的管理支持。協力過程是很脆弱的，因爲自私作祟。」Ostrom（1998：9）寫到：「因爲個人有限理性無法算計出所面對的各種狀況的完整策略。」（They do not calculate a complete set of strategies for every situation they face）道出協力的不周全。[393]Thomson（2007）認爲：「每種情況需要不同的均衡，在過程中要讓五種面向達成最適的調和。時效上，要重視過程的脆弱性，關注五種面向無法確保協力會有積極表現，但上述行動會提高協力發生的可能性。」協力在官僚體系支撐下，其成長緩慢但韌性可期。

五、官僚、公民參與

（一）公民參與降低行政成本

Bingham, O' Leary, and Carlson（2008）認爲「協力公共管理不但應該包含參與協力的兩個或以上組織，而且要納入公眾（public）與公民（citizens）的角色於治理……，在資訊時代已大大降低協力的交易成本及提昇它的運用。」Axelrod（1997）；Ostrom（1998）；Powell（1990）強調：「互惠行動是集體行動的成功關鍵。」Ostrom（1998）：「信任（trust）是協力的核心要素。因爲它比任何形式的組織，減少複雜性與交易成本。」Olson 等學者則認爲：「集體行動的參與者是自願性的，協力成員付出的邊際成本超過邊際利益，就會停止參與協力。」關鍵在協力團隊的領導者，以及協力參與者各自利益的達成與否？

根據 Coase Theorem（1960）：「交易成本夠低，理性的團體會達成 Pareto-efficient（巴瑞圖效率：有些人獲益，但沒有人受損的分配方式；劣勢者利益最大化），透過自願性的協商來達成。要降低交易成本有五種

[393] Ostrom, Elinor., 1998, A Behavioral Approach to the Rational Choice Theory of Collective Action. *American Political Science Review*. 92(1):9.

資源（面向）要最低化：協商、資訊、代理人、分工、執行等成本（bargaining, information, agency, division, enforcement.）要最低化。」協力成員利益最大化是成就協力夢境的動力與驅力。以官僚體系爲骨幹的協力，行政成本的降低來自五種資源的交易成本。

（二）公共利益與 ILAs

基於公共利益或交易成本達成跨地方政府協議（Inter-Local Agreements, ILAs）是社會交換網絡的交換關係（exchange relations）。跨地區協議（ILAs）的參與，立基於地方政府的自利行爲，但不排除爲降低交易成本的考量。提供參與平台與否，取決於跨域協力領導者，對公共政策推動執行過程的交易成本的認知程度。民主政治的公共政策，欠缺「公民參與」管道或平台，公共政策無法被公眾認同，後續的行政成本會更高，也因爲沒有公民參與，引起國會議員的憂慮，刪減預算甚至封殺政策議題。政府對萊豬先宣示開放政策，民意代表、公民、公眾有感於萊克巴胺毒性（教育部禁止學校午餐採購，可證其毒性）群起示威。

（三）夥伴關係

Ostrom（1990）認爲：「小而穩定的網絡群族，在其他情況均相同下，愈有成功的可能。」網絡是否有長期「願景觀點」，以及在網絡陣列中的「信任」程度，對公共管理者進行跨域協力都有直接的關連。NNITP 計畫致力建構「夥伴關係」。他們整合學區特性、家長及社區資源等方式進行，不但在校區周邊，甚至擴張到鄰近學校，成爲建構跨校際資源整合是非常成功的網絡群族學習案例，有相當成果。提供參與平台與否，取決於跨域協力領導者，對交易成本的認知程度。前述重要變項包括：「虛擬團隊」、「資訊科技」、「參與平台」、「工作團隊」、「公民參與」、「信任」、「專業能力」、「負責態度」等各變項在不同情境，各有不同的互動及相互依存的影響力。Cooper et al.（2008：211-229）針對加州 LA 地區的行動研究，指出協力計畫的推動，要留意政治因素的影響力道，尤其是民選首長的更迭時刻，會是重要關卡。這符合「人存政舉、人亡政息」古訓。

（四）政策執行，政府不是唯一

「在地方治理面向，目前雖已邁入公共治理（public governance）年代，但整體的治理過程，缺乏公民參與，政府仍扮演最重要的角色。」（柯志昌，2014）[394]論者對 NNITP 的研究訪視南北、離島縣市，各地方政府對公民參與咸表重視，參與機制容有形式主義，例如提供網絡窗口即自稱提供公民參與。實質的公民參與管道有限，要化政治口號爲實質的公民參與仍有改善空間。針對重點學校深入實地訪視、訪問發現：跨域協力/治理，政府官僚體系依舊扮演重要角色，印證柯志昌（2014）的論述。

地方政府財政拮据，透過外配基金的資金挹注，內、教兩部在推動 NNITP 計畫的過程，「公民參與」的落實，偏重在地方基層。訪視連續二年承接 NNITP 計畫的花蓮東竹國小、高雄港和國小在校長及承辦主任，共同戮力耕耘下，吸納地方的意見領袖、地方人士的參與著有績效。研究發現 NNITP「重點學校」是跨域協力/治理的理論及實務的結合者，跨域協力工作是在最基層的重點學校落實生根。學術界及實務界對公民參與決策制定容或好高鶩遠，可改弦更張配合地方政策的推動；讓公民參與從基層的政策推動執行開始起步。NNITP 計畫承辦的移民署逐年改善公民參與，可從不同的個人、志工、社工、專業團體熱烈參與各種活動可見一斑。

（五）政策制定與公民參與

NNITP 計畫中央推動委員會是決策層次，未納入最具直接利害關係人-新住民身分的參與是最大缺憾。在新住民家庭訪視發現，公民參與有些地區重點學校已擴大至社區、志工、地方社團組織的關懷行動，擴大跨域協力參與者的成員，成爲地方公民實質參與。公共管理已向前邁入協力治理（collaborative governance），政策執行層次已有公民參與，NGO、NPO 等組織，這些都是 NNITP 計畫執行的實質參與者，只是角色分量不同而已。至於要提昇公民參與爲決策層次，仍有很大努力空間。

Agranoff（2001：671-681）強調：「協力決策的制訂既使提供參與管道，但協力參與者未必都具備專業性、技術性，個個有充足條件參與決策，跨府際管理象徵有限能見度及不確定成熟度（Intergovernmental management means limited visibility and uncertain maturity.）。」論者不否定 Agranoff 的專業性、技術性論述，因爲協力的建構在解決單一組織無法獨

---

394 柯志昌，2014，《地方治理思維與政策工具之研究》，韋伯，頁 123-142。

自解決的社會問題，仰仗其他部門組織、私部門提供專業技能及資源，參與者能否具備必要條件，才能成就共同任務提供顯眼績效與成果，待有志者深入追蹤。

六、政策執行跨官僚體系

政府基於國家戰略考量，逕行宣布自 2021 年起進口萊豬。從公共政策執行層次，中央各項社會政策無一不牽扯官僚體系各層級組織，循立法程序取得程序正義固爲正道，但行政部門基於國家安全或利益考量，越過正義、公平門檻，執意推行決策者不乏前例，但行政成本會高於預期；私人、私人企業、社群組織同樣藉助各種工具，公然抗拒政策的執行。上層官僚體系的政策執行責無旁貸，基層官僚如何順服上層，又能「民之所欲，常在我心」，化解部分民怨，其實對策並非絕無。上有政策下有對策，不是嗎？

（一）政策執行與漸進調適科學

Lindblom（1959）：「公共政策是漸進調適科學（the science of muddling through）。」闡釋提供公共服務的公共政策在推動過程，會受到內、外因素的影響調整政策；研究發現推動 NNITP 計畫的「組織架構」也會一併作修正。調研中印證公共政策的演化是與時俱進的，NNITP 計畫爲期三年，主管機關在計畫的推動過程，從組織架構圖的修正、調整看出，配合政策執行作出不同的回應與修整。

（二）跨組織參與者互動關係

NNITP 計畫屬跨公部門、私部門、民間團體的公共政策。NNITP 計畫在中央設置推動委員會，成員包括公部門中央內政部及教育部兩個部門、各直轄市暨各縣（市）政府、NGO 等組織成員。成員類別：含行政部門、學者、教育界、NPO 等跨不同領域、不同類型的代表成員。NNITP 計畫設置「縣市督導小組」執行計畫監督，透過教育體系縣市教育局/處，對各地區重點學校的計畫執行進行督導。

圖：2012 年全國新住民火炬計畫組織架構

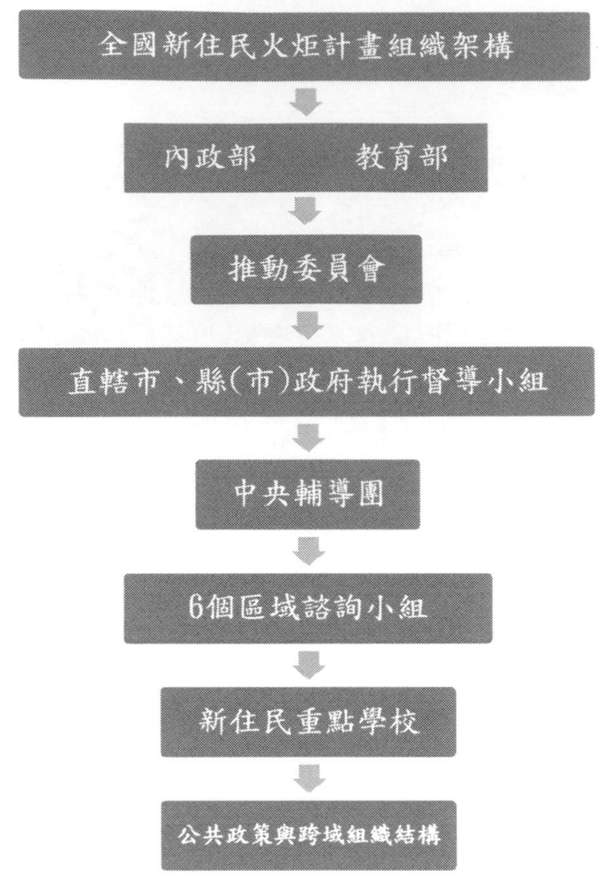

（三）跨區域工作諮詢小組

爲推動 NNITP 全國新住民火炬計畫將全國劃分爲六個區域，成立六大區域工作諮詢小組、小組成員是跨縣市。南北區域落差很大：例如高屏澎東區，高雄直轄市與屏東縣有相當大的落差，至於台東縣與澎湖縣各有該地區的特質，以縣市地理之鄰近作爲區域工作小組的分割準則，顯無法讓地方特質、差異性作出區隔。研究發現：對計畫的區域劃分，要考量地區的差異性。工作小組的總召集人、副總召集人的權責或獎勵須作區隔，才能鼓勵勇於任事的學校校長，行政人員擔任參與。

協力參與者的不確定論係美國學者強調協力組織成員容許自由進出的觀點。在公部門爲解決社會問題，所建構的協力網絡已逐漸發展成「協力參與者不確定論」(indeterminacy)。在協力過程，誠如 Aldrich 所言是組織演化（organizations evolving）的過程。在過程中各種不同的組織及其成員，要相互妥協、磨合。共同面對、解決社會棘手問題，是不容推辭或排斥的協力治理模式。

NNITP 計畫的協力結構，公部門組織在「協力命令」下，研究過程並未發現容許其自由進出協力組織的案例。但個人容有其他不克持續參與的因素，退出協力活動或會議，基於距離路程的遙遠者有之。

第四章　NNITP 跨域治理

「全國新住民火炬計畫」（NNITP）是政府推動跨域治理最成功案例之一，尤其在基層縣市、重點學校，以有限資源開啓跨域運作。帶動政、學兩界對「跨域行政」的信心以及仿效學習。

一、跨域組織結構

（一）組織結構權變理論

Donaldson（2001：5-30）[395]認為「協力組織能否發揮效率，取決於組織結構能否具備與時俱進調整的機制。因為內、外部環境隨時在變化，僵化的跨域組織結構很難有高效率的展現。」他的「組織權變理論」（The Contingency Theory of Organizations）道出組織所處的「內外環境、組織成員、組織策略」等三類權變事項，對研究組織結構演進生存是不容忽視的變項。影響組織結構內部變項尚有：公共課責，內、外部的敵對環境，領導者人格特質，國民人文素養等事項，影響官僚組織結構。

（二）NNITP 推動過程與權變理論

火炬計畫是政府提供服務照顧新住民的公共政策，推動三年期程的組織結構不斷演化（evolution）。從新北市民間基金會的鉅額捐獻發軔，公部門領導者高瞻遠矚的策勵，以及熱心學校校長們的投入共同參與治理。在台北縣周錫瑋前縣長任內有效運作地方善款，責請時任副市長李鴻源積極推動，受到輿情的重視好評。李鴻源膺任內政部長委請移民署署長謝立功承接，並承教育部應諾聯合發函推動 NNITP。業師謝立功率得力屬員團隊鼎力參與，在全國各重點學校力推，成效豐碩，成為本土照顧五十幾萬新住民進行跨越行政轄區最成功的案例。

[395] Donaldson, Lex., 2001, *The Contingency Theory of Organizations*, Sage Publications, Inc.UK. pp.5-30.

（三）公私部門倡議協力網絡

NNITP 政策議題的倡議是先下而上（down top），由民間捐助鉅資啓動的公共政策，加上前行政院游院長挹注外配基基金，再演化至 2012 年內政部、教育部聯合協力，推動三年期程 NNITP 火炬計畫到全國各重點學校。三年中程火炬計畫：從協力命令（collaborative mandating）演進為協力治理網絡（collaborative governance networks）：計畫推動的第一年，內政部、教育部分以行政命令強力要求列入計畫的重點學校配合推動；第二年起略作調整，以自願、勸導的方式，讓重點學校持續參與推動，或選擇退出跨域網絡（cross boundaries network）。參與者的演化進度達成 O'Toole（1997）初期協力網絡的模式，後續容許協力成員自由進出。

（四）東西文化的互動與學習

東西文化各異，建構的政治體制有別。其中政治制度、價值觀、文化因素對官僚體系的建構有不同的影響。以美國公共行政學者論述公共經理人（public manager）制度爲例，能否全盤適用於本土傳統官僚體制？必須透過周全的思考。美國民選首長對公共管理者採政治任命或契約聘用，任留繫於民選首長之一念。但現行本土的官僚體系常任文官之任留有嚴緊法制。

公共行政學界師承西方爲眾，尤其偏重美國學術思維，理論難於本土生根碩壯，至於開技葉茂於官僚體系不如期待，有重新斟酌的必要。我國文官體制有其歷史背景，在設計上有政務官與常任文官（或稱事務官）之分，常任文官任免陞遷退休撫卹都受到法律保障，文官體制的設計思維受制於東西文化、傳統思維、歷史傳承，東西官僚體制雖不能說截然不同，但確實讓西方行政管理理論，滯礙難行到無法驗證於本土行政實務。這說明法國學者 Alexis De Tocqueville 二百多年前在美國脫英獨立後，開國先賢們的不斷論析爭辯，開創美國三權分立的憲政體系。Tocqueville 的結論：「美國憲政結構不是模仿移植，而是長時間的演化（evolution）、學習與創新。」本土化跨域行政在傳承歷史的包袱重擔，更要權衡內外環境開創符應世代新局的組織結構。

（五）建構跨域治理基本考量

基於治理是一種過程的觀點。建構良善跨域組織結構基本考量有三：跨域治理組織結構（structure）、領導（leadership）、制度

（institution）。三者的建構不能忽略官僚體系的傳統及其人文包袱；且組織各層級領導者的領導特質不同，在多元性、多層次（multilevel）的跨域協力，對領導特質的要求內涵、條件都不一。

法制化跨域組織結構與制度要周全。所謂制度（institutions）即是社會結構的規則、角色、規範及期待，藉以限制個人、團體的選擇及行爲。

二、權變協調、協力

（一）緊急事件權變處理

政府緊急事件處理以權變協調取代權變協力，針對美國 Katrina 颶風災情研究發現，因爲參與應變的組織是聯邦機構，至於個人或非專業性組織毫無參與協力的管道；「協力命令」下的協力網絡有利於發揮權變管理，學者 Kettl 採行的用詞是「權變協調」（contingent coordination）而不是「權變協力」（contingency collaboration）。「協力網絡」（collaborative networks）是政策網絡的創新及修正，提供成員互動及互惠的嶄新概念，在處理緊急災難事件透過官僚體系的「協力命令」，更能快速因應治理需求。

NNITP 計畫係在協力命令（collaborative mandating）下，依計畫透過官僚體系、成員進行計畫性工作，進行計畫事項的「權變協調」，非因應緊急事件所需的權變協力。NNITP 係在官僚體制下運用有限資源，駕御公、私協力成員及資源，並讓協力參與者的各重點學校，各展所長爲共同目標貢獻心力。在「Do the right things, Do the things right.」的理念，實務界其實不會太在意進行中的會議是「權變協調」或「權變協力」。

（二）官僚體系是協力重要成員

美國學者 O'Toole（1997：45-52）針對網絡議題的研究指出：「學界有助於實務管理者克服網絡處境的論述，委實不多。」他認爲實務界把傳統理論不當運用在網絡上，且未吸納網絡概念在工作上。「網絡是多元組織或成員間相互依存的結構；不再是科層組織（hierarchical arrangement）的下屬單位。」網絡的成員是多元化，其成員之間的關係屬於資源相互依存的結構。針對 NNITP 個案的研究發現：我國在跨域協力網絡的進展，似未如 O'Toole 的預期，擺脫官僚體系進行協力治理，依舊受到官僚體系的庇祐。以 NNITP 計畫爲例，從跨部門的協議（或協力命令）的達成及其發布，都是循著官僚體系從上而下的模式在運作。官僚的活力處處活躍在各組織層次。

（三）型塑單一多元體結構

公私部門要型塑成單一多元體結構網絡聯盟，不爲官僚體系制約（至少資源、預算）爲時尚早。未來能否如 O'Toole 所言「制度化後凝結的網絡，會緊繫著權責約定（authority bonds）、交換關係（exchange relations），及基於共同利益歸納爲單一多元體結構（single multiunit structure）的聯盟。」則有待參與者、公共管理者及學界共同努力。這與柯志昌於 2014 年論述一致。

三、協力網絡

（一）上層網絡形式化

協力治理網絡仍不脫形式主義，從推動委員會組織成員欠缺新住民代表性爲證。針對 NNITP 計畫的推動，研究訪視南北、離島縣市，各地方政府對公民參與咸表重視，但參與機制容有形式化，例如提供網絡窗口即自稱提供公民參與。實質的公民參與管道有限，要化政治口號爲實質的公民參與仍有改善空間。同時發現，即使地方政府財政拮据，透過外配基金的資金挹注提供誘因，提昇配合意願，難說預算基金不無影響。協力治理網絡在基層地區落實又活絡，新住民親身參與活動貢獻心力層面多元，尤其介紹新住民的文化及才藝受到肯定。

（二）基層落實公民參與

內政部、教育部聯合致力推動 NNITP 的計畫過程，研究發現「公民參與」有本土化的落實績效。惟「公民參與」仍偏重在地方基層。訪視連續二年承接 NNITP 計畫的花蓮東竹國小、高雄港和國小在校長及承辦主任戮力耕耘下，吸納地方的意見領袖、地方人士的參與。重點學校是跨域協力/治理的理論及實務的結合者，跨域協力工作是在最基層的重點學校落實生根。以空污環團委員爲例，莫不專業性、技術性爲由，掌控在特定人士或團體手中，參與僅徒具形式意義，未落實公民參與的實質價值，屢見報上披載有見識有擔當之環委，不滿只參與會議，意見未被參採為由，怒辭環評委員一職。「公民參與決策制定」容或好高騖遠，可改弦更張配合地方政策的推動；讓公民參與基層的政策規劃、擬訂、規範制定等推動實務。在 NNITP 三年推動過程見證公民參與由形式化到落實的進化過程。NNITP 計畫承辦的移民署逐年改善公民參與，從不同的個人、志工、社工、專業團體、新住民熱列參與各種活動，包括新住民語言教材編輯成冊可見一斑。NNITP 計畫項目列有新住民家庭訪視，熱心地方公民、社團踐行「公民參與」的事跡，有些地區重點學校已擴大至社區、志工、地方社團組織的關懷行動，擴大跨域協力參與者的成員，成為地方公民實質參與。基層的公共管理已向前邁入協力治理（collaborative governance）。NNITP 政策執行層次已有公民參與實效，NGO、NPO 的出現屢見不鮮，只是角色分量不同而已。

在本土攸關公共利益的政策規劃，要提昇公民參與為決策層次，仍有很大努力空間。官僚體系的指揮命令，在跨域協力領域依舊活力十足，是跨域協力/治理重要活動內涵、主角。

四、資源有限性啟動公私協力

（一）跨決策協調會報

2016 年新政府執政團隊上任，在邁入第五個月後國家事務千頭萬緒，內、外情勢交相煎迫，民心浮躁不耐，反映在溜滑梯的民調滿意指數。執政者為力挽頹勢，扶住闍揆於不墮，親自在總統府於每週一召開「跨決策協調會報」，力求整合府院黨立委等決策核心領導群。

「跨決策協調會報」是國家領導者出面主持的跨公部門及執政黨領導團隊的會議。在前二任總統執政時期有類似的決策小組。地方制度法第 21 條規定：「直轄市、縣（市）、鄉（鎮、市）、自治事項如涉及跨直轄市、縣（市）、鄉（鎮、市）事務時，由共同上級業務主管機關統籌指揮各相關地方自治團體共同辦理，必要共同上級業務主管機關得指定其中一適當地方自治團體限期辦理。」同法第 24 條：「直轄市、縣（市）、鄉（鎮、市）與其他直轄市、縣（市）、鄉（鎮、市）合辦之事業，經有關直轄市議會、縣（市）議會、鄉（鎮、市）民代表會通過後，得設組織經營之。前項合辦事業涉及直轄市議會、縣（市）議會、鄉（鎮、市）民代表會職權事項者，得由有關直轄市議會、縣（市）議會、鄉（鎮、市）民代表會約定之議會或代表會決定之。」前述第 21 條、第 24 條指涉業務主官頂多上達院級，勞駕層峰親自主持「跨決策協調會報」，顯現事情大條又刻不容緩。

地制法之規定讓地方自治團體，可針對跨區域事務以共同處理或經營跨域之公用事業，提供跨域的公共服務。行政程序法第 135 條：「公法上法律關係得以契約設定、變更或消滅之。」同法第 19 條 1 款：「行政機關爲發揮共同一體之行政機能，應於其權限範圍內相互協助。」現行法制提供跨域決策法源，地方各有殊異性，法難鉅細靡遺逐一列述，跨域協調會議是官僚體系遂行跨域行政重要決策機制。

（二）資源是組織權力象徵

「資源」（resources）是第二種權限範圍。在沒有資源下，組織既不能建構能力，也不能貫徹組織的任務（Kettl，2006：14）。」政府推動 NNITP 計畫動用有限的「外配基金」，2012 年結餘款約 3 億多，區區餘額的有效運作依然廣受公眾認同及佳評。某受訪者雖非行政院屬的政策決策層級，但肯定內、教兩部共同協力推動計畫，照顧新住民及其子女，從百年樹人的觀點，本計畫不能等。

（三）預算是協力過程的核心

「預算是處於政治過程的中心」（徐仁輝，1999：331）。

爭取最大的預算資源是組織爲維繫生存發展，最重要的任務。預算資源同時象徵權限範圍的重要憑藉；資源對外具有政治宣示意義，任何機關首長上任第一件最關切的事就是擁有多少預算資源。透過立法程序，賦予機關的預算資源，對機關首長而言，象徵「權力」與「義務」。沒有預算資源一切最佳施政理念，只是空中樓閣，淪於政治口號無法兌現的芭樂票。2004 年行政院游院長頗俱視野設置「外籍配偶照顧基金」（本書簡稱外配基金），每年編列三億元嘉惠新住民的照顧及其子女的教育輔導。在新北市熱心公民領袖首先帶頭捐款輔助新住民的催化下，加上外配基金於 2012 年 NNITP 計畫啓動時尚結餘 3 億多元，兩者在時任新北市副縣長李鴻源善加運作下成爲推動 NNITP 計畫的重要甘泉。

決策者要有宏觀面，更需要實質的經費預算，因爲這是最最現實的資源。決策者有預算編列，才能執行計畫方案，如果沒有預算編列，只是未來期程的施政計畫，無須對空話寄以厚望，這政策等於零。

五、地方財政拮据

歷任政府一向掌控財政預算，地方政府總預算仰賴中央補貼程度從90%到 45%不等，決定補助/分配額度因素複雜，意識型態、政黨、立院委員強硬、財政結構貧富、新住民人數……等因素都會牽動影響外，尚包括下列：

（一）執政者願景

推動 NNITP 計畫時，各地方政府已屬財政拮据之境，仰賴中央政府外配基金照顧新住民及其子女。額外資源固定充沛，又有穩定的政策執行預算，提供照顧新住民，後續得以建構跨兩部的協力機制，預算資源的充沛及穩定，是執政者首要支持能量。

政黨輪替後 2011 年行政院陳沖前院長的膽識更是關鍵人物，只有院長下定的決策，才能有效聯繫跨兩個不同隸屬的公部門進行跨部會協力。至於後續協力的領導者，循行政體系的慣例也是重要貢獻；「有錢的聲音大，有權的力量大」，此乃合作協調的基本盤，公部門的協力，依然適用。

內政部、教育部兩部同時挹注資源及人力，成就 NNITP 功不可抹。首長遵循行政體例外配基金由內政部運作，責請移民署承接基金運作的秘書單位，內政部前部長李鴻源承襲在台北縣推動火炬計畫的理念，擴大推展到全國各地。

外配基金剩餘款，在移民署前署長謝立功秉持「尊重多元、欣賞差異」（Respectability for Diversity & Appreciation of Differences）施政理念，有效統疇預算及人力資源，全心全力投入 NNITP 計畫居功厥偉，承辦專委的細心規劃無人能替代。以有限的預算資源從中央跨部會到全國各縣市重點學校，成功推動跨域協力/治理，尚無前例可稽。

（二）地方財政拮据外配基金額外挹注

各級政府財政拮据多年且每下愈況。地方政府爲爭取預算大餅，總是尋找立足點卯足全力，有額外財源的挹注，推動 NNITP 計畫對民選首長更是施政績效錦上添花，地方首長只要略施關心配合推動，成果除嘉惠新住民及其縣民子女，連動的額外選票更屬美事一庄。一位身兼中央推動委員會委員及直轄市政府教育局重要資深官員受訪道出：「地方首長非常重視 NNITP 計畫的『經費』」；另位基層受訪者深深體會經費的重要性，視外配基金宛若甘泉。

這個（經費），幫助我們各縣市眞的很大：我也跟市長提過……，跟署長講，XX 市教育局眞的非常感謝，這一筆錢，市長、我們局長也都很感謝，因爲我們沒有錢，我們眞的編不出這種錢來幫助新住民，中央剛好有這個經費……，沒有經費空談理念，都不切實際，我說第一，經費一定要把握。」[396]

（三）預算是參與協力誘因

預算資源是地方政府參與公私協力的動機及誘因。跨域協力的促成，預算資源絕對是不容否認的關鍵因素，只是層級不同觀點略有差異罷。有位決策層次的受訪者（A14）坦述，協力的推動初始的預算資源是不可忽視的動機或誘因。

「在剛開始推動，也許你們想做，你們就自己去做，何必拉我下水，會有這個心態，最後爲了整個大前景，就是整個新住民，因爲教育是你的事情，那我今天淌這混水，我們是希望可以眞正來協助，這些婚姻移民家庭，內政部的主張大概就是這樣，我也知道你沒錢，我們這邊剛好有一點錢可以挪來用，所以大家就結合了，整個溝通細節……，事實是透過院會協調，然後跨部會合作。」

地方財政拮据不是新聞，一位曾是重點學校 NNITP 計畫承辦的受訪者，她的談話才讓人震驚：「地方財政拮据窘態已到老師墊錢辦事的困境。」外配基金之核撥係循官僚體系的會計制度逐層核轉經費，先撥發各縣市政府，由縣市教育局/處轉撥各重點學校。外配基金的核撥程序，連地區工作諮詢小組總召集人都有所誤解，遑論各重點學校承辦組室主管，因不解造成誤解，因誤解引起不必要的爭執，打消申辦熱誠，加上外配基金屬於特種基金，核定後的計畫項目不得任意變更擅改，造成重點學校在第一年執行過程，萌生退出不再申辦第二年計畫。[397]

[396] 許芳雄，2015，《跨域協力治理之研究：全國新住民火炬計畫案例分析》（博士論文），頁 144-147。

[397] 許芳雄，2015，《跨域協力治理之研究：全國新住民火炬計畫案例分析》（博士論文），頁 148-155。

六、公民參與協力治理

（一）資訊系統建構跨域協力平台

建構協力共同信念，資訊系統擔任重要角色。跨域領導者要建構跨域協力的「共同信念」，跨域協力資訊系統是最便捷有效的平台與機制。跨不同的領域、地區、專業、組織權限範圍，涉及跨域協力組織結構的設置，資訊科技足資跨越組織結構不良的訊息交換提昇溝通效率。因應跨域協力結構交易、溝通的不良，行政院毛前院長上任後舉辦閣員資訊講習班。2020 年成立抗疫指揮中心，相關部會對同一標的，未能採取一致說辭見解，頻生民眾誤解、不信任；在資訊科技加持下緊密互動協調，導正缺失，有效宣導政府施政理念；足資印證資訊科技跨部會的協力運作與貢獻；同時爆漏高階領導者在資訊科技跨部會的協力運作功效有待提昇補強。

（二）資訊科技與虛擬團隊

「資訊科技」提供跨域協力「虛擬團隊」組織運作功能。審之，2020 年前半年「抗疫指揮中心」的不同部會成員，發言錯迕頻生，顯見「資訊科技」尚未被跨域領導者所熟稔；同樣不被權責單位的領導者及跨域協力參與者所採信，以致無遠弗屆的「虛擬工作團隊」的建構，距理想境界尚有段距離要努力。Pipnack, Stamps（2000）強調：「『資訊科技』建構『虛擬團隊』，同時也提供跨越『權限範圍』的利器。」

因為資訊科技提供有效率、有價值的平台，成本低廉可迅速建構並高度實踐的途徑。資訊科技當前可以擔任便捷的溝通管道分享資訊，讓跨域協力的訊息更加透明、迅速。NNITP 計畫提供的資訊系統，偏向單向資料提報，雙向的回饋機制仍待加強。畢竟系統開發仍得假以時日及測試導正。

九合一選舉，讓當局有識之士驚覺婉君/網軍的威力，提供便捷參與的資訊系統，對協力參與成本可大幅度降低，協力網絡成員，不必個個親臨會議表述，提供論辯及執行績效的審核。NNITP 受訪者對資訊系統的便捷有更多期待，不限於各重點學校執行成果資料的彙報，可擴大跨域協力各項資源、人力資源訊息的交流及互動。參與協力的 NGO 代表（B13）對成果報表的填報同樣也有期待。（請參閱 334 附註）

2019 年總統大選、新冠肺炎病毒幾近併行；2020 年美國總統大選，川普無日無時掌控推文（Twitter），讓公眾直接與總統對話等諸情，打破歷來公眾與總統、市長候選人……，那種面對面的親臨感，牢牢扣住民心動向，世態翻轉掌控網絡平台（水），即可上下擺盪民情（舟）不爲人知；未來如何讓浪平舟穩，啓迪民智不爲假訊息（fakes）愚弄，恐得假以時日。

（三）公民參與政策規劃

理論上公民是初期政策規劃當然成員，實務上公共政策規劃公民徒列參與名單。某大學公行界 NNITP 受訪者認爲政府在制訂公共政策之初期，就應讓「公民參與」。公民參與的平台，以當下網路之普及，不但達到普及化，更深入各層級，關鍵在決策制定者有無膽識、遠見、包容心。決策者不能忽視公民參與的問題，公民的知識更不宜輕忽，因爲公民最瞭解當地問題。「資訊科技」有足夠能力提供「參與平台」。提供參與平台與否，取決於跨域協力領導者，對公共政策推動執行過程的交易成本的認知程度。官僚體系的資訊系統依舊偏向管理功能，且是單向的資料填報，尚難滿足雙向溝通及決策功能之冀望。民主政治的公共政策欠缺公民參與，改善資訊科技及軟硬體功能是不容逃避的問題。當今缺乏公民參與的公共政策，它是不完整的公共政策，後續的行政成本會更高，也因爲沒有公民參與，引起國會議員的憂慮，重者刪除預算封殺政策議題。學術界受訪者呼籲政府要重視公民對切身問題及在地的知識。

楊振宏（2013）認爲：「公民參與治理最主要功能在降低行政風險，對行政部門進行監督；對公共服務的決策提供公民最切身的體驗，降低決策風險。」Thomas（2013）認爲：公眾（public）對公共管理扮演三種角色：公民、顧客、夥伴。陳恒鈞（2010）指出：「我國在既有政治文化及決策模式，參與治理不像西方普遍。政府仍應開放管道讓公民參與決策，以改善公民對政策的共識、信賴度與正當性。」萊豬進口掀起全民對抗、疑慮，錯在決策者忽視「公民參與」。[398]Lipnack & Stamps（2000：162）強調：「工作團隊勝過單打獨鬥（All of Us Smarter than Any of Us.）。」[399]協力治理旨在團結眾力於一，共同解決面對的社會問題。

---

398 陳恒鈞，2010，〈參與治理是趨勢？或是迷思？〉，載於《公共治理：能力、民主、與行銷》，考試院編，頁 235-264。

399 Lipnack, Jessica. and Jeffrey Stamps., 2000, *Virtual Teams: People Working Across Boundaries with Techonology*. John Wiley & Sons, Inc. pp.161-186.

七、預算配置失衡、弱勢亟待照顧

（一）人口結構與政策失衡

人口結構變動快過國會的立法進度，釀成緩慢的政策調控失衡。臺灣族群的劃分比起北美或中國大陸相對單純，過去有四大族群之分，從上世紀八十年代解嚴後，經濟躍進、少子化及結婚年齡延後等因素，吸引大量新住民的入住。原來第四大族群的原住民，總人口數 2014 年底約 53 萬人，逐漸被 50 多萬的新住民逼近，新住民子女人數約 21 萬，兩者合計 71 萬多則遠超過原住民總人口數。

內政部統計顯示，新住民已經取得本國國籍及身分證的人口超過 65 萬人，即已超越臺灣原住民的人口 57 萬人（2019 年 11 月，高約 2.4%），為台灣第五大族群。[400]

原住民族受到「原住民族基本法」、「原住民族教育法」等法律保障，依法每年編列預算 96 億左右，其中教育經費約 8 億多，與「外配基金」每年總數 3 億，其結餘款分配到 NNITP 火炬計畫僅 3 億多，與原住民教育經費 8.5 億相差近 3 倍之鉅。政府預算配置，對原住民教育經費的挹注，與對新住民子女相比，出現嚴重落差及公平性的不足。預算是行政管理工作的重點。訖 2019 年底政府、國會對新住民沒有任何特定保障法律的制定，在欠缺法律依據，相關部門既使有心照顧，誠難施展。Kingdon（1995）指出「政策窗的開啓」問題。內政部、教育部共同向社會、國會宣告的工作成果中，揭露新住民的照顧及其子女教育等問題已迫不急待。2020 年總統立委大選，對新住民的關愛眼神倍增於昔。

（二）地方有心照顧，無法源編列預算

地方政治首長也不時藉機向新住民示好，爭取選票是重要考量。但是何時匯聚問題流、政策流、及政治流以型塑政策議題？有待各方共同協力參與。研究發現，新住民的照顧要開啓「政策窗」（policy window）的時機似未到來。受訪者（A1）表示曾考量為新住民保障事宜推動立法：

等於新住民的經費是它（原住民族教育經費）的零頭都不到，所以你告訴我說政府的預算，是不是應該要去思考，那種失衡到何種程度，卻又僵化在固守它，就是有立法才編，因為沒有為新住民立法所以就沒

[400] https://www.immigration.gov.tw/5385/7344/7350/8883/

有編，我說我實在很不願意推動「新住民教育法」，但是實務告訴我沒有立法，就沒有經費。部長說：我們都不覺得要爲另一個族群立一個甚麼教育法。所以他才會想說，進行跨領域合作，利用經費去做可不可行？

新住民及其子女總人口數比原住民及其子女數，多出 18 萬人；NNITP 新住民分配的預算只占原住民相關預算的 4%，政府照顧弱勢族群的預算配置嚴重失衡的情形，引起有識之士的不平之鳴，在學界論壇同樣引起關切。2014 年國泰慈善基金會前董事長錢復在參加國立台北教育大學舉辦的「台灣跨文化教育研討會」中呼籲政府要重視對新住民的關懷，對政府經費配置的失衡認爲有必要檢討。

政府針對 71 萬新住民配偶與子女，政府分配的預算 3 億與人口總數 53 萬原住民分配 96 億的預算嚴重失衡。……新住民比原住民人口多出 18 萬，卻只占原住民相關預算的百分之四。……政府有必要檢視其合理性，重新盤點預算分配。

（三）弱勢新住民家庭，欠缺實質照顧

弱勢新住民家庭，欠缺法律保障及實質照顧。原住民族有原住民族教育法的保障，其他預算不計，以輔助國中小學生即有 8 億多元。迄今政府相關部會沒有針對新住民族立法，保障其權益。沒有立法依據，就不可能有預算的編列，更不可能有相關的人力資源，來照顧或輔導新住民。

弱勢新住民不是原罪，不是她/他到後才形成新住民家庭的經濟弱勢，而是本地的家庭經濟早就處於弱勢，並非新住民帶來經濟弱勢；弱勢的是本地家庭，新住民與本地人成家後，居於高傲的文化歧視，強加爲「弱勢新住民家庭」，此乃一般人的偏差觀點。照顧新住民及其子女，最直接受益者是新住民家庭；關懷新住民絕大多數的受益者是我們較弱勢的同胞，我們說照顧弱勢新住民，不如坦誠說是在關懷我們處於經濟弱勢的同胞家庭，較符合實際。研究訪談過程，不曾見過身體殘障的新住民，倒是她/他的配偶會有殘障者。新住民能遠渡重洋嫁到台灣，健康的身體是要件，本質上已俱備冒險犯難的堅韌資質。

（四）新住民子女與本地子女資質俱優

在 NNITP 受訪重點學校的新住民子女，幾乎分辨不出那個是新住民子女那個是本地子女。受訪者表示新住民子女與本地人子女很難從外觀

分辨，除了東部地區少數重點學校，氣候日照膚色略有差異。其他地區很難從中分辨。受訪者表示新住民子女的資質不亞於本地學生，在資質上應該是一樣的。從 2001 年迄 2014 年新住民子女出生率，最高的一年竟然占臺灣新生兒出生率的 13%。這意謂每八個國中小學生中可能就會有一位新住民的子女。

（五）執行 NNITP 預算，澤被本地學生

三年期程的 NNITP 計畫，審定每年最高配額 365 所重點學校計，扣除重複申辦的重點學校，約占全國被列爲重點學校的三分之一。仍然有爲數三分之二的重點學校新住民子女，未受到火炬計畫有限預算的眷顧。與其他少數族群相比，因爲欠缺法律保障，又無獨立機構（如客委會）無法編列預算。要讓 71 萬新住民及其子女受到較公平的對待，政府預算資源的均衡配置仍有極大的努力空間，資源配置的不公平，各地方政府的作法更是南北懸殊。重點學校能否重複申辦，各縣市作法不一，台東縣則剔除重複申辦；但高雄市、花蓮縣則不排除。各縣市爲照顧新住民在資源投入各有不同，以台北市爲例，在各行政區都成立新住民服務中心，提供新住民交誼及子女活動場所，在其他財政拮据的地方政府，偏重在跨校際的資源、組織整合，缺乏相對的人力資源、硬體設備。

（六）NNITP 經費申請與新住民子女數無正相關

NNITP 計畫提供各重點學校申請額度，計 60 萬、40 萬、20 萬元等三種，計畫項目由 12 項至 9 項不等。申請額度依學校的計畫項目、內涵；報向縣市政府核轉 NNITP 計畫中央推動委員會審定。核撥計畫經費時，只要符合重點學校標準，在校就學的新住民子女人數多到何種程度，不會影響原定三類申請金額。申辦經費額度與新住民子女在校就學人數，無正相關。以核定 60 萬元的甲校、乙校爲例。甲校學生總數 90 位，新住民子女數 11 位占 12.22%，每位有 54，545.45 元配額；乙校學生總數同爲 90 位，新住民子女數 52 位占 57.77%，每位有 11，538.46 元配額。甲乙兩校申請額度雖同爲 60 萬元，甲校每位新住民子女分配額度是乙校的五倍之多。在有限資源應有效運用之理念下，計畫經費申請額度似有再行斟酌的必要。從上述的預擬比例，顯示 NNITP 計畫經費無法因應地區、學校的差異性，訂出彈性的申請額度，導致資源配置的不均及

落差。重點學校學生人數受到少子化及偏遠地區等條件限制，鎮鄉距離愈大者新住民子女數愈多幾成正比。通常愈偏遠地區、離島地區重點學校學生數較少，但新住民子女人數占全校學生人數比例則偏高。

以台東縣寶桑、瑞豐國小、花蓮縣東竹國小等重點學校爲例。台東瑞豐國小係 2012 年（101 學年度）被縣府指定承辦火炬計畫。申辦金額 60 萬元，學生總數 75 位，每位學生可分配 8,000 元。單純以新住民子女數爲計算，新住民子女有 35 位，占全校 46.66%，每位新住民子女有 17,142.85 元配額（若含幼兒園 7 位新住民子女數比率高達 56%）。花蓮東竹國小 2013 年（102 學年度）申辦 60 萬，學生 98 位，每位學生可分配 6,122.44 元。單純以新住民子女數計算，新住民子女 45 位，占全校 45.91%，每位新住民子女有 13,333.33 元配額。台東寶桑國小同年申辦 60 萬，學生有 237 位，每位學生可分配 2,531.64 元。單純以新住民子女數爲計算，33 位新住民子女，占全校 13.92%，每位新住民子女有 18,181.81 元配額。但實質的分配數，新住民子女得不到 18,181.81 元，因爲所有 NNITP 的各項活動是全校學生都參與獲益。

（七）預算資源全觀性配置

預算資源全觀性的配置是成功關鍵，影響跨域協力/治理的關鍵因素很多，問題也不少，最重要的莫過於預算資源，在配置上如何公平合理又到位的互動。這不但涉及跨域協力管理者的領導能力，也涉及協力參與者的參與計畫的動機；同時更要考量現行法制的規範。外配基金提供火炬計畫年約 1.2 億元，教育部提供 4 千萬元，兩者依據現行的「預算法」、「單位預算執行要點」、「附屬單位預算執行要點」等規範，其經費的運用，除非兩部門首長、會計系統有完全的事前協議，都會影響跨部門協力的行政成本。研究發現不乏對經費核銷程序之嚴苛提出指責。原因是預算實際執行單位的重點學校，對預算核銷程序的誤解或不熟所致。

跨域協力/治理的參與者，既使管理者/協調者，針對各參與者容許的權限範圍進行管理運作，但現行公部門會計體系的獨立，處處都會形成公部門跨域協力/治理的莫大柵欄，增加協力參與者行政管理成本。

第五章　跨域領導

TASPAA Annual Conference on "*2020 Vision for the New Generation: Inheritance and Innovation for Public Governance under Glocalization*"會議主題內涵「Glocalization」係 Globalization 與 Localization 之複合涵義；簡言之，意指「think globally, act locally」。[401]「放眼天下、心懷在地」的治理視野，歷經本世紀初 COVID-19 的疫情，舉世各國咸都戮力疫苗研發秉持 Glocalization 跨域跨國界的思維與行動，務期創新研發能力在國際上頭角崢嶸；審之國內政經、學界更期待跨域整合創新突破。

一、基本概念

（一）知人任使

爲政之道在知人、任使。知人之法在於責實，人才臨事方見；理國以得賢才爲本，因爲置賢則人服，百萬之眾不如一賢。漢高祖：「夫運籌帷幄之中，決勝千里之外，吾不如子房；鎮國家，撫百姓，給餉餽，不絕糧道，吾不如蕭何；連百萬之眾，戰必勝，攻必取，吾不如韓信。三者皆人傑，吾能用之，此吾所以取天下者也。」[402]「任使」關乎法之行、制之立。

眾法如牛毛，如何用人任使，亦即擇天下之賢才，置設百官，乃國家領導者首要任務。唐太宗爲其子嗣奠基百年大業，在「任使」上有其獨特的見地，他嘗云：「爲官擇人，不可造次。用一君子，則君子皆至，用一小人，則小人競進矣。」元朝商琥歸結：「爲政之道，在立法、任人二者而已。法不徒立，需人而行；人不濫用，惟賢是擇。」[403]明朝朱元璋善於識人：「人之才能，各有長短。故致效亦有遲速。夫質樸者多迂緩，狡猾者多便給。便給者雖善辦事，或傷於急促，不能無損於民；迂緩者

401 https://en.wikipedia.org/wiki/Glocalization. Glocalization「全球在地化」一詞最早出現在上世紀八十年代 Harvard Business Review。

402 漢高祖，《資治通鑑》，漢紀，高帝，五年。

403 商琥，《資治通鑑》，元紀，世祖，至元 27 年。

雖於事或有不逮，而於民則無所損也。」[404]

司馬光在《資治通鑑》撰述魏紀，有段立言之功，傳於後世請參備註。[405]任人的目的何在？圖利自己？以歷朝國之上位者，力保帝王江山永垂無疆，以今之視野仍嫌自利，不足效法。「文明是建立在一些人類的特性上，諸如誠實、道德、慈悲，以及智慧。……眞正的新世界秩序並不是經濟或政治的調整問題，而是我們動機的再調整……。」（達賴喇嘛 1998）。試問世上國之領導者有幾位以世人福祉爲先？再下探府際、地方公私部門協力，莫不以己利爲先，單從經濟學對人性自利的論，要跨足不同組織目標、利益，跨域領導者的動機得先行調整「莫忘世上苦人多」。

（二）L=f（S，A）

Kurt Lewin 的 B=f（P，S）人類行爲的方程式。[406]指出人類行爲受到情境（Situation）影響，而情境受到人群所影響；行爲（Behavior）與情境兩者是相互依存、互動。此乃「情境領導」及「權變領導」最重要的理念脈絡；最正確的領導行爲依情境不同而決定。「行爲與成長是所有情境的函數」（Behavior and Development as a Function of the Total Situation.）（Lewin, 1946：239）。

在 21 世紀快速變遷的社會，以傳統化、通則化、標準化、制式化的領導原則解決棘手社會問題，領導者要運用各種領導方式各顯神效；但在不同情境下，同樣的把式不也遭遇諸多重大挑戰而無解？領導者固守傳統領導原則，面對不同的情境、對象、文化、價值、組織，進行跨域協力/治理，領導者會捉襟見肘動輒得咎。

根據論者在 NNITP 觀察三年實務研究，不同層次領導者要依情境（Situations）以對的策略方案採取行動（Actions），適時變動調整，「領導」（Leadership）是情境與行動的函數（Situations and Actions as a

404 朱元璋，《資治通鑑》，順帝，至正 26 年。

405 司馬光：「為治之要，莫先於用人。而知人之難，聖賢所難也。是故求之於毀譽，則愛憎競進而善惡渾淆；考之於功狀，則巧詐橫生而真偽相冒；要之其本在於至公至明而已。誠能不以親疏貴賤異其心，喜怒好惡亂其志，欲知治經之士，則視其記覽博洽，講論精通，斯為善治經矣；欲知治獄之士，則視其曲盡情偽，無所冤抑，斯為善治獄矣；欲知治財之士，則視其倉庫盈實，百姓富給，斯為善治財矣；欲知治兵之士，則視其戰勝攻取，敵人畏服，斯為善治兵矣。至於百官，莫不皆然。雖詢謀於人，而決之在己；雖考求於跡，而察之在心；研覈其實，而斟酌其宜。至精至當，不可以可口述，不可以書傳也。安得豫為之法，而悉委有司哉！」

406 Lewin, Kurt, 1946, *Field Theory in Social Science.* Harper & Brothers, pp.239-240.

Function of the Leadership）。跨域領導者要依組織成員、目標、資源等情境之不同，適時、適事、適地調整行動方案，沒有鐵則通律，不宜援例辦理或抄襲。

（三）跨域團隊

領導者的「工作團隊」在跨域治理扮演非常重要的角色，團隊成員不必外求，主要來自跨協力參與組織的成員及領導者。團隊成員要兼容吸納協力合作對象的專業、技術，更要兼納領導者組織內部的人事、會計幕僚單位，以 NNITP 計畫爲例，人事、會計單位的成員是 NNITP 中央推動委員會會議必要的列席人員。跨域領導者的基本功，是知人更要善任，讓人才適才適所。工作團隊的成員最基本要件是才能、道德兼備缺一不可，以資訊科技提供的搜尋功能，跨域領導者要愼選成員。

善用「資訊科技」提供有效溝通平台，降低行政成本，呼應 Lipnack（2000）的低成本高效率。跨域工作團隊成員的「專業能力」以及「負責的態度」是選擇工件團隊成員非常重要的考量。工作團隊領導者的特質，除具備通則性的領導特質，尙要有機關首長等同的領導特質。古今先賢論述工作團隊成員的才德，司馬光之鞭辟入裡慧眼卓見，那是領導者權變領導特質的第一課。他說：「自古昔以來，國之亂臣，家之敗子，才有餘而德不足，以至於顚覆者多矣。故爲國爲家者，苟能審於才德之分，知所先後，又何失人之足患哉！」

（四）跨域夥伴順服

NNITP 專案研究發現；基層領導者展現權變性的順服，突破傳統官僚體系的順服（obedience）門檻，展現卓越跨域領導特質。跨域領導者如何拿捏需視情境而異，因爲朱元璋說過：「執而不變，非時措之道也。」此乃情境權變領導之論述宗旨。NNITP 領導者致力建構「夥伴關係」。他們整合學區特性、家長及社區資源等方式進行，不但擴張到鄰近學校；成爲建構跨校際資源整合，非常成功的學習案例。成功的原因是提供協力參與平台，在參與互動中相互學習成長。「資訊科技」有足夠技術能力提供「參與平台」。

（五）科層領導特質

官僚體制的體系鮮明，符合傳統指揮，建構不同職責、任務的逐行，設置不同官等職等的領導職稱如股長、課長、科長、組長等，各層級領導者因機關組織層級不同有別。各官等職等領導者的考選招幕科目有別，以應工作上的「科層式領導特質」（hierarchical trait leadership）的需求。

在各協力層次不分制式或非制式都應賦予明確的稱呼；可以肯定的是對各層級領導者的領導特質，需求條件、內涵是不同的。不同層次的領導者面對的情境可能迥然不同，處理的問題是決策制定、執行、監督或考核；協力溝通對象在各層次不盡相同，諸如社會行動者、利害關係人、NGO、NPO、志工等類型，既使同一領導人在不同層次、情境要面對的對象及問題可能不盡相同。以 NNITP 爲例，從中央、直轄市縣（市）政府、基層學校，概略劃分爲三階組織層次。

NNITP 專案深度訪談、參訪、傾聽學習，研究發現同一領導者，竟然在不同組織層次擔任領導或監督等不同身分。各層次的領導者所要的領導特質，在不同職位工作，展現的領導是跨域特質。在官僚體系可粗分爲上、中、下層級（中央、直轄市縣市、鄉鎮），但協力組織網絡領導特質的展現，會隨情境不同略作調整、修正，有時身任協力網絡的領導者，其領導作風比在中央層級更加柔軟具有彈性，不若身處中央決策層級的鋼硬決斷。

（六）綜效領導特質

Robbins & Judge（1992）在《組織行爲本質》一書，對領導（leadership）的剖析，從特質理論、行爲理論、及權變理論等三個層面論析有效領導者的特質，係上世紀末對「領導」論述已達十版的佳作。[407] 論者認爲跨域領導係 Robbins 等所論析的特質、行爲及權變三者的綜效領導。

跨域領導即是「綜效領導」（Synergy Leadership）。跨域的組織領導者應具備的公認特質包括：專業技能、高膽願景、領導魅力、堅守目標、負責盡職、反思自覺、敏銳洞察、樂觀進取、協調合作、同理心、識才育才、言行一致。前述特質或條件是對領導者的通識或期待，涵蘊職場跨域領導者的基本特質。

除前述，陳嫦芬強調職場領導者的專家知識、群體技能、與自我領

---

407 Robbins,Stephen P.& Timothy A. Judge.,1992, *Essential of Organizational Behavior,* Pearson Prentice Hall, pp.175-176.

導力是職場素養的基本特質。她列舉職場領導者公認特質包括：專家技能嫻熟、魅力的感召、超越現狀的抱負、專注力（目標導向）、責任心（以身作則）、自省與自覺、對環境的覺知、樂觀、合作、同理心、培育英才的能力、言行如一、知行合一。[408]

領導者不論跨足協力領域是大是小，對外部環境的警覺、預知、敏感度，誠如美國學者 Comfort（2007：189-197）強調各層領導者預知（cognition）能力的重要性，能否先知先覺，決定組織在危機困厄情境率先預為籌謀脫困。Rosenbloom 認為學界無法找出一套通則性「領導」的人格特質，反映出「領導」可能是因時、因地制宜的。外部環境對「領導」的影響究竟有多大影響力，不論從情境途徑（situation approach）或心理途徑（mental approach），對「領導」的決策可能因人而異，要從中淬取共同特質會是很大挑戰與難度。本書只從諸多論著摘取「線頭」的理念，匯萃「領導」在跨域行政應具備的特質如前例述。

二、領導者的挑戰

（一）CEO 是超人？

企業 CEO 不是超人，面臨的內外情境日益艱困、更多複雜挑戰等待解決，公部門領導者亦然：其一，領導人面對著一個充滿顛覆性科技、高度波動市場、全球危機的瞬息萬變的時代；其二，企業領導人，習慣根據直覺或舊有的慣性模式來做決策，但在今天的複雜經營環境下，決策的本質已大幅改變；其三，各界對於領導人的審視和要求，愈來愈嚴格。「你就像是住在透明金魚缸裡，大家二十四小時盯著你看。」一家美國五百大企業中的通訊業前執行長透露。

今天的公私組織領導人必須隨時應變、隨時接受審視，還必須擁有高水準的體力、心智力和 EQ 來做出優質的判斷。

（二）領導者是全知者？

領導者不必是全知者：知之為知，是知也。為了符合這麼多的角色需求，CEO 必須不斷學習和修練。史丹佛商學研究所的調查也發現，將近 100%的受訪 CEO 都渴望接受在職發展。領導者面臨各種阻礙學習的

---

408 陳嫦芬，《菁英力》，2016 年，台北：商周，頁 88-89。

困境：其一，無法說出「我不知道」。CEO 爬到了職涯的巔峰，背負著各方高度期待，很難說出自己不曉得答案是什麼。正因如此，他們需要職涯學習；其二，需要不斷評估情勢、評估各種人和各種問題，往往對於「向他人學習」充滿戒心；其三，容易把「學習」和「獲取資訊」兩者混淆。許多 CEO 確實努力互動、傾聽蒐集資訊，但很少進一步把這些知識內化並實際應用。結果依舊是知而不用，對領導沒有任何實際幫助。要突破阻礙就要時刻勤作筆記，閱覽新知，有效歸納分析，展現執行力。

（三）領導者的修練

從中國歷史發展演進，上至皇帝，各朝聖賢對制法、任使，各有洞見，但難有準繩可用，莫不因人、因事、因地、因域之不同，各擅所長。以當今公共行政學界所倡議之公民參與、民主治理、實難竟其功於一役。在資訊科技助長下的公共行政組織，面對複雜的公眾需求，誠非單一組織領導者及其所屬成員能善盡公共服務之責。必需與其他公部門共同協力，其領導者更要具備跨域協力之才智者，始能任使。不論「新公共行政」或「新公共管理」的理論，莫不各有缺陷及難處，一個管理者、領導者在資訊科技支撐下的公共行政，唯有邁向全觀性，以權變理論，進行跨域協力/治理，否則難有進展及突破現狀。領導人想要走出高壓又疏離的孤立困境，專家提供自我修練的心法：「接受自己不是完美的現實，承認自己有脆弱之處」CEO 位居職場頂鋒比較孤單是事實不必試圖掩蓋，可以減輕無助感，更容易尋求必要的支援；以企業的最大利益爲優先，感覺自己屬於「比自我更重要的群體」的一部分，有助於領導人轉移孤立感，或將此感覺正當化。向公司外部的同儕學習，建立交流網絡跟上外界脈動、吸收新觀念、挑戰自我，與同儕交流團體自由談話，吐露心情和想法；尋求過來人當導師，許多企業家都有自己的導師（mentor），可以定期尋求想法的刺激和指引；或選擇自己信賴的董事，保持對話；或聘請資深的外部顧問，例如總裁教練，來幫助自己成爲更有效的領導人。無論導師或顧問，能夠有一個可靠、獨立的對象徵詢意見，並在棘手問題上提供過來人的見解，常可幫助 CEO/領導者/管理者釐清問題的本質，找出可行的答案。

（四）計劃性地學習新技能

許多 CEO 喜歡藉由「做中學」來自我提升。這種學習有三個基本步驟：1.察覺自己的學習落差，以及這種落差會對公司造成什麼影響 2.激勵自己做出改變 3.找出正確的學習方式，大量練習新技能，獲取回饋。例如，有個 CEO 一直無法拉下臉跟他的團隊說狠話，特別是那些跟他最熟的人。因此，他找來私人教練，學習高難度對話的技能和技巧，並應用在實際的對話中。

CEO 把「有效授權」當成需要學習的挑戰：領導人的壓力和挑戰只會有增無減，只有那些主動擁抱現實，爲自己的學習發展負起責任的企業家，才能與時俱進，避免遭受淘汰的挑戰。公共行政管理者不必孤芳自賞，要勇於向企業管理者學習。

三、資訊科技、跨域行政

資訊科技的載具成就「行政科技」（administrative techonology）的型塑與建構。跨域行政建構在具備各項豐碩科技底蘊的「行政科技」網絡，即結合行政與科技兩重大範疇的理論與實務。行政科技進一步要奧援，成就跨域行政。

（一）溝通橋梁是 IT

人與人間、社群與社群、政府與府會、國與國之間的交往關係日趨頻繁且休戚與共，彼此溝通與瞭解格外重要，資訊科技是溝通成本最低，速度最便捷的工具。Peter Drucker（1988）嘗云：「下個世紀的未來組織必會以資訊爲基礎的組織。」跨域溝通橋梁的建構立基於基礎通訊設備、管理運用系統、決策系統等的建構。台灣資訊科技產業的發展能力，足堪負起跨域行政建構無遠弗屆的網絡。

邁入二十一世紀的現代後工業社會也印證了資訊就是一切（information is everything）（張潤書 2009：675）。未來人類的生產活動主要憑藉的不再是人力或傳統機械，而是資訊科技的運用，讓有限的資源發揮最大的效益。人類社會生活必須面對資訊演化（information evolution），不限於在數量與種類越來越多且繁複的社會生態問題，更多 AI 取代人力，很多職缺被 AI 取代，預計十年內，很多職業被 Robots 取代。以台北市萬芳醫院門診收費結帳窗口由原來十幾個只剩五個及現場掛號一個，其餘全部被一排整齊自動收繳機器取代，預期除 85 歲以上身體機能障礙者提供人工服務外，其他一律以 AI 機具提供快速便利的服務。職場變遷之快速，一旦全面以手機數位支付寶，現行銀行櫃台服務員將逐漸消失（前文提及上海浦東某商業銀行已實踐機器人取代行員的現景）；人們不再攜帶貨幣，只要記得「機不可失」，到處遊歷、交易採購暢行無阻。如同對岸人手一機支付寶的盛行方便，戲言傳統失業率最高的是扒手，殘留之徒改扒他物變賣。

（二）協力網絡、資訊科技

「資訊科技」是提供建構「協力網絡」的基礎工程；沒有 IT 技術支援，公共管理者或跨域協調者將耗費鉅額的交易成本，跨域治理將淪爲時髦用語（busswords），或政治人物的口號（watchwords）。NNITP 計畫就地域而言，跨越全國各直轄市及各縣市政府：包括連江縣、金門縣及澎湖縣等離島縣市地域。離島地區要兼顧不同的參與者、新住民對本土文化傳承及其子女學習教育，必須整合區域內不同的跨校際、非營利組織的人力、專業及各種不同教育資源，能否妥慎運用 IT 決定成敗。根據區域綜合治理的社會生態理念，包含預算、人力資源、軟硬體資源，整合最快速的工具是 IT 資訊科技。現代管理學者強調大數據的運用，資訊科技提供決定性、關鍵性的可靠數據。區域資源包括人口、資源、資金都要作必要的整合，整合的基礎工具是「資訊科技」（孫保平、杜啓貴，2000：67-104）。[409]

（三）資源整合

建構協力治理資源整合，對過程要進行妥慎規劃，含組織、人力、指揮、協調及監督。NNITP 計畫對執行成果的數據及彙報，初期尚難提供完整的資訊系統，提供協力參與者彙報執行進度及相關數據。決策資訊系統的開發、修正，相關數據進行資料分析，一直到 NNITP 三年期計書結束，尚難提供完整決策參考運用。NNITP 系統未提供比較分析功能：對各層次領導者而言，只在向上級提供資訊數據，對本身執行成效尚難與其他地區的重點學校，進行綜效比較優劣，距離建構協力資源的整合努力空間頗爲寬廣。

409 孫保平、杜啟貴主編，2000，《區域綜合治理：技術決策系統》，中國林業出版社，北京。頁 67-104。

（四）強化資訊系統功能

資訊系統的開發要兼顧多面向的回饋機制，不同協力網絡成員可運用上報的資料，進行自我管制分析的功能，不只單向對上級提供資訊，滿足決策層次的數據需求。政府機關資訊系統的「管理功能」和「決策功能」要同時兼顧。不限於開發單位或上級機關的管理或決策需求，同時考量所有協力治理參與成員的管理或決策期待。這在公共資源管理是一種務實作爲但不失爲先進創舉。官僚體系的資訊系統仍陷於傳統思維與作爲，無法眞正邁進到大數據分析提供決策功能。

資訊科技提供 NNITP 計畫對計畫成果的初步監控功能業已達成，那只是資訊科技的初步成效，要進一步再提昇功能爲「決策系統功能」。在管理及決策層次都要兼顧，社會問題的快速變遷，增加協力治理網絡的不確定性，要建構妥善可資運用的資訊系統是前提。「我們生活在無休止的星際，要與普遍存在不易處理的（endemic）災害共存。」（Comfort, 2007：197）

（五）社會協力網絡需求

社會公共問題受到全球化影響更趨複雜化，非單一機構或組織能處理，要協力建構一個特殊社會網絡能共同面對問題的網絡系統功能，規劃單位要考量整體行政體系指揮鏈，涉及系統開發、規劃、管理、監控、安全等全觀性的系統功能，最關鍵問題是預算編列統籌運用。以 NNITP 計畫的系統功能，只要求計畫執行單位彙報資料，以彰顯計畫績效，無法提供協力成員參與運作的誘因，只是被迫上報資料。系統的開發，基層的參與是輔佐成功的最大助力。

這種「社會網絡組織系統」立基於資訊科技基礎設備的建構，以支持相互依存的認知、溝通、協調及管制（4Cs），讓協力組織成員能集體性的回應緊急事件。

四、IT 與工作團隊

（一）資訊科技推昇官僚體系效率

新住民及其子女在政府妥善照顧下，孕育國家未來競爭力的礎石。在欠缺完整積極性的人口政策，很可能釀成社會潛在問題，造成公共管理上的一大負荷或社會安定的不確定性威脅。傳統官僚體制已不敷快速因應不易處理的社會問題，新制度有待建構。「傳統官僚體系的分工與結構蘊含的權力制衡系統將遭到侵蝕，一套新的專業和倫理基礎必須重建，中央威權體系將被政策網絡取代。」（吳秀光等 2009）[410]「權威治理被協力治理逐漸拉開對行政的權威性，公私協力、利益團體、公民團體的熱心參與，權威被協力參與者分享，官僚體系的作爲應適時修正，消弭社會各種力量的緊張關係。」（許芳雄，2012）[411]

（二）資訊科技降低行政團隊協調成本

處在多元化的組織環境，協調問題變得更加困難，資訊科技的運用容或補足管理工具的不完備。「機關的協調透過非正式的協議及互動，較能共同分享需求與利益，彼此較能獲益。非正式協調較能協助分享共同目標，彼此獲益。」（Seidman & Gilmour,1986：225）[412]O'Toole（1997：45-52）強調：「協調工作訴諸科層體制或權責，對問題的優先秩序、解決爭端、促進互動，可能只有很少的功效。」Seidman & O'Toole 提示：「資訊科技在跨域協力已是不容忽視的重要管理工具。」在 NNITP 計畫推展過程，官僚體系是重要框架。協調工作的難易程度得依檯面或檯面下；正式或非正式的溝通，以及能否有效運用資訊科技達成目標？仍得依事件（event）、協調者判準，單單擁有資訊科技不足以成事。

Comfort（2007：196-197）：「危機管理是一種複雜及適時調整的體系。在這個體系需要適時調整及調適（adjust and adapt），以呼應物理、工程及社會上千變萬化的需求。透過資訊分享對協力是必要的，但分享不足，則不足以滋長協力。參與者無法彼此獲益，單只是資訊分享不足以成就協力。」擁有數位科技在跨域協力是優勢工具但不是成功保證。

（三）科技與行政

資訊科技與跨域行政關係日趨緊密，今天能快速提供資訊分享的最佳載具，即是資訊科技。對參與協力治理的成員，面對共同危機事件最不可或缺的溝通聯繫媒介就是尖端的資訊科技。Comfort 認爲建構協力治

410 吳秀光、許立一，2009，《公共治理》，國立空中大學，台北：冠順，頁 355-361。

411 許芳雄，2012，《權威治理與協力治理：以公務人員考績法修法為例》，法政學報，第 24 期，頁 33-60。

412 Seidman, Harold & Robert Gilmour., 1986, *Politic, Position, and Power: From the Positive to The Regulatory State*. New York; Oxford University Press. P. 225.

理網絡，首先要讓參與者獲得或建構溝通工具的技藝及訓練。協力治理的社會網絡，因地區、機關層級、人員素質各有不同，資源取得及人力培訓都處在不對稱的情境。不同的落差（gaps）增加溝通成本，協力處理不同多元的工作項目，它的效益相對有不同影響。揆諸 2014 年 7 月 31 日深夜高雄市前鎮區的「大氣爆」，先前對緊急災難事件的危機處理，公、私部門各有不同組織編制，但欠缺公私協力治理的溝通工具或訓練。大氣爆緊急災難事件的協力治理網絡，事過三天仍未建構。

發展中的組織最需要培養跨部門的人才，當企業有機會發展、整合資源，才得以爲組織創造嶄新價值。協力成員即使完成本身工作未必代表完成整體任務；但協力夥伴的遲延，可能導致工作進度落後及品質不佳。這種跨域管理的氛圍，除強化自我管理，更要協力成員精進跨域協力/治理能力與認知，以精進工作進度與品質。

（四）善用科技功效

善用資訊科技可爲組織再推昇世界競爭力，我國擁有世界上最先進的資訊科技及產品，政府推動公共行政資訊化、流程簡化多所獲益，並大大改善提昇行政效率，有助於我國在世界競爭力的排名。基層官員在計畫性的培訓及訓練下，隨著資訊科技的運用系統的研發使用，雖有長足進展但仍嫌不足，尤其跨不同公、私部門的協力治理，忽略來自「社會網絡」的訊息。以「大氣爆」事件爲例，丙烯臭氣的洩漏在大氣爆前已盛傳於「社會網絡」，卻未透過「資訊科技」的早期通報系統作有效整合、分析，延宕處理時程，最終釀成大災難。

（五）善用手機功能

個人手機功能已提昇爲 4G，2020 年代（2020-2029）5G 會普遍運用於各種生活層次，行政機構或企業組織資訊科技運用有待全面提昇。啓動時間迫在眉睫，政府不容遲疑、落後。社會網絡在科技創新推助下，互動的頻繁及綿密程度，雖不能準確預估，但可以想像其速度之快捷。如預告地震訊息的傳遞。如何提昇資訊科技運用，結合社會網絡資源讓全民參與新住民及其子女的生活照顧及教育輔導，成爲全民的共識與責任。

資訊科技深入個人生活，更深層的影響會伸展到職場每項專業領域的施展。2020 年大選各方莫不使盡全力及資源，以網軍攻敵之虛擴大渲染，也利用假消息（fake）擾亂敵營軍心士氣，迷惑並吸納中間派人士。政治活動同樣會善加運用資訊傳遞功能，傳播經過篩選符合個人偏好的政治觀點，強固政黨思維，或設法煽惑原本堅持的立場。

（六）NNITP 的官僚與公衆

基層官僚同屬公眾成員之一，NNITP 計畫係由內政部啟動，邀請教育部參與，由行政院院長拍板透過兩部的會銜發布協力命令。但協力命令的執行徹底與否，決定在基層官員。「基層官員對決策制定者進行裁量（discretion）；官僚與民眾的關係緊密；能否公平執行配給服務（rationing service）基層官僚扮演要角；對社會服務改革與否，基層官僚是關鍵；官員擁有專業技能等等特徵。」（Lipsky, 2010：212-238）[413]NNITP 計畫成敗官僚是關鍵，包括內政部移民署下至基層縣市教育局處官僚的認同與熱忱；與公眾的參與兩者是秤不離鉈。

公民水平式參與思維衡平專業性組織的執著：因爲根據 Lipsky 的研究強調：「基層官僚對公共政策的執行扮演重要角色。至於具備專業能力的專業性規範及組織，會挾其與基層官員的力量，扭曲上下的監控體制，破壞垂直關係及官僚體系，更是不容忽視的社會力量。」在官僚體系我們有一句俗話：「上有政策、下有對策」，印證她的研究心證。所以 Kettl（2006：12）強調：「基層官員及專業性組織是不容忽視的力量。」；「公共利益的界定並非政治精英或是公共官僚獨享的權力。在積極負責的公民社會，公民當然有權對公共利益表達意見。」（吳秀光、許立一 2007：182-187）

Herbert Simon 說過人類只擁有「有限理性」（bounded rationality）。不能預知未來的不確定性發展是常理。Stivers 曾言：「美國憲法並未考量直接的公民參與，但在制憲會議有談過。」（Stivers,1991：418-423）[414]有談過但未被美國開國先賢們所採納已屬不易。對公民參與持不同看法尚有美國學者 Bingham 認爲：「公民的直接參與是浪費的、無效率的及缺乏效能」（Bingham et al, 2005：549）。[415]學者對公民參與的看法，値得深思。

---

413 Lipsky, Michael., 2010(2 ed.), *Street-Level Bureaucrats: Dilemmas of the Individual in Public Services.* Russell Sage Foundation. New York. Pp.212-238.

414 Stivers, Camilla., 1991, "Some Tensions in the Notion of The Public as Citizen: Rejoinder of Frederickson." *Administration and Society,* 22(4):421.

415 Bingham, Lisa Bromgren., Tinna Nabatchi, and Rosemary O'Leary., 2005, "The New Governance: Practices and Processes for Stakeholder and Citizen Participation in the work of Government." *Public Administration Review,* 65(5):547-558.

公民參與應有參與限制，以官僚體制而言，不宜各層次決策制定都要求公民參與。參與層次固然要先行考量專業技術問題，就社會大眾民生問題政策制定層次而言，尚有食品、醫療、衛生、養老、幼托等等仍應作出區隔，就專業性技能為例如國家安全、外交、國防等問題，能否要求事事都得公民參與？持一定程度的質疑。

五、跨域管理與公眾

（一）官僚體系、公民參與

「官僚體系」（bureaucracy）指「政務官」、「基層官員」及其隸屬的組織成員，尚包括約聘人員、依法執行公務的代理人，都屬於「官僚體系」的成員。除了人員，「官僚體系」尚包含組織、符號表徵等。「基層官員」（street level bureaucrats）一詞係公共行政界對政府官員（政務官除外）的通稱。「基層官員」或被簡稱為「官僚」。「官僚」同樣是公民成員之一，有權為其自身權益辯護與發聲。

Cooper et al.（2006：76-88）認為：「公民參與」有五種途徑：對立途徑、選舉途徑、立法與行政資訊交換途徑、公民社會運動途徑及審議思辨途徑。「審議辯論模式」的參與，最可能導致以公民為中心的協力式公共管理，也是最能建構公民參與效能，公民對政府信任及建立公民能力的途徑，型塑公民對政府的信任，改善政府的合法性。[416]對公民參與我國學者同樣給與肯定支持。吳秀光、許立一（2009：260-266）：「新公共行政及黑堡宣言對公共官僚角色重新肯定；政治學的社群主義同時對公民參與治理的正當性，給予更多肯定。」

陳敦源（2002：6-8）認為：「Weber & Rosenbloom 兩位學者論點容有時代背景的包袱：處在多元化、治理網絡的組織架構，顯不能兼籌併容於協力網絡；公共管理者或官僚需要隨情境差異調適領導模式；基於基層官員與公民之間，彼此要有更多的互動，才能增益彼此所無，共同為目標之達成戮力。」陳敦源對「官僚」兼採 Max Weber（1958）& David Rosenbloom（1986，1998，2009）對官僚體系的論述。

公部門與公部門、公部門與私部門、公部門與公民間的互動頻繁，

[416] Cooper, Terry L., Thomson A. Bryer and Jack W. Meek., 2006, "Citizen-Centered Collaborative Public Management." *Public Administration Review*, 66(sl):76-88.

磨擦必生衝突難免，如何管理避免磨擦或增加合作？就要進行互動管理（Interactive Management, IM）。美國學者 John N. Warfield 對「互動管理」的詮釋：「互動管理的發展係植基於一種認知：要克服複雜的環境，需要聚集公民、情境智慧，透過對環境的深度瞭解分析，據以精心製作有效率的行動措施；所有行動方案的發現係建構在協力、承諾的精神，在嚴肅及有組織結構的框架下共同努力。」（汪明生，2011：Warfield 序）[417]

公眾參與降低公共問題的風險及成本：公共問題的協力治理系絡是整合公、私部門及公民，透過協力領導者的召集，解決單部門無法處理的公共問題。最佳公共問題的解決來自公眾對議題的參與。楊振宏（2013：53-103）認爲：「治理是公民參與、是還政于民的過程，讓公民與政府建構夥伴關係，促進社會公益最大化也就是良好的治理。公民參與治理最主要功能在降低行政風險，對行政部門進行監督；公民對公共服務的決策提供最切身的體驗，降低決策風險。」[418]

（二）公衆的角色

Thomas 認爲：「公眾（public）對公共管理扮演三種角色：公民、顧客、夥伴。」根據他的研究強調，公共管理者要與公眾一齊進行有效的工作，有幾項準則（guidelines）是不容忽略：其一、公眾是顧客（customers）：公眾就其個人需求，尋找個別性服務能被有禮貌對待，公眾是顧客；其二、公眾是夥伴（partners）：公共管理者欲產出服務（producing services）或追求公共目標，要求公眾提供協助時，公眾是夥伴；其三、公眾是公民（citizens）：當管理者與公眾審議論述，如何擴大服務及政府權責之運作，公眾成員的角色是公民，與公共管理者討論政府的施政方向。

（三）專業性公民的參與

專業性公民參與公共管理事務，在一般情境下，會與扮演不同角色的公眾一起工作。公眾通常期望像顧客，被有禮貌對待；像公民般發表意見；像夥伴般對政府計畫提供協助。美國組織理論及組織行爲大師 Mary Parker Follett（1924：143）在《創意性經驗》（*Creative Experience*）一書，有句發人省思的話：「管理者要與具有專門職業技能的公民一起工

---

417 汪明生，2011，《互動管理與公民治理》，台北：智勝，John N Warfield 序及自序。

418 楊振宏，2013，《政府轉型中公民參與的構建及內在法理基礎》，北京：法律出版社，頁 34，53-103，286-288。

作，找尋的是『權力分享』而不是『權力凌駕』公民。」[419]此乃公共管理者進行公民參與的限制及弔詭。

近期對公民參與論述出眾者屬 Thomas（2013）描述爲最，他論及美國 1960 年代的新公共行政（New Public Administration, NPA）是把公眾視爲公民，當時詹森政府是啓動公民參與的盛世。到了 1990 年代新公共管理（New Public Management, NPM），把公眾視爲顧客，而有顧客導向政府（customer-driven government）的倡議。克林頓政府推動的國家績效評估及其第 12862 號行政命令即爲其例（Osborne & Gaebler, 1993：166）。[420]Cooper et al（2006：79）認爲美國政府倡導公民參與，最重要的時刻發生在卡特政府時期，明文要求聯邦機關在管理及政策制定過程，要讓公民參與。「各地方政府間的合作計畫，要容許公民參與；管理者要磨合公眾意見，施展教育公眾的策略。」（Zeemering, 2008：737-738.）[421]

我國在既有政治文化傳承及決策模式，公民參與治理不像西方普遍，邁入 21 世紀政府決策模式勢必隨時潮選擇性提供公民參與。有關民生社會問題決策，政府仍應開放管道讓公民參與決策，以改善公民對政策的共識、信賴度與正當性（陳恒鈞，2010：235-264）。當公民參與的人數增加，行政成本勢必隨著增加，溝通協調的變數更大，但多元民主參與的氛圍，恐不會因成本或耗時而停止公民參與。「在面對爲數不少的參與對象，所處理的事務相當複雜時，曠日費時的折衝協調，以及大量產生的資訊，使得協商成本不斷增加，導致治理的失敗。」（張其祿、黃榮護，2002：154）[422]「公民參與民主制度是透過不同的團體或組織，與其他成員是相互依存的關係，彼此的關係（links）/聯繫是持續性地增加或減少，在各節點的角色扮演，會是同時或經常持續發生變動。」（Booher, 2008：111-148）[423]

地方民選官員更是善御公民力量的好手，當基層官僚與公民力量聯

---

419 Follett, Mary Parker., 2013, "Creative Experience." *Public Administration Review.* N.Y.: Longman, (1984:143).

420 Osborne, David. & Ted Gaebler., 1993, *Reinventing Government: How the Entreprneurial Spirit is Transforming the Public Sector.* N.Y.: Penguin. P.166。

421 Zeemering, Eric S., 2008, "Governing Interlocal Cooperation: City Council Interests and the Implications for Public Management." *Public Administration Review,* July/August, pp.737-738.

422 張其祿、黃榮護，2002，「全球化下的地方政府治理：理論挑戰與策略展望」，《空大行政學報》，第 12 期，頁 147-168。

423 Booher, David E., 2008, *Civic Engagement as Collaborative Complex Adaptive Networks,* "Civic Engagement in Networks Society." Ch.6, pp.111-148, edited by Erik Bergrud, Kaifeng Yang, Chalotte, NC: Information Age.

結時，跨域協力的成本勢必增加。今日公民參與蔚爲時潮，太陽花學運要求參與兩岸貨貿協議的立法即爲一例。針對當前臺灣第五大族群的新住民，NNITP 計畫是否將新住民視爲協力治理過程中的參與成員？新住民的分布散居全國各地區，甚至偏鄉窮壤之域，無法有效將自我權益組織起來，在實務上新住民的心聲是由「基層官員」代言。「在不完美的參與之下。基層官員成爲協力治理最重要的代理人，代理人掌握資訊的優勢，是否會反客爲主？」（陳敦源，2012：219）[424]在實地訪視三年 NNITP 計畫，攸關新住民權益的意見彙整或發言，鮮見新住民身分與會代表出現，基層官僚成爲新住民意見的代言人。

六、課責與跨域協力

（一）公共課責

何謂課責（accountability）？根據陳敦源引述 Shafritz（1997：6）「公共政策暨行政國際百科全書」（International Encyclopedia of Public Policy and Administration）對「課責」的定義。「課責意指被賦予權責的個人或機關，被要求回應執行績效的一種關係。」[425]當個人或機關被賦予某種權責時，有義務對它的執行成效向授權者回應。執行績效究竟是否達成預期目標？對被授權的個人或機關而言，回覆是應盡的責任。迄今仍無一種具有明確法律效力的課責機制，被成功完整地建構。現存合法與制度性的課責機制，對實務活動而言，僅是粗糙的布局（coarse grid）。

「受到新公共管理的風潮，政府部門盛行組織重整瘦身、工作外包、權力盡量下放地方，這樣的作爲並未增進公眾對政府的信任。最主要原因是課責（accounttability）不夠公開透明……，施政作爲被質疑不透明，甚至以假訊息蒙混……。相對於百姓可大幅降低遵行成本（compliance costs），對政府進行有效監督。」（陳敦源，2012：337-364）2020 年初以 817 萬張選票的新政府能否有新作爲、新思維及透明課責機制出現，恐是過度期待。官僚文化仍持續飼餵官僚，承襲往昔推諉、您尊我卑的心態，如何在面對新冠肺炎病毒傳播急速的作戰，會有準確作

424 陳敦源，2012，《民主治理：公共行政與民主政治的制度性調和》，台北：五南，頁 219，337-364。

425 陳敦源，2012，《民主治理：公共行政與民主政治的制度性調和》，台北：五南 P.6。

為？以跨部會的一級中央流行疫情指揮作中心指揮官所言：「指揮官不會攬過來指揮……」，印證公共課責機制的不明確。指揮運作初期亂象頻生，歷經半年始與時俱減，在大外宣及口罩輸出掩飾下，防疫功效一時贏得讚譽，但好景不常。

Perri 6 et al（2002）認為：「對管理層次的課責機制，問題較為嚴重，不是構成阻礙，要不即是不足。」）[426]Wilson（1989：188）：「民主政治意謂特殊複雜及包羅各類型的課責。沒有一個機關首長能達成完全的自主權。政府首長能做的是減少敵對者及限制（the number of rivals and constraints）。」[427]課責的建構未讓官僚善盡應恪遵的責任或義務，反成為官僚卸責擋箭牌或贖罪殿堂。

（二）充斥弔詭的協力

以 2014 年下半年屏東餿水油事件及高雄市氣爆事件為例，政府首長的作為，讓百姓覺得，他們只志在減少敵對者，設法維護自身的權限範圍，某評論者作如次評述：

不論中央或地方政府，大家都坦承各單位間橫向聯繫不夠...環保機關到工廠只管廠放的廢水是否合格，不必去管它在裡頭生產甚麼東西，衛生機關更只管上架的食品是否合格，不去追查他從哪裡來的...環保署曾說廢油是有價資源而非廢棄物，飼料用途則歸農委會管，若當工業原料，則由經濟部管，若流到食品則由食藥署管...這就是鋸箭法，只管鋸掉箭尾，不理埋在肉裡的箭頭，眼不見為淨。因此 XX 公司居然這麼多年居然可一路暢行無限都拜「鋸箭法」官僚行政所賜。

究其原因是：官僚體系權責重疊、基層官僚推諉、課責機制未能法制化，趕不上時代快速變遷。無法因應建構明確的公共課責機制是原因之一，在講求依法行政的體制，行政管理者的行政裁量空間更是被壓縮，在權衡私利與公益之間蹉跎，被譏中央各部會溝通失靈也就不足為寄。政府在推動 NNITP 計畫，會不會考量計畫的推動要減少敵對者或限制，進一步發展建構關係密切的公私夥伴關係（Public-Private Partnerships, PPPs）？發展 PPPs 之前，有無先行評估：風險、成本與利益、社會及政治影響力、專業性、夥伴協力、績效評量等協力治理要素？誠如 Forrer

426 Perri 6, Diana Leat., Kimberly Seltzeer and Gerry Stoker., 2002, *Towards Holistic Governance; The New Reform Agenda. N.Y.: Palgrave. Ch. 8, pp.168-193.*

427 Wilson, James Q., 1989, *Bureaucracy; What Government Agencies Do and Why They Do It.* Basic Books. Ch.10, PP.179-195.

（2010：475-484）所言：「領導者要知道均衡各種不同的經濟、政治及社會等因素。」弔詭就隱藏在協力過程的各個角落，用心建構的「公私夥伴關係」屢被當成戰術掩體，無益於協力推展。

（三）擁抱弔詭

Connelly 等學者提出公共管理者要學習擁抱協力弔詭，因爲「協力」建立在一個基本弔詭，是每個成員都能同時「贏」。好的領導者要容許或鼓勵他人去領導（成事不必在我）；有效率領導者要知道何時領導以及如何追隨別人的領導。Connelly 三項協力特質公共管理者應熟記之。公共管理者進行協力要強調內在的弔詭特質，它會影響協力成功可能性，領導者要學習擁抱弔詭的存在。領導者要坦然面對協力弔詭的事實而不是設法消除。參與者要擁有自己的自主權，才能確保相互依存關係的發展。協力的內在弔詭特質，可能會影響協力的成功。領導者要學習擁抱弔詭的存在，見林又見樹也要通曉細節，具有寬窄的視野，才能調節領導模式、分析事件。（Connelly et al, 2008：17-35）[428]

依組織理論政府各部門要分工、權責劃分，職掌細密不一，個中容有重疊之處，乃組織設計司空見慣。但公眾對政府各不同部門的職掌一向概念模糊，一旦政府某部門的服務不周或緩不濟急，指責的是政府整個執政團隊，歷來鮮有某部門挺身扛起責任，尤其對職掌重疊或法律規範模糊不清的跨域地帶（cross boundaries arenas）。這能否歸諸「公共課責」的不明？推動 NNIT 計畫存在著協力弔詭，不可能每位計畫參與者都獲得公平一致的「贏」。「公共課責」機制的不建全，可能植根於分工的不明確，既使明確責任劃分，但未透過法制化程序，讓責任的歸屬遊走法律邊緣，或因法制的盲點讓政策的實際執行者/公共管理者有失職的「機會」。

爲健全「公共課責」的機制，Barzeley 研究認爲普遍設置監督機制或人員，會是應有的作爲，但行政交易成本可能增加。監督機制或人員要兼任解決問題的任務。（孔憲遂等譯，2002：111）[429]這是罕見的論說，監督者不但要監控，更要協助問題的解決，這對不完善的公共課責機制，可能是協力網絡監督人員的最大挑戰。公共課責機制來自廣大公眾的參

---

428 Connelly, David R., Jing Zhang, and Sue R. Faerman., 2008, *Big Ideas in Collaborative Public Management*, Armonk, N.Y. M.E. Shape, Ch.2,pp.17-35.

429 孔憲遂等譯，2002，《突破官僚制：政府管理的新願景》（原作者：Michael Barzeley），中國人民大學出版社，頁 111。

與，課責機制是公共價值存活的平台。

（四）一級中央流行疫情指揮中心，仍跨不過「權限範圍」

自對岸武漢封城，新冠肺炎病毒疫情擴散，我宣布防疫二級中心開設。2020 年 2 月 28 日 WHO 宣布全球五大洲無一幸免，疫情惡化暫無緩勢，日韓兩國疫情急速惡化；同日我國宣布中央流行疫情中心一級開設；指揮官仍是衛福部部長，續掌一級指揮中心指揮官。在記者會中被問及指揮中心對「跨部會防疫事務」能否「下令」問題，未作直接答覆卻回說：「指揮官不會攬過來指揮，不然就亂了。」他的坦言直搗跨部會協力弔詭窠窩。

從跨域行政的理論及實務運作，NNITP 是成功案例。何以跨部會疫情指揮中心，即已授權昇級爲一級開設。指揮官仍爲同一人，在跨部會疫情指揮中心卻無奈回應「指揮官不會攬過來指揮」。[430]箇中障礙莫非跨不過「權責範圍」、「預算、資源」、「人力調配」、「課責不明」、「指揮調度」、「官僚文化」等等因素所致？同年 3 月 1 日疫情中心宣布伊朗疫情提昇至第三級警告，外交部同日也宣布伊朗旅遊警示燈爲紅色「建議國人不宜前往」。外交部自爲跨部會疫情中心的成員，何以疫情中心即對伊朗提昇爲第三級警告，外交部卻又對外宣布伊朗旅遊「建議國人不宜前往」，難不成外交部秉「權責」不得不對外宣布？印證疫情中心指揮官所言「指揮官不會攬過來指揮」。[431]實情是一級中央流行疫情指揮中心，仍跨不過「權限範圍」。後續跨部會協力機制漸進調適，突鍵漸減。

跨域行政在國家面對疫情天災，疫情中心主任，仍依襲官僚體系的舊規以官僚命令（mandate），由二級晉陞爲一級疫情中心主任，其法定程序爲何？還是沒「法」可依？行政工作已邁入跨域行政的世紀，跨不同部會、組織、團體、資源共同面對多元複雜的社會問題，已是現在進行式不是未來式。跨域行政的法制規範亟待建構，要不？其後果「不然就亂了」。然亂像持續著；「旅行團 3 劑限令　交長：看報才知」（聯合報，2022 年 4 月 19 日 A6 版）疫情總指揮對旅行團成員規範需施打 3 劑。經揭事實總指揮官「有向政院報告」。跨過政令協力網絡成員逕行報告實務緊急無可厚非。然 Comfort 對颶風 Katrina（2005）研究指出 4Cs 關鍵因素有待跨域協力成員研析（PAR, 2007, 67:189-197）。

---

430 聯合報，2020 年 2 月 29 日，「一級指揮官不敢指揮？」，A2。

431 聯合報，2020 年 3 月 1 日，「伊朗紅色警戒『國人不宜前往』」，A3。

第六章　多樣性與跨域行政

業師彭文賢提點對 Mitchell F. Rice（2005：3-44）在《多樣性與公共管理》一書的前瞻視野以及業師謝立功強調「尊重多元、欣賞差異」（Respectability for Diversity & Appreciation of Differences）的包容性，兩位醍醐灌頂，啓迪本章立論。

一、多樣性挑戰生活

跨域協力/治理不是獨立學科（field），因其整合許多學科的理論與技術，沒有唯一途徑可循，當前在資訊科技的加持下，社會科學各領域都找得到跨域協力/治理，遑論在公共行政、公共管理、民主政治活動，它都扮演核心催化、潤滑功能的角色。跨域協力/治理是「一以貫之」的新興學門，未來學術論著的明日之星。

對跨域協力/治理的研究，淵源於公務職場上多年工作體驗、困境、拙折，繼之博士學程受惠於胡龍騰教授對「跨域治理」學術領域的啓迪，以《跨域協力治理之研究：全國新住民火炬計畫案例分析》爲題撰述博士論文。自問對跨域治理仍有諸多懸疑不解的論點，時浮腦際。偶會對其中的小頓悟雀躍興奮，之後的理緒墮入五里雲霧，百思不得跨域協力/治理的理論建構，究應從何著手？

生活環境受惠於外部環境的改善、更受制於政經繁榮與衰縮，尤其生活居住大環境下的政經變遷，時刻牽動刺激生活神經脈絡，個體或社群、社會隨之起伏鵲笑鳩舞同沐春風，或沉陷群狼哀嚎驚恐四怖，如 2019 年新冠肺炎病毒肆虐，學生延遲開學，大型宗教活動暫停；論者個人除生活必需品採購幾近足不出戶。多樣性的社會問題，不時對個人、組織產生不同漣漪，如何預知（cognition）及早回應，單打獨鬥不能解決，必須社會多元化成員共同參與面對，跨越中央與地方、城市與郊區、境內與境外、不同境域協力匯聚不同資源共謀良策。

二、多元職場、多能功

（一）立足職場

管理科學是社會人文科學的一環，探討跨域治理理論與實務，回歸社會生活層面去探索公共行政領域應行變革，這是實證主義論述的基石。從生活層次爲起點，探討引起生活各環節變動的重要關鍵是「職場」。姑不論能否在職場上「行行出狀元」，只就「立足職場」已屬不易。如何找到適合自己專長、偏好的職場工作已屬艱難，排除同一職缺的競爭者不說，自己的喜歡與否可能不是該職缺的招幕者當然人選；「職場專業」才是職缺招募者考量重點。職場變動受到資訊科技發展產生連動性漣漪；AI 科技的機器人已開始取代第一線作業人力，機器人更在生產線上全面取代重複性工作，汽車製造業自動化生產線，原先上千人力現在只剩個位數人力。職場受科技影響，快速變動，原屬人類的職場，被機器人取代，人在失業之前還是在失業後，準備「職場專業」？現有的政府職訓單位代訓的專業技能，如何超前趕在職場消失前預爲籌謀？能否邁入、立足理想職場工作，會受到不同因素影響，包括專業技能、職缺性質、企業組織文化、薪酬待遇、發展陞遷機會，每件大小事都會影響您對職場工作的選擇。

（二）多能工時代

「多能工」不是新名詞而是職場上的「預備隊」。有遠見前瞻眼光且富有社會企業責任的企業領導者，早在自己企業領域提醒員工參與「職場專技」培訓，甚至耗鉅資自己籌辦多樣性專技訓練，厚植企業能量更爲組織成員拓展視野。陳文茜：「鐵飯碗的眞實含義不是在一個地方吃一輩子的飯，而是一輩子到那兒都有飯吃。」這是處在多能工時代，在職場上應行的修爲，在職場變遷未臨之前，先行培訓下個職場專業技能。

當今政府重大公共政策的推動牽動不同部會，單一部門已無法承擔，必須整合行政部門不同部會局處人力、資源共同協力參與。重大政策的推動，不限於行政官僚體系的部會，更跨足私部門、NGO、利益團體、政黨、社群（social community），不同領域的專業技能、人力、財力資源的整合，由單一領導者，凝聚構成虛擬團體（virtual team），爲共同目標分工合作。

中信集團張安平的經營管理模式，第一條也是最重要的守則——

「所有人都必須是多能工，學會跨界、並且每件事情都做到最好。」例如雲朗集團所有飯店每三個月要換一次菜單，主廚們要不斷研發新菜。再如所有總經理都要進廚房並且學會煮菜，全集團定期抽籤，抽出兩人下廚煮給主管們試吃，總經理進廚房表示他關心基層；對廚房不了解，怎麼下判斷、做決定？因爲火熱的廚房常常處在四十度高溫，他跳下來會較有同理心，人才才留得住。」企業主管要兼具多能功職業專長帶領員工，官僚體系十二職等以上得跨越不同職系調任，公私部門著眼一致。

Rebecca Hubbard與張安平所見略同，Hubbard是美國紐約Lotte New York Palace的總經理，他說：「我每天都會儘可能出現在飯店，讓其他人可以接近我、找到我。你必須了解業務的內部運作，才能眞心讚賞員工的工作。」培育員工爲多能功是決策者的遠見視野；具同理心的決策者，降低員工流動率減少企業成本。

（三）生活素養成就職場的卓越

在職場場域的表現與工作績效，決定於個人生活素養。生性剛愎自用、時與人爭吵、不服主管領導、特立獨行、無法協調合作、生活舉止不合時宜等等都會影響講究工作團隊績效的組織、企業。生活素養低落者，干擾組織成員職場氛圍，造成領導者的困擾，以及組織管理運作的成本，沒有一個組織會歡迎一位生活素養低品質的求職者或工作者。

符合職場文化的個人生活素養，才能在職場上站穩，才有後續的專業技能的展現機會。跨域協力/治理的問題出現在不同領域的工作職場。職場是個人追求生命意義，踐行人生理想的競技場，更是創新、突破現況的起點。多能工時代來臨，試問您準備好下一個職場專技訓練？又適合您自己的期待？符合未來五至十年的發展需求？

個人在職場能否展現專業技能與專業素養，左右個人在職場上的成就。能否邁入理想職場工作，會受到不同因素影響，包括專業技能、職缺性質、企業組織文化、薪酬待遇、發展陞遷機會，每件大小事都會影響您對職場工作的選擇。擁有符合企業組織文化的「生活素養」，個人才能在不同的職缺環境中歷練，受過不同職缺工作歷練的幹部，會是組織團隊重視的領導人選，以豐碩的人脈、專業技能和生活舉止素養進行跨不同部門的溝通協調，型塑跨部門協力的重要菁英幹部。

職場是個人追求生命意義，踐行人生理想的競技場，更是創新、突破現況的起點。陳嫦芬的《菁英力》您能不讀不看不學不記？跨域協力/

治理要透過跨學科知識，從生活、職場中學會活問題、活教材，透過朝歹寤寐以求的心得，先透過生活職場領域的素養與技能的冶煉，尋求跨域協力/治理的各種不同解決途徑。

論者在公私部門服務期間，見證同一部門、局處、科室間，跨不同部門間的協力合作，阻礙重重，主事者要破除諸多的橫梗障礙，協調溝通過程往往耗盡相當的人力、資源與時間，所獲致的效益與成本不成比例。

（四）職場素養、創新

中信集團張安平將台灣元素帶到飯店業一級戰場的歐洲，還將醒獅團表演拉到羅馬大飯店開幕酒會的大舞台，讓歐洲人在飯店中看到屬於台灣、也是屬於中華的文化。當很多職業逐漸被機器取代，張安平總說「我們這行業不行，因爲產品的來源就是人」，從飲食到服務，都是文化的一部分。文化，成爲張安平經營飯店呈現的核心價值，讓人看見歷史，也看見不斷變化、創新中的傳統。廣東佛山某餐廳採用 AI 科技及自動化機器設備，從進餐廳到用完膳付款，見不到服務人員。張安平的經營理念及作風，已受到挑戰。「變是唯一的不變。」

張忠謀接受某刊專訪認爲領導者同樣要具備多項工作素養或能力，他提出要作到七件修練：「沉穩、細心、膽識、大度、內涵、誠信、擔當。」前述素養能力每位企業家用詞遣字有別，得視其對七件修練如何詮釋。以下是他的詮釋：

沉穩：「不任意揮灑情緒，不訴說自己的困境和遭遇，徵詢他人意見前，自己先作思慮；不嘮叨你的不滿；言談行止不慌不張；自信但不忘尊重他人的高見；人無高低不用拽拽的；注意禮貌，您不比別人優秀。」陳嫦芬提及在職場不隨意吐嘈，那是禁忌；常言道：謙受益、滿招損，虛懷若谷的修爲需要賡續不綴。

細心：「別忽略身邊事物的因果關連性；做不到位的，要找出根本癥結；對習以爲常的事，提出改進及優化建議；處事要有條不紊，井然有序；試著找出別人無法發掘的弊端；要不時補足自己的缺失。」郭台銘不也指出：「魔鬼隱藏在細縫中」，任一不顯眼處去挖掘、修正缺失。

膽識：「切忌常用沒自信的語詞；對決定事項，勿輕易推翻反悔；在眾人爭執不休時，不要沒有主見；當氛圍低落時，要樂觀，要陽光；做任何事要專心，第三隻眼正在注視著您；事情不順時，停歇喘口氣，找出突破口，結束時要乾淨俐落。」處事要決斷不拖泥帶水，但不剛愎自用，樂觀進取。

大度：「不要把可能的夥伴，變成敵手；勿斤斤計較別人的小過失；金錢上要大方、財施、法施、無畏施；勿擁權傲慢，更勿專業偏見；與別人分享成就和成果。」論者認爲領導者切忌貪婪，俗語：「財聚人散、財散人聚」。爲人要守住貪婪之念。

內涵：「吸納廣博知識並虛心觀察世事，眼界開闊；了解自己，培養自己的審美觀；笑迎人生，勤於勞動培養健康生活習慣；不盲目行事，要有目標；內在美要與外在美同時兼修；不要整天以電腦玩無聊的東西；理智判斷，控制情緒。」慧眼洞察世間事，眼見未必爲眞，聞不如見，細心分析比較。

誠信：「做不到的事不說，說了就努力去做；忌諱口號或標語；停止不道德的手段；不要弄小聰明。」不誠無物，切忌信口雌黃，胡言亂道「乾淨的煤」。

擔當：「任何過失從檢討自己開始；事情結束，要檢討優劣缺失，列述功過；計畫要周全，統籌規劃要有前膽性；損失要勇於承擔。」不推諉塞責，更要明察秋毫，賞罰嚴明，部屬有過自己承擔。

論者提述職場模範生，旨在強調職場多樣性、多變性，未來職場專業技能要在職場變遷前，預爲籌謀投資自己成爲多能工。

三、跨域資源整合

資源整合是跨域行政核心工程。進行跨部會協力旨在吸納不同財力、人力、技術、專業，解決單一部門無法解決的棘手問題。

（一）跨域政策

各部會權責不一，對問題解讀及認知殊異，要凝聚共識再策劃解決之道，議擬跨域政策，各方資源整合是第一步。根據聯合報 2016 年 30 日 A2 版：行政院七月底已成立「長期照顧推動小組」，目的在發揮跨部會協調之效，但勞動部在日前以「擴大長照服務能量」爲名，公布「鐘點外勞」大幅放寬申請資格，完全不顧衛福部「長照 2.0」要大手筆打造「第一線本土服務人力」的承諾。這是新政府各部會間「左手打右手」的例證。

勞動部「鐘點外勞」三年成效未達到「減少對外勞人力依賴」的效

果，曾被要求檢討。熟料勞動部片面宣布將「鐘點外勞」計畫再擴大，讓綠委跳腳。跨部會協力不足，談政策推動恐事倍功半。此案印證單項社會問題，牽動不同部會權責，屢見不鮮，奈何山頭主義見不到、認不清社會問題絕大部分是跨越不同部會權責的政策問題。

「發展中的組織最需要培養跨部門的人才，當企業有機會發展、整合資源時，得爲組織創造嶄新價値。」因爲即使完成本身工作未必能完成整體任務，協力夥伴的遲延，導致工作進度落後及品質不佳。這種跨域管理的氛圍，除強化自我管理，更要精進跨域協力/治理能力與認知，以精進工作進度與品質。其他重要因素包括人力配置、權益分攤、資源的加入；沒有健全的跨域協力組織結構的法制化，恐陷入分工不明、權責混淆不清的困境。

（二）跨域專業技能

擁有符合企業組織文化的「生活素養」，個人才能在不同的職缺環境中歷練。受過不同職缺工作經驗，擁有厚實「專業技能」的幹部，會是組織團隊重視的領導人選。以豐碩的人脈、專業技能和生活舉止素養，是進行不同部門的溝通協調，型塑跨部門協力的重要菁英幹部。跨域協力/治理要透過跨學科知識，從生活、職場中活問題、活教材，透過朝歹寤寐以求的心得，歷練領導技能。職場傑出人才總先透過生活職場領域的素養與技能的冶煉，再尋求跨域協力/治理的各種不同解決才智。

Jacques Barzun 在《從黎明到衰頽：五百年來的西方化生活》（2004：392-393）一書難掩唏噓道：「日常生活要考量的何其繁雜難理頭緒，既使思維清晰、一本良知，因論述觀察各有所本，難獲一致結論。……大多數科學家、數學家都如此認爲……，只有他們的實驗所得、演繹結果可信，其他任何道理都只是一種看法、謬誤，或胡思亂想。」[432]學者們在論述過程向來難有統合性，論述價値隱藏其中。當下公共行政屬於跨域治理發展階段，對於「跨域行政」尚無共識理論，但跨域資源整合是它的基礎交通建設。

（三）跨域理論建構

「有限理性」理論的支撐，當下人類暫時無法演化到足資創造、建

432 鄭明萱譯，2004，《從黎明到衰頽：五百年來的西方化生活》，原著 Barzun，Jacques。台北：貓頭鷹，頁 392-393。

構跨域協力/治理的理論。跨域協力/治理的最高無上的權威理論是平凡與超聖的結合體，以凡間的社會科學理論為基礎，昇華為超凡的哲學境界。凡對公共行政指涉的範疇，欲以單項或融合性理論，進行詮釋或問題剖析，甚至以單項範圍的科學認知，即宣稱找出法櫃/聖杯，終結會被全能上蒼所睥睨。社會問題無法以單一視野、學門的獨大自傲就能馴服群魔亂舞。以理性科學而言，依然無法對社會現象、社會問題進行判準，人類的毅力持續耕耘著。

（四）地區權限、資源整合、公民參與

我國一直跨不過港市區域權限範圍的慘痛經驗，讓臺灣各港埠城市運作功效，日益衰退無解。高雄市政府 2016 年 9 月首度舉辦第一屆「全球港灣城市論壇」，邀請到巴拿馬市長、韓國水原市長、緬甸仰光市長等來自 25 國、39 城市的代表與會，旨在促進全球港灣城市的治理經驗交流，建立合作共識。

2016 年高雄港的貨櫃吞吐量直直落，從過去世界第 3，滑落到 12 名。沒落的高雄港要如何和高雄市結合，成為帶動城市發展的引擎？法國馬賽、英國利物浦和比利時安特衛普等三位歐洲大港管理者在研討會中相繼指出，整合海港和城市的治理單位，並且重視人民的聲音，是促進港灣城市進步的關鍵。跨域協力的困境不限於港灣與城市，它只是全球性跨域治理困境叢林之一隅。

海港和城市分屬不同治理單位，導致兩者發展方向分歧，都市的整體規劃受限，這不只是台灣遇到的問題，也是全世界港灣城市普遍面臨的挑戰。法國第 2 大城、地中海的海港城市馬賽副市長博論（Roland Blum）於研討會中表示，1960 年代開始，馬賽港在標準化規格的貨櫃出現，的確帶來物流革命，貨櫃可以直接從船上被運到卡車上，大幅減少以往在輪船、倉庫、卡車之間裝卸大小不一的貨物所需人力，以致從 1975 至 1995 年間，馬賽減少 5 萬個就業機會，加上貨櫃物流需要更大空間，導致工業港區外移、舊港區沒落，馬賽最終被迫啓動城市復興計劃，改造並擴充舊港區功能，以貼近市民生活的需要。在過程中，國家和地方的意見出現分歧，地方政府希望發展低污染的觀光遊輪產業，中央港務局則希望保留更多港口原有設施功能。Roland Blum 提示港市合一過程，別遺忘人民的聲音。

高雄市政府舉辦的「全球港灣城市論壇」中，3 位歐洲大港管理者共同指出，整合海港和城市的治理單位進行跨域行政的重要性，並且要重

視人民的聲音，公眾意見是促進港灣城市進步的關鍵。Roland Blum 強調，馬賽的城市復興是以人民爲中心。馬賽從一百多年前就有居民自行組成的社區委員會，市府推動任何大型計劃都要進行諮詢，如果沒有共識，會有實行上的困難，例如馬賽曾計劃擴大貨櫃港，但因需要增加鐵路運輸量，遭市民反對，迫使港口重新檢視計劃。

海港和城市分屬不同治理行政單位是論跨域行政最佳典範。舉辦「全球港灣城市論壇」邀請來自全球治理菁英，論析跨域協力過程的慘痛經驗，帶動產官學政各界菁英對跨域行政的啓蒙，以及對跨域行政的學習熱潮。

（五）跨國際視野與經驗

跨府際管理工具的變遷：Beryl A. Radin（2003）在〈跨府際管理工具〉一文提及：「跨域活動範圍的擴增、新興管理技能須依跨域幅度的廣拓效益進行技能調整，以及國際社會對這些變遷的表述。」[433]尤其重視政府角色的變遷、不同層級府際間的相互依存關係、聚焦於實施績效、公私部門的互賴關係、跨府際管理新技能的需求，適時依情境進行結構性、計畫性的再調整。跨府際協力不易，可多參斟國際社會的優劣點，擇其可行者，對協力參與者授權或分權化。

四、全觀性跨域行政

（一）港市跨域行政向前邁

往昔盛讚公私部門進行垂直水平式的跨域治理，從中央到地方政府、公部門與私部門，公部門與 NGO、NPO 的跨域協力，但歷經多年協力努力，本土參與者及公共行政主政者對跨部門的協作，已淪爲政治口號高呼合作團結之後，各奔東西各歸原位沈寂消失。

高市府 2016 年首度舉辦「全球港灣城市論壇」，在論壇中受邀的各國代表，相繼提到唯有港市合一，港灣城市才有未來。最後是由市政府拿

[433] Radin, Beryl A., 2003, "The Instruments of International Management" *Handbook of Public Administration.* B Guy Peters & Jon Pierre (edited)，Sage Publication Ltd. 2003. pp.607-618,(The Instruments of Intergovernment Management: 1.an increase in boundary spanning activities; 2.the new management skills required as a result of the boundary spanning changes; and 3.the international expression of these changes. p.607.)

出資金，資助港口設施升級，但也要求中央撥出港區土地來建設文化和商業設施，中央、市政府一同制定出港市永續發展的計劃綱要。2020 年 8 月實地參訪高雄港原軍備倉儲整建建構旅遊景點，見證港市跨域行政向前一大步，後續發展公私協力有待戮力共赴。

（二）跨域行政國際成功案例

1998 年因公派赴蘇格蘭學習，期末學習參訪英國第 6 大港、披頭四的故鄉利物浦 Liverpool，只見城市老舊暮氣，正在凋零中；副市長蓋瑞・米勒（Gary Millar）在「全球港灣城市論壇」表示：「港口屬於企業所有，利物浦市議會在港區附近的土地不多，且港口範圍橫跨數個地方政府轄區，海防由國家管理，再加上利物浦舊城區被聯合國教科文組織核定為世界遺產，使得港口和都市相關部門之間的溝通更顯重要。為整合區域資源以和其他全球大港競爭，利物浦從 2014 年 4 月開始由市長、7 個周邊區域的議會議長、當地企業夥伴組織（Enterprise Partnership），組成跨區域的「利物浦市區域聯合機構」（Liverpool City Region Combined Authority），共同處理運輸、經濟發展、都市復興等事務。」跨域協力進行首重跨域組織架構的型塑，Liverpool 廣茅地域含括世界遺產歷史文物，協力參與單位包金包銀，私人企業更擁廣大港區地產，相關利害關係者（stakeholders）都不容遺落，Liverpool 跨域整合工作是非常成功學習案例。

比利時安特衛普 Antwerper 港區跨域管理是另一成功案例：在歐洲第 2 大港 Antwerper 港區，由市府獨資但獨立於市府和中央的港務局管理，董事會由產業代表、港務公司、環保團體、市議會代表組成，公眾諮詢同樣是他們決策時的必備過程。港務局總經理沃德舒（Kristof Waterschoot）舉例，曾有企業計劃在安特衛普興建火力發電廠，從安特衛普的碼頭進口煤炭，將帶來巨額收入，但因為當地居民希望使用綠色能源，朝向永續發展，導致這項計劃最終取消。該計劃不但綜整相關利益關係者，對公民意見同樣重視，在港區運用計畫朝向永續經營目標。前述兩個港區復甦過程，不忘公民參與及資源整合。

（三）高雄市政府是跨域行政領頭軍

高雄市政府在 2017 年和港務公司合組土地開發公司，作為「港市合一」的第一步。「港市共榮」也開始在台灣生根，啟動港市合一往前邁進。高雄市政府在 2017 年首先和台灣港務公司，合資成立「高雄港區土地開發公司」，雖然許多業務仍分屬兩單位，但至少在土地開發上已經出現合作平台，成為邁向港市合一的重要基礎。跨域協力/治理若僅試圖化約社會問題，就託大能理出一條解決大道，多少具有「信念」性質的命題。人性的自私、貪婪，讓社會問題結構更加複雜化，跨域行政同樣難化約複雜化、多元化社會問題於一。

五、跨域組織結構

（一）建構跨域行政組織結構

跨域行政組織結構，Giddens 言道：「結構二元性（duality of structure）「行動和結構乃互扣互攝」；以及葉啓政引申：「結構即是行動的介體，又是行動的效應結果。」[434]二年後葉啓政（2008：50）認為 Giddens 的語意：「結構對人的行動具有著制約或賦能（enabling）的作用。」進一步詮釋為：「（結構）可以看成為一種具集體意義的權力形式。」[435]前述能否歸結為「組織結構決定組織思維與組織行動？」有待諸賢斧正。組織結構屬於組織集體意識表述，若再佐以行動，在建構跨域組織架構能不慎乎？在此略舉三類型跨組織協力結構：

1.水平層次跨組織協力結構

跨域協力/治理以 NNITP 計畫為研究個案，從官僚體系而言內政部與教育部，組織層級同屬行政院二級機關。在官僚體系支撐下的，有共同上級機關首長為首的跨域協力/治理，下屬機關各首長/領導者同為 NNITP 跨域參與者，權益碰撞、衝突，基於順服上級，易於維持協力參與組織的和諧。同屬組織平行位階等同的兩個參與者，在首長們的善意和諧氛圍下，有正當溝通管道，協力成員間的緊張、衝突易於化解。參與協力網絡的成員數量增加，箇中互動頻率愈形複雜，緊張磨擦不易避免，交易成本隨之增加，原本協力治理的宗旨在降低行政成本以及行政風險，運作日久與之相左。因為協力過程參與者互動機制欠缺法制化可

434 葉啟政，2006，《進出「結構-行動」的困境：與當代西方社會學理論論述對話》，三民，頁 242。原文（結構既是行動所以引生的介體，同時又是行動的效應結果），願不離葉師原旨。

435 葉啟政，2008，《邁向修養社會學》，三民，頁 50。

供依循，協力治理網絡會日趨鬆散終至瓦解。前述 2016 年執政黨於勝選五個月後，民調滿意度直直落，總統親自召集「跨決策協調會報」應急，不知民調指數快速上昇，該會報卻不複見於世，消聲隱蹤。

2.垂直多層次跨組織協力結構

垂直多層次跨組織結構：參與跨域協力機關、團體愈多交易成本愈高。參與協力治理的組織層級不同、組織型態不同、參與數量的不同，也就是協力成員互動影響因素更加錯綜複雜，行政成本反而增加。參與者的視野不在解決共同目標的困境，反墮入協力網絡自行編織的協力弔詭中，各為組織的「自利」錙銖必較，旁落「公共利益」於一側。

前述謹就參與協力治理網絡的成員，在成員數量、組織層級、組織型態，公部門相對單純。一旦成員增加誰是跨域領導者，問題立即困惑協力治理參與者。2020 年武漢肺炎病毒中央流行疫情指揮中心之開設，上調為一級層次；原二級指揮官報載表現備受肯定，又直通總統、院長。針對指揮官直昇無異議，但講究跨域行政總指揮者，應擁有一定程度的行政權、財務人力調度權且有一定的法定程序授與「權限範圍」，在諸條件欠缺下，硬被鴨子上架，難怪陳時中回應對各部會「下令問題」時，大力閃躲，甚至說：「指揮官不會攬權過來指揮，不然就亂了。」

（二）監督跨域行政團隊

誰來監督跨域行政團隊？「Who oversees the Team of Cross-Boundaries Administration?」的問題會出現在跨域行政實務領域的末端。以跨域行政網絡模式、官僚層級制，監督問題通常出現在跨域行政最上層的組織結構層次。監督問題的產生源起於人性的自利（self benefit）、不周全理性選擇（uncomprehend-sive rational choice）所致。為彌補人性的自利行為及不完備的理性思考，誰來監督跨域行政團隊的機制建構就更加迫切和重要。建構跨域行政監督機制有兩個面向：內部監控與外部監督。內部性監控的機制易於建構且成本較低，監督成員來自內部，其弊病亦隨之而來，同仁間熟習顧及顏面易淪於相互袒護包庇營私。以警察體系的督察人員為例，屢受學長學弟體制所制約，致警察體系的督察績效不彰，乃制度性所致。外部監督機制的建構更屬艱鉅困難，外部監督機制靠法制，人治不如法治，自制不如外制。

當前在缺乏監督法源下，僅依當前公務人員服務法、行政中立法等法制均不足成就跨域行政如神經網絡般的複雜系絡的權責、課責及分工，監督不只防杜偏差，更要提昇跨域行政效能及效率。跨域行政的監督機制問題的浮現，難有快速解決途徑，一時難解，程度不亞於大法官無外部監督機制一般。

六、跨域行政願景

跨域治理的願景/意義，在於型塑解決共同問題的組織或行動者，藉由建構協力夥伴關係，結合多方資源之利用並發揮綜效，以解決共同要面對的公共問題。

從公共建設的三種特性：第一，不可分割性（indivisibility）；第二、空間的連續性（regional-wide continuity）；第三、公共建設的經濟規模（scale economy）等三個概念，來論析如何在地方分權的制度架構下，積極整合建構夥伴關係成爲互依互存的區域治理模式，達成公部門「善治」（good governance）的目標。從前述公共建設三個概念趨勢，論析跨域治理發展趨勢：

（一）跨行政區域的公共建設

美國聯邦主義（Federalism）蘊涵地方分權的思維，不分集權或民主政府都有不同程度的授權，讓地方政府因地制宜，只是授權程度的不同。授權的目的或說是更有效的「治理」，提供適切的需求服務，包括安全警力、消防、污水處理、學校等公共財的需求。這些公共財可分爲地方性、區域性，難由單一地方政府提供；應來自兩個以上或更多的單位共同協力運籌，如高速公路、跨州際的高速鐵路則由中央統籌各部會建構；至於河川、森林等生態保護的不可分割性，則由次國家層級來提供。

（二）政策議題的跨區域特質

政策議題的範圍往往超越行政區域涵蓋範圍。如 SARS、紅火蟻、食安、禽流感、豬瘟等政策議題的共同特點是「跨區域」空間連續性的特質。各級政府的治理模式，不能侷限在地方性政策觀點，以資源爭取爲主題，而應朝向「合作」的發展思維，包括、水、空氣污染、河川、森林等跨區域性的公共問題。

（三）生產公共財的規模效益

跨域治理的最大考量是有限資源的整併與效益的發揮。跨區域資源的整併，係考量公共設施的規模經濟，能集中資源在最有效益的地點，發揮乘數效果；整併資源可減少交易成本，讓區域內政策方案參與者減少額外成本。

綜前，跨域治理不論從公共財的特性、地理與經濟性等因素的考量，公部門要達成善治的目標，應積極整合，建構跨域協力機制，減少交易成本，為公眾提供良善的服務。跨域治理的溝通平台及運作的法制規範，恐非概念性的思維，能克盡其功，仍有諸多跨域性政治、法律問題待發掘與解決。

（四）跨域治理理論及體制建構

跨域治理的理論，學者林淑馨（2017：601-606），呂育誠（2007：98-110）從政策網絡（policy network）、新管理體制（new managerial regime）及協力關係（collaboration）等理論作為分析面向：

1.政策網絡理論

政策網絡可依成員關係整合緊密度成為一個連續體（continuum），細分為：政策社群/地區社群（policy community/territorial community）；專業網絡（professional network）；府際網絡（intergovernmental network）；生產者網絡（producer network）；議題網絡（issue network）。其中政策社群或地區社群成員關係較為緊密；議題網絡較為鬆散。

2.資源依賴理論

根據 Rhodes 認為組織必須依賴其他組織資源。網絡係基於資源依賴（resource dependencies）相互連結，組織必須依賴與其他組織的資源交換，各組織會在既定規範架構下，進行資源交換，在過程中透過各自擁有的資源、交易規則，與組織間交易慣例進行交易。易言之，運用網絡治理即擬定一套機制，規範參與的行動者，超越政府原有侷限，以解決在範圍與責任日益模糊的社會與經濟問題。政府無法任意支配網絡的參與者，需以新的技術與方法來操盤，亦即治理的參與者都能接受的規範中，進行資源交換以達成共同的目標。

政策網絡理論係以政策社群（policy community）和議題網絡（issue network）作為論述基礎。對於特定政策議題，政府與政策社群各有不同的政策領域（policy domains），各政策領域間的互動型塑整體的政策網絡。一旦政府欠缺與政策利害關係人、政策社群，進行重大政策的溝通，經常引起公眾的抗爭，或政府部門間未充分溝通，以單向思維，屢造成部會間的意見不一，減少公眾對政府的不信任與執行力的質疑。

3.建構跨域治理體制

2019 年底爆發 COVID-19，2020 年底 DELTA VARIANT 變種病毒傳播感染速度加快，迄 2021 年 7 月 19 日全球染疫確症超過 1 億 9 千萬死亡超過 410 萬人，台灣防疫模範生從「CAN HELP」[436]淪陷爲「NEED HELP」，感染確症者超過 1.5 萬人死亡 768 人。[437]疫情防治統一指揮組織結構自始立基於官僚體系的骨架上，統合公私部門一切醫療資源，運作堪稱順穩，期間疫情升溫警戒由二級升爲三級超過二個月，百業在禁令及自我節制下，配合自制。但百業停止營運二個月後，弊端副效應叢生，民怨沸鼎，舒困救貸方案層出難數，只求先安撫消除民怨，實質效應及紓貸到位與否，難行課責與監督。

從疫情防治統一指揮體系觀測跨域行政，似在召喚 Max Weber 百年前官僚體系命令統一指揮（chain of command）的亡魂。綜合指揮運作，跨域行政在警急事件擔綱必先打通任督二脈：其一建構以官僚體系（bureaucracy）爲骨幹的指揮命令體制；其二課責監督（accountability & monitoring）機制的法制化。前者官僚體系的建構包括指揮領導者之選卸機制、機關法定權責轉讓代行、人力及財務之撥移、資源（軟、硬體）調撥、指揮體系權責分工、指揮訊息傳遞網絡、指揮運作經費統籌、指揮體系支援團隊等等；課責監督機制的建構最是艱難，涵括範圍更是細微。「絕權的權力、絕對的腐化」是千古不變的樣版。指揮體系擁有最高權力指揮權限，沒有明確課責監督機制，巨幹必蟲蝕腐朽。監督要依法有據不致濫權，以維護指揮命令之權威性，監督法制化是必要的先決條件。公民參與監督機制之制定、運作，提昇指揮體系之合法性、正當性。

跨域治理的機制，在綜納公、私部門、第三部門、利益團體、政策社群與社區組織等參與者，針對特定公共議題，共同擬定一套彼此能接

---

436 哈佛商業評論，2021 年 6 月號，「如何面對疫情爆發下的悲傷」一文中提及 2020 年 4 月在《紐約時報》刊登廣告「TAIWAN CAN HELP」，並送出 1,700 萬片醫療口罩給世界各地……，頁 14。

437 聯合報，2021 年 7 月 19 日，「全球主要國家疫情」，A3 版。

受的互動規範，在政策網絡場域，各述立場及資源需求，型塑共同努力要達成的目標。

4.新管理體制理論

政治體制是一種政治安排（a political arrangement），讓公共政策的重要價值在制定過程，得以被制度化。管理體制是組織的結構化安排，藉以界定和支持體制的政治價值。跨域管理制度之建立，乃在各參與者之間架構出一種制度安排，創造出一種參與者能合作達成目標的系絡。共同利益的存在未必能創造出合作協力，而要透過制度建構，以提供誘因機制。

管理體制理論是一種政治的安排，乃中央政府與地方政策、政策社群在政策推動過程中，將涉及的行政、社會、政治、經濟等組織，建構成為一種法定制度化。在跨域治理的管理體制建構有兩個面向要兼顧：參與者的權力分享（sharing power）：亦即中央、地方、地方性組織及志願團體之間形成公、私合夥的自願性夥伴關係。避免 Stoker 所謂拉夫式的「心不甘情不願的夥伴」（reluctant partners）。提供誘因結構（incentive structure）是管理體制理論所強調的「權力賦予」（power to），旨在建構整體統合的行動能力。中央分權化減少集權，賦予地方職權（enabling authority）或「導航型政府」（steering authority）。

綜述跨域治理結構應朝向效率導向、市場導向、社區導向等面向設計，成為具有自我課責能力的治理體制。

七、建構理論雛議

（一）理論雛議

單一學門無法解決社會複雜問題，跨學科間（interdisciplinary）整合成為公認社會科學研究途徑。從結構主義觀點論述跨域行政，最重要目標在建構巨大理論（grand theory），對跨域行政的整體結構，有系統地對行政範疇分由各學科領域論析包括：政治學、行政學、公共政策、行政法、公共管理，以及未專篇論述的總體經濟學涉及跨域行政各領域的中度理論（middle-range theory），進行理論結構的匯流與實務運作綜效相互學習、淨化，讓實務界與學界共同找出良善/巨大（grand）的初階理論闡述。

葉啓政在《進出「結構-行動」的困境》一書：「……強調以具經驗性質的變項來勾勒結構此一概念的做法，基本上是相當粗糙，實有再仔細斟酌的必要。」[438]再說個體所鑲嵌的結構-概念，僅在述說個體的內化過程，能否與整體社會結構變項關係相串聯，應有限度支持、保留。

（二）獨立或共榮

「公共行政尚未被認爲是一門眞正獨立的學科，因爲其內涵、技術、理論、典範，可說尚未成熟。」此說對 1887 年 Woodrow Wilson「行政的研究」的公共行政領域有卓越貢獻的學界先輩，絕對無法讓共心服。吳定引據 Barry Bozeman 所云：「公共行政不必一定要成爲學科（field），成爲一種專業（profession）即可。」[439]在職場講究職場專業或職場技能，但職場千百樣各擁專業/技能，不宜任由單一職場論斷其價値，否定單一學門的獨立存在與否，似過於獨斷或自大，實務界重視社會問題如何解決之道，只要有益增進公共利益造福社群，百花競豔百鳥共鳴，爲社會共榮努力，都應如海洋納百川之大度受到尊重。

「跨域行政」（Cross Boundaries Administration）一詞係在學校講授公共行政相關學科時，蒙余致力業師論著的啓迪，擅揮禿筆剽竊，請先進們海涵提點迷律。

八、前膽發展

（一）協力/協作法制建構

「法者，天下之公共也。」[440]「當使人從法，不可以法從人。」[441]再說不依規矩不成方圓。天下事未有無弊端，雖歷代良法，久亦不免於弊，時勢使然。因法有弊，故修之，修之未必皆當，故與眾共議之。公共行政領域法規上百千條，時修時廢乃常態。理論上協力參與者進出不拘，但本土官僚體系則與西方體制有別，因權責、資源、預算、課責等羈絆約束，仍應依現行法制行之。但現行協力法制欠缺明文立法程序審議，咸以慣例或官僚管轄權限制衡。爲符程序正義，法制建構首重協力

438 葉啟政，2006，《進出「結構-行動」的困境》，三民，頁 140。

439 吳定，《公共行政論叢》，1999，6th edition，台北：天一，頁 30。

440 張釋之，《資治通鑑》，漢紀，文帝，三年。

441 宋孝宗，《資治通鑑》，宋紀，孝宗，乾道七年。

夥伴關係的法制化。

「協力夥伴關係的法制化」：在協力治理的領域是行動參與者「分享權力」（sharing power）的夥伴關係。包括中央與地方政府、地方與地方政府間的府際水平關係、公部門與私部門組織、公部門與志工團體的夥伴關係。透過協力誘因結構（incentives structure）的提供，整合所欠缺的資源，降低交易成本，達成協力共同目標。

「監督考核機制法制化」：監督考核權限有其專業性，本土現行公、私部門之協力治理，大部分採承諾方式。NNITP 計畫少部分採外包方式，由地區 NGO、NPO 組織，承攬訪視工作，雖有違政府採購法規定，但礙於重點學校人力及專業性不足，未作嚴格限制。未來網絡在資訊科技輔佐，監督考核實務不容有漏洞，以節省預算資源之虛擲或挪為政治選舉酬賞。

「公民素質教育法制化」：提昇「公民素質教育」仰賴教育體系的長期規劃，現行幼小國中高中，忽視公民教育內涵，恐嚴重影響國民素質及國際競爭力。「公民素質」是協力成敗關鍵。最終唯一可靠的解決方案是我們的國民教育。NNITP 受訪者的論述，印證以色列學者 Dror（2002）的研究指出：「少數團體霸佔政府的資源。」[442]如何解決協力資源被少數獨占？協力治理機制的法制化是其一，教育雖被視為緩不濟急，卻是唯一王道。

（二）跨域行政捷徑

「行不由徑」父輩勉後生佳言。但後學者對跨域行政卻在社會科學叢林中急覓小徑，突破荊棘躍登峰頂為首選。跨區域治理沒有捷徑：任何跨口達成跨域治理以自傲為最，再不就是自欺或欺人。誠如 Bingham（2005）所言：「玩弄政治口號（watchwords）」。單從跨學科研究之不易，遑論跨公共行政各學門，「謙虛、謙虛、再謙虛」後學應謹記銘懷心田。

（三）跨域協力網絡領導者/協調者

協力網絡一旦脫離官僚體系，各參與者地位平等，不存在官大學問大，有錢是老大的情境。誰是跨域協力網絡的領導者/跨域協調者？如何

442 Dror, Yehezkel., 2002, *The Capacity to Govern: A Report to the Clubl of Rome*. Frank Cass, London, pp.7-60.

推舉？跨域領導者的權責如何界定？跨域領導者是追隨者？還是獨裁者？在傳統官僚體系支撐下，尙可維繫均衡運作，反之，運作難度增加。西方學者認爲跨域領導者要以跨域協調者（cross boundaries spanners）自居較妥，因爲他要知所進退，有時是領導者有時是追隨者。Spanner 意指「板手」用來調整各螺帽與螺栓（nuts and bolts）密合的工具，可依其大小調整間距稱之爲 Adjustable Spanner。以本土政治生態的現狀，跨區域治理的領導者，受制於本位主義、山頭主義的思維作風，容不了跨域協力精神領袖。在欠缺跨域領導者產生機制的法制化，倡議跨區域治理恐淪落爲激情下的政治宣傳或口號（watchwords）。再論跨域治理的領導（leadership）產生，沒有公式可循，因爲影響領導的因素（factors）變動不羈難以掌控。

以 NNITP 計畫推動爲例，循官僚體系由上而下，各層級領導者理應順服上級，實地訪談發現事實不然。以致推拒、排斥配合之情事，依舊出現在巨大掌聲的空隙中。各層級領導特質的重要性被展現，在協力過程跨域領導者如何依情境不同，權變領導？迄今沒有被公認的協力治理理論，只有令學子們眼花不知所從的大批文獻及論述。如何建構本土化層級領導模式，適合在官僚體系下進行跨域領導者的培訓，讓不同層級的跨域領導者，具備在不同情境下能夠權變領導的基本技能、學養。以現有文官體制培訓機制，應戮力強化情境權變領導特質，因應變換職位調整領導模式的能力。領導特質培訓的法制化勢必耗時冗長，可從現行文官培訓機制漸進微調。

（四）公民參與法制化

公民參與跨域行政的法制化的重要性，從古聖先賢重民輕君之言如：「弱而不可輕者，民也」；「民所怨者，天所去也，民所思者，天所與也，下順民心，上合天意，功乃可成」；「人者，邦之本也；夫君者，舟也；民者，水也。政教之設，在乎得人心而不擾之……。古聖賢所言千車不勝載也」。但言者諄諄聽者藐藐。爲政者常說：「民之所欲常在我心，念茲在茲。」試問民之所欲爲政者如何能知？能代言嗎？誰又是代言者？民意代表、國會議員眞能爲民喉舌而不是「利委」？

Cooper（2006）認爲「公民參與」有五種途徑：對立途徑、選舉途徑、立法與行政資訊交換途徑、公民社會運動途徑及審議思辨途徑。Thomas（2012）認爲公眾（public）對公共管理扮演三種角色：公民、顧客、夥伴。兩位學者不論對參與方式或角色扮演，其實公民不會在意那麼多。在意的是公民的意見，爲政者您聽到了嗎？我（公民）怎麼知道您收到了？那您是怎麼說的（回應）？重要的關鍵是「參與機制或平台」的貧乏或脆弱，以及參與的期許，超過政府當前財政所能承載及負荷。倡導公民參與尚嫌不足，必須提供參與平台，以開放方式接受公民參與意願的表述，再由專業公正人士篩選適合議題的公民，讓公民的專業或知識有發揮空間。

政府推動的公共政策，由單一部門能獨自承接者鮮矣！集眾多部門、私部門進行跨域協力是必要且是降低交易及行政成本的良途捷徑。以資訊科技暢通無遠弗屆的功能，執政者已覺醒婉君/網軍威力，若以提供網絡管道以供意見表達爲已足，恐太過膚淺短視。今天婉君/網軍已成公害，如何阻止是另一應被討論的議題。

提供公民參與機制的合法化，始能讓公民參與公共政策決策參與及對政府執行績效進行監督。今天的公眾（public）身兼公民、顧客、夥伴。體制的國會議員、民意代表不再被信任。公眾在各個角落發聲，展現自救能力。對一位協力夥伴-公眾，提供合法參與管道是跨域協力/治理必走的趨勢。

政府部門不宜採行座談會的方式，視之爲公民參與，往例的座談會、說明會、研討會雖名稱不一，實質操作方式偏重在政府政令的宣導，甚至將規劃完成的草案上網或在現場提供，就視其爲完成行政程序法相關公告的規範；這些舊模式已不敷公民期待。「公民」包括當事者、利害關係人、以及潛藏的利害關係人，都應該准許納入「公民參與」的對象。

「民有、民治、民享」是憲政宗旨，「公民參與」是憲法層次公民基本權的保障。任何政府組織部門未提供或漠視「公民參與」，無異挑戰中華民國憲政體制。不是「婉君/網軍」出現之後才要重視「公民參與」，過去的漠視徒讓現今的倡議者成爲先進時髦者。

（五）基層官員與權益代言人

弱勢族群認同基層官員是其權益代言人？時到今日公民參與蔚爲時潮，太陽花學運要求參與服貿協議之立法即爲一例。針對當前臺灣第五大族群的新住民，NNITP 計畫是否將新住民視爲協力治理過程中的參與成員？新住民的分布散居全國各地區，甚至偏鄉窮壤之域，無法有效將自我權益組織起來，在實務上新住民的心聲是由「基層官員」代言。「在不完美的參與之下『基層官員』成爲協力治理最重要的代理人，代理人擁有資訊的優勢，是否會反客爲主？（陳敦源 2012）」學界呼籲政府要廣納各界意見與聲音，但過多的倡議卻得不到奧援，原因之一是公民參與熱誠的遞減？決策者不能忽視公民參與的問題，公民的知識更不宜輕忽，因爲公民最瞭解當地問題。反觀今天媒體最熱門的是某執政首長，提供公民參與上網投票 XX 委員會委員、XX 公共政策。「公民參與」不再是選舉口頭嘽，而是積極行政的一環。

（六）調修憲政架構

調修公民參與實質憲政架構，跨域協力網絡建構在民主法治的基礎，高度的民主素養，公民參與才可能被接納與被尊重。美國憲法並未規範公民參與（civil participation）公共政策論述；我國憲法則有待進階調修，明文授權公民參與的各種規範，漸行微調現行立法議會「利委」體制，現行的憲政架構讓行政官僚體系仍寄託在官僚龐大架構下，遂行部分的跨域協力功能，但對成熟的協力網絡成員、參與者而言仍嫌不足，未來要廣納具有實質民意基礎的公民參與，憲政架構的調整或修葺，已成識者之共識。細節仍待協商匯聚共識。進一步建構協力成員，自由進出、成員地位平等，將協力弔詭的干擾因素降至最低。

協力治理各項機制法制化的建構，列爲重大工程。憲法規定：<中華民國基於三民主義，爲民有、民治、民享之民主共和國。>；<中華民國之主權屬於國民全體。>公民參與權是憲法賦予的，更是體現保障公民權的重要方式，進而享有民之所欲的施政。

楊振宏（2013）指出：公民參與不限於直接或間接選舉，包括公民的經濟參與、文化參與、社會參與。擁有中華民國國籍的新住民參與 NNITP 決策制定，對攸關自身權益的決策，提供參與機制是民主與文明的展現。公民參與的治理，讓政府施政作爲發揮公共利益最大化，邁向善治（sound governance）。後現代論（postmodern theory）尊重多元主體和諧共存的社會，政府要提供多元主體的參與及互動，藉助法定程序讓公民參與制度化。

跨域行政旨在提昇行政效率，減少行政成本，修葺現行不符資訊科技時代之各種法制，進一步策訂 AI 時代相關法制，理論及法制化建構都要有全觀性整合。

（七）調和生活素養與職場專業

公共行政管理科學是社會人文科學的一環，探討跨域治理理論，回歸社會生活層面去探索，這是實證主義論述的基石。論者在職場上的困頓及受挫，援爲研究跨域行政的起點。在公部門服務期間，見證同一部門、局處、科室間，跨不過同水平部門間的協力合作箇中障礙重重，主事者要破除諸多困擾，過程往往要耗盡相當的人力、資源與時間，所獲致的效益與成本不成比例。當今政府重大公共政策的推動牽動不同部會，單一部門已無法承擔，必須整合跨行政部門人力、資源共同協力參與。重大公共政策的推動，不限於行政官僚體系的部會，更跨足私部門、NGO、利益團體、政黨、社群（social community），不同領域的專業技能、人力、財力資源的整合，由協力領導者，凝聚構成虛擬團體，爲共同目標分工合作。

在職場場域的表現與工作績效，決定於個人生活素養。生性剛愎自用、時與人爭吵、不服主管領導、特立獨行、無法協調合作、生活舉止不合時宜等等都會影響講究工作團隊績效的組織、企業。

人有閱歷未必有生活素養。有了人生素養，進一層要修煉「職場素養」。「職場素養」先不論其內涵之一的「專業技能」，因職場有別：如科技類、文創類、金融類、航空航海、學術界等等，專業內涵要求水平不同難逐一剖析論述。在此論述之「職場素養」泛指一般通則性的素養造詣。我們周處之卓越人才比比皆是，略睜慧眼用心觀察、學習不難找到，只要「心誠」學藝必有人生好導師（mentors）願意指點。「褲下之辱」、「三顧茅蘆」都是歷史求才拜師若渴的史例。「三人行必有我師」。人各有優點、缺點，擇其優而學之。無須「無友，不如己者。」它太勢力，因爲人生起落不定，勢力偶一爲之，可能不爲人知。何況孔子明訓：「益者三友：友直、友諒、友多聞」（論語.季氏篇）是學習、接近賢能對象的重要指標。至於「友便辟、友善柔、友便佞」具這三類人格特性者，就避之唯恐不及。「素養」就是平時教養襯托出的品行：包含出身背景、教養深厚、舉止有爲有守、進退得體、博覽群書、學習經典、人文涵養。「教養」有別於「素養」：教養著重個人內省與人品砥礪，重禮貌更重禮節，要求自律更勝於他律，講道理更講倫理。教養與素養兩者兼備，內外沛然自然流露於形。

「人文」源自同理心、博愛、理性之總體呈現。人文內涵包羅萬象：天文、文學、史學、哲學、美術、戲劇、音樂、宗教、藝術，這一切會形諸於人的價值觀、情感、舉止、肢體、談吐。人文素養是一種永無止息的學習、滌淨、昇華的過程（processes）。孔子謂子產，有君子之道四焉：「其行己也恭、其事上也敬、其養民也惠、其使民也義。（論語公冶長）」所謂「行己也恭」。恭是自己內心的肅誠。「敬」是對人對事態度上的嚴謹。對上級不只服從，有好的意見要力爭，執行命令要盡心不敷衍了事。「其使民也義」就是合理、合時、合法，提供便捷的服務。轉化自己、改變前程：史記太史公自序：「夫禮禁未然之前，法施已然之後；法之所爲用者易見，而禮之所爲禁者難知。」現代職場「保持距離、以策安全。」如此才能久而敬之、相敬如賓。相識滿天下，知心多幾人。

學子們在校是爲進入職場前，作各種職場專業學習作準備。社會學家要求型塑人的謀職動機、意向或謀職計畫。在邁入職場前未必素養或技能足以符合職場要求，但多備候用有備無患。職場結構的多樣化（diversities），不同職場有它的獨特性，對職場專業需求不一。

職場結構（structure）的認知，是個人內心活動的綜合體，包括工作動機、意向、計畫等理性活動的程序。既使有了完整的內心準備程序，還要認知職場結構。也就是職場情境（professional situations）。某種職業場域（職場）是整體社會組織的一小組織，尚有無數其他共存的組織結構，產生互動及互賴性。有了初步的職場結構的認知，在「手段-目的」論的詮釋，它是讓我們瞭解進入預期的職場，有那些手段/途徑必須提早涉獵？在各種不同職場的展現/投入，不會限於一種手段（means）。以餐飲業爲例，它與旅遊業、交通、衛生、食品、都市規劃等等周邊的職場都有互動聯連，如果要投入，如何從自己的能力、技能、專業、同業資訊蒐集等面向去著手？相關資訊蒐集及技能培訓，依時勢不同、社會消費者需求的微調，不時在作調整。

（八）COVID-19 衝擊跨域行政

新冠疫情對各組織層次、政經領域的影響力道不一。國際領導者視之爲戰略工具；環球生態學家樂見全球空污因疫情緩減；能源企業主因石油、煤炭減產而哀嚎；金融股票黃金市場受惠各國 QE 政策，全球資金流竄股匯市漲漲！高度衝擊振盪全球原有的工業生產、金融秩序、個人生活學習與休憩活動無一豁免。各國政府的官僚體系在因應對策殫精竭慮，在行政運作上更是緊握跨域機制冀期各項資源能有效運作。

以國際競爭力始終名列前茅的新加坡政府對教育工作對應疫情爲例：新加坡教育部長王乙康於 2020 年 6 月底提出四項因應疫情的教育新

政策：推動「在家學習」成為學生生活的一部分；加快國家「數位素養」計畫，於 2021 年每位中學生都有筆電；幫助弱勢學生在銀行開戶，在學校教學生使用數位工具管理財務養成儲蓄習慣；擴大大專院校的跨學科學習。

王乙康部長強調：「技術及行業都日新月異。要解決重大挑戰，像氣候變化或社會不平等，需要跨學科界限的專業知識。COVID-19 將重置競爭環境並加速所有這些趨勢。」[443]臺灣教育界如何因應變遷？「跨域行政」會是教育者、學習者拓疆創新的礎石。蘋果共同創辦人 Steve Jobs（1955-2011）1982 年曾在美國 Academy of Achievement 論述：「眞正的智慧，關鍵不是專精單一領域的專業知識，而是能以意想不到的方式結合不同領域的能力；聰明人在於能縱觀全局。」迎接「跨域行政」時代，要鏈結「數位素養」的建構，那是跨人文與科技的跨域思維，著重批判性、系統性、倫理道理、公民意識、法律和同理心的人文精神整合，即是理論研究與實務拓展齊頭併進。

443 聯合報，*民意論壇/教育*，2020 年 7 月 8 日，A12。

結語

《跨域行政：初階理論與實務》脫韁於傳統社會學「研究」，以各區隅實務單點突破橫睨跨行政學科的理論；薈萃實務與理論的碰撞孕育初胚；它不是單一學科而是跨學科（Interdisciplinary）的研搜杷梳；更是經年累月致力篩選生活、政治、管理、心理、歷史、社會職場活動、資訊科技……，人文、倫理等範疇，試圖建構理論與實務結合的行政哲學。緣「跨域理論」猶如飄浮於春霧中的巨靈，難與實務爲夥。然「跨域行政」晨曦已照亮公共行政各領域。

「跨域行政」如同亡靈（The Revenant）無處不在，只在領導決策者感應危急存亡、氣息奄奄之際，會顯靈救回魂魄，讓組織靈肉回魂再行復甦賡續生存。

參考文獻

中文

王淩緯譯，2017，《愛恨，鏡像雙生的情感》。
王庶，《資治通鑑》，宋紀，高宗，紹興六年。
王肅，《資治通鑑》，魏紀，明帝，青龍四年。
王常，《資治通鑑》，漢紀，王莽，地皇三年。
文崇一，1989，《中國人的價值觀》，台北：東大圖書。
文崇一，《中國人的性格》一書中的「從價值取向談中國國民性」一文，台北：桂冠圖書。
元仁宗，《資治通鑑》，元紀，仁宗，延祐三年。
元謀，《資治通鑑》，梁紀，武帝、大通二年。
孔憲遂等譯，2002，《突破官僚制：政府管理的新願景》（原作者：Michael Barzeley），中國人民大學出版社。
司馬德戡，《資治通鑑》，唐紀，高祖，武德元年。
司馬光，《資治通鑑》，漢紀，建安二十四年。
朱元璋，《資治通鑑》，順帝，至正26年。
江明修，2000，《公共行政學：理論與社會實踐》，台北：五南。
江靜譯，2009，《躲不開的經濟學》（*The 21st Century Economy: A Beginner's Guide*. Author: Randy Charles Epping），南京：譯林出版社。
余致力、毛壽龍、陳敦源、郭昱瑩，2008，《公共政策》，智勝。
宋孝宗，《資治通鑑》，宋紀，孝宗，乾道七年。
宋孝宗，《資治通鑑》，宋紀，孝宗，乾道七年。
宋鴻兵，2010，《貨幣戰爭》，台北：遠流出版，推薦序至28頁。
李冶、《資治通鑑》，宋紀，理宗，寶祐三年。
李素、《資治通鑑》，唐紀，高祖、武德元年。
李建良、李惠宗、林三欽、林合民、陳春生、陳愛娥、黃啓禎，1998，《行政法入門》，月旦出版社。
李嘯塵主編，2000，《新人力資源管理》，北京石油工業出版社。
汪明生，2011，《互動管理與公民治理》，台北：智勝。

門洪華譯，《權力與相互依賴》，原著：Robert O. Keohane, Joseph S. Nye Jr., *Power and Interdependence*, 4th ed. 北京市：北京大學出版社。

呂亞力，2014，《政治學》，三民。

呂育誠等四位學者合譯，2009，《公共行政學：管理、政治、法律觀點》一書，7th ed.台北：學富。

何武，《資治通鑑》，漢紀，成帝，綏和二年。

吳秀光、許立一，2009，《公共治理》，國立空中大學，台北：冠順。

吳瓊恩，2002，《行政學》，三民。

吳庚，2004，《行政法之理論與實用》，三民。

吳瓊恩，2006，《行政學》，台北：三民。

吳定，2006，《公共政策辭典》，三版，台北：五南。

林紀東，1992，《行政法》，台北：三民。

林鍾沂，2005，《行政學》，台北：三民

林震等譯，2014，Michael G. Roskin 著，《政治學與生活》，譯自：Political Science: An Introduction，12 edit.中國人民大學出版社。

林淑馨，2012，《公共管理》，巨流。

林淑馨，2015，《行政學》，台北：三民。

林清、2016，《行政法概要》，志光出版社。

林麗雪譯，2019，《一次讀懂政治學經典》，原著 Bowdon, Tom Butler., "*50 Politics Classics*"，台北：時報文化。

張其祿、黃榮護，2002，「全球化下的地方政府治理：理論挑戰與策略展望」，《空大行政學報》，第 12 期。

張知白，《資治通鑑》，宋紀，眞宗，咸平五年。

張潤書，1998，《行政學》，二版，台北：三民。

張釋之，《資治通鑑》，漢紀，文帝，三年。

張釋之，《資治通鑑》，漢紀，文帝，三年。

明恩溥（原名 Arthur H. Smith），2000，《中國人的素質》（Chinese Characterics），3 ed.學林出版社。

胡煜嘉譯，1988，《中國人的政治心理》，Lucian Pye 原著，台北：海王出版社。

胡祖慶譯，1981，原著 Lucian W. Pye.《中國政治的變與常》（The Dynamics of Chinese Politics）。

洪擬，《資治通鑑》，宋紀，高宗，紹興三年。

施能傑，1999、「政府的績效管理改革」一文被輯於《公共管理論文精選》，台北：元照。
施建生，1991，《經濟學原理》，台北：大中國圖書公司。
南懷瑾，2017，《圓覺經略說》，「無明」語出：「一切如來本起因地，皆依照清淨覺相，永斷無明，方成佛道。」
南懷瑾，2006，《論語別裁》，香港：老古文化事業。
南懷瑾，1995，《亦新亦舊的一代》，復旦大學出版社。
柯志昌，2014，《地方治理思維與政策工具之研究》，韋伯。
拜珠，《資治通鑑》，元紀，英宗，至治二年。
徐仁輝，2000，《公共財務管理》，台北：智勝。
徐仁輝、郭昱瑩，2014，《政策分析》，智勝吳定，《公共政策辭典》，2006，台北：五南。
孫本初，2001，《公共管理》，台北：智勝。
孫保平、杜啓貴主編，2000，《區域綜合治理：技術決策系統》，中國林業出版社，北京。
袁金和、謝明瑞，2008，《經濟分析》，國立空中大學。
梁漱溟，1991，《中國文化要義》，五南出版，台灣初版。
陳世杰、諶悠文、戴至中譯，2019，《原則》（原著：Ray Dalio, *Principles*），台北：城邦商。
陳啓濃，2019，「落實素養從每天生活教起」。
陳恒鈞，2010，〈參與治理是趨勢？或是迷思？〉，載於《公共治理：能力、民主與行銷》，考試院編。
陳介玄，1995，《貨幣網絡與生活結構》，Ch 10，台北：聯結。
陳境，《資治通鑑》，宋紀，理宗，淳祐八年。
陳嫦芬，2016，《菁英力》，台北：商周。
陳天祥，《資治通鑑》，元紀，世祖，至元二十二年。
陳眞，2018，《公共管理精論》。
陳敦源，2012，《民主治理：公共行政與民主政治的制度性調和》，台北：五南。
曾仕強，1991，《中國人，你心理在想什麼？》，台北：方智。
許瑞宋譯，2016，《大鴻溝》（*The Great Divide*），天下雜誌。
許芳菊、張家綺譯，2019，《未來十年微趨勢》（*Microtrends Squared: The New Small Forces Driving The Big Disruptions Today*），原作者：Mark Penn, Meredith Fineman，台北：圓神出版。

參考文獻

許衡，《資治通鑑》，宋紀，度宗，咸淳元年。孫本初，《公共管理》，2001，台北：智勝。

許芳雄，2015，《跨域協力治理之研究：全國新住民火炬計畫案例分析》（博士論文），頁 144-147。

許芳雄，2012，《權威治理與協力治理：以公務人員考績法修法爲例》，法政學報，第 24 期。

商琥，《資治通鑑》，元紀，世祖，至元 27 年。

郭雋，2017，《政治學新論》，志光。

陸贄，《資治通鑑》，唐紀，德宗，建中四年。

黃培源，1997，《理財聖經》，台北：商周文化公司。

黃明華，2017，《一次讀懂哲學：15 部哲學大師經典》，靈活文化。

莊淑芬，2019，「全球百大趨勢報告」，《天下雜誌》，671 期。

華力進，1992，《政治學》，經世。

項退結，1993，《中國民族性研究》，臺灣商務印書館。

彭懷恩，2002，《政治傳播與溝通》，台北：風雲論壇出版社。

彭懷恩，2014，《政治學講義》（Political Science: A Text），風雲論壇。

彭芸，2001,《新媒介與政治》，台北：五南。

楊振宏，2013，《政府轉型中公民參與的構建及內在法理基礎》，北京：法律出版社。

楊凡，2015，《行政學精要》，台北：晶華。

葉啓政，2005，《觀念巴貝塔：當代社會學的迷思》，群學。

葉啓政，2008，《邁向修養社會學》，三民。。

葛荃，2004，《權力宰制理性：士人、傳統政治文化與中國社會》，南開大學出版。

蔡慶豐、吳麗雲，2004，《健康又美麗》，Ch.3，台北：新自然主義。

蔡佩君、傅士哲、林宏濤等譯，2010，《文明的哲學》，*Kulturphilosophie*（1924 年德文版），原著 Albert Schweitzer（1875-1965），此地通尊稱爲史懷哲醫生，史氏因對非洲的偉大貢獻於 1952 年獲頒諾貝爾和平獎，台北：誠品。

董保城、2012，《行政法講義》。

葉啓政，2006，《進出「結構-行動」的困境》，三民。

葉啓政，2008，《邁向修養社會學》，三民。

雷競璇譯，1991，《政黨概論》，香港：青文文化，（原著法人 Maurice Duverger, 1976, *Les partis politiques*（法文）, 10 ed.

賈至，《資治通鑑》，唐紀，肅宗、至德二載。
曹雪芹，《紅樓夢》。原指賈父對賈寶玉所書之字幅。據說對此句參悟後，賈寶玉出家為僧。
鄭閔聲，2019，文採自 Cheers 雜誌。
鄭明萱譯，2004，《從黎明到衰頹：五百年來的西方化生活》，原著 Barzun，Jacques。台北：貓頭鷹。
漢高祖，《資治通鑑》，漢紀，高帝，五年。
趙葵，《資治通鑑》，宋紀，理宗，淳祐四年。
僧子聰，《資治通鑑》，宋紀，理宗，淳祐十一年。
錢穆，1999 年，《中國歷代政治得失》，台北市，東大。
關榮吉著《文化社會學》，張資平譯，上海樂群書店。
鍾玉玨、許恬寧譯，2012，《為什麼我們這樣生活，那樣工作？》。(原作者 Charles Duhigg *"The Power of Habit: Why we do what we do in life and business"*)，台北市：大塊文化。
蕭武桐，2001，《公務倫理》，台北：智勝。
羅輝宗等譯，2019，《看穿假象理智發聲，從問對問題開始》(Asking the Right Questions: A Guide to Critical Thinking)，原著 Browne, M. Neil., & Stuart M. Keeley., 8thed. Pearson Prentice Hall.。
劉章，《資治通鑑》，宋紀，孝宗，乾道六年。
蕭政信，1997，《人際表達學》，台北：工商教育出版社。
熊秉元，2006，《走進經濟學》，時報文化。
蘇轍，《資治通鑑》，宋紀，仁宗、嘉祐六年。
龔茂良，《資治通鑑》，宋紀，孝宗，淳熙三年。
竇默，《資治通鑑》，宋紀，理宗，景定二年。

英文

Aldrich, Howard., 1999, *Organizations Evolving*, Sage Publications, London.

Almond, Gabreil A., 1950, *The American People and Foreign Policy*. California, Harcourt.

Agranoff,Robert., 2007, *Managing within Networks: Adding Value to Public Organizations*. Washington,DC: Georgetown University Press.*Ch.2*.

Band, D. C. & Tustin, C. M., 1995, "Strategic Downsizing", *Management Decision,* Vol. 33, No. 8, pp.36-45.

Barnard, Chester I., 1938, *The Functions of the Executive,* Cambridge: Harvard University Press.

Beckman, Tom., 1998, "A Methodology for Knowledge Management", *International Association of Science and Technology for Development(IASTED), AI and Soft Computing Conferece, Banff, Canada.*

Beckman, Thomas J., 1999, "The Current State of Knowledge Management." In Jay Liebowitz(ed.), *Knowledge Management Handbook*.

Bernard, Rubin.,1977, *Media, Politics and Democracy,* New York: Oxford University Press.

Bennett, J. Kremer. & O'Brien, Michael J., 1994, "The Building Blocks of the Learning Organization" *Training.,* Vol. 31, No. 6.

Bennis, Warren., 1989, *Why Leaders Can't Lead*, San Francisco: Jossey-Bass.

Bingham, Lisa Blomgren, Rosemary O'Leary, & Christine Carlson., 2008. *Big Ideas in Collaborative Public Management*. Lisa Blomgren Bingham and Rosemary O'Leary, eds. "Frameshifting: Lateral Thinking for Collaborative Public Management." NY: M.E. Shape.(ch.1)pp.3-16.

Bingham, Lisa Bromgren, Tinna Nabatchi, and Rosemary O'Leary., 2005, "The New Governance: Practices and Processes for Stakeholder and Citizen Participation in the work of Government." *Public Administration Review,* 65(5):547-558.

Booher, David E., 2008, "Civic Engagement as Collaborative Complex Adaptive Networks" *Civic Engagement in Networks Society*. Ch.6, pp.111-148, Erik Bergrud, Kaifeng Yang, Chalotte, eds. NC: Information Age.

Bozeman, Barrey. & J. Massey, 1982, "Investing in Policy Evaluation: Some Guidelines for Skeptical Public Managers", *Public Administration Review,* Vol. 42, No. 3.

Brown, Lester R., *World Without Borders: The Interdependence of Nations,* N.Y.: Foreign Policy Association, Headline Series.

Burke, Edmund(1729 –1797)., 1861, "Thought on the Causes of Present Discontents." *Works of Edmund Burke,* London, Vol. 1.

Burke, Ronald J.,Andrew J. Noblet, Cary L. Cooper, eds., 2013,*Human Resource Management in the Public Sector,* Jared J. Llorens's "Public sector human resource management education in the United States: contemporary challenges and opportunities for performance improvement", Cheltenham,UK.

Calevert et al, 1994, "Grasping the Learning Organization", *Training and Development Journal,* Vol. 48, No. 4

Chandler, Ralph C. and Jack C. Plano., 1988, *The Public Administration Dictionary,* ABC-CLIO Inc.

Collins, Randall., 美國著名社會學家,歷任柏克萊、史丹福、哈佛大學教授,《衝突社會學》及其「互動慣例鏈理論」.

Coleman, James S. & Carl G. Roseberg Jr., 1964, eds., *Political Parties and National Intergration in Tropical Africa,* California Bakeley Press,

Connelly, David R., Jing Zhang, and Sue R. Faerman., 2008, *Big Ideas in Collaborative Public Management,* Armonk, N.Y. M.E. Shape, Ch.2.

Comfort, Louise K., 2007, *Part III-The Future: Hindsight, Foresight, and Rear-Review Mirror Politics,* "Crisis Management in Hindsight: Cognition, Communication, Coordination, and Control" (The Article was presented at the Annual Conference of the American Society of Public Administration in Washington D.C. March 23-27, 2007)

Cooper, Terry L., Thomson A. Bryer and Jack W. Meek., 2006, "Citizen-Centered Collaborative Public Management" *Public Administration Review,* 66(sl):76-88.

Daft, Richard L., 1999, *Leadership: Theory and Practice,* The Dryden Press, US.

Dalio, Ray., 2019, *Principles(原則),* 商周.

Darlene, Russ-Fft., Hallie Preskill, Catherine Sleezer., 1997, *Human Resource Development Review.,* Sage Publication Inc., Ca. p.247.

Demings, W. Edwards., 1986, *Out of the Crisis* , Cambridge, MA:MIT Center for Advanced Engineering Study.

Donaldson, Lex., 2001,*The Contingency Theory of Organizations*, Sage Publications, Inc.UK.

Dror, Yehezkel., 2002, *The Capacity to Govern: A Report to the Club of Rome.* Frank Cass, London

Duhigg, Charles., 2012, *The Power of Habit: Why we do what we do in life and business.* 大塊文化

Duncan, Black., 1948, "On the Rationale of Group Decision-Making", *Journal of Political Economy*, 56(1)(1948): 23–34.

Dunn, W. N., 2003, *Public Policy Analysis: An Intorduction 3rd ed. Prentice Hall.*

Dunn, William N., 2015, *Public Policy Analysis,* 5th ed. Routledge Taylor & Francis.

Dye, Thomas R., 2004, *Understanding Public Policy,* 11th ed. Englewood Cliffs: N.J.: Prentice Hall.

Easton, David., 1953, *The Political System,* New York.

Etzioni, Amitai., 1988, *The Moral Dimension: Toward a New Economics,* The Free Press, A Division of Macmillan, Inc.

Farazmande, A., 1999, "Globalization and Public Administration" *Public Administration Review,* 59(6, 719-730.).

Fesler, James W. & Donald F. Kettl., 1991, *The Politics of the Administrative Process.* Chatham NJ: Chatham House Publishers Inc.

Follett, Mary Parker., 2013, "Creative Experience." *Public Administration Review.* N.Y.: Longman,(1984:143)

Frederickson, H. George. & Cho, Y., 1997, *The White House and Blue House; Government Reform in the United States and Korea.* Lanham MD: University Press of America.

Frederickson, G.H. & Smith, K.B., 2003, *The Public Administration Theory Primer.* Boulder, CO: Westview Press

Franklin, Willoughby William.(1867–1960), 1927, *Principles of Public Administration,* Washington D.C.:Brooklin Institution.

Galer, Graham. & Van Der Heijden., 1992, "The Learning Organization: How Planners Create Organizational Learning", *Marketing Intelligence and Planning* , Vol. 10, No. 6.

Gene Calvert, Sharon Mobley and Lisa Marshall., 1994, "Grasping the Learning Organization", *Training and Development Journal*, Vol. 48, No. 4,

Goodnow, Frank J.(January 18, 1859 – November 15, 1939), 1900, *Politics and Administration.*

Gold, Michael, 1987, "Exercise: Moderation is Enough", in Dubin, Fraida. & Elite Olshtain.(eds.), *Reading on Purpose: Building Cognitive Skills for Intermediate Learners.* Addison-Wesley Publishing Com.

Giddens, Anthony., 1995, *Politics, Sociology and Social Theory.(1st ed.)*Polity Press Ltd., Cambridge.

Gortner, Harold F., Julianne Mahler and Jeanne Bell Nicholson., 1984, *Organization theory: A public perspective,* Wadsworth Pub Co.

Gray, Barara., 1989, *Collaborating: Finding Common Ground for Multiparty Problems,* Jossey Bass Publishers, CA,

Graber, Doris., 1994, ed. *Media Power in Politics,* 3rd ed. Congressional Quarterly Inc.

Gulick, Luther. & Urwick L., 1937, *Papers on the Science of Administration.* NY: Institute of Public Administration.

Guy, Mary Ellen., 1989, "Minnowbrook II: Conclusions" *Public Administration Review, 1989,*Vol. 49, No.2

Harmon, Michael M., 1981, *Action Theory for Public Administration.* New York: Longman.

Hatch, Mary Jo., & Ann L. Cunliffe., 2006, *Organization Theory: Modern, Symbolic, and Postmodern Perspectives,* Oxford University.

Hoffman, Stanley., 1973, "Choices", *Foreign Policy* 12(Fall 1973).

Hughes, Owen E., 1998, *Public Management & Administration, 2nd ed.* New York: ST. Martin's Press.

Hornby, A. S. et al., 1962, *The Advanced Learner's Dictionary of Current English.*

Hunsaker, Philip L. & Anthony J. Alessandra, 1986, *The Art of Managing People,* Simon & Schuster Inc. New York.

Hutcheon, P. D., 1972, Value Theory: Towards Conceptual Clarification, *The British Journal of Sociology 23(2):*172-187.

Irving, Paul., 2018, "*When No One Retires*", *HBR.org, 摘錄*《哈佛商業評論》, 2019.

Jashapara, Ashok., 1993, "The Competitive Learning Organization: A Quest for Holy Grail." *Management Decision,* Vol. 31, No. 8.

Jann, W., 1997, "Public Management Reform in Germany: A Revolution without a Theory?" W. J. M. Kickert(ed.), *Public management and Administrative Reform in Western Europe.* Cheltenham, UK: Edward Elgar.

Jefferson, Thomas.(1743–1826)was an American Founding Father who was the principal author of the Declaration of Independence(1776). in 1800 was elected the third President(1801–09).

Jessica Hagy, 2018, *Fobes,* "10 Things To Never Apologize For Again".

Joseph Campbell, 1949(first ed.), 2011, 《千面英雄》*(The Hero with Thousand Faces)*

Jones, Charles O., 1984, *An Introduction to the Study of Public Policy,* 3rd ed. Monterey: Brook/Cole Publishing Company.

Joyce, Paul and Turki AL Rasheed., 2016, *Public Governance and Strategic Management Capabilities: Public Governance in the Gulf States,* Routledge Group.

Jun, Jong S., 1986, *Public Administration: Design and Problem Solving, Newbury Park: Sage Publications.*

Kardiner, Abram R., et al. 1959, *The Psychological Frontiers of Society,* 7th ed. N.Y. Columbia University Press.

Kay, John & Mervyn King, 2020, *Radical Uncertainty: Decision-Making Beyond the Numbers,* W.W. Norton & Company, New York, Ch. 21-23.

Keohane, Robert., 1989, *International Institutions and State Power: Essays in International Relations Theory,* Westview Press

Kettl, Donald F., 2002, *The Transformation of Governance: Public Administration for Twenty-First Century America,* The Johns Hopkins University Press, Baltimore, Ch. 6, pp.118-150.

Kettl, Donald F., 2006, "Managing Boundaries in American Administration: The Collaboration Imperative" Special Issue. *PAR.*

Key Jr., Valdimer Orlando(1908–1963)., 1961, *Public Opinion and American Democracy,* New York: Knopif.

Kolodny, H. F. & Beinum, H. Van., 1983, *The Quality of Working Life and the 1980s,* New York:Praeger Publisher.

Kotler, Philip & Nancy Lee, 2007, *Marketing in the Public Sector: A Roadmap for improved Performace, Pearson Education.*

Kozlowski, S. W., Cha, G. T., Smith E.M. & Hedlund J., 1993, "Organizational Downsizing: Strategies, Interventions and Research Implications.", in Cary Copper & Ivan Robertson(ed.), *International Review of Industrial and Organizational Psychology, Vol. 8,* pp. 263-332.

Krasner, Stephen., 1982, "Structural Causes and Regime Conseq*uences:* Regimes as Intervening Variables", *International Institutions,* Vol. 36.

Lasswell, Harood D., 1930, *Psychopathology and Politics,* Chicago: University of Chicago Press.

Lasswell, Harold D., 1951, "The Policy Orientation." In *The Policy Science: Recent Developments in Scope and Method.* Daniel Lerner and Harold Lasswell(eds.), 3-15. Standford, CA: Standford University Press.

Lerner, D. & Lasswell, H.D., 1951,*The Policy Sciences: Recent Developments in scope and method,* Standford: CA, Standford University Press.

Lewin, Kurt, 1946, *Field Theory in Social Science.* Harper & Brothers,

Lipnack, Jessica. and Jeffrey Stamps., 2000, *Virtual Teams: People Working Across Boundaries with Technology.* John Wiley & Sons Inc.

Lipsky, Michael., 2010(2 ed.), *Street-Level Bureaucrats: Dilemmas of the Individual in Public Services.* Russell Sage Foundation. New York.

Lowi, Theodore J., 1979, *The End of Leberalism: The Second Republic of the United States.* New York: Norton.

Lindblom, Charles E. & Robert A. Dahl., 2017, *Politics, Economics, and Welfare.,* N.Y. Routledge.

Lucian Pye,《中國人的政治心理》，胡煜嘉譯，台北：洞察出版社。

Madison, James., 1788, *The Federalist Papers,* No.10.

Marini, Frank.,(ed.)1971, *Toward A New Public Administration: The Minnowbrook Perspective(*1971:348-352). NY: Chandler Publishing Company.

Mayer, Robert R., 1985, *Policy and Program Planning: A Development Perspective,* Englewood Cliffs, N.J.: Prentice Hall.

McLaughlin, Corinne. & Gordon Davidson., *Spiritual Politics,* 1998.台北：國立編譯館。

McQuail, Dennis., 2000, *Mass Communication Theory: An Introduction,* Sage Publication.

Meltsner, Arnold J., 1972, "Political Feasibility and Policy Analysis", *Public Administration Review,* 32(6):859-867.

Michels, Robert(1876 –1936)was a German sociologist.

Mills, Charles Wright, 1956,*The Power Elite,* New York: Oxford University Press.

Mommsen, Wolfgang J. 1989, *The Political and Social Theory of Max Weber: Collected Essays,* T. J. Press Ltd. Padstow, Preface.

Nadler, D. A. & Lawler, E., 1983, "Quality of Work Life: Perspectives and Directions.", *Organizational Dynamics,* Vol. 11, No. 3, pp.20-30.

Nanaka, Ikujiro. & Takeuchi, Hirotaka., 1995, *The Knowledge-Creating Company,* Oxford, England: Oxford, University Press.

Nelson, B., 1984, "Marking an Issue of Child Abuse", In *Agenda Setting Readings on Media, Public Opinion and Policymaking,* D. L. Protess and M. McCombs, eds. N. J.: Hillsdale.

Neumann, Elisabeth Noelle., 1984, *The Spiral of Silence,* Chicago: University of Chicago.

Osborne, David and Gaebler., eds. 1992, *Reinventing Government: How the Entrepreneurial Spirit Is Transforming the Public Sector,* New York: Penguin Books,

Osborne, David. & Ted Gaebler., 1993, *Reinventing Government: How the Entreprneurial Spirit is Transforming the Public Sector.* N.Y.: Penguin.

Ostrom, Elinor., 1998, A Behavioral Approach to the Rational Choice Theory of Collective Action, *American Political Science Review.* 92(1):9.

Ostrom, Vincent., 1989, *The Intellectual Crisis in American Public Administration,* 2nd ed., The University of Alabama Press.

Parsons, Talcott., 1963, *Structure and Process in Modern Societies.* Free Press, N.Y.

Person of the Year, *TIME,* April 29, 2019, p.74; May 27, 2019.pp.32-35; Dec 23, 2019..

Pennock, Roland. and David G. Smith., 1964, *Political Science : An Introduction,* New York: Macmillan Company.

Peters, B. Guy., & Jon Pierre edited, 2003, *Handbook of Public Administration.* Sage Publication Ltd.

Perri 6, Diana Leat., Kimberly Seltzeer and Gerry Stoker., 2002, *Towards Holistic Governance; The New Reform Agenda. N.Y.: Palgrave. Ch. 8*

Polsby, Nelson Woolf., 2013. *Congress and the Presidency*, Prentice-Hall, NJ.

Pressman, Jeffrey L. & Aaron B. Wildavsky., 1973, *Implementation,* Berkeley: University of California Press.

Pressman, Jeffrey L. & Aaron B, 1984, *Implementation: How Great Expectations in Whashington Are Dashed in Oakland,* Berkeley: University of California Press.

Quinn, Robert E., Sue R. Faerman., Michael P. Thompson and Michael R. McGrath, eds. 1996. *Becoming a Master Manager: A Competency Framework,* New York: John Wiley & Son Inc.

Radin, B.A., 1999, "The Government Performance and Results Act(GPRA)and the Traditional of Federal Management Reform: Square Pegs in Round Holes", paper prepared for the National Public Management Conference, p.20.

Radin, Beryl A., 2003, "The Instruments of International Management" *Handbook of Public Administration.* B Guy Peters & Jon Pierre(ed.), Sage Publication Ltd.

Ranney, Austin. and Kendal, Willmore., 1956, *Democracy and The American Party System,* New York.

Riccucci, M. Norma., 1995, *Unsung Heroe,* Washington, DC: Georgetown University Press.

Rice, Mitchell F.,ed. 2005, *Diversity and Public Administration: Theory, Issues, and Perspectives,* M.E. Sharpe, New York.

Rhodes, Mary lee., Joanne Murphy, Jennv Muir, and John A. Murray., 2011, *Public Management and Complexity Theory: Richer Decision-Making in Public Service.* New York: Routledge.

Robbins, Stephen P.& Timothy A. Judge.,1992, *Essential of Organizational Behavior,* Pearson Prentice Hall,

Roethlisberger, Fritz Jules. and William John Dickson, 1937, published the first comprehensive findings of the Hawthorne experiments.

Rosenbloom, David H., Robert S. Kravchuk, Richard M. Clerkin., 1998, *Public Administration: Understanding Management, Politics and Law in the Public Sector.,* 1998, 7th ed.

Rosenbloom, David H., 2000, *Public Administration: Understanding Management, Politics, and Law in the Public Sector,* Macgraw Hill Inc.

Roskin, Michael G., 2014, *Political Science: An Introduction,* Pearson. 中國人民大學出版社,《政治學與生活》.

Sabatier, Paul A. & Daniel Mazmanian., 1979, "The Conditions of Effective Implementation", *Policy Analysis,* 5(Fall), pp.481-504.

Schumpeter, Joseph A., 1942, *Capitalism, Socialism and Democracy,* N.Y.: Harper Torchbooks.

Schweitzer, Albert., 2012, *Kulturphilosophie,* The Eslite Corporation.pp.294-297.

Seidman, Harold & Robert Gilmour., 1986, *Politic, Position, and Power: From the Positive to The Regulatory State.* New York, Oxford University Press.

Senge, Peter M., 1990, *The Fifth Discipline: The Art and Practice of the Learning Organization,* New York: Currency-Doubleday.

Simon, Herbert A., *Administrative Behavior: A Study of Decision-Making Processes in Administrative Organization,* 4th edit., 1997, New York: The Free Press.

Sloman, Steven. & Philip Fernbach., 2018, *The Knowledge Illusion: The Myth of Individual Thought and The Power of Collective Wisdom,* Pan Books, UK.

Spencer, Herbert(27 April 1820 – 8 December 1903)was an English philosopher, biologist, anthropologist, sociologist, and prominent classical liberal political theorist of the Victorian era.

Stanton, Pauline. & Karen Manning, 2013, "High Performance work systems, performance management and employee participation in the public sector", Edward Elgar ed. *Human Resource Management in the Public Sector,* Northampton, MA, USA.

Starling, Grover., 1988, *Strategies for Policy Making.* Chicago, IL: The Dorsey Press.

Stefanidis, Alexandros., 2019, *Roger Federer: The Human Superstar.* 譯者:Perry Hsu, Mercedes me.

Stewart, Thomas A., 1999, *Intellectual Capital; The New Wealth of Organizations.*, New York, N.Y.: Bantam Doubleday Dell Publishing Group Inc.

Stivers, Camilla., 1991, Some Tensions in the Notion of The Public as Citizen: Rejoinder to Frederickson, *Administration and Society.*

Stone, Deborah., 2002, *Policy Paradox: The Art of Political Decision Making, revised ed.* W.W. Norton & Company Inc., N.Y.

Suchman, Edward A., 1972, "Action for What? A Critique of Evaluation Research" C.H. Weiss(et al), *Evaluating Action Programs,* Englewood Cliffs, Prentice-Hall Inc.

Sullivan, Helen. & Chris Skelcher., 2002, *Working Across Boundaries: Collaboration in Public Services,* Palgrave Macmillan.

Swiss, James., 1992, "Adapting Total Quality Management to Government", *Public Administration Review,* 52 .

Thomson, Ann Marie., 2001. *Collaboration: Meaning and Measuring,* Ph.D. dissertation Indiana University-Bloominton, Paper Presented at the annual meeting of the American Society of Public Administration, Phoenix, AZ.

Thompson, David F., 1984, "The Possibility of Administrative Ethics", *Public Administration Review,* Vol. 45, No.5

Ventriss, Curtic., 1989, "Toward a Public Philosophy of Public Administration: A Civic Perspective of the Public ", *Public Administration Review,*Vol. 49, No. 2

Waldo, Dwight., 2007, *The Administrative State: A Study of the Political Theory of American Public Administration,* 2nd ed., New York: Transaction Publishers.

Watkins, Karen E., & Marsick, Victoria J., 1993, *Sculpting the Learning Organization: Lessons in the Art and Science of Systemic Change,* San Francisco, CA: Jossey-Bass Publishers.

Waugh Jr. William L. & Gregory Streib., 2006, "Collaboration and Leadership for Effective Emergency Management", *Effective Emergency Management,*

White, Leonard D., 1926, *Introduction to the Study of Public Administration*, Prentice-Hall, renewed 1954.

Wicfall, Patricia M. & Behrooz Kalantari., 2001, *Biographical Dictionary of Public Administration.* Green Wood Press, CT.

Wigfall, Patcicia Moss. & Behrooz Kalantari., 2001, *Biographical Dictionary of Public Administration,* Greenwood Press, CT.

Williamson, Oliver E., 1981, The Economics of Organization: The Transaction Cost Approach, *The American Journal of Sociology.* 87(3): 548–577.

Wilson, James Q., 1989, *Bureaucracy; What Government Agencies Do and Why They Do It.* Basic Books. Ch.10,

Winer, Michael B. & Karen Ray.,1994, *Collaboration Handbook: Creating, Sustaining, and Enjoying the Journey,* Amherst H. Wilder Foundation, St. Paul, MN.

Zeemering, Eric S., 2008, "Governing Interlocal Cooperation: City Council Interests and the Implications for Public Management." *Public Administration Review,* July/August.

後記

2019 年歲中《跨域行政：初階理論與實務》底稿撰峻，2020 年 2 月敬邀分送業師們爲其撰述推薦序，同年 8 月三位恩師分擲推薦序，再逐字細品底稿，反躬自省之餘漸悟文體立論，與學界脈動頗有落差，悲喜交集，動念再行修葺全文。

隔年時序春立，再捧二次修輯之底稿親送政大研究室轉致業師陳教授，並謁見受學界尊重之余校長，歡敘暢言之餘，校長舉沈同學撰書多本免費贈送學生、知己好友之善舉。

年輪不輟，春天百花競豔盛綻更勝往年，疫情病毒似與其共舞快速從島北到島南散佈，警戒攀昇三級，惶惶人心，窩居陋室足不出戶，藉機對底稿再行杷梳剔腐生筋；晃眼白露，晨曦間人字形鳥群齊向南行，俯嘆疫情何時休？忽然發覺肩削骨立晨霧涼意直入心肺，提醒自己老了！幸甚，此際第三次修葺終了，頓時展眉。《跨域行政：初階理論與實務》不再是遺著。

全球各色人種病毒感染數上攀 217,353,715 人，死亡 4,517,922 人（訖 2021 年 8 月 31 日）。感染死亡數字對政治菁英宛若電視左下角的跑馬燈，持續遞增但不受重視。政治菁英不時揮舞「掃帚」魔棒，讓 AZ、BNT、Moderna、低端、Pfizer、振興劵……，輪番上陣增加話語新鮮度，減緩夢幻人心的甦醒。境外世界舞台阿富汗撤兵、朝鮮重啓核子反應爐、美國聯友抗中、貨幣戰、科技戰、氣侯暖化、疫苗戰略、俄烏對峙、北京冬奧……，更是熱鬧滾滾，民心卻是鬱悒難舒。

實務界與學院間，時時互握雙肘取暖，大半時間互指鼻尖貶抑睥睨對方的短視、無能、偏執、腦殘（brain sick），在自家宅院群聚自娛爲樂。無奈資源互賴性（resources interdependence）似若握著萬有引力的魔石，讓官僚體系在學界的讚美擁簇下贏得片段的合法性，彼此相安於「共同利益」。

公共行政發展超過一個半世紀，卷帙瀚林充斥管理立論、創見，行政實務更是跌跌撞撞爲不斷番新的社會棘手問題（wicked problems）披甲迎戰，雖屢敗屢戰絕不棄械；在創新不輟的學界屢有新穎獨樹一幟如元宇宙（Metaverse）立論，吸引學院師徒翹首吸吮；新創論述一旦開赴實務叢林試煉，苟活立存者不多；後續新奇再創新的勇者更是前仆後繼，踏著殘枝枯葉挺進；學界永遠有拓荒創新者宣告新而實用的立論。彷彿巴黎、米蘭服裝伸展台上推出明年耀眼時尚。莘莘學子在賢師醇厚教導下，更是戮力耕耘調研，希冀推出「時尚管理模型」（fashion management model）能在學界揚名立萬。

《跨域行政：初階理論與實務》歷經三年三回的裹足不出整形固顏，究竟成長基因 DNA 欠佳，助益乏善；順勢託辭年近耄耋，是該放手。區區心願奉獻讀者，盼您受益。

國家圖書館出版品預行編目資料

跨域行政：初階理論與實務／許芳雄著. 一初版. 一臺中市：白象文化事業有限公司，2022.6
面； 公分
ISBN 978-626-7151-06-8（平裝）
1.CST：行政學 2.CST：公共行政
3.CST：政治學
572 111006176

跨域行政：初階理論與實務

作　　者　許芳雄
校　　對　許芳雄
發 行 人　張輝潭
出版發行　白象文化事業有限公司
412台中市大里區科技路1號8樓之2（台中軟體園區）
出版專線：（04）2496-5995　傳真：（04）2496-9901
401台中市東區和平街228巷44號（經銷部）
購書專線：（04）2220-8589　傳真：（04）2220-8505
專案主編　黃麗穎
出版編印　林榮威、陳逸儒、黃麗穎、水邊、陳媁婷、李婕
設計創意　張禮南、何佳諠
經紀企劃　張輝潭、徐錦淳、廖書湘
經銷推廣　李莉吟、莊博亞、劉育姍、李佩諭
行銷宣傳　黃姿虹、沈若瑜
營運管理　林金郎、曾千熏
印　　刷　百通科技股份有限公司
初版一刷　2022年6月
定　　價　680元